# Die unterlassene Befunderhebung des Arztes

# RECHT &MEDIZIN

Herausgegeben von den Professoren
Dr. Erwin Deutsch, Dr. Bernd-Rüdiger Kern, Dr. Adolf Laufs, Dr. Hans Lilie,
Dr. Andreas Spickhoff, Dr. Hans-Ludwig Schreiber

Bd./Vol. 89

## PETER LANG

Frankfurt am Main · Berlin · Bern · Bruxelles · New York · Oxford · Wien

Julia Susanne Sundmacher

# Die unterlassene Befunderhebung des Arztes

*Eine Auseinandersetzung*
*mit der Rechtsprechung des BGH*

PETER LANG
Internationaler Verlag der Wissenschaften

**Bibliografische Information der Deutschen Nationalbibliothek**
Die Deutsche Nationalbibliothek verzeichnet diese Publikation
in der Deutschen Nationalbibliografie; detaillierte bibliografische
Daten sind im Internet über <http://www.d-nb.de> abrufbar.

Zugl.: Köln, Univ., Diss., 2007

Gedruckt auf alterungsbeständigem,
säurefreiem Papier.

D 38
ISSN 0172-116X
ISBN 978-3-631-57940-4
© Peter Lang GmbH
Internationaler Verlag der Wissenschaften
Frankfurt am Main 2008
Alle Rechte vorbehalten.

Printed in Germany 1 2 3 4 5  7

www.peterlang.de

Meinen Eltern,
Felix und
meiner Schwester Lena

## Vorwort

Die vorliegende Arbeit wurde im Oktober 2007 von der Juristischen Fakultät der Universität Köln als Dissertation angenommen. Für die Veröffentlichung habe ich sie auf den Stand Januar 2008 gebracht.

Mein herzlicher Dank gilt meinem Doktorvater, Herrn Prof. Dr. Christian Katzenmeier, der mich bei der Erstellung dieser Arbeit sehr unterstützt hat und mir jederzeit für Fragen zur Verfügung stand. Herrn Prof. Dr. Hanns Prütting danke ich für die Übernahme des Zweitgutachtens. Für die Aufnahme in die Schriftenreihe „Recht und Medizin" bedanke ich mich bei den Herausgebern Prof. Dr. Dr. h.c. Adolf Laufs, Herrn Prof. Dr. Hans Lilie sowie Herrn Prof. Dr. Andreas Spickhoff.

Ohne die immense Unterstützung, die mir bei der Anfertigung dieser Arbeit zuteil wurde, wäre die Vollendung der Arbeit sicher nicht gelungen. Mein Dank gilt dabei insbesondere meinem Freund Felix, der die Arbeit nicht nur mehrfach Korrektur gelesen, sondern mit mir auch geduldig manches Problem diskutiert hat und mir immer wieder Motivator war. Nicht minder unterstützend standen mir meine Eltern für den unjuristischen Rat liebevoll zur Seite. Schließlich danke ich auch Frau Dr. Katharina Kraus, die trotz anstehendem eigenem Zweiten Juristischen Staatsexamen die Mühe nicht gescheut hat, meine Arbeit Korrektur zu lesen.

Heidelberg, im März 2008

## Inhaltsübersicht

# Inhaltsverzeichnis

## Kapitel 1
### Einleitung und Gang der Untersuchung

## Kapitel 2
### Die Beweislastverteilung im Arzthaftungsprozess

## Kapitel 3
### Der grobe Behandlungsfehler

**Kapitel 4**
**Die unterlassene Befunderhebung als Fallgruppe des Behandlungsfehlers**

**Kapitel 6**
**Änderungsmöglichkeiten**

**Kapitel 7**
**Wesentliche Ergebnisse und Schlussbetrachtung**

## Abkürzungsverzeichnis

| | |
|---|---|
| a.A. | anderer Ansicht |
| Abs. | Absatz |
| AcP | Archiv für die civilistische Praxis (Zeitschrift) |
| a.F. | alte Fassung |
| AHB | Allgemeine Versicherungsbedingungen für die Haftpflicht-versicherung |
| AK | Alternativkommentar |
| Anh. | Anhang |
| Anm. | Anmerkung(en) |
| AnwBl. | Anwaltsblatt (Zeitschrift) |
| Art. | Artikel |
| ArztR | Arztrecht (Zeitschrift) |
| AT | Allgemeiner Teil |
| Aufl. | Auflage |
| AWMF | Arbeitsgemeinschaft der Wissenschaftlichen Medizinischen Fachgesellschaften |
| Az. | Aktenzeichen |
| BÄO | Bundesärzteordnung |
| BB | Betriebsberater (Zeitschrift) |
| Bd. | Band |
| BEG | Bundesentschädigungsgesetz |
| BGB | Bürgerliches Gesetzbuch |
| BGH | Bundesgerichtshof |
| BGHSt | Amtliche Sammlung der Entscheidungen des Bundesgerichtshofes in Strafsachen (zitiert nach Band und Seite) |
| BGHZ | Amtliche Sammlung der Entscheidungen des Bundes-gerichtshofes in Zivilsachen (zitiert nach Band und Seite) |
| BMV-Ä | Bundesmantelverträge Ärzte |
| BR-Drucks. | Drucksache des Deutschen Bundesrats |
| BSGE | Entscheidungen des Bundes-sozialgerichts (zitiert nach Band und Seite) |
| BT-Drucks. | Drucksache des Deutschen Bundestags |
| BVerfG | Bundesverfassungsgericht |
| BVerfGE | Entscheidungen des Bundesverfassungsgerichts (zitiert nach Band und Seite) |
| BVerwGE | Entscheidungen des Bundesverwaltungsgerichts (zitiert nach Band und Seite) |
| bzgl. | bezüglich |
| bzw. | beziehungsweise |
| DÄBl | Deutsches Ärzteblatt (Zeitschrift) |
| ders. | derselbe (Autor) |
| dies. | dieselben (Autoren) |
| d.h. | das heißt |

| | |
|---|---|
| DKG | Deutsche Krankenhausgesellschaft |
| DMW | Deutsche Medizinische Wochenschrift (Zeitschrift) |
| DRiZ | Deutsche Richterzeitung (Zeitschrift) |
| DStR | Deutsches Steuerrecht (Zeitschrift) |
| Einf. | Einführung |
| Einl. | Einleitung |
| Erg.-Lfg. | Ergänzungslieferung |
| f./ff. | folgende Seite(n) |
| Fn. | Fußnote |
| G | Gesetz |
| GesR | Gesundheitsrecht (Zeitschrift) |
| GG | Grundgesetz der Bundesrepublik Deutschland |
| GVG | Gerichtsverfassungsgesetz |
| HaftpflG | Haftpflichtgesetz |
| HeilbG/HeilBerG/HBKG | Heilberufe(kammer)gesetz |
| HGB | Handelsgesetzbuch |
| h.M. | herrschende Meinung |
| Hrsg./hrsg. | Herausgeber/herausgegeben |
| http | hypertext transfer protocol |
| insb. | insbesondere |
| i.V.m. | in Verbindung mit |
| JA | Juristische Ausbildung (Zeitschrift) |
| JR | Juristische Rundschau (Zeitschrift) |
| Jura | Jura (Zeitschrift) |
| JuS | Juristische Schulung (Zeitschrift) |
| JW | Juristische Wochenschrift (Zeitschrift) |
| JZ | Juristenzeitung (Zeitschrift) |
| KG | Kammergericht |
| KritV | Kritische Vierteljahresschrift für Gesetzgebung und Rechtswissenschaft (Zeitschrift) |
| LG | Landgericht |
| LM | Nachschlagewerk des Bundesgerichtshofs, Entscheidungen in Zivilsachen, begründet von *Fritz Lindenmaier* und *Philipp Möhring* |
| Losebl. | Loseblatt |
| MBO-Ä | Musterberufsordnung für die deutschen Ärztinnen und Ärzte (in der Fassung von 1997, zuletzt geändert am 24.11.2006) |
| MedR | Medizinrecht (Zeitschrift) |
| MedSach | Der medizinische Sachverständige (Zeitschrift) |
| MDR | Monatsschrift für Deutsches Recht (Zeitschrift) |
| m.E. | meines Erachtens |
| m.N. | mit Nachweisen |
| m.w.N. | mit weiteren Nachweisen |
| MüKo | Münchener Kommentar |
| n.F. | neue Fassung |

| | |
|---|---|
| NJW | Neue Juristische Wochenschrift (Zeitschrift) |
| NJW-RR | Neue Juristische Wochenschrift Rechtsprechungsreport (Zeitschrift) |
| Nr. | Nummer |
| OLG | Oberlandesgericht |
| OLGR | OLG-Report |
| RG | Reichsgericht |
| Rn. | Randnummer |
| RG Seuff. | Seuffert's Archiv: Archiv für Entscheidungen der obersten Gerichte in den deutschen Staaten, hrsg. von *Johann Adam Seuffert* und *Ernst August Seuffert*, München 1847-1857 |
| RGZ | Entscheidungen des Reichsgerichts in Zivilsachen (zitiert nach Band und Seite) |
| RöV | Röntgenverordnung |
| Rspr. | Rechtsprechung |
| S. | Seite |
| SchuldR | Schuldrecht |
| SGB | Sozialgesetzbuch<br>– I: Erstes Buch – Allgemeiner Teil<br>– V: Fünftes Buch – Gesetzliche Krankenversicherung |
| s.o. | siehe oben |
| sog. | so genannt |
| Sp. | Spalte |
| StGB | Strafgesetzbuch |
| StPO | Strafprozessordnung |
| StrlSchV | Strahlenschutzverordnung |
| st. Rspr. | ständige Rechtsprechung |
| Ts. | Taunus |
| u.a. | und andere/unter anderem |
| URL | uniform resource locator |
| Urt. | Urteil |
| u.s.w. | und so weiter |
| v. | von |
| v.a. | vor allem |
| vgl. | vergleiche |
| VersR | Versicherungsrecht (Zeitschrift) |
| VersMed | Versicherungsmedizin (Zeitschrift) |
| vgl. | vergleiche |
| VVG | Versicherungsvertragsgesetz (in der Fassung vom 01.01.2008) |
| VVG-E | Entwurf eines Gesetzes zur Reform des Versicherungsvertragsrechts |
| VW | Versicherungswirtschaft (Zeitschrift) |
| Warn Rspr. | Die Rechtsprechung des Reichsgerichts auf dem Gebiete des Zivilrechts, soweit sie nicht in der amtlichen Samm- |

|           | lung der Entscheidungen des Reichsgerichts abgedruckt ist, hrsg. von *Otto Warneyer*, Leipzig 1908-1941 |
|-----------|-----------------------------------------------------------------------------------|
| WWW.      | World Wide Web                                                                     |
| ZaeFQ     | Zeitschrift für ärztliche Fortbildung und Qualitätssicherung                      |
| ZAP       | Zeitschrift für die Anwaltspraxis                                                  |
| z.B.      | zum Beispiel                                                                       |
| ZEuP      | Zeitschrift für europäisches Privatrecht                                           |
| Ziff.     | Ziffer                                                                             |
| ZIP       | Zeitschrift für Wirtschaftsrecht                                                   |
| ZMGR      | Zeitschrift für das gesamte Medizin- und Gesundheitrecht                          |
| ZPO       | Zivilprozessordnung                                                               |
| ZRP       | Zeitschrift für Rechtspolitik                                                      |
| ZStW      | Zeitschrift für die gesamte Strafrechtswissenschaft                               |
| ZVersWiss | Zeitschrift für die gesamte Versicherungswissenschaft                             |
| ZZP       | Zeitschrift für Zivilprozess                                                       |

## Kapitel 1

## Einleitung und Gang der Untersuchung

### A. Einleitung

Wie kaum ein anderer Bereich des Haftungsrechts ist das Arzthaftungsrecht von der Rechtsprechung geprägt und entwickelt worden.[1] Dabei ist sogar von einer „Juridifizierung des Arztberufs" die Rede.[2] Meist geht es um die Verteilung der Beweislast zwischen Patient und Arzt. Denn der häufigste Grund, weshalb ein Patient in einem Schadensersatzprozess unterliegt, ist, dass er die Kausalität des Behandlungsfehlers für den eingetretenen Schaden nicht beweisen kann. Dieses Dilemma hat die Rechtsprechung häufig zugunsten des Patienten zu lösen versucht.[3] Dabei stellen die Beweisregeln das wichtigste Instrument richterlicher Rechtsfortbildung dar.[4] Solche Entwicklungen in der Rechtsprechung sind oft kritisiert, ja sogar als „Fehlentwicklungen" bezeichnet worden. [5]

Eher jüngeren Datums sind die Entscheidungen des Bundesgerichtshofs (BGH) zur unterlassenen Befunderhebung des Arztes. Als Befund wird die Gesamtheit der durch einen Arzt festgestellten körperlichen und seelischen Erscheinungen eines Patienten bezeichnet. Er setzt sich zusammen aus den während der körperlichen Untersuchung durch Sinne und einfache Hilfsmittel des Arztes erhobenen Einzelbefunden, welche den so genannten klinischen Befund bilden, sowie gegebenenfalls den Ergebnissen weiterer medizinischer Untersuchungen mittels gerätegestützter Verfahren. Kurz gesagt sind medizinische Befunde demnach die vom Arzt während der Anamnese und der Untersuchung(en) zusammengetragenen Beobachtungen und Daten. Die Fälle der unterlassenen Befunderhebung betreffen also Sachverhalte, bei denen ein Arzt beim Patienten keine (oder nur unzureichende) Befunde erhoben hat, ihn also beispielsweise nicht untersucht, keine Tests durchgeführt oder keine Proben entnommen hat. Ein solches Verhalten des Arztes kann einen Behandlungsfehler in der Form eines Befunderhebungsfehlers darstellen.[6] Es führt nicht nur dazu, dass zur (Weiter-) Behandlung des Patienten keine objektivierbaren Befunde vorliegen und deshalb eine sachgemäße Therapie erschwert bzw. unmöglich wird, sondern bereitet dem Patienten auch Probleme, in einem späteren Arzthaftungsprozess den Nach-

---

[1] So auch *Hausch*, VersR 2002, 671 (671).

[2] *Laufs*, NJW 1995, 1590 (1590); „Verrechtlichung der Medizin", so *Katzenmeier*, Arzthaftung, S. 190, 421.

[3] Beispielhaft seien hier genannt: BGH VersR 1967, 713 (713); BGH VersR 1968, 498 (499); BGHZ 72, 132 (133 f.) = BGH NJW 1978, 2337 (2338 f.) = BGH VersR 1978, 1022 (1023 f.); BGH VersR 1981, 1033 (1033); BGHZ 85, 212 (212, 220) = BGH NJW 1983, 333 (334 ff.) = BGH VersR 1982, 1193 (1195 f.); BGHZ 99, 391 (395 ff.) = BGH NJW 1987, 1482 (1483 f.) = BGH VersR 1987, 1089 (1090 f.); BGH NJW 1988, 1511 (1512); BGH VersR 1989, 80 (81); BGHZ 138, 1 (4 ff.) = BGH NJW 1998, 1780 (1781 f.) = BGH VersR 1998, 457 (458); BGH VersR 1999, 1202 (1203 f.); BGH NJW 2004, 1871 (1872); BGHZ 159, 48 (53 ff.) = BGH NJW 2004, 2011 (2012 f.) = BGH VersR 2004, 909 (910 f.) = BGH JZ 2004, 1029 (1029 f.); *Katzenmeier*, Arzthaftung, S. 173; *Brüggemeier*, Deliktsrecht, Rn. 23.

[4] *Stoll*, AcP 176 (1976), 145 (145 ff.); *Laufs*, in: Die Entwicklung der Arzthaftung, S. 1 (9 f.); *Stodolkowitz*, VersR 1994, 11 (13).

[5] Vgl. den Titel der Dissertation von *Helbron*.

[6] Vgl. die Ausführungen in Kapitel 4 unter A. III.

weis eines schuldhaften und kausalen Behandlungsfehlers des Arztes zu führen. Denn hat der Arzt keine Befunde erhoben, bleibt meist schon im Dunkeln, in welchem Gesundheitszustand sich der Patient zum Zeitpunkt des Behandlungsbeginns befunden hat. Weiter bestehen erhebliche Schwierigkeiten aufzuklären, welches Ergebnis die – tatsächlich unterbliebene – Befunderhebung gebracht hätte, ob der Arzt auf diesen Befund hätte reagieren müssen und vor allem ob durch eine adäquate Reaktion auf das Befundergebnis der eingetretene Gesundheitsschaden hätte verhindert werden können.

Eben weil der Patient die medizinischen Befunde regelmäßig benötigt, um im Prozess ein Fehlverhalten des Arztes und die Kausalität des Fehlers für den eingetretenen Schaden beweisen zu können, er sich also ohne die Befunde in einer Situation der Beweisnot befindet, hat die Rechtsprechung die bestehenden Beweisregeln im Fall der unterlassenen Befunderhebung des Arztes deutlich zugunsten des Patienten weiterentwickelt. Anstatt wie bisher „Beweiserleichterungen bis hin zur Beweislastumkehr"[7] in erster Linie von dem Vorliegen eines groben Behandlungsfehlers abhängig zu machen, sollen diese nun bereits dann greifen können, wenn die Nichterhebung des Befundes lediglich einen einfachen Behandlungsfehler darstellt, wobei nach der aktuellen Rechtsprechung von folgenden Voraussetzungen auszugehen ist: Hätte die (einfach fehlerhaft) unterlassene Befunderhebung mit hinreichender Wahrscheinlichkeit ein reaktionspflichtiges Befundergebnis gezeigt, wird in einem ersten Schritt ein solches Ergebnis zugunsten des Patienten unterstellt; läge in der Nichtreaktion des Arztes auf das Befundergebnis oder in der Verkennung desselben ein grober Behandlungs- bzw. Diagnosefehler, kehrt sich in einem zweiten Schritt sogar die Beweislast um.[8]

---

[7] Vgl. BGHZ 72, 132 (136) = BGH NJW 1978, 2337 (2338) = BGH VersR 1978, 1022 (1023); BGH VersR 1981, 954 (955); vgl. auch BGHZ 85, 212 (215) = BGH NJW 1983, 333 (334) = BGH VersR 1982, 1193 (1195); BGH VersR 1983, 983 (984); BGH VersR 1986, 366 (367); BGH NJW 1988, 2303 (2304); BGH VersR 1992, 238 (239); BGH VersR 1992, 1263 (1265); BGH NJW 1997, 796 (797); BGHZ 159, 48 (53) = BGH NJW 2004, 2011 (2012) = BGH VersR 2004, 909 (910) = BGH JZ 2004, 1029 (1029).

[8] BGHZ 132, 47 (50 f.) = BGH NJW 1996, 1589 (1590) = BGH VersR 1996, 633 (634); BGH VersR 1998, 585 (586); BGH VersR 1999, 60 (61); BGHZ 138, 1 (4 f.) = BGH NJW 1998, 1780 (1781) = BGH VersR 1998, 457 (458); BGH VersR 1999, 231 (232); BGHZ 159, 48 (56 f.) = BGH NJW 2004, 2011 (2013) = BGH VersR 2004, 909 (911) = BGH JZ 2004, 1029 (1030); so auch OLG Stuttgart, VersR 1998, 1550 (1552); OLG Karlsruhe, VersR 2002, 1426 (1427); OLG Koblenz, NJW-RR 2007, 532 (533); *Katzenmeier*, Arzthaftung, S. 480; *Deutsch/Spickhoff*, Medizinrecht, Rn. 389; *Geiß/Greiner*, Arzthaftpflichtrecht, Rn. B. 295 f.; *Nixdorf*, VersR 1996, 160 (161); *Scheuch*, ZMGR 2005, 296 (300); *Hausch*, VersR 2003, 1489 (1492).

## B. Gang der Untersuchung

Die vorliegende Arbeit nimmt die Entscheidungen des BGH zur unterlassenen Befunderhebung des Arztes zum Anlass, sich mit dieser Rechtsprechung und ihrer Entwicklung auseinander zu setzen.

Die Untersuchung wird folgenden Gang nehmen: Für ein besseres Verständnis der nachfolgenden Ausführungen werden zunächst die Grundzüge der Beweislastverteilung im Arzthaftungsprozess und die dortige Beweissituation dargestellt (Kapitel 2).

Da in einer unterlassenen Befunderhebung selbst ein grober Behandlungsfehler liegen kann und die Beweisfigur der unterlassenen Befunderhebung, wie erläutert, auf ihrer zweiten Stufe an einen groben Behandlungsfehler anknüpft, ist die Beweisregel zum groben Behandlungsfehler mit der Beweisfigur der unterlassenen Befunderhebung verwandt[9] und daher für das Thema der Arbeit von großer Bedeutung. Eine ausführliche Behandlung der Beweisfigur der unterlassenen Befunderhebung kann daher nicht auf eine Darstellung dieser Beweisregel verzichten. Bevor auf die unterlassene Befunderhebung eingegangen wird, soll daher zunächst die deutlich bekanntere Rechtsprechung zum groben Behandlungsfehler samt ihrer Begründung dargestellt sowie die dogmatische Legitimation ihrer beweisrechtlichen Konsequenzen hinterfragt werden (Kapitel 3).

Die Ausführungen in diesem Kapitel sind aber nicht nur im Hinblick auf die zweite Stufe der Beweisfigur der unterlassenen Befunderhebung von Bedeutung, sondern behandeln auch die allgemeine Frage, wann überhaupt von einem (einfachen) Behandlungsfehler auszugehen ist – ein Aspekt, der auch für die unterlassene Befunderhebung von Bedeutung ist; schließlich knüpft diese Beweisfigur auf ihrer ersten Stufe an einen einfachen Behandlungsfehler im Sinne eines Befunderhebungsfehlers an. Die im Kapitel 3 dargestellten Grundsätze lassen sich daher auf Befunderhebungsfehler übertragen. Außerdem kann ein grober Behandlungsfehler – auch ein grober Befunderhebungsfehler – nicht vorliegen, wenn nicht gleichzeitig auch ein einfacher Behandlungs- bzw. Befunderhebungsfehler gegeben ist.

Sodann folgen eingehende Ausführungen zur unterlassenen Befunderhebung (Kapitel 4). Dass den Arzt eine Pflicht zur Befunderhebung trifft, ist zwar allgemein anerkannt. Woraus diese Pflicht genau folgt, wird dabei – soweit ersichtlich – jedoch nicht näher erörtert, ihr Bestehen wird vielmehr stillschweigend vorausgesetzt.[10] Daher soll zunächst auf die Herleitung der Befunderhebungspflicht eingegangen werden, bevor anschließend ihr Inhalt und Umfang beschrieben werden. Wegen des aufzuzeigenden engen Zusammenhangs der Befunderhebung zur Diagnose erfolgt in diesem Kapitel auch eine Darstellung der Pflicht des Arztes zur Diagnose, des

---

[9] *Frahm/Nixdorf*, Arzthaftungsrecht, Rn. 121; *Steffen*, in: Festschrift für Brandner, S. 327 (334) spricht insoweit von einer „benachbarten Beweislastumkehr".

[10] Statt vieler vgl. BGHZ 85, 212 (217) = BGH NJW 1983, 333 (334) = BGH VersR 1982, 1193 (1195); BGHZ 99, 391 (396) = BGH NJW 1987, 1482 (1483) = BGH VersR 1987, 1089 (1090 f.); BGH NJW 2004, 1871 (1872); MüKo-*Wagner*, Band 5, § 823 Rn. 741; *Steffen/Pauge*, Arzthaftungsrecht, Rn. 155, 155a, 525; *Frahm/Nixdorf*, Arzthaftungsrecht, Rn. 97; *Ehlers/Broglie*, Arzthaftungsrecht, Rn. 658, 742; *Geiß/Greiner*, Arzthaftpflichtrecht, Rn. B. 65; *Katzenmeier*, Arzthaftung, S. 477; *Steffen*, in: Festschrift für Brandner, S. 327 (328 ff.); *Nixdorf*, VersR 1996, 160 (160 f.); *Bischoff*, in: Festschrift für Geiß, S. 345 (347); *Groß*, in: Festschrift für Geiß, S. 429 (432); *Scheuch*, ZMGR 2005, 296 (296); *Hausch*, VersR 2003, 1489 (1489).

Diagnosefehlers und seiner Behandlung durch die Rechtsprechung, der auch bei der rechtlichen Einordnung der Befunderhebungspflicht eine Rolle spielen und daher vorab erläutert wird. Sodann sollen die Befunderhebungspflicht rechtlich eingeordnet sowie unterschiedliche Ansätze zur Herleitung der beweisrechtlichen Konsequenzen eines Verstoßes gegen diese Pflicht aufgezeigt und erörtert werden. Schließlich erfolgt ein Überblick über die Entwicklung der Beweisfigur der unterlassenen Befunderhebung in der Rechtsprechung und zusammenfassend die Darstellung der Voraussetzungen für ihr Eingreifen nach der aktuellen Rechtsprechung.

Das Kapitel 5 widmet sich anschließend ausführlich einer kritischen Auseinandersetzung mit dieser Rechtsprechung. Eingangs sollen dabei die im Kapitel 4 bereits aufgezeigten Ansätze der Rechtsprechung zur Herleitung und Rechtfertigung der beweisrechtlichen Konsequenzen eines Verstoßes gegen die Befunderhebungspflicht hinterfragt werden. Anschließend soll erörtert werden, was es mit dem Erfordernis der „hinreichenden Wahrscheinlichkeit" eines reaktionspflichtigen Befundergebnisses auf sich hat, insbesondere um welche Art von Beweiserleichterung es sich dabei handeln könnte. Sodann wird, anknüpfend an das Kapitel 3, der grobe Behandlungsfehler auf der zweiten Stufe der Beweisfigur näher beleuchtet und seine dogmatische Rechtfertigung überprüft, wobei auch auf den Unterschied dieses groben Fehlers zu einem „gewöhnlichen" groben Fehler einzugehen sein wird.

Da die Beweisfigur der unterlassenen Befunderhebung den Patienten beweismäßig begünstigt und über das Anknüpfen an einen groben Behandlungsfehler zudem von der allgemeinen Verteilung der Beweislast im Zivilprozess abweicht, widmen sich einige Seiten auch der Frage, ob mit dieser Rechtsprechung „die Grenze dessen, was einem Arzt abverlangt werden kann [...] erreicht"[11] und daher möglicherweise die Waffengleichheit zulasten des Arztes verletzt ist. Die Rechtsprechung zur unterlassenen Befunderhebung führt nämlich ein weiteres Mal zu einer beweismäßigen Besserstellung des Patienten und so denknotwendig zu einer leichter nachweisbaren Haftung des Arztes im Prozess. Will man sich ausführlich mit dieser Rechtsprechung beschäftigen und sich ein umfassendes Bild von ihr machen, dürfen daher auch Ausführungen zu möglichen Auswirkungen einer solchen strengen Haftungsrechtsprechung in juristischer sowie medizinischer Hinsicht nicht fehlen.

Das sechste Kapitel beschäftigt sich mit der Frage, ob auf die Beweisfigur der unterlassenen Befunderhebung verzichtet werden kann. Es sollen Wege aufgezeigt werden, wie die Beweisprobleme des Patienten in Fällen der unterlassenen Befunderhebung möglicherweise ohne Rückgriff auf die durch Richterrecht geschaffene Beweisregeln gelöst werden könnten, ohne dabei gleichzeitig den Arzt (beweismäßig) über Gebühr zu belasten.

In Kapitel 7 sollen schließlich die wesentlichen Ergebnisse der Arbeit zusammengefasst werden.

Die Erörterung der Haftungsfragen wird sich auf das konkrete Arzt-Patienten-Verhältnis unter der Annahme eines den ärztlichen Anweisungen folgenden Patienten beschränken. Nicht Gegenstand der Arbeit soll daher das Problem der „Non-Compliance"[12] sowie der horizontalen Arbeitsteilung[13] sein.

---

[11] *Pelz*, in: Die Entwicklung der Arzthaftung, S. 41 (44).

[12] Dazu *Schellenberg*, VersR 2005, 1620 ff.; *Laufs/Uhlenbruck-Uhlenbruck*, Handbuch des Arztrechts, § 78 Rn. 4 ff.; *Giesen*, Arzthaftungsrecht, Rn. 48 ff., 81, 141.

[13] Vgl. hierzu *Bergmann*, VersR 1996, 810 ff.; *Katzenmeier*, MedR 2004, 34 ff.; *Rumler-Detzel*, VersR 1994, 254 ff.; *Deutsch/Spickhoff*, Medizinrecht, Rn. 168; *Giesen*, Arzthaftungsrecht, Rn. 152 ff.

## Kapitel 2

## Die Beweislastverteilung im Arzthaftungsprozess

Der dem Rechtsstreit zugrunde liegende Sachverhalt kann oft nicht zur Überzeugung des Gerichts vollständig aufgeklärt werden.[14] Hat der Arzt beispielsweise keine oder nur unzureichende Befunde erhoben, steht, wie eingangs erwähnt, meist schon nicht fest, in welchem Gesundheitszustand sich der Patient zum Behandlungszeitpunkt befunden hat. Weiter bleibt unklar, welchen Befund die unterbliebene Untersuchung ergeben hätte, wie der Arzt ihn gedeutet hätte und ob und welche Maßnahmen hätten eingeleitet werden müssen. Außerdem kann regelmäßig nicht mehr geklärt werden, ob sich diese Maßnahmen positiv auf den Gesundheitszustand des Patienten ausgewirkt hätten.[15] Da sich somit häufig das Behandlungsgeschehen und die Zusammenhänge nachträglich nur sehr schwer rekonstruieren lassen, ist die Verteilung der Beweislast im Zivilprozess von großer Bedeutung. Denn im Fall eines solchen *non liquet* entscheidet die Beweislast über den Ausgang des Rechtsstreits, also darüber, welche Partei letztlich obsiegt und welche unterliegt.[16] Daher soll zunächst kurz geklärt werden, aus welchen Vorschriften sich die Haftung des Arztes ergibt. Für ein besseres Verständnis des Themas der Arbeit soll anschließend auf die grundsätzliche Verteilung der Beweislast eingegangen werden.

### A. Die Haftung des Arztes

Die medizinische Berufshaftung ist sowohl eine Haftung aus Vertrag als auch eine Haftung aus Delikt.[17] Neben der Aufklärungspflichtverletzung, die im Rahmen dieser Arbeit keine Rolle spielen soll, ist üblicherweise der ärztliche Behandlungsfehler Anknüpfungsgrund für eine Haftung des Arztes. Da es für das Arztrecht keine haftungsrechtlichen Sondernormen gibt, muss die Haftung für Behandlungsfehler in das allgemeine Vertrags- und Deliktsrecht eingeordnet werden.

Als deliktische Anspruchsgrundlage kommt daher meist § 823 Abs. 1 BGB in Betracht. Das Recht der unerlaubten Handlung oder Deliktsrecht soll den Einzelnen gegen widerrechtliche Eingriffe in seinen Rechtskreis schützen.[18] Es nimmt die nicht durch den Parteiwillen begründete Integritäts- und Vermögensschutzperspektive wahr; während das Vertragsrecht die grundsätzlich selbstbestimmten, vereinbarten Leistungs-, Kooperations- und Konfliktregeln bereithält, gibt es im Recht der unerlaubten Handlung fremdbestimmte „allgemeine Rechtsregeln der guten Berufsaus-

---

[14] Probleme der Tatsachenfeststellung dominieren Zivilprozesse zu einem Anteil von ca. 70 %, so *Hansen*, JuS 1992, 327 (327) mit Verweis auf *Nack*, MDR 1986, 366 (366), der sich auf eine Aktenauswertung des Instituts für Rechtstatsachenforschung in Stuttgart beruft.

[15] Vgl. zum ganzen *Müller*, MedR 2001, 487 (490); *dies.*, NJW 1997, 3049 (3053); MüKo-*Wagner*, Band 5, § 823 Rn. 741; zur Beweisnot des Patienten vgl. auch *Giesen*, Arzthaftungsrecht, Rn. 353; *Laufs*, Arztrecht, Rn. 586; *Baumgärtel*, Beweislast, Bd. 1, § 823 Anh. C II Rn. 1 ff.; *Musielak*, JuS 1983, 609 (609 ff.).

[16] Statt vieler *Rosenberg/Schwab/Gottwald*, Zivilprozessrecht, § 114 Rn. 42.

[17] Statt vieler Palandt-*Sprau*, § 823 Rn. 134; *Katzenmeier*, Arzthaftung, S. 150; *Frahm/Nixdorf*, Arzthaftungsrecht, Rn. 62; *Deutsch*, JZ 2002, 588 (588).

[18] Palandt-*Sprau*, Einf. v. § 823 Rn. 1.

übung für den Arzt"[19], die verlangen, dass dieser alle ihm möglichen und zumutbaren Maßnahmen ergreift, um Gefahren für Rechtsgüter des Patienten abzuwenden.[20] Vertragliche Schadensersatzansprüche stützen sich auf § 280 Abs. 1 BGB. Der Arzt verpflichtet sich durch den Behandlungsvertrag zu einer ordnungsgemäßen Behandlung des Patienten, er verspricht in der Regel jedoch keinen Heilungserfolg.[21] Anknüpfungspunkt für eine Haftung des Arztes kann daher gerade nicht das Ausbleiben des Heilungserfolgs sein. Denn da der Arztvertrag grundsätzlich ein Dienstvertrag im Sinne des § 611 BGB ist,[22] schuldet der Arzt lediglich eine Tätigkeit in Form einer ordnungsgemäßen Behandlung. Entscheidend für die Haftung des Arztes ist, dass er eine Verhaltensnorm verletzt, die vorhersehbare Risiken, die sich aus der Behandlung ergeben, vermeiden will. Eine Pflichtverletzung liegt demnach nur vor, wenn dem Arzt ein Behandlungsfehler unterläuft und nicht, wenn die Heilung ausbleibt. Andernfalls würde aus der Verhaltenshaftung des Arztes eine Haftung für Zufall und Erfolg. Ein Misserfolg bei der Heilung ist daher auch kein Indiz für einen Behandlungsfehler des Arztes.[23] Denn selbst eine sachgemäße Behandlung kann mitunter eine bereits bestehende Krankheit in ihrer Entwicklung nicht mehr aufhalten.[24] Zwischen der deliktischen und der vertraglichen Haftung besteht Anspruchskonkurrenz. Die Verletzung beider Regelungskreise führt zu privatrechtlichen Sanktionen in Form von Schadensersatzpflichten oder – präventiv gesehen – zu Handlungs- oder Unterlassungspflichten.[25]

## B. Grundsätzliches zur Beweislast im Arzthaftungsrecht

Weder im BGB noch in der ZPO findet sich heute eine ausdrückliche, allgemeine Regelung zur Beweislast der Parteien. Beide gehen stillschweigend von der Existenz einer solchen aus. Dagegen hatte der erste Entwurf des Bürgerlichen Gesetzbuches von 1888 noch eine solche Beweislastregelung vorgesehen. § 193 dieses Entwurfs lautete: „Wer einen Anspruch geltend macht, hat die zur Begründung desselben er-

---

[19] *Francke/Hart*, Ärztliche Verantwortung und Patienteninformation, S. 1.

[20] Zum funktionalen Schutzbereich der Sorgfaltspflichten vgl. MüKo-*Wagner*, Band 5, § 823 Rn. 282; das Deliktsrecht soll Rechtsgüter schützen, dabei aber die individuelle Freiheit möglichst weitgehend bewahren; daher wird grundsätzlich nur für eine rechtswidrige und schuldhafte Schädigung anderer gehaftet, vgl. *Larenz/Canaris*, SchuldR II/2, § 75 I, v.a. 1. und 2.

[21] BGH VersR 1977, 546 (547); OLG Karlsruhe, VersR 1996, 62 (62); Palandt-*Sprau*, § 823 Rn. 134; Einzelheiten bei *Laufs/Uhlenbruck-Uhlenbruck*, Handbuch des Arztrechts, § 39; *Deutsch/Spickhoff*, Medizinrecht, Rn. 89; *Steffen/Pauge*, Arzthaftungsrecht, Rn. 128 f.; *Nixdorf*, VersR 1996, 160 (162); *Müller*, NJW 1997, 3049 (3049).

[22] BGHZ 63, 306 (309) = BGH NJW 1975, 305 (306) = BGH JZ 1975, 174 (175); *Giesen*, Arzthaftungsrecht, Rn. 7; *Laufs*, Arztrecht, Rn. 100; *Rehborn*, MDR 1999, 1169 (1170); *Laufs/Uhlenbruck-Uhlenbruck*, Handbuch des Arztrechts, § 39 Rn. 10.

[23] BGH VersR 1980, 428 (428); *Steffen/Pauge*, Arzthaftungsrecht, Rn. 130; *Katzenmeier*, Arzthaftung, S. 416; a.A. *Giesen*, Arzthaftungsrecht, Rn. 462; *ders.* Jura 1981, 10 (20 f., 24); *ders.* JZ 1990, 1053 (1062); *ders.* JR 1991, 485 (489 ff.), der meint, dass ein Zwischenfall bei der ärztlichen Behandlung regelmäßig auf einen ärztlichen Fehler hindeute, nur ausnahmsweise sei von einem schicksalhaften Verlauf auszugehen.

[24] So auch *Heilmann*, NJW 1990, 1513 (1515); *Katzenmeier*, Arzthaftung, S. 416.

[25] Wie Informations-, Aufklärungs- und Beratungspflichten, vgl. *Francke/Hart*, Ärztliche Verantwortung und Patienteninformation, S. 1.

forderlichen Tatsachen zu beweisen. Wer die Aufhebung eines Anspruchs oder die Hemmung der Wirksamkeit desselben geltend macht, hat die Tatsachen zu beweisen, welche zur Begründung der Aufhebung oder Hemmung erforderlich sind."[26] Dieser Entwurf einer Beweislastverteilung wurde jedoch gestrichen, da man die Vorschrift für selbstverständlich hielt; sie spreche nur aus, was sich nach den Grundsätzen der Logik ergebe und auch ohne gesetzliche Regelung anerkannt sei.[27]

Heute muss nach einer allgemein anerkannten Grundregel – von der wohl auch die 2. Kommission im Jahr 1888 ausging – grundsätzlich jede Partei die ihr günstigen Tatsachen beweisen.[28] Präzise gesprochen muss der Kläger also die anspruchsbegründenden, der Beklagte die anspruchshindernden, vernichtenden oder - hemmenden Tatsachen beweisen. Da es keine speziellen arzthaftungsrechtlichen Vorschriften im BGB gibt, sind die vorgenannten Grundsätze auch auf den Arzthaftungsprozess anzuwenden.[29]

Dies bedeutet für den vertraglichen Anspruch, dass der Patient als Kläger die Verletzung einer Pflicht aus dem Behandlungsvertrag, den eingetretenen Schaden und die haftungsbegründende Kausalität – die Kausalität zwischen Pflichtverletzung und Rechtsgutsverletzung – sowie das Verschulden des Arztes darlegen und beweisen muss. Gleichfalls trifft ihn im Bereich der deliktischen Haftung die Beweislast für das Vorliegen eines Behandlungsfehlers, dessen Kausalität für die eingetretene Rechtsgutsverletzung sowie für das Verschulden des Arztes. Für den Fall der unterlassenen Befunderhebung bedeutet dies, dass der Patient grundsätzlich beweisen muss, dass das Unterlassen des Arztes behandlungsfehlerhaft war, dass der eingetretene Schaden bei ordnungsgemäßer Befunderhebung hätte vermieden werden können und dass den Arzt ein Verschulden trifft.

## C. Anwendbarkeit der Verschuldensvermutung des § 280 Abs. 1 Satz 2 BGB im Arzthaftungsrecht

Arzthaftung ist Verschuldenshaftung.[30] Der Patient als Anspruchsteller muss grundsätzlich alle anspruchsbegründenden Tatsachen darlegen und beweisen. Hierzu gehört auch der Nachweis des Verschuldens des Arztes. Seit der Schuldrechtsreform im Jahr 2002 findet sich in § 280 Abs. 1 Satz 2 BGB eine Verschuldensvermutung zulasten des Schuldners. Danach wird bei feststehender Verletzung einer Pflicht aus dem Vertrag sein Vertretenmüssen vermutet.

---

[26] Vgl. *Mugdan*, Materialien zum BGB, Bd. I, II. B., S. 561.
[27] *Mugdan*, Materialien zum BGB, Bd. I, II. C., S. 815.
[28] Vgl. BGHZ 53, 245 (250) = BGH NJW 1970, 946 (947); BGHZ 101, 172 (179) = BGH NJW 1988, 640 (642) = BGH VersR 1987, 1212 (1214); BGH NJW 1995, 49 (50); *Rosenberg*, Beweislast, S. 98 ff.; Thomas/Putzo-*Reichold*, Vor § 284 Rn. 23; *Rosenberg/Schwab/Gottwald*, Zivilprozessrecht, § 114 Rn. 7; dazu auch ausführlich *Katzenmeier*, Arzthaftung, S. 419.
[29] BGH NJW 1991, 1540 (1540 f.); *Laufs*, Arztrecht, Rn. 589; *Baumgärtel*, Beweislast, Bd. 1, § 823 Anh. C II, Rn. 2; *Katzenmeier*, Arzthaftung, S. 421; teilweise a.A. *Brüggemeier*, Prinzipien des Haftungsrechts, S. 232 f., der im Sinne von Sonderbeweislastregeln weiter nach Gesichtspunkten der Billigkeit und Zweckmäßigkeit differenzieren will.
[30] Statt vieler *Katzenmeier*, Arzthaftung, S. 150; vgl. auch *Frahm/Nixdorf*, Arzthaftungsrecht, Rn. 64; vgl. auch *Laufs*, Arztrecht, Rn. 486; *Deutsch/Spickhoff*, Medizinrecht, Rn. 126, 133, 140.

Fraglich ist, ob die in § 280 Abs. 1 Satz 2 BGB geregelte Abweichung von der grundsätzlichen Beweislastverteilung auch auf den Behandlungsvertrag anwendbar ist.[31] Für den Patienten wäre dies günstig, müsste er so eine Voraussetzung des haftungsbegründenden Tatbestands weniger darlegen und beweisen. Diese Frage soll im Folgenden kurz untersucht werden.

Im früheren Schuldrecht gehörte das Vertretenmüssen zu dem vom Gläubiger zu beweisenden haftungsbegründenden Tatbestand. Lediglich § 282 BGB a.F. sah eine Beweislast des Schuldners vor, falls streitig war, ob die Unmöglichkeit der Leistung die Folge eines von dem Schuldner zu vertretenden Umstandes war. § 285 BGB a.F. regelte eine solche Verteilung der Beweislast auch für den Fall des Verzugs des Schuldners.

Unter Hinweis auf §§ 282, 285 BGB a.F. entwickelte die Rechtsprechung jedoch eine Beweislastverteilung nach Gefahren- und Verantwortungsbereichen[32] und wendete die §§ 282, 285 BGB a.F. analog auch auf die meisten Fälle der positiven Forderungsverletzung eines Dienstvertrages, die nun unter § 280 Abs. 1 BGB fällt,[33] an.[34] Hatte der Schuldner danach objektiv eine Pflicht verletzt oder war eine Schadensursache in sonstiger Weise eindeutig in der Sphäre des Schuldners entstanden, musste ausnahmsweise er darlegen und beweisen, dass er die Pflichtverletzung nicht zu vertreten hatte.

Hinter dieser Beweislastverteilung standen Gedanken von Beweisnot und Beweisnähe. Nach Auffassung der Rechtsprechung entzögen sich die Vorgänge im Organisations- und Gefahrenbereich des Schuldners regelmäßig einer Kenntnis des Gläubigers, weshalb ihm ein hierüber zu führender Beweis nicht zuzumuten sei.[35] Der Schuldner sei „näher dran", sich von dem ihm gemachten Vorwurf zu befreien. Im Übrigen blieb es dabei, dass der Gläubiger das Verschulden des Schuldners darlegen und beweisen musste. Für den Kernbereich ärztlichen Handelns lehnte der BGH eine Anwendung der §§ 282, 285 BGB a.F. ab.[36] Zur Begründung führte er aus, dass die §§ 282, 285 BGB a.F. von einer erfolgsbezogenen Leistungspflicht des Schuldners ausgingen, der Arzt jedoch gerade keinen Behandlungserfolg, sondern eine Behandlung, die dem medizinischen Standard entspreche, und damit eine verhaltensbezogene Pflicht, schuldete.[37] Wegen der Unberechenbarkeiten des menschlichen Organismus könnten Zwischenfälle auch schicksalhaft eintreten,[38] so dass der Arzt nicht allein deshalb haften könne, weil die Behandlung nicht den gewünschten Erfolg

---

[31] Vgl. dazu ausführlich *Katzenmeier*, Arzthaftung, S. 488 ff.; *ders.*, VersR 2002, 1066 ff.

[32] BGHZ 66, 52 (53) = BGH NJW 1976, 712 (712 f.); BGH NJW 1980, 2186 (2187); BGHZ 8, 239 (241); BGH NJW 1957, 746 (747); vgl. auch *Katzenmeier*, Arzthaftung, S. 482 ff.; *Baumgärtel*, Beweislast, Bd. 1, § 823 Anh. C II Rn. 35; *Pelz*, in: Die Entwicklung der Arzthaftung, S. 41 (50); *Musielak*, AcP 176 (1976), 465 (466 ff.); *Nixdorf*, VersR 1996, 160 (162); *Dunz*, Aktuelle Fragen zum Arzthaftungsrecht, S. 60; *Giesen*, Arzthaftungsrecht, Rn. 455.

[33] Statt vieler *Canaris*, ZRP 2001, 329 (333).

[34] Vgl. etwa BGHZ 8, 239 (241); BGHZ 51, 91 (103 ff.) = BGH NJW 1969, 269 (274 f.); BGHZ 67, 383 (387) = BGH NJW 1977, 501 (501); BGH NJW 1957, 746 (747); BGH NJW 1978, 2197 (2198); *Baumgärtel*, Beweislast, Bd. 1, § 282 Anh., Rn. 37, 57, 88 ff.; *Larenz*, in: Festschrift für Hauß, S. 225 (234 ff.); *Katzenmeier*, Arzthaftung, S. 491; *Musielak*, AcP 176 (1976), 465 (466 ff.).

[35] BGH NJW 1968, 2240 (2240); BGH NJW 1964, 33 (35).

[36] BGH VersR 1969, 310 (312); BGH NJW 1977, 1102 (1103); BGH VersR 1980, 428 (429); BGH NJW 1981, 2002 (2004); BGH NJW 1991, 1541 (1542); BGH VersR 1999, 60 (60).

[37] BGH VersR 1977, 546 (57); BGH NJW 1991, 1540 (1541).

[38] Betont in BGH NJW 1980, 2751 (2752); BGH NJW 1980, 1333 (1333); vgl. auch *Laufs*, Arztrecht, Rn. 624; *Katzenmeier*, Arzthaftung, S. 490.

gebracht habe.[39] Der Arzt habe es eben nicht mit toter Materie, sondern mit einem lebenden Organismus zu tun.[40] Da es zudem gerade die Krankheit des Patienten und damit ein aus seiner Sphäre stammender Umstand sei, der zu dem ärztlichen Eingriff geführt habe, müsse dieser die für ihn ungünstige Beweislage hinnehmen.[41] Damit führte der BGH die Rechtsprechung des Reichsgerichts[42] fort. Diese Judikatur fand im Schrifttum überwiegend Zustimmung.[43]

Im Gegensatz zu §§ 282, 285 BGB a.F. beschränkt § 280 Abs. 1 Satz 2 BGB seit dem Jahr 2002 die Beweislastumkehr nicht mehr auf die Unmöglichkeit und den Verzug. § 280 Abs. 1 Satz 2 BGB ist vielmehr auf alle Pflichtverletzungen im Rahmen bestehender Schuldverhältnisse, unabhängig von deren Verhaltens- oder Erfolgsbezogenheit, anwendbar.[44] Damit wurde die Beweislastumkehr bezüglich des Vertretenmüssens verallgemeinert. Einziger Anspruchsgrund im Leistungsstörungsrecht ist nunmehr – wie von der Schuldrechtskommission vorgeschlagen[45] – die Pflichtverletzung[46], die der Gläubiger beweisen muss. Steht diese fest, ist es am Schuldner, Umstände darzulegen und zu beweisen, die sein Vertretenmüssen ausschließen.

Der weit gefasste Wortlaut des § 280 Abs. 1 Satz 2 BGB steht demnach einer Anwendung auch auf den Behandlungsvertrag nicht entgegen. Möglich ist es jedoch auch, dass die Rechtsprechung – anknüpfend an die Argumentation zu §§ 282, 285

---

[39] BGH VersR 1967, 663 (664); BGH VersR 1977, 546 (547); BGH NJW 1978, 1681 (1681); so auch *Nixdorf*, VersR 1996, 160 (162); *Weber* NJW 1997, 761 (767); *Müller*, NJW 1997, 3049 (3049).

[40] *Franzki*, MedR 1994, 171 (171).

[41] BGH NJW 1980, 1333 (1333); so auch *Weber*, NJW 1997, 761 (762); *Laufs*, Arztrecht, Rn. 619. Seit einer Entscheidung aus dem Jahr 1977 befürwortete der BGH ausnahmsweise eine analoge Anwendung der §§ 282, 285 BGB a.F. im Arzthaftungsrecht, vgl. BGH NJW 1978, 584 (584); vgl. auch BGH NJW 1984, 386 (387); BGH NJW 1984, 1403 (1404); BGH NJW 1991, 467 (468); BGH NJW 1991, 1540 (1541); BGH NJW 1994, 562 (563); BGH NJW 1994, 1594 (1595). In Bereichen, deren Gefahren der Arzt voll beherrschen konnte, kehrte sich die Beweislast hinsichtlich des Verschuldens um, wenn feststand, dass der Schaden des Patienten aus einem solchen Bereich stammte. Diese Ausnahme galt für die Koordination und Organisation des Behandlungsgeschehens, insbesondere für die technischen und apparativen Behandlungsbedingungen. Denn der Grund, der gegen die Annahme einer erfolgsbezogenen Pflicht und damit auch gegen eine analoge Anwendung der §§ 282, 285 BGB a.F. angeführt wurde, wirkte sich hier gerade nicht aus. Im Gegensatz zum menschlichen Organismus war dieser Bereich des Behandlungsgeschehens nämlich berechenbar und damit beherrschbar.

[42] Vgl. RGZ 78, 432 (435); RGZ 148, 148 (150); RGZ 171, 168 (171).

[43] *Laufs*, Arztrecht, Rn. 619; MüKo-*Emmerich*, Band 2, Vor § 275 Rn. 363. Nur wenige Vertreter befürworteten eine analoge Anwendung der §§ 282, 285 BGB a.F. mit dem Argument, der Behandlungsvertrag dürfe gegenüber anderen Schuldverhältnissen nicht privilegiert werden, so Palandt-*Heinrichs*, 60. Aufl., § 282 Rn. 18; *Giesen*, Arzthaftungsrecht, Rn. 375, 455; *Weimar*, JR 1977, 7 (9); *Giesen*, Arzthaftungsrecht, Rn. 462; *ders.* Jura 1981, 10 (20 f., 24); *ders.* JZ 1990, 1053 (1062); *ders.* JR 1991, 485 (489 ff.) meint, dass ein Zwischenfall bei der ärztlichen Behandlung regelmäßig auf einen ärztlichen Fehler hindeute, nur ausnahmsweise sei von einem schicksalhaften Verlauf auszugehen; wenn der eingetretene Schaden also regelmäßig den Arztfehler indiziere, folge beweismäßig daraus, dass es gerade der Arzt sei, der den schicksalhaften Verlauf der Behandlung und seine Umstände darzulegen und zu beweisen habe, wolle er sich auf diese Ausnahme berufen. Da der Fehler im Gefahrenbereich des Arztes entstanden sei, sei dieser „näher dran", sich zu entlasten. Die Beweislastverteilung im Arzthaftungsrecht sei damit derjenigen in der Produzentenhaftung ähnlich, so *Giesen*, Arzthaftungsrecht, Rn. 462; *ders.* Jura 1981, 10 (13, 24); so auch *Francke/Hart*, Ärztliche Verantwortung und Patienteninformation, S. 51, 53.

[44] Regierungsentwurf, BT-Drucksache 14/6040, S. 136.

[45] Abschlussbericht der Kommission zur Überarbeitung des Schuldrechts, S. 130.

[46] Zustimmend die Bundesregierung in ihrer Gegenäußerung, BT-Drucksache 14/6857, S. 49; *Dauner-Lieb*, Das neue Schuldrecht, § 2, Rn. 32.

BGB a.F. – die vertragliche Arzthaftung im Wege der teleologischen Reduktion auch von § 280 Abs. 1 Satz 2 BGB ausnehmen wird.[47] Dies bleibt abzuwarten.[48] Die praktische Relevanz des Streits ist allerdings gering.[49] Dies liegt daran, dass sich die neue Beweislastregelung nach ihrem eindeutigen Wortlaut nur auf das Verschulden und weder auf die Pflichtverletzung noch auf die Kausalität bezieht.[50] Das Verschulden des Arztes ist jedoch – im Gegensatz zum Vorliegen eines Behandlungsfehlers und der Kausalität – fast nie Gegenstand des Rechtsstreits. Fälle, in denen ein Behandlungsfehler festgestellt, ein Verschulden des Arztes aber verneint wurde, waren nämlich schon vor der Schuldrechtsreform sehr selten.[51] Im Übrigen besteht bei einer sauberen Trennung zwischen Pflichtverletzung, Kausalität und Vertretenmüssen kein Anlass, den Behandlungsvertrag von der Regelung des § 280 Abs. 1 Satz 2 BGB im Wege einer teleologischen Reduktion auszunehmen.[52]

---

[47] So die Forderung von *Rehborn*, MDR 2002, 1281 (1287).

[48] Zur Auffassung der Kommission zur Überarbeitung des Schuldrechts vgl. den Abschlussbericht, S. 130: „Nach geltendem Recht liegen Behauptungs- und Beweislast für das Nichtvertretenmüssen auch in den meisten Fällen der positiven Forderungsverletzung beim Schuldner, freilich mit einigen Ausnahmen, etwa bei der Arzthaftung. Doch sind diese Ausnahmen nach Auffassung der Kommission einer gesetzlichen Regelung zumindest derzeit noch nicht zugänglich. Daher muss die Verteilung der Behauptungs- und Beweislast einstweilen ohne Ausnahme formuliert werden. Doch dies soll keine Absage an die bisher geübte Praxis bedeuten." Damit könnte gemeint sein, dass es bezüglich der Arzthaftung bei der bisherigen Rechtslage bleiben soll, es also nur ausnahmsweise zu einer Beweislastumkehr beim Verschulden kommen soll, dass es möglicherweise sogar eine – als Ausnahme zu § 280 Abs. 1 Satz 2 BGB formulierte – Regelung für das Arzthaftungsrecht geben wird und dass § 280 Abs. 1 Satz 2 BGB solange jedenfalls teleologisch zu reduzieren ist. Diese Fragen sind bislang ungeklärt. Jedenfalls ist die Meinung der Schuldrechtskommission nach moderner Methodenlehre nicht bindend und daher bei der Auslegung der Norm nicht zwingend zu berücksichtigen. Die Kommission zur Überarbeitung des Schuldrechts war nämlich nur eine gesetzesvorbereitende Kommission. Selbst bei einer gesetzgebenden Kommission muss jedoch der Wille im Gesetz Ausdruck finden, so *Larenz/Canaris*, Methodenlehre, S. 150; so auch *Deutsch*, JZ 2002, 588 (590), was bei § 280 Abs. 1 BGB – wie gesehen – jedoch gerade nicht der Fall ist.

[49] *Deutsch*, JZ 2002, 588 (592); *Katzenmeier*, VersR 2002, 1066 (1069).

[50] Allerdings sind Pflichtverletzung und Verschulden eng miteinander verwoben. § 276 Abs. 2 BGB definiert die Fahrlässigkeit als Verschuldensform als „Verletzung der im Verkehr erforderlichen Sorgfalt". Eine Pflichtverletzung liegt vor, wenn der Schuldner die Leistung nicht, nicht wie geschuldet oder zu spät erbringt. Der Anteil dessen, was als Verschulden vermutet wird, ist davon abhängig, wie erfolgsbezogen die zu erbringende Pflicht formuliert wird. Der Bezugspunkt für das Verschulden ist also die Pflichtverletzung, vgl. *Spickhoff*, NJW 2002, 2530 (2535).

[51] In weniger als 1 % der Fälle steht das Verschulden des Arztes im Streit, vgl. *Stolz*, VersR 1978, 797 (798); *Palandt-Heinrichs*, § 280 Rn. 42.

[52] Bei der Anwendung des neuen § 280 Abs. 1 BGB stellt sich insbesondere die Frage, wie die Pflichtverletzung vom Vertretenmüssen abzugrenzen ist. Im Rahmen des Verschuldens in Form von Fahrlässigkeit (§ 276 Abs. 2 BGB) kommt es nämlich nicht auf eine subjektive, persönliche Vorwerfbarkeit an, sondern der Fahrlässigkeitsmaßstab bestimmt sich danach, was der Verkehrskreis, in den man sich begibt, erwartet. Der Maßstab ist also objektiviert, vgl. BGH NJW 2001, 1786 (1787); *Deutsch*, Fahrlässigkeit und erforderliche Sorgfalt, S. 128 ff; *Palandt-Heinrichs*, § 276 Rn. 15. Auch die jeweilige Pflicht muss jedoch notwendig objektiviert bestimmt werden. Daher scheint die Unterscheidung zwischen Pflichtverletzung und Vertretenmüssen auf den ersten Blick ins Leere zu laufen, für das Verschulden kaum ein positiver Anwendungsbereich zu verbleiben, so *Spickhoff*, NJW 2002, 2530 (2535). Dagegen spricht freilich, dass es sich bei § 280 Abs. 1 BGB um eine neu geschaffene Regelung handelt, und der Gesetzgeber sicher keine sinnlose Norm schaffen wollte, vgl. *Larenz/Canaris*, Methodenlehre der Rechtswissenschaft, S. 168: Dem Gesetzgeber könne im Allgemeinen der Wille unterstellt werden, eine vernünftige Regelung zu schaffen. Um die Pflichtverletzung vom Vertretenmüssen abzugrenzen, müssten dem Verschulden Merkmale zugewiesen werden, die nicht

Selbstverständlich können Vorgänge im menschlichen Organismus schicksalhaft eintreten. Mit diesem Argument lehnte die Rechtsprechung eine analoge Anwendung der §§ 282, 285 BGB a.F. auf den Behandlungsvertrag ab. Dabei missachtete sie jedoch die notwendige Unterscheidung zwischen Verschulden und Kausalität. Denn die Frage, ob ein Schaden aufgrund der Unwägbarkeiten des menschlichen Organismus schicksalhaft eingetreten ist, betrifft nicht die Frage des Verschuldens des Arztes, sondern die der (haftungsbegründenden) Kausalität zwischen festgestelltem Behandlungsfehler und Schaden, für die nach allgemeinen Grundsätzen der Patient die Darlegungs- und Beweislast trägt.[53] Steht der Behandlungsfehler des Arztes und seine Kausalität für den eingetretenen Schaden jedoch fest, kann dem Patienten nicht mehr entgegen gehalten werden, das Eingriffsrisiko sei krankheitsbedingt gewesen und stamme daher aus seinem Verantwortungsbereich.[54] In einem solchen Fall hat sich vielmehr das Risiko in die Sphäre des Arztes verlagert. Es besteht daher kein Grund, den Arzt gegenüber anderen Vertragsschuldnern zu privilegieren.[55] Die Anwendbarkeit des § 280 Abs. 1 Satz 2 BGB kann daher bejaht werden, sofern strikt zwischen den Tatbestandsmerkmalen Pflichtverletzung, Kausalität und Vertretenmüssen unterschieden wird.

---

schon zur Pflichtverletzung gehören, so *Deutsch*, JZ 2002, 588 (591). Teilweise wird dafür zwischen innerer und äußerer Sorgfalt unterschieden, vgl. *Deutsch*, Allgemeines Haftungsrecht, Rn. 385; *ders.* JZ 2002, 588 (591); zur Anwaltshaftung *Henssler*, JZ 1994, 178 (183); *Huber*, in: Festschrift für Huber, S. 253 (263, 281 ff.); vgl. auch die Darstellung bei *Katzenmeier*, Arzthaftung, S. 188 f. Die äußere Sorgfalt wird dabei der Pflicht zugeordnet, die der Schuldner nicht verletzen darf, vgl. *Deutsch*, Fahrlässigkeit und erforderliche Sorgfalt, S. 94. Die innere Sorgfalt soll dagegen für die Frage bedeutsam sein, ob die Handlung einen Vorwurf verdient, ob sie also schuldhaft war, vgl. *Larenz*, SchuldR I, § 20 IV; Soergel-*Wolf*, § 276, Rn. 37. Der Sorgfaltsmaßstab der inneren Sorgfalt soll – im Gegensatz zur äußeren Sorgfalt – ex ante, aber ebenso wie dieser „objektiv-typisierend" zu bestimmen sein (a.A. *Huber*, in: Festschrift für Huber, S. 253 (269 ff., 276 ff.), der davon ausgeht, dass für die innere Sorgfalt der subjektive Fahrlässigkeitsbegriff gilt. Dem Schwerpunkt nach sei Fahrlässigkeit Außerachtlassung der „inneren Sorgfalt", nämlich Erkennbarkeit und Vermeidbarkeit des Gesetzesverstoßes. Wenn der Fahrlässigkeitsbegriff erfordere, dass der Schädiger den Gesetzesverstoß „erkennen" könne, dann handele derjenige Schädiger nicht fahrlässig, der den Gesetzesverstoß bei Anspannung seiner Verstandesgaben *nicht* erkennen könne; plakativ formuliert er daher: „Dummheit entschuldigt". Da zur Fahrlässigkeit weiter „Vermeidbarkeit" des Gesetzesverstoßes gehöre, handele auch derjenige nicht fahrlässig, der infolge von subjektiver Unerfahrenheit nicht in der Lage sei, den Gesetzesverstoß zu vermeiden. Da ein subjektives Unvermögen schwer zu handhaben ist, gesteht auch *Huber* ein, dass der vom Richter angewendete Maßstab praktisch „auf einen durchschnittlichen Maßstab hinauslaufen" werde. Im Fall eines Baggerfahrers, der im Auftrag des Eigentümers auf dessen Grundstück eine Kiesgrube ausbaggere und dabei versehentlich Erdreich auch vom Grundstück des Nachbarn abtrage, werde sich der Richter also überlegen, was von einem gewöhnlichen Baggerführer in der gegebenen Situation erwartet werden konnte. Damit nähert sich *Huber* im Ergebnis einer typisierenden Betrachtungsweise). Die Unterscheidung zwischen innerer und äußerer Sorgfalt ist im Schrifttum oft kritisiert worden, vgl. *Brüggemeier*, Deliktsrecht, Rn. 113; *Fabarius*, Sorgfalt, S. 148; vgl. *Schlechtriem/Schmidt-Kessel*, Schuldrecht, Rn. 260. Dafür spricht, dass sie gerade im Arzthaftungsrecht nicht sachgerecht ist. Denn insbesondere bei der Diagnose geht es oft darum, ob ein Umstand erkennbar war. Den Arzt trifft hier die Pflicht (=äußere Sorgfalt), bestimmte Symptome zu erkennen. Die Erkennbarkeit ist jedoch gerade eine Frage der inneren Sorgfalt.
[53] So auch *Katzenmeier*, VersR 2002, 1066 (1068 f.).
[54] *Katzenmeier*, Arzthaftung, S. 493; ähnlich *Schiemann*, JuS 1983, 649 (658).
[55] *Katzenmeier*, Arzthaftung, S. 492 f..; ebenso *Franzki*, Die Beweisregeln im Arzthaftungsprozess, S. 41; *Weimar*, JR 1977, 7 (9).

## D. Die Beweislage im Arzthaftungsprozess und bei der unterlassenen Befunderhebung

Der Patient befindet sich im Arzthaftungsprozess regelmäßig in einer Situation der Beweisnot.[56] Einerseits obliegt ihm – wie jedem anderen Anspruchsteller auch – grundsätzlich der Nachweis aller anspruchsbegründenden Voraussetzungen. Andererseits ist eben dieser Nachweis für ihn, im Gegensatz zu anderen Anspruchstellern, aber schwierig zu führen. Denn der Patient ist in der Regel medizinischer Laie und kann daher das Behandlungsgeschehen in fachlicher Hinsicht nicht hinreichend beurteilen.[57]

Auch in tatsächlicher Hinsicht steht er vor einem Problem: Das Tun des Arztes entzieht sich oft seiner Kenntnis.[58] Dass der Patient meist nur sehr begrenzten Einblick in die Handlungen des Arztes hat, liegt zum einen daran, dass der Patient nicht selten während der Behandlung, v.a. bei operativen Eingriffen, die besonders haftungsrelevant sind, bewusstlos ist; zum anderen befindet er sich häufig krankheitsbedingt in einem schlechten Allgemeinzustand, der es ihm erschwert, das tatsächliche Geschehen wahrzunehmen.[59] Der Arzt verfügt also insofern über einen Wissens- und Informationsvorsprung.[60] Dazu kommt, dass die physiologischen Abläufe im menschlichen Körper weitgehend unberechenbar sind, da sie multikausalen Einflüssen unterliegen und daher nach naturgesetzlichen Regeln nicht immer exakt beurteilt werden können.[61] Viele Vorgänge im menschlichen Körper lassen sich auch trotz des medizinischen und technischen Fortschritts noch immer weder steuern noch vollständig beherrschen.[62] Da aus einem Misslingen der Behandlung auch nicht einfach auf eine Pflichtverletzung des Arztes im Sinne eines Behandlungsfehlers geschlossen werden darf[63] und sich aus einem – feststehenden – Behandlungsfehler nicht ohne Weiteres ergibt, dass dieser auch kausal für den eingetretenen Schaden war,[64] gestaltet sich die Beweisführung für den Patienten sehr schwierig.

Hat der Arzt keine oder nur unzureichende Befunde erhoben, ist die Beweislage für den Patienten besonders desolat. Wie bereits dargestellt wurde, steht dann nämlich oft schon nicht fest, in welchem Gesundheitszustand sich der Patient zum Behandlungszeitpunkt befunden hat. Weiter bleibt unklar, welchen Befund die unterbliebene Untersuchung ergeben hätte, wie der Arzt ihn gedeutet hätte und ob und

---

[56] *Giesen*, Arzthaftungsrecht, Rn. 353; *Laufs*, Arztrecht, Rn. 586; *Baumgärtel*, Beweislast, Bd. 1, § 823 Anh. C II Rn. 1 ff.; *Musielak*, JuS 1983, 609 (609 ff.); vgl. auch *Müller*, MedR 2001, 487 (490); *dies.*, NJW 1997, 3049 (3053); MüKo-*Wagner*, Band 5, § 823 Rn. 741; *Katzenmeier*, Arzthaftung, S. 416; vgl. zum Beweisnotstand des Patienten im Arzthaftpflichtprozess auch *Weimar*, JR 1977, 7 ff.

[57] Nur der Arzt als Fachmann kennt die medizinische Bedeutung des tatsächlichen Ablaufs, der getroffenen Maßnahmen und der Zwischenfälle, so *Giesen*, Arzthaftungsrecht, Rn. 249; *Katzenmeier*, Arzthaftung, S. 377; *Schmid*, NJW 1994, 767 (768).

[58] So auch *Laufs*, Arztrecht, Rn. 592.

[59] Vgl. BGH NJW 1980, 1333 (1333); *Katzenmeier*, Arzthaftung, S. 377; *Giesen*, Jura 1981, 10 (20).

[60] *Giesen*, Arzthaftungsrecht, Rn. 368; *ders.* JZ 1990, S. 1053 (1061 f.); *Geiß/Greiner*, Arzthaftpflichtrecht, Rn. E. 1; *Katzenmeier*, Arzthaftung, S. 377; MüKo-*Wagner*, Band 5, § 823 Rn. 729.

[61] *Heilmann*, NJW 1990, 1513 (1515).

[62] *Graf*, Beweislast, S. 7.

[63] Vgl. BGH VersR 1980, 428 (428); *Steffen/Pauge*, Arzthaftungsrecht, Rn. 130; *Frahm/Nixdorf*, Arzthaftungsrecht, Rn. 62.

[64] *Laufs*, Arztrecht, Rn. 479, 592; *Katzenmeier*, Arzthaftung, S. 416; *Prütting*, in: 150 Jahre LG Saarbrücken, S. 257 (259).

welche Maßnahmen eingeleitet hätten werden müssen. Außerdem kann regelmäßig nicht geklärt werden, ob diese Maßnahmen sich positiv auf den Gesundheitszustand des Patienten ausgewirkt hätten. Diese Zusammenhänge lassen sich nachträglich meist nicht mehr rekonstruieren. Die Beweisnot des Patienten tritt hier sehr deutlich zu Tage.[65]

Die Rechtsprechung versucht, das strukturelle Ungleichgewicht zwischen Arzt und Patient auszugleichen.[66] „Der auf sich selbst gestellte Richter bedient sich hierbei mit Vorliebe beweisrechtlicher Mittel; denn diese Mittel erlauben es, ohne erklärte Abwendung vom materiellen Recht den Haftungsstandard bei bestimmten Konstellationen und Fallgruppen anzuheben."[67] Die Rechtsprechung hat insofern Beweiserleichterungen und vom allgemeinen Prinzip abweichende Regeln zur Verteilung der Beweislast entwickelt, die speziell auf die Bedürfnisse des Arzthaftungsrechts zugeschnitten sind.[68] Am bekanntesten dürfte hierbei die bereits seit vielen Jahren bestehende Beweislastregel des groben Behandlungsfehlers sein. Daneben existiert aus der jüngeren Rechtsprechung auch die zweistufige Beweisregel der unterlassenen Befunderhebung, die dem Patienten nicht nur – in einem ersten Schritt – den Nachweis eines reaktionspflichtigen Befundergebnisses erleichtert, sondern auch die Beweislast für die Kausalität zwischen dem Behandlungsfehler (der unterlassenen Befunderhebung) und dem eingetretenen Schaden umkehrt, wenn dem Arzt ein grober Behandlungsfehler vorgeworfen werden könnte, hätte er – was hypothetisch geprüft wird – auf das im ersten Schritt unterstellte reaktionspflichtige Befundergebnis nicht reagiert bzw. dieses Ergebnis verkannt.[69]

---

[65] Vgl. zum Ganzen *Müller*, MedR 2001, 487 (490); *dies.*, NJW 1997, 3049 (3053); MüKo-*Wagner*, Band 5, § 823 Rn. 741.
[66] *Prütting*, in: 150 Jahre LG Saarbrücken, S. 257 (259); *Katzenmeier*, Arzthaftung, S. 378, 423.
[67] *Stoll*, AcP 176 (1976), 145 (146).
[68] *Lepa*, in: Festschrift für Deutsch, S. 635 (637 f.).
[69] Vgl. BGHZ 159, 48 (56) = BGH NJW 2004, 2011 (2013) = BGH VersR 2004, 909 (911) = BGH JZ 2004, 1029 (1030); vgl. auch BGH NJW 2004, 1871 (1872); BGH VersR 2001, 1030 (1030 f.); BGH VersR 1999, 1282 (1283); BGH VersR 1999, 60 (61); BGHZ 138, 1 (5) = BGH NJW 1998, 1780 (1781) = BGH VersR 1998, 457 (458); BGH VersR 1998, 585 (586); BGHZ 132, 47 (52 f.) = BGH NJW 1996, 1589 (1590) = BGH VersR 1996, 633 (634).

# Kapitel 3

## Der grobe Behandlungsfehler

Wie eben erwähnt, ist im Arzthaftungsrecht die von der Rechtsprechung entwickelte Umkehr der Beweislast beim Nachweis der haftungsbegründenden Kausalität eines groben Behandlungsfehlers von großer praktischer Bedeutung.[70] Diese führt im Ergebnis dazu, dass der Arzt entgegen allgemeiner Grundsätze das Fehlen der Kausalität seines Tuns für den eingetretenen Schaden darlegen und beweisen muss. Die Beweisfigur der unterlassenen Befunderhebung ist mit der des groben Behandlungsfehlers in vielfacher Hinsicht verwandt.[71] So stellt die zweite Stufe der Beweisfigur der unterlassenen Befunderhebung darauf ab, ob dem Arzt (hypothetisch) ein grober Behandlungs- bzw. Diagnosefehler unterlaufen wäre, wenn er den unterstellten reaktionspflichtigen Befund verkannt oder auf ihn nicht reagiert hätte.[72] Daher soll an dieser Stelle zunächst die Beweisregel des groben Behandlungsfehlers dargestellt werden. Die insoweit angestellten Erwägungen gelten sowohl für den Fall, dass in der unterlassenen Befunderhebung selbst ein grober Fehler liegt als auch für die zweite Stufe der Beweisfigur der unterlassenen Befunderhebung. Sie sind daher für das Thema der Arbeit von großer Relevanz.

Da eine exakte Definition des Begriffs „grober Behandlungsfehler" nicht gelungen ist und wegen der vielen unterschiedlichen Fallgestaltungen, die hierunter subsumiert werden müssten, auch kaum gelingen wird,[73] der grobe Behandlungsfehler jedoch gegenüber dem einfachen ein „Mehr" darstellt, mithin ein grober nicht ohne einen einfachen Verstoß vorliegen kann,[74] soll vorab der einfache Behandlungsfehler besprochen werden.

## A. Der einfache Behandlungsfehler

Unter einem ärztlichen Behandlungsfehler, der den Begriff des „Kunstfehlers"[75] als Terminus abgelöst hat, bezeichnet man in einem weiten Sinn ein unsachgemäßes Verhalten des Arztes, was dann vorliegt, wenn es nach dem Stand der Medizin nicht

---

[70] *Katzenmeier*, Arzthaftung, S. 439; *Frahm/Nixdorf*, Arzthaftungsrecht, Rn. 112; *Giesen*, JZ 2002, 1053 (1062).

[71] *Frahm/Nixdorf*, Arzthaftungsrecht, Rn. 121; *Steffen*, in: Festschrift für Brandner, S. 327 (334) spricht insoweit von einer „benachbarten Beweislastumkehr".

[72] BGHZ 132, 47 (50 f.) = BGH NJW 1996, 1589 (1590) = BGH VersR 1996, 633 (634); BGH VersR 1998, 585 (586); BGH VersR 1999, 60 (61); BGHZ 138, 1 (5 f.) = BGH NJW 1998, 1780 (1781) = BGH VersR 1998, 457 (458); BGH VersR 1999, 231 (232); BGHZ 159, 48 (56) = BGH NJW 2004, 2011 (2013) = BGH VersR 2004, 909 (911) = BGH JZ 2004, 1029 (1030); so auch OLG Stuttgart, VersR 1998, 1550 (1552); OLG Karlsruhe, VersR 2002, 1426 (1427); OLG Koblenz, NJW-RR 2007, 532 (533).

[73] *Katzenmeier*, Arzthaftung, S. 441 f.; *Matthies*, NJW 1983, 335 (335); *Steffen/Pauge*, Arzthaftungsrecht, Rn. 519; *Geiß/Greiner*, Arzthaftpflichtrecht, Rn. B. 252.

[74] OLG Hamm, MedR 2006, 111 (111); dies gilt auch für das Verhältnis einfacher – grober Befunderhebungsfehler.

[75] Dazu *Katzenmeier*, Arzthaftung, S. 273 ff.; *Deutsch/Spickhoff*, Medizinrecht, Rn. 122 f.

die gebotene Sorgfalt aufweist.[76] Entscheidend ist, „ob der Arzt unter Einsatz der von ihm zu fordernden medizinischen Kenntnisse und Erfahrungen die erforderlichen diagnostischen sowie therapeutischen Maßnahmen getroffen und diese sorgfältig durchgeführt hat"[77].

Der Begriff der Behandlung umfasst die gesamte ärztliche Tätigkeit von der A-namnese über die Diagnostik, die Diagnose, die Prophylaxe bis zur Therapie und zur Nachsorge, ist also weit zu verstehen.[78] Fehler bei der Befunderhebung können daher ebenfalls Behandlungsfehler darstellen.

Das unsachgemäße Verhalten des Arztes kann in einem Tun oder – sofern eine Rechtspflicht zum Tätigwerden bestand – in einem Unterlassen liegen.[79] Im Abschluss des Behandlungsvertrages ist das Versprechen des Arztes enthalten, den Patienten dem medizinischen Standard gemäß zu behandeln.[80] Daher muss der Arzt auch bei der Befunderhebung einen bestimmten Standard einhalten.[81]

Führt der Arzt eine dem medizinischen Standard entsprechende Behandlung oder Befunderhebung durch, scheidet ein Behandlungsfehler von vornherein aus.[82] Umgekehrt kann ein (grober) Behandlungsfehler vorliegen, wenn der Arzt gegen den ärztlichen Standard verstößt.[83] Gibt es für einen Teilbereich ärztlichen Handelns oder für eine bestimmte Behandlungsmethode noch keinen medizinischen Standard, kommt es für eine Haftung des Arztes darauf an, welche Eingriffsmöglichkeiten ihm in der konkreten Situation zur Verfügung standen.[84]

---

[76] BGH NJW 1987, 2291 (2292); *Giesen*, Arzthaftungsrecht, Rn. 68.; *Laufs*, Arztrecht, Rn. 469 ff.; *Steffen/Pauge*, Arzthaftungsrecht, Rn. 133; *Geiß/Greiner*, Arzthaftpflichtrecht, Rn. B. 213; standesrechtlich ist ein Behandlungsfehler dagegen nur relevant, wenn in ihm zugleich ein Verstoß gegen eine Standespflicht liegt, vgl. „Verletzung der Berufspflichten" (Art. 58 Abs. 1 des nordrheinwestfälischen HeilBerG) bzw. „berufsunwürdige Handlungen" (Art. 55 Abs. 1 des baden-württembergischen HBKG).

[77] BGH NJW 1987, 2291 (2292).

[78] *Katzenmeier*, Arzthaftung, S. 276.

[79] BGHZ 95, 63 (71 f.) = BGH NJW 1985, 2189 (2191) = BGH VersR 1985, 1043 (1045 f.); BGH NJW 1989, 767 (768); BGHZ 106, 153 (156) = BGH NJW 1989, 1538 (1539); BGH VersR 2000, 1107 (1107); vgl. BGH VersR 2003, 1128 (1128); *Katzenmeier*, Arzthaftung, S. 276; *Giesen*, Arzthaftungsrecht, Rn. 132 ff. mit Fallbeispielen; *Laufs*, Arztrecht, Rn. 469; *Giesen*, JZ 1990, 1053 (1057); *Steffen/Pauge*, Arzthaftungsrecht, Rn. 131; *Geiß/Greiner*, Arzthaftpflichtrecht, Rn. B. 218; *Frahm/Nixdorf*, Arzthaftungsrecht, Rn. 63; OLG Köln, VersR 1990, 930 (930).

[80] BGHZ 88, 248 (254) = BGH NJW 1984, 655 (657) = BGH VersR 1984, 60 (62); BGH VersR 1987, 686 (687); BGHZ 144, 296 (305 f.) = BGH NJW 2000, 2737 (2740) = BGH VersR 2000, 1146 (1148); BGH VersR 1995, 659 (660); *Deutsch/Spickhoff*, Medizinrecht, Rn. 68; *Giesen*, Arzthaftungsrecht, Rn. 73; *Geiß/Greiner*, Arzthaftpflichtrecht, Rn. B. 213.

[81] BGH NJW 1979, 1248 (1249); BGH VersR 1981, 1033 (1033 f.); BGH NJW 1988, 763 (764); BGH NJW 1988, 1513 (1514); OLG Düsseldorf, NJW-RR 1996, 669 (670); *Laufs/Uhlenbruck-Uhlenbruck/ Laufs*, Handbuch des Arztrechts, § 50 Rn. 7; *Uhlenbruck*, ZAP Fach 2 (1998), 171 (179).

[82] So wohl *Steffen*, MedR 1995, 190 (190); vgl. auch *Kullmann*, VersR 1997, 529 (529 f.); *Hart*, MedR 1998, 8 (9).

[83] Im Einzelfall kann es geboten sein, vom medizinischen Standard abzuweichen, ohne sich dem Vorwurf eines Behandlungsfehlers auszusetzen, wenn dies nach der Krankheitslage erforderlich ist und die Gründe hierfür plausibel gemacht werden können, vgl. *Hart*, MedR 1998, 8 (13); *Spickhoff*, NJW 2001, 1757 (1764); vgl. dazu auch die Nachweise in Fn. 94.

[84] Vgl. *Schreiber*, in: *Nagell/Fuchs*, Leitlinien und Standards im Gesundheitswesen, S. 167 (170); *Katzenmeier*, Arzthaftung, S. 279 f.

Wegen seiner eben aufgezeigten Bedeutung für das Vorliegen eines (groben) Behandlungs-/Befunderhebungsfehlers und damit für die Haftung des Arztes ist im Folgenden zunächst zu klären, wie der medizinische Standard definiert wird.

## I. Der medizinische Standard

Unter dem medizinischen Standard versteht man üblicherweise den „Stand der Wissenschaft", also die Kenntnis und das Können, die sich zum Behandlungszeitpunkt nach gesicherten naturwissenschaftlichen Erkenntnissen in der ärztlichen Praxis und der Erfahrung zur Erreichung des ärztlichen Behandlungsziels bewährt haben.[85]

Hierbei fällt zunächst auf, dass der Begriff recht unbestimmt ist.[86] Dabei darf jedoch nicht unbeachtet bleiben, dass die sich ständig weiter entwickelnde Medizin nicht auf einen festen Standard festgeschrieben werden kann und darf, will man ihre Entfaltung nicht unterbinden. Der medizinische Standard ist eben keine statische, sondern eine „dynamische Bezugsgröße"[87]. Angesichts des ständigen medizinischen Fortschritts können diese Sorgfaltsregeln nicht oder nur unzureichend von medizinischen Laien, wozu grundsätzlich auch das Gericht gehört, festgelegt werden. Was Standard und damit die geforderte Behandlungsqualität ist, bestimmen die medizinische Wissenschaft und Forschung daher zwangsläufig selbst.[88] Dabei ist jedoch eine tatsächliche medizinische Übung in Form des gewöhnlichen Verhaltens der Ärzte allein nicht entscheidend. Sonst könnte eine übliche Schlamperei plötzlich zum Standard werden. Wertend kommt daher hinzu, welches Verhalten Wissenschaft und Praxis als richtig anerkennen und für erforderlich halten,[89] welche Behandlung danach ein Arzt mit durchschnittlicher Qualifikation im jeweiligen Verkehrskreis zu erbringen in der Lage ist. Der medizinische Standard setzt sich also aus den drei Elementen „wissenschaftliche Erkenntnis", „praktische Erfahrung" und „Akzeptanz in der Profession" zusammen.[90] Da diese Anforderungen je nach Status des Arztes unterschiedlich sein können,[91] gibt es insofern auch Qualitätsunterschiede, wobei ein

---

[85] *Carstensen*, DÄBl 86 (1989), B-1736 (1737); vgl. zum Begriff des ärztlichen Standards auch *Buchborn*, MedR 1993, 328 (328 f.); vgl. dazu auch *Taupitz*, NJW 1986, 2851 (2858); *Katzenmeier*, Arzthaftung, S. 277 ff.; *Hart*, in: Klinische Leitlinien und Recht, S. 81 (88).

[86] *Hart*, MedR 1998, 8 (8).

[87] *Katzenmeier*, Arzthaftung, S. 277; der medizinische Standard unterliege ständigen Fortschreibungen der Medizin, so *Steffen/Pauge*, Arzthaftungsrecht, Rn. 150.

[88] *Steffen/Pauge*, Arzthaftungsrecht, Rn. 150; *Heilmann*, NJW 1990, 1513 (1514); *Katzenmeier*, Arzthaftung, S. 281 f.

[89] *Deutsch*, Allgemeines Haftungsrecht, Rn. 404; *Katzenmeier*, Arzthaftung, S. 279; *Brüggemeier*, Prinzipien des Haftungsrechts, S. 63.

[90] *Hart*, KritV 2005, 154 (158); *Francke/Hart*, Charta der Patientenrechte, S. 22; *Katzenmeier*, Arzthaftung, S. 279.

[91] So sind an den Direktor einer Universitätsklinik höhere Anforderungen zu stellen als an den Chefarzt eines kleinen Krankenhauses. Ebenso unterliegt der Facharzt bzgl. seines Könnens und der Sorgfalt einem anderen Maßstab als der Allgemeinmediziner, vgl. BGH NJW 1991, 1535 (1537); *Steffen/Pauge*, Arzthaftungsrecht, Rn. 148; beim Standard bestehen in gewissen Grenzen horizontale Abstufungen, je nachdem, ob die Behandlung in einer Stätte der Maximalversorgung, z.B. einer größeren Universitätsklinik, einer gut ausgestatteten Spezialklinik oder aber in einem Krankenhaus der

bestimmter Mindeststandard dennoch nicht unterschritten werden darf.[92] Verfügt ein Arzt hingegen über besonderes Fachwissen, das über den zu fordernden Standard hinausgeht, sind diese Kenntnisse für die Beurteilung seines Verhaltens maßgebend.[93] Zu beachten ist, dass es für den Arzt im Einzelfall geboten sein kann, vom medizinischen Standard abzuweichen, ohne sich dem Vorwurf eines Behandlungsfehlers auszusetzen, wenn dies nach der Krankheitslage erforderlich ist und die Gründe hierfür plausibel gemacht werden können.[94]

Der Standard richtet sich grundsätzlich nach dem Stand der Medizin zum Zeitpunkt der Behandlung.[95] Denn das Wissen von morgen kann der Arzt nicht kennen und muss dies auch nicht. Rechtfertigen jedoch nachträgliche, durch den medizinischen Fortschritt entstandene Erkenntnisse später die ärztlichen Maßnahmen, kann sich dies im Prozess zugunsten des Arztes auswirken.[96]

Die Entscheidung über das ärztliche Vorgehen ist primär Sache des Arztes.[97] Er darf die diagnostischen Maßnahmen und die Behandlungsmethode regelmäßig frei wählen. Der Grundsatz dieser gesetzlich (§ 1 Abs. 2 BÄO) und berufsständisch (§ 2 Abs. 1 MBO-Ä) anerkannten ärztlichen Therapiefreiheit folgt aus der Einordnung des Arztberufs als freier Beruf.[98] Ein Behandlungsfehler darf nicht allein deshalb bejaht werden, weil sich der Arzt bei der Therapie für eine herkömmliche Methode entscheidet, es jedoch bereits eine modernere gibt.[99] Da der BGH darauf abstellt, ob der Arzt im Einzelfall bei der Wahl der anzuwendenden Methode eine „vertretbare Entscheidung"[100] getroffen hat, ist der Arzt dabei auch nicht streng an die Schulmedizin gebunden, was im Übrigen auch mit seiner Methodenfreiheit nicht vereinbar wäre.[101] Er hat bei seiner Entscheidung für die geeignete Therapie die Vorteile den Risiken gegenüberzustellen und diese gegeneinander abzuwägen.[102] Dies gilt auch für die Wahl des diagnostischen Eingriffs.[103] In der Regel muss er sich dabei für den sichersten Weg entscheiden. Will er ein höheres Risiko in Kauf nehmen, bedarf es da-

---

Allgemeinversorgung stattfindet, vgl. BGH NJW 1988, 1511 (1512); BGH NJW 1989, 2321 (2322); BGH NJW 1994, 1596 (1597 f.); *Katzenmeier*, Arzthaftung, S. 283.

[92] *Katzenmeier*, Arzthaftung, S. 283 f.

[93] *Laufs*, Arztrecht, Rn. 474; *Katzenmeier*, Arzthaftung, S. 283 spricht von horizontalen Abstufungen bei den geforderten Standards, was in gewissen Grenzen möglich sei.

[94] *Frahm/Nixdorf*, Arzthaftungsrecht, Rn. 65; *Katzenmeier*, Arzthaftung, S. 280; *Hart*, MedR 1998, 8 (13); *Spickhoff*, NJW 2001, 1757 (1764); der medizinische Standard gibt also nur einen Handlungsrahmen vor, vgl. *Steffen/Pauge*, Arzthaftungsrecht, Rn. 153.

[95] BGH NJW 1962, 1780 (1781); *Deutsch/Spickhoff*, Medizinrecht, Rn. 163.

[96] *Frahm/Nixdorf*, Arzthaftungsrecht, Rn. 65; *Gehrlein*, ZMGR 2003, 7 (7).

[97] Vgl. BGHZ 102, 17 (22) = BGH NJW 1988, 763 (764) = BGH VersR 1988, 179 (180); BGH NJW 1988, 765 (766); BGHZ 106, 153 (157) = BGH NJW 1989, 1538 (1539) = BGH VersR 1989, 253 (253); BGH VersR 1992, 238 (239).

[98] Die Therapiefreiheit ist Bestandteil der grundrechtlich geschützten Freiheit der ärztlichen Berufsausübung, vgl. BVerfGE 102, 26 (33 ff., 40); zur Therapiefreiheit, insbesondere zur Wahl der Behandlungsmethode vgl. BGH VersR 1982, 771 (772); BGH VersR 1992, 238 (239); *Laufs/Uhlenbruck-Laufs*, Handbuch des Arztrechts, § 3 Rn. 13; *Steffen/Pauge*, Arzthaftungsrecht, Rn. 157 f.; *Katzenmeier*, Arzthaftung, S. 304 ff.; *Buchborn*, MedR 1993, 328 (330); *Rumler-Detzel*, VersR 1989, 1008 ff.

[99] BGHZ 102, 17 (21) = BGH NJW 1988, 763 (764) = BGH VersR 1988, 179 (180).

[100] BGH NJW 1987, 2291 (2292).

[101] BGH VersR 1985, 969 (970); BGHZ 113, 297 (300 f.) = BGH NJW 1991, 1535 (1536) = BGH VersR 1991, 469 (469 f.); *Franzki*, MedR 1994, 171 (173); *Frahm/Nixdorf*, Arzthaftungsrecht, Rn. 70.

[102] *Laufs*, Arztrecht, Rn. 419; *Laufs/Uhlenbruck-Uhlenbruck/Laufs*, Handbuch des Arztrechts, § 50 Rn. 7.

[103] BGH VersR 1975, 43 (44); *Lilie*, MedR 1987, 28 (29).

für einer sachlichen Rechtfertigung, wie beispielsweise einer günstigeren Heilungsprognose.[104] Weil die Frage, ob eine bestimmte Behandlung dem Standard entspricht, von medizinischen Verhaltensanforderungen und damit von Fachwissen abhängt,[105] muss sich der Richter meist der Mitwirkung eines medizinischen Sachverständigen bedienen.[106]

Angesichts der unter anderem aufgrund der demografischen Entwicklung in den
vergangenen Jahrzehnten entstandenen „Kostenexplosion" im Gesundheitswesen
der Bundesrepublik Deutschland,[107] der die Politik mit Rationalisierungen der Leistungen und Honorarbudgetierungen zu begegnen versucht, stellt sich die Frage, ob
die Ärzte den von ihnen verlangten hohen Behandlungsstandard weiterhin gewährleisten können.[108]

Da die Ärzte einerseits den ihnen in immer größerem Umfang auferlegten, streng
am Wirtschaftlichkeitsgebot[109] ausgerichteten, Sparvorgaben nachkommen müssen
und daher nicht notwendige und unwirtschaftliche Leistungen nicht erbringen dürfen,
sie andererseits aber verpflichtet sind, einen hohen Behandlungsstandard zu gewährleisten, entsteht bei den medizinischen Leistungen eine immer größere Kluft
zwischen dem, was medizinisch für machbar und wünschenswert erachtet wird und
dem, was praktisch machbar im Sinne von finanzierbar ist.[110] Die Begrenztheit der im
gesetzlichen Gesundheitssystem zur Verfügung stehenden Mittel bringt es mit sich,
dass dem Arzt immer weniger Zeit für den einzelnen Patienten zur Verfügung steht,
schließlich muss auch er kostendeckend arbeiten. So kommt es, dass ein zeitintensi-
ver Behandlungsaufwand bei dem einen Patienten „oft zwangsläufig zu Engpässen
oder Mängeln bei der Versorgung anderer Patienten" führt.[111]

Diese Engpässe berücksichtigt das Haftungsrecht bislang meist nicht. Vielmehr
orientiert sich der Standard weiterhin am medizinisch Machbaren und damit tenden-
ziell an einem Optimum.[112] Die Frage, ob die Entwicklung im Gesundheitswesen
auch Konsequenzen für die Haftung der Ärzte haben muss[113] – beispielsweise durch

---

[104] BGH NJW 1987, 2927 (2927 f.); *Steffen/Pauge*, Arzthaftungsrecht, Rn. 157a; *Deutsch/Spickhoff*,
Medizinrecht, Rn. 144; *Gehrlein*, VersR 2004, 1488 (1489).

[105] *Frahm/Nixdorf*, Arzthaftungsrecht, Rn. 65; *Katzenmeier*, Arzthaftungsrecht, S. 181 f.; *Hart*, MedR 1998, 8
(8 f.); a.A. *Giesen*, Arzthaftungsrecht, Rn. 108, der auf juristische Maßstäbe abstellen will. Dagegen
spricht, dass es ohne Rückgriff auf die medizinische Wissenschaft gar nicht möglich ist, festzustellen,
welches Verhalten erforderlich und dem Arzt möglich war, dazu ausführlich *Katzenmeier*, Arzthaftung,
S. 282.

[106] BGH VersR 1984, 354 (355); BGH VersR 1986, 366 (367); vgl. auch BGH VersR 1994, 984 (985
f.); BGH VersR 1995, 659 (660); BGHZ 138, 1 (6) = BGH NJW 1998, 1780 (1781) = BGH VersR
1998, 457 (459); BGH VersR 1998, 585 (585 f.); BGH VersR 1999, 231 (232); BGH VersR 2000, 1146
(1148); BGH VersR 2001, 1030 (1030 f.); BGH VersR 2001, 1115 (1115 f.); BGH VersR 2001, 1116
(1117); BGH VersR 2002, 1026 (1027); BGH VersR 2001, 859 (860).

[107] *Laufs/Uhlenbruck-Laufs*, Handbuch des Arztrechts, § 2 Rn. 5; *Pelz*, DRiZ 1998, 473 (476).
Zu den stark gestiegenen Ausgaben vgl. *Plagemann*, Kassenarztrecht, Rn. 1, 7, 10 f.

[108] So auch *Katzenmeier*, Arzthaftung, S. 285 m.w.N. in Fn. 84; zu „Kostendruck und Standard" vgl.
ausführlich *ders.*, Arzthaftung, S. 285 ff.; *Deutsch/Spickhoff*, Medizinrecht, Rn. 166.

[109] Vgl. § 12 Abs. 1 SGB V, § 70 Abs. 1 SGB V; hierzu ausführlich *Katzenmeier*, Arzthaftung, S. 290
ff.

[110] *Fuchs*, MedR 1993, 323 (326).

[111] *Katzenmeier*, Arzthaftung, S. 289.

[112] *Reiling*, MedR 1995, S. 443 (444).

[113] Vgl. *Katzenmeier*, Arzthaftung, S. 285 ff.; zu Kostendruck und Ressourcenknappheit im Arzthaftungsrecht vgl. die Dissertation von *Voß*, Kostendruck.

eine Absenkung des zu verlangenden medizinischen Standards – würde den Rahmen dieser Arbeit sprengen. Sie kann und soll daher nicht ihr Gegenstand sein.

## II. Leitlinien

In jüngerer Zeit diskutiert wird der Begriff der Leitlinie.[114] Darunter versteht man „systematisch entwickelte Entscheidungshilfen über die angemessene ärztliche Vorgehensweise bei speziellen gesundheitlichen Problemen"[115] bzw. „wissenschaftlich begründete und praxisorientierte Handlungsempfehlungen"[116]. Leitlinien gelten als ein „Instrument zur Strukturierung des medizinischen Wissens und als ein Mittel zur Sicherung der Qualität ärztlicher Entscheidungen".[117] Selbstverständlich existieren auch Leitlinien zum gebotenen diagnostischen Vorgehen des Arztes. So soll beispielsweise gemäß der Leitlinie „Schlaganfall"[118] der „Arbeitsgemeinschaft der Wissenschaftlichen Medizinischen Fachgesellschaften" (AWMF) nach stattgehabter cerebraler Ischämie zum Nachweis von akuten Infarktgeschehen oder zur Aufdeckung anderer Hirnanomalien, die eine Antikoagulationstherapie kontraindizieren, als diagnostische Maßnahme eine CT-Untersuchung des Gehirns durchgeführt werden (Nr. 4.2.2.1). Außerdem sollte nach cerebraler Ischämie-Symptomatik zur Beurteilung der extrakraniellen Gefäße eine Duplex Sonographie oder Doppler Sonographie eingesetzt werden (Nr. 4.2.2.2).

Leitlinien sind also Regelungswerke, die zusammengefasstes Erfahrungswissen enthalten.[119] Sie markieren Zielkorridore zur ärztlichen Orientierung und geben Anhaltspunkte dafür, was notwendig, nützlich und allgemein wissenschaftlich anerkannt ist.[120] Derartige Regelungen sind in handwerklichen Tätigkeitsbereichen keine Seltenheit. Etwa 150 privatrechtliche Organisationen erstellen in der Bundesrepublik

---

[114] Leitlinien sind von Richtlinien und Empfehlungen abzugrenzen, hierzu und zu den unterschiedlichen Verbindlichkeitsgraden vgl. *Hart*, in: *Rieger*, Lexikon des Arztrechts, 530, Rn. 2; *Franckel Hart*, Charta der Patientenrechte, S. 23 ff.

[115] *Hart*, KritV 2005, 154 (157).

[116] *Hart*, KritV 2005, 154 (157).

[117] *Danner*, MedR 1999, 241 (241).

[118] AWMF-Leitlinien-Register Nr. 053/014 (Entwicklungsstufe: 3), URL: http://www.uni-duesseldorf.de/WWW/AWMF/ (27.08.2007). Die Leitlinien der Wissenschaftlichen Medizinischen Fachgesellschaften werden in einem 3-stufigen Prozess entwickelt, wobei die Entwicklungsstufe 1 einer im Wege eines informellen Konsenses erarbeiteten Empfehlung gleichkommt, die Entwicklungsstufe 2 auf einer formalen Konsensfindung beruht und eine Leitlinie der Entwicklungsstufe 3 eine Leitlinie mit allen Elementen systematischer Entwicklung darstellt, vgl. zum 3-Stufen-Prozess der Leitlinien-Entwicklung „Methodische Empfehlungen" der AWMF, URL: http://leitlinien.net/ (27.08.2007) unter „Bestehende aktuelle Leitlinien (Volltext)". Im Hinblick auf die haftungsrechtliche Bedeutung von Leitlinien beginnt die Rechtsprechung, nach den jeweiligen Entwicklungsstufen zu differenzieren, vgl. *Spickhoff*, NJW 2007, 1628 (1631).

[119] *Ziegler*, VersR 2003, 545 (547).

[120] *Danner*, MedR 1999, 241 (241); einen solchen Konsens gibt es jedoch nicht immer; so existieren zum selben Problembereich teilweise Leitlinien mit differierenden Inhalten, vgl. *Danner*, MedR 1999, 241 (241) mit Verweis auf *Hartel*; solche widersprüchlichen Leitlinien sind entweder ein Hinweis auf das Fehlen eines Standards oder unterschiedliche Interpretationen der vorhandenen Evidenz, so *Hart*, in: *Rieger*, Lexikon des Arztrechts, 530, Rn. 12.

Deutschland technische Normen,[121] genannt sei hier als Beispiel das Deutsche Institut für Normung (DIN). Im Bauprozess sind die DIN-Normen von großer Bedeutung. Besteht ein örtlicher und zeitlicher Zusammenhang zwischen Schaden und Verletzung der DIN-Norm, so wird in der Regel vermutet, dass die Verletzung der DIN-Norm ursächlich für den Schaden war.[122] Auch werden diese Normen herangezogen, um den Begriff der „im Verkehr erforderlichen Sorgfalt" im Sinne des § 276 Abs. 2 BGB auszufüllen, wobei ein Verstoß oft zur Haftung führt.[123]

Leitlinien erfüllen verschiedene Funktionen: Sie repräsentieren zum Zeitpunkt ihres Erlasses den Stand der wissenschaftlichen Erkenntnisse („state of the art") und legen ihn fest,[124] vermitteln den Ärzten Informationen über diese Erkenntnisse und tragen so dazu bei, den wissenschaftlich erreichten Stand in die Praxis umzusetzen (Implementierung), was im Ergebnis das ärztliche Handeln sicherer und messbarer macht[125] und zu Qualitätsverbesserungen führt.[126] Aufgestellt werden Leitlinien von Ärzteorganisationen, vor allem von medizinischen Fachgesellschaften,[127] aber auch von regionalen (z.B. Ärztekammern, Fachorganisationen in den Ländern) und lokalen (z.B. Krankenhausabteilungen und Praxisnetze) Institutionen.[128]

Leitlinien und Standard hängen eng zusammen. Denn die Leitlinie orientiert sich am Standard als Maß. Im Moment ihres Erlasses entspricht sie diesem und präzisiert ihn.[129] Aufgrund der dynamischen Entwicklung des Standards kann sich dieser jedoch von der Leitlinie entfernen. Da Leitlinien in der Regel aus der Bewertung bereits veröffentlichter evidenzbasierter Studien abgeleitet werden, liegt es in der Natur der Sache, dass sie kurz nach ihren Erlass aufgrund neu gewonnener Erkenntnisse hinter dem sich weiter entwickelnden Standard zurückbleiben und dann den Behandlungsstandard von gestern wiedergeben. Sie müssen daher ständig aktualisiert werden.[130]

Leitlinien ermöglichen es dem Gericht, die Aussagen des Sachverständigen auf ihre Plausibilität hin zu überprüfen und erleichtern dem Patienten unter Umständen den Nachweis eines Behandlungsfehlers. Für den handelnden Arzt üben die Leitlinien eine „Lotsenfunktion" aus: Sie organisieren das Wissen, machen es überschaubar und helfen, Fehler zu vermeiden.[131] Weil die Leitlinien einen bestimmten Grad

---

[121] *Ziegler*, VersR 2003, 545 (545).

[122] Palandt-*Sprau*, Einf. v. § 631 Rn. 5.

[123] *Ziegler*, VersR 2003, 545 (545).

[124] Leitlinien sind die Grundlage des haftungs- und sozialrechtlichen Standards und entfalten für sozialrechtliche Richtlinien, die sie anleiten können, nach § 92 SGB V im Vertragsarztbereich erhebliche Wirkung: Sie können den Maßstab des in der Gesetzlichen Krankenversicherung Ausreichenden, Zweckmäßigen und Notwendigen für die individuelle Behandlung angeben, wenn sie mit dem Standard übereinstimmen oder ihn setzen (vgl. § 2 Abs. 1 Satz 3 SGB V), so *Hart*, in: *Rieger*, Lexikon des Arztrechts, 530, Rn. 1, 6, 14.

[125] *Ulsenheimer*, VersMed 2001, 53 (53).

[126] *Hart*, KritV 2005, 154 (157); *Hart*, in: *Rieger*, Lexikon des Arztrechts, 530, Rn. 3.

[127] *Hart*, KritV 2005, 154 (159).

[128] *Hart*, in: *Rieger*, Lexikon des Arztrechts, 530, Rn. 7.

[129] Eine ärztliche Leitlinie muss den Standard zur Grundlage ihrer Handlungsempfehlung machen; andernfalls gehen die Autoren der Leitlinie ein Haftungsrisiko ein, wenn es aufgrund der fehlerhaften Leitlinie zu fehlerhaften Behandlungen kommt, so *Hart*, in: *Rieger*, Lexikon des Arztrechts, 530, Rn. 9 (Fn. 26).

[130] *Hart*, KritV 2005, 154 (161). Insbesondere wenn der in den Leitlinien niedergelegte Standard überholt ist, ist er nicht maßgebend, vgl. *Spickhoff*, NJW 2007, 1628 (1631) m.w.N. in Fn. 47.

[131] *Hart*, in: *Rieger*, Lexikon des Arztrechts, 530, Rn. 4, 14.

von Evidenz vermitteln, kann ein Behandlungsfehler vermutet werden, wenn der Arzt von einer handlungsempfehlenden Leitlinie abgewichen ist.[132] Dies kann der Arzt nur durch die Darlegung widerlegen, dass die Leitlinie aufgrund neuer Erkenntnisse veraltet ist oder dass und warum es patientenbezogene Umstände erforderten, im Einzelfall von der Leitlinie abzuweichen.[133] Der Arzt befindet sich dann also in Erklärungszwang. Insofern sind Leitlinien rechtlich relevant.

Der Sachverständige legt seiner Arbeit die Leitlinie zugrunde. Er prüft zunächst, ob es eine Leitlinie gibt, die eine bestimmte Behandlungsempfehlung ausspricht und – bejahendenfalls – ob das ärztliche Handeln dieser Empfehlung entsprochen hat. Ist Letzteres nicht der Fall, muss er beurteilen, ob die Leitlinie aufgrund neuer Erkenntnisse überholt ist oder ob die Krankheitslage des Patienten ein Abweichen erforderlich machte. Die Existenz von Leitlinien macht den medizinischen Sachverständigen also nicht überflüssig, sondern konzentriert als Richtschnur seine Aufgabe.[134] Sie hat für das Sachverständigengutachten eine gewisse Rationalisierungsfunktion.[135]

Für den Arzt empfiehlt es sich daher, bei der Therapie die Leitlinien zu beachten. Da Leitlinien und Standards allerdings nur generelle Aussagen treffen, bedürfen sie der Anwendung im Einzelfall. Daher kann leitliniengemäßes Handeln nur prinzipiell, nicht aber generell den Behandlungsfehlervorwurf ausschließen.[136] Eine Leitlinie, die dem Standard entspricht, legt also die Einzelfallbehandlung nicht vollständig fest, sondern ist lediglich der Ausgangspunkt der Behandlungsentscheidung des Arztes für den individuellen Patienten.[137] Ein konkreter Fall kann also grundsätzlich nicht allein anhand der für typisierte Problemlagen ausgerichteten Leitlinien beurteilt werden; der Arzt kann immer darlegen und beweisen, dass sein Vorgehen pflichtgemäß war, auch wenn er die Leitlinien nicht beachtet hat.[138] Die Leitlinie verfügt also über einen „konsultativen Charakter", sie zeigt ärztliche Handlungs- und Entscheidungskorridore auf.[139]

Wenn Leitlinien zumindest Anhaltspunkte dafür geben, wie eine „gute ärztliche Behandlung" oder Diagnostik auszusehen hat, dann stellt sich die Frage nach der rechtlichen Bedeutung von Leitlinien.[140] Dabei ist zunächst folgender Zusammenhang von Bedeutung: Da der Standard für die Beurteilung ärztlichen Handelns medi-

---

[132] Es liegt deshalb aber nicht zwingend ein (grober) Behandlungsfehler vor, vgl. OLG Stuttgart, MedR 2002, 650 (652 f.); *Danner*, MedR 1999, 241 (242) mit Verweis auf *Dressler*.
[133] *Hart*, KritV 2005, 154 (169); eine Abweichung bzw. ihre Begründung ist dokumentationspflichtig; die Stichhaltigkeit der Abweichungsgründe muss vom Arzt dargelegt und bewiesen werden, *Hart*, in: *Rieger*, Lexikon des Arztrechts, 530, Rn. 11.
[134] *Dressler*, Ärztliche Leitlinien und Arzthaftung, S. 379 (384).
[135] Diese Funktion könnten die Leitlinien jedoch nur unter der Voraussetzung des Transparenzgebots im Hinblick auf die Verfahren ihrer Erstellung und auf die Konzentration auf medizinische Fragen sein, so *Hart*, in: *Rieger*, Lexikon des Arztrechts, 530, Rn. 11 f.
[136] *Danner*, MedR 1999, 241 (242) mit Verweis auf *Hart*.
[137] *Hart*, in: *Rieger*, Lexikon des Arztrechts, 530, Rn. 9.
[138] *Danner*, MedR 1999, 241 (242) mit Verweis auf *Dressler*.
[139] *Hartel*, zitiert von *Danner*, MedR 1999, 241 (241); *Hart*, in: *Rieger*, Lexikon des Arztrechts, 530, Rn. 2.
[140] Fraglich ist, wie Leitlinien empirisch die Behandlungsentscheidungen des Arztes beeinflussen, ob sie nur als eine Unterstützung und Hilfe empfunden werden, ob sie als bindende „Richtlinie" oder bloß als Handlungsempfehlung genutzt werden; vgl. *Hart*, in: *Rieger*, Lexikon des Arztrechts, 530, Rn. 18.

zinisch verbindlich ist (Norm),[141] sind auch die Leitlinien nur dann medizinisch verbindlich, wenn sie dem Standard entsprechen; rechtlich verbindlich können sie nur
sein, weil und wenn sie diesem entsprechen.[142] Da der rechtliche Standard dem medizinischen Standard folgt, folgt der rechtliche Standard grundsätzlich auch der Leitlinie.[143]

Die Bedeutung und rechtliche Verbindlichkeit von Leitlinien ist vom BGH noch
nicht beurteilt worden.[144] In der Literatur wird teilweise eine Beweislastumkehr bei
einem Verstoß gegen Leitlinien diskutiert.[145] Umstritten und nicht abschließend geklärt ist ebenfalls die Frage, wie Leitlinien in den Zivilprozess einzubeziehen sind.[146]

---

[141] Zu berücksichtigen ist allerdings, dass der Standard nur Ausgangspunkt der Beurteilung einer
individuellen Behandlung ist, die durch Besonderheiten geprägt sein kann; daher bedarf der Standard
immer der Anwendung im Einzelfall, so *Hart*, in: *Rieger*, Lexikon des Arztrechts, 530, Rn. 8.
[142] *Hart*, in: Klinische Leitlinien und Recht, S. 81 (83, 88, 92); *Hart*, in: *Rieger*, Lexikon des Arztrechts,
530, Rn. 9.
[143] *Danner*, MedR 1999, 241 (242) mit Verweis auf *Hart*.
[144] Leitlinien haben in der Entscheidungspraxis des BGH bislang noch keine Rolle gespielt, so *Hart*,
in: *Rieger*, Lexikon des Arztrechts, 530, Rn. 11; *Ziegler*, VersR 2003, 545 (545); *Danner*, MedR 1999,
241 (242) mit Verweis auf *Dressler*, der aber für die Zukunft mögliche zivilprozessuale Auswirkungen
der ärztlichen Leitlinien bei der materiell-rechtlichen Beurteilung ärztlicher Verhaltenspflichten, bei der
Beweislastverteilung im Rahmen der Feststellung der Schadensursächlichkeit von Pflichtverletzungen,
bei der Beweisführung im Rahmen des Sachverständigenbeweises und bei der Sachverhaltsermitt-
lung sieht; zur Bedeutung von Leitlinien für den Sachverständigenbeweis vgl. auch *Dressler*, Ärztliche
Leitlinien und Arzthaftung, S. 379 (384); die Rechtsprechung der letzten Jahre sei uneinheitlich, gebe
den Leitlinien teilweise keine Bedeutung und differenziere an anderer Stelle nicht zwischen Richtlinien
und Leitlinien, so *Hart*, in: *Rieger*, Lexikon des Arztrechts, 530, Rn. 11.
[145] Vgl. *Ziegler*, JR 2002, 265 (266) mit Verweis auf *Rehborn*, MDR 2000, 1101 (1108). In Anlehnung
an die Rechtsprechung zu DIN-Normen im Werkvertragsrecht, die im Wesentlichen auf das Medizinrecht übertragen werden könne, wird insoweit vertreten, dass ein Abweichen des Arztes von den Vorgaben der Leitlinie zu einer Beweislastumkehr zugunsten des Patienten führe, und zwar sowohl für
das Vorliegen eines Behandlungsfehlers als auch für den Kausalzusammenhang zwischen Schaden
und Verletzung der Leitlinie, vgl. *Ziegler*, VersR 2003, 545 (549). Dagegen spricht, dass man vom Arzt
im Gegensatz zum baurechtlichen Bereich und der Anwendung von DIN-Normen insbesondere in der
Hektik des Medizinbetriebes nicht stets verlangen kann, das komplizierte und zum Teil unterschiedliche Regelwerk der Leitlinien im Einzelnen zu kennen oder gar einzuhalten; außerdem kann es medizinisch vertretbare Gründe geben, im Einzelfall von der Leitlinie abzuweichen, weshalb die Annahme
einer Beweislastumkehr bei einem solchen „Verstoß" gegen die Leitlinie nicht angemessen ist, so
auch *Frahm* in seinem Vortrag auf dem 6. Deutschen Medizinrechtstag der Stiftung Gesundheit, URL:
http://www.medizinrechts-beratungsnetz.de/aktuelles/mrt2005-vortraege.htm (29.07.2007). Nach Auffassung *Frahms* kann eine Beweislastumkehr für das Vorliegen eines Behandlungsfehlers (nicht jedoch für den Kausalzusammenhang!) bei einem Abweichen von Leitlinien allerdings dann angenommen werden, wenn beispielsweise Hygiene- oder Organisationsleitlinien außer Acht gelassen werden,
da hier die medizinische Leistungserbringung nicht oder nur wenig situationsbezogen und damit weniger an den Besonderheiten des einzelnen Krankheitsfalles des Patienten ausgerichtet sei.
Gegen eine Beweislastumkehr bei einem Verstoß gegen Leitlinien wird auch vorgebracht, dass eine
Abweichung von Leitlinien keinen Verstoß gegen die *lex artis* darstelle, da diese Erfahrungssätze die
Komplexität der Krankheit nicht voll erfassen könnten, so *Kolkmann*, zitiert bei *Danner*, MedR 1999,
241 (242).
[146] Nach einer verbreiteten Ansicht unterliegen Regelwerke wie Leitlinien, die zusammengefasstes
Erfahrungswissen beinhalten, den prozessualen Regeln über Erfahrungssätze, so dass es dem
pflichtgemäßen Ermessen des Richters obliegt, ob und wie (z.B. Einholung eines Sachverständigen-
gutachtens, unmittelbare Heranziehung) er dieses Wissen in den Prozess einführt; jedenfalls muss er
den Parteien rechtliches Gehör gewähren, wenn er die Regeln zugrunde legen will, so *Pieper*, BB
1987, 273 (280) mit Verweis auf BGH JZ 1968, 670 f.; *Musielak*, ZPO, § 284 Rn. 4. Nach der Gegenauffassung gilt für die Ermittlung des Inhalts der Regelwerke und für ihre Einführung in den Prozess

Abgesehen von wenigen Entscheidungen[147] nimmt die Rechtsprechung von Leitlinien kaum Kenntnis.[148] Dementsprechend findet sich auch keine Entscheidung, die beweisrechtliche Konsequenzen an den Verstoß gegen Leitlinien knüpft. Jedenfalls stellen Leitlinien keine verbindlichen Rechtsnormen dar.[149] Dies liegt insbesondere am staatlichen Rechtssetzungsmonopol.[150] Denn Leitlinien werden von privaten Fachgesellschaften errichtet. Auch für die Mitglieder dieser Fachgesellschaften selbst haben die Leitlinien keine Rechtsverbindlichkeit, weil es sich bei ihnen nur um Handlungsempfehlungen handelt, von denen im begründeten Ausnahmefall auch abgewichen werden darf.[151] Leitlinien sind also keine Rechtsnormen, gleichen diesen jedoch in ihrer Struktur.[152]

Festzuhalten bleibt, dass Leitlinien es dem Arzt ermöglichen sollen, „gute" ärztliche Entscheidungen zu treffen und gleichzeitig ein Hilfsmittel für den Juristen darstellen, um über singuläre medizinische Sachverhalte rechtlich entscheiden zu können.[153] Insofern stellen sie jedenfalls Entscheidungs- und Orientierungshilfen dar, die über ihre standardverkörpernde und -begründende Eigenschaft zwar nicht generell, jedoch im Einzelfall rechtliche Verbindlichkeit erlangen können. Die früher von der AWMF sinngemäß gebrauchte Formulierung „Die Leitlinie ist eine Empfehlung und hat keine rechtliche Bedeutung", ist daher sowohl widersprüchlich als auch unzutreffend.[154]

---

der Untersuchungsgrundsatz, so MüKo-ZPO-*Prütting*, § 284 Rn. 45; vgl. zum Ganzen auch *Ziegler*, VersR 2003, 545 ff. unter IV.

[147] Im wohl ersten obergerichtlichen Urteil zu ärztlichen Leitlinien (so *Hart*, in: *Rieger*, Lexikon des Arztrechts, 530, Rn. 11) stellte das OLG Naumburg, MedR 2002, 471 ff. fest, dass die bisher existierenden Leitlinien der Arbeitsgemeinschaft der wissenschaftlichen medizinischen Fachgesellschaften (AWMF) derzeit lediglich Informationscharakter haben; vgl. auch KG NJW 2004, 691 (691) zur Bedeutung von Mutterschafts*richtlinien* des Bundesausschusses der Ärzte und Krankenkassen; OLG Hamm, VersR 2000, 1373 ff., wo ein Verstoß gegen Leitlinien ohne Konsequenzen blieb; vgl. aber auch OLG Hamm, VersR 2004, 516 ff. und dazu *Bruns/Pollandt*, ArztR 2006, 88 ff.

[148] *Hart*, in: *Rieger*, Lexikon des Arztrechts, 530, Rn. 11; zur Rechtsprechung insgesamt vgl. *Diederichsen*, A. in: Klinische Leitlinien und Recht, S. 105 ff., besonders 107 ff.

[149] *Lipps*, NJW 1968, 279 (280); *Herschel*, NJW 1968, 617 (621); den Rechtssatzcharakter verneinen auch *Laufs/Uhlenbruck-Laufs*, Handbuch des Arztrechts, § 5 Rn. 11; eine Bindungswirkung von Leitlinien lehnen ab *Steffen/Pauge*, Arzthaftungsrecht, Rn. 150a; sie sehen in Leitlinien nur „Wegweiser für den medizinischen Standard"; eine rechtliche Verbindlichkeit gestaltete sich in der Praxis auch deshalb schwierig, weil zum selben Problembereich teilweise Leitlinien mit differierenden Inhalten existieren, vgl. *Danner*, MedR 1999, 241 (241) mit Verweis auf *Hartel*.

[150] So für die Regeln der Technik *Pieper*, BB 1987, 273 (277); *Herschel*, NJW 1968, 617 (621).

[151] *Hart*, MedR 1998, 8 (11); „Rechtlich verbindlich sind Leitlinien nur, wenn sie rechtlich rezipiert oder transformiert werden, was im Haftungs- und Sozialrecht in unterschiedlicher Weise erfolgt", so *Hart*, in: *Rieger*, Lexikon des Arztrechts, 530, Rn. 1 f.; zur Implementation Rn. 17 f.; während Richtlinien befolgt werden *müssen* und Empfehlungen befolgt werden *können*, *sollen* Leitlinien grundsätzlich befolgt werden; Richtlinien sind im Gegensatz zu Leitlinien für den Rechtsraum der Institution, die sie konsentiert, schriftlich fixiert und veröffentlicht hat, verbindlich und ihre Nichtbeachtung zieht definierte Sanktionen nach sich, so *Hart*, in: *Rieger*, Lexikon des Arztrechts, 530, Rn. 2.

[152] So für die Regeln der Technik: *Pieper*, BB 1987, 273 (277).

[153] *Danner*, MedR 1999, 241 (243).

[154] *Hart*, in: *Rieger*, Lexikon des Arztrechts, 530, Rn. 10.

## III. Objektivierter Fahrlässigkeitsbegriff

Allein die Tatsache, dass der Arzt einen Behandlungsfehler begangen hat, impliziert noch nicht, dass er auch fahrlässig im Sinne des § 276 Abs. 2 BGB gehandelt hat, ihn also ein Verschulden trifft.[155] Denn eine Wertung ist mit dieser Feststellung noch nicht verbunden. Es ist vielmehr strikt zwischen der Pflichtverletzung und dem Verschulden zu unterscheiden. Allerdings wird die Fahrlässigkeit im Zivilrecht objektiviert ausgelegt. Die subjektiven (Un-)Fähigkeiten des Arztes haben außer Betracht zu bleiben, so dass der Arzt für seinen Fehler auch dann haftet, wenn dieser subjektiv entschuldbar ist.[156] Daher ist es auch grundsätzlich unerheblich, „dass auch dem geschicktesten Arzt einmal ein Fehler unterlaufen kann"[157]. Dies verlangt der Vertrauensgrundsatz.[158] Mithilfe eines solchen Sorgfaltsmaßstabs soll, anders als im Strafrecht, eben gerade nicht die persönliche Schuld geahndet, sondern es sollen Qualitätsmängel angemeldet werden.[159]

Im Arzthaftungsrecht ist sogar ein besonders starkes Voranschreiten der Objektivierung der Fahrlässigkeit festzustellen. Dies liegt daran, dass es in immer mehr Bereichen ärztlichen Handelns einheitliche medizinische Standards gibt, an denen das Verhalten der Ärzte gemessen wird.[160] Dies führt einerseits dazu, dass eine saubere Unterscheidung zwischen objektiver Pflichtverletzung und Verschulden manchmal problematisch ist.[161] Andererseits ist eine besondere Darlegung des ärztlichen Verschuldens dadurch oft nicht erforderlich. Denn besteht der Behandlungsfehler gerade darin, dass sich der Arzt nicht an den medizinischen Standard gehalten hat, liegt darin häufig zugleich ein (subjektives) Verschulden des Arztes.[162]

---

[155] So wohl BGH NJW 1985, 1392 (1392); *Katzenmeier*, Arzthaftung, S. 188; *Heilmann*, NJW 1990, 1513 (1515); A.A. *Giesen*, Arzthaftungsrecht, Rn. 109, der das Vorliegen eines Behandlungsfehlers mit einer Verletzung der „im Verkehr erforderlichen Sorgfalt" verknüpft; *Deutsch*, Arztrecht und Arzneimittelrecht, S. 153; so auch *Hart*, Jura 2000, 14 (18 f.): Die Sorgfaltswidrigkeit stimme mit der Pflichtwidrigkeit im Sinne eines Behandlungsfehlers überein.

[156] BGH NJW 1983, 2080 (2081); BGH VersR 1986, 366 (367); BGHZ 113, 297 (303) = BGH NJW 1991, 1535 (1537) = BGH VersR 1991, 469 (470); BGH VersR 1992, 238 (239); vgl. auch BGH VersR 1995, 659 (660); BGH VersR 1999, 716 (718); BGH VersR 2000, 1146 (1148); BGH VersR 2001, 646 (646); BGH VersR 2003, 1128 (1130); *Geiß/Greiner*, Arzthaftpflichtrecht, Rn. B. 213, 252; *Frahm/Nixdorf*, Arzthaftungsrecht, Rn. 112; Staudinger-*Hager*, § 823 Rn. I 55; *Gehrlein*, ZMGR 2003, 7 (7).

[157] *Steffen/Pauge*, Arzthaftungsrecht, Rn. 133; *Katzenmeier*, Arzthaftung, S. 187.

[158] Vgl. hierzu und zur Objektivierung der Fahrlässigkeit ausführlich *Katzenmeier*, Arzthaftung, S. 160 ff.; *Deutsch/Spickhoff*, Medizinrecht, Rn. 162.

[159] *Steffen/Pauge*, Arzthaftungsrecht, Rn. 133; *Katzenmeier*, Arzthaftung, S. 187.

[160] *Deutsch*, Allgemeines Haftungsrecht, Rn. 381; die medizinischen Fachgebiete überziehen sich selbst mit einem „zunehmend engeren und angespannteren Netzwerk von Kunst- und Sorgfaltregeln", *Katzenmeier*, Arzthaftung, S. 190; vgl. auch *Laufs*, Arztrecht, Rn. 471; *Steffen/Pauge*, Arzthaftungsrecht, Rn. 150.

[161] BGH VersR 1977, 547 (547).

[162] *Müller*, NJW 1997, 3049 (3049).

## B. Voraussetzungen für einen groben Behandlungsfehler nach heutiger Rechtsprechung

Zwar haftet der Arzt für jeden Behandlungsfehler, also auch für einen einfachen. Eine „Beweiserleichterung bis hin zur Beweislastumkehr" knüpft die Rechtsprechung im Fall des positiven Tuns des Arztes jedoch an einen groben Behandlungsfehler.[163] Daher kommt der Feststellung, dass der ärztliche Fehler als grob zu qualifizieren ist, oft verfahrensentscheidende Bedeutung zu. Denn nur in einem solchen Fall muss ausnahmsweise nicht der Patient die Kausalität des schweren ärztlichen Fehlers für den Schaden darlegen und beweisen, sondern umgekehrt der Arzt die mangelnde Ursächlichkeit seines Fehlers für die eingetretene Gesundheitsschädigung. Im Folgenden sollen daher die einzelnen Voraussetzungen der „Beweislastsonderregel"[164] nach heutiger Rechtsprechung dargestellt werden. Die Ausführungen gelten selbstverständlich auch für die zweite Stufe der Beweisfigur der unterlassenen Befunderhebung sowie für den Fall, dass in der unterlassenen Befunderhebung selbst ein grober Fehler liegt.

## I. Das Merkmal „grob"

Auch wenn, wie bereits erwähnt wurde, eine genaue Definition des Begriffs „grober" Behandlungsfehler bislang nicht gelungen und wegen der vielen unterschiedlichen Fallgestaltungen, die hierunter subsumiert werden müssten, auch kaum zu erreichen ist,[165] setzt ein grober Behandlungsfehler jedenfalls einen Verstoß gegen bewährte elementare Behandlungsregeln, gegen gesicherte grundlegende Erkenntnisse der Medizin voraus; es muss um einen Fehler gehen, der „aus objektiver ärztlicher Sicht bei Anlegung des für einen Arzt geltenden Ausbildungs- und Wissensmaßstabes nicht mehr verständlich und verantwortbar erscheint, weil ein solcher Fehler dem behandelnden Arzt aus dieser Sicht schlechterdings nicht unterlaufen darf"[166]. Dies ist beispielsweise dann anzunehmen, „wenn auf eindeutige Befunde nicht nach gefestigten Regeln der ärztlichen Kunst reagiert wird, oder wenn grundlos Standardmethoden zur Bekämpfung möglicher, bekannter Risiken nicht angewandt werden"[167]. Die Annahme eines groben Fehlers erfordert also nicht nur einen eindeutigen Verstoß gegen den ärztlichen Standard, sondern darüber hinaus ein schlech-

---

[163] Zu den Ausnahmen im Fall des pflichtwidrigen Unterlassens, vgl. die Ausführungen in Kapitel 4, v.a. unter A. III.

[164] So bezeichnet von *Baumgärtel*, Beweislast, Bd. 1, § 823 Anh. C II, Rn. 3; *Giesen*, Arzthaftungsrecht, Rn. 406.

[165] *Katzenmeier*, Arzthaftung, S. 441 f.

[166] St.Rspr., vgl. etwa BGH NJW 1983, 2080 (2081); BGH VersR 1992, 238 (239); BGH VersR 1995, 46 (47); BGH VersR 1996, 1148 (1150); BGH VersR 1997, 315 (316); BGH VersR 1998, 242 (242); BGHZ 138, 1 (6) = BGH NJW 1998, 1780 (1781) = BGH VersR 1998, 457 (459 f.); BGH VersR 1998, 585 (585); BGH VersR 1999, 231 (232); BGH VersR 2001, 1030 (1030); BGH VersR 2001, 1115 (1115); BGH VersR 2001, 1116 (1117); BGH VersR 2002, 1026 (1027); BGH VersR 2007, 541 (542); OLG Stuttgart, VersR 1994, 1306 (1308); *Geiß/Greiner*, Arzthaftpflichtrecht, Rn. B. 252; *Müller*, NJW 1997, 3049 (3052); *Steffen/Pauge*, Arzthaftungsrecht, Rn. 522, 522a; *Katzenmeier*, Arzthaftung, S. 439 ff., v.a. 441 ff.; *Giesen*, Arzthaftungsrecht, Rn. 406.

[167] BGH NJW 1983, 2080 (2081).

terdings unverständliches Fehlverhalten.[168] Damit wird deutlich, dass nur solche Fehler, für die es keine Erklärung oder Entschuldigung gibt, als grob zu bewerten sind.[169] Ob danach ein Behandlungsfehler als grob zu qualifizieren ist, hängt seit den 1980er Jahren von einer Gesamtbetrachtung des konkreten Einzelfalls ab.[170] Dies zeigt sich in den Ausführungen des Gerichts, dass bei der Qualifizierung des Fehlers auch zu berücksichtigen sei, ob „besondere Umstände fehlen, die den Vorwurf des Behandlungsfehlers mildern können"[171]. Da bei der vorzunehmenden Gesamtbetrachtung insbesondere die Ausgangschancen einer Behandlung zu berücksichtigen sind, kann ein hohes Misserfolgsrisiko der Behandlung trotz medizinischen Fortschritts deshalb der Bewertung eines Fehlers als grob entgegenstehen.[172]

Umgekehrt können jedoch auch mehrere, für sich genommen nicht besonders schwer wiegende Behandlungsfehler in einer Gesamtwürdigung zur Annahme eines groben Fehlers führen.[173] In keinem Fall ausreichend ist ein Versagen, „wie es einem hinreichend befähigten und allgemein verantwortungsbewussten Arzt zwar zum Verschulden gereicht, aber doch passieren kann"[174]. Nicht entscheidend ist dabei jedoch der Grad subjektiver Vorwerfbarkeit.[175] Es kommt nur darauf an, „ob das ärztliche

---

[168] BGH VersR 1996, 1148 (1150); BGH VersR 1997, 315 (316) m.w.N; BGHZ 138, 1 (6) = BGH NJW 1998, 1780 (1781) = BGH VersR 1998, 457 (458); BGH VersR 1998, 585 (585); BGH VersR 2001, 1030 (1030) mit Verweis auf die st.Rspr.; vgl. auch BGH VersR 2001, 1115 (1116); BGH VersR 2001, 1116 (1117); BGH VersR 2007, 541 (542); *Deutsch/Spickhoff*, Medizinrecht, Rn. 165 spricht daher von einer „Doppelformel"; *Steffen/Pauge*, Arzthaftungsrecht, Rn. 522a; *Geiß/Greiner*, Arzthaftpflichtrecht, Rn. B 252; *Hausch*, VersR 2002, 671 (674); insofern missverständlich sind die Entscheidungen BGH VersR 1986, 366 (367), BGH VersR 1992, 238 (239), da sie nur einen Verstoß gegen gesicherte medizinische Erkenntnisse für die Bewertung des Fehlers als „grob vorauszusetzen scheinen.
[169] *Hausch*, VersR 2002, 671 (674).
[170] BGHZ 85, 212 (216 ff.) = BGH NJW 1983, 333 (334 f.) = BGH VersR 1982, 1193 (1195); BGH NJW 1988, 1511 (1512); BGH VersR 1989, 80 (81); BGH VersR 1998, 585 (585); BGH VersR 2001, 1030 (1031); vgl. auch OLG Stuttgart, VersR 1990, 858 (859); OLG Schleswig, VersR 1994, 310 (312); OLG Köln, VersR 1994, 1238 (1239); OLG Stuttgart, VersR 1994, 313 (314); OLG Stuttgart, VersR 1997, 700 (701); OLG Celle, VersR 2002, 1558 (1560); *Steffen/Pauge*, Arzthaftungsrecht, Rn. 523; *Katzenmeier*, Arzthaftung, S. 442 f.; *Ehlers/Broglie*, Arzthaftungsrecht, Rn. 649; *Geiß/Greiner*, Arzthaftpflichtrecht, Rn. B. 254; *Frahm/Nixdorf*, Arzthaftungsrecht, Rn. 114.
[171] BGH NJW 1983, 2080 (2081); vgl. auch BGHZ 72, 132 (135) = BGH NJW 1978, 2337 (2338) = BGH VersR 1978, 1022 (1022 f.); BGH VersR 1983, 729 (730 f.); BGH VersR 1983, 983 (984); BGH NJW 1988, 1511 (1512); OLG Schleswig, VersR 1994, 310 (312); *Geiß/Greiner*, Arzthaftpflichtrecht, Rn. B. 254; solche, den Sorgfaltsmaßstab mildernde Umstände kennt auch das BGB bei der Notgeschäftsführung in § 680 BGB, vgl. *Sträter*, Grober Behandlungsfehler, S. 53.
[172] BGH NJW 1983, 2080 (2082).
[173] BGHZ 85, 212 (220) = BGH NJW 1983, 333 (335) = BGH VersR 1982, 1193 (1196); BGH NJW 1988, 1511 (1511); wohl auch BGH VersR 1989, 80 (81); BGH VersR 1998, 585 (585); BGH VersR 2001, 1030 (1031).
[174] BGH NJW 1983, 2080 (2081).
[175] BGH VersR 1986, 366 (367); BGHZ 113, 297 (303) = BGH NJW 1991, 1535 (1537) = BGH VersR 1991, 469 (470); BGH VersR 1992, 238 (238 f.); BGH VersR 1995, 659 (660); BGH VersR 1999, 716 (718); BGH VersR 2000, 1146 (1148); BGH VersR 2001, 646 (646); BGH VersR 2003, 1128 (1130); *Geiß/Greiner*, Arzthaftpflichtrecht, Rn. B. 213, 253; *Frahm/Nixdorf*, Arzthaftungsrecht, Rn. 112; Staudinger-*Hager*, § 823 Rn. I 55; *Gehrlein*, ZMGR 2003, 7 (7); möglicherweise a.A. *Deutsch*, Arztrecht und Arzneimittelrecht, S. 153, der mit Verweis auf OLG Düsseldorf, VersR 1986, 659 (659) (Fn. 31) feststellt, dass in gewisser Weise auch auf die subjektive Seite des Fehlers gesehen werde: Während das Übersehen einer Hodentorsion bei einem Facharzt ein schwerer Fehler sei, stelle er sich bei einem Assistenzarzt nur als ein leichter dar. Eine solche „Abstufung" könnte jedoch auch lediglich Aus-

Verhalten eindeutig gegen gesicherte und bewährte medizinische Erkenntnisse und Erfahrungen verstieß"[176] und ob der Fehler aus objektiver Sicht nicht mehr verständlich erscheint, weil er einem Arzt schlechterdings nicht unterlaufen darf.[177]

Unterlässt der Arzt eine medizinisch gebotene Befunderhebung, kann darin ebenfalls ein grober Fehler liegen. Dies ist dann der Fall, wenn der Arzt „in erheblichem Ausmaß" einfache, grundlegende Diagnose- und Kontrollbefunde nicht erhebt, also selbstverständliche Überlegungen und Untersuchungen unterlässt,[178] „zwingend, im Sachverständigengutachten als unablässig bezeichnete"[179] oder „eindeutig"[180] bzw. „elementar gebotene"[181] oder als „unbedingt erforderlich"[182] bezeichnete Befunderhebungen nicht durchführt. Das gilt erst recht, wenn er durch ungezielte Medikation das Krankheitsbild zusätzlich verschleiert.[183] Hinzukommen muss im Fall eines solchen Verstoßes – wie immer bei einem groben Fehler–,[184] dass der Fehler aus objektiver Sicht nicht mehr verständlich erscheint, weil er einem Arzt schlechterdings nicht unterlaufen darf.[185]

Zwar muss der Richter im Arzthaftungsprozess mangels eigener medizinischer Fachkenntnis regelmäßig einen Sachverständigen zu Rate ziehen,[186] der für ihn das

---

druck der Anwendung eines objektiv-typisierenden Sorgfaltsmaßstabes sein; in diese Richtung wohl auch *Giesen*, Arzthaftungsrecht, Rn. 109.

[176] BGH VersR 1986, 366 (367).

[177] Vgl. BGH VersR 1992, 238 (239); BGH VersR 1996, 1148 (1150); BGH VersR 1997, 315 (316) m.w.N; BGHZ 138, 1 (6) = BGH NJW 1998, 1780 (1781) = BGH VersR 1998, 457 (458); BGH VersR 1998, 585 (585); BGH VersR 2001, 1030 (1030) m.w.N.; BGH VersR 2001, 1115 (1115); BGH VersR 2001, 1116 (1117); BGH VersR 2007, 541 (542); *Deutsch/Spickhoff*, Medizinrecht, Rn. 165 spricht daher von einer „Doppelformel"; *Steffen/Pauge*, Arzthaftungsrecht, Rn. 522a.

[178] BGHZ 85, 212 (217) = BGH NJW 1983, 333 (334) = BGH VersR 1982, 1193 (1194); vgl. auch BGHZ 99, 391 (396) = NJW 1987, 1482 (1483) = BGH VersR 1987, 1089 (1090); *Giesen*, Arzthaftungsrecht, Rn. 411; *Laufs/Uhlenbruck-Laufs*, Handbuch des Arztrechts, § 110 Rn. 8; *Laufs*, Arztrecht, Rn. 604; *Geiß/Greiner*, Arzthaftpflichtrecht, Rn. B. 266. Nachweise zu Fällen, in denen die Rechtsprechung grobe Befunderhebungsfehler angenommen hat, finden sich bei *Katzenmeier*, Arzthaftung, S. 451 f. und bei *Steffen/Pauge*, Arzthaftungsrecht, Rn. 526 sowie bei *Deutsch/Spickhoff*, Medizinrecht, Rn. 395 und *Martis/Winkhart*, Arzthaftungsrecht, S. 805 f.

[179] OLG Karlsruhe, OLGR 2001, 412 (414).

[180] OLG München, OLGR 1999, 331 (332).

[181] OLG Köln, VersR 1999, 491 (492).

[182] OLG Karlsruhe, VersR 2005, 1246 (1246).

[183] BGHZ 85, 212 (218) = NJW 1983, 333 (334) = VersR 1982, 1193 (1195); BGH VersR 1985, 886 (887); BGH NJW 1988, 1513 (1514); OLG Nürnberg, VersR 1988, 1050 (1051); OLG Stuttgart VersR 1994, 313 (315).

[184] Vgl. BGH VersR 1992, 238 (239); BGH VersR 1996, 1148 (1150); BGH VersR 1997, 315 (316) m.w.N; BGHZ 138, 1 (6) = BGH NJW 1998, 1780 (1781) = BGH VersR 1998, 457 (458); BGH VersR 1998, 585 (585); BGH VersR 2001, 1030 (1030) m.w.N.; BGH VersR 2001, 1115 (1115); BGH VersR 2001, 1116 (1117); BGH VersR 2007, 541 (542); *Deutsch/Spickhoff*, Medizinrecht, Rn. 165 spricht daher von einer „Doppelformel"; *Steffen/Pauge*, Arzthaftungsrecht, Rn. 522a.

[185] BGH NJW 1983, 2080 (2081); BGH VersR 1989, 190 (190 f.); BGHZ 138, 1 (6) = BGH NJW 1998, 1780 (1781) = BGH VersR 1998, 457 (459); BGH VersR 2001, 1030 (1030); „schlicht nicht nachvollziehbar", so OLG Hamm, VersR 2004, 1321 (1322); so auch OLG Karlsruhe, VersR 2002, 1426 (1427); „schlechterdings nicht nachvollziehbar", so OLG Köln, NJW-RR 2003, 458 (458); „völlig unvertretbar", so OLG München, OLGR 2005, 790 (791); *Deutsch/Spickhoff*, Medizinrecht, Rn. 165; *Steffen/Pauge*, Arzthaftungsrecht, Rn. 522a.

[186] Vgl. BGH VersR 1986, 366 (367); BGH VersR 1994, 984 (986); BGH VersR 1997, 315 (316); BGHZ 138, 1 (6 f.) = BGH NJW 1998, 1780 (1781) = BGH VersR 1998, 457 (459); BGH NJW 2000, 1146 (1148); BGH VersR 2001, 1030 (1030); BGH VersR 2001, 1115 (1115 f.); der Hinweis auf medi-

Geschehen medizinisch bewertet. Ob ein Behandlungsfehler grob ist, hat der Richter jedoch selbst zu beurteilen. Denn dabei handelt es sich um eine juristische Wertung, die der Sachverständige nicht treffen darf.[187] Die der richterlichen Bewertung zugrunde liegenden Tatsachen müssen sich jedoch aus den Ausführungen des Sachverständigen ergeben.[188]

## II. Der Zusammenhang zwischen grobem Fehler und Schaden

Mit der Feststellung, dass der Behandlungsfehler grob war, hat es noch nicht sein Bewenden. Der Fehler muss nämlich auch als mögliche Ursache für den eingetretenen Schaden in Betracht kommen. Weitere Voraussetzung ist daher, dass der grobe Behandlungsfehler geeignet war, einen Schaden der Art, wie er nun eingetreten ist, herbeizuführen.[189] Eine generelle Eignung des Fehlers für den Schaden ist dabei ausreichend, die lediglich theoretische Möglichkeit hingegen nicht.[190] Hierfür trägt der Patient die Beweislast.

Teilweise wird im Schrifttum über die generelle Eignung des Fehlers hinaus verlangt, es müsse eine gewisse Wahrscheinlichkeit für eine Ursächlichkeit zwischen

---

zinische Fachliteratur ist dagegen grundsätzlich nicht geeignet, die erforderliche Sachkunde des Gerichts zu begründen, vgl. BGH VersR 1984, 354 (355); BGH VersR 1994, 984 (986); wohl noch anders BGH VersR 1958, 545 (546); nach BGH VersR 1954, 290 (290) ist erforderlich, dass der Richter „dartut, wieso er die notwendige Fachkunde besitzt"; die eigene Sachkunde muss vom Gericht dargelegt werden, so auch BGH VersR 1995, 681 (682), BGH VersR 2001, 859 (860); BGH NJW 2004, 1871 (1871 f.); so auch BVerfGE 10, 177 (182); BVerfG NJW 2003, 125 (127).
[187] BGHZ 72, 132 (135) = BGH NJW 1978, 2337 (2338) = BGH VersR 1978, 1022 (1023); BGH VersR 1986, 366 (367); BGH NJW 1988, 1513 (1514); BGHZ 132, 47 (53) = BGH NJW 1996, 1589 (1590) = BGH VersR 1996, 633 (634); BGHZ 138, 1 (6 f.) = BGH NJW 1998, 1780 (1781) = BGH VersR 1998, 457 (458 f.); BGH VersR 1999, 231 (232); BGHZ 144, 296 (304) = BGH NJW 2000, 2737 (2739) = BGH VersR 2000, 1146 (1148); BGH VersR 2003, 1541 (1542) Laufs, Arztrecht, Rn. 602; Giesen, Arzthaftungsrecht, Rn. 408; Geiß/Greiner, Arzthaftpflichtrecht, Rn. B. 255; Steffen/Pauge, Arzthaftungsrecht, Rn. 518a; Müller, DRiZ 2000, 259 (270); dies., MedR 2001, 487 (490); Schultze-Zeu, VersR 2000, 565 (566); Hausch, VersR 2002, 671 (672).
[188] Vgl. BGH VersR 1986, 366 (367 f.); BGH NJW 1988, 1513 (1514); BGH VersR 1993, 836 (837); BGH VersR 1995, 195 (196); BGHZ 132, 47 (53) = BGH NJW 1996, 1589 (1590) = BGH VersR 1996, 633 (634); BGH VersR 1996, 1148 (1150); BGH VersR 1997, 315 (316); BGHZ 138, 1 (6 f.) = BGH NJW 1998, 1780 (1781) = BGH VersR 1998, 457 (458 f.); BGH VersR 1998, 242 (243); BGH VersR 1998, 585 (585 f.); BGH VersR 2001, 1030 (1030 f.); BGH VersR 2002, 1026 (1027); Geiß/Greiner, Arzthaftpflichtrecht, Rn. B. 255; Steffen/Pauge, Arzthaftungsrecht, Rn. 518a; Schultze-Zeu, VersR 2000, 565 (566).
[189] BGH VersR 1956, 499 (500) spricht noch von einem typischen Ursachenzusammenhang; BGH NJW 1959, 1583 (1584); BGH VersR 1963, 67 (69); BGH VersR 1967, 713 (713 f.); BGH VersR 1968, 498 (498 f.); BGH VersR 1974, 804 (807); BGHZ 85, 212 (217) = BGH NJW 1983, 333 (334) = BGH VersR 1982, 1193 (1195); BGH NJW 1986, 1540 (1541); BGH NJW 1997, 796 (797); BGH NJW 1988, 2303 (2303); BGH VersR 1998, 585 (586); Baumgärtel, Beweislast, Bd. 1, § 823 Anh. C II, Rn. 24; Staudinger-Hager, § 823 Rn. I 54 m.w.N.; Müller, NJW 1997, 3049 (3052). Das Merkmal der „generellen Eignung" wird allerdings in einigen Entscheidungen des BGH gar nicht erwähnt, wurde also möglicherweise übergangen, vgl. BGHZ 72, 132 (133 f., 136) = BGH NJW 1978, 2337 (2338 f.) = BGH VersR 1978, 1022 (1022, 1023); BGH VersR 1982, 1141 (1142); BGH VersR 1983, 983 (984).
[190] BGHZ 85, 212 (217) = BGH NJW 1983, 333 (334) = BGH VersR 1982, 1193 (1195).

Fehler und Schaden bestehen.[191] Diese Tendenz weist auch ein Urteil des BGH aus dem Jahr 1967 auf. Darin heißt es, dass der Behandlungsfehler als geeignete und nahe liegende Ursache für den Schaden in Betracht kommen müsse.[192]

Da ein Synonym für das Adjektiv „nahe liegend" „zu vermutend" ist[193] und „vermutlich" wiederum für „wahrscheinlich" steht,[194] könnte dies für das Erfordernis einer gewissen Wahrscheinlichkeit sprechen. Allerdings ist der BGH einem solchen Erfordernis deutlich entgegengetreten und hat ausgeführt, dass der Fehler den Schaden weder wahrscheinlich machen noch als nahe liegende Ursache in Betracht kommen müsse.[195] Sollte die frühere Entscheidung dahingehend verstanden worden sein, werde dem ausdrücklich entgegengetreten.[196] Damit hat der BGH klar gestellt, dass es bei der Eignung des groben Behandlungsfehlers für den Schaden anders als beim Anscheinsbeweis gerade nicht auf einen typischen Kausalverlauf im Sinne von hoher Wahrscheinlichkeit ankommt. Würde ein wahrscheinlicher Kausalzusammenhang zwischen Fehler und Schaden gefordert, müsste der Patient im Prozess deutlich substantiierter vortragen, was seine Beweisführung so sehr erschwere, dass von dem für ihn angestrebten Schutz letztlich nichts mehr übrig bleibe.[197]

*Schuster* meint sogar, die Geeignetheit des Fehlers für den Schaden sei nichts anderes als eine gewisse Wahrscheinlichkeit, die für die Verursachung spricht.[198] Dieses Verständnis kann der Rechtsprechung des BGH jedoch kaum entnommen werden.

Zwar spielen auch beim BGH gewisse Wahrscheinlichkeitsüberlegungen eine Rolle. So ist bei der Frage, ob und inwieweit ein grober Behandlungsfehler eine Beweiserleichterung rechtfertigt, das Gewicht der Möglichkeit zu berücksichtigen, dass der Fehler zum Misserfolg beigetragen hat.[199] Der Beweislastumkehr kann daher entgegenstehen, dass der Ursachenzusammenhang zwischen Fehler und Schaden gänzlich unwahrscheinlich ist.[200] Der BGH geht insoweit davon aus, dass sich die aus dem Behandlungsfehler resultierenden Aufklärungserschwernisse umso geringer auswirken, je entfernter die Möglichkeit der Kausalität des Fehlers für den Schaden

---

[191] *Musielak*, Die Grundlagen der Beweislast im Zivilprozess, S. 145 ff.; *Hausch*, VersR 2002, 671 (676 f.).

[192] BGH VersR 1967, 712 (714); so auch BGH NJW 1970, 1230 (1231), vgl. auch schon RGZ 171, 168 (171 ff.); BGHZ 85, 212 (216 f.) = BGH NJW 1983, 333 (334) = BGH VersR 1982, 1193 (1195); BGH NJW 1986, 1540 (1541); BGH NJW 1997, 796 (797 f.).

[193] *Wahrig*, Deutsches Wörterbuch.

[194] *Wahrig*, Deutsches Wörterbuch.

[195] BGHZ 85, 212 (216 f.) = BGH NJW 1983, 333 (334) = BGH VersR 1982, 1193 (1195); BGH VersR 1986, 366 (367); BGH VersR 1989, 80 (81); BGH NJW 1997, 796 (798); BGHZ 144, 296 (303, 307) = BGH NJW 2000, 2737 (2739) = BGH VersR 2000, 1146 (1147 f.); so auch OLG Hamm, VersR 1994, 1067 (1068); OLG Stuttgart, VersR 1994, 313 (315).

[196] BGHZ 85, 212 (217) = BGH NJW 1983, 333 (334) = BGH VersR 1982, 1193 (1195).

[197] BGH NJW 1968, 1185 (1185); *Giesen*, Arzthaftungsrecht, Rn. 409.

[198] *Schuster*, Beweislastumkehr extra legem, S. 147; so wohl auch *Musielak*, Die Grundlagen der Beweislast im Zivilprozess, S. 88; vgl. dazu auch Fn. 1238.

[199] BGHZ 85, 212 (216 f.) = BGH NJW 1983, 333 (334) = BGH VersR 1982, 1193 (1195); BGH 1989, 80 (81); BGH VersR 1995, 46 (47).

[200] BGH VersR 1989, 80 (81); BGHZ 129, 6 (12 f.) = BGH NJW 1995, 1611 (1612) = BGH VersR 1995, 706 (708); BGH VersR 1989, 80 (81); BGH VersR 1994, 52 (53); BGH NJW 1997, 796 (797); BGHZ 138, 1 (8) = BGH NJW 1998, 1780 (1782) = BGH VersR 1998, 457 (459); BGH VersR 1998, 585 (586); vgl. auch OLG Stuttgart, VersR 1999, 627 (628).

sei.[201] Allerdings obliegt der Nachweis, dass der Kausalzusammenhang äußerst unwahrscheinlich ist, dem Arzt. Es ist also gerade nicht der Patient, der beweisen muss, dass der Fehler eine wahrscheinliche Ursache für den Schaden darstellt, sondern umgekehrt der Arzt, der nachweisen muss, dass ein solcher Ursachenzusammenhang gänzlich unwahrscheinlich ist. Der BGH verweist demnach die Wahrscheinlichkeitserwägungen ausdrücklich in den Gegenteilsbeweis.[202] Die Frage der generellen Eignung des Fehlers für den Schaden ist davon jedoch nicht betroffen.[203] Der Ansicht *Schusters* ist daher zu widersprechen.

Ausreichend ist weiter, dass der Fehler für den Schaden mitursächlich war.[204] Dies gilt selbst dann, wenn es äußerst unwahrscheinlich ist, dass der Behandlungsfehler für den Schaden allein ursächlich war, sofern nur *jegliche* Mitursächlichkeit nicht gänzlich unwahrscheinlich war.[205] Daher reicht im Ergebnis eine denkbare Mitursächlichkeit des Fehlers für den Schaden aus.[206] Etwas anders gilt nur dann, wenn feststeht, dass der Behandlungsfehler nur einen abgrenzbaren Teil des Schadens verursacht hat,[207] mithin in Fällen der Teilkausalität. Dafür muss sich der Kausalbeitrag des groben Behandlungsfehlers von dem einer anderen Ursache abgrenzen lassen.

Außerdem ist erforderlich, dass „sich gerade das Risiko verwirklicht hat, dessen Nichtbeachtung den Fehler als grob erscheinen lässt"[208]. Es muss also genau das Risiko verwirklichen, um dessentwillen der ärztliche Fehler als grob einzustufen war. Verwirklicht sich also nicht genau das Risiko, um dessentwillen der ärztliche Fehler als grob einzustufen war, sondern eine völlig andere Gefahr, die gerade nicht eingetreten ist, dann ist für eine Beweislastumkehr nach Ansicht des BGH aus Billigkeitsgründen kein Raum. Damit strebt der BGH eine Begrenzung der Haftung nach dem Schutzzweck der Norm an.[209] Zu Recht weist *Giesen* darauf hin, dass damit der Rechtswidrigkeitszusammenhang aus dem Schadensrecht in das Beweisrecht übertragen werde.[210]

Schließlich soll die Umkehr der Beweislast nur für die haftungsbegründende Kausalität gelten, also nur für diejenigen Schäden, die unmittelbar durch den Behandlungsfehler verursacht wurden, mithin für so genannte Primärschäden.[211] Dagegen

---

[201] BGHZ 85, 212 (216 f.) = BGH NJW 1983, 333 (334) = BGH VersR 1982, 1193 (1195); BGH VersR 1989, 80 (81); BGH VersR 1994, 52 (53); vgl. auch BGH VersR 1995, 46 (47).

[202] *Nüßgens*, in: Festschrift für Hauß, S. 287 (297); missverständlich sind insofern die Ausführungen in BGHZ 132, 47 (54) = BGH NJW 1996, 1589 (1590) = BGH VersR 1996, 633 (634), dass der Ursachenzusammenhang zwischen grobem Fehler und dem Tod des Patienten zwar nicht aufgeklärt werden könne, er „jedoch nicht unwahrscheinlich und nach den Ausführungen des Sachverständigen sogar wahrscheinlich" sei.

[203] *Katzenmeier*, in: Festschrift für Laufs, S. 909 (914).

[204] BGH NJW 1990, 2882 (2884); BGH NJW 1997, 796 (797); BGH VersR 1999, 862 (862); BGH VersR 2000, 1282 (1283); OLG Oldenburg, VersR 1999, 1423 (1424).

[205] BGH NJW 1997, 796 (797); BGH VersR 2000, 1282 (1283).

[206] *Graf*, Beweislast, S. 114.

[207] BGH VersR 1964, 49 (51); BGH NJW 1997, 796 (797); BGH VersR 2000, 1146 (1149).

[208] BGH VersR 1981, 954 (955); vgl. auch BGH VersR 1981, 462 (462 f.); vgl. BGHZ 85, 212 (216 f.) = BGH NJW 1983, 333 (334) = BGH VersR 1982, 1193 (1195); vgl. auch BGH NJW 1983, 2080 (2081 f.).

[209] So auch *Deutsch/Spickhoff*, Medizinrecht, Rn. 399; *Giesen*, Arzthaftungsrecht, Rn. 418.

[210] *Giesen*, Arzthaftungsrecht, Rn. 418; *Hanau*, Die Kausalität der Pflichtwidrigkeit, S. 68 f.; zustimmend auch *Katzenmeier*, Arzthaftung, S. 446.

[211] BGH NJW 1970, 1230 (1231); BGH NJW 1978, 1683 (1684); BGH VersR 1989, 145 (145); BGH NJW 1993, 2383 (2384); BGH VersR 1994, 52 (54).

erstreckt sie sich grundsätzlich nicht auf die haftungsausfüllende Kausalität. Sekun-därschäden im Sinne von Folgeschäden sind demnach von ihr grundsätzlich nicht erfasst.[212] Hier bleibt es bei der allgemeinen Beweislast des Patienten. Nur ausnahmsweise erfasse die Beweislastumkehr auch den Sekundärschaden. Dies sei zum einen dann der Fall, wenn das durch den groben Fehler geschaffene Beweisrisiko auch die Sekundärschäden betreffe,[213] der Folgeschaden also mit dem Primärschaden verbunden sei, und die Verhaltensregel, die der Arzt missachtet habe, gerade auch den Sekundärschaden verhindern wollte.[214] Zum anderen greife die Ausnahme dann ein, wenn sich der Schaden erst später auswirke, in der Primärverletzung jedoch noch nicht zu erkennen sei.[215]

## C. Dogmatische Begründung der Beweisregel

Die Beweislastsonderregel des groben Behandlungsfehlers ist inzwischen zwar ständige Rechtsprechung, die der BGH bereits im Jahr 1968 als „gefestigt" bezeichnete.[216] Dennoch kann allein die Tatsache der ständigen Spruchpraxis die Frage nach ihrer Legitimation nicht ersetzen.[217] Indem sie den Patienten von dem nach der Grundregel ihm obliegenden Nachweis der Kausalität des Behandlungsfehlers für den Schaden befreit, greift die Rechtsprechung im Wege richterlicher Rechtsfortbildung in das materielle Recht ein.[218] Dieser Eingriff hat im Arzthaftungsrecht große Bedeutung, wirkt er sich doch meist prozessentscheidend aus. Als Ausnahmefall bedarf er einer gesteigerten Rechtfertigung.[219] Im Folgenden soll daher auf die zur Rechtfertigung der Beweislastsonderregel vorgebrachten Argumente eingegangen werden.[220] Diese werden im weiteren Verlauf der Arbeit noch von Bedeutung sein.[221]

---

[212] Für die haftungsausfüllende Kausalität bleibt es bei der Beweislast des Patienten, natürlich mit dem geringeren Beweismaß des § 287 ZPO, vgl. BGH NJW 1978, 1683 (1683); BGH VersR 1981, 462 (462 f.); BGH VersR 1987, 686 (687 f.); BGH NJW 1993, 2383 (2384); BGH VersR 1994, 52 (54); BGH VersR 2003, 1128 (1130); BGH VersR 2005, 228 (230); OLG Oldenburg, VersR 1999, 63 (63); *Geiß/Greiner*, Arzthaftpflichtrecht, Rn. B. 262; *Steffen/Pauge*, Arzthaftungsrecht, Rn. 546 f.; *Frahm/Nixdorf*, Arzthaftungsrecht, Rn. 118; *Katzenmeier*, Arzthaftung, S. 447; *Deutsch/Spickhoff*, Medizinrecht, Rn. 399; a.A. *Giesen*, Arzthaftungsrecht, Rn. 408: die Umkehr der Beweislast bei einem groben Behandlungsfehler solle sich stets auch auf die Haftungsausfüllung beziehen, wenn sich ein typisches Risiko der verletzten Verhaltenspflicht verwirklicht habe.

[213] BGH NJW 1978, 1683 (1683).

[214] BGH NJW 1970, 1230 (1231); BGH NJW 1978, 1683 (1683); BGH VersR 1989, 145 (145).

[215] BGH NJW 1978, 1683 (1684).

[216] BGH VersR 1968, 498 (499).

[217] So auch *Katzenmeier*, Arzthaftung, S. 459 f.

[218] Nach heute überwiegender Ansicht sind die Beweislastnormen dem materiellen Recht zuzuordnen, vgl. MüKO-ZPO-*Prütting*, § 286 Rn. 131; vgl. auch die Nachweise bei *Katzenmeier*, Arzthaftung, S. 418.

[219] *Reinhardt*, NJW 1994, 93 (99); die Beweislastumkehr muss zwingend notwendig sein, MüKo-ZPO-*Prütting*, § 286 Rn. 121.

[220] Vgl. hierzu auch die ausführliche Darstellung bei *Katzenmeier*, Arzthaftung, S. 459 ff.

[221] Vgl. insbesondere die Ausführungen in Kapitel 5 unter C. I.

## I. Argumente der Rechtsprechung

In den Anfängen der diesbezüglichen Rechtsprechungsentwicklung[222] verwies das Reichsgericht zur Begründung der Beweislastsonderregel zumeist auf Billigkeitserwägungen. So erschien diese ausnahmsweise nach „Treu und Glauben"[223] oder einer „gerechten Interessenabwägung im Einzelfall"[224] geboten, obwohl bereits das Reichsgericht den Standpunkt vertrat, dass der Arzt grundsätzlich nicht für Unklarheiten im Kausalverlauf einzustehen habe.[225]

Der BGH setzte nicht nur die Rechtsprechung des Reichsgerichts zur Beweislastsonderregel fort, sondern übernahm auch dessen Begründung. Die Durchbrechung der grundsätzlichen Beweislastverteilung war eben „billig"[226] und wegen des Grundsatzes von „Treu und Glauben"[227] oder aufgrund einer „gerechten Interessenabwägung"[228] erforderlich. Es gehöre zu dem Wesen eines groben Behandlungsfehlers, dass dieser die Aufklärung des Behandlungsverlaufs besonders erschwere.[229] Der Arzt habe durch seinen schweren Fehler eine Lage geschaffen, die es nicht mehr möglich mache festzustellen, „wie der Verlauf bei ordnungsgemäßer ärztlicher Betreuung gewesen wäre"[230]. Er sei daher „näher dran"[231], das Beweisrisiko zu tragen, da der Patient kaum etwas dazu beitragen könne, das Geschehen aufzuklären. Für dieses durch den Fehler in das Behandlungsgeschehen hineingetragene Aufklärungserschwernis, das „das Spektrum der für den Misserfolg in Betracht kommenden Ursachen gerade wegen der besonderen Schadensneigung des Fehlers verbreitert bzw. verschoben"[232] habe, solle ein Ausgleich geschaffen werden. Indes stelle die Umkehr der Beweislast keine Sanktion für (vermeintliches) ärztliches Verschulden dar.[233] Entscheidender Anknüpfungspunkt sei allein, dass die Kausalitätsfeststellung durch den groben Fehler besonders erschwert worden sei.[234]

---

[222] Vgl. zur Entwicklung der Rechtsprechung zum groben Behandlungsfehler die Darstellung bei *Katzenmeier*, Arzthaftung, S. 440 f.; *Musielak*, Die Grundlagen der Beweislast im Zivilprozess, S. 145 ff.; *Franzki*, Die Beweisregeln im Arzthaftungsprozess, S. 57.

[223] RG Seuff. Arch. 84 Nr. 187.

[224] RGZ 171, 168 (171).

[225] RGZ 78, 432 (435).

[226] BGH VersR 1971, 227 (229); BGH VersR 1981, 954 (955); vgl. auch BGHZ 72, 132 (136) = BGH NJW 1978, 2337 (2338) = BGH VersR 1978, 1022 (1023).

[227] BGH NJW 1997, 796 (797).

[228] BGH VersR 1962, 528 (529); BGH VersR 1962, 960 (961).

[229] Vgl. BGHZ 85, 212 (216) = BGH NJW 1983, 333 (334) = BGH VersR 1982, 1193 (1195); BGH VersR 1989, 80 (81); BGH VersR 1992, 238 (239); BGH VersR 1994, 52 (53); BGH VersR 1995, 46 (47); BGHZ 132, 47 (52) = BGH NJW 1996, 1589 (1590) = BGH VersR 1996, 633 (634).

[230] BGH VersR 1967, 713 (713); an der Voraussetzung, dass der grobe Fehler die Aufklärung des Ursachenzusammenhangs besonders erschwert haben muss, fehlt es dagegen, wenn die Erschwernisse bei der Aufklärung durch vom Patienten selbst geschaffene Unklarheiten wesentlich mitverursacht wurden, vgl. OLG Karlsruhe, OLGR 2001, 412 (412 f.).

[231] BGH VersR 1967, 713 (713).

[232] BGHZ 85, 212 (216) = BGH NJW 1983, 333 (334) = BGH VersR 1982, 1193 (1195); BGH VersR 1989, 80 (81); BGH VersR 1994, 52 (53); BGH NJW 1997, 796 (797); OLG Hamm, VersR 1994, 729 (730).

[233] BGH NJW 1997, 794 (795); BGH VersR 1992, 238 (239).

[234] BGHZ 85, 212 (216) = BGH NJW 1983, 333 (334) = BGH VersR 1982, 1193 (1195); BGH NJW 1968, 1185 (1185); BGH VersR 1992, 238 (240).

Das Argument der Rekonstruktionserschwernis tritt in den Unterlassungsfällen besonders deutlich zu Tage. Hätte der Arzt nämlich die (richtige) Behandlung wenigstens versucht bzw. die notwendigen Befunde erhoben, so bestünden keine Zweifel, ob dem Patienten wirklich nicht zu helfen war.[235]

## II. Stellungnahme

Wie den vorstehenden Ausführungen zu entnehmen ist, stellt der BGH zur Rechtfertigung der Beweislastsonderregel im Ergebnis vorwiegend auf Billigkeitserwägungen ab. Dieser Gedanke bleibt sein entscheidendes Argument für die Legitimation der Beweislastumkehr.[236] Die „einzig ehrliche Begründung" scheint also bislang zu sein, dass im Fall des groben Behandlungsfehlers dem Patienten die Beweislast billigerweise schlicht nicht mehr zuzumuten ist.[237] Diese Begründungsversuche sind für sich gesehen jedoch zu schwach, als dass sie das „schwere Geschütz"[238] der Beweislastumkehr rechtfertigen könnten.[239] Hinzu kommt, dass die Verteilung der Beweislast zu Beginn des Prozesses feststehen muss. Sie muss ein „festes, von den Zufälligkeiten des einzelnen Prozesses unabhängiges Resultat ergeben, das dem Richter ein sicherer Wegweiser ist und mit dem die Parteien schon rechnen können, bevor sie sich auf den Prozess einlassen"[240]. Billigkeitserwägungen führen hingegen leicht dazu, dass diese Regel missachtet und stattdessen auf den Einzelfall abgestellt wird, was zu Rechtsunsicherheit führt.[241] Beweislastregeln sind kein Allheilmittel, um ein als ungerecht empfundenes Ergebnis am materiellen Recht vorbei zu korrigieren.[242] Reine Billigkeitserwägungen sind demnach zur Rechtfertigung der Beweislastumkehr nicht ausreichend. Dass die Rechtsprechung dennoch auf sie zurückgreift, unterstreicht die Bedeutung der Beweisregel des groben Behandlungsfehlers als Beweislastsonderregel.[243]

## D. Die beweisrechtlichen Folgen eines groben Behandlungsfehlers

Die Folgen eines groben Behandlungsfehlers, der geeignet war, einen Schaden der eingetretenen Art zu verursachen, waren seit Ende der 1970er/Anfang der 1980er Jahre „Beweiserleichterungen bis hin zur Beweislastumkehr"[244]. Damit sollte

---

[235] *Stoll*, in: Festschrift für Hippel, S. 517 (552); *Franzki*, Die Beweisregeln im Arzthaftungsprozess, S. 64 f.; *Hofmann*, NJW 1974, 1641 (1641).

[236] So auch *Müller*, DRiZ 2000, 259 (266); *Katzenmeier*, Arzthaftung, S. 461 f.; *Hausch*, VersR 2005, 600 (604).

[237] *Dunz*, Praxis der Arzthaftung, S. 30.

[238] *Dunz*, Praxis der Arzthaftung, S. 30.

[239] So auch *Laufs*, Arztrecht, Rn. 600; *Katzenmeier*, Arzthaftung, S. 461 f.

[240] *Rosenberg*, Beweislast, S. 65.

[241] So auch *Katzenmeier*, Arzthaftung, S. 461.

[242] *Reinhardt*, NJW 1994, 93 (99).

[243] So auch *Franzki*, Die Beweisregeln im Arzthaftungsprozess, S. 62.

[244] BGHZ 72, 132 (136) = BGH NJW 1978, 2337 (2338) = BGH VersR 1978, 1022 (1023); BGH VersR 1981, 954 (955); vgl. auch BGHZ 85, 212 (215) = BGH NJW 1983, 333 (334) = BGH VersR 1982,

klargestellt werden, dass dem Arzt auch nicht über eine Beweislastregelung eine Garantiehaftung auferlegt werden dürfe, da er dem Patienten keinen Behandlungserfolg schulde. Selbst ein grober Behandlungsfehler sollte nicht automatisch zu einer Beweislastumkehr führen, weil berücksichtigt werden müsse, dass immer auch schicksalhafte Zwischenfälle zu dem eingetretenen Schaden des Patienten geführt haben könnten. Durch Prüfung im konkreten Einzelfall sollte von nun an flexibel entschieden werden können, ob und inwieweit es die Billigkeit erforderte, im Sinne eines abgestuften Systems von Beweiserleichterungen dem Patienten den Beweis zu erleichtern[245] oder gar die Beweislast umzukehren. Die bis dahin praktizierte generelle Beweislastumkehr war also nicht mehr zwingend. Trotzdem finden sich keine Entscheidungen, die von der Möglichkeit, die Rechtsfolgenseite so flexibel zu handhaben, wie dies die Formel verspricht, Gebrauch machten. Vielmehr kam es entweder zu einer Umkehr der Beweislast zugunsten des Patienten oder eine solche wurde abgelehnt.[246] Dafür war weiterhin maßgeblich, ob nach Ansicht des Gerichts ein grober Behandlungsfehler vorlag. Im Folgenden soll die Begründung dieser Formel näher untersucht werden.

## I. Begründung der Formel durch die Rechtsprechung

Der BGH war der Ansicht, dass nicht immer von der starren Rechtsfolge der Beweislastumkehr ausgegangen werden dürfe. Vielmehr müsse der Tatrichter im Hinblick auf die speziellen Grundsätze der Beweislast bei Arzthaftungsprozessen Beweiserleichterungen nach eigenem Ermessen gewähren, sofern dem Patienten die Beweislast angesichts der vom Arzt verschuldeten Aufklärungserschwernisse billigerweise nicht mehr zugemutet werden könne.[247] Der Umfang der gewährten Beweiserleichterungen sollte davon abhängen, wie sehr der Arzt durch seinen Behandlungsfehler die nachträgliche Aufklärung der Kausalität zwischen Fehler und Schaden erschwert habe.[248]

---

1193 (1194); BGH VersR 1983, 983 (984); BGH VersR 1986, 366 (367); BGH NJW 1988, 2303 (2304); BGH VersR 1992, 238 (239); BGH VersR 1992, 1263 (1265); BGH NJW 1997, 796 (797); BGHZ 159, 48 (53) = BGH NJW 2004, 2011 (2012) = BGH VersR 2004, 909 (910) = BGH JZ 2004, 1029 (1029); erstmals Erwähnung findet die Formel in BGH NJW 1972, 1520 (1520) im Zusammenhang mit Dokumentationsversäumnissen.

[245] *Rosenberg/Schwab/Gottwald*, Zivilprozessrecht, § 114 Rn. 21; das BVerfG stimmte dieser Rechtsprechung zu, vgl. BVerfG NJW 1979, 1925 (1925).

[246] Vgl. etwa BGHZ 85, 212 (220) = BGH NJW 1983, 333 (335) = BGH VersR 1982, 1193 (1196); BGH NJW 1997, 796 (797); BGH VersR 1998, 585 (585 f.).

[247] BGHZ 72, 132 (139) = BGH NJW 1978, 2337 (2339) = BGH VersR 1978, 1022 (1024); BGH VersR 1983, 983 (983); BGH VersR 1992, 238 (239); für eine solch flexible Handhabung des Beweisrechts auch *Giesen*, JZ 1990, 1053 (1061); *Rosenberg/Schwab/Gottwald*, Zivilprozessrecht, § 114 Rn. 21.

[248] Vgl. BGHZ 72, 132 (136 ff.) = BGH NJW 1978, 2337 (2338 f.) = BGH VersR 1978, 1022 (1023 f.); BGH VersR 1983, 983 (984 f.); BGH VersR 1989, 80 (81); BGH VersR 1995, 46 (47); BGHZ 132, 47 (52) = BGH NJW 1996, 1589 (1590) = BGH VersR 1996, 633 (634).

## II. Ansicht der Literatur und Kritik an der Formel

Die Literatur hat der Formulierung von den „Beweiserleichterungen bis hin zur Beweislastumkehr" teilweise zugestimmt. Dies führe zu mehr Flexibilität, da so Berücksichtigung finden könne, dass sich zuweilen auch der Arzt in einer Situation der Beweisnot befinde.[249] Zu einer Umkehr der Beweislast solle es nur noch als *ultima ratio* kommen.[250] Durch eine auf den Einzelfall abgestimmte Beweiserleichterung könne die Waffengleichheit am besten hergestellt werden.

Die Formel ist in der Literatur aber auch auf Kritik gestoßen. So wird sie als „etwas rätselhaft"[251], „unscharf und irreführend"[252] oder „begrifflich falsch und irreführend"[253] bezeichnet. Dies liegt daran, dass nicht ganz klar wird, wie sich der BGH ein abgestuftes System von Beweiserleichterungen, wie es die Formulierung nahelegt, eigentlich vorstellt. Ob mit ihr gemeint ist, dass der Beweis je nach Lage des Falls für die Partei erst „ein bisschen", dann „ein bisschen mehr" und schließlich so sehr erleichtert werden kann, dass es zu einer Umkehr der Beweislast kommt, bleibt unklar. Der BGH hat sich dazu nicht geäußert. Unklar blieb auch, an welche Beweiserleichterungen er dabei überhaupt konkret dachte.[254] Zu denken wäre an einen Anscheinsbeweis unter erleichterten Voraussetzungen,[255] an eine Parteivernehmung über den Anwendungsbereich des § 448 ZPO hinaus[256] oder gar eine Verminderung des Beweismaßes auf eine überwiegende Wahrscheinlichkeit.[257]

Die Beweislastumkehr als höchste Form der Beweiserleichterung zu begreifen, ist jedenfalls nicht möglich. Die Beweiswürdigung widmet sich der Frage, *ob* ein angetretener Beweis gelungen ist, ob also der Richter eine bestimmte Tatsache als bewiesen ansehen darf. Hier kommen die Beweiserleichterungen ins Spiel. Sie können dazu führen, dass der Hauptbeweis zugunsten einer Partei als geführt angesehen wird, ohne dass darüber Beweis erhoben wurde. Ein Beispiel für eine solche Beweiserleichterung ist der Anscheinsbeweis.[258]

*Wann* dieser Beweis gelungen ist, richtet sich nach dem Beweismaß. Dieses bestimmt, *wovon* der Richter überzeugt sein muss, bestimmt also den Inhalt der richterlichen Überzeugung.

Erst wenn die Beweiswürdigung abgeschlossen und erfolglos geblieben ist, im Fall eines *non liquet* also, stellt sich die Frage der objektiven Beweislast.[259] Diese richtet

---

[249] *Baumgärtel*, Beweislast, Bd. 1, § 823 Anh. C II, Rn. 22.

[250] *Franzki*, Die Beweisregeln im Arzthaftungsprozess, S. 62.

[251] *Weber*, Der Kausalitätsbeweis im Zivilprozess, S. 212.

[252] Zöller-*Greger*, Vor § 284 Rn. 22.

[253] *Katzenmeier*, Arzthaftung, S. 469.

[254] So auch *Katzenmeier*, Arzthaftung, S. 468; *Franzki*, Die Beweisregeln im Arzthaftungsprozess, S. 62.

[255] *Dunz*, Aktuelle Fragen zum Arzthaftungsrecht, S. 59; so versteht *Leipold*, Beweismaß und Beweislast im Zivilprozessrecht, S. 23 die Rspr. (mit anschließender Kritik).

[256] Also unter erleichterten Voraussetzungen, so *Franzki*, Die Beweisregeln im Arzthaftungsprozess, S. 62.

[257] *Brüggemeier*, Deliktsrecht, Rn. 683; *Walter*, JZ 1978, 806 (808); *Brüggemeier*, Prinzipien des Haftungsrechts, S. 229 f., 231, 234.

[258] Vgl. dazu die Ausführungen in Kapitel 6 unter A.

[259] Von der objektiven Feststellungslast ist die subjektive Beweislast, die Beweisführungslast, zu unterscheiden. Sie betrifft die Frage, wer tätig werden muss, wer also Beweis antreten muss, um im Prozess nicht zu unterliegen, dazu *Laumen*, NJW 2002, 3739 (3742).

sich grundsätzlich nach dem materiellen Recht und ist – anders als die Beweiswürdigung – keine vom Einzelfall abhängige Tatfrage, sondern eine abstrakt-generelle Regelung, die vor dem Prozess feststehen muss. Sie ist keine Tat-, sondern eine Rechtsfrage. Beweiserleichterungen können und dürfen sich auf die Beweislast somit nicht auswirken.[260] Erst recht ist die Beweislast keine besonders weit gehende Form der Beweiserleichterung. Denn entweder obliegt einem die Beweislast oder eben nicht. Erleichtert werden kann nur die Beweisführung, aber nicht die Beweislast.[261] Die Beweiswürdigung, zu der auch die Beweiserleichterungen gehören, ist der Beweislast somit zeitlich vorgelagert. Beide haben unmittelbar nichts miteinander zu tun und sind strikt voneinander zu trennen. Da die Formel die Beweiswürdigung somit unzulässigerweise mit der Beweislast vermischt,[262] ist sie begrifflich falsch.[263]

Wegen ihrer abstrakt-generellen Regelungswirkung darf die Beweislast auch nicht ohne Weiteres vom Gericht abgeändert werden. Schon gar nicht darf sie im Belieben des Richters stehen und von Billigkeitserwägungen abhängen. Genau das aber suggeriert die Formulierung des BGH.[264] Man gewinnt nämlich den Eindruck, als könne der Richter nach Belieben die eine oder andere Beweiserleichterung auswählen bzw. als Höchstmaß sogar die Beweislast umkehren, je nachdem, was nach seinem Ermessen am besten zu dem Fall passt.[265] Dies bringt Rechtsunsicherheit[266] und gefährdet die Gleichheit der Rechtsanwendung.[267] Der Arzthaftungsprozess droht so zu einem „Roulettespiel"[268] zu werden.

Zwar haben die vier den Arzthaftungsbeschluss des BVerfG nicht tragenden Richter ausgeführt, die Gerichte müssten sich „im jeweiligen Einzelfall die typische beweisrechtliche Stellung der Parteien und mithin die beweisrechtliche Grundproblematik bewusst machen und (dürften) ihre hieraus resultierende Verpflichtung, im konkreten Fall insgesamt gesehen für eine faire, zumutbare Handhabung des Beweisrechts Sorge zu tragen, nicht aus den Augen verlieren"[269]. Damit haben sie allerdings nicht für flexible Handhabung der Beweislastumkehr im Prozess plädiert.[270] Denn, so fügten die Richter hinzu, dies solle „nicht besagen, dass Beweislastnormen nicht generell im voraus bestimmt, sondern in jeder Prozesslage erst neu zu erstellen wären".[271]

Aus den genannten Gründen kann die von der Rechtsprechung jahrelang verwendete Formel somit nicht überzeugen.

---

[260] *Laumen*, NJW 2002, 3739 (3743).

[261] *Laumen*, NJW 2002, 3739 (3743).

[262] So auch *Huber*, Das Beweismaß im Zivilprozess, S. 138 ff.; Zöller-*Greger*, Vor § 284 Rn. 22; MüKo-ZPO-*Prütting*, § 286 Rn. 127; *Katzenmeier*, Arzthaftung, S. 469.

[263] *Katzenmeier*, Arzthaftung, S. 469.

[264] *Katzenmeier*, Arzthaftung, S. 469; MüKo-ZPO-*Prütting*, § 286 Rn. 127.

[265] MüKo-ZPO-*Prütting*, § 286 Rn. 127; *Katzenmeier*, Arzthaftung, S. 469.

[266] So *Laufs*, Arztrecht, R. 601; *Laufs/Uhlenbruck-Laufs*, Handbuch des Arztrechts, § 110 Rn. 3; *Katzenmeier*, Arzthaftung, S. 469 f.; *Franzki*, Die Beweisregeln im Arzthaftungsprozess, S. 62 f., 118.

[267] So wohl MüKo-ZPO-*Prütting*, § 286 Rn. 121; ähnlich auch Zöller-*Greger*, Vor § 284 Rn. 17; *Laufs*, Arztrecht, Rn. 601; *Franzki*, Die Beweisregeln im Arzthaftungsprozess, S. 62, 118.

[268] *Giesen*, Arzthaftungsrecht, Rn. 367.

[269] BVerfG NJW 1979, 1925 (1925).

[270] So auch *Katzenmeier*, Arzthaftung, S. 469: „ein derart flexibler Umgang mit dem Beweisrecht läst sich auch nicht mit einem Hinweis auf die vier im Arzthaftungsbeschluss des BVerfG dissentierenden Richter stützen".

[271] BVerfG NJW 1979, 1925 (1925).

## III. Handhabung der Formel durch die Rechtsprechung im Fall des groben Behandlungsfehlers

### 1. Bisherige Rechtsprechung

Über mehr als zwei Jahrzehnte führte ein grober Behandlungsfehler in der Rechtsprechung des BGH zu „Beweiserleichterungen bis hin zur Beweislastumkehr".[272] Betrachtet man die Urteile genauer, fällt allerdings auf, dass der Arzt in diesen Fällen immer voll beweisen musste, dass der Schaden auch ohne seinen Fehler eingetreten wäre.[273] Dass sein Fehlverhalten nur möglicherweise den Schaden nicht verursacht hatte, war demgegenüber nicht ausreichend.[274] Es war also keineswegs so – wie es die Formel nahe legte – dass es bei einem groben Behandlungsfehler nicht in allen Fällen zu einer Beweislastumkehr kam. Vielmehr trug der Arzt hier immer die Folgen der Beweislosigkeit.[275] Bei dem in der Formel verwendeten Begriff der „Beweislast" handelte es sich also um eine echte Umkehr der objektiven Feststellungslast.[276] Zu den genannten „Beweiserleichterungen" kam es dagegen nicht.[277] Von einer flexiblen Handhabung der Rechtsfolgenseite, die mit der Formel gerade ermöglicht werden sollte, konnte also nicht die Rede sein.

### 2. BGH, Urteil vom 27.04.2004 – VI ZR 34/03

Im April 2004 schließlich reagierte der BGH auf die vielfach geäußerte Kritik an der Formel der „Beweiserleichterungen bis hin zur Beweislastumkehr"[278]. Unmissverständlich stellte der BGH im April 2004 in seinem Urteil klar, dass „dem Begriff ‚Beweiserleichterungen' gegenüber der Beweislastumkehr keine eigenständige Bedeutung" beikomme. Das Gericht räumte ein, dass es der Sache nach um eine Beweislastumkehr gehe. Denn, so der BGH weiter, „soweit es in einigen Entscheidungen heiße, „dass das Ausmaß der dem Patienten zuzubilligenden Beweiserleichterungen

---

[272] Zur diesbezüglichen Rechtsprechungsentwicklung vgl. *Katzenmeier*, Arzthaftung, S. 440 f.; *Musielak*, Die Grundlagen der Beweislast im Zivilprozess, S. 145 ff.; *Franzki*, Die Beweisregeln im Arzthaftungsprozess, S. 57.

[273] BGH VersR 1956, 499 (499 f.); BGH NJW 1959, 1583 (1584); BGH VersR 1962, 960 (961 f.); BGH VersR 1963, 67 (69); BGH VersR 1967, 713 (713); BGH NJW 1968, 2291 (2293); BGHZ 72, 132 (138 f.)= BGH NJW 1978, 2337(2339) = BGH VersR 1978, 1022 (1023 f.); BGH NJW 1989, 2321 (2323).

[274] BGH NJW 1968, 2291 (2293).

[275] Vgl. BGH VersR 1956, 499 (499 f.); BGH NJW 1959, 1583 (1584); BGH VersR 1962, 960 (961 f.); BGH VersR 1963, 67 (69); BGH VersR 1967, 713 (713); BGH NJW 1968, 2291 (2293); BGHZ 72, 132 = BGH NJW 1978, 2337 = BGH VersR 1978, 1022; BGH NJW 1989, 2321 (2323).

[276] Und nicht nur um eine Umkehr der subjektiven Beweisführungslast (dazu Fn. 259); so auch *Baumgärtel*, Beweislastpraxis im Privatrecht, Rn. 468; *Müller*, NJW 1997, 3049 (3052).

[277] *Frahm/Nixdorf*, Arzthaftungsrecht, Rn. 119.

[278] BGHZ 72, 132 (136) = BGH NJW 1978, 2337 (2338) = BGH VersR 1978, 1022 (1023); BGH VersR 1981, 954 (955); vgl. auch BGHZ 85, 212 (215) = BGH NJW 1983, 333 (334) = BGH VersR 1982, 1193 (1194); BGH VersR 1986, 366 (367); BGH NJW 1988, 2303 (2304); BGH VersR 1992, 238 (239); BGH VersR 1992, 1263 (1265); BGHZ 159, 48 (53) = BGH NJW 2004, 2011 (2012) = BGH VersR 2004, 909 (910) = BGH JZ 2004, 1029 (1029).

im Einzelfall danach abzustufen sei, in welchem Maß wegen der besonderen Schadensneigung des Fehlers das Spektrum der für den Misserfolg in Betracht kommenden Ursachen verbreitert oder verschoben worden sei", [betreffe] dies die Schadensneigung des groben Behandlungsfehlers, also die Frage seiner Eignung, den Gesundheitsschaden des Patienten herbeizuführen"[279]. Nicht davon betroffen soll demnach die Frage sein, ob es in einem solchen Fall zu einer Beweislastumkehr komme. Rechtsfolge eines groben Behandlungsfehlers, der geeignet ist, einen Schaden der eingetretenen Art herbeizuführen, ist vielmehr grundsätzlich eine Umkehr der objektiven Beweislast.[280] Der Tatrichter müsse dem Patienten in einem solchen Fall immer eine Umkehr der Beweislast gewähren. Abgestufte Beweiserleichterungen kämen dagegen nicht in Betracht. Zum einen könnten diese dem Patienten nicht aus seiner Beweisnot helfen. Zum anderen wären durch eine solche Handhabung der Formel die Rechtssicherheit sowie die Gleichheit der Rechtsanwendung gefährdet.

Diese Entscheidung ist auch für die Beweisfigur der unterlassenen Befunderhebung von Bedeutung. Denn, so führte das Gericht aus, „diese dargestellten Grundsätze gelten nicht nur für den Nachweis des Kausalzusammenhangs zwischen einem groben Behandlungsfehler und dem eingetretenen Gesundheitsschaden, sie gelten entsprechend für den Nachweis des Kausalzusammenhangs bei einem einfachen Befunderhebungsfehler, wenn [...] zugleich auf einen groben Behandlungsfehler zu schließen ist, weil sich bei der unterlassenen Abklärung mit hinreichender Wahrscheinlichkeit ein so deutlicher und gravierender Befund ergeben hätte, dass sich dessen Verkennung als fundamental oder die Nichtreaktion auf ihn als grob fehlerhaft darstellen würde, d.h. für die zweite Stufe der vom Senat entwickelten Beweiserleichterungen nach einem einfachen Befunderhebungsfehler".[281]

Auch nach Auffassung des BGH darf also nicht der Tatrichter nach Ermessen im Einzelfall entscheiden, wann eine Umkehr der Beweislast in Betracht kommt, sondern diese muss abstrakt-generell und bereits vor Beginn des Prozesses feststehen.[282] Eine Umkehr der Beweislast soll nach wie vor nur dann ausgeschlossen sein, wenn die Kausalität des groben Fehlers für den Schaden gänzlich unwahrscheinlich sei, was der Arzt zu beweisen habe.[283]

Mit seiner Entscheidung bekennt sich das Gericht nun auch verbal zur Beweislastumkehr beim groben Behandlungsfehler, die ohnehin schon jahrelang Praxis der Rechtsanwendung war. Aus dogmatischer Sicht und im Interesse der Rechtssicherheit ist die Entscheidung des BGH daher zu begrüßen.

Gab es bislang – wenigstens theoretisch – für den Arzt die Chance, dass das Gericht von der Beweislastumkehr absehen und auf die in der Formel genannten Beweiserleichterungen zurückgreifen würde, steht mit der Entscheidung des BGH jetzt

---

[279] BGHZ 159, 48 (53) = BGH NJW 2004, 2011 (2012) = BGH VersR 2004, 909 (910) = BGH JZ 2004, 1029 (1029).
[280] Vgl. BGHZ 159, 48 (54 f.) = BGH NJW 2004, 2011 (2012 f.) = BGH VersR 2004, 909 (911) = BGH JZ 2004, 1029 (1030).
[281] BGHZ 159, 48 (56) = BGH NJW 2004, 2011 (2013) = BGH VersR 2004, 909 (911) = BGH JZ 2004, 1029 (1030).
[282] Vgl. BGHZ 159, 48 (54) = BGH NJW 2004, 2011 (2012) = BGH VersR 2004, 909 (911) = BGH JZ 2004, 1029 (1030).
[283] Vgl. BGHZ 159, 48 (54) = BGH NJW 2004, 2011 (2012) = BGH VersR 2004, 909 (911) = BGH JZ 2004, 1029 (1029); so auch schon BGH VersR 1989, 80 (81); BGH VersR 1992, 240 (240); BGH VersR 1995, 706 (708); BGHZ 138, 1 (8) = BGH NJW 1998, 1780 (1784) = BGH VersR 1998, 457 (459); BGH VersR 2000, 1282 (1283).

allerdings eindeutig fest, dass das „grobschlächtige Instrument"[284] der Beweislastumkehr von nun an – ohne Ausweg – immer zur Anwendung kommen wird, wenn die
Voraussetzungen eines groben Behandlungsfehlers vorliegen.
Im Übrigen will der BGH trotz der neuen Entscheidung weiterhin an Billigkeitserwägungen festhalten.[285] Diese hat der BGH nämlich nur insoweit ausgeschlossen,
als es von nun an nicht mehr im Ermessen des Tatrichters steht, über eine Umkehr
der Beweislast zu entscheiden.
Wenige Sätze später kommt der BGH jedoch wieder auf Billigkeitserwägungen
zurück. Denn „eine flexible und angemessene Lösung" soll nach Ansicht des Gerichts im Einzelfall dadurch gewährleistet werden, dass dem Tatrichter bei der Bewertung des Behandlungsgeschehens als grob fehlerhaft ein Ermessen eingeräumt
ist.[286] „Damit wird die Unsicherheit praktisch nur vom einen auf das andere Gleis
geschoben."[287]
Die Gefahr der Rechtsunsicherheit durch die Rechtsprechung des BGH zum groben Behandlungsfehler ist also noch nicht obsolet geworden; dies ist zu bedauern.

---

[284] *Weber*, Der Kausalitätsbeweis im Zivilprozess, S. 216.
[285] So auch *Sträter*, Grober Behandlungsfehler, S. 61 (Fn. 234).
[286] BGHZ 159, 48 (56) = BGH NJW 2004, 2011 (2013) = BGH VersR 2004, 909 (911) = BGH JZ
2004, 1029 (1030); vgl. schon BGHZ 138, 1 (6 f.) = BGH NJW 1998, 1780 (1781) = BGH VersR 1998,
457 (459); BGH VersR 2001, 1116 (1116 f.).
[287] *Schmidt*, KritV 2005, 177 (191).

## Kapitel 4

## Die unterlassene Befunderhebung als Fallgruppe des Behandlungsfehlers

Nach allgemeinen Grundsätzen kann das Unterlassen des Arztes nur dann Anknüpfungspunkt für eine Haftung sein, wenn eine Rechtspflicht zum Tätigwerden bestand.[288] Um dem Arzt aus einer unterlassenen Befunderhebung einen haftungsrechtlich relevanten Vorwurf machen zu können, müsste für ihn also eine Pflicht bestanden haben, Befunde zu erheben. Diese Pflicht soll im Folgenden erläutert werden.

## A. Die Befunderhebungspflicht

## I. Herleitung der Befunderhebungspflicht

Wie eingangs bereits erwähnt, versteht man unter einem Befund die Gesamtheit der durch einen Arzt festgestellten körperlichen und seelischen Erscheinungen eines Patienten. Er setzt sich zusammen aus den während der körperlichen Untersuchung durch Sinne und einfache Hilfsmittel des Arztes erhobenen Einzelbefunden, welche den so genannten klinischen Befund bilden, sowie gegebenenfalls den Ergebnissen weiterer medizinischer Untersuchungen mittels gerätegestützter Verfahren. Kurz gesagt sind medizinische Befunde demnach die vom Arzt während der Anamnese und der Untersuchung(en) zusammengetragenen Beobachtungen und Daten.

Dass den Arzt eine Pflicht zur Befunderhebung trifft, ist allgemein anerkannt. Woraus diese Pflicht genau folgt, wird – soweit ersichtlich – jedoch nicht näher erörtert, ihr Bestehen wird vielmehr stillschweigend vorausgesetzt.[289] Im Folgenden sollen denkbare materiell-rechtliche Ansätze sowie ein prozessualer Ansatz zur Herleitung der Befunderhebungspflicht aufgezeigt und diskutiert werden.

---

[288] BGHZ 7, 199 (204) = BGH NJW 1953, 700 (700) = BGH VersR 1952, 430 (430); statt vieler Palandt-*Sprau*, § 823 Rn. 2.

[289] Statt vieler vgl. BGHZ 85, 212 (217) = BGH NJW 1983, 333 (334) = BGH VersR 1982, 1193 (1195); BGHZ 99, 391 (396) = BGH NJW 1987, 1482 (1483) = BGH VersR 1987, 1089 (1090 f.); BGH NJW 2004, 1871 (1872); MüKo-*Wagner*, Band 5, § 823 Rn. 741; *Steffen/Pauge*, Arzthaftungsrecht, Rn. 155, 155a, 525; *Frahm/Nixdorf*, Arzthaftungsrecht, Rn. 97; *Ehlers/Broglie*, Arzthaftungsrecht, Rn. 658, 742; *Geiß/Greiner*, Arzthaftpflichtrecht, Rn. B. 65; *Katzenmeier*, Arzthaftung, S. 477; *Steffen*, in: Festschrift für Brandner, S. 327 (328 ff.); *Nixdorf*, VersR 1996, 160 (160 f.); *Bischoff*, in: Festschrift für Geiß, S. 345 (347); *Groß*, in: Festschrift für Geiß, S. 429 (432); *Scheuch*, ZMGR 2005, 296 (296); *Hausch*, VersR 2003, 1489 (1489).

## 1. Materiell-rechtliche Ansätze

### a) Pflicht zur ordnungsgemäßen Behandlung

Die Befunderhebungspflicht könnte Teil der Pflicht des Arztes sein, den Patienten ordnungsgemäß zu behandeln, also die zur Wiederherstellung bzw. Erhaltung der Gesundheit des Patienten erforderlichen medizinischen Maßnahmen nach den Regeln der ärztlichen Kunst vorzunehmen.[290] Zu einer solchen ordnungsgemäßen Behandlung könnte es auch gehören, Befunde zu erheben.[291] Dafür spricht, dass der Arzt, um seiner Aufgabe gerecht werden zu können, erst einmal in Erfahrung bringen muss, welcher Art die gesundheitlichen Beschwerden sind und was als Ursache für sie in Betracht kommt. Dafür ist es unabdingbar, dass er, wenn er die Heilbehandlung[292] beginnt, den Patienten in Bezug auf die geklagten und erkennbaren Beschwerden untersucht und Befunde ermittelt, die er anschließend diagnostisch einordnen und auswerten kann.[293] Zweck der Befunderhebung ist es also – ebenso wie die Pflicht zur Erhebung des Krankheitsstatus des Patienten im engeren Sinn – Aufschluss über die Natur eines sich entwickelnden Krankheitsprozesses, mithin über die Behandlungsbedürftigkeit eines Geschehens zu gewinnen, um dann die für das Wohl des Patienten nötigen Maßnahmen treffen zu können.[294] Die genaue und umfassende Erhebung der Befunde zählt also zu den Voraussetzungen einer verantwortlichen Therapiewahl.[295] Denn von der Diagnose und ihrer sachlichen Richtigkeit hängen die einzuleitende Therapie und auch die Erfolgsaussichten der Behandlung ab.[296] Die Befunderhebung dient damit der „Beschaffung der Diagnosegrundlagen"[297]

---

[290] Vgl. BGH VersR 1977, 546 (547); BGH NJW 1989, 767 (768); BGH VersR 1995, 659 (660); Palandt-*Sprau*, § 823 Rn. 134; *Deutsch/Spickhoff*, Medizinrecht, Rn. 89; *Ehlers/Broglie*, Arzthaftungsrecht, Rn. 727; *Nixdorf*, VersR 1996, 160 (162); *Müller*, NJW 1997, 3049 (3049); Einzelheiten bei *Laufs/Uhlenbruck-Uhlenbruck*, Handbuch des Arztrechts, § 39 Rn. 9 ff.

[291] So wohl BGH NJW 1987, 2291 (2292): der Arzt müsse unter Einsatz der von ihm nach dem Standard zu fordernden medizinischen Kenntnissen und Fähigkeiten im konkreten Fall vertretbar über die diagnostisch und therapeutisch zu treffenden Maßnahmen entscheiden und diese sorgfältig durchführen; Palandt-*Sprau*, § 823 Rn. 135.

[292] Unter den rechtlichen Begriff der Heilbehandlung fallen alle Eingriffe und therapeutischen Maßnahmen, die am Körper eines Menschen vorgenommen werden, um Krankheiten, Leiden, körperliche Beschwerden oder seelische Störungen nicht krankhafter Natur zu verhüten, zu erkennen, zu heilen oder zu lindern, vgl. dazu *Laufs/Uhlenbruck-Uhlenbruck/Laufs*, Handbuch des Arztrechts, § 52 Rn. 1.

[293] Zur Pflicht, eine vollständige Anamnese zu erheben, vgl. BGHZ 99, 391 (396 f.) = BGH NJW 1987, 1482 (1483) = BGH VersR 1987, 1089 (1091); OLG München, VersR 1995, 417 (417); OLG Koblenz, VersR 1992, 359 (360); *Giesen*, Arzthaftungsrecht, Rn. 112; *Laufs/Uhlenbruck-Uhlenbruck/Laufs*, Handbuch des Arztrechts, § 48 Rn. 2; *Uhlenbruck*, ZAP Fach 2 (1998), 171 (178).

[294] BGHZ 99, 391 (395 ff.) = BGH NJW 1987, 1482 (1483) = BGH VersR 1987, 1089 (1090); BGH NJW 1988, 1513 (1514); BGH VersR 1989, 80 (80); BGHZ 132, 47 (52) = BGH NJW 1996, 1589 (1590) = BGH VersR 1996, 633 (633); BGH NJW 2004, 1871 (1872); OLG Stuttgart NJW 1992, 2970 (2971); OLG Köln, VersR 1992, 1003 (1004); „Grundlage für die weiter einzuschlagende Therapie", so OLG Düsseldorf, VersR 2005, 117 (117); *Katzenmeier*, Arzthaftung, S. 478; *Schlund*, JR 1988, 63 (64); den Arzt treffe insoweit eine „diagnostische Pflicht", so Staudinger-*Hager*, § 823 Rn. I 72 f.

[295] *Laufs/Uhlenbruck-Laufs*, Handbuch des Arztrechts, § 3 Rn. 16; *Katzenmeier*, Arzthaftung, S. 310; *Jung*, ZStW 97 (1985), 47 (56).

[296] OLG Düsseldorf, ArztR 1987, 60 (60); MüKo-*Wagner*, Band 5, § 823 Rn. 687.

[297] *Nixdorf*, VersR 1996, 160 (160f.); ähnlich BGH VersR 1963, 65 (66): die Befunderhebung diene dazu, die diagnostischen Grundlagen für die vorzunehmende Behandlung und die hierbei notwendig werdenden Maßnahmen zu erlangen.

bzw. der „faktischen Grundlagen für eine differenzierte Diagnostik und Therapie"[298]. Ohne eine Befunderhebung gäbe es also keine (richtige) Diagnose und damit auch keine sachgerechte Therapie, womit im Ergebnis kein gezieltes Bemühen um Heilung des Patienten möglich wäre. Der Arzt könnte seinen Behandlungsauftrag nicht ordnungsgemäß erfüllen. Die Befunderhebung steht damit am Anfang einer Kette im Behandlungsgeschehen: sie schafft die Voraussetzungen für eine Diagnose, ohne die der Arzt nicht tätig werden darf,[299] und deren Richtigkeit wiederum unabdingbare Voraussetzung für eine anschließende, wirksame Therapie und damit letztlich den Erfolg der Behandlung ist.

Wohl diesen materiell-rechtlichen Ansatz aufgreifend, scheint die Befunderhebungspflicht überwiegend als eine Hauptpflicht[300] aus dem Behandlungsvertrag hergeleitet zu werden,[301] durch den sich der Arzt zu einer ordnungsgemäßen Behandlung des Patienten verpflichtet,[302] zu der – wie eben dargestellt – auch die Befunderhebung gehört.

Aber nicht nur der Behandlungsvertrag wird bemüht, um materiell-rechtlich eine Befunderhebungspflicht des Arztes herzuleiten. Zuweilen steht auch die faktische Übernahme der Behandlungsaufgabe im Vordergrund. Es wird davon ausgegangen, dass der Arzt insofern sowohl vertraglich als auch deliktisch eine Garantenstellung erlange, die die Vornahme all jener Behandlungsmaßnahmen gebiete, die nach den Regeln der ärztlichen Kunst zur Wiederherstellung der Gesundheit des Patienten erforderlich und möglich sind.[303] Zu diesen Maßnahmen gehört auch die Befunderhebung, die nach dem eben Gesagten unabdingbares Element auf dem Weg zum Behandlungserfolg ist. Im Vordergrund dieser letztgenannten Überlegungen steht demnach nicht ein Behandlungsvertrag, sondern die rein faktische Übernahme der Behandlungsaufgabe, was konsequent ist, da nicht in allen Fällen der Behandlung ein Vertrag zwischen Arzt und Patient zustande kommt.[304]

---

[298] *Geiß/Greiner*, Arzthaftpflichtrecht, Rn. B. 65.

[299] So schon BGH NJW 1962, 2203 (2204); *Laufs*, Arztrecht, Rn. 508; vgl. auch *Laufs/Uhlenbruck-Uhlenbruck/Laufs*, Handbuch des Arztrechts, § 50 Rn. 7.

[300] *Deutsch/Spickhoff*, Medizinrecht, Rn. 89; *Helbron*, Entwicklungen, S. 54.

[301] Vgl. BGH VersR 1963, 65 (66); BGHZ 99, 391 (396 f.) = BGH NJW 1987, 1482 (1483) = BGH VersR 1987, 1089 (1091); vgl. auch BGH NJW 1988, 1513 (1514); BGH VersR 1989, 80 (80); BGHZ 132, 47 (52) = BGH NJW 1996, 1589 (1590) = BGH VersR 1996, 633 (633); OLG Koblenz, VersR 1992, 359 (360); OLG Stuttgart NJW 1992, 2970 (2971); OLG Köln, VersR 1992, 1003 (1004); OLG München, VersR 1995, 417 (417 f.); *Giesen*, Arzthaftungsrecht, Rn. 112; *Ehlers/Broglie*, Arzthaftungsrecht, Rn. 727; *Nixdorf*, VersR 1996, 160 (160 f.); *Laufs/Uhlenbruck-Uhlenbruck/Laufs*, Handbuch des Arztrechts, § 48 Rn. 2; *Frahm/Nixdorf*, Arzthaftungsrecht, Rn. 63; *Uhlenbruck*, ZAP Fach 2 (1998), 171 (178); *Katzenmeier*, Arzthaftung, S. 477 ff.; *Schlund*, JR 1988, 63 (64).

[302] *Frahm/Nixdorf*, Arzthaftungsrecht, Rn. 62; *Steffen/Pauge*, Arzthaftungsrecht, Rn. 129; Palandt-*Sprau*, § 823 Rn. 134 f.

[303] BGHZ 95, 63 (72) = BGH NJW 1985, 2189 (2191) = BGH VersR 1985, 1043 (1046); „aufgrund ihrer Garantenstellung aus der übernommenen Behandlung", so BGHZ 106, 153 (156) = BGH NJW 1989, 1538 (1539); „die sich aus der Behandlung des Patienten ergebende ärztliche Verpflichtung", so BGHZ 99, 391 (397) = BGH NJW 1987, 1482 (1483) = BGH VersR 1987, 1089 (1090); BGH NJW 1979, 1248 (1249); BGH NJW 1989, 767 (768); BGH VersR 2000, 1107 (1107); *Frahm/Nixdorf*, Arzthaftungsrecht, Rn. 63; ähnlich Palandt-*Sprau*, § 823 Rn. 135.

[304] Man denke beispielsweise nur an den Fall, dass der Arzt den Patienten an der Unfallstelle bewusstlos vorfindet wird und eine Behandlung beginnt; hier dürfte es an der Einigung über den Abschluss eines Behandlungsvertrages fehlen; vgl. dazu *Deutsch/Spickhoff*, Medizinrecht, Rn. 83; *Martis/Winkhart*, Arzthaftungsrecht, S. 69 f.

Die Pflicht zur Befunderhebung kann also nicht (allein) aus dem Behandlungsvertrag hergeleitet werden, sondern muss – da sie in den Fällen der rein faktischen Übernahme der Behandlungsaufgabe gleichermaßen besteht – ihren Ursprung noch in einem anderen, gewissermaßen übergeordneten Grund finden. Begreift man die Pflicht zur Befunderhebung als Teil einer ordnungsgemäßen ärztlichen Behandlung, dann ist nach dem Grund zu suchen, weshalb der Arzt überhaupt zu einer solchen Behandlung verpflichtet ist. Darauf soll im Folgenden eingegangen werden.

Festzustellen ist, dass der Beruf des Arztes seit jeher durch den Heilungsauftrag für Hilfesuchende geprägt ist.[305] Das Verhalten des Ärztestandes wurde durch ethische Verhaltensregeln kodifiziert. Ein frühes Beispiel dafür ist der Hippokratische Eid, der zwar den ersten Rang unter den Quellen der ärztlichen Berufsethik einnimmt,[306] dem jedoch keine rechtliche Verbindlichkeit zukommt. Weitere Beispiele bieten das „Statut von Helsinki"[307] und das „Genfer Gelöbnis", das 1948 vom Weltärztebund in Genf formuliert wurde und – leicht modifiziert – seit 1950 die Präambel für die meisten Berufsordnungen der deutschen Ärztekammern bildet, die auf der Grundlage der Kammer- und Heilberufegesetze beschlossen wurden.[308] Diese Deklaration gilt als eine moderne Fassung des hippokratischen Eides.[309] Zwar ist das Gelöbnis nur im Kontext der Satzungen der Ärztekammern rechtlich verbindlich. Ebenso wie der Hippokratische Eid enthält es aber Elemente, die auch heute noch Bestandteil ärztlicher Ethik sind und die Eingang in die berufsrechtlichen Regelungen als ebenfalls wertbezogene Normen gefunden haben.

Schon im Hippokratischen Eid gelobte der Arzt, für den Nutzen der Kranken einzutreten. Das „Statut von Helsinki" beginnt mit einer trefflichen Definition des ärztlichen Berufs: „Es ist die Pflicht des Arztes, die Gesundheit der Menschen zu fördern und zu erhalten. Der Erfüllung dieser Pflicht dient der Arzt mit seinem Wissen und Gewissen."[310] Im „Genfer Gelöbnis" verpflichtete sich der Arzt, sein Leben dem Dienste der Menschheit zu weihen, seinen Beruf gewissenhaft und würdig auszuüben, das menschliche Leben zu achten und die Erhaltung und Wiederherstellung der Gesundheit des Patienten seine erste Sorge und oberstes Gebot seines Handelns sein zu lassen. Dementsprechend dienen Ärzte gem. § 1 Abs. 1 MBO-Ä der Gesundheit des einzelnen Menschen und der Bevölkerung. Sie haben die Aufgabe, das Leben zu erhalten, die Gesundheit zu schützen und wiederherzustellen und Leiden zu lindern (§ 1 Abs. 2 MBO-Ä). Ärzte müssen ihren Beruf gewissenhaft und nach den Geboten der ärztlichen Ethik und Menschlichkeit ausüben (§ 2 Abs. 1, 2 MBO-Ä). Gem. § 7 Abs. 1 MBO-Ä hat jede ärztliche Behandlung unter Wahrung der Menschenwürde und unter Achtung der Persönlichkeit, des Willens und der Rechte der Patienten, insbesondere des Selbstbestimmungsrechts, zu erfolgen. Mit Übernahme der Be-

---

[305] Der Heilauftrag (*salus aegri suprema lex*) beherrsche den Beruf des Arztes und sei oberster Grundsatz ärztlicher Tätigkeit, so *Deutsch/Spickhoff*, Medizinrecht, Rn. 12.

[306] *Laufs/Uhlenbruck-Laufs*, Handbuch des Arztrechts, § 4 Rn. 13.

[307] Mit der Deklaration von Helsinki hat der Weltärztebund eine Erklärung ethischer Grundsätze als Leitlinie für Ärzte und andere Personen entwickelt, die in der medizinischen Forschung am Menschen tätig sind. Die Deklaration wurde 1964 verabschiedet und später mehrfach revidiert.

[308] Nicht enthalten ist das „Genfer Gelöbnis" beispielsweise in der Berufsordnung für die nordrheinischen Ärztinnen und Ärzte vom 14.11.1998 in der Fassung vom 18.11.2006.

[309] Der Geist des hippokratischen Eides bestimmt das moderne „Genfer Gelöbnis", so *Laufs/Uhlenbruck-Laufs*, Handbuch des Arztrechts, § 4 Rn. 16. Das „Genfer Gelöbnis" wird deshalb auch als „Serment d' Hippocrate, Formule de Genève" bezeichnet.

[310] Vgl. *Laufs/Uhlenbruck-Laufs*, Handbuch des Arztrechts, § 4 Rn. 16.

handlung verpflichten sich Ärzte den Patienten gegenüber zur gewissenhaften Versorgung mit geeigneten Untersuchungs- und Behandlungsmethoden (§ 11 Abs. 1 MBO-Ä).

Die Pflicht zur Befunderhebung, begriffen als Teil einer ordnungsgemäßen Behandlung, folgt somit heute aus den ärztlichen Berufsordnungen, die für jede ärztliche Tätigkeit, sei es aufgrund eines Vertrages oder aufgrund rein faktischer Übernahme, rechtlich verbindlich sind. Hinter diesen Regelungen wiederum stehen ethische Verhaltensregeln, wie sie seit jeher für die Ärzteschaft gelten.

### b) Allgemeines Persönlichkeitsrecht

Die Pflicht zur Befunderhebung könnte daneben auch aus dem Allgemeinen Persönlichkeitsrecht des Patienten gem. Art. 1 Abs. 1 i.V.m. Art. 2 Abs. 1 GG herzuleiten sein. Aus dem Allgemeinen Persönlichkeitsrecht als Selbstbestimmungsrecht und Ausfluss des Rechts auf Menschenwürde (Art. 1 GG) leiten sich zum einen bestimmte Verhaltenspflichten des Arztes ab, die ihn zum Schutz der körperlichen Integrität des Patienten (Art. 2 Abs. 2 GG) zu einer sorgfältigen Behandlung verpflichten,[311] zu welcher – wie bereits dargelegt – auch die Befunderhebung gehört. Außerdem ist die Befunderhebung über die ärztliche Aufklärung eng mit dem Persönlichkeitsrecht verbunden. Aus dem Allgemeinen Persönlichkeitsrecht leiten sich nämlich nicht nur die eben genannten Verhaltenspflichten des Arztes ab, sondern der Arzt muss sich auch der Einwilligung des Patienten in diese Maßnahmen versichern, die er – will er das Selbstbestimmungsrecht des Patienten wahren – wirksam nur erhalten kann, wenn er ihm dabei die erforderlichen Entscheidungsgrundlagen vermittelt.[312] Ausgangspunkt dieser Überlegung ist, dass nur eine wirksame und rechtfertigend wirkende Einwilligung des Patienten den Arzt vom Vorwurf der Körperverletzung befreien kann,[313] und der Patient, um eine solche abgeben zu können, wissen muss, worin er einwilligt; er muss mithin Kenntnis vom Anlass der Behandlung, der Art und Weise ihrer Ausführung und „im Großen und Ganzen"[314] von den mit der Behandlung verbundenen Chancen und Risiken haben.[315] Die Wirksamkeit der Einwilligung setzt auf Seiten des Patienten also die Kenntnis von Wesen, Bedeutung und Tragweite des ärztlichen Eingriffs, jedenfalls in den Grundzügen, voraus; erforderlich ist deshalb

---

[311] So BGH VersR 1989, 514 (516).

[312] BGH VersR 1989, 514 (516).

[313] Das Erfordernis der Einwilligung zum Schutz der Entscheidungsfreiheit des Patienten über seine körperliche Integrität folgt aus dem Recht des Patienten auf körperliche Unversehrtheit (Art. 2 Abs. 2 GG) und seinem Selbstbestimmungsrecht als Ausfluss des Rechts auf Menschenwürde (Art. 1 GG), vgl. grundlegend BGHZ 29, 46 (49 f.) = BGH NJW 1959, 811 (811) = BGH VersR 1959, 153 (154); vgl. auch BGH VersR 1989, 514 (516); BGH NJW 1992, 1558 (1560); Palandt-Sprau, § 823 Rn. 134, 151, 38.

[314] BGH VersR 1990, 1010 (1011); BGH VersR 1992, 238 (240); dem Patienten muss eine allgemeine Vorstellung von der Schwere des Eingriffs vermittelt werden, vgl. BGHZ 90, 103 (106) = BGH NJW 1984, 1397 (1398) = BGH VersR 1984, 465 (466); BGH VersR 1992, 238 (240).

[315] BGHZ 90, 103 (106) = BGH NJW 1984, 1397 (1398) = BGH VersR 1984, 465 (466); BGH VersR 1992, 238 (240); die Risiken dürfen auch nicht verharmlost oder herunter gespielt werden, vgl. BGH VersR 1964, 614 (614); BGH VersR 1987, 200 (200); BGH VersR 1992, 238 (240).

nicht nur eine allgemeine Aufklärung durch den Arzt,[316] sondern eine solche, die diagnostisch abgesichert ist,[317] der also zumindest in gewissem Umfang schon eine Befunderhebung als Grundlage der Diagnose (s.o.) vorausgegangen ist. Denn die Aufklärung soll dem Patienten die erforderlichen Entscheidungsgrundlagen für seine Einwilligung vermitteln,[318] was sie effektiv nur kann, wenn objektivierbare Befunde und nicht bloß subjektive Mutmaßungen des Arztes vorliegen. Die Frage, ob die mitgeteilte Diagnose unter den Möglichkeiten, die nach dem Stand der Wissenschaft gegeben sind, als sicher gelten darf oder ob sie nur als Vermutung bzw. Verdacht zu verstehen ist, wird für die Frage, die der Patient sich zu stellen hat, ob er nämlich in eine vorgeschlagene Behandlung einwilligt oder lieber abwarten oder weitere diagnostische Möglichkeiten ausschöpfen lassen will, regelmäßig von wesentlicher Bedeutung sein. Nur wenn eine Befunderhebung erfolgt ist, kann der Patient also in die Lage versetzt werden, das Für und Wider der vorgeschlagenen Behandlung gegeneinander abzuwägen.[319] Sie schafft damit die für seine Einwilligung erforderlichen sachlogischen Entscheidungsgrundlagen,[320] die der Arzt ihm sodann in der Aufklärung vermittelt. Im Übrigen bezieht sich die Einwilligung des Patienten regelmäßig nur auf eine Behandlung *lege artis*, d.h. entsprechend den ärztlichen Berufspflichten,[321] und zu einer solchen ordnungsgemäßen Behandlung gehört auch die Befunderhebung (s.o.).

Auch für die Dokumentation ist die Befunderhebung eng mit dem Allgemeinen Persönlichkeitsrecht verbunden. Der BGH führt insoweit aus: „die sich aus der Behandlung des Patienten ergebende ärztliche Verpflichtung, durch entsprechende Untersuchungsmaßnahmen einen bestimmten Krankheitsstatus zu erheben, [...] dient [...] auch, ähnlich wie die Pflicht zur Dokumentation der Befunde, der Wahrung des Persönlichkeitsrechts des Patienten, dem Rechenschaft über den Gang der ärztlichen Behandlung abzulegen ist."[322]

Ohne bereits hier näher auf die Gemeinsamkeiten und Unterschiede zwischen Dokumentations- und Befunderhebungspflicht einzugehen,[323] sei kurz festgestellt, dass an dieser Argumentation jedenfalls richtig ist, dass ein enger Zusammenhang zwischen dem Persönlichkeitsrecht des Patienten, der Dokumentation und der Befunderhebung besteht.

Nicht nur die Aufklärung, sondern auch die ärztliche Dokumentation kann dem Patienten die für eine wirksame Einwilligung notwendige Auskunft verschaffen.[324] Sie

---

[316] BGH NJW 1981, 633 (633 f.); zur Risikoaufklärung vgl. auch BGH NJW 1985, 2193 (2193); BGH NJW 1987, 1481 (1481 f.); BGH NJW 1996, 777 (777 f.); BGH NJW 1996, 3073 (3074); OLG Stuttgart, VersR 1997, 700 (700 f.); zur Aufklärung über Behandlungsalternativen vgl. BGH NJW 1982, 2121 (2122); BGHZ 102, 17 (21 ff.) = BGH NJW 1988, 763 (764) = BGH VersR 1988, 179 (180); BGH NJW 1992, 2353 (2354); BGH NJW 1986, 780 (780); zu einer erhöhten Aufklärungspflicht vgl. BGH NJW 1988, 1514 (1515); OLG Köln, NJW-RR 1992, 986 (986 f.); OLG Düsseldorf, NJW-RR 2003, 89 (90).
[317] OLG Frankfurt am Main, VersR 1996, 101 (101).
[318] Vgl. etwa BGH VersR 1989, 514 (516).
[319] OLG Frankfurt am Main, VersR 1996, 101 (101); OLG Stuttgart, VersR 1988, 695 (696).
[320] OLG Frankfurt am Main, VersR 1996, 101 (101).
[321] Palandt-*Sprau*, § 823 Rn. 134.
[322] BGHZ 99, 391 (397) = BGH NJW 1987, 1482 (1483) = BGH VersR 1987, 1089 (1091); ähnlich BGH VersR 1989, 514 (516).
[323] Vgl. dazu die Ausführungen in Kapitel 5 unter A. I. 2.
[324] *Bockelmann*, in: Festschrift für Jescheck, S. 693 (705); zum Einsichtsrecht des Patienten vgl. BGHZ 85, 327 (329) = BGH NJW 1983, 328 (329) = BGH VersR 1983, 264 (265); BGHZ 106, 146

erfüllt jedenfalls für die medizinische Seite der Behandlung auch eine Rechenschaftsaufgabe gegenüber dem Patienten.[325] Das Allgemeine Persönlichkeitsrecht als Recht der Selbstbestimmung verbürgt ihm, Kenntnis vom eigenen Gesundheitszustand zu erlangen, also über seine Kranken- und Behandlungsgeschichte informiert zu werden.[326] Das volle Informationsrecht kann im Konfliktfall nur durch sein eigenes Einsichtsrecht gewährleistet werden.[327] Daher steht dem Patienten auch grundsätzlich ein Einsichtsrecht in die Krankenunterlagen zu.[328] Damit nun überhaupt etwas dokumentiert werden kann, was den Patienten hierüber informiert, muss der Arzt Befunde erheben. Da es ohne Befunderhebung kein sicheres Wissen über die Ursache der Erkrankung gäbe, könnte auch die Dokumentation nur Mutmaßungen und gerade keine objektivierbaren Befunde enthalten, die jedoch nach den vorstehenden Ausführungen die Entscheidungsgrundlage für eine wirksame Einwilligung des Patienten in die Behandlung bilden. Eine solche Dokumentation verfehlte den im Interesse des Persönlichkeitsrechts gebotenen Informationszweck. Der Arzt muss die Befunde also auch deshalb erheben, damit er dem Patienten dessen Recht auf Einsicht in die Krankenunterlagen als Ausfluss des Allgemeinen Persönlichkeitsrechts effektiv ermöglichen kann.

Zusammengefasst schafft die Befunderhebung somit die Voraussetzungen dafür, dass der Arzt den Patienten über den geplanten Eingriff in der gebotenen Intensität und Art und Weise aufklären kann, was Voraussetzung – weil Entscheidungsgrundlage – für eine wirksame Einwilligung als Ausdruck des Selbstbestimmungsrechts des Patienten ist. Ohne Befunderhebung gäbe es keine objektivierbaren Befunde, weshalb keine Dokumentation möglich wäre, die den durch das Persönlichkeitsrecht verbürgten Informationsanspruch des Patienten auf Kenntnis seiner Kranken- und Behandlungsgeschichte befriedigen könnte und die neben der ärztlichen Aufklärung

---

(148) = BGH NJW 1989, 764 (765) = BGH VersR 1989, 252 (252); *Laufs*, Arztrecht, Rn. 457 ff.; *Hanau*, in: Festschrift für Baumgärtel, S. 121 (128); *Steffen/Pauge*, Arzthaftungsrecht, Rn. 473; *Laufs/Uhlenbruck-Uhlenbruck*, Handbuch des Arztrechts, § 60; *Deutsch/Spickhoff*, Medizinrecht, Rn. 466 ff.; *Giesen*, Arzthaftungsrecht, Rn. 429 ff.; *Frahm/Nixdorf*, Arzthaftungsrecht, Rn. 134 ff.; *Martis/Winkhart*, Arzthaftungsrecht, S. 446 ff.; *Wasserburg*, NJW 1980, 617 (620 ff.); vgl. auch die Ausführungen in Kapitel 5 unter A. I. 1. b) cc.

[325] Zur Rechenschaftslegung durch die Dokumentation vgl. die Ausführungen in Kapitel 5 unter A. I. 1. b) bb.

[326] Das Allgemeine Persönlichkeitsrecht verbürgt sogar die Kenntnis von der eigenen Abstammung, vgl. BVerfGE 90, 263 (270 f.); BVerfGE 96, 56 (63); das Einsichtsrecht des Patienten im Sinne eines Informationsanspruchs ist Ausfluss seines Rechts auf Selbstbestimmung und personale Würde, so BGH VersR 1989, 252 (252 f.).

[327] *Rieger*, DMW 1979, 794 (794).

[328] BGHZ 85, 327 (329) = BGH NJW 1983, 328 (329) = BGH VersR 1983, 264 (264 ff.); BGHZ 85, 339 (341 f.) = BGH NJW 1983, 330 (331) = BGH VersR 1983, 267 (267 f.); BGHZ 106, 146 (148) = BGH NJW 1989, 764 (765) = BGH VersR 1989, 252 (252 f.); der Arzt ist verpflichtet, diese Einsicht durch Herstellung von Fotokopien der Unterlagen zu ermöglichen, vgl. *Bockelmann*, in: Festschrift für Jescheck, S. 693 (695); *Laufs*, Arztrecht, Rn. 457 ff.; *Hanau*, in: Festschrift für Baumgärtel, S. 121 (128); dagegen muss der Patient ein besonderes schutzwürdiges Interesse an der Einsicht grundsätzlich nicht darlegen, vgl. BGHZ 85, 327 (333 ff.) = BGH NJW 1983, 328 (329) = BGH VersR 1983, 264 (265); BGHZ 106, 146 (148) = BGH NJW 1989, 764 (765) = BGH VersR 1989, 252 (252 f.); vgl. auch *Steffen/Pauge*, Arzthaftungsrecht, Rn. 473; zum Einsichtsrecht des Patienten vgl. *Laufs/Uhlenbruck-Uhlenbruck*, Handbuch des Arztrechts, § 60; *Deutsch/Spickhoff*, Medizinrecht, Rn. 466 ff.; *Giesen*, Arzthaftungsrecht, Rn. 429 ff.; *Frahm/Nixdorf*, Arzthaftungsrecht, Rn. 134 ff.; *Martis/Winkhart*, Arzthaftungsrecht, S. 446 ff.; *Wasserburg*, NJW 1980, 617 (620 ff.); vgl. dazu auch die Ausführungen in Kapitel 5 unter A. I. 1. b) cc.

ebenfalls die Entscheidungsgrundlage für eine wirksame Einwilligung des Patienten bilden kann.

## c) Vermeidung einer Situation der Beweisnot

Ein weiterer materiell-rechtlicher Ansatzpunkt dafür, wie die Befunderhebungspflicht des Arztes herzuleiten ist, könnte sich aus der Bedeutung dieser Pflicht für den Patienten ergeben. Ob der Arzt beim Patienten die notwendigen Befunde erhoben hat, ist für den Patienten nämlich nicht allein aus medizinischer Sicht relevant. Hält der Patient das ärztliche Vorgehen für behandlungsfehlerhaft und liegen keine Befunde vor, befindet er sich im Prozess nämlich in einer beweisrechtlich schwierigen Lage. Grundsätzlich obliegt es ihm, den haftungsbegründenden Tatbestand zur Überzeugung des Gerichts nachzuweisen. Er müsste also beweisen, dass bei rechtzeitiger Erhebung der Befunde und anschließender richtiger Behandlung die Primärschädigung ganz oder teilweise vermieden worden wäre.[329] Schon der Nachweis eines Behandlungsfehlers ist in diesen Fällen oft problematisch. Hat der Arzt keine oder nur unzureichende Befunde erhoben, steht – wie eingangs bereits erwähnt wurde – nämlich häufig nicht fest, in welchem Gesundheitszustand sich der Patient zum Behandlungszeitpunkt befunden hat. Weiter bleibt unklar, welchen Befund die unterbliebene Untersuchung ergeben hätte, wie der Arzt ihn gedeutet hätte und ob und welche ärztlichen Maßnahmen eingeleitet hätten werden müssen. Außerdem kann regelmäßig nicht mehr geklärt werden, ob diese Maßnahmen sich positiv auf den Gesundheitszustand des Patienten ausgewirkt hätten. Diese Zusammenhänge lassen sich nachträglich meist nicht mehr rekonstruieren. Der Patient befindet sich also in einer Situation der Beweisnot.[330] Man könnte daher daran denken, den Arzt aus *diesem* Grund zur Befunderhebung verpflichtet zu sehen. Danach müsste er die Befunde also erheben, um eine Beweisnot des Patienten in einem späteren Prozess zu vermeiden. Dies setzte voraus, dass den Arzt eine Pflicht zur Beweisschaffung im Hinblick auf einen künftigen, wenn auch im Zeitpunkt der Behandlung noch ungewissen Arzthaftungsprozess träfe, zu der dann eben auch gehörte, Befunde zu erheben, weil diese für den Patienten auch beweisrechtlich von Bedeutung sein können. Die Befunderhebungspflicht wäre dann Teil einer Beweisschaffungspflicht des Arztes.

Zuweilen wird eine solche Beweisschaffungspflicht des Arztes bejaht.[331] Ihre Rechtfertigung soll die entsprechende Inpflichtnahme des Arztes darin finden, dass

---

[329] Zur Kausalität pflichtwidrigen Unterlassens vgl. BGHZ 64, 46 (51) = BGH NJW 1975, 824 (825); statt vieler *Geiß/Greiner*, Arzthaftpflichtrecht, Rn. B. 218.

[330] OLG Düsseldorf, VersR 2004, 792 (794); vgl. zum Ganzen *Müller*, MedR 2001, 487 (490); *dies.*, NJW 1997, 3049 (3053); MüKo-*Wagner*, Band 5, § 823 Rn. 741.

[331] *Peter*, NJW 1988, 751 (752); die Rechtsprechung geht nicht direkt von einer „Beweisschaffungspflicht" des Arztes aus, erkennt aber durchaus, dass das infolge der unterlassenen Befunderhebung fehlende Untersuchungsergebnis dem Patienten im Prozess nicht als Beweismittel zur Verfügung steht und ihm deshalb die Beweisführung erschwert ist, vgl. BGHZ 85, 212 (217) = BGH NJW 1983, 333 (334) = BGH VersR 1982, 1193 (1195); BGHZ 99, 391 (396) = BGH NJW 1987, 1482 (1483) = BGH VersR 1987, 1089 (1090 f.); BGH NJW 1988, 1513 (1514); BGH VersR 1989, 80 (81); BGHZ 132, 47 (52) = BGH NJW 1996, 1589 (1590) = BGH VersR 1996, 633 (633 f.); BGHZ 138, 1 (4 f.) = BGH NJW 1998, 1780 (1781) = BGH VersR 1998, 457 (458); BGH VersR 1999, 1282 (1283); BGH

der Patient selbst nicht in der Lage sei, beweismittelschaffend tätig zu werden, wohingegen der Arzt das Geschehen einseitig beherrsche und ihm die Vornahme der Beweismittelschaffung auch zumutbar sei. Der Arzt müsse daher nicht nur vorhandene Unterlagen aufbewahren, sondern auch zur Sachverhaltsaufklärung geeignete und medizinisch gebotene Maßnahmen „aus Beweisgründen" vornehmen, mithin das Geschehen durch Vornahme von Diagnose- und Kontrollmaßnahmen nachvollziehbar machen.[332] Dies gelte jedoch nur insoweit, als die Maßnahmen auch medizinisch indiziert seien; eine bloß beweissichernde Tätigkeit des Arztes, die nicht zugleich einen therapeutischen Nutzen hat, sei nicht vorstellbar.[333] Damit erkennen die Vertreter dieser Auffassung an, dass eine etwaige Beweismittelschaffungspflicht keinesfalls den Hauptzweck der ärztlichen Tätigkeit bildet, sondern lediglich eine Nebenpflicht des Arzt-Patienten-Verhältnisses darstellt; in erster Linie dient die ärztliche Tätigkeit, zu der auch die Befunderhebung gehört, einer ordnungsgemäßen Behandlung und Therapie.[334] Mit anderen Worten: die Pflicht zur Befunderhebung besteht auch nach dieser Auffassung nicht, weil den Arzt allgemein eine (übergeordnete) Beweissicherungspflicht trifft,[335] die sich dann in der Pflicht zur Befunderhebung gewissermaßen konkretisiert, sondern die   Befunderhebungspflicht besteht in erster Linie um der Therapie willen. *Daneben* soll sie *auch* der Beweisschaffung dienen. Aus dem Nebenzweck einer Pflicht lässt sich m.E. jedoch nicht ihre Existenz herleiten. Unabhängig davon, ob man den Vertretern der genannten Auffassung, die den ärztlichen Pflichten einen Beweisschaffungs- und Sicherungszweck zusprechen wollen, zustimmt oder nicht,[336] lässt sich die Befunderhebungspflicht hieraus jedenfalls nicht herleiten.

## 2. Prozessualer Ansatz

Wendet man sich dem Pflichtenkreis des Arztes zu, könnte sich ein Ansatzpunkt zur Herleitung der Befunderhebungspflicht aus folgendem Gedanken ergeben: hat der Arzt Befunde erhoben, muss er diese in einem Prozess vorlegen.[337] Diese Pflicht, existente Beweismittel im Prozess zugänglich zu machen, geht jedoch ins

---

NJW 2004, 1871 (1872); BGHZ 159, 48 (56) = BGH NJW 2004, 2011 (2013) = BGH VersR 2004, 909 (911)= BGH JZ 2004, 1029 (1030).

[332] *Peter*, NJW 1988, 751 (751 f.).

[333] *Emmerich*, JuS 1987, 741 (742); *Peter*, NJW 1988, 751 (751).

[334] Vgl. BGHZ 99, 391 (397) = BGH NJW 1987, 1482 (1483) = BGH VersR 1987, 1089 (1091); ähnlich auch BGHZ 132, 47 (50, 52) = BGH NJW 1996, 1589 (1589 f.) = BGH VersR 1996, 633 (633 f.); BGHZ 138, 1 (4) = BGH NJW 1998, 1780 (1781) = BGH VersR 1998, 457 (458); BGH NJW 2004, 1871 (1872); *Peter*, NJW 1988, 751 (751); *Kaufmann*, Die Beweislastproblematik im Arzthaftungsprozess, S. 70; *Kleinewefers/Wilts*, VersR 1967, 617. (621); *Baumgärtel*, in: Festschrift für Kralik, S. 63 (69); *ders.*, JZ 1995, 409 (409); *Gaupp*, Beweisfragen im Rahmen ärztlicher Haftungsprozesse, S. 86.

[335] Auch wenn dies der Titel des Aufsatzes von *Peter*, NJW 1988, 751 f. zunächst vermuten lässt.

[336] Vgl. dazu auch die Ausführungen unter D. III. 3. c) in diesem Kapitel.

[337] Für Röntgenaufnahmen hat dies der BGH schon früh entschieden, vgl. BGH VersR 1963, 65 (66); *Frahm/Nixdorf*, Arzthaftungsrecht, Rn. 134; *Laufs/Uhlenbruck-Uhlenbruck*, Handbuch des Arztrechts, § 60 Rn. 8 f.; vgl. zu den prozessualen Aufklärungs- und Vorlagepflichten im Bereich des Urkunds- und Augenscheinsbeweises §§ 142, 144, 371, 422 ff. ZPO; vgl. zur prozessualen Vorlagepflicht auch die Ausführungen in Kapitel 5 unter A. I. 1. b).

Leere, wenn Beweismittel gar nicht erst oder nur unvollständig entstanden sind,[338] weil beispielsweise bestimmte Befunde nicht erhoben wurden. Die Befunderhebungspflicht könnte also auch deshalb bestehen, damit der Arzt seiner eben genannten prozessualen Pflicht effektiv nachkommen kann. Sie könnte mithin aus prozessualen Gründen herzuleiten sein.

Mit der Erhebung von Befunden könnte der Arzt nicht nur sein eigenes Beweisrisiko decken, sondern würde auch eine prozessuale Verpflichtung gegenüber dem Patienten, dessen potentielles Beweisrisiko er durch Vorlage der Beweismittel mildern soll, erfüllen. Die Pflicht zur Befunderhebung wäre – so gesehen – nicht nur eine materiell-rechtliche, sondern zugleich eine (vor)prozessuale Beweissicherungspflicht in Form einer Beweismittelschaffungspflicht des Arztes.

Solche vorprozessualen Beweissicherungspflichten sind zum Teil bejaht und unterschiedlich begründet worden.[339]

Insbesondere Stürner[340] hat sich mit einer vorprozessualen Beweissicherungspflicht, zu der auch die Beweismittelschaffungspflicht gehören soll, beschäftigt. Über die allgemeine Beweiserhaltungspflicht hinaus, die von den Parteien vorprozessual verlange, sämtliche Beweismittel – und zwar nicht nur die eigenen, sondern auch diejenigen der Gegenpartei – zu erhalten, wenn ein Rechtsstreit absehbar sei, gebe es besondere vorprozessuale Beweissicherungspflichten, welche die Schaffung von Beweismitteln zum Inhalt hätten und unabhängig von einem sich abzeichnenden Rechtsstreit bestünden.[341] Diese Auffassung steht in engem Zusammenhang mit der Postulierung einer allgemeinen prozessualen Aufklärungspflicht analog §§ 138 Abs. 1, 2, 423, 445 ff., 372a ZPO, die verschiedentlich begründet worden ist.[342] Indem der

---

[338] *Stürner*, Aufklärungspflicht, S. 152; *ders.*, NJW 1979, 1225 (1228).

[339] *Blomeyer*, AcP 158 (1959/190), 97 (99 ff.) begreift die Beweissicherungspflichten als materiellrechtliche Pflichten, die Vertragsverhältnissen als Nebenpflichten entfließen oder sich aus der Pflicht zur Schadensminderung ergeben; ihre Verletzung führe zur Beweislastumkehr im Prozess, weil der risikobelasteten Partei der Beweis unzumutbar werde; ähnlich auch *Konzen*, Rechtsverhältnisse, S. 241 ff.; *Stürner*, Aufklärungspflicht, S. 155 ff.; ohne dabei deutlich auf das Bestehen einer vorprozessualen Beweissicherungspflicht abzustellen, wollen Andere vorprozessuales Verhalten jedenfalls sanktionieren, wobei insoweit auf Erfahrungssätze (vgl. etwa *Rosenberg*, Beweislast, S. 191; ähnlich auch *Musielak*, Die Grundlagen der Beweislast im Zivilprozess, S. 140) oder das Institut des *„venire contra factum proprium"* (vgl. etwa *Gerhardt*, AcP 169 (1969), 289 (304 ff.); *Hofmann*, NJW 1974, 1641 (1643 f.)) abgestellt wird; vgl. dazu auch die Ausführungen in Kapitel 5 unter A. II. 1. a). Gegen letztgenannte Ansätze spricht schon, dass jede Sanktion vorprozessualen Verhaltens denknotwendig eine (vorprozessuale) Pflicht zu aufklärungsfreundlichem Verhalten voraussetzt, weil anderenfalls die Sanktion in der Luft hängt, vgl. auch *Stürner*, Aufklärungspflicht, S. 153.

[340] *Stürner*, Aufklärungspflicht, S. 152 ff., insbesondere 155 ff.; *ders.*, NJW 1979, 1225 (1228 f.); ähnlich auch *Peters*, ZZP 82 (1969), 200 (212 ff.).

[341] Als eine solche „besondere Beweissicherungspflicht" sieht *Stürner*, NJW 1979, 1225 (1228 f.) die Dokumentationspflicht.

[342] Vgl. *Stürner*, Aufklärungspflicht; aus früheren Jahren *v. Hippel*, Wahrheitspflicht und Aufklärungspflicht; *Lüderitz*, Ausforschungsverbot und Auskunftsanspruch; *Peters*, Ausforschungsbeweis im Zivilprozess; *ders.*, ZZP 82 (1969), 200 ff.; *Weyers*, in: Dogmatik und Methode, S. 193 (215 f.); *Schlosser*, JZ 1991, 599 ff.; jüngst auch *Katzenmeier*, JZ 2002, 533 (540), der sich für die Kodifizierung einer allgemeinen prozessualen Aufklärungspflicht *de lege ferenda* ausspricht, die jedoch gemäßigt sein soll, also „Ausnahmen und Begrenzungen im Interesse des Persönlichkeits- und Geheimnisschutzes" vorsehen soll. *Stürner*, Aufklärungspflicht, S. 31 ff., 42 ff., 48 ff., 71 ff., 74 ff. begründet die allgemeine prozessuale Aufklärungspflicht folgendermaßen: Das Grundgesetz garantiere durch Art. 2 GG und das Rechtsstaatsprinzip ein auf uneingeschränkte Wahrheitsfindung gerichtetes Verfahren. Der Zivilprozess bezwecke Individualrechtsschutz, weil beide Parteien die Durchsetzung ihrer Rechte bzw. die

Beweisgegner verpflichtet wird, umfassend bei der Stoffsammlung mitzuwirken, soll diese Pflicht der Wahrheitsfindung und Rechtsdurchsetzung in den Fällen dienen, in denen die beweisbelastete Partei keinen Zugriff auf Beweismaterial hat,[343] weil es insoweit an einem materiellen Anspruch fehlt, den sie prozessual durchsetzen könnte. Da es in der Sache keinen grundlegenden Unterschied mache, ob der Beweisgegner schon vor oder erst nach Prozessbeginn einen Beweis vereitele, seien beide Fallgruppen gleich zu behandeln; es bestünden keine Bedenken, dem Beweisgegner nicht nur eine allgemeine Mitwirkungspflicht *im* Prozess aufzuerlegen, sondern diese Pflicht treffe ihn auch schon *vor* dem Prozess. In beiden Fällen sei nämlich das Resultat das Gleiche: komme es zu einem Prozess, könne der Beweisgegner seiner prozessualen Mitwirkungspflicht nicht nachkommen, weil es keine Beweismittel gebe, die er vorlegen könne.[344] Die prozessuale Aufklärungspflicht wirke also vor.[345] Die von *Stürner* postulierten „Beweissicherungssicherungspflichten aus besonderem Grund", die ohne konkreten Anlass auch zur Schaffung von Beweismitteln verpflichten sollen, ergeben sich seiner Auffassung zufolge aus der Ausübung eines besonderen Berufes oder aus der Wahrnehmung fremder Interessen.[346] *Stürner* verweist insoweit auf die Vorschriften des HGB für den Kaufmann, etwa die Verpflichtung für den Makler, ein Tagebuch zu führen (§ 100 HGB) und auf die Pflicht des Arztes, Krankenblätter zu führen und ärztliche Aufzeichnungen zu errichten (§ 10 MBO-Ä). Diese Vorschriften hätten nicht nur den Zweck, eine ordnungsgemäße Erfüllung beruflicher, vertraglicher und gesetzlicher Pflichten zu gewährleisten, sondern sie dienten auch der Beweissicherung für den möglichen Streitfall und damit den potentiellen Rechtsstreit. Dieser Gedanke könnte in gleicher Weise auf die Befunderhebungspflicht zutreffen.

Es ist an dieser Stelle nicht möglich, die Auffassung *Stürners* eingehender zu würdigen oder ihr gar vollständig gerecht zu werden. Schon ein Blick auf die Rolle des Prozessrechts ergibt jedoch Zweifel an dem Ansatz, die Befunderhebungspflicht als eine (vor)prozessuale Beweisschaffungspflicht anzusehen und dementsprechend herzuleiten. Zwar sind materielles Recht und Verfahrensrecht aufeinander bezogen; das Prozessrecht als dienendes Recht soll insbesondere dem materiellen Recht zu

---

Abwehr von Unrecht verlangen könnten. Dafür müsse die materielle Wahrheit gefunden werden, was die Schaffung eines Verfahrens voraussetze, in dem die wahre Rechtslage geprüft werden könne. Die „Wahrheit" könne in einem Verfahren aber nur dann erlangt werden, wenn alle erdenklichen Aufklärungsmittel herangezogen werden könnten. Weil die Parteien Rechtsschutz beanspruchten, handelten sie treuwidrig, wenn sie bei der Aufklärung nicht mitwirkten. *Katzenmeier*, JZ 2002, 533 (537) sieht den Anknüpfungspunkt für die Begründung prozessualer Pflichten in der Parteiverantwortung; die Parteien trifft nach dem Zivilprozessreformgesetz die Verantwortung für eine „vollständige, aber auch zügige und ökonomische Prozessführung" (vgl. BT-Drucksache 14/4722, S. 77), von ihnen wird erwartet, dass sie einen Beitrag zur Rekonstruktion des Sachverhalts leisten (vgl. BT-Drucksache 14/4722, S. 62); diese Parteiverantwortung führe dazu, dass den Einzelnen im Prozess Pflichten treffen; Rechtsgrund hierfür sei das Prozessrechtsverhältnis, das die Parteien ab Klageerhebung im Sinne einer Sonderverbindung untereinander und mit dem Gericht verknüpfe; in ihm entfalte sich der Anspruch der Parteien auf Rechtsschutz.

[343] Vgl. *Katzenmeier*, JZ 2002, 533 (533).

[344] Vgl. dazu *Peters*, ZZP 82 (1969), 200 (212).

[345] *Stürner*, Aufklärungspflicht, S. 155 ff.

[346] *Stürner*, Aufklärungspflicht, S. 162 ff. verweist insoweit auf die Vorschriften des HGB für den Kaufmann, etwa die Verpflichtung für den Makler, ein Tagebuch zu führen (§ 100 HGB), und auf die Pflicht des Arztes, Krankenblätter zu führen und ärztliche Aufzeichnungen zu errichten (§ 10 MBO-Ä).

seiner Durchsetzung verhelfen.[347] Dies gilt jedoch nicht umgekehrt; das materielle Recht dient nicht dazu, prozessuale Ansprüche durchzusetzen.[348] Genau dies würde man aber versuchen, wenn man – ausgehend von der eingangs erwähnten Überlegung, dass die prozessuale Pflicht der §§ 422 ff. ZPO ins Leere liefe, wenn vor dem Prozess Beweismittel gar nicht erst entstehen – dem Arzt aus diesem Grund eine besondere (vor)prozessuale Pflicht zur Schaffung von Beweismitteln auferlegte. Es ist jedoch nicht Aufgabe des Prozessrechts, außerprozessual wirkende Verpflichtungen materiellen Inhalts zu schaffen, sondern das Prozessrecht soll nur bei der Durchsetzung solcher Ansprüche helfen, die sich bereits aus dem materiellen Recht ergeben; die einschlägigen Vorschriften der ZPO bauen also auf den materiellrechtlichen Pflichten der Parteien auf, ohne sie prinzipiell zu erweitern.[349] Dies zeigt ganz deutlich § 422 ZPO, der vollständig auf das materielle Recht verweist. Auch wenn man den Sinn und Zweck der prozessualen Pflichten darin sieht, dass sie die materielle Wahrheit ans Licht befördern sollen und daher für eine allgemeine, (vor)prozessuale Aufklärungspflicht plädiert, gilt es zu bedenken, dass auch einer solchen Wahrheitsfindung kein Selbstwert beigemessen oder diese gar verabsolutiert werden darf; Ziel darf nicht die Aufdeckung von Tatsachen in einem inquisitorischen Verfahren sein.[350] Wenn die Wahrheitsfindung jedoch „ganz im Dienste des Individualrechtsschutzes" steht,[351] dann kann es auch nur um eine Wahrheit als Zwischenziel gehen, weil es nicht allein darauf ankommt, dass der Sachverhalt, der dem Urteil zugrunde gelegt wird, wahr ist, sondern es mindestens genauso wichtig ist, dass die Wahrheit verfahrensgemäß ermittelt wird.[352] Die Feststellung der Wahrheit ist nämlich kein Selbstzweck, sondern Mittel zum Zweck der Rechtsschutzgewährung durch ein möglichst gerechtes Urteil.[353] Die ZPO gewährt demnach individuellen Rechtsschutz, aber in einem Verfahren, in dem die Parteien zwar eine aktive Rolle spielen, ihnen insofern jedoch genau bestimmte Rechte zugebilligt werden. Genauso wenig, wie es um absolute Wahrheitsfindung, sondern nur um die Findung der „prozessualen Wahrheit" geht, geht es daher nicht um einen Rechtsschutz schlechthin, sondern nur um einen solchen, dessen „Herbeiführung und Durchführung auch in den [freien] Händen der Parteien liegt".[354] „Ob eine Partei Ansprüche gegen die andere auf Erteilung von Auskünften, Rechnungslegung, Herausgabe von Unterlagen usw. hat, ist eine Frage des materiellen Rechts [...]. Eine allgemeine Auskunftspflicht kennt das materielle Recht [jedoch] nicht,[355] und es ist nicht Aufgabe des Prozessrechts, sie

---

[347] Stein/Jonas-*Brehm*, Band 1, Vor § 1 Rn. 31 f., 38.

[348] Freilich gibt es hierzu Ausnahmen, mithin materielle Vorschriften, die einen ordnungsgemäßen prozessualen Ablauf gewährleisten sollen und insoweit der Durchsetzung des Prozessrechts dienen, z.B. § 153 ff., 339 StGB.

[349] *Arens*, ZZP 96 (1983), 1 (10 ff., 21 ff.); *Prütting*, Gegenwartsprobleme der Beweislast, S. 137 ff.; Stein/Jonas-*Leipold*, Band 3, § 138 Rn. 26 ff.

[350] So auch *Katzenmeier*, JZ 2002, 533 (539); *Arens*, ZZP 96 (1983), 1 (10 f.).

[351] *Katzenmeier*, JZ 2002, 533 (539).

[352] So auch *Brehm*, Bindung des Richters an den Parteivortrag, S. 27; *Arens*, ZZP 96 (1983), 1 (11 f.).

[353] Stein/Jonas-*Leipold*, Band 3, § 138 Rn. 26.

[354] *Arens*, ZZP 96 (1983), 1 (11).

[355] Sie ergibt sich auch nicht aus § 242 BGB, so BGHZ 74, 379 (380) = BGH NJW 1979, 1832 (1833); BGH NJW 1990, 3151 (3152); BGH NJW 1978, 1002 (1002 f.); OLG Koblenz, VersR 2004, 1323 (1323).

einzuführen."[356] Versucht man, die Befunderhebungspflicht im Sinne einer Befundschaffungspflicht gedanklich daraus herzuleiten, dass der Arzt andernfalls seiner prozessualen Pflicht aus den §§ 422 ZPO nicht nachkommen könnte, bleibt demnach wiederum entscheidend, ob und inwieweit der Arzt nach materiellem Recht zu einer solchen Beweismittelschaffung verpflichtet ist. Richtiger Ansatzpunkt für eine Herleitung der Befunderhebungspflicht kann damit nur das materielle, nicht aber das Prozessrecht sein. Anderenfalls würde man durch die Hintertür das materielle Recht verändern. Ausgehend von der ärztlichen Aufgabe, den Patienten möglichst zu heilen, ist der Arzt materiell-rechtlich jedoch nicht deshalb zur Befunderhebung verpflichtet, damit die Befunde als potentielle Beweismittel im Prozess zur Verfügung stehen, sondern weil diese Befunde für den Fortgang und den Erfolg der medizinischen Behandlung benötigt werden.[357] Wenn also die materiell-rechtliche Befunderhebungspflicht nicht primär aus Beweissicherungsgründen besteht, es dem Arzt –

---

[356] BGH NJW 1990, 3151 (3151); vgl. auch BGH NJW 1957, 669 (669); BGHZ 116, 47 (56) = BGH NJW 1992, 1817 (1819); BGH NJW 1999, 2887 (2887 f.); BGH NJW 2000, 1108 (1009); vgl. auch OLG Koblenz, VersR 2004, 1323 (1323 f.); Stein/Jonas-*Leipold*, Band 3, § 138 Rn. 27; die Rechtsprechung lehnt demnach zwar eine allgemeine prozessuale Aufklärungspflicht ab; weil das Informationsbedürfnis in vielen Fällen jedoch als berechtigt angesehen wird, hilft auch die Rechtsprechung der behauptungs- und beweisbelasteten, aber mangelhaft informierten Partei in bestimmten Fällen, vgl. dazu *Arens*, ZZP 96 (1983), 1 (4 f.); klare Anforderungen sind allerdings schwer zu finden, vgl. *Rosenberg/Schwab/Gottwald*, Zivilprozessrecht, § 108 Rn. 14, § 115 Rn. 1 ff. Abgeleitet als Nebenanspruch aus § 242 BGB (vgl. dazu *Katzenmeier*, JZ 2002, 533 (534 f.); *Arens*, ZZP 96 (1983), 1 (9)) muss der Verpflichtete dem Berechtigten nach den Grundsätzen von Treu und Glauben dann Auskunft erteilen, wenn zwischen ihnen eine besondere rechtliche Beziehung besteht, der Berechtigte den Umfang seines Rechts nicht kennt und ihn hieran kein Verschulden trifft, und der Verpflichtete die Auskunft unschwer erteilen kann und ihm dies zuzumuten ist, vgl. BGH NJW 1990, 3151 (3152); vgl. auch RGZ 108, 1 (7); BGHZ 61, 180 (184) = BGH NJW 1973, 1876 (1877); vgl. *Baumgärtel*, Beweislastpraxis im Privatrecht, Rn. 307, 314, 330; Palandt-*Heinrichs*, § 261 Rn. 8. Darüber hinaus soll ein Ausforschungsbeweis, der nach der Rechtsprechung unzulässig ist (vgl. die Nachweise bei *Lüderitz*, Ausforschungsverbot und Auskunftsanspruch, S. 5 f., v.a. Fn. 1, 2, 3; Zöller-*Greger*, § 138 Rn. 8; Thomas/Putzo-*Reichold*, § 284 Rn. 3) etwa dann nicht vorliegen, wenn die Partei die Tatsachen zwar nicht präzise vorgetragen hat, es jedoch wenigstens plausible „Anhaltspunkte" dafür gibt, dass die nur allgemein behaupteten Tatsachen wahrscheinlich sind, vgl. *Lüderitz*, Ausforschungsverbot und Auskunftsanspruch, S. 28 m.w.N. aus der Rechtsprechung in Fn. 134; *Arens*, ZZP 96 (1983), 1 (4). Dagegen soll es nach a.A. nicht auf die Plausibilität der Behauptungen ankommen; die Behauptungen dürften lediglich nicht „auf gut Glück" oder „aufs Geratewohl" vorgetragen werden, vgl. *Rosenberg/Schwab/Gottwald*, Zivilprozessrecht, § 115 Rn. 20 m.N. aus der Rspr. in Fn. 23. Die Behauptungen dürfen allerdings nicht so ungenau sein, dass ihre Erheblichkeit nicht mehr beurteilt werden kann (vgl. BGH NJW 1991, 2707 (2709)) bzw. die Tatsachen müssen ausreichend bestimmt bezeichnet sein, vgl. BGH NJW-RR 1994, 377 (378); den Beweisgegner trifft im Rahmen seiner Erklärungslast nach § 138 Abs. 2 ZPO ausnahmsweise eine sog. „sekundäre Behauptungslast", wenn die darlegungspflichtige Partei außerhalb des von ihr darzulegenden Geschehensablaufs steht und keine nähere Kenntnis der maßgebenden Tatsachen besitzt, während der Gegner sie hat und ihm nähere Angaben zumutbar sind, vgl. BGHZ 86, 23 (29) = BGH NJW 1983, 687 (688 f.); BGHZ 140, 156 (158) = BGH NJW 1999, 579 (580); in BGH NJW 1996, 315 (317) ist von „Erklärungsobliegenheiten" die Rede; vgl. auch BGHZ 120, 320 (327 f.) = BGH NJW 1993, 1010 (1013); weitere Rspr.-Beispiele bei Zöller-*Greger*, Vor § 284 Rn. 34a. Alle diese Rechtsfolgen bleiben jedoch deutlich hinter einer allgemeinen Aufklärungspflicht der Parteien zurück, so auch Stein/Jonas-*Leipold*, Band 3, § 138 Rn. 29.

[357] Die ärztliche Verpflichtung, Befunde zu erheben, verfolge in erster Linie therapeutische Ziele, sie habe keinen unmittelbaren Sicherungszweck im Hinblick auf künftige Haftpflichtprozesse, so BGHZ 99, 391 (397) = BGH NJW 1987, 1482 (1483) = BGH VersR 1987, 1089 (1091); ähnlich auch BGHZ 132, 47 (50, 52) = BGH NJW 1996, 1589 (1589 f.) = BGH VersR 1996, 633 (633 f.); BGHZ 138, 1 (4) = BGH NJW 1998, 1780 (1781) = BGH VersR 1998, 457 (458).

und im Übrigen auch dem Patienten – bei der Befunderhebung jedenfalls in erster Linie nicht um die Schaffung von Beweismitteln geht, dann kann und darf nicht das Prozessrecht den Zweck dieser Pflicht so verändern, dass aus einer medizinischen eine beweisschaffende Pflicht wird. Im Übrigen gilt auch hier das oben Gesagte, dass nämlich, selbst wenn man der Befunderhebungspflicht einen (vor)prozessualen beweisschaffenden Nebenzweck zuspräche, dies für die Herleitung der Befunderhebungspflicht nichts hergäbe, da ein bloßer Nebenzweck nicht die Existenz einer Pflicht erklären kann.

Schließlich spricht ganz entscheidend gegen die prozessuale Herleitung der Befunderhebungspflicht, dass es zur Erfüllung der genannten prozessualen Pflichten einer Beweismittelschaffung nicht bedarf. Die Parteien müssen gem. §§ 422 ff. ZPO Beweismittel nämlich nur insoweit zugänglich machen, wie sie in ihrem Besitz vorhanden sind. Gibt es keine Befunde und damit insofern auch keine Beweismittel, weil der Arzt keine Befunde erhoben hat, kann er eben auch nichts vorlegen. Die Parteien müssen ihren prozessualen Pflichten also nur so weit nachkommen, wie Beweismittel tatsächlich vorhanden sind. Vorgelegt werden kann und muss eben nur das, was e-xistiert. Die Pflicht erstreckt sich nicht auch noch auf das, was hätte vorgelegt werden können, wenn der Arzt (weitere) Befunde erhoben hätte. Die prozessuale Pflicht erfüllt demnach, wer das zugänglich macht, was tatsächlich vorhanden ist. Sie geht also nicht dahin, Beweismittel zu schaffen, um im Prozess etwas (mehr) vorlegen zu können. Dass die prozessuale Pflicht auch in dem Sinne „ins Leere" gehen kann, dass im Einzelfall nichts zugänglich gemacht werden kann und daher die Beweissituation für eine Partei erschwert ist, mag man bedauern. Dies rechtfertigt es jedoch nicht, eine (vor)prozessuale Beweismittelschaffungspflicht zu kreieren, um für die prozessuale Pflicht, Beweismittel zugänglich zu machen, gewissermaßen einen breiteren Anwendungsbereich zu schaffen. Es bleibt vielmehr bei dem Grundsatz, dass keine Partei verpflichtet ist, dem Prozessgegner Material zum Siege zu verschaffen, über das er nicht schon von sich aus verfügt.[358]

Im Übrigen sieht selbst *Stürner*[359] in der Befunderhebungspflicht des Arztes keine besondere vorprozessuale Beweissicherungspflicht. Der Arzt müsse nicht aus Beweiszwecken Untersuchungen anstellen, die er zur Diagnose und Therapie nicht für nötig halte. Versäume er eine zur Diagnose notwendige Untersuchung, liege kein Verstoß gegen eine Beweissicherungspflicht, sondern allein ein Behandlungsfehler vor. Es sei verfehlt, jede zu schwieriger Beweislage führende materiell-rechtliche Pflichtverletzung gleichzeitig als Verletzung einer sehr weit verstandenen Pflicht zu aufklärungsfreundlichem Verhalten zu begreifen.[360] Dem ist zuzustimmen. Die Befunderhebungspflicht kann damit nicht aus der prozessualen Pflicht der Parteien, Beweismittel zugänglich zu machen, hergeleitet werden.

---

[358] Zu diesem Grundsatz vgl. RGZ 63, 408 (410); BGH NJW 1958, 1491 (1492); BGH VersR 1958, 768 (768 f.); BGH NJW 1990, 3151 (3151 f.); BGHZ 116, 47 (56) = BGH NJW 1992, 1817 (1819); BGH NJW 1999, 2887 (2887 f.); BGH NJW 2000, 1108 (1109); *Lüderitz*, Ausforschungsverbot und Auskunftsanspruch, S. 16; *Brehm*, Bindung des Richters an den Parteivortrag, S. 83; Stein/Jonas-*Leipold*, Band 3, § 138 Rn. 22 f.

[359] *Stürner*, Aufklärungspflicht, S. 171 ff.

[360] Ähnlich die Ausführungen von *Blomeyer*, Zivilprozessrecht, § 73 II 1.b), *ders.*, AcP 158 (1959/1960), 97 (101): das Verschulden müsse sich auf die Beweismittelvernichtung beziehen; es genüge nicht, dass diese nur die Folge der Vertragsverletzung oder des Delikts sei; damit sind die Fälle ausgeschieden, bei denen die zum Ersatz verpflichtende unerlaubte Handlung selbst zugleich ein mögliches – späteres – Beweismittel betrifft; so auch *Gerhardt*, AcP 169 (1969), 289 (311, Fn. 98).

Eine andere Frage ist es natürlich, ob und welche beweisrechtlichen Konsequenzen den Arzt treffen, wenn er Befunde erheben musste, diese aber im Prozess nicht vorlegen kann, weil er sie nicht erhoben hat. Diese Frage hat jedoch mit der Herleitung der Befunderhebungspflicht unmittelbar nichts zu tun und soll daher an dieser Stelle nicht erörtert werden.[361]

Zusammenfassend bleibt festzuhalten, dass sich die Pflicht des Arztes, Befunde zu erheben, – unabhängig von einem Behandlungsvertrag – materiell-rechtlich als Voraussetzung und Teil der ärztlichen Pflicht aus dem Arzt-Patienten-Verhältnis, den Patienten ordnungsgemäß zu behandeln, ergibt. Dieses wird geprägt durch die ärztlichen Berufsordnungen, in die das „Genfer Gelöbnis" als moderne Form des Hippokratischen Eides Eingang gefunden hat. Daneben erfordert es das Allgemeine Persönlichkeitsrecht des Patienten (Art. 1 Abs. 1 i.V.m. Art. 2 Abs. 2 GG), dass der Arzt Befunde erhebt, um objektivierbare Erkenntnisse zu erlangen, die der Erfüllung des berechtigten Interesses des Patienten an seinem Krankheits- und Behandlungsverlauf dienen und die die Entscheidungsgrundlage für die rechtfertigend wirkende Einwilligung des Patienten in die Behandlung bilden. Da sich die Befunderhebungspflicht wie eben dargestellt jedoch auch aus dem einfachen Recht herleiten lässt, sollte insoweit nicht vorschnell auf das Verfassungsrecht zurückgegriffen werden. Andernfalls besteht nämlich die Gefahr, dass das einfache Recht verarmt.[362] Dies schließt es jedoch natürlich nicht aus, das Persönlichkeitsrecht neben einfachgesetzlichen Normen als weiteres Argument zur Herleitung der Befunderhebungspflicht heranzuziehen.

## II. Inhalt und Umfang der Befunderhebungspflicht

Steht fest, dass den Arzt eine Pflicht zur Befunderhebung trifft, muss noch ihr genauer Inhalt und Umfang bestimmt werden.

Wie bereits erwähnt, muss der Arzt den Patienten mit den Mitteln und Möglichkeiten der modernen Diagnostik genau und umfassend untersuchen,[363] also Befunde erheben, die näheren Aufschluss über den Krankheitsstatus und seine Ursache geben können, bevor er eine Diagnose stellen und sich für eine bestimmte, verantwortliche Therapie entscheiden kann.[364] Er hat abzuklären, was dem Patienten genau

---

[361] Vgl. dazu die Ausführungen in diesem Kapitel unter D. sowie in Kapitel 5 unter A.

[362] So zur Begründung der Dokumentationspflicht *Nüßgens*, in: Festschrift für Boujong, S. 831 (835); *Katzenmeier*, Arzthaftung, S. 473.

[363] *Laufs/Uhlenbruck-Laufs*, Handbuch des Arztrechts, § 3 Rn. 16; *Katzenmeier*, Arzthaftung, S. 310; *Uhlenbruck*, ZAP Fach 2 (1998), 171 (178); *Laufs*, Arztrecht, Rn. 110; *Jung*, ZStW 97 (1985), 47 (56); muss der Arzt hingegen bei einem Zwischenfall oder in einer Notsituation eine Entscheidung über die notwendige Diagnostik treffen, so werden geringere Ansprüche zu stellen sein als bei der üblichen, unbedrängten präoperativen Diagnostik, vgl. BGH VersR 1978, 82 (83 ff.); *Lilie*, MedR 1987, 28 (29); eskalierende Geschehensabläufe können leicht auch dem ansonsten besonnenen und qualifizierten Arzt Abwägungen und Entscheidungen abverlangen, die er unter dem dann gegebenen Zeitdruck sowie wegen ihrer schicksalhaften Auswirkungen sinnvoll nicht zu treffen vermag; demjenigen, der in höchster Not hilft, darf nichts Unmenschliches abverlangt werden, vgl. *Frahm/Nixdorf*, Arzthaftungsrecht, Rn. 106.

[364] KG, VersR 1996, 332 (332) geht insoweit davon aus, dass die Untersuchungsergebnisse die Basis für vorzunehmende Vorsorge- und Therapiemaßnahmen bilden; OLG Oldenburg, VersR 1993, 229

fehlt.[365] Zu beachten ist dabei, dass die Symptome einer Krankheit wegen der Un-wägbarkeiten des menschlichen Organismus häufig nicht so eindeutig sind, dass der Arzt auf einen Blick erkennen kann, welche therapeutische Maßnahme im Einzelfall geeignet und erforderlich ist. Der Arzt muss alle ihm zur Verfügung stehenden Er-kenntnisquellen ausschöpfen, dabei insbesondere grundsätzlich alle Mittel moderner Untersuchungstechnik verwenden,[366] soweit dies nach den Umständen des Einzelfal-les zur Klärung des Krankheitsverdachts für erforderlich erachtet wird.[367] Nicht ver-pflichtet ist der Arzt jedoch, Erkenntnisquellen auszuschöpfen, die über diesen Er-kenntnisstand hinausgehen.[368] Auch muss der Arzt keine (weiteren) Befunderhebun-gen durchführen, wenn es eine anschließende Therapiemöglichkeit nicht gibt.[369] Der Arzt hat den Patienten grundsätzlich persönlich, vollständig und bestmöglich zu untersuchen, wobei jedoch auch die Umstände, insbesondere die verfügbaren Hilfs-mittel und der Wille des Patienten, zu berücksichtigen sind.[370] Die Maßnahmen sind zeitlich so rasch durchzuführen, dass dem Krankheitsbild des Patienten Rechnung getragen wird. Grundsätzlich sind erforderliche Maßnahmen daher so schnell wie möglich durchzuführen, so dass mit Hilfe der gewonnenen Ergebnisse zum Wohl des Patienten möglichst frühzeitig mit einer wirksamen Behandlung begonnen werden kann.[371]

Von der unmittelbaren Untersuchung ist die mittelbare Untersuchung zu unter-scheiden. Zur mittelbaren Untersuchung gehören sämtliche naturwissenschaftliche

---

(230); *Deutsch/Spickhoff*, Medizinrecht, Rn. 389; wohl auch *Katzenmeier*, Arzthaftung, S. 310; zu ei-ner ordnungsgemäßen Behandlung gehört es, nach medizinischen Kenntnissen und Erfahrungen geeignete therapeutische Maßnahmen auszuwählen und diese sodann sorgfältig durchzuführen, vgl. BGH NJW 1987, 2291 (2292); vgl. auch *Müller*, MedR 2001, 487 (487); § 11 Abs. 1 MBO-Ä verpflich-tet den Arzt zur „gewissenhaften Versorgung mit geeigneten Untersuchungs- und Behandlungsme-thoden". Der behandelnde Arzt ist zwar grundsätzlich bei der Wahl der Methode frei – unausweichli-ches Gegenstück der Therapiefreiheit stellt jedoch die Verbindlichkeit von anerkannten Sorgfaltspflich-ten dar, welche die Verfahrensqualität sichern, so *Laufs/Uhlenbruck-Laufs*, Handbuch des Arztrechts, § 3 Rn. 16; § 6 Rn. 33; § 99, Rn. 20; *Laufs*, Arztrecht, Rn. 44; MüKo-*Wagner*, Band 5, § 823 Rn. 689 ff.; so auch *Katzenmeier*, Arzthaftung, S. 309.
[365] Den Arzt trifft die diagnostische Pflicht, den Zustand des Patienten zu erkunden, um Konsequen-zen für die Therapie ziehen zu können, so *Katzenmeier*, Arzthaftung, S. 310, 477; OLG Stuttgart, NJW 1992, 2970 (2971).
[366] BGHZ 102, 17 (21) = BGH NJW 1988, 763 (764 f.); BGHZ 72, 132 (140 f.) = BGH NJW 1978, 2337 (2338 f.) = BGH VersR 1978, 1022 (1023 f.); BGH NJW 1989, 2321 (2322); *Giesen*, Arzthaftungs-recht, Rn. 80; *ders.*, JZ 1990, 1053 (1057); *Laufs/Uhlenbruck-Uhlenbruck/Laufs*, Handbuch des Arzt-rechts, § 50 Rn. 9; § 55 Rn. 2; *Laufs*, Arztrecht, Rn. 353; RGRK-*Nüßgens*, § 823 Anh. II Rn. 195.
[367] BGH NJW 1989, 2321 (2322); BGH NJW 1989, 1541 (1541 f.); BGH NJW 1987, 2293 (2295); BGH VersR 1989, 190 (190 f.); so auch schon OLG Frankfurt am Main, VersR 1956, 554 (554); *Lilie*, MedR 1987, 28 (29) m.w.N; *Heilmann*, NJW 1990, 1513 (1515); *Laufs*, Arztrecht, Rn. 495.
[368] *Laufs/Uhlenbruck-Uhlenbruck/Laufs*, Handbuch des Arztrechts, § 50 Rn. 7.
[369] Vgl. OLG Köln, MedR 1985, 290 (290); *Laufs/Uhlenbruck-Uhlenbruck/Laufs*, Handbuch des Arzt-rechts, § 50 Rn. 7.
[370] *Katzenmeier*, Arzthaftung, S. 310.
[371] OLG Hamm, VersR 1999, 845 (846 f.); *Geiß/Greiner*, Arzthaftpflichtrecht, Rn. B. 65. Eine beson-ders interessante Fallkonstellation hatte insoweit das OLG Koblenz, MedR 2007, 251 zu entscheiden: bei einer Wirbelsäulenoperation wurde ein Span zu weit in Richtung des Spinalkanals vorgetrieben, wobei es sich um ein typisches Eingriffsrisiko handelte, weshalb das Gericht insoweit einen Behand-lungsfehler verneinte. Die postoperative Röntgenaufnahme deutete allerdings auf eine Fehlplatzierung hin und legte jedenfalls weitere Befunderhebungen nahe, die die Fehlplatzierung zweifelsfrei aufge-zeigt hätten und zu einem sofortigen Revisionseingriff geführt hätten. Der Zweiteingriff wurde aber erst mit einer zeitlichen Verzögerung von fünf Tagen durchgeführt.

Untersuchungsmethoden wie z.B. morphologische Untersuchungen, physikalische, chemische, bakteriologische, virologische und immunologische Analysen.[372] Eine Fernuntersuchung bzw. Telefonuntersuchung ist ebenso unzulässig wie eine Ferndiagnose, eine Fernbehandlung oder ein unkritisches Verlassen auf das Ergebnis physikalischer, chemischer, bakteriologischer oder virologischer Untersuchungen.[373] Der Umfang der Diagnostik muss sich am Krankheitsbild orientieren.[374] Es ist – insbesondere bei wenig erforschten Krankheitsbildern – insoweit ein stufenweiser (Basis-, Aufbau-, Spezialdiagnostik) Aufbau der Diagnostik vorzunehmen, der Zweifel und Fehler ausschließen soll.[375] Jeder Krankheitsverlauf erfordert eine Basisuntersuchung.[376] Die Schwere der Krankheit kann auch weiterführende Untersuchungen notwendig machen, wobei die Indikation zur Vornahme bestimmter diagnostischer Maßnahmen mit der Krankheitsintensität des Patienten wächst und in bestimmten Fällen sogar verbindlich werden kann.[377] Auch zur Kontrolle oder Korrektur einer bereits gestellten Diagnose kann eine (weitere) Befunderhebung notwendig sein,[378] wobei die (geänderte) Diagnose dem Patienten mitzuteilen ist.[379]

Trotz der grundsätzlich bestehenden umfassenden Untersuchungspflicht des Arztes muss dieser den für den Patienten schonendsten Weg bei der Diagnosefindung beschreiten und hat mit äußerster Sorgfalt darauf zu achten, dass das mit den Eingriffen einhergehende Risiko nicht außer Verhältnis zum diagnostischen Gewinn für die daraus abzuleitende Therapie steht.[380] Wie stets hat der Arzt auch bei diagnostischen Eingriffen Vorteile und Gefahren sorgfältig gegeneinander abzuwägen und möglichst schonend vorzugehen.[381] Da der diagnostische Eingriff dem Patienten nicht unmittelbar hilft und mit der Möglichkeit eines negativen Befundes verbunden bleibt, bedürfen die Gefahren der Diagnostik, die in Kenntnis aller geeigneten Verfahren einzuschätzen sind, bei der Abwägung zwischen erwartetem Vorteil und drohendem Risiko gesteigerter Aufmerksamkeit.[382] Der Arzt muss sein Können und Wissen sorgfältig einsetzen und die Risiken für den Patienten gewissenhaft abwägen.[383] Gibt es mehrere Untersuchungsmethoden, muss der Arzt sich für diejenige entscheiden, die die bestmögliche Effizienz bei geringstmöglichen Schadensfolgen

---

[372] Uhlenbruck, ZAP Fach 2 (1998), 171 (178).

[373] Vgl. OLG München, VersR 1978, 285 (285 f.); Bischoff, in: Festschrift für Geiß, S. 345 (347); Laufs/Uhlenbruck-Uhlenbruck/Laufs, Handbuch des Arztrechts, § 49 Rn. 2, § 50 Rn. 17; Uhlenbruck, ZAP Fach 2 (1998), 171 (178).

[374] Steffen/Pauge, Arzthaftungsrecht, Rn. 155b; Katzenmeier, Arzthaftung, S. 310.

[375] OLG Hamm, VersR 1997, 1342 (1343).

[376] Katzenmeier, Arzthaftung, S. 310.

[377] Katzenmeier, Arzthaftung, S. 310; ähnlich auch Laufs, Arztrecht, Rn. 495.

[378] Laufs/Uhlenbruck-Uhlenbruck/Laufs, Handbuch des Arztrechts, § 50 Rn. 2, 4, 15; Uhlenbruck, ZAP Fach 2 (1998), 171 (178).

[379] BGH VersR 1989, 478 (478); OLG München, NJW 1995, 2422 (2422); OLG Karlsruhe, VersR 1988, 1134 (1135); Laufs/Uhlenbruck-Uhlenbruck/Laufs, Handbuch des Arztrechts, § 50 Rn. 18; Giesen, JZ 1990, 1053 (1057); ders., Arzthaftungsrecht, Rn. 117 mit Beispielen aus der Rechtsprechung in Rn. 112; Uhlenbruck, ZAP Fach 2 (1998), 171 (179); zur Pflicht des Arztes, dem Patienten die Diagnose mitzuteilen, vgl. Staudinger-Hager, § 823 Rn. I 28; MüKo-Wagner, Band 5, § 823 Rn. 696.

[380] BGH VersR 1975, 43 (44); Lilie, MedR 1987, 28 (29).

[381] Laufs, Arztrecht, Rn. 419; Laufs/Uhlenbruck-Uhlenbruck/Laufs, Handbuch des Arztrechts, § 50 Rn. 7.

[382] Laufs, Arztrecht, Rn. 419, 489.

[383] BGH VersR 1981, 1033 (1034).

bietet.[384] Riskante Untersuchungen darf er erst dann vornehmen, wenn weniger riskante keinen hinreichenden Aufschluss über die Krankheit gebracht haben.[385] Zu beachten ist, dass die Risiken invasiver diagnostischer Verfahren umso höher sein dürfen, je ernster die Krankheitsgefahr ist.[386]

Die Durchführung einer lückenlosen Bestandsaufnahme verbietet sich nicht nur, weil sie den Patienten belasten oder in unnötige Ängste versetzen kann; ihr sind auch praktische und wirtschaftliche Grenzen gesetzt. Denn die erforderlichen Diagnosegeräte sind oft nicht zugänglich und die Ressourcen im Gesundheitssektor, zumindest bei den gesetzlichen Leistungsträgern, bekanntlich rationiert und daher knapp.[387] Daher muss der Arzt auf überflüssige Untersuchungen verzichten; einem „diagnostischen Perfektionismus" ist vorzubeugen.[388] Insoweit ist zu beachten, dass auch eine Überdiagnostik zur Haftung führen kann.[389] Auch darf das Interesse des Arztes an der Auslastung teurer (Untersuchungs-) geräte bei der Entscheidung, ob eine maschinelle Befunderhebung durchzuführen ist, keine Rolle spielen.[390]

## III. Befunderhebungsfehler als Behandlungsfehler

Das Absehen von einer medizinisch gebotenen Vorgehensweise, das eine Abweichung vom maßgeblichen ärztlichen Standard bedeutet und einen Behandlungsfehler begründet,[391] mithin das nach dem Stand der Medizin unsachgemäße Verhalten des Arztes, kann – wie bereits erwähnt – sowohl in einem Tun wie in einem Unterlassen bestehen.[392] Daher kann dem Arzt auch dann ein Behandlungsfehler vorgeworfen werden, wenn er eine Befunderhebung unterlässt, da für ihn grundsätzlich eine Rechtspflicht zum Tätigwerden in Form der Befunderhebungspflicht besteht. Im Folgenden soll noch einmal kurz zusammengefasst werden, wann von einem (groben) Befunderhebungsfehler ausgegangen werden kann.

Ob in einer unterlassenen Befunderhebung ein Behandlungsfehler liegt, hängt – wie im Fall des aktiven Tuns – davon ab, ob das Handeln des Arztes nach dem Stand der Medizin unsachgemäß war, was bei einer unterlassenen Befunderhebung

---

[384] *Laufs/Uhlenbruck-Uhlenbruck/Laufs*, Handbuch des Arztrechts, § 50 Rn. 7; *Laufs*, Arztrecht, Rn. 419, 489.

[385] *Laufs/Uhlenbruck-Uhlenbruck/Laufs*, Handbuch des Arztrechts, § 50 Rn. 7.

[386] *Laufs*, Arztrecht, Rn. 495; wohl auch *Katzenmeier*, Arzthaftung, S. 310 f.

[387] *Heilmann*, NJW 1990, 1513 (1515).

[388] BGH NJW 1979, 1933 (1934); *Heilmann*, NJW 1990, 1513 (1515); der Mediziner verfehle das ärztliche Maß, wenn er das Machbare stets voll ausschöpfe, weil er der Technik erliege oder meine, sich durch „Überdiagnostik" rechtlich absichern zu müssen, so *Laufs*, Arztrecht, Rn. 495.

[389] Vgl. OLG Zweibrücken, VersR 1991, 427 (428); *Laufs/Uhlenbruck-Uhlenbruck/Laufs*, Handbuch des Arztrechts, § 50 Rn. 10; *Steffen/Pauge*, Arzthaftungsrecht, Rn. 155b; *Lilie*, MedR 1987, 28 (30).

[390] *Heilmann*, NJW 1990, 1513 (1515).

[391] BGH VersR 2003, 1128 (1130); vgl. schon BGH NJW 1996, 779 (780); OLG Frankfurt am Main, VersR 1956, 554 (554).

[392] *Katzenmeier*, Arzthaftung, S. 276; *Giesen*, Arzthaftungsrecht, Rn. 132 ff. mit Fallbeispielen; *Laufs*, Arztrecht, Rn. 469; *Giesen*, JZ 1990, 1053 (1057); *Steffen/Pauge*, Arzthaftungsrecht, Rn. 131; *Geiß/Greiner*, Arzthaftpflichtrecht, Rn. B. 218; *Frahm/Nixdorf*, Arzthaftungsrecht, Rn. 63; OLG Köln, VersR 1990, 930 (930).

dann der Fall ist, wenn eine Befunderhebung zur Aufklärung des Krankheitsstatus medizinisch zweifelsfrei geboten, also medizinisch angezeigt war.[393] Im Einzelfall kann im Unterlassen der Befunderhebung sogar ein grober Behandlungsfehler liegen, nämlich dann, wenn der Arzt „in ungewöhnlichem Ausmaß" einfache, grundlegende Diagnose- und Kontrollbefunde nicht erhebt, also selbstverständliche Überlegungen und Untersuchungen unterlässt,[394] „zwingend, im Sachverständigengutachten als unablässig bezeichnete"[395] oder „eindeutig"[396] bzw. „elementar gebotene"[397] oder als „unbedingt erforderlich"[398] bezeichnete Befunderhebungen nicht durchführt. Das gilt erst recht, wenn er durch ungezielte Medikation das Krankheitsbild zusätzlich verschleiert.[399] Hinzukommen muss im Fall eines solchen Verstoßes − wie immer bei einem groben Fehler−,[400] dass er aus objektiver Sicht nicht mehr verständlich erscheint, weil er einem Arzt schlechterdings nicht unterlaufen darf.[401]

Stellt sich die Verletzung der Befunderhebungspflicht danach als grob fehlerhaft dar, kommen die im Kapitel 3 dargestellten Grundsätze zur Beweislastumkehr in der Kausalfrage zum Tragen.

Wird eine gebotene Befunderhebung zwar angeordnet und in die Wege geleitet, deren reaktionspflichtiges Ergebnis aber vom behandelnden Arzt erst nach mehreren Tagen ausgewertet und damit für die Behandlung des Patienten verspätet umgesetzt, so liegt nach Auffassung der Rechtsprechung eine der unterlassenen Befunderhebung vergleichbare und daher gleich zu behandelnde Fallgruppe (unterlassene

---

[393] BGHZ 99, 391 (398 f.) = NJW 1987, 1482 (1483) = BGH VersR 1987, 1089 (1091); BGH VersR 1989, 80 (80); BGH VersR 1994, 984 (985); BGH VersR 1995, 46 (46); BGHZ 138, 1 (5) = BGH NJW 1998, 1780 (1781) = BGH VersR 1998, 457 (458); OLG Köln, VersR 1992, 1003 (1004); OLG Stuttgart, NJW 1992, 2970 (2971); OLG Oldenburg, VersR 1993, 229 (230); OLG Stuttgart, VersR 1994, 1068 (1068); OLG Düsseldorf, VersR 1994, 1066 (1066); OLG Stuttgart, VersR 1998, 1550 (1550); OLG Stuttgart, VersR 1998, 1550 (1550); OLG Karlsruhe, VersR 2002, 1426 (1427); OLG Koblenz, NJW-RR 2007, 532 (533); *Groß*, in: Festschrift für Geiß, S. 429 (432 f.); *Helbron*, Entwicklungen, S. 56; *Katzenmeier*, Arzthaftung, S. 478.

[394] BGHZ 85, 212 (217) = BGH NJW 1983, 333 (334) = BGH VersR 1982, 1193 (1195); vgl. auch BGHZ 99, 391 (396) = NJW 1987, 1482 (1483) = BGH VersR 1987, 1089 (1090); *Giesen*, Arzthaftungsrecht, Rn. 411; *Laufs/Uhlenbruck-Laufs*, Handbuch des Arztrechts, § 110 Rn. 8; *Laufs*, Arztrecht, Rn. 604; *Geiß/Greiner*, Arzthaftpflichtrecht, Rn. B. 266; Nachweise zu Fällen, in denen die Rechtsprechung grobe Befunderhebungsfehler angenommen hat, finden sich bei *Katzenmeier*, Arzthaftung, S. 451 f., *Steffen/Pauge*, Arzthaftungsrecht, Rn. 526, *Giesen*, Arzthaftungsrecht, Rn. 412 sowie bei *Deutsch/Spickhoff*, Medizinrecht, Rn. 395 und *Martis/Winkhart*, Arzthaftungsrecht, S. 805 f.

[395] OLG Karlsruhe, OLGR 2001, 412 (414).

[396] OLG München, OLGR 1999, 331 (332).

[397] OLG Köln, VersR 1999, 491 (492).

[398] OLG Karlsruhe, VersR 2005, 1246 (1246).

[399] BGHZ 85, 212 (218) = NJW 1983, 333 (334) = VersR 1982, 1193 (1195); BGH VersR 1985, 886 (887); BGH NJW 1988, 1513 (1514); OLG Nürnberg, VersR 1988, 1050 (1051); OLG Stuttgart VersR 1994, 313 (315).

[400] Vgl. BGH VersR 1992, 238 (239); BGH VersR 1996, 1148 (1150); BGH VersR 1997, 315 (316) m.w.N; BGHZ 138, 1 (6) = BGH NJW 1998, 1780 (1781) = BGH VersR 1998, 457 (458); BGH VersR 1998, 585 (585); BGH VersR 2001, 1030 (1030) m.w.N.; BGH VersR 2001, 1115 (1115); BGH VersR 2001, 1116 (1117); BGH VersR 2007, 541 (542); *Deutsch/Spickhoff*, Medizinrecht, Rn. 165 spricht daher von einer „Doppelformel"; *Steffen/Pauge*, Arzthaftungsrecht, Rn. 522a.

[401] BGH NJW 1983, 2080 (2081); BGH VersR 1989, 190 (190 f.); BGHZ 138, 1 (6) = BGH NJW 1998, 1780 (1781) = BGH VersR 1998, 457 (459); BGH VersR 2001, 1030 (1030); *Deutsch/Spickhoff*, Medizinrecht, Rn. 165; *Steffen/Pauge*, Arzthaftungsrecht, Rn. 522a.

Befundumsetzung) vor, bei der dem Patienten im Licht der neueren Rechtsprechung des BGH eine Beweislastumkehr zugute kommen soll, wenn das Unterbleiben einer umgehenden Reaktion auf den zeitnah ausgewerteten Befund als grober Behandlungsfehler einzustufen wäre.[402]

Ähnliches soll bei einer unterlassenen Befundübertragung gelten, die mit der Fallgruppe der unterlassenen Befunderhebung ebenfalls vergleichbar sei.[403] Hiergegen spricht, dass die bloße Nichtübertragung eines Befundes mit dem Unterlassen einer gebotenen Untersuchungsmaßnahme m.E. nicht vergleichbar ist; näher liegt in einem solchen Fall eine Parallele zu Dokumentationsversäumnissen.[404]

Giesen[405] meint, die Beschränkung auf „medizinisch zweifelsfrei gebotene" Befunde sei nicht sachgerecht. Der Arzt sei nämlich durch den Behandlungsvertrag und wegen seiner Pflicht zur Wahrung des Persönlichkeitsrechts des Patienten ohnehin zur Befunderhebung verpflichtet, so dass er kein Ermessen dahingehend haben dürfe, ob die Befunderhebung medizinisch zweifelsfrei geboten sei.

Dagegen spricht, dass es mit der Therapiefreiheit des Arztes unvereinbar wäre, auf ein ärztliches Ermessen bei der Befunderhebung gänzlich zu verzichten. Der Arzt darf nämlich grundsätzlich weisungsfrei und unabhängig nach seinem eigenen Ermessen entscheiden, ob überhaupt eine Behandlung stattfinden wird und welche therapeutischen Methoden bei der Behandlung zur Anwendung kommen.[406] Auch bei der Fülle der sich anbietenden differentialdiagnostischen Methoden muss der Arzt gewissenhaft nach pflichtgemäßem Ermessen entscheiden, was ihm für seinen Patienten als ausreichend und angemessen erscheint.[407] Er hat eine gewissenhafte Abwägung zwischen dem erwarteten Vorteil einer möglicherweise gefährlichen Diagnostik und dem drohenden Risiko vorzunehmen und muss eine Vielzahl von Faktoren prognostisch abschätzen, um das optimale Verfahren in der konkreten Lage zu finden.[408] Auch im diagnostischen Bereich darf also der Beurteilungsspielraum, den der Arzt im Interesse des Patienten braucht, nicht zu sehr eingeengt werden. Daher ist das Erfordernis, dass die Befunderhebung medizinisch zweifelsfrei geboten sein muss, eine unverzichtbare Voraussetzung.[409]

Selbstverständlich ist die Methodenfreiheit auch im Fall der Befunderhebung nicht grenzenlos gewährleistet. Ihr unausweichliches Gegenstück stellt die Verbindlichkeit von anerkannten Sorgfaltspflichten dar, die Behandlungsqualität, Berufsbild und Patientenschutz gewährleisten.[410] Diese schränken die Therapiefreiheit, gewisserma-

---

[402] Vgl. OLG Hamburg, OLGR 2004, 543 (545), wo noch von „Beweiserleichterungen" die Rede ist; vgl. hierzu auch *Martis/Winkhart*, Arzthaftungsrecht, S. 847 f.

[403] Vgl. OLG Hamm, VersR 2005, 1244; OLG Karlsruhe, VersR 2002, 1426; OLG Bamberg, VersR 2005, 1244; vgl. auch *Martis/Winkhart*, Arzthaftungsrecht, S. 848.

[404] So auch *Baxhenrich*, VersR 2006, 80 (81); *Martis/Winkhart*, Arzthaftungsrecht, S. 848.

[405] *Giesen*, Arzthaftungsrecht, Rn. 428.

[406] *Fehn*, ZaeFQ 95 (2001), 469 (470); Staudinger-*Hager*, § 823 Rn. I 39 m.w.N. unter I 92.

[407] *Uhlenbruck*, ZAP Fach 2 (1998), 171 (178).

[408] *Laufs*, Arztrecht, Rn. 419.

[409] *Steffen*, in: Festschrift für Brandner, S. 327 (333).

[410] Diese anerkannten, verbindlichen Sorgfaltspflichten sichern die Verfahrensqualität, so *Laufs/Uhlenbruck-Laufs*, Handbuch des Arztrechts, § 3 Rn. 16; § 6 Rn. 33; § 99 Rn. 20; *Laufs*, Arztrecht, Rn. 44; wohl auch MüKo-*Wagner*, Band 5, § 823 Rn. 689 ff.; so auch *Katzenmeier*, Arzthaftung, S. 309; *Fehn*, ZaeFQ 95 (2001), 469 (470); das Prinzip der Methodenfreiheit ende dort, wo die geschützten Rechtsgüter zu Experimentiergütern würden oder wo die Überlegenheit eines bestimmten Verfahrens allgemein anerkannt sei, so BGH MedR 1992, 214 (215); so auch *Heilmann*, NJW 1990,

ßen im Sinne einer Ermessensreduktion, ein. Auch bei der Diagnostik hat der Arzt einen bestimmten Standard einzuhalten.[411] Das Spannungsfeld zwischen der Therapiefreiheit auf der einen Seite und der Notwendigkeit, die Verfahrensqualität durch verbindliche, anerkannte Sorgfaltspflichten auf der anderen Seite zu sichern, wird durch die Begrenzung der Befunderhebungspflicht auf medizinisch zweifelsfrei gebotene Befunde optimal gelöst. Es gelingt so, dem Wesen des Arztberufs als freier Beruf ausreichend Rechnung zu tragen, ohne dabei die Behandlungsqualität oder den Patientenschutz zu gefährden. Dagegen würde die Therapie-/Methodenfreiheit unangemessen eingeschränkt, könnte dem Arzt bereits ein Vorwurf daraus gemacht werden, dass er irgendeinen Befund nicht erhoben hat, ohne dass dies medizinisch unbedingt angezeigt gewesen wäre. Spräche man dem Arzt bei dem „Ob" und der Auswahl unter verschiedenen diagnostischen Methoden das Ermessen ab, würde man ihm letztlich die Entscheidung in medizinisch-wissenschaftlichen und - praktischen Fragen abnehmen und damit Methodenvielfalt und Innovation zurückdrängen.[412] Es ist daher erforderlich, aber auch ausreichend, dem Arzt bei der Diagnostik lediglich in bestimmtem Umfang gewisse „Markierungspunkte"[413] für seine Arbeit zu setzen. Diese Aufgabe erfüllt die Beschränkung der Befunderhebungspflicht auf medizinisch zweifelsfrei gebotene Befunde. Stellte man nicht auf ärztlich zweifelsfrei gebotene Befunde ab, würde der Arzt selbst für die Verwirklichung eines bloßen Krankheitsrisikos haften,[414] das aber auch von ihm nicht beherrscht werden kann. Die Auffassung *Giesens* ist daher abzulehnen.

## B. Die Diagnose

Befunderhebung und Diagnose hängen eng miteinander zusammen. Erhebt der Arzt keine oder die falschen Befunde, ist er nicht in der Lage, die Diagnose mit der gebotenen Sorgfalt zu stellen und zu kontrollieren.[415] Die Diagnosefindung baut auf der Erhebung einzelner Befunde auf, die differentialdiagnostisch bewertet werden.[416] Dennoch muss zwischen der Diagnose und der Befunderhebung unterschieden werden. Unterlaufen hier Fehler, werden diese von der Rechtsprechung nämlich je nach betroffenem Bereich grundsätzlich unterschiedlich beurteilt. Die Abgrenzung ist oft schwierig und es bestehen hier auch bei der Rechtsprechung häufig Unsicherheiten.[417] Um die rechtliche Einordnung der Befunderhebungspflicht, auf die anschlie-

---

1513 (1515); so auch *Laufs*, Arztrecht, Rn. 487; der Schulmedizin oder dem Stand der medizinischen Wissenschaft komme die Funktion einer Art Gegenkontrolle zu, so *Jung*, ZStW 97 (1985), 47 (56).

[411] BGH NJW 1979, 1248 (1249); BGH VersR 1981, 1033 (1033 f.); BGH NJW 1988, 763 (764); BGH NJW 1988, 1513 (1514); OLG Düsseldorf, NJW-RR 1996, 669 (670); *Laufs/Uhlenbruck-Uhlenbruck/Laufs*, Handbuch des Arztrechts, § 50 Rn. 7; *Uhlenbruck*, ZAP Fach 2 (1998), 171 (179).

[412] *Heilmann*, NJW 1990, 1513 (1515).

[413] *Heilmann*, NJW 1990, 1513 (1515).

[414] So auch BGHZ 99, 391 (398) = BGH NJW 1987, 1482 (1483) = BGH VersR 1987, 1089 (1091).

[415] *Fehn*, ZaeFQ 95 (2001), 469 (471).

[416] *Feifel*, GesR 2006, 308 (308).

[417] *Feifel*, GesR 2006, 308 (308); Abgrenzungsprobleme treten geradezu typisch bei den Fällen nicht erkannter – und daher nicht behandelter – Frakturen auf; die Subsumierung des jeweiligen Sachverhalts unter die Fallgruppe Diagnosefehler oder unter die Fallgruppe unterlassene Befunderhebung sei – je nach der persönlichen Einstellung des vom Gericht hinzugezogenen Sachverständigen und der

ßend eingegangen werden soll, besser nachvollziehen zu können, erfolgt daher an dieser Stelle zunächst ein Überblick über die Diagnose, den Diagnoseirrtum und seine Behandlung durch die Rechtsprechung.

## I. Die Pflicht zur Diagnose

„Vor jede Therapie haben die Götter die Diagnose gesetzt!"[418] Der Arzt ist verpflichtet, vor der Behandlung eine Diagnose zu stellen.[419] Denn die Diagnosestellung ist die wichtigste Voraussetzung für eine sachgemäße Behandlung oder Operation.[420] Für den Arzt ergibt sich diese Pflicht aus dem Behandlungsvertrag.[421] Um diese erfüllen zu können, muss er den Patienten zunächst sorgfältig persönlich untersuchen und eine ausführliche Anamnese durchführen.[422]

Auch bei der Diagnose schuldet der Arzt nicht den Erfolg, sondern lediglich ein fachgerechtes Vorgehen.[423] Der Patient kann verlangen, dass der Arzt, um eine Diagnose stellen zu können, alle nach dem medizinischen Erkenntnisstand möglichen und verfügbaren Erkenntnisquellen ausschöpft.[424] Insoweit kann auf die diesbezüglichen Ausführungen bei der Befunderhebungspflicht verwiesen werden.

Da es im Bereich der Diagnose eine Vielzahl von ähnlich lautenden Begriffen gibt, sollen die für die Arbeit in diesem Zusammenhang relevanten Begriffe im Folgenden kurz erläutert werden, um Verwechslungen und damit Missverständnisse zu vermeiden.

---

subjektiven Einschätzung des Gerichts – oftmals willkürlich, so *Martis/Winkhart*, Arzthaftungsrecht, S. 810, 813.

[418] *Laufs/Uhlenbruck-Uhlenbruck/Laufs*, Handbuch des Arztrechts, § 50 Rn. 7.

[419] Ohne eine Diagnose, die zudem möglichst exakt sein muss, darf der Arzt nicht tätig werden, so schon BGH NJW 1962, 2203 (2204); *Laufs/Uhlenbruck-Uhlenbruck/Laufs*, Handbuch des Arztrechts, § 50 Rn. 7; *Giesen*, Arzthaftungsrecht, Rn. 111; *ders.*, JZ 1990, 1053 (1057); Staudinger-*Hager*, § 823 Rn. I 23.

[420] *Laufs/Uhlenbruck-Uhlenbruck/Laufs*, Handbuch des Arztrechts, § 50 Rn. 8.

[421] *Geiß/Greiner*, Arzthaftpflichtrecht, Rn. B. 55; *Laufs/Uhlenbruck-Uhlenbruck/Laufs*, Handbuch des Arztrechts, § 50 Rn. 7.

[422] *Laufs/Uhlenbruck-Uhlenbruck/Laufs*, Handbuch des Arztrechts, § 50 Rn. 8; die Anamnese ist allerdings die Summe der lediglich subjektiven Angaben des Patienten und daher in dieser Hinsicht vom Befund als objektivierbare Gesamtheit der durch einen Arzt erhobenen körperlichen und psychischen Erscheinungen abzugrenzen.

[423] *Laufs*, Arztrecht, Rn. 497; *Laufs/Uhlenbruck-Uhlenbruck/Laufs*, Handbuch des Arztrechts, § 50 Rn. 7.

[424] *Laufs/Uhlenbruck-Uhlenbruck/Laufs*, Handbuch des Arztrechts, § 50 Rn. 7; *Giesen*, JZ 1990, 1053 (1057).

## II. Begriffsbestimmung

### 1. Diagnose und Diagnostik

Unter eine Diagnose (griechisch διάγνωση (diágnosi), wörtlich „Durchforschung" im Sinne von „Unterscheidung" bzw. „Entscheidung"; auch „Erkenntnis" oder „Urteil") versteht man in der Medizin die Erkennung einer Krankheit durch genaue Zuordnung von einzelnen Befunden.[425] Aus der jeweiligen Befundkonstellation schließt der Arzt sodann auf die Diagnose.

Mit der Diagnose ist die Krankheit noch nicht endgültig festgestellt. Die Diagnose ist nämlich zunächst „nichts Feststehendes (Statisches), sondern etwas Veränderliches (Dynamisches) – eine Funktion der Zeit. Zeit ist hier im doppelten Sinne gemeint: zunächst als Krankheitsablauf, dann auch als der aktuelle Stand der Medizin – von den Grenzen des Wissens bis zu den zeitgemäßen Modediagnosen"[426]. Die Diagnose ist eine Wertung, die auf einer medizinischen Begutachtung beruht. Als ärztliche Schlussfolgerung stellt sie die Äußerung einer Meinung dar und ist deshalb selbst dann nicht widerrufbar, wenn sie sich später als unrichtig erweist.[427] Ein Widerrufsbegehren kann sich nämlich nur gegen unwahre Tatsachenbehauptungen richten, während die Diagnose eine subjektive Wertung darstellt, die auf einer medizinischen Begutachtung beruht.[428]

Den Weg zur Diagnose,[429] mithin die Methoden der Diagnosefindung, bezeichnet man als Diagnostik.[430] Hierfür sind oft viele Untersuchungen und Befunderhebungen nötig. Diese sollen die Anzahl möglicher Diagnosen immer weiter einschränken, bis eine hinreichende Grundlage für eine bestimmte Diagnose besteht. Ziel der Diagnostik ist somit die Stellung einer Diagnose.

### 2. Diagnosearten

Da es viele Diagnosen gibt, die als Erklärung für ein Symptom oder eine Kombination von Symptomen (=Syndrome) in Betracht kommen, muss der Arzt die verschiedenen Krankheiten und Syndrome in Erwägung ziehen, interpretieren und vergleichen, bevor er die Diagnose auf eine bestimmte Krankheit festlegen kann. Als Zwischenschritt wird der Arzt dabei nach der ersten Untersuchung häufig mit einer vorläufigen Diagnose (Verdachts- bzw. Arbeitsdiagnose)[431] arbeiten, die er bis zu einer endgültigen Diagnose zu präzisieren versucht. Diesen Vorgang bezeichnet man als

---

[425] *Laufs/Uhlenbruck-Uhlenbruck/Laufs*, Handbuch des Arztrechts, § 50 Rn. 1.
[426] *Gross*, Medizinische Diagnostik, S. 6.
[427] Vgl. BGH NJW 1989, 2941 (2942); BGH NJW 1989, 774 (775); *Laufs/Uhlenbruck-Uhlenbruck/Laufs*, Handbuch des Arztrechts, § 50 Rn. 18; krit. *Giesen*, Arzthaftungsrecht, Rn. 117.
[428] BGH NJW 1989, 2941 (2942); *Laufs/Uhlenbruck-Uhlenbruck/Laufs*, Handbuch des Arztrechts, § 50 Rn. 18.
[429] *Laufs/Uhlenbruck-Uhlenbruck/Laufs*, Handbuch des Arztrechts, § 50 Rn. 1.
[430] *Eser/Luterotti/Sporken*, Lexikon Medizin – Ethik – Recht, Sp. 256.
[431] *Laufs/Uhlenbruck-Uhlenbruck/Laufs*, Handbuch des Arztrechts, § 50 Rn. 4; vgl. auch *Katzenmeier*, Arzthaftung, S. 449.

Differentialdiagnose.[432] Dabei wird der Arzt schrittweise alle anderen möglichen Diagnosen ausschließen (sog. Ausschlussdiagnose), bis schließlich nur noch eine bestimmte Diagnose übrig bleibt.

## III. Der Diagnoseirrtum und seine Behandlung durch die Rechtsprechung

Es kann vorkommen, dass der Patient deshalb nicht richtig behandelt wird, weil der Arzt eine unzutreffende Diagnose gestellt hat. Ärztliche Diagnosen sind nämlich nicht selten falsch.[433] Von einer Fehldiagnose kann dabei aber nicht allein deshalb ausgegangen werden, weil der Arzt seine zunächst gestellte Diagnose korrigieren und anpassen muss; dies liegt vielmehr in der dynamischen Natur der Diagnose.[434] Erst wenn der Arzt trotz zwischenzeitlicher Anzeichen für eine andere Erkrankung bei seiner vorläufigen Diagnose bleibt, obwohl er durch weitere Untersuchungen die Möglichkeit hatte, die erste Diagnose zu überprüfen und so die richtige Diagnose herauszufinden, liegt eine Fehldiagnose vor.[435]

Eine Fehldiagnose kann einen Behandlungsfehler darstellen[436] und zu einer Haftung des Arztes führen. Diagnoseirrtümer sind jedoch nicht ohne Weiteres Behandlungsfehler.[437] Differentialdiagnostische medizinische Erwägungen sind nämlich schwierig[438] und Diagnoseirrtümer dem Arzt daher in vielen Fällen nicht vorwerfbar.[439] Gerade vorläufige Diagnosen sind oft mit hohen Unsicherheitsfaktoren belastet.[440] Dies liegt daran, dass die Symptome einer Erkrankung nicht immer eindeutig sind und sich daher bei verschiedenen Menschen ein und dieselbe Krankheit wegen der Vielgestaltigkeit des menschlichen Organismus unterschiedlich äußern

---

[432] Differentialdiagnose bedeutet wörtlich: „Unterscheidung", „Erkenntnis des Unterscheidbaren", vgl. *Laufs/Uhlenbruck-Uhlenbruck/Laufs*, Handbuch des Arztrechts, § 50 Rn. 4.

[433] BGH VersR 1981, 1033 (1034); *Bischoff*, in: Festschrift für Geiß, S. 345 (345).

[434] *Laufs/Uhlenbruck-Uhlenbruck/Laufs*, Handbuch des Arztrechts, § 50 Rn. 2.

[435] BGH VersR 2003, 1256 (1257). Dies ist beispielsweise der Fall, wenn der Arzt bei starken Anzeichen für eine Meningitis bei der Arbeitsdiagnose „Mandelentzündung" bleibt, vgl. OLG Stuttgart, VersR 1994, 313 (314 f.), wenn ein Arterienverschluss im Darm u.a. wegen der Verabreichung massiver Schmerzmittel nicht erkannt wird, vgl. OLG Nürnberg, VersR 1988, 1050 (1051) oder wenn eine bakterielle Infektion nicht richtig diagnostiziert wird, vgl. BGH VersR 1985, 886 (887); für weitere Nachweise aus der Rechtsprechung vgl. auch OLG Köln, VersR 1991, 1288 (1288); OLG Köln, VersR 1989, 631 (631); OLG Düsseldorf, VersR 1987, 994 (994); vgl. auch die Nachweise aus der Rechtsprechung bei *Laufs/Uhlenbruck*, Handbuch des Arztrechts, § 156 Rn. 67 ff.; *Martis/Winkhart*, Arzthaftungsrecht, S. 410; *Bischoff*, in: Festschrift für Geiß, S. 345 (349); *Laufs*, Arztrecht, Rn. 496.

[436] *Lilie*, MedR 1987, 28 (28).

[437] Vgl. BGH NJW 1978, 584 (584); BGH NJW 1978, 1681 (1682); BGH NJW 1988, 1513 (1514); BGH VersR 1993, 836 (838); BGH VersR 1995, 46 (46); BGH VersR 1981, 1033 (1034); OLG Köln, VersR 1998, 243 (244); *Giesen*, Arzthaftungsrecht, Rn. 114; *Geiß/Greiner*, Arzthaftpflichtrecht, Rn. B. 55; *Bischoff*, in: Festschrift für Geiß, S. 345 (345 f.); *Steffen/Pauge*, Arzthaftungsrecht, Rn. 154; *Laufs*, Arztrecht, Rn. 496; *Laufs/Uhlenbruck-Uhlenbruck/Laufs*, Handbuch des Arztrechts, § 50 Rn. 3.

[438] *Feifel*, GesR 2006, 308 (308); wohl auch *Laufs/Uhlenbruck-Uhlenbruck/Laufs*, Handbuch des Arztrechts, Rn. 50 Rn. 7.

[439] BGH VersR 1981, 1033 (1034); OLG Frankfurt am Main, VersR 1997, 1358 (1358); *Bischoff*, in: Festschrift für Geiß, S. 345 (345); *Laufs*, Arztrecht, Rn. 497; vgl. die Beispiele bei *Laufs/Uhlenbruck*, Handbuch des Arztrechts, § 156 Rn. 67 ff.; *Frahm/Nixdorf*, Arzthaftungsrecht, Rn. 96; *Martis/Winkhart*, Arzthaftungsrecht, S. 409.

[440] *Katzenmeier*, Arzthaftung, S. 449.

kann.[441] Wegen der Vielfalt der möglichen Geschehensabläufe kann die Verantwortlichkeit des Arztes für Versäumnisse oder Fehler bei der Diagnose nicht nach einem festen Schema beurteilt werden; eine Würdigung kann nur anhand des Einzelfalls und des konkreten Beschwerdebilds, so wie es sich dem Arzt dargestellt hat, vorgenommen werden.[442] Der BGH charakterisiert die ärztliche Diagnose zu Recht „als eine auf medizinischer Begutachtung beruhende Wertung".[443] Daher werden im Bereich der Diagnose hohe Anforderungen an die Annahme eines Behandlungsfehlers gestellt. Bei ihrer Bewertung als Behandlungsfehler ist Zurückhaltung geboten; Diagnosefehler sind also gegenüber anderen Behandlungsfehlern in gewissem Umfang privilegiert.[444] Damit soll dem Umstand Rechnung getragen werden, dass die erhobenen Befunde nicht immer eindeutig sind, es also trotz des Einsatzes technischer Hilfsmittel nicht durchgängig gelingt, eine eindeutige Diagnose zu stellen.[445] Dies gilt natürlich nur dann, wenn die Symptome einer Krankheit mehrdeutig sind. Gibt es dagegen keinen vernünftigen Zweifel an der Diagnose, weil die Anzeichen eindeutig für eine ganz bestimmte Krankheit sprechen, berücksichtigt der Arzt diese Symptome aber nicht ausreichend, kann ihm ein Diagnosefehler vorgeworfen werden.[446]

Auch bei der Diagnose gibt es einen gewissen Standard, den der Arzt grundsätzlich einhalten muss.[447] Dabei ist jedoch zu beachten, dass dem Arzt ein ausreichender Beurteilungs- und Entscheidungsspielraum für Diagnose und Therapie verbleiben muss, der auch nicht durch eine Haftung verkürzt werden darf.[448] „Prinzipiell kann sich richtiges ärztliches Vorgehen nicht auf einen abgeschlossenen Regelkodex stüt-

---

[441] BGH VersR 1981, 1033 (1034); Feifel, GesR 2006, 308 (308); Bischoff, in: Festschrift für Geiß, S. 345 (345); Martis/Winkhart, Arzthaftungsrecht, S. 409; Scheuch, ZMGR 2005, 296 (297).
[442] OLG Düsseldorf, VersR 1987, 994 (994); Giesen, Arzthaftungsrecht, Rn. 116; vgl. auch Frahm/Nixdorf, Arzthaftungsrecht, Rn. 96; Geiß/Greiner, Arzthaftpflichtrecht, Rn. B. 55.
[443] Vgl. BGH NJW 1989, 2941 (2942); BGH NJW 1989, 774 (774 f.); Laufs, Arztrecht, Rn. 498.
[444] Vgl. BGH VersR 1981, 1030 (1034); BGH NJW 2001, 1787 (1788); BGHZ 151, 133 (137) = BGH NJW 2002, 2636 (2637) = BGH VersR 2002, 1148 (1149); BGH VersR 2003, 1256 (1257); OLG Köln, VersR 1990, 930 (930); OLG Köln, VersR 1991, 1288 (1288); Steffen/Pauge, Arzthaftungsrecht, Rn. 154 m.w.N. aus der Rechtsprechung; Geiß/Greiner, Arzthaftpflichtrecht, Rn. B. 55 m.w.N.; Frahm/Nixdorf, Arzthaftungsrecht, Rn. 96; Katzenmeier, Arzthaftung, S. 449; Bischoff, in: Festschrift für Geiß, S. 345 (346, 352); Scheuch, ZMGR 2005, 296 (297); Giesen, Arzthaftungsrecht, Rn. 411; Spickhoff, NJW 2007, 1628 (1631); Martis/Winkhart, Arzthaftungsrecht, S. 409, 809.
[445] BGH VersR 1981, 1033 (1034); OLG Köln, VersR 2004, 794 (795); a.A. Staudinger-Hager, § 823 Rn. I 25, der diese Privilegierung ablehnt: „Gerade, wenn die Symptome nicht eindeutig sind, muss die Diagnose fortgesetzt werden, bis sich die Ursachen besser abklären lassen; dem Arzt ist somit zumindest der Vorwurf zu machen, die Diagnose vorzeitig abgebrochen zu haben"; dagegen spricht schon, dass Hager hier die Diagnose im Sinne einer Fehlbewertung von Befunden mit der Diagnostik, also dem Weg zur Diagnose, mithin der Befunderhebung, vermischt. Beide ärztliche Pflichten sind jedoch voneinander zu trennen, vgl. dazu die Ausführungen unter C. I. 3. in diesem Kapitel sowie in Kapitel 6 unter D. IV. Terminologisch richtig müsste nach den Ausführungen in diesem Kapitel unter B. II. 1 bei nicht eindeutigen Symptomen daher allenfalls die Diagnostik fortgesetzt werden und nicht etwa die Diagnose.
[446] Vgl. BGH VersR 1958, 545 (546); BGH VersR 2003, 1256 (1257); Steffen/Pauge, Arzthaftungsrecht, Rn. 153 ff., v.a. 155a.; Frahm/Nixdorf, Arzthaftungsrecht, Rn. 96; Bischoff, in: Festschrift für Geiß, S. 345 (346).
[447] Laufs/Uhlenbruck-Uhlenbruck/Laufs, Handbuch des Arztrechts, § 50 Rn. 7.
[448] OLG Oldenburg, VersR 1991, 1141 (1141); Steffen/Pauge, Arzthaftungsrecht, Rn. 153; a.A. MüKo-Wagner, Band 5, § 823 Rn. 687, der keinen Beurteilungsspielraum des Arztes bei der Interpretation erhobener Befunde anerkennen will; der Arzt habe die erhobenen Befunde mit der nötigen Sorgfalt zu interpretieren, so wie er den Patienten auch mit der gebotenen Sorgfalt untersuchen müsse.

zen, sondern muss für den jeweiligen Behandlungsfall die Regel erst in der Behandlung finden.[449] Weil der Arzt nicht mit jedem Behandlungsschritt warten kann, bis er sicher alle maßgeblichen individuellen Daten seines Patienten geklärt hat,[450] ist er oft auf Spekulationen und Schlussfolgerungen angewiesen.[451] Er „muss in das Erkenntnisdunkel hineintherapieren"[452].

Unter Berücksichtigung des dafür notwendigen Beurteilungs- und Entscheidungsspielraums stellt ein Diagnoseirrtum nur selten einen groben Behandlungsfehler dar.[453] Wegen der aufgezeigten Unsicherheiten muss nämlich „die Schwelle, von der ab ein Diagnoseirrtum als schwerer Verstoß gegen die Regeln der ärztlichen Kunst zu beurteilen ist, der dann zu einer Belastung mit dem Risiko der Unaufklärbarkeit des weiteren Ursachenverlaufs führen kann, hoch angesetzt werden. Es muss schon ein fundamentaler Diagnoseirrtum", ein fundamentales Missverständnis, also eine „völlig unvertretbare Fehlleistung" vorliegen.[454] Ein solches „krasses Versagen"[455] kann angenommen werden, wenn der Arzt Symptome verkennt, die kennzeichnend für eine ganz bestimmte Krankheit sind.[456]

Die Rechtsprechung der Oberlandesgerichte klassifiziert Diagnosefehler noch zurückhaltender als Behandlungsfehler als dies der BGH tut.[457] Fehldiagnosen sind häufig überhaupt erst dann Gegenstand der Arzthaftung, wenn der Arzt Krankheitserscheinungen in völlig unvertretbarer, der Schulmedizin entgegenstehender Weise deutet, elementare Kontrollbefunde nicht erhebt oder aber die erste Diagnose im weiteren Behandlungsverlauf nicht überprüft,[458] also in Fällen, in denen der BGH grundsätzlich schon das Vorliegen eines groben Behandlungsfehlers bejaht.[459] Dagegen wenden sich *Steffen/Pauge*[460]. Die zurückhaltende Bewertung von Diagnosefehlern durch den BGH dürfe nicht dahingehend missverstanden werden, dass nur aus einer

---

[449] *Steffen/Pauge*, Arzthaftungsrecht, Rn. 153.

[450] *Steffen*, in: Festschrift für Brandner, S. 327 (329).

[451] *Scheuch*, ZMGR 2005, 296 (297).

[452] *Steffen*, in: Festschrift für Brandner, S. 327 (329).

[453] So auch *Scheuch*, ZMGR 2005, 296 (297); wohl auch *Katzenmeier*, Arzthaftung, S. 449 f. mit Beispielen aus der Rechtsprechung; vgl. auch die Nachweise aus der Rechtsprechung bei *Martis/Winkhart*, Arzthaftungsrecht, S. 413 ff.

[454] BGH VersR 1981, 1033 (1034); vgl. auch BGH NJW 1988, 1513 (1514); BGH NJW 1992, 2962 (2963); vgl. auch BGHZ 132, 47 (51) = BGH NJW 1996, 1589 (1590) = BGH VersR 1996, 633 (633); BGH VersR 1995, 46 (46); OLG Bamberg, VersR 1992, 831 (831); OLG Frankfurt am Main, VersR 1997, 1358 (1358); „Fehlinterpretation eines Befundes unvertretbar", so OLG Hamm, VersR 2002, 578 (579) und VersR 2002, 315 (316); „völlig unvertretbar", so OLG München, VersR 2005, 657 (657) und MedR 2006, 174 (175); vgl. auch die Nachweise bei *Steffen/Pauge*, Arzthaftungsrecht, Rn. 524; „fundamentales Missverständnis", so *Katzenmeier*, Arzthaftung, S. 449; *Bischoff*, in: Festschrift für Geiß, S. 345 (351).

[455] BGH VersR 1981, 1033 (1034).

[456] Vgl. BGH VersR 1958, 545 (546); BGH VersR 1981, 1033 (1034); BGH VersR 1985, 886 (887); BGH NJW 1995, 2412 (2413); BGH VersR 2003, 1256 (1257); vgl. auch die Beispiele bei *Laufs/Uhlenbruck*, Handbuch des Arztrechts, § 156 Rn. 34 ff.; *Steffen/Pauge*, Arzthaftungsrecht, Rn. 155a, 524.

[457] *Scheuch*, ZMGR 2005, 296 (297).

[458] Vgl. OLG Schleswig, GesR 2004, 178 (179); OLG Düsseldorf, VersR 1987, 994 (994); OLG Köln, VersR 1989, 631 (631); OLG Köln, VersR 1991, 1288 (1288); OLG Frankfurt am Main, VersR 1997, 1358 (1358 f.); vgl. auch *Laufs/Uhlenbruck-Uhlenbruck/Laufs*, Handbuch des Arztrechts, § 50 Rn. 9.

[459] So auch *Scheuch*, ZMGR 2005, 296 (297).

[460] *Steffen/Pauge*, Arzthaftungsrecht, Rn. 155a; ähnlich auch OLG Hamm, VersR 2002, 315 (316); VersR 2002, 578 (579).

ex ante-Sicht völlig unvertretbare diagnostische Fehlleistungen zur Haftung des Arztes führen könnten. Wo die Interpretation des Arztes auf einem Mangel an Selbstkritik oder Unkenntnis der vielschichtigen Aussagekraft der Symptome oder einer nur oberflächlichen Befassung mit dem Patienten beruhe, sei eine Haftungsfreistellung nicht gerechtfertigt. Zur Haftung genüge vielmehr, dass ein gewissenhafter Arzt unter den gegebenen Umständen aus der ex ante-Sicht die Diagnose als ärztlich nicht vertretbar bezeichnen würde, was insbesondere dann der Fall sei, wenn die erhobenen Befunde bei der gebotenen Sorgfalt nur den Schluss auf eine bestimmte Diagnose zuließen.[461] Dem ist grundsätzlich zuzustimmen. Allerdings lässt sich umgekehrt m.E. auch nicht sagen, dass die Haftung des Arztes für einen (einfachen) Diagnosefehler immer bereits unterhalb der Schwelle eines groben Behandlungsfehlers im Sinne eines Therapiefehlers beginnt. Waren die Symptome einer Krankheit äußerst schwer zu deuten, kann es im Einzelfall durchaus so sein, dass der Arzt für einen Diagnosefehler erst haftet, wenn – auf den Therapiebereich übertragen – bereits ein grober Behandlungsfehler vorliegt. Entscheidend müssen die Umstände des Einzelfalls sein, die das Geschehen prägen.

## C. Rechtliche Einordnung der Befunderhebungspflicht

Die rechtliche Einordnung der Befunderhebungspflicht ist umstritten. Im Folgenden sollen die hierzu vertretenen Meinungen dargestellt werden.

## I. Gleichsetzung mit der Befundsicherungspflicht

Rechtsprechung und Literatur unterscheiden die mangelnde Befunderhebung häufig nicht deutlich von der Verletzung der ärztlichen Befundsicherungspflicht, sondern setzen beide Pflichten einander gleich,[462] wie für die Rechtsprechung anhand eines Beispiels gezeigt werden soll. In einem 1987 entschiedenen Fall hatte es der Arzt versäumt, bei einem unklaren Befund, der auch den Verdacht auf einen tuberkulösen Prozess aufzeigte, eine Röntgenkontrolle des Thorax vorzunehmen und durch weitere Untersuchungen abzuklären, ob der Patient an einer beginnenden Lungentuberkulose litt. Der Arzt hatte es also genau genommen zunächst einmal unterlassen, notwendige Befunde zu erheben. Dies erkannte auch der BGH: aus der Behandlung des Patienten habe sich die „ärztliche Verpflichtung [ergeben], durch entsprechende Untersuchungsmaßnahmen einen bestimmten Krankheitsstatus zu erheben [...]".[463] Dennoch führte das Gericht aus, der Arzt sei verpflichtet gewesen, den Krankheitsstatus seines Patienten zu sichern, um aus den Befunden den nur so zu erlangenden Aufschluss über die Natur eines sich entwickelnden Krankheitsprozesses zu gewin-

---

[461] So auch OLG Köln, VersR 2004, 794 (795).
[462] So auch Helbron, Entwicklungen, S. 54; Graf, Beweislast, S. 86.
[463] BGHZ 99, 391 (397) = BGH NJW 1987, 1482 (1483) = BGH VersR 1987, 1089 (1091); in dieser Entscheidung entstand in der Rechtsprechung die eigenständige Beweisfigur der unterlassenen Befunderhebung.

nen und dann die erforderlichen Konsequenzen für die Therapie zu ziehen.[464] Das vorwerfbare Handeln des Arztes sah der BGH in einem Verstoß gegen die Pflicht, „Befunde zu erheben und zu sichern",[465] wobei er weder zeitlich – eine Erhebung von Befunden muss rein logisch zeitlich vor ihrer Sicherung liegen – noch inhaltlich zwischen beiden Pflichten unterschied. Nach Auffassung des BGH steht also dem Unterlassen der Befunderhebung beweismäßig die Verletzung der Pflicht gleich, über den Verbleib der Behandlungsunterlagen Auskunft geben zu können, wenn deshalb die Unterlagen im Prozess nicht zur Verfügung stehen.[466]

Die Literatur teilt die Gleichsetzung der beiden Pflichten zum großen Teil, und zwar im Wesentlichen aus folgendem Grund: Im Fall der unterlassenen Befunderhebung sei die Beweisführung besonders schwierig, „weil nicht feststeht, welcher Befund sich ergeben und wie der Arzt ihn gedeutet hätte, ob und welche ärztlichen Maßnahmen hätten eingeleitet werden müssen und ob sie sich positiv auf den Gesundheitszustand des Patienten ausgewirkt hätten"; ähnliche Schwierigkeiten ergeben sich für den Patienten, „wenn der Befund zwar erhoben worden ist, jedoch aus von der Behandlungsseite zu vertretenden Gründen nicht vorgelegt wird oder werden kann".[467] Aus Sicht des Patienten mache es in einem Prozess keinen Unterschied, ob die Befunde nicht vorgelegt werden können, weil sie im Behandlungsverlauf gar nicht erhoben worden seien oder ob dies deshalb unterbleibe, weil der Arzt sie nach der Erhebung nicht gesichert habe.[468] Die Befundsicherungspflicht wird daher als ein

---

[464] BGHZ 99, 391 (397) = BGH NJW 1987, 1482 (1483) = BGH VersR 1987, 1089 (1091); so auch BGH VersR 1989, 80 (80); die Pflicht zur Erhebung und Sicherung medizinischer Befunde wird auch gleich gestellt in BGHZ 132, 47 (47) = BGH NJW 1996, 1589 (1589 f.) = BGH VersR 1996, 633 (633); BGHZ 138, 1 (4 f.) = BGH NJW 1998, 1780 (1781) = BGH VersR 1998, 457 (458); BGH NJW 1996, 779 (780); BGH VersR 1999, 231 (231); BGH VersR 1999, 1282 (1283); BGH VersR 2001, 1030 (1031); BGH VersR 2003, 1256 (1257); BGH NJW 2004, 1871 (1872); OLG Stuttgart, NJW 1992, 2970 (2971); OLG Oldenburg, VersR 1993, 229 (229); OLG Oldenburg, VersR 1993, 1021 (1021); OLG Düsseldorf, VersR 1994, 1066 (1066); OLG Düsseldorf, VersR 2005, 117 (117).

[465] BGHZ 99, 391 (391) = BGH NJW 1987, 1482 (1482) = BGH VersR 1987, 1089 (1089), so auch BGHZ 132, 47 (47) = BGH NJW 1996, 1589 (1589 f.) = BGH VersR 1996, 633 (633); BGHZ 138, 1 (4 f.) = BGH NJW 1998, 1780 (1781) = BGH VersR 1998, 457 (458); BGH NJW 1996, 779 (780); BGH VersR 1999, 231 (231); BGH VersR 1999, 1282 (1283); BGH VersR 2001, 1030 (1031); BGH VersR 2003, 1256 (1257); BGH NJW 2004, 1871 (1872); vgl. auch OLG Oldenburg, VersR 1993, 229 (230); OLG Oldenburg, VersR 1993, 1021 (1021); OLG Düsseldorf, VersR 2005, 117 (117).

[466] Vgl. BGHZ 132, 47 (50) = BGH NJW 1996, 1589 (1589) = BGH VersR 1996, 633 (633); BGH NJW 1996, 779 (780); vgl. auch OLG Zweibrücken, VersR 1999, 719 (719 f.).

[467] *Müller*, MedR 2001, 487 (490); *dies.*, NJW 1997, 3049 (3053); die Pflicht des Arztes, Befunde zu erheben, setzt *Giesen*, Arzthaftungsrecht, Rn. 427 f. mit der Pflicht, Befunde zu sichern, gleich; *ders.*, JZ 1990, 1053 (1062); für eine Gleichsetzung von Befunderhebungs- und Sicherungspflicht wohl auch *Laufs*, Arztrecht, Rn. 608; *Graf*, Beweislast, S. 86; *Fehn*, ZaeFQ 95 (2001), 469 (471); wohl auch *Gehrlein*, VersR 2004, 1488 (1493); *Steffen/Pauge*, Arzthaftungsrecht, Rn. 551 f. m.w.N. gehen davon aus, dass das Unterlassen der Befunderhebung zumindest beweismäßig der Pflicht gleich stehe, über den Verbleib der Behandlungsunterlagen Auskunft geben zu können; in diesem Sinne wohl auch *Steffen*, in: Festschrift für Brandner, S. 327 (328); *Geiß/Greiner*, Arzthaftpflichtrecht, Rn. B. 295 f.; *Nixdorf*, VersR 1996, 160 (160); wohl auch *Katzenmeier*, Arzthaftung, S. 477; MüKo-*Wagner*, Band 5, § 823 Rn. 741; die Befunderhebungspflicht trennen von der Befundsicherungspflicht dagegen wohl Staudinger-*Hager*, § 823 Rn. I 73 f., 75; *Deutsch/Spickhoff*, Medizinrecht, Rn. 389; *Helbron*, Entwicklungen, S. 54 f.

[468] So auch *Katzenmeier*, Arzthaftung, S. 477.

weiterer, sich an die Erhebung anschließender, spezieller Unterfall der Befunderhebung angesehen.[469] Die Richtigkeit dieser Einordnung und ihre beweisrechtlichen Konsequenzen sollen im Folgenden hinterfragt werden. Um beurteilen zu können, ob die Gleichbehandlung beider Pflichten gerechtfertigt ist, soll hierfür zunächst die Pflicht des Arztes, Befunde zu sichern, dargestellt werden.

## 1. Inhalt der Befundsicherungspflicht des Arztes

Zu den Pflichten des Arztes aus dem Behandlungsverhältnis gehört es nicht nur, Befunde zu erheben, sondern er muss die einmal erhobenen Befunde auch sichern und aufbewahren,[470] um im weiteren Verlauf der Behandlung auf sie zurückgreifen zu können. Sie sollen Klarheit über das Ergebnis der Befunderhebung schaffen und müssen für das weitere Behandlungsgeschehen zur Verfügung stehen, damit der Arzt aus ihnen Konsequenzen für die Therapie ziehen kann.[471] Der Arzt ist demnach verpflichtet, „den Krankheitsstatus seines Patienten zu sichern, um aus den Befunden den nur so zu erlangenden Aufschluss über die Natur eines sich entwickelnden Krankheitsprozesses zu gewinnen und dann die erforderlichen Konsequenzen für eine weitere Behandlung zu ziehen"[472]. Die Befundsicherungspflicht ist Teil der Organisationsaufgabe des Arztes und eine Nebenpflicht aus dem Behandlungsvertrag.[473]

## 2. Beweisrechtliche Konsequenzen eines Verstoßes gegen die Befundsicherungspflicht

Um im Prozess einen Behandlungsfehler des Arztes nachweisen zu können, benötigt der Patient regelmäßig die vom Arzt erhobenen Befunde. Diese können nämlich Auskunft über den Gesundheitszustand des Patienten zum Zeitpunkt der Behandlung geben und die Überprüfung möglich machen, ob das Handeln des Arztes folgerichtig und sachgemäß war. Sind die zum Beweis notwendigen Befundträger nicht mehr vorhanden, kann dem Patienten die Beweisführung unzumutbar erschwert sein, weshalb zugunsten des Patienten Beweiserleichterungen in Betracht

---

[469] *Frahm/Nixdorf*, Arzthaftungsrecht, Rn. 124.

[470] Vgl. BGH VersR 1955, 344 (345); BGHZ 99, 391 (396 f.) = BGH NJW 1987, 1482 (1483) = BGH VersR 1987, 1089 (1090 f.); BGH NJW 1996, 779 (780); BGHZ 132, 47 (52) = BGH NJW 1996, 1589 (1589) = BGH VersR 1996, 633 (633); Staudinger-*Hager*, § 823 Rn. I 75; *Steffen/Pauge*, Arzthaftungsrecht, Rn. 551; *Frahm/Nixdorf*, Arzthaftungsrecht, Rn. 121; *Giesen*, Arzthaftungsrecht, Rn. 420; *Deutsch/Spickhoff*, Medizinrecht, Rn. 390.

[471] BGHZ 132, 47 (52) = NJW 1996, 1589 (1589 f.) = BGH VersR 1996, 633 (633).

[472] BGHZ 99, 391 (396) = BGH NJW 1987, 1482 (1483) = BGH VersR 1987, 1089 (1090).

[473] Zur Sicherungspflicht als Teil der Organisationsaufgaben des Krankenhausträgers vgl. BGHZ 132, 47 (50) = BGH NJW 1996, 1589 (1589) = BGH VersR 1996, 633 (633); BGH NJW 1996, 779 (780); Staudinger-*Hager*, § 823 Rn. I 75; *Helbron*, Entwicklungen, S. 51; *Geiß/Greiner*, Arzthaftpflichtrecht, Rn. B. 212; der niedergelassene Arzt und das Krankenhaus müssen die Behandlungsunterlagen 10 Jahre aufbewahren, vgl. § 11 Abs. 2 MBO-Ä; § 57 Abs. 2 BMV-Ä.

kommen können.[474] War die Befundsicherung gerade wegen des erheblichen Risikos des in Frage stehenden Verlaufs geschuldet, kann der Patient in Grenzen vom Nachweis der Zuordnung seines Gesundheitsschadens zu dem Behandlungsfehler des Arztes befreit sein.[475] Diese Beweiserleichterung wird wie folgt begründet: Ähnlich wie bei der Verletzung der ärztlich geschuldeten Verpflichtung zur Dokumentation von Befunden verschlechtere der Verstoß gegen ärztliche Berufspflichten bei der Befundsicherung die Möglichkeit, im nachhinein den grundsätzlich vom Patienten zu erbringenden Beweis für den Ursachenverlauf zwischen Behandlungsfehler und Körperschaden zu führen.[476] Dem Patienten dürften keine Beweisnachteile entstehen, wenn Unterlagen, die Auskunft über das Behandlungsgeschehen geben könnten, nicht vorgelegt werden könnten. Verstoße der Arzt gegen seine Verpflichtung, die von ihm erhobenen Befunde, die Klarheit über das Ergebnis der Befunderhebung schaffen könnten, so zu sichern, dass sie für das weitere Behandlungsgeschehen zur Verfügung stünden, komme dem Patienten eine Beweiserleichterung zugute.[477] Die Beweiserleichterungen aus der Verletzung der Pflicht zur Aufbewahrung ärztlicher Unterlagen seien aus Billigkeitsgründen entwickelt worden, um der Beweisnot des Patienten abzuhelfen, wenn ihm aus einem vom Arzt zu verantwortenden Grund Beweisunterlagen vorenthalten würden, die er zum Nachweis eines Behandlungsfehlers benötige. Damit solle dem Patienten ein Ausgleich dafür gewährt werden, dass das Spektrum der für die Schädigung in Betracht kommenden Ursachen gerade durch diesen Fehler besonders verbreitert bzw. verschoben worden sei.[478]

Wurden die Beweiserleichterungen bis hin zur Beweislastumkehr zunächst in das Ermessen des Tatrichters gestellt,[479] begrenzt der BGH die beweisrechtlichen Konsequenzen heute dahingehend, dass der Patient durch die Beweiserleichterungen nicht besser gestellt werden dürfe als er stünde, wenn der Befund ordnungsgemäß gesichert worden wäre.[480] In Fällen, in denen der Befund unstreitig erhoben und ausgewertet worden ist, der Arzt aber im Einzelfall nicht die richtige Behandlungsme-

---

[474] Vgl. BGH NJW 1996, 779 (780); BGHZ 132, 47 (52) = NJW 1996, 1589 (1589) = BGH VersR 1996, 633 (633); die Beweisgrundsätze bei einem Verstoß des Arztes gegen eine Befundsicherungspflicht hat der BGH teilweise auf die Produzentenhaftung übertragen, vgl. grundlegend insoweit BGHZ 104, 323 = BGH NJW 1988, 2611 = VersR 1988, 930; vgl. ferner BGH NJW 1989, 2943; BGH NJW 1993, 528; BGH NJW 1994, 1594; BGH NJW-RR 1993, 988; zur Produkthaftung vgl. insoweit BGHZ 129, 353 (361) = BGH NJW 1995, 2162 (2164) = BGH VersR 1995, 924; dazu Steffen, in: Festschrift für Brandner, S. 327 (336 ff.).

[475] BGHZ 99, 391 (396) = BGH NJW 1987, 1482 (1483) = BGH VersR 1987, 1089 (1090 f.) nach ersten Ansätzen in BGHZ 85, 212 (217 f.) = BGH NJW 1983, 333 (334) = BGH VersR 1982, 1193 (1195); vgl. ferner BGH NJW 1988, 1513 (1514); BGH VersR 1989, 80 (80); BGH NJW 1994, 1594 (1595); BGH NJW 1994, 1596 (1597 f.); OLG Stuttgart, VersR 1994, 1068 (1068).

[476] BGHZ 99, 391 (396) = BGH NJW 1987, 1482 (1483) = BGH VersR 1987, 1089 (1090); BGHZ 132, 47 (50 ff.) = BGH NJW 1996, 1589 (1589 f.) = BGH VersR 1996, 633 (633 f.); OLG Stuttgart NJW 1992, 2970 (2971).

[477] BGHZ 132, 47 (50) = BGH NJW 1996, 1589 (1589 f.) = BGH VersR 1996, 633 (633).

[478] BGH NJW 1996, 779 (781) unter Hinweis auf BGHZ 99, 391 (396 ff.) = BGH NJW 1987, 1482 (1483 ff.) = BGH VersR 1987, 1090 (1090 f.); BGHZ 85, 212 (216 f.) = BGH NJW 1983, 333 (334) = BGH VersR 1982, 1193 (1195); BGHZ 132, 47 (52) = BGH NJW 1996, 1589 (1590) = BGH VersR 1996, 633 (634); OLG Düsseldorf, VersR 2004, 792 (794).

[479] So in BGHZ 99, 391 = BGH NJW 1987, 1482 = BGH VersR 1987, 1089.

[480] Grundlegend BGHZ 132, 47 (52) = NJW 1996, 1589 (1590) = BGH VersR 1996, 633 (633); angedeutet wurde diese Einschränkung schon in einem Nichtannahmebeschluss aus dem Jahr 1992, vgl. OLG Hamm, VersR 1993, 440 (440) mit Nichtannahmebeschluss des BGH.

thode gewählt oder zu spät reagiert hat und dies mangels gesicherten Befundes nicht mehr nachweisbar ist, wird der Patient daher nur vom Beweis für die Behauptung, der Arzt habe angesichts des Befundes einen Behandlungsfehler begangen, befreit.[481] Die mangelhafte Sicherung stellt also für sich genommen keinen Behandlungsfehler dar, kann sich aber beim Nachweis eines solchen beweiserleichternd auswirken.

## 3. Stellungnahme

Richtig ist, dass es beweisrechtlich aus der Sicht des Patienten unerheblich ist, ob die Befunde, die er im Prozess als Beweismittel heranziehen will, nicht vorhanden sind, weil der Arzt sie von vornherein nicht erhoben hat oder ob dies der Fall ist, weil der Arzt es unterlassen hat, sie zu sichern.

Bei genauerer Betrachtung zeigt sich jedoch, dass sich beide Pflichten wesentlich voneinander unterscheiden. Verletzt der Arzt seine Pflicht zur Befundsicherung, wird ihm vorgeworfen, die Befunde nicht ordnungsgemäß aufbewahrt zu haben, also einer organisatorischen Aufgabe nicht gerecht geworden zu sein; dagegen ergibt sich der Vorwurf bei der unterlassenen Befunderhebung aus der ärztlichen Tätigkeit selbst.[482] Während die Befunderhebungspflicht eine Hauptpflicht des Behandlungsvertrages ist, ihr Unterlassen einen Behandlungsfehler darstellen und damit selbst Anknüpfungspunkt für eine Haftung des Arztes sein kann, ist die Pflicht zur Befundsicherung lediglich eine Neben- und keine Behandlungspflicht, die bei einem Verstoß als solche daher auch nicht den Vorwurf eines Behandlungsfehlers begründet und keinen eigenständigen Haftungsgrund darstellt.[483] Die Befundsicherungspflicht besteht also parallel zur Befunderhebungspflicht und begleitet diese.[484]

Die Auswirkungen eines Verstoßes gegen die Befundsicherungspflicht können für die Behandlung des Patienten unter Umständen auch geringer sein als eine Verletzung der Pflicht zur Befunderhebung. Während nämlich der Arzt, der die notwendigen Befunde beim Patienten erhoben hat, zumindest einmal von den möglichen Ursachen der Erkrankung Kenntnis erlangt hat, aus ihnen Schlüsse für die Therapie ziehen konnte und sich möglicherweise auch ohne eine Sicherung der erhobenen Befunde noch an die Ergebnisse erinnert, ist dies einem Arzt, der keine Befunde erhoben hat, überhaupt nicht möglich. Selbst bei einem guten Gedächtnis tappt er gewissermaßen im Dunkeln.

Außerdem liegt die Pflicht zur Befunderhebung zeitlich vor der Befundsicherungspflicht.[485] Bevor Befunde gesichert werden können, müssen diese notwendigerweise

---

[481] BGHZ 132, 47 (50 f.) = BGH NJW 1996, 1589 (1590) = BGH VersR 1996, 633 (633); BGHZ 99, 391 (394 f.) = BGH NJW 1987, 1482 (1482 f.) = BGH VersR 1987, 1089 (1090); BGH NJW 1996, 779 (781); vgl. auch BGH VersR 1999, 231 (232); OLG Oldenburg, VersR 1993, 1021 (1022); OLG Köln, MDR 1994, 994 (995); Staudinger-*Hager*, § 823 Rn. I 75; *Helbron*, Entwicklungen, S. 52.

[482] So auch *Hausch*, VersR 2003, 1489 (1495).

[483] Die Befundsicherungspflicht ist lediglich Teil der Organisationsaufgabe des Arztes, vgl. schon oben BGHZ 132, 47 (50) = BGH NJW 1996, 1589 (1589) = BGH VersR 1996, 633 (633); BGH NJW 1996, 779 (780); Staudinger-*Hager*, § 823 Rn. I 75; *Helbron*, Entwicklungen, S. 51 f., 54; *Geiß/Greiner*, Arzthaftpflichtrecht, Rn. B. 212.

[484] *Helbron*, Entwicklungen, S. 52, 54.

[485] *Katzenmeier*, Arzthaftung, S. 477; *Helbron*, Entwicklungen, S. 54.

erst einmal erhoben worden sein. Dies bedeutet, dass nur ein Arzt, der überhaupt Befunde erhoben hat, (später) seine Befundsicherungspflicht verletzen kann. Hat er schon gar keine Befunderhebung durchgeführt, gibt es auch keine Befunde, die er sichern könnte. Er kann in diesem Fall denklogisch also gar keine Befundsicherungspflicht verletzt haben. Daraus folgt, dass eine Verletzung beider Pflichten durch den Arzt nur dann denkbar ist, wenn der Arzt nicht gar keine, sondern unzureichende Befunde erhoben hat; in den Fällen der vollkommen unterlassenen Befunderhebung schließen sich Befunderhebungsfehler und Fehler in der Befundsicherung dagegen aus.

Aus den genannten Gründen kann daher weder die Befundsicherungspflicht im Sinne einer Gleichsetzung als Unterfall der Befunderhebungspflicht angesehen werden noch vermag die zwischen den Pflichten gezogene Parallele zu überzeugen.

## II. Behandlung von Befunderhebungsfehlern als Diagnosefehler

### 1. Vertretene Auffassungen in Rechtsprechung und Literatur

Mängel bei der Befunderhebung wurden – auch beweisrechtlich[486] – von der Rechtsprechung lange als Diagnosefehler behandelt, hatten also keine eigenständige Bedeutung.[487] Dies zeigt noch eine Entscheidung des BGH aus dem Jahr 1982.[488] Hier setzte sich der BGH zwar eingehend mit Mängeln bei der Befunderhebung auseinander. Dennoch sah er Fehler bei der Befunderhebung – wie die Formulierung vermuten lässt – wohl als Unterfälle des Diagnosefehlers an. So wertete es das Gericht nicht als schweren Befunderhebungsfehler, sondern als groben Diagnosefehler, wenn „ein Arzt in ungewöhnlichem Ausmaß einfachste Diagnose- und Kontrollbefunde zum Behandlungsgeschehen nicht erhoben hat".[489] Seit 1987 erkennt die Rechtsprechung Verstöße gegen die Befunderhebungspflicht als eigenständige Fallgruppe eines Behandlungsfehlers an, die eigenen Beweisregeln folgen soll[490] und unterscheidet – wie auch der überwiegende Teil der Literatur[491] – zwischen Diagno-

---

[486] Scheuch, ZMGR 2005, 296 (297).

[487] Scheuch, ZMGR 2005, 296 (296); bis in die 1980er Jahre wurde die unterlassene Befunderhebung beweisrechtlich ausschließlich unter dem Blickwinkel des groben Behandlungsfehlers gewürdigt, vgl. so noch BGHZ 85, 212 (217) = BGH NJW 1983, 333 (334) = BGH VersR 1982, 1193 (1195); Katzenmeier, Arzthaftung, S. 478; Nixdorf, VersR 1996, 160 (161), führte also nur dann zu beweisrechtlichen Konsequenzen, wenn der Arzt grob fehlerhaft gehandelt hatte, mithin in „ungewöhnlichem" (BGHZ 85, 212 (217) = BGH NJW 1983, 333 (334) = BGH VersR 1982, 1193 (1195); BGHZ 99, 391 (396) = BGH NJW 1987, 1482 (1483) = BGH VersR 1987, 1089 (1090)) oder erheblichem Ausmaß gegen seine Befunderhebungspflicht verstoßen hatte; zur Entwicklung der Beweisregel der unterlassenen Befunderhebung in der Rechtsprechung vgl. ausführlich die Ausführungen unter E. in diesem Kapitel.

[488] BGHZ 85, 212 ff. = BGH NJW 1983, 333 ff. = BGH VersR 1982, 1193 ff.

[489] BGHZ 85, 212 (217) = BGH NJW 1983, 333 (334) = BGH VersR 1982, 1193 (1195); Scheuch, ZMGR 2005, 296 (297).

[490] BGHZ 99, 391 ff. = BGH NJW 1987, 1482 = BGH VersR 1987, 1089.

[491] Vgl. MüKo-Wagner, Band 5, § 823 Rn. 738, der zwar die unterlassene Befunderhebung unter der Überschrift „Der Diagnosefehler im Besonderen" beschreibt, aber dennoch ausdrücklich zwischen dieser und der Fehlinterpretation erhobener Befunde differenziert; Bischoff, in: Festschrift für Geiß, S.

sefehler und Befunderhebungsfehler. So führte der BGH aus: „Der Vorwurf [...] richtet sich in Wahrheit nicht dagegen, dass [den Ärzten] ein schwerer Diagnoseirrtum unterlaufen sei. Es geht vielmehr um die Frage, ob die Ärzte es grob fehlerhaft unterlassen haben, einer sich aufdrängenden Verdachtsdiagnose mit den dabei üblichen Befunderhebungen nachzugehen [...]. Nicht die Fehlinterpretation von Befunden, sondern deren Nichterhebung und die Einleitung einer ungezielten Therapie stehen im Vordergrund".[492]

Diese Auffassung wird in der Literatur überwiegend geteilt.[493] Bei der oft schwierigen Abgrenzung zum Diagnosefehler bestehen allerdings auch heute noch bei der Rechtsprechung häufig Unsicherheiten,[494] hängen Diagnose und Befunderhebung nach den vorstehenden Ausführungen doch eng miteinander zusammen. Erhebt der Arzt keine oder die falschen Befunde, ist er nicht in der Lage, die Diagnose mit der gebotenen Sorgfalt zu stellen und zu kontrollieren.[495] Infolge einer mangelnden Befunderhebung kann es also zu einer falschen Diagnose kommen. Umgekehrt kann auch eine Fehlinterpretation von erhobenen Befunden dazu führen, dass eine weitergehende Befunderhebung unterbleibt. Die eine Situation kann also aus der anderen hervorgehen.[496]

Wegen des eben beschriebenen engen Zusammenhangs zwischen Diagnose und Befunderhebung wird die Befunderhebungspflicht des Arztes von manchen Vertretern in der Literatur als Unterfall der Diagnosepflicht angesehen.[497] Nach Auffassung *Hagers* ergebe sich dies schon daraus, dass die Erhebung der Befunde medizinisch zweifelsfrei geboten sein müsse; dann aber liege in der Nichterhebung ein grober Fehler.[498] Teilweise werden Befunderhebungen in Rechtsprechung und Literatur

---

345 (348); *Laufs*, Arztrecht, Rn. 604, 608; *Katzenmeier*, Arzthaftung, S. 449 f.; *Deutsch/Spickhoff*, Medizinrecht, Rn. 389, 394, 395; *Steffen/Pauge*, Arzthaftungsrecht, Rn. 55; *Müller*, MedR 2001, 487 (490); *Feifel*, GesR 2006, 308 (308 ff.); *Hausch*, VersR 2003, 1489 (1493); a.A. Staudinger-*Hager*, § 823 Rn. I 73, der die Befunderhebungspflicht als Unterfall der Diagnosepflicht ansieht.

[492] BGH NJW 1988, 1513 (1514); so auch BGH VersR 1993, 836 (838); BGH VersR 1995, 46 (46); BGH VersR 2003, 1256 (1257); so auch OLG Köln, VersR 1990, 930 (930).

[493] *Bischoff*, in: Festschrift für Geiß, S. 345 (348, 350); MüKo-*Wagner*, Band 5, § 823 Rn. 738; *Geiß/Greiner*, Arzthaftpflichtrecht, Rn. B. 55 ff.; *Laufs/Uhlenbruck-Uhlenbruck/Laufs*, Handbuch des Arztrechts, die ebenfalls zwischen der ärztlichen Untersuchungspflicht (§ 49) und der Pflicht zur Diagnosestellung (§ 50) unterscheiden; *Katzenmeier*, Arzthaftung, S. 449 ff.; *Martis/Winkhart*, Arzthaftungsrecht, S. 810; *Groß*, in: Festschrift für Geiß, S. 429 (432); a.A. Staudinger-*Hager*, § 823 Rn. I 66, 73, der in der Befunderhebungspflicht einen Unterfall der Diagnosepflicht sieht, vgl. hierzu sogleich die nachfolgenden Ausführungen.

[494] *Feifel*, GesR 2006, 308 (308); die Rechtsprechung vermischt auch bei den verwendeten Begrifflichkeiten oft Diagnose und Diagnostik: in BGH VersR 1995, 1055 (1055, 1056) ist sowohl von „diagnostischen Eingriffen" als auch von „Diagnosemaßnahmen" die Rede; OLG Hamm, VersR 1992, 752 (752) spricht sowohl von „diagnostische Maßnahmen" als auch von „Diagnosemaßnahmen"; OLG Düsseldorf, VersR 2005, 117 (117 f.): „diagnostische Untersuchungsmaßnahmen" und „Diagnosemaßnahmen"; OLG Hamm, VersR 1992, 752 (752): „diagnostische Maßnahmen" und „Diagnosemaßnahmen".

[495] *Fehn*, ZaeFQ 95 (2001), 469 (471); *Steffen/Pauge*, Arzthaftungsrecht, Rn. 155 m.w.N. aus der Rechtsprechung.

[496] *Frahm/Nixdorf*, Arzthaftungsrecht, Rn. 96.

[497] So Staudinger-*Hager*, § 823 Rn. I 66, 73; ähnlich problematisch *Nixdorf*, VersR 1996, 160 (160), der davon ausgeht, dass die Frage nach dem Erheben und Sichern ärztlicher Befunde an sich der Diagnosetätigkeit zuzuordnen sei.

[498] Staudinger-*Hager*, § 823 Rn. I 66, 73.

auch als „Diagnosemaßnahmen" bezeichnet.[499] Ganz ähnlich gehen andere davon aus, dass man sich bei der Frage der Befunderhebungspflicht „auf dem Gebiet der Diagnosetätigkeit"[500] befinde bzw. „im Rahmen der Diagnose"[501] bewege.

## 2. Stellungnahme

*Hager* leitet offenbar aus dem vom BGH aufgestellten Erfordernis, dass die Befunderhebung „medizinisch zweifelsfrei geboten" gewesen sein muss, ab, dass der Befunderhebungsfehler ebenso privilegiert behandelt werde wie der Diagnosefehler und folgert daraus, dass die Befunderhebungspflicht lediglich ein Unterfall der Pflicht, die Diagnose zu erheben, sei.

Richtig ist zunächst, dass nicht jede unterlassene Befunderhebung den Vorwurf eines Behandlungsfehlers begründen kann. Wie bereits dargestellt, muss der Arzt als Ausfluss seiner Therapie-/Methodenfreiheit gewissenhaft nach pflichtgemäßem Ermessen entscheiden können, welche Befunderhebungen bei seinem Patienten im konkreten Fall vorzunehmen sind. So wie die Symptome einer Krankheit oft nicht eindeutig sind und den Schluss auf verschiedene Krankheiten zulassen, gibt es häufig auch eine Fülle von (differential-) diagnostischen Maßnahmen, die im konkreten Fall in Betracht kommen, um die Ursache für die Krankheit des Patienten zu finden. Entscheidet sich der Arzt nach pflichtgemäßem Ermessen in Kenntnis aller geeigneten Verfahren und unter Abwägung der Vor- und Nachteile für eine bestimmte Befunderhebung, kann ihm daraus grundsätzlich kein Vorwurf gemacht werden. In verstärkter Form gilt dies auch für die Bewertung von ärztlichen Diagnosen. Da es ebenfalls viele Diagnosen gibt, die als Erklärung für ein Symptom oder Syndrom in Betracht kommen, kann dem Arzt ebenfalls nicht wegen jeder Fehlinterpretation von Befunden ein Diagnosefehler vorgeworfen werden.

Um dem Arzt den für seine Arbeit notwendigen Beurteilungs- und Entscheidungsspielraum zu sichern, beginnt seine Haftung wegen einer unterlassenen Befunderhebung erst dort, wo die Befunderhebung „medizinisch zweifelsfrei geboten" war. Ähnlich liegt ein Diagnosefehler nach dem oben Gesagten erst dann vor, wenn die Diagnose aus gewissenhafter ärztlicher *ex ante*-Sicht nicht mehr vertretbar ist, insbesondere, wenn es keinen vernünftigen Zweifel an der Diagnose gibt, weil die Anzeichen eindeutig für eine ganz bestimmte Krankheit sprechen. Während jedoch ein Diagnoseirrtum im Sinne einer Fehlinterpretation der erhobenen Befunde nur dann „grob"

---

[499] Vgl. BGHZ 106, 391 (399) = BGH NJW 1989, 1533 () = BGH VersR 1989, 514 (516); BGH VersR 1981, 752 (753); BGH NJW 1989, 1533 (1534) spricht von „Diagnoseeingriff"; BGH NJW 1988, 2298 (2299); OLG Oldenburg, VersR 1991, 549 (549); OLG Stuttgart, VersR 1998, 1550 (1552); *Deutsch/Spickhoff*, Medizinrecht, Rn. 389; allerdings trennt *Deutsch/Spickhoff*, Medizinrecht, in Rn. 394 und 395 zwischen Diagnosefehlern und der Nichtvornahme diagnostischer Maßnahmen; *Giesen*, Arzthaftungsrecht, Rn. 113, der in Rn. 115 aber den Begriff „diagnostische Maßnahmen" verwendet; *Laufs/Uhlenbruck*, Handbuch des Arztrechts, § 156 unter Nr. 6, Rn. 68.

[500] *Nixdorf*, VersR 1996, 160 (160).

[501] MüKo-*Wagner*, Band 5, § 823 Rn. 738; ähnlich geht *Giesen*, Arzthaftungsrecht, Rn. 111, 411, der die unterlassene Befunderhebung unter der Überschrift „Diagnosebereich" erörtert, davon aus, dass ein Diagnoseirrtum vorliege, wenn elementare Kontrollbefunde nicht erhoben würden (Rn. 114 und 116; vgl. auch Rn. 140); in diesen Fällen sei von einer „unsachgemäßen oder unterlassene Diagnose" auszugehen (Rn. 116).

ist, wenn es sich um einen fundamentalen Irrtum handelt,[502] weil „die Schwelle, von der ab ein Diagnoseirrtum als schwerer Verstoß gegen die Regeln der ärztlichen Kunst zu beurteilen ist, [...] hoch angesetzt werden" muss,[503] sind die Anforderungen, die an einen groben Befunderhebungsfehler gestellt werden, geringer.[504] Ein grober Verstoß gegen die ärztlichen Pflichten kann bereits dann angenommen werden, wenn es in erheblichem Ausmaß an der Erhebung einfacher, grundlegender Diagnose- und Kontrollbefunde fehlt, wenn der Arzt also selbstverständlich gebotene differentialdiagnostische Überlegungen und Untersuchungen unterlassen hat,[505] wenn elementare diagnostische Untersuchungen versäumt wurden,[506] und diese Fehler objektiv nicht mehr verständlich erscheinen, weil sie einem Arzt schlechterdings nicht unterlaufen dürfen.[507] Ein „fundamentales Missverständnis"[508] oder ein „krasses Versagen"[509] müssen bei der Bewertung des Befunderhebungsfehlers als grob nicht vorliegen.

Entgegen der Auffassung *Hagers* reicht es für die Annahme eines groben Fehlers auch nicht aus, dass die Befunderhebung medizinisch zweifelsfrei geboten war. Vielmehr kann nur in diesem Fall in der Nichterhebung überhaupt ein Behandlungsfehler gesehen werden.[510] Denn ebenso wie es für die Annahme eines groben Behandlungsfehlers im Fall des positiven Tuns des Arztes nicht ausreicht, dass der Arzt eindeutig gegen bewährte ärztliche Behandlungsregeln oder gesicherte medizinische Erkenntnisse verstoßen hat, sondern darüber hinaus hinzukommen muss, dass er einen Fehler begangen hat, der aus objektiver Sicht nicht mehr verständlich erscheint, weil er einem Arzt schlechterdings nicht unterlaufen darf,[511] reicht es auch im Fall des Unterlassens nicht aus, dass der Arzt medizinisch zweifelsfrei gebotene Befunde bzw. elementare Kontrollbefunde nicht erhoben hat; hinzukommen müssen nämlich auch hier Umstände, die den Fehler aus objektiver Sicht nicht mehr ver-

---

[502] BGH VersR 1981, 1033 (1034); vgl. auch BGH NJW 1988, 1513 (1514); BGH NJW 1992, 2962 (2963); BGHZ 132, 47 (51) = BGH NJW 1996, 1589 (1590) = BGH VersR 1996, 633 (633); OLG Stuttgart, VersR 1994, 313 (313); vgl. auch die Nachweise bei *Steffen/Pauge*, Arzthaftungsrecht, Rn. 524.

[503] BGH VersR 1981, 1033 (1034); zust. *Laufs/Uhlenbruck-Laufs*, Handbuch des Arztrechts, § 110 Rn. 8; Nachweise von Fällen aus der Rechtsprechung, in denen das Vorliegen eines schweren Diagnosefehlers verneint wurde, finden sich bei *Geiß/Greiner*, Arzthaftpflichtrecht, Rn. B. 265.

[504] *Katzenmeier*, Arzthaftung, S. 450; *Steffen/Pauge*, Arzthaftungsrecht, Rn. 525; auch die Anforderungen an einen „einfachen" Befunderhebungsfehler sind geringer als an einen „einfachen" Diagnoseirrtum, so *Frahm/Nixdorf*, Arzthaftungsrecht, Rn. 97.

[505] *Laufs/Uhlenbruck-Laufs*, Handbuch des Arztrechts, § 110 Rn. 8; *Laufs*, Arztrecht, Rn. 604; *Giesen*, Arzthaftungsrecht, Rn. 411; *Geiß/Greiner*, Arzthaftpflichtrecht, Rn. B. 266; *Nixdorf*, VersR 1996, 160 (161).

[506] Vgl. BGH VersR 1992, 1263 (1265).

[507] St.Rspr., vgl. BGH VersR 1992, 1263 (1265); BGHZ 138, 1 (6) = BGH NJW 1998, 1780 (1781) = BGH VersR 1998, 457 (458 f.); BGH VersR 2001, 1030 (1030); *Hausch*, VersR 2002, 671 (674); *Deutsch/Spickhoff*, Medizinrecht, Rn. 165.

[508] So *Katzenmeier*, Arzthaftung, S. 449; vgl. auch BGH VersR 1981, 1033 (1034); BGH NJW 1988, 1513 (1514); ähnlich BGH VersR 1995, 46 (46); vgl. auch BGHZ 132, 47 (51) = BGH NJW 1996, 1589 (1590) = BGH VersR 1996, 633 (633); BGH NJW 2001, 1787 (1788); *Laufs/Uhlenbruck-Laufs*, Handbuch des Arztrechts, § 110 Rn. 8.

[509] BGH VersR 1981, 1033 (1034).

[510] So auch *Helbron*, Entwicklungen, S. 56.

[511] Vgl. BGH VersR 1992, 238 (239); BGH VersR 1996, 1148 (1150); BGH VersR 1997, 315 (316) m.w.N; BGHZ 138, 1 (6) = BGH NJW 1998, 1780 (1781) = BGH VersR 1998, 457 (458); BGH VersR 1998, 585 (585); BGH VersR 2001, 1115 (1115).

ständlich erscheinen lassen, weil er einem Arzt schlechterdings nicht unterlaufen darf.[512] Insofern ist es völlig richtig, dass in der Unterlassung der Befunderhebung ein grober ärztlicher Fehler liegen „kann", wenn die Befunderhebung aus medizinischen Gründen zweifelsfrei geboten war[513] – zwingend ist dies allerdings nicht. Denn im Rahmen der bei der Bewertung eines Behandlungsfehlers als „grob" vorzunehmenden Gesamtbetrachtung des Behandlungsgeschehens können durchaus Umstände vorliegen, die den Fehler aus objektiver Sicht verständlich erscheinen lassen.[514]

Noch ein weiterer Aspekt spricht gegen die Auffassung Hagers. Läge in dem Unterlassen einer medizinisch zweifelsfrei gebotenen Befunderhebung bereits ein grober Fehler, wäre die neue Beweisfigur der unterlassenen Befunderhebung überflüssig, da der Befunderhebungsfehler dann bereits über die allgemeinen beweisrechtlichen Grundsätze des groben Behandlungsfehlers zu einer Beweislastumkehr führen würde. Die Rechtsprechung wollte hier jedoch gerade beweisrechtliche Konsequenzen an das Vorliegen eines einfachen Befunderhebungsfehlers knüpfen. Daher kann, wenn die Rechtsprechung darauf abstellt, dass die Erhebung des Befundes „medizinisch zweifelsfrei geboten" gewesen sein muss,[515] damit nur ein einfacher Befunderhebungsfehler gemeint sein. Infolgedessen ist das Kriterium der „hinreichenden Wahrscheinlichkeit" auch nicht, wie Hager jedoch meint,[516] durch das Erfordernis der „generellen Eignung" zu ersetzen, das beim groben Behandlungsfehler eine Rolle spielt. Auch lässt sich nach dem eben Gesagten der Beweisfigur der unterlassenen Befunderhebung in ihrer durch die jüngere Rechtsprechung geprägten Form nicht entnehmen, dass die Befunderhebungspflicht einen Unterfall der Pflicht, die Diagnose zu erheben, darstellt. [517]

---

[512] St.Rspr., vgl. BGHZ 138, 1 (6) = BGH NJW 1998, 1780 (1781) = BGH VersR 1998, 457 (459); BGH VersR 2001, 1030 (1030); Hausch, VersR 2002, 671 (674); Deutsch/Spickhoff, Medizinrecht, Rn. 165 spricht daher von einer „Doppelformel".

[513] BGH NJW 1989, 2332 (); BGH VersR 1995, 46 (46); BGHZ 138, 1 (5) = BGH NJW 1998, 1780 (1781) = BGH VersR 1998, 457 (458); OLG Hamm, VersR 1980, 291 (292); OLG Stuttgart, VersR 1994, 313 (315); OLG Karlsruhe, VersR 2002, 1426 (1427); OLG Koblenz, NJW-RR 2007, 532 (533); in diesem Sinne auch OLG Köln VersR 1992, 1003 (1004).

[514] BGHZ 72, 132 (135) = BGH NJW 1978, 2337 (2338) = BGH VersR 1978, 1022 (1022 f.); BGH VersR 1983, 730 (731); zur vorzunehmenden Gesamtbetrachtung vgl. BGHZ 85, 212 (216 ff.) = BGH NJW 1983, 333 (334 f.) = BGH VersR 1982, 1193 (1195); BGH VersR 1988, 495 (496); wohl auch BGH VersR 1989, 80 (81); BGH VersR 1998, 585 (585 f.); BGH VersR 2001, 1030 (1031); OLG Stuttgart, VersR 1990, 858 (859); OLG Schleswig, VersR 1994, 310 (311 f.); OLG Köln, VersR 1994, 1238 (1239); OLG Stuttgart, VersR 1994, 313 (314); OLG Stuttgart, VersR 1997, 700 (701); OLG Celle, VersR 2002, 1558 (1560); Steffen/Pauge, Arzthaftungsrecht, Rn. 523; Katzenmeier, Arzthaftung, S. 442 f.; Ehlers/Broglie, Arzthaftungsrecht, Rn. 649; Geiß/Greiner, Arzthaftpflichtrecht, Rn. B. 254; Frahm/Nixdorf, Arzthaftungsrecht, Rn. 114.

[515] BGHZ 99, 391 (398 f.) = NJW 1987, 1482 (1483) = BGH VersR 1987, 1089 (1091); BGH VersR 1989, 80 (80); BGH VersR 1994, 984 (985) m.w.N; BGH NJW 1994, 1596 (1597); BGH VersR 1995, 46 (46); BGHZ 138, 1 (5) = BGH NJW 1998, 1780 (1781) = BGH VersR 1998, 457 (458); vgl. auch BGH VersR 1998, 585 (585 f.).OLG Köln, VersR 1992, 1003 (1004); OLG Stuttgart, NJW 1992, 2970 (2971); OLG Oldenburg, VersR 1993, 229 (230); OLG Stuttgart, VersR 1994, 1068 (1068); OLG Düsseldorf, VersR 1994, 1066 (1066); OLG Stuttgart, VersR 1998, 1550 (1550); OLG Stuttgart, VersR 1998, 1550 (1550); OLG Karlsruhe, VersR 2002, 1426 (1427); OLG Koblenz, NJW-RR 2007, 532 (533).
vgl. auch BGH VersR 1995, 46 (47);

[516] Staudinger-Hager, § 823 Rn. I 74.

[517] So aber Staudinger-Hager, § 823 Rn. I 74.

Die Auffassung *Hagers* ist daher abzulehnen. Richtigerweise muss die Befunderhebung von der Diagnose des Arztes getrennt werden. Schon zeitlich laufen beide Pflichten nicht parallel. Chronologisch betrachtet liegt die Befunderhebung – und somit auch der dem Arzt hier möglicherweise unterlaufende Fehler – zeitlich vor der (ersten) Diagnose. Um eine Diagnose stellen zu können, muss der Arzt *zunächst* Befunde, beginnend mit der Anamnese, erheben, mag der zeitliche und medizinische Aufwand hierfür auch noch so gering sein. Erst *anschließend* kann der Arzt eine (Verdachts-) Diagnose stellen. Der jüngeren Rechtsprechung, die sich um diese Unterscheidung bemüht, ist daher zuzustimmen.

Auch wenn die Befunderhebung einerseits und die Diagnosestellung andererseits eng zusammenhängen, handelt es sich doch um zwei grundsätzlich verschiedene Situationen.[518] Von einem Diagnosefehler ist auszugehen, wenn der Arzt tatsächlich erhobene oder sonst vorliegende Befunde falsch interpretiert.[519] Dagegen stellt das Unterlassen einer weitergehenden Befunderhebung, die der Arzt für die Stellung einer Diagnose oder für die Überprüfung der ersten Diagnose benötigt, grundsätzlich einen Behandlungsfehler im Sinne eines Befunderhebungsfehlers dar.[520] Hat der Arzt die nach medizinischem Erkenntnisstand zur Stellung der Diagnose erforderlichen Befunde erhoben, diese dann jedoch fehlerhaft bewertet und daher eine falsche Diagnose gestellt, kann ihm nicht der Vorwurf gemacht werden, er habe es schuldhaft unterlassen, weitere Kontrollbefunde zu erheben.[521] Liegen keine Symptome für eine Erkrankung vor, ist eine unterbliebene Befunderhebung nicht als Behandlungsfehler zu werten.[522] Ein Diagnosefehler wird auch nicht bereits deshalb zum Befunderhebungsfehler, weil der Arzt es unterlassen hat, die Beurteilung des von ihm erhobenen Befundes durch Einholung einer zweiten Meinung zu überprüfen.[523] Die Grenze zum Diagnosefehler ist aber überschritten, wenn ein Patient, der an Rückenschmerzen leidet, von einem Orthopäden an einen Facharzt für Neurologie und Psychiatrie überwiesen wird, und dieser bei eindeutigen Anzeichen einer spinalen Schädigung ohne ausreichende Diagnostik zum Ausschluss einer neurologischen Erkrankung lediglich eine Psychotherapie beginnt und diese über einen längeren Zeitraum fortführt.[524] Bei der Frage, ob dem Arzt ein (grober) Fehler unterlaufen ist, hat das Gericht genau darauf zu achten, in welchem Stadium der ärztlichen Behandlung der Schwerpunkt[525] der Vorwerfbarkeit liegt. Die Abgrenzung ist oft schwierig. Zu beachten ist dabei, dass Fehler in der Befunderhebung zu einer falschen Diagnose führen können, ohne dass dem Arzt bei der Beurteilung seines Handelns die Privilegierung

---

[518] *Frahm/Nixdorf*, Arzthaftungsrecht, Rn. 96.
[519] BGH VersR 1993, 836 (838); *Geiß/Greiner*, Arzthaftpflichtrecht, Rn. B. 55.
[520] BGH VersR 1995, 46 (46); BGHZ 138, 1 (5 ff.) = BGH NJW 1998, 1780 (1781) = BGH VersR 1998, 457 (458 f.); BGH VersR 1999, 231 (231 f.); BGH VersR 2003, 1256 (1257); vgl. auch OLG Düsseldorf, VersR 2005, 117 (117); so auch *Geiß/Greiner*, Arzthaftpflichtrecht, Rn. B. 55.
[521] *Korioth*, URL: http://www.korioth.de/Aktuelle_Urteile/aktuelle_urteile.html; http://bag-notgemeinschaften.de/patinfo/Urteilskommentar DiagnoseirrtumAktuell.pdf (beide 15.12.2006).
[522] OLG Hamm, MedR 2006, 111 (111). Bestehen im Vorfeld einer Mobilisationsbehandlung keine neurologischen Ausfälle oder internistischen Erkrankungen, sind neurologische und/oder internistische Untersuchungen daher nicht veranlasst, vgl. das Urteil des LG Gera, ZMGR 2006, 186.
[523] BGH NJW-RR 2007, 744 (744) = BGH VersR 2007, 541 (541).
[524] Vgl. OLG Düsseldorf, VersR 2006, 841; vgl. auch *Spickhoff*, NJW 2007, 1628 (1632).
[525] Auf den „Schwerpunkt" stellte auch das OLG Brandenburg, MedR 2002, 149 (150) ab; ebenso, wenn auch konkludent KG GesR 2004, 136 (137); OLG München, OLGR 2006, 790 (791); vgl. auch *Martis/Winkhart*, Arzthaftungsrecht, S. 810 f.

eines Diagnoseirrtums zugute käme. Dies ist der Fall, wenn zwar keine vorwerfbare Fehlinterpretation von Befunden vorliegt, der Arzt aber dennoch eine falsche Diagnose stellt, weil er entweder vor der Diagnosestellung oder zur Überprüfung der Diagnose eine notwendige Befunderhebung unterlassen hat.[526] Umgekehrt kann auch zu berücksichtigen sein, dass eine notwendige Befunderhebung gerade *infolge* eines Diagnoseirrtums unterblieben ist, weil im Rahmen eines differentialdiagnostischen Prozesses durch eine (einfach fehlerhafte) Interpretation von Befunden an eine bestimmte Erkrankung gar nicht gedacht wurde und deren weitere Abklärung deshalb unterblieb, was dann dazu führt, dass die unterlassene Befunderhebung als folgerichtiger Fehler des vorausgegangenen, nicht fundamentalen Diagnosefehlers angesehen wurde und das ärztliche Handeln insgesamt privilegierte.[527] Die letztgenannten Entscheidungen des OLG Köln und des OLG Koblenz sind zu begrüßen. Mit der von der Rechtsprechung richtigerweise befürworteten Zurückhaltung bei der Bewertung eines Diagnosefehlers als Behandlungsfehler wäre es nicht vereinbar und es würden sich Wertungswidersprüche ergeben, nähme man bei einem nicht fundamentalen Diagnoseirrtum allein deshalb eine Beweislastumkehr an, weil an sich gebotene Befunderhebungen als bloße Folge eines (einfachen) Diagnosefehlers unterblieben sind.[528] Zu Recht muss daher in einem solchen Fall berücksichtigt werden, dass das Erheben weiterer Befunde als Ergebnis der (einfach) fehlerhaften diagnostischen Bewertung des Arztes aus seiner *ex ante*-Sicht gar keinen Sinn gemacht hätte, so dass sich das folgerichtige Unterbleiben der Maßnahmen für den Patienten auch nicht beweiserleichternd auswirken darf. Da das Unterlassen nicht selten darauf beruht, dass der Arzt eine vertretbare Diagnose gestellt hatte bzw. sich der von ihm gestellten Diagnose so sicher war, dass er eine weitere Befunderhebung nicht für notwendig hielt,[529] muss in jedem Einzelfall genau geprüft werden, warum eine weitere Befunderhebung unterblieben ist. Andernfalls würde der weniger strenge Haftungsmaßstab des BGH bei Diagnoseirrtümern unterlaufen.[530]

Beide ärztliche Pflichten – Befunderhebung und Diagnose – sind nach dem eben Gesagten auseinander zu halten. Wenn von Befunderhebungen als „Diagnosemaßnahmen" oder von einem Tätigwerden „auf dem Gebiet der Diagnosetätigkeit" die

---

[526] BGH VersR 1995, 46 (46); BGHZ 138, 1 (5 ff.) = BGH NJW 1998, 1780 (1781) = BGH VersR 1998, 457 (458 f.); BGH VersR 1999, 231 (231 f.); BGH VersR 2003, 1256 (1257); so auch *Geiß/Greiner*, Arzthaftpflichtrecht, Rn. B. 55.
[527] Vgl. OLG Köln, VersR 2005, 1740 (1740) = OLG Köln NJW 2006, 69 (69); OLG Koblenz, NJW-RR 2007, 532 (533); *Martis/Winkhart*, Arzthaftungsrecht, S. 812; krit. hierzu jedoch *dies.*, S. 814: derjenige Arzt, der im Sinne eines „einfachen" Diagnoseirrtums eine fehlerhafte Diagnose stelle und deshalb keine weitergehenden Befunde erhebe, werde haftungsrechtlich besser gestellt als derjenige, der zwar – trotz vorliegender Schwierigkeit – die richtige Diagnose stelle, annehme, über das richtige Behandlungskonzept zu verfügen und es unterlasse, weiter gehende Befunde zu erheben. Dieses Argument ist zwar nicht von der Hand zu weisen; allerdings ist diese scheinbare Ungleichbehandlung gerechtfertigt: im zweitgenannten Fall kann sich nämlich gar kein Abgrenzungsproblem ergeben, da dem Arzt hier überhaupt kein (vorgelagerter) Diagnoseirrtum unterlaufen ist, dessen Privilegierung beachtet werden müsste, sondern lediglich ein „direkter" Befunderhebungsfehler.
[528] So auch *Feifel*, GesR 2006, 308 (310); *Martis/Winkhart*, Arzthaftungsrecht, S. 809, 812 ff.
[529] Vgl. OLG Brandenburg, MedR 2002, 149 (150); KG, GesR 2004, 136 (137).
[530] *Hausch*, VersR 2003, 1489 (1493); um Wertungswidersprüche zu vermeiden, sollten nach der Auffassung von *Hausch*, VersR 2003, 1489 (1496) dem Patienten Beweiserleichterungen nur dann zugute kommen, wenn ein fundamentaler Diagnoseirrtum des Arztes vorliege oder die Nichterhebung der Befunde grob fehlerhaft sei. Dann allerdings wäre die Rechtsfigur der unterlassenen Befunderhebung obsolet.; vgl. dazu auch die Ausführungen in Kapitel 6 unter D. V.

Rede ist, so gibt dies Anlass zu Missverständnissen. Zwar erhebt der Arzt Befunde, um zu einer Diagnose zu gelangen oder eine bereits gestellte Diagnose zu überprüfen. Mag die Verwendung der genannten Begriffe auch in der Absicht geschehen, genau diesen Zusammenhang beschreiben zu wollen, so handelt es sich, wenn der Arzt Befunde erhebt, im Sinne der auch hier verwendeten Terminologie[531] genau genommen jedoch nicht um „Diagnosemaßnahmen", sondern um „diagnostische Maßnahmen", und der Arzt wird dementsprechend auch nicht „auf dem Gebiet der Diagnosetätigkeit" oder „im Rahmen der Diagnose", sondern diagnostisch tätig. Auch wenn anzunehmen ist, dass mit den genannten Begriffen inhaltlich das Richtige, nämlich die Vornahme diagnostischer Maßnahmen, um eine Diagnose stellen zu können, gemeint ist, suggerieren beide Ausdrücke jedoch, dass die Befunderhebung der Diagnose zugeordnet werden könnte, was abzulehnen ist. Um Missverständnisse zu vermeiden, sollte auf die Verwendung dieser sprachlich ungenauen Begriffe m.E. daher besser verzichtet werden, wenn von Befunderhebungen die Rede ist.[532]

## D. Herleitung der beweisrechtlichen Konsequenzen einer Verletzung der Befunderhebungspflicht

Bevor auf die Herleitung der beweisrechtlichen Konsequenzen einer Verletzung der Befunderhebungspflicht eingegangen wird, sei darauf hingewiesen, dass an dieser Stelle die hierzu vertretenen Auffassungen in Rechtsprechung und Literatur überwiegend lediglich dargestellt werden sollen. Eine Stellungnahme zu der Frage, ob die insoweit von der Rechtsprechung und Teilen der Literatur gezogenen Parallelen zu anderen ärztlichen Pflichten zutreffen, bleibt dem folgenden Kapitel vorbehalten.[533]

## I. Parallele zur Verletzung der Dokumentationspflicht

Verletzungen der Befunderhebungspflicht werden von der jüngeren Rechtsprechung und einem großen Teil der Literatur häufig in Zusammenhang mit Verstößen gegen die Dokumentationspflicht gebracht oder teilweise sogar aus dieser Pflicht ab-

---

[531] Vgl. oben die Ausführungen zur Abgrenzung zwischen Diagnose und Diagnostik unter B. II. 1.

[532] Daran sollte sich auch die Rechtsprechung halten, die diese Begriffe ebenfalls, noch dazu uneinheitlich, verwendet; so ist in BGH VersR 1995, 1055 (1055, 1056) sowohl von „diagnostischen Eingriffen" als auch von „Diagnosemaßnahmen" die Rede; OLG Hamm, VersR 1992, 752 (752) spricht sowohl von „diagnostischen Maßnahmen" als auch von „Diagnosemaßnahmen"; OLG Düsseldorf, VersR 2005, 117 (117 f.): Unterlassen „diagnostischer Untersuchungsmaßnahmen" und „Diagnosemaßnahmen"; OLG Hamm, VersR 1992, 752 (752): „diagnostischen Maßnahmen" und „Diagnosemaßnahmen"; vgl. dazu schon oben Fn. 494; dagegen wird die Befunderhebung etwa in BGH VersR 1994, 742 (743) richtigerweise als „diagnostische Maßnahme" bezeichnet.

[533] Zur Gleichbehandlung von Befunderhebungs- und Sicherungspflicht durch die Rechtsprechung vgl. jedoch schon die Ausführungen in diesem Kapitel unter C. I.

geleitet.[534] Der BGH führt insoweit aus, dass der Arzt, habe er einfachste Diagnose-
und Kontrollbefunde zum Behandlungsgeschehen nicht erhoben, in besonderem
Maße die Verantwortung dafür trage, dass die notwendigsten Daten zur Aufdeckung
des Behandlungsverlaufs nicht zur Verfügung stünden. Insoweit könnten hinsichtlich
der Belastung des Behandlungsgeschehens mit den Risiken einer Statussicherung
Parallelen zu Dokumentationsversäumnissen gezogen werden. Befunderhebungsfehler könnten die Feststellungen zum Behandlungsgeschehen noch schwerer belasten als Versäumnisse bei der Dokumentation des Behandlungsverlaufs.[535] Die
sich aus der Behandlung des Patient ergebende ärztliche Verpflichtung, durch
entsprechende Untersuchungsmaßnahmen einen bestimmten Krankheitsstatus zu
erheben, verfolge zwar in erster Linie therapeutische Ziele. Sie diene aber auch, ähnlich wie die Pflicht zur Dokumentation der Befunde, der Wahrung des Persönlichkeitsrechts des Patienten, dem Rechenschaft über den Gang der ärztlichen Behandlung abzulegen sei.[536] Die Befunderhebungs- mit der Befundsicherungspflicht gleich-
setzend,[537] führt der BGH weiter aus: Ähnlich wie bei der Verletzung der ärztlich geschuldeten Verpflichtung zur Dokumentation von Befunden verschlechtere der Verstoß gegen ärztliche Berufspflichten bei der Befundsicherung die Möglichkeit, im
nachhinein den grundsätzlich vom Patienten zu erbringenden Beweis für den Ursachenverlauf zwischen Behandlungsfehler und Körperschaden zu führen.[538] Es gehöre zu den Organisationsaufgaben des Arztes, Unterlagen zu sichern, die Auskunft
über das Behandlungsgeschehen gäben; dem Patienten dürften keine Beweisnachteile entstehen, wenn solche Unterlagen nicht vorgelegt werden könnten. Verstoße der Arzt gegen seine Verpflichtung, die von ihm erhobenen Befunde, die Klarheit über das Ergebnis der Befunderhebung schaffen könnten, so zu sichern, dass
sie für das weitere Behandlungsgeschehen zur Verfügung stünden, komme dem Patienten eine Beweiserleichterung zugute.[539] Die Beweiserleichterungen aus der Verletzung der Pflicht zur Aufbewahrung ärztlicher Unterlagen seien aus Billigkeitsgründen entwickelt worden, um der Beweisnot des Patienten abzuhelfen, wenn ihm aus
einem vom Arzt zu verantwortenden Grund Beweisunterlagen vorenthalten würden,
die er zum Nachweis eines Behandlungsfehlers benötige. Damit solle dem Patienten
ein Ausgleich dafür gewährt werden, dass das Spektrum der für die Schädigung in
Betracht kommenden Ursachen gerade durch diesen Fehler besonders verbreitert
bzw. verschoben worden sei.[540] Es sei gerechtfertigt, den Arzt mit der Beweislast
dafür zu beschweren, wie der nicht erhobene Befund ausgesehen hätte, wenn die

---

[534] Vgl. etwa *Giesen*, Arzthaftungsrecht, Rn. 427; *Schmid*, NJW 1994, 767 (772); *Laufs*, Arztrecht, Rn.
610; vgl. dazu auch *Helbron*, Entwicklungen, S. 53; zur Gleichstellung der Befunderhebungs- mit der
Befundsicherungspflicht vgl. dazu die Ausführungen in diesem Kapitel unter C. I.
[535] BGHZ 85, 212 (215 f.) = BGH NJW 1983, 333 (334) = BGH VersR 1982, 1193 (1195); vgl. auch
BGHZ 99, 391 (396) = BGH NJW 1987, 1482 (1483) = BGH VersR 1987, 1089 (1090 f.); vgl. auch
Saarländisches OLG, MDR 1998, 469 (469).
[536] BGHZ 99, 391 (397) = BGH NJW 1987, 1482 (1483) = BGH VersR 1987, 1089 (1091).
[537] Vgl. dazu die Ausführungen in diesem Kapitel unter C. I.
[538] BGHZ 99, 391 (396) = BGH NJW 1987, 1482 (1483) = BGH VersR 1987, 1089 (1090); OLG Stuttgart NJW 1992, 2970 (2971).
[539] BGHZ 132, 47 (50) = BGH NJW 1996, 1589 (1589 f.) = BGH VersR 1996, 633 (633).
[540] BGH NJW 1996, 779 (781) unter Hinweis auf BGHZ 99, 391 (396 ff.) = BGH NJW 1987, 1482
(1483 ff.) = BGH VersR 1987, 1090 (1090 f.); BGHZ 85, 212 (216 f.) = BGH NJW 1983, 333 (334) =
BGH VersR 1982, 1193 (1195); BGHZ 132, 47 (52) = BGH NJW 1996, 1589 (1590) = BGH VersR
1996, 633 (634).

Erhebung gerade wegen des erhöhten Risikos, um dessen Einritt der Prozess geführt werde, geschuldet war.[541] Die Befunderhebungspflicht habe zwar keinen unmittelbaren Sicherungszweck im Hinblick auf künftige Haftpflichtprozesse; wenn aber materiell-rechtlich ein Befund zu sichern und darüber Rechenschaft abzulegen sei, dann könne diese Verpflichtung in einem etwaigen späteren Prozess nicht außer Betracht gelassen werden. Zu berücksichtigen sei außerdem, dass die „Beweisschwierigkeiten in der Sphäre des Beklagten", mithin des Arztes, entstanden seien.[542]

Ein großer Teil der Literatur teilt die Auffassung der Rechtsprechung. Aus der Sicht des Arzthaftungsprozess bestehe ein enger Zusammenhang zwischen der Befunderhebungs- und der Dokumentationspflicht des Arztes. So hänge in vielen Fällen die Annahme eines groben Behandlungsfehlers davon ab, ob der Zustand des Patienten zu einem bestimmten Zeitpunkt, in dem er den jetzt beklagten Arzt konsultierte, Anlass zu bestimmten diagnostischen oder therapeutischen Maßnahmen geben musste. Existiere jedoch kein Röntgenbild oder EKG, stehe der Patient beweismäßig schlecht da. Ohne Unterlagen werde das Gericht weder selbst noch unterstützt durch Sachverständige klären können, ob ein Behandlungsfehler vorliege,[543] geschweige denn dessen Ursächlichkeit für den Gesundheitsschaden feststellen können. Von der ordnungsgemäßen Dokumentation auch der Befunder-hebungen und ihrer Ergebnisse hänge daher weitgehend die Durchsetzung eines Schadensersatzanspruches gegen den Arzt ab.[544] Erhebe der Arzt keine (ausreichenden) Befunde und erlange er daher keinen Aufschluss über die Natur oder die Entwicklung eines Krankheitsbildes, so setze er den Patienten aufgrund des ungeklärten Sachverhalts zugleich den Gefahren fehlender Beweismittel in einem späteren Haftungsprozess aus.[545] Hierin liege ein Verstoß gegen die ärztliche Berufspflicht zur Befundsicherung, die auch der Wahrung des Persönlichkeitsrechts des Patienten diene, Rechenschaft über den feststellbaren Gang bzw. die Art und Weise der ärztlichen Behandlung zu erhalten.[546] Kontroll- und Diagnoseversäumnisse seien Behandlungsmängel wie Fehler der Dokumentation insofern, als erforderliche Vorgaben den Krankenunterlagen vorenthalten blieben.[547] Erhebe der Arzt zweifelsfrei gebotene Befunde nicht, würden Aufklärungserschwernisse in das eigentliche Behandlungsgeschehen hineingetragen, die

---

[541] OLG Oldenburg, VersR 1993, 229 (230); vgl. auch BGHZ 99, 391 (398 f.) = BGH NJW 1987, 1482 (1483) = BGH VersR 1987, 1089 (1091); BGH NJW 1988, 1513 (1514); BGH VersR 1989, 80 (80); vgl. auch BGH VersR 1999, 60 (61); BGH VersR 1999, 1282 (1283); OLG Stuttgart VersR 1994, 313 (315); OLG Oldenburg VersR 1991, 1243 (1244); *Steffen/Pauge*, Arzthaftungsrecht, Rn. 551.
[542] OLG Oldenburg, VersR 1993, 1021 (1022).
[543] *Baumgärtel*, Beweislast, Bd. 1, § 823 Anh. C II, Rn. 56; *ders.* in: Gedächtnisschrift für Bruns, S. 93 (98); *Hanau*, Die Kausalität der Pflichtwidrigkeit, S. 128 m.w.N.; MüKo-*Wagner*, Band 5, § 823 Rn. 741.
[544] *Baumgärtel*, Beweislast, Bd. 1, § 823 Anh. C II, Rn. 56; *ders.* in: Gedächtnisschrift für Bruns, S. 93 (98); *Hanau*, Die Kausalität der Pflichtwidrigkeit, S. 128 m.w.N.; MüKo-*Wagner*, Band 5, § 823 Rn. 741; die Dokumentation gebe dem Patienten ein wichtiges Beweismittel an die Hand, so *Heilmann*, NJW 1990, 1513 (1516).
[545] BGHZ 99, 391 (396 f.) = BGH NJW 1987, 1482 (1483) = BGH VersR 1987, 1089 (1090 f.); vgl. auch OLG Stuttgart, VersR 1992, 1361 (1361); *Giesen*, Arzthaftungsrecht, Rn. 427; *Deutsch/Spickhoff*, Medizinrecht, Rn. 389.
[546] BGHZ 99, 391 (396 f.) = BGH NJW 1987, 1482 (1483) = BGH VersR 1987, 1089 (1091); ebenso BGHZ 104, 323 (334 f.) = BGH NJW 1988, 2611 (2613) = BGH VersR 1988, 930 (933); *Giesen*, Arzthaftungsrecht, Rn. 427.
[547] Die beweisrechtliche Parallele zu den Dokumentationsfehlern im engeren Sinne böte sich daher an, so *Laufs*, Arztrecht, Rn. 610.

die Feststellung der für die Schädigung in Betracht kommenden Ursachen erschweren.[548] Dagegen wird vorgebracht, dass die materiell-rechtliche Pflicht des Arztes zur Dokumentation in erster Linie nicht der Beweissicherung und der Durchsetzbarkeit von Ansprüchen in einem späteren Haftungsprozess, sondern medizinischen Zwecken diene, nämlich als Erkenntnisgrundlage für den Arzt, der die Dokumentation benötige, um den Patienten ordnungsgemäß therapieren zu können.[549] Die Vorverlagerung prozessualer Beweissicherungs- und Beweiserhaltungspflichten widerspreche dem Wesen ärztlichen Tuns und seiner primären Aufgabe, den Patienten zu heilen.[550] Auch wenn die Dokumentation dem Patienten im Prozess faktisch überhaupt erst die Beweisführung ermögliche, ziele sie nicht darauf ab, ihm Beweise hierfür zu sichern.[551] Daher könnten sich aus einem Verstoß gegen die Dokumentationspflicht keine prozessualen beweisrechtlichen Konsequenzen ergeben.[552]

## II. Parallele zur Beweisvereitelung

Ein Verhalten des Arztes kann dazu führen, dass dem Patienten die Beweisführung erschwert oder unmöglich wird, so dass es unbillig wäre, wenn der Arzt hieraus Vorteile ziehen und den Prozess wegen der von ihm verursachten Beweisfälligkeit des Patienten gewinnen könnte.[553] Abgesehen von diesen Fällen der Beweisvereite-

---

[548] BGH VersR 1989, 80 (81); BGH VersR 1992, 238 (239); OLG Köln, VersR 1992, 1003 (1004); *Laufs*, Arztrecht, Rn. 608.

[549] *Baumgärtel*, in Gedächtnisschrift für Bruns, S. 93 (100); *Müller*, DRiZ 2000, 259 (268); *Steffen/Pauge*, Arzthaftungsrecht, Rn. 457; *Laufs*, Arztrecht, Rn. 616; *Steffen*, in: Festschrift für Brandner, S. 327 (331); auch der BGH geht davon aus, dass die Dokumentationspflicht in erster Linie nicht der Beweissicherung dient, vgl. BGHZ 99, 391 (397) = BGH NJW 1987, 1482 (1483) = BGH VersR 1987, 1089 (1091); BGH VersR 1989, 512 (513); BGH VersR 1993, 836 (837); BGH VersR 1999, 1282 (1283); a.A. *Peter*, der von einer Beweissicherungspflicht des Arztes für zur Sachverhaltsaufklärung geeignete und medizinisch indizierte Maßnahmen ausgeht; so auch *Stürner*, NJW 1979, 1225 (1228); *Bender*, VersR 1997, 918 (923 ff.); *Laufs/Uhlenbruck-Uhlenbruck*, Handbuch des Arztrechts, § 59 Rn. 5; *Matthies*, NJW 1983, 335 (336).

[550] *Steffen*, in: Festschrift für Brandner, S. 327 (331).

[551] BGHZ 99, 391 (397) = BGH NJW 1987, 1482 (1483) = BGH VersR 1987, 1089 (1090); OLG Koblenz, VersR 2004, 1323 (1324); *Katzenmeier*, Arzthaftung, S. 473; *Baumgärtel*, in: Gedächtnisschrift für Bruns, S. 93 (100); *Nüßgens*, in: Festschrift für Boujong, S. 831 (833); *Francke/Hart*, Charta der Patientenrechte, S. 72; *Taupitz*, ZZP 100 (1987), 287 (312); *Groß*, VersR 1996, 657 (663); *Müller*, DRiZ 2000, 259 (268); a.A. *Bender*, VersR 1997, 918 (923 ff.); *Laufs/Uhlenbruck-Uhlenbruck*, Handbuch des Arztrechts, § 59 Rn. 8; *Helbron*, Entwicklungen, S. 49; vgl. auch die Ausführungen in Kapitel 5 unter A. I. 1. c) und die Nachweise in Fn. 741.

[552] *Baumgärtel*, in Gedächtnisschrift für Bruns. S. 93 (100); ähnlich *Walter*, JZ 1978, 806 (807); *Gerhardt*, AcP 169 (1969), 289 (311 ff.).

[553] Dies ist etwa der Fall, wenn der Arzt Gegenstände, die als *corpora delicti* wichtig sein können, beiseite schafft, z.B. medizinische Geräte, die möglicherweise schadhaft sind, nach Misslingen des Eingriffs oder verunreinigte oder sonst fehlerhafte Medikamente oder Substanzen vernichtet, vgl. *Frahm/Nixdorf*, Arzthaftungsrecht, Rn. 149, ein in Verdacht geratenes Sterilisationsgerät willkürlich beseitigt oder Operationspräparate gegen ärztlichen Brauch ununtersucht lässt, vgl. *Laufs*, Arztrecht, Rn. 617, möglicherweise schadhafte Narkosetuben wegwirft, vgl. BGH VersR 1975, 952 (954); RGRK-*Nüßgens*, § 823 Anh. II, Rn. 332 f., Befundergebnisse manipuliert, vgl. *Franzki/Franzki*, NJW 1975, 2225 (2227); *Baumgärtel*, Beweislast, Bd. 1, § 823 Anh. C II, Rn. 64 oder den in einer Operations-

lung werden in der Rechtsprechung und der Literatur auch Verletzungen der ärztlichen Befunderhebungspflicht – ebenso wie Verletzungen der Dokumentations- und Befundsicherungspflicht[554] – verbreitet als Unterfall der Beweisvereitelung angesehen.[555] Sei der Arzt verpflichtet, den Krankheitsstatus seines Patienten zu erheben und zu sichern, um aus den Befunden den nur so zu erlangenden Aufschluss über die Natur eines sich entwickelnden Krankheitsprozesses zu gewinnen und dann die erforderlichen Konsequenzen für eine weitere Behandlung zu ziehen, dann könne die schuldhafte Verletzung dieser Verpflichtung gegenüber dem Patienten, die diesem gleichzeitig die Beweisführung in einem späteren Haftpflichtprozess wegen des Fehlens des sonst als Beweismittel zur Verfügung stehenden Untersuchungsergebnisses erschwere oder vereitele, auch prozessuale Nachteile für den Arzt mit sich bringen.[556] Die beweisbelastete Partei könne dem zur Sicherung der Aufklärung Verpflichteten entgegenhalten, dass er schuldhaft auch die Beweislage im Prozess verschlechtert oder vereitelt habe. In diesem Sinne sei die ärztliche Verpflichtung zur Dokumentation und auch diejenige zur Befundsicherung beweis- und prozessbezo-

---

wunde zurückgelassenen Tupfer bei einer Zweitoperation entfernt und wegwirft, vgl. BGH VersR 1955, 344 ff. sowie Fn. 569; RGRK-*Nüßgens*, § 823 Anh. II, Rn. 332 f.; *Musielak*, Die Grundlagen der Beweislast im Zivilprozess, S. 134, der den „Tupfer"-Fall als „leading case" der Beweisvereitelung bezeichnet; *Wahrendorf*, Die Prinzipien der Beweislast im Haftungsrecht, S. 87; vgl. zum Ganzen auch *Katzenmeier*, Arzthaftung, S. 481; *Prütting*, in: 150 Jahre LG Saarbrücken, S. 257 (261); Stein/Jonas-*Leipold*, Band 3, 21. Aufl., Rn. 120 f.

[554] *Laumen*, NJW 2002, 3739 (3734 f.); *Schilken*, Zivilprozessrecht, Rn. 507; für die Dokumentationspflicht so wohl *Wasserburg*, NJW 1980, 617 (618); *Stürner*, NJW 1979, 1225 (1228) und *Schmid*, NJW 1987, 681 (682 f., 687) sehen in der Dokumentationspflicht eine vorprozessuale berufsständische Pflicht zur Schaffung von Beweismitteln; ähnlich auch *Peter*, NJW 1988, 751 (751 f.), der in der Dokumentationspflicht einen Unterfall der Beweissicherungspflicht sieht; *Prütting*, in: 150 Jahre LG Saarbrücken, S. 257 (261); *Laufs*, Arztrecht, Rn. 611; *Matthies*, JZ 1986, 959 (960); so auch *Giesen*, JZ 1990, 1053 (1062), der eine Beweisvereitelung darüber hinaus auch im Fall der Verletzung der Befundsicherungspflicht annimmt; *ders.*, MedR 1988, 23 (25); Stein/Jonas-*Leipold*, Band 3, 21. Aufl., Rn. 126 ff.; nach Auffassung *Baumgärtels*, Beweislast, Bd. 1, § 823 Anhang C II Rn. 64 könne nur eine Verletzung der Befundsicherungspflicht als Beweisvereitelung bewertet werden, dagegen sei die Verletzung der Dokumentationspflicht von der Beweisvereitelung zu unterscheiden; für letzteres auch RGRK-*Nüßgens*, § 823 Anh. II, Rn. 332 f.; die Situation im Fall der Verletzung der Dokumentationspflicht sei eine grundlegend andere als die im Fall der Beweisvereitelung, so *Musielak/Stadler*, Grundfragen des Beweisrechts, Rn. 265; *Sick*, Beweisrecht im Arzthaftpflichtprozess, S. 177 ff., insbesondere 179; *Frahm/Nixdorf*, Arzthaftungsrecht, Rn. 149 gehen davon aus, dass sich die Beweisvereitelung zwar „in der Nähe der Verletzung von Dokumentationspflichten" befinde, aber doch rechtlich nicht ganz mit dieser vergleichbar sei; eine Beweisvereitelung im Fall nicht mehr auffindbarer Krankenunterlagen lehnt im Regelfall ab *Schmid*, NJW 1994, 767 (772); anders dagegen RG Warn Rspr. 1936 Nr. 169; BGH NJW 1960, 821 (821); BGH VersR 1962, 528 ff.; BGH VersR 1963, 65 (66); OLG Frankfurt, JW 1934, 3299 (3300); OLG Düsseldorf, VersR 2004, 792 (792).

[555] Vgl. etwa RGZ 128, 121 (125 f.); BGHZ 72, 132 (137) = BGH NJW 1978, 2337 (2338 f.) = BGH VersR 1978, 1022 (1023 f.); BGH VersR 1975, 952 (954); BGH NJW 1998, 79 (81); OLG Oldenburg, VersR 1993, 1021 (1021); OLG Düsseldorf, VersR 1994, 1066 (1066); wohl auch OLG Düsseldorf, VersR 2004, 792 (792); *Laumen*, NJW 2002, 3739 (3745); *Giesen*, Jura 1981, 10 (22); *ders.*, MedR 1988, 23 (25); Stein/Jonas-*Leipold*, Band 3, 21. Aufl., Rn. 126 ff.; *Oberheim*, JuS 1997, 61 (62); *Stürner*, NJW 1979, 1225 (1228); so wohl auch vgl. auch *Prütting*, in: 150 Jahre LG Saarbrücken, S. 257 (261); zweifelnd für die unterlassene Befunderhebung *Franzki*, Die Beweisregeln im Arzthaftungsprozess, S. 96.

[556] BGHZ 99, 391 (396) = BGH NJW 1987, 1482 (1483) = BGH VersR 1987, 1089 (1090); OLG Stuttgart NJW 1992, 2970 (2971); OLG Düsseldorf, VersR 2004, 792 (793).

gen.[557] Nicht nur denjenigen, der gerade im Hinblick auf einen zu erwartenden oder bereits laufenden Prozess die Benutzung von Beweismitteln vereitele, träfen deshalb Beweisnachteile, wie dies aus den gesetzlichen Regelungen in §§ 427, 444, 446 ZPO mit unterschiedlicher Begründung und mit unterschiedlichen Folgerungen hergeleitet werde; dasselbe müsse gelten, wenn die Pflicht verletzt werde, durch Vornahme von ärztlichen Untersuchungen einen Zustand zu klären, der nachträglich nicht mehr ermittelt werden könne, sofern diese Pflicht wenigstens auch zum Schutze einer in einem späteren Prozess beweisbelasteten Partei bestehe.[558] Der BGH verweist insoweit auf seine Entscheidung zur unterbliebenen Untersuchung von Trinkwasser, in der er ausgeführt hatte, dass es „einem allgemeinen Rechtsgedanken [entspreche], dass derjenige, der fahrlässig die Aufklärung über Tatsachen vereitelt, deren Vorhandensein oder Nichtvorhandensein in einem späteren Rechtsstreit grundsätzlich zur Beweislast des Prozessgegners steht, die prozessualen Nachteile zu tragen hat, die daraus entstehen, dass entsprechende exakte Feststellungen nicht mehr getroffen werden können. Dieser Rechtsgedanke gilt nicht nur, wenn bereits vorhandene Beweismittel vernichtet werden [, sondern] muss In gleicher Weise Anwendung finden, wenn eine Pflicht verletzt wird, durch Vornahme von Untersuchungen oder Kontrollen einen Zustand oder eine Beschaffenheit und damit Umstände zu klären, die nachträglich nicht mehr ermittelt werden können, und wenn diese Pflicht zum Schutz einer in einem späteren Prozess beweisbelasteten Partei begründet wurde"[559]. Die Verhaltensnormen, gegen die verstoßen worden sei, seien auch zu dem Zweck erlassen, den Geschädigten vor Beweisnot zu schützen.[560] Auch der Straf- und Sanktionsgedanke wird als Argument herangezogen: Die Pflichtverletzung bliebe ohne Sanktion, wenn sich der Verpflichtete durch den Hinweis auf den unaufklärbaren Kausalverlauf jeder Haftung entziehen könnte.[561] Das Risiko des nicht aufgeklärten Sachverhalts müsse die Partei tragen, die es durch ihr pflichtwidriges Verhalten geschaffen habe.[562] Die Berufung auf den fehlenden Kausalitätsnachweis verstoße gegen Treu und Glauben.[563]

Dagegen wird vorgebracht, dass eine Verletzung der ärztlichen Sorgfaltspflicht im Sinne einer unterlassenen Befunderhebung nicht zugleich als beweisvereitelndes Verhalten gewertet werden könne,[564] auch wenn der Patient mangels Vorliegens eines Befundes in Beweisnot geraten sei. Das Schwergewicht des dem Arzt gemachten Vorwurfs liege im Fall der unterlassenen Befunderhebung regelmäßig keines-

---

[557] BGHZ 99, 391 (397) = BGH NJW 1987, 1482 (1483) = BGH VersR 1987, 1089 (1091).

[558] BGHZ 99, 391 (397) = BGH NJW 1987, 1482 (1483) = BGH VersR 1987, 1089 (1091); OLG Stuttgart NJW 1992, 2970 (2971).

[559] BGH VersR 1981, 441 (442 f.).

[560] BGHZ 61, 118 (121 f.) = BGH NJW 1973, 1688 (1688 f.); *Stoll*, in: Festschrift für Hippel, S. 517 (550 f.).

[561] BGHZ 61, 118 (122) = BGH NJW 1973, 1688 (1689).

[562] Gegen dieses Beweislastverteilungsprinzip jedoch BGHZ 61, 118 (121) = BGH NJW 1973, 1688 (1688 f.).

[563] *Hofmann*, NJW 1974, 1641 (1643 f.).

[564] *Baumgärtel*, in: Festschrift für Kralik, S. 63 (69), so aber der BGH im Fall der Nichtvornahme einer bakteriologischen Untersuchung, vgl. BGH VersR 1958, 849 (849 f.); ähnlich auch BGH VersR 1965, 91 (92): „Fahrlässiges Handeln kann nur dann genügen, wenn die Fahrlässigkeit sich gerade auf die Verpflichtung bezieht, eine Beweisführung zu ermöglichen oder nicht zu vereiteln; Voraussetzung ist daher, dass dem Handelnden diese Pflicht bekannt war oder wenigstens bei Anwendung der erforderlichen Sorgfalt hätte bekannt sein müssen".

wegs in der objektiv dadurch gleichzeitig herbeigeführten „Beweisvereitelung", sondern in der Verletzung der ärztlichen Sorgfaltspflichten, die in dieser Unterlassung zum Ausdruck gekommen sei.[565] Daher lehnen Teile der Rechtsprechung und der Literatur in diesen Fällen eine Haftung wegen Beweisvereitelung auch ab.[566] Die verletzten Verhaltensnormen seien nicht zu dem Zweck aufgestellt, Prozessverluste und Vermögensschäden als Folgen des Fehlens von Beweismitteln zu verhindern. Die vom Arzt geschuldete Pflicht zur ordnungsgemäßen Behandlung habe nicht den Zweck, dem Patienten die Beweisführung zu sichern,[567] der eingetretene Schaden liege deshalb außerhalb des Schutzzwecks der Norm.[568] Die Fälle der unterlassenen Befunderhebung wie auch sonstiger Fälle der Verletzung ärztlicher Sorgfaltspflichten unterschieden sich vom so genannten „Tupfer"-Fall[569]; dort hätten die spezifischen Beweislastfragen nämlich nicht in der Verletzung von Berufspflichten, sondern gerade in dem Umstand der Beweisvereitelung gelegen.[570]

## III. Weitere Ansatzpunkte zur Herleitung der beweisrechtlichen Konsequenzen einer Verletzung der Befunderhebungspflicht

Zur Rechtfertigung der Beweislastumkehr bei einem groben Behandlungsfehler werden in der Literatur zahlreiche Auffassungen vertreten. Deren Argumentation könnte gedanklich auf die hier interessierende Beweisfigur der unterlassenen Befunderhebung übertragen und daher möglicherweise zur dogmatischen Legitimation der Beweisregel herangezogen werden. Sie sollen daher im Folgenden dargestellt und geprüft werden.

---

[565] *Franzki*, Die Beweisregeln im Arzthaftungsprozess, S. 96; *Kleinewefers/Wilts*, VersR 1967, 617 (621); daher hatte in BGH VersR 1958, 849 das Berufungsgericht die von ihm angenommene Beweislastumkehr auch nicht mit den bei der Beweisvereitelung geltenden Grundsätzen, sondern mit einer „gerechten Interessenabwägung" begründet; auch das RG JW 1938, 2152 (2152) lehnte es ab, eine Beweisvereitelung in der fehlerhaften Behandlung selbst zu sehen; im Gegensatz dazu lagen die spezifischen Beweislastfragen im „Tupferfall" (BGH VersR 1955, 344 ff.) nicht in der Verletzung von Berufspflichten, sondern in dem Umstand der Beweisvereitelung, so *Wahrendorf*, Die Prinzipien der Beweislast im Haftungsrecht, S. 87; so auch *Kleinewefers/Wilts*, VersR 1967, 617 (622).
[566] RGZ 76, 295 (297); RG JW 1938, 2152 (2152); BGH VersR 1965, 91 (92); *Gaupp*, Beweisfragen im Rahmen ärztlicher Haftungsprozesse, S. 86; *Blomeyer*, AcP 158 (1959/1960), 97 (101 f.).
[567] *Kaufmann*, Die Beweislastproblematik im Arzthaftungsprozess, S. 70; *Kleinewefers/Wilts*, VersR 1967, 617 (621); *Baumgärtel*, in: Festschrift für Kralik, S. 63 (69); *ders.*, JZ 1995, 409 (409); *Gaupp*, Beweisfragen im Rahmen ärztlicher Haftungsprozesse, S. 86.
[568] *Gaupp*, Beweisfragen im Rahmen ärztlicher Haftungsprozesse, S. 86; offen gelassen von *Kleinewefers/Wilts*, VersR 1967, 617 (621).
[569] BGH VersR 1955, 344 ff.: Ein Arzt hatte einen Tupfer, den er bei der ersten Operation versehentlich in der Wunde zurückgelassen und bei der Nachoperation entfernt hatte, weggeworfen. Im Rechtsstreit gegen den Arzt kam es im Rahmen der Verschuldensfrage gerade auf die Art und Größe dieses Tupfers an. Der BGH sah in der Beweismittelvernichtung nach der zweiten Operation einen Fall schuldhafter Beweisvereitelung, da der beklagte Arzt damit hätte rechnen müssen, dass der Kläger ihn wegen des zurückgebliebenen Tupfers in Anspruch nehmen würde und dass in einem eventuellen Prozess Art und Größe des Tupfers eine Rolle spielen würden.
[570] *Wahrendorf*, Die Prinzipien der Beweislast im Haftungsrecht, S. 87.

## 1. Gedanke der Zumutbarkeit

*Blomeyer* stellt auf den Gedanken der Zumutbarkeit ab. Dem Patienten sei der Nachweis der haftungsbegründenden Kausalität unzumutbar, wenn der Arzt ihn vorsätzlich oder leichtfertig gefährdet habe.[571] Da gerade ein schuldhaftes Verhalten des Arztes die Beweislosigkeit herbeigeführt habe, seien diesem umgekehrt beweisrechtliche Nachteile jedoch zumutbar. Auch das Gesetz lasse sich bei der Regelung der Beweislast häufig von dem Gesichtspunkt der Zumutbarkeit leiten, wie sich insbesondere den §§ 282, 285 BGB a.f. entnehmen lasse.

Wie bereits dargelegt, befindet sich der Patient in Fällen der unterlassenen Befunderhebung regelmäßig in einer besonderen Situation der Beweisnot. Es könnte für den Patienten daher nicht nur bei einem groben Behandlungsfehler, sondern auch – oder sogar gerade – im Fall der unterlassenen Befunderhebung unzumutbar sein, den Ursachenzusammenhang zwischen Fehler und Schaden zu beweisen, weshalb es gerechtfertigt sein könnte, ihn unter bestimmten Voraussetzungen vom Nachweis, wie der erhobene Befund ausgesehen haben würde, zu befreien. Auch in der Rechtsprechung finden sich zur Begründung der Beweisregel der unterlassenen Befunderhebung Zumutbarkeitserwägungen.[572]

Die Auffassung *Blomeyers* kann jedoch nicht überzeugen. Mit dem allgemeinen Hinweis auf die Zumutbarkeit lässt sich nicht viel mehr anfangen als mit „Treu und Glauben".[573] Der von ihm angeführte Gedanke der Zumutbarkeit stellt also letztlich ebenso wie die Begründung der Rechtsprechung zur Rechtfertigung der Beweislastumkehr bei einem groben Behandlungsfehler auf Billigkeitserwägungen ab, ist kaum genauer[574] und – insbesondere weil er zu Rechtsunsicherheit führt – aus den oben genannten Gründen[575] abzulehnen. Schon deshalb kann *Blomeyer* auch nicht darin zugestimmt werden, dass das Gesetz selbst, das Rechtssicherheit schaffen soll, die Beweislast unter dem Gesichtspunkt der Zumutbarkeit regeln soll.

Die beweisrechtlichen Konsequenzen im Fall der unterlassenen Befunderhebung lassen sich daher nicht mit Zumutbarkeitsgedanken rechtfertigen.

## 2. Gefahrenbereich

*Prölss*[576] will die Beweislast grundsätzlich danach verteilen, in wessen Gefahrenbereich das schädigende Ereignis entstanden ist. Er geht davon aus, dass diejenige Partei, in deren Sphäre die Gefahr entstanden sei, den Sachverhalt besser aufklären könne.[577] Auf den Arzthaftungsprozess übertragen, würde dies bedeuten, dass der

---

[571] *Blomeyer*, AcP 158 (1959/1960), 97 (104 f.); *ders.*, Zivilprozessrecht, § 73 II.

[572] Vgl. BGH NJW 1996, 779 (780); BGHZ 132, 47 (52) = NJW 1996, 1589 (1589) = BGH VersR 1996, 633 (633); BGHZ 99, 391 (396) = BGH NJW 1987, 1482 (1483) = BGH VersR 1987, 1089 (1090); BGHZ 132, 47 (50 ff.) = BGH NJW 1996, 1589 (1589 f.) = BGH VersR 1996, 633 (633 f.); OLG Stuttgart NJW 1992, 2970 (2971).

[573] So auch *Prölss*, Beweiserleichterungen, S. 91; vgl. zur Gefahrenkreistheorie auch *Musielak*, AcP 176 (1976), 465 ff.; *Nüßgens*, in: Festschrift für Hauß, S. 287 ff.

[574] *Gaupp*, Beweisfragen im Rahmen ärztlicher Haftungsprozesse, S. 83.

[575] Vgl. dazu die Ausführungen in Kapitel 3 unter D. II.

[576] *Prölss*, Beweiserleichterungen, S. 65 ff., insbesondere S. 74 ff.

[577] *Prölss*, Beweiserleichterungen, S. 76.

Arzt das Unaufklärbarkeitsrisiko für die Kausalität seines Fehlverhaltens trägt, wenn das schädigende Ereignis aus seiner Sphäre stammt. Umgekehrt trifft dieses Risiko den Patienten, wenn feststeht, dass die Ursache des Schadens in seinem Gefahrenbereich ihren Ursprung hat. Hinter der Gefahrenbereichslehre *Prölss'* steht demnach der Gedanke der Beweisnähe. Auf den ersten Blick erinnert dies an die von der Rechtsprechung bei der Beweislastsonderregel des groben Behandlungsfehlers gebrauchte Formulierung des „näher dran"[578]. Dies ist indes nicht der Fall. Mit dem Verweis auf das „Näherprinzip" will der BGH lediglich zum Ausdruck bringen, dass sich die Beweislastumkehr aus der Erwägung rechtfertige, dass der Arzt durch sein gravierendes Fehlverhalten die Unaufklärbarkeit verschuldet habe und daher die Umstände, die zu dem Schaden geführt hätten, besser kenne als der Patient. Die Formulierung der Rechtsprechung ist somit missverständlich und daher etwas „unglücklich".

Der Gedanke *Prölss'* lässt sich durchaus auf die unterlassene Befunderhebung übertragen. Auch hier hat der Arzt – im Rahmen der Beweisfigur zwar nicht durch ein gravierendes, sondern nur durch ein einfaches –, jedenfalls jedoch durch ein Fehlverhalten die Unaufklärbarkeit gewissermaßen verschuldet oder zumindest zu ihrem Vorliegen beigetragen. Hätte er die notwendigen Befunde nämlich erhoben, könnten der damalige Gesundheitszustand des Patienten und das Ergebnis der Befunderhebung geklärt werden, was dem Patienten den Nachweis einer Haftung des Arztes zumindest erleichtern würde. An der Gefahrenbereichslehre von *Prölss* erscheint außerdem zunächst sinnvoll, dass in der Tat derjenige die Ursachen für eine Gefahr besser aufklären kann, in dessen Sphäre die Gefahr entstanden ist. Insofern wäre es auch billig, diesem das Risiko der Beweislosigkeit aufzuerlegen.

Bei genauerer Betrachtung hat diese Lehre jedoch Schwächen. Gerade im Arzthaftungsrecht lassen sich die Ursachen für einen entstandenen Schaden nicht exakt nach einer Sphäre des Patienten und einer des Arztes trennen.[579] Der Arzt wird nämlich stets in einer fremden Risikosphäre tätig. Denn die Krankheit des Patienten, die zur Behandlung durch den Arzt führt, ist im Gefahrenbereich des Patienten entstanden. Der Arzt ist gezwungen, „die durch das Leiden des Patienten vorgegebene Gefahr [...] zum Gegenstand seines Handelns zu machen"[580]. Im Ergebnis würde der Arzt für die bloße Verwirklichung einer Gefahr, die seiner Sphäre zugeordnet werden könnte, haften, mithin für die Konkretisierung einer Gefahr, für die er nicht einzustehen hat, weil er sie nicht gesetzt hat.[581] Die Anwendung der Auffassung *Prölss'* auf den Arzthaftungsprozess ist daher abzulehnen.[582] Sie kann nicht zur Rechtfertigung

---

[578] BGH VersR 1967, 713 (713).

[579] *Katzenmeier*, Arzthaftung, S. 465; daher ablehnend für die Arzthaftung auch *Gaupp*, Beweisfragen im Rahmen ärztlicher Haftungsprozesse, S. 87 ff.; *Matthies*, Schiedsinstanzen im Bereich der Arzthaftung, S. 69; *Sick*, Beweisrecht im Arzthaftpflichtprozess, S. 79 f.; *Nüßgens*, in: Festschrift für Hauß, S. 287 (300); anders *Franzki*, Die Beweisregeln im Arzthaftungsprozess, S. 87 ff.; *Franzki*, MedR 1994, 171 (175); *Giesen*, Arzthaftungsrecht, Rn. 378 ff.

[580] *Dunz*, Praxis der Arzthaftung, S. 26.

[581] Aus der an eine Rechtsgutverletzung als Haftungsgrund anknüpfenden Verhaltenshaftung des Arztes würde im Ergebnis eine abzulehnende Gefährdungshaftung so *Bodenburg*, Kunstfehler, S. 49 f.

[582] *Prölss* selbst erkennt übrigens die Schwierigkeit, dass sich die Gefahrenbereiche von Arzt und Patient meist nicht trennen lassen und lehnt daher ebenfalls die Anwendung seiner Gefahrenbereichtheorie auf den Arzthaftungsprozess ab, vgl. *Prölss*, Beweiserleichterungen, S. 97.

der beweisrechtlichen Konsequenzen eines Verstoßes gegen die Befunderhebungspflicht herangezogen werden.

### 3. Schutzzweck der Norm

a) *Wassermeyer*[583] ist der Ansicht, dass es Fälle gebe, in denen sich die Ursächlichkeit eines Verhaltens grundsätzlich nicht nachweisen lasse. Dies führe dazu, dass der Schädiger, obwohl er eine ihm auferlegte Norm verletzt habe, im Prozess durch einfaches Bestreiten der Kausalität dennoch obsiege. Dass ganze Anspruchsgruppen an der Beweisfrage scheitern, könne jedoch nicht die Absicht des Gesetzgebers gewesen sein. Daher müsse der Schutzzweck bestimmter Normen – der Schutzgesetze im Sinne des § 823 Abs. 2 BGB – auch dahin gehen, durch Anordnung von bestimmten Maßnahmen bestimmte schädliche Erfolge abzuwenden. Habe nun jemand einerseits die angeordneten Maßnahmen nicht getroffen, liege aber andererseits ein Schaden vor, dessen Eintritt durch die Anordnung der Maßnahme verhindert werden sollte, so erfordere der schadensverhütende Zweck der Schutzgesetze eine Beweislastumkehr für den Kausalzusammenhang. So werde für die prozessuale Durchsetzbarkeit dieser Anspruchsgruppen gesorgt.

b) Weniger weit in seiner Forderung geht *Stoll*[584]. Zwar zieht auch er den Schutzzweck der Norm heran, um eine Umkehr der Beweislast in der Kausalitätsfrage zu rechtfertigen. Denn dieser Schutzzweck könne auch darin liegen, eine Beweisnot zu verhindern. Allerdings will *Stoll* diese Beweislastumkehr nicht – wie *Wassermeyer* – auf ganze Anspruchsgruppen ausdehnen. Eine Kausalitätsvermutung sei nur dann gerechtfertigt, wenn der Schädiger pflichtwidrig ein Verletzungsrisiko geschaffen habe, mit dem typischerweise auch die Unaufklärbarkeit des Ursachenzusammenhangs einhergehe, nicht jedoch, wenn dem Geschädigten durch Rückgriff auf übliche Beweismittel die Aufklärung der Kausalität möglich und daher zumutbar sei.[585]

c) Zwar trifft es auf die unterlassene Befunderhebung zu, dass mit ihr regelmäßig eine erschwerte Aufklärung des Kausalverlaufs verbunden ist. Gegen die Ansicht von *Wassermeyer* und *Stoll* spricht jedoch, dass die Lehre vom Schutzzweck der Norm eigentlich der Haftungsbegrenzung dient,[586] hier jedoch zu einer Ausweitung der Haftung führt. Aber selbst wenn man den Schutzzweck mit *Wassermeyer* und *Stoll* gedanklich zu einer Haftungserweiterung heranzieht, sprechen gegen die Heranziehung der Normzwecklehre zur Rechtfertigung der beweisrechtlichen Konsequenzen eines Verstoßes gegen die Befunderhebungspflicht erhebliche Bedenken. Bereits nach dem Wortlaut der einschlägigen Normen trägt nämlich der Anspruchsteller üblicherweise die Beweislast für die haftungsbegründende Kausalität. Dies gilt auch für den von *Wassermeyer* zitierten § 823 Abs. 2 BGB. Auch hier ist die Beweislast nach

---

[583] *Wassermeyer*, Der prima facie Beweis, S. 73 ff.
[584] *Stoll*, in: Festschrift für Hippel, S. 517 ff., insb. 550 ff.; vgl. zur Auffassung *Stolls* auch *Hofmann*, NJW 1974, 1641 (1641).
[585] *Stoll*, in: Festschrift für Hippel, S. 553; ähnlich nun auch *Giesen*, Arzthaftungsrecht, Rn. 408: es müsse sich ein typisches Risiko der verletzten Verhaltenspflicht verwirklicht haben.
[586] *Deutsch*, Haftungsrecht, S. 297 ff.

allgemeinen Grundsätzen zu verteilen.[587] Außerdem würde die Anwendung der Normzwecklehre nach beiden Auffassungen dazu führen, dass im Arzthaftungsrecht immer der Arzt die Beweislast für die Nichtursächlichkeit seines Verhaltens für den Schaden tragen würde. Denn Schwierigkeiten beim Nachweis der Kausalität sind im Arzthaftungsprozess keine Seltenheit, so dass diese Anspruchsgruppe nach *Wassermeyer* typischerweise unter die Beweislastumkehr fallen dürfte. Dies gilt besonders für den Fall der unterlassenen Befunderhebung, der infolge des Fehlens von Befunden als Beweismittel typischerweise durch eine besondere Beweisnot des Patienten gekennzeichnet ist. Im Übrigen kann nicht davon ausgegangen werden, dass Schutzzweck des § 823 Abs. 1 und des § 823 Abs. 2 BGB (i.V.m. z.B. § 223 StGB[588]) die Verhinderung einer Beweisnot beim Patienten ist.[589] Die Pflicht zur Befunderhebung als Teil der Pflicht zur ordnungsgemäßen Behandlung soll den Patienten nicht vor etwaigen prozessualen Beweisnachteilen, sondern vor Schäden an Leben, Körper und Gesundheit schützen. Werden Befunde erhoben und gesichert, so dass sie in einem späteren Prozess als Beweismittel herangezogen werden können, so ist dies für den Patienten zwar günstig. Diese vorteilhafte beweisrechtliche Lage herbeizuführen, ist jedoch nicht Schutzzweck der Normen, nach denen der Arzt die zum Wohle des Patienten erforderlichen Maßnahmen vornehmen muss, sondern vielmehr ein bloßer Reflex derselben. Den Schutz eines anderen bezweckt eine Norm jedoch nicht, wenn dieser Schutz nur als Reflex der Norm erreicht wird.[590] Es fehlt somit am Rechtswidrigkeitszusammenhang.[591]

Auch der Ansatzpunkt *Stolls* führt zum selben Ergebnis. Da sich im Arzthaftungsprozess die Kausalität wegen der Unwägbarkeiten des menschlichen Organismus praktisch nie mit den üblichen Beweismitteln aufklären lässt, käme es immer zu einer Umkehr der Beweislast. Die Lehre vom Schutzzweck der Norm soll jedoch nur in bestimmten Fällen[592] die oftmals zu weite Zurechnung korrigieren und nicht zu einer grundsätzlichen und einseitigen Verlagerung der Beweislast auf den Arzt führen.[593] Die Auffassung *Stolls* ist daher ebenfalls abzulehnen. Die Lehre vom Schutzzweck der Norm kann daher die beweisrechtlichen Konsequenzen eines Verstoßes gegen die Befunderhebungspflicht nicht erklären.

---

[587] Mit der Verletzung eines Schutzgesetzes kann häufig nur der Kausalzusammenhang zwischen der Verletzung und dem Schaden sowie das Verschulden des Täters *prima facie* bewiesen werden, vgl. BGH VersR 1955, 760 (761); BGH VersR 1956, 158 (159); *Rosenberg*, Beweislast, S. 356; *Prölss*, Beweiserleichterungen, S. 99.

[588] § 223 StGB ist Schutzgesetz i.S.d. § 823 Abs. 2 BGB, vgl. insoweit zu den entsprechenden Erwägungen zu § 227 StGB a.F., die auch auf § 223 StGB zutreffen, BGHZ 103, 197 (199 f.) = BGH NJW 1988, 1383 (1383) = BGH VersR 1988, 736 (737); BGH NJW 1999, 2895 (2895 f.); Palandt-*Sprau*, § 823 Rn. 69.

[589] *Kaufmann*, Die Beweislastproblematik im Arzthaftungsprozess, S. 70 m.w.N; *Baumgärtel*, in: Festschrift für Kralik, S. 63 (69); *ders.*, JZ 1995, 409 (409); *Gaupp*, Beweisfragen im Rahmen ärztlicher Haftungsprozesse, S. 86: Schutzzweck des § 823 Abs. 1 BGB sei nicht, die Unaufklärbarkeit des Sachverhalts zu verhindern; offen gelassen von *Kleinewefers/Wilts*, VersR 1967, 617 (621).

[590] Palandt-*Sprau*, § 823 Rn. 57.

[591] *Franzki*, Die Beweisregeln im Arzthaftungsprozess, S. 79.

[592] *Larenz*, SchuldR I, § 27 III 2.; jede gesetzliche Pflicht oder Vertragspflicht diene bestimmten Interessen, und nur der Schaden, der diesen geschützten Interessen zugefügt wird, solle dem Schuldner zugerechnet werden, so *Rabel*, Das Recht des Warenkaufs, S. 497.

[593] So auch *Bodenburg*, Kunstfehler, S. 52; *Hofmann*, NJW 1974, 164 (1641).

## 4. Lehre von der Gefahrerhöhung

*Deutsch*[594] hat auf den Gedanken der Risikoerhöhung zurückgegriffen, um die Beweislastumkehr beim groben Behandlungsfehler zu legitimieren. Erhöhe die Verletzung einer Verhaltensnorm das Risiko des Schadens, dann kehre sich die Beweislast um, so dass der Schädiger zu beweisen habe, dass der Schaden auch ohne seine Verletzungshandlung eingetreten wäre. Eine Gefährdungsnorm müsse zum einen präventiv wirken, indem sie bestimmte, üblicherweise mit ihrer Übertretung verbundene Schäden verhindere. Zum anderen müsse sie einen eingetretenen Schaden durch Ersatz ausgleichen. Dieser Gedanke könnte auch auf die unterlassene Befunderhebung übertragbar sein. Möglicherweise erhöht sich nämlich auch hier das Risiko eines Schadenseintritts, wenn der Arzt gegen seine Pflicht, Befunde zu erheben, verstößt. Aus diesem Grund könnten zugunsten des Patienten zumindest Beweiserleichterungen in Betracht kommen.

Gegen den Gedanken der Risikoerhöhung spricht zunächst, dass damit eine vom Grundsatz abweichende Verteilung der Beweislast kaum gerechtfertigt werden kann. Denn die Frage der Beweislast richtet sich nach dem materiellen Recht. Danach haftet der Arzt aber nur, wenn er den eingetretenen Schaden verursacht hat und nicht allein dafür, dass er das Risiko für den Schadenseintritt erhöht hat. Auf das materielle Recht übertragen würde die Risikoerhöhungslehre daher die Hinwendung zu einer Gefährdungshaftung des Arztes bedeuten. Dies wäre systemwidrig, da die Arzthaftung nach geltendem Recht eine Verschuldenshaftung ist. Im Übrigen ist im Anwendungsbereich der Beweisfigur der unterlassenen Befunderhebung auch fraglich, ob von dem lediglich einfachen Befunderhebungsfehler ein nennenswert erhöhtes Risiko ausgeht. Ließe man nämlich jegliche, auch noch so geringe Risikoerhöhung des Fehlers für den Schadenseintritt ausreichen, würde die Auffassung *Deutschs* dazu führen, dass jede Form des Behandlungsfehlers zu einer Beweislastumkehr führen könnte, da mit einem Behandlungsfehler meistens ein (zumindest leicht) erhöhtes Risiko für den Eintritt eines Schadens einhergeht. Schon deshalb ist die Auffassung *Deutschs* abzulehnen.

## 5. Rechtsgüterprinzip

*Möllers*[595] verweist auf das Rechtsgüterprinzip. Die Beweislastsonderregel des groben Behandlungsfehlers sei aus der Sicht der betroffenen Rechtsgüter des Geschädigten zu begründen.[596] Die Rechtsgüter Leben, Körper und Gesundheit des Patienten stünden in der Wertehierarchie des § 823 BGB und des GG höher als das Recht auf Eigentum und Vermögen des Arztes.[597] Gefahren für diese Rechtsgüter seien in erster Linie durch hohe Verhaltensanforderungen zu vermeiden. Im Fall des Schadenseintritts verlangten sie einen Ausgleich, indem es bei den Tatbestandsmerkmalen Kausalität und Verschulden zu Beweiserleichterungen, gegebenenfalls

---

[594] *Deutsch*, Allgemeines Haftungsrecht, Rn. 218 ff., 225; der Gedanke der Risikoerhöhung wurde im Strafrecht von *Roxin* entwickelt, vgl. *Roxin*, ZStW 74 (1962), 411 (430 ff.).
[595] *Möllers*, in: Privatrecht im „Risikostaat", S. 189 ff.
[596] *Möllers*, in: Privatrecht im „Risikostaat", S. 189 (195).
[597] *Möllers*, in: Privatrecht im „Risikostaat", S. 189 (195).

auch zu einer Beweislastumkehr komme.[598] Diese Argumentation ließe sich ohne Weiteres auf die unterlassene Befunderhebung übertragen. Auch gegen den Begründungsversuch *Möllers* gibt es jedoch Bedenken. Dies gilt selbst dann, wenn man mit *Möllers* davon ausgeht, dass die Rechtsgüter Leben, Körper und Gesundheit aufgrund ihrer systematischen Stellung im GG und im BGB gegenüber dem Recht auf Eigentum und Vermögen in einer Wertehierarchie zueinander stehen.[599] Allerdings greift die Sichtweise *Möllers* insoweit zu kurz, als er als betroffene Rechtsgüter des Arztes lediglich dessen Eigentum oder Vermögen nennt. Diese stünden in der Rangordnung unter den Rechtsgütern des Lebens, des Körpers und der Gesundheit des Patienten. Dabei übersieht *Möllers*, dass für den Arzt nicht nur monetäre Aspekte in einem Haftungsprozess auf dem Spiel stehen. Betroffen und mit oft viel weitreichenderen Konsequenzen als mit der Zahlung einer Geldsumme verbunden ist die Schädigung seines guten Rufs und seiner Ehre als Arzt. Dies gilt umso mehr dann, wenn der Arzt lediglich aufgrund einer Beweislastentscheidung verurteilt wird, die Kausalität seines Fehlers für den Gesundheitsschaden des Patienten also gar nicht sicher festgestellt werden konnte.

Das Recht auf Achtung der Würde und der freien Entfaltung der Persönlichkeit ist ein bürgerlich-rechtliches, von jedermann zu achtendes Recht und ist als „sonstiges Recht" im Sinne des § 823 Abs. 1 BGB anerkannt.[600] Das Allgemeine Persönlichkeitsrecht, wozu als Teil des geschützten Rechts auf Selbstdarstellung auch das Recht auf persönliche Ehre gehört,[601] unterfällt zudem dem Schutzbereich des Art. 1 Abs. 1 i.V.m. Art 2 Abs.1 GG. Da es somit systematisch weit vorne im Grundgesetz steht, müsste ihm nach *Möllers* ebenfalls ein hoher Wert in der Hierarchie der Rechtsgüter zuerkannt werden. Dies hat er allerdings nicht getan, sondern den Rechtsgütern Leben, Körper und Gesundheit des Patienten als Rechtsgüter des Arztes lediglich dessen Eigentum und Vermögen gegenübergestellt.

Mit einer Verurteilung des Arztes können zudem ein möglicher Verlust seiner Zulassung und seiner Arbeitsmöglichkeit (Art. 12 GG) verbunden sein, Eingriffe, die zumindest ebenfalls das Allgemeine Persönlichkeitsrecht des Arztes berühren. Auch diesen Aspekt hat *Möllers* nicht berücksichtigt.

Im Übrigen würde seine Auffassung im Extremfall bedeuten, dass es immer schon dann zu einer Beweislastumkehr käme, wenn jemand in einem – *Möllers* Ansicht nach – höherwertigen Rechtsgut geschädigt wird, obwohl die Ursächlichkeit der Schädigung nicht mit Sicherheit festgestellt werden kann. Dies ginge viel zu weit. *Möllers* Auffassung ist daher abzulehnen.

---

[598] *Möllers*, in: Privatrecht im „Risikostaat", S. 189 (199 f.).

[599] A.A. *Fikentscher/Heinemann*, Schuldrecht, Rn. 1049, der davon ausgeht, die Rechtsgüter in § 823 Abs. 1 BGB hätten nur die Funktion, Eingriffsobjekte zu formulieren; der Richter dürfe auch keine soziale Rangskala von Gütern aufstellen, so *Mertens*, VersR 1980, 397 (401); für das öffentliche Recht ablehnend *Böckenförde*, NJW 1974, 1529 (1534): Statt einer abstrakten Rangordnung im Sinne einer Wertordnung der Grundrechte sei ihr Verhältnis durch eine Güterabwägung im konkreten Fall zu bestimmen.

[600] BGHZ 13, 334 (337 f.) = BGH NJW 1954, 1404 (1404 f.); Palandt-*Sprau*, § 823 Rn. 19; *Müller*, VersR 2000, 797 (798).

[601] BVerfGE 54, 148 (154); BVerfGE 54, 208 (217); *Isensee/Kirchhof*, Handbuch des Staatsrechts, Bd. VI, Freiheitsrechte, § 152 Rn. 55; zum Recht auf Selbstbestimmung vgl. *dies.*, § 129 Rn. 42.

## 6. Verbot des Selbstwiderspruchs

Auch das Verbot des Selbstwiderspruchs (*venire contra factum proprium*) wird als Legitimationsgrundlage genannt. Der Arzt habe durch seinen groben Behandlungsfehler Aufklärungserschwernisse in das Geschehen hineingetragen. Könne er nun aus der dadurch entstandenen mangelnden Möglichkeit des Patienten, die Kausalität des Fehlers für den Schaden nachzuweisen, Nutzen ziehen, verstoße das gegen § 242 BGB. Daher sei die Beweislast umzukehren. Ebenso trägt auch ein Befunderhebungsfehler Aufklärungserschwernisse in das Behandlungsgeschehen hinein, die sich insbesondere auch auf die Feststellung der für die Schädigung in Betracht kommenden Ursachen auswirken.[602] Die unterlassene Befunderhebung verhindert die Entdeckung des wahrscheinlich gravierenden Befundes und eine entsprechende Reaktion darauf mit der Folge, dass hierdurch das Spektrum der für die Schädigung des Patienten in Betracht kommenden Ursachen besonders verbreitert oder verschoben wird.[603]

Da jedoch auch die Argumentation mit dem Verbot des Selbstwiderspruchs letztlich auf Billigkeitserwägungen zurückgreift, ist diese aus den genannten Gründen ebenfalls abzulehnen.

## 7. Gewohnheitsrecht

Bei der Beweisfigur eher fern liegend, aber der Vollständigkeit halber erwähnt sei die zur Rechtfertigung der Beweisfigur des groben Behandlungsfehlers vertretene Auffassung, bei der Beweisregel handele es sich um durch die ständige Rechtsprechung entstandenes Gewohnheitsrecht.[604]

Zwar ist es durchaus möglich, dass die Rechtsprechung das gesetzte Recht fortbildet und diese ständige Rechtsprechung dann zu Gewohnheitsrecht wird. Ist dies der Fall, kommt es auch nicht mehr darauf an, ob das Gewohnheitsrecht ursprünglich im Einklang mit dem gesetzten Recht stand.[605] Allerdings setzt das Entstehen von Gewohnheitsrecht nicht nur voraus, dass eine lang dauernde tatsächliche Übung besteht. Wegen der erheblichen Zeit, in der die Rechtsprechung die Beweislastsonderregel des groben Behandlungsfehlers bereits anwendet, könnte man diese Voraussetzung sogar als erfüllt ansehen,[606] wohingegen sie für die deutlich jüngere Beweisfigur der unterlassenen Befunderhebung wohl abzulehnen wäre. Um Gewohnheitsrecht bejahen zu können, müsste aber des Weiteren auch eine so genannte *opinio necessitatis* hinzukommen.[607] Diese setzt voraus, dass die beteiligten Verkehrskreise davon überzeugt sind, durch die Einhaltung der Übung bestehendes Recht zu verfol-

---

[602] BGH VersR 1989, 80 (81); so auch schon BGHZ 85, 212 (217 f.) = BGH NJW 1983, 333 (334) = BGH VersR 1982, 1193 (1195); BGHZ 99, 391 (396 f.) = BGH NJW 1987, 1482 (1483) = BGH VersR 1987, 1089 (1090 f.); BGHZ 132, 47 (50) = BGH NJW 1996, 1589 (1589 f.) = BGH VersR 1996, 633 (633 f.); OLG Köln, VersR 1992, 1003 (1004).
[603] BGHZ 159, 48 (57 ) = BGH NJW 2004, 2011 (2013) = BGH VersR 2004, 909 (911) = BGH JZ 2004, 1029 (1030).
[604] Vgl. *Matthies*, NJW 1983, 335 (335).
[605] *Larenz/Canaris*, Methodenlehre der Rechtswissenschaft, S. 259.
[606] So auch *Helbron*, Entwicklungen, S. 36.
[607] BVerfGE 28, 28 (28 f.); RGZ 75, 40 (41); BGHZ 37, 219 (226).

gen.[608] Von einer solchen Rechtsüberzeugung kann indes bei beiden Beweisregeln nicht ausgegangen werden. Denn dafür müsste die Rechtsprechung in den beteiligten Kreisen, also unter Juristen, aber auch in der Öffentlichkeit, überwiegend Zustimmung gefunden haben.[609] Da sowohl die Rechtsprechung zum groben Behandlungsfehler als auch die zur unterlassenen Befunderhebung jedoch auf Gegenstimmen stößt,[610] kann schon aus diesem Grund nicht von einer gemeinsamen Rechtsüberzeugung ausgegangen werden.[611] Somit stellt weder die Beweislastsonderregel des groben Behandlungsfehlers noch die Beweisfigur der unterlassenen Befunderhebung gesetzesgleiches Gewohnheitsrecht dar.

## 8. Gefahrerhöhung und Beherrschbarkeit des Geschehensablaufs

Denkbar erscheint es, dass die beweisrechtlichen Folgen, die den Arzt bei einem Verstoß gegen die Befunderhebungspflicht treffen, das von ihm übernommene Leistungsrisiko zum Ausdruck bringen,[612] dass sie also möglicherweise ihre Rechtfertigung in der ärztlichen Aufgaben- und Pflichtenrolle, mithin in seiner materiellrechtlichen Pflichtenstellung finden.[613] Damit würden Gesichtspunkte der Gefahrerhöhung und der Beherrschbarkeit des Geschehensablaufs in den Mittelpunkt der Betrachtung treten. Diesen Ansatzpunkt, in Verbindung mit weiteren Gesichtspunkten[614], hat jüngst *Katzenmeier*[615] als weiteren Versuch zur dogmatischen Begründung der Beweislastumkehr bei Vorliegen eines groben Behandlungsfehlers gewählt. Dass der Schaden möglicherweise durch einen Umstand verursacht wurde, der sich dem Gefahrenbereich des Arztes zuordnen lässt, soll dabei zwar Voraussetzung, keineswegs jedoch hinreichender Grund für eine Umkehr der Beweislast in der Kau-

---

[608] Palandt-*Heinrichs*, Vor § 1, Einleitung, Rn. 22.

[609] *Larenz/Canaris*, Methodenlehre der Rechtswissenschaft, S. 258.

[610] Vgl. für die Beweisfigur der unterlassenen Befunderhebung etwa *Hausch*, VersR 2003, 1489 ff.; ders., VersR 2005, 600 (604 f.); *Feifel*, GesR 2006, 308 ff.; *Martis/Winkhart*, Arzthaftungsrecht, S. 809 ff., 813 f.; wohl auch *Stegers*, in: *Ratajczak/Stegers*, „Waffen-Gleichheit", S. 42 f.; für die Beweislastregel des groben Behandlungsfehlers vgl. die Kritik von *Graf*, Beweislast, S. 123; *Matthies*, NJW 1983, 335 (335); *Hanau*, NJW 1968, 2291 (2291); *ders.*, Die Kausalität der Pflichtwidrigkeit, S. 133; *Sick*, Beweisrecht im Arzthaftpflichtprozess, S. 108; *Prütting*, in: 150 Jahre LG Saarbrücken, S. 257 (266); vgl. auch kritisch *Katzenmeier*, Arzthaftung, S. 463; *Geiß/Greiner*, Arzthaftpflichtrecht, Rn. B. 251; *Fleischer*, JZ 1999, 766 (773); *Baumgärtel*, in: Gedächtnisschrift für Bruns, S. 93 (97); *Hausch*, VersR 2004, 671 (678).

[611] So auch *Helbron*, Entwicklungen, S. 37; a.A. *Spickhoff*, NJW 2004, 2345 (2347): Man könne mittlerweile von richter- und (trotz der Kritik im Schrifttum) gewohnheitsrechtlich verfestigten Regeln ausgehen. Der Auffassung *Spickhoffs* ist aus den genannten Gründen zu widersprechen, es fehlt mithin an einer *opinio necessitatis*.

[612] Dafür, dass die Beweislastverteilung möglichst das vom Schuldner übernommene Leistungsrisiko zum Ausdruck bringen soll, *Stoll*, AcP 176 (1976), 145 (149 ff.); *Larenz*, in: Festschrift für Hauß, S. 225 (235 ff.).

[613] Vgl. zur Beweisrisikozuweisung entsprechend der materiell-rechtlichen Pflichtenstellung *Steffen*, ZVersWiss 1993, 13 (28 f.); *v. Bar*, Verkehrspflichten, S. 282; *Kreuzer*, AcP 184 (1984), 81 (88 f.); RGRK-*Nüßgens*, § 823 Anh. II, Rn. 305; *ders.*, in: Festschrift für Hauß, S. 287 (299 f.); *Schiemann*, in: Festschrift für Gernhuber, S. 387 (398); *Katzenmeier*, Arzthaftung, S. 464.

[614] So etwa hohe Verursachungswahrscheinlichkeit, Berufshaftung, Gewicht und Relation der geschützten Rechtsgüter, vgl. *Katzenmeier*, Arzthaftung, S. 466.

[615] *Katzenmeier*, Arzthaftung, S. 464 ff.

salfrage sein. Vielmehr müsse feststehen, dass der Arzt den Patienten einer gegenüber den mit der Behandlung normalerweise verbundenen Risiken erhöhten Gefahr ausgesetzt habe.[616] Denn nur in einem solchen Fall gingen sie über das vom Patienten zu tragende „Tauschrisiko",[617] also über diejenigen Risiken, die üblicherweise mit einer indizierten Behandlung verbunden seien und die an die Stelle der Gefahren der unbehandelten Krankheit treten, hinaus.[618] Um den Arzt bei Verursachungszweifeln mit dem Beweis belasten zu können, müsse es ihm möglich gewesen sein, den Geschehensablauf durch Einhaltung elementarer Berufspflichten generell zu beherrschen.[619] Nur dann könne der gleichwohl eingetretene Schaden dem Arzt nach allgemeinen Haftungsgrundsätzen zugerechnet werden. Dieser Gedanke lässt sich möglicherweise auf die beweisrechtlichen Folgen einer Verletzung der Befunderhebungspflicht übertragen.

Zu begrüßen ist an dem Vorschlag, dass er versucht, die Beweislastumkehr bei einem groben Behandlungsfehler mit Kriterien der Schadenszurechnung zu begründen und es vermeidet, auf Billigkeitsgesichtspunkte zurückzugreifen. Es ist jedoch zweifelhaft, ob er geeignet ist, die Beweiserleichterungen auf der 1. Stufe der Beweisfigur der unterlassenen Befunderhebung zu rechtfertigen. Denn zum einen knüpft die Beweisfigur hier nicht an einen groben Fehler, sondern an ein einfach fehlerhaftes Unterlassen der Befunderhebung an, so dass bereits der Gesichtspunkt der Gefahrerhöhung äußerst fragwürdig ist. Mag von einem groben Behandlungsfehler unter medizinischen Gesichtspunkten auch ein erhöhtes Risiko ausgehen,[620] so ist dies für einen einfachen Fehler jedoch abzulehnen. Denn dabei handelt es sich gerade um ein Risiko, das mit der indizierten medizinischen Behandlung üblicherweise einhergeht und das daher vom Patienten als Tausch für das Risiko der unbehandelten Krankheit zu tragen ist.

Die Beherrschbarkeit des Geschehensablaufs ist zwar grundsätzlich ein Kriterium, das eine Schadenszurechnung rechtfertigen kann. Gerade bei der Arzthaftung hat dieses Kriterium jedoch Schwächen. Denn auch wenn der Arzt elementare Berufspflichten einhält, kann nicht davon ausgegangen werden, dass der Geschehensablauf dadurch generell beherrschbar würde. Da der Arzt es nicht mit toter Materie, sondern mit einem lebenden Organismus zu tun hat,[621] der noch dazu häufig unberechenbar reagiert, können Zwischenfälle bei vermeintlich beherrschbaren Eingriffen

---

[616] Katzenmeier, Arzthaftung, S. 465; der Gedanke der Gefahrerhöhung geht im strafrechtlichen Schrifttum auf Roxin, ZStW 74 (1962), 411 (430 ff.) zurück; er wurde jedoch auch im Zivilrecht aufgegriffen, vgl. insbesondere Deutsch, Allgemeines Haftungsrecht, Rn. 194 ff., 221 ff., 324; ders., Fahrlässigkeit und erforderliche Sorgfalt, S. 473 ff.; v. Bar, Verkehrspflichten, S. 281 f.; im Arzthaftpflichtrecht Stürner, AcP 183 (1983), 107 (109).

[617] Steffen/Pauge, Arzthaftungsrecht, Rn. 128; eine Krankenbehandlung sei immer mit einem Risiko verbunden, so Deutsch, Allgemeines Haftungsrecht, Rn. 216.

[618] Katzenmeier, Arzthaftung, S. 465.

[619] Katzenmeier, Arzthaftung, S. 465; vgl. auch Stoll, AcP 176 (1976), 146 (157); v. Bar, Verkehrspflichten, S. 294.

[620] Nach Auffassung von Matthies, NJW 1983, 335 (335) hat der BGH, indem er beim groben Behandlungsfehler auf das Kriterium der „nahe liegenden" oder „typischen" Ursache für den Schaden verzichtet, klar gestellt, dass die Beweislastumkehr im Fall des groben Behandlungsfehlers gerade nicht von einer Risikoerhöhung besonderen Ausmaßes als Folge des Fehlers abhängig sein soll, wenn dies auch im Regelfall so sein werde.

[621] Franzki, MedR 1994, 171 (171).

und trotz des medizinischen Fortschritts im Einzelfall schicksalhaft auftreten.[622] Da solche Fälle nicht zum Arztrisiko werden dürfen, müsste man sie – trotz genereller Beherrschbarkeit des Geschehens – nachträglich von der Zurechnung ausnehmen. Ob es gelingen würde, nach Bejahung der generellen Beherrschbarkeit des Geschehensablaufs in einem zweiten Schritt die Beherrschbarkeit im Einzelfall zu verneinen, ist äußerst fraglich und im Ergebnis zu verneinen. Denn wäre es so leicht, schicksalhafte Verläufe von auch im Einzelfall beherrschbaren Geschehen zu unterscheiden, bestünde gar kein Bedürfnis für die von der Rechtsprechung begründeten Beweisfiguren.

## 9. Waffengleichheitsgebot

Möglicherweise lassen sich die beweisrechtlichen Folgen eines einfachen Befunderhebungsfehlers mit dem Waffengleichheitsgebot rechtfertigen. Denn hat der Arzt keine Befunde erhoben, befindet sich der Patient, wie oben dargestellt, in einer Situation der Beweisnot. Regelmäßig benötigt er nämlich die Befunde, um einen Behandlungsfehler und die Schadensursächlichkeit darzulegen und zu beweisen. Gibt es keine Befunde, hat der Patient gegen den Arzt meist „nichts in der Hand". Wegen dieser sich aus der unterlassenen Befunderhebung ergebenden ungleichen Stellung von Arzt und Patient könnte die Waffengleichheit[623] verletzt sein. Auch die vier beim Arzthaftungsbeschluss des BVerfG im Jahr 1979 in der Minderheit gebliebenen Verfassungsrichter meinten, es müsse „von Mal zu Mal geprüft werden, ob dem Patienten nach allem die regelmäßige Beweislastverteilung noch zugemutet werden"[624] dürfe, oder ob eine Beweislastumkehr in Betracht gezogen werden müsse; dies folge insbesondere aus dem Gebot der Waffengleichheit im Prozess.

Da dieses Gebot richtigerweise jedoch nur die Gleichwertigkeit der Parteien *vor* dem Richter gewährleisten soll, jedoch gerade keine Gleichwertigkeit *durch* ihn,[625] hat der Richter nicht im Wege richterlicher Rechtsfortbildung für eine äquivalente Verteilung des Beweisrisikos zu sorgen. Das Gebot der Waffengleichheit kann daher die beweisrechtlichen Folgen einer einfach fehlerhaft unterlassenen Befunderhebung nicht legitimieren.

Im Ergebnis bleibt festzuhalten, dass die genannten Auffassungen in der Literatur die beweisrechtlichen Konsequenzen eines Verstoßes gegen die Befunderhebungspflicht nicht überzeugend dogmatisch zu legitimieren vermögen. Ob die insoweit von der Rechtsprechung gezogenen Parallelen zu einer Verletzung der Dokumentations-

---

[622] BGH NJW 1980, 2751 (2752); *Gaupp*, Beweisfragen im Rahmen ärztlicher Haftungsprozesse, S. 11 f.; *Laufs*, NJW 1969, 529 (529) m.w.N.

[623] Zum Waffengleichheitsgebot vgl. auch die Ausführungen in Kapitel 5 unter D; vgl. auch die Darstellung bei *Katzenmeier*, Arzthaftung, S. 378 ff.

[624] BVerfGE 52, 131 (147) = BVerfG NJW 1979, 1925 (1925 f.).

[625] Vgl. BVerfG NJW 1979, 1925 (1926 f.); vgl. hierzu auch die Ausführungen in Kapitel 5 unter D.; a.A. die dissentierenden Richter, vgl. BVerfG NJW 1979, 1925 (1925 f.): Die Gerichte müssten sich im jeweiligen Einzelfall die typische beweisrechtliche Stellung der Parteien und die beweisrechtliche Grundproblematik bewusst machen und dürften ihre hieraus folgende Verpflichtung, im konkreten Fall insgesamt für eine faire, zumutbare Handhabung des Beweisrechts zu sorgen, nicht aus den Augen verlieren; dies ergebe sich aus dem Gebot der Waffengleichheit im Prozess und dem Erfordernis der Rechtsanwendungsgleichheit.

pflicht und zur Beweisvereitelung zutreffen, soll im folgenden Kapitel überprüft werden.

## E. Die Entwicklung der Rechtsprechung des BGH zur unterlassenen Befunderhebung

Bis es zu der Beweisregel in ihrer heutigen Form kam, sind Jahrzehnte vergangen. Diese Entwicklung in der Rechtsprechung soll im Folgenden aufgezeigt werden. Dass sich aus fehlenden Befunden Beweisschwierigkeiten des Patienten für den Nachweis des Behandlungsfehlers und dessen Kausalität für den Schaden ergeben können, hat der BGH schon früh erkannt. Bereits im Jahr 1958 entschied der BGH im Fall einer versäumten bakteriologischen Untersuchung, dass dem Arzt die Beweislast für die „Unschädlichkeit" seines Unterlassens auferlegt werden könne.[626] In dieser Entscheidung verwies der BGH auf seine „anerkannte Rechtsprechung" zum Fall des pflichtwidrigen ärztlichen Unterlassens aus dem Jahr 1955.[627] Die Entscheidung aus dem Jahr 1958 war für den Patienten sehr günstig, machte sie doch die Umkehr der Beweislast nur von einer einfachen Sorgfaltspflichtverletzung abhängig, verlangte also keinen qualifizierten Verstoß des Arztes. Dies mag daran gelegen haben, dass sich die Rechtsprechung des BGH zum groben Behandlungsfehler in den 1950er Jahren noch nicht fest etabliert hatte.[628]

Bis Anfang der 1980er Jahre sah der BGH kein Bedürfnis für die Entwicklung einer eigenen Beweisregel für die Fälle der unterlassenen Befunderhebung.[629] Vielmehr wurde die unterlassene Befunderhebung nach der allgemeinen Rechtsprechung zum groben Behandlungsfehler beurteilt,[630] führte also nur dann zu beweisrechtlichen Konsequenzen, wenn der Arzt grob fehlerhaft gehandelt hatte, also in „ungewöhnlichem"[631] oder erheblichem Ausmaß gegen seine Befunderhebungspflicht verstoßen hatte.

Erst im Jahr 1987 entstand schließlich die eigenständige Beweisfigur der unterlassenen Befunderhebung, der der BGH Verstöße gegen die Befundsicherungspflicht gleichsetzte.[632] Die unterlassene Befunderhebung war von nun an als Fallgruppe des Behandlungsfehlers anerkannt. In seiner Entscheidung konnte der BGH offen lassen, ob das Unterlassen des Arztes einen groben Behandlungsfehler darstellte.[633] Von nun an kamen Beweiserleichterungen für den Patienten hinsichtlich des Ursachen-

---

[626] Vgl. BGH VersR 1958, 849 (849).
[627] Vgl. BGH VersR 1955, 344 ff., wo es allerdings nicht um einen Verstoß gegen die Befund*erhebungs*pflicht, sondern gegen die Befund*sicherungs*pflicht ging.
[628] Zur diesbezüglichen Rechtsprechungsentwicklung vgl. *Katzenmeier*, Arzthaftung, S. 440 f.; *Musielak*, Die Grundlagen der Beweislast im Zivilprozess, S. 145 ff.; *Franzki*, Die Beweisregeln im Arzthaftungsprozess, S. 57; so auch *Hausch*, VersR 2003, 1489 (1489, Fn. 7).
[629] *Nixdorf*, VersR 1996, 160 (161); *Katzenmeier*, Arzthaftung, S. 477 f.
[630] So noch BGHZ 85, 212 (217) = BGH NJW 1983, 333 (334) = BGH VersR 1982, 1193 (1195). *Katzenmeier*, Arzthaftung, S. 478; *Hausch*, VersR 2003, 1489 (1490).
[631] BGHZ 85, 212 (217) = BGH NJW 1983, 333 (334) = BGH VersR 1982, 1193 (1195).
[632] Vgl. BGHZ 99, 391 (397) = BGH NJW 1987, 1482 (1483) = BGH VersR 1987, 1089 (1090 f.); vgl. auch BGH NJW 1996, 779 (780); vgl. zur Gleichsetzung der Befunderhebungs- mit der Befundsicherungspflicht schon die Ausführungen in diesem Kapitel unter C. I.
[633] BGHZ 99, 391 (395) = BGH NJW 1987, 1482 (1483) = BGH VersR 1987, 1089 (1090).

zusammenhangs nämlich auch schon dann in Betracht, wenn das Unterlassen des Arztes nur einfach fehlerhaft war, also „unterhalb der Schwelle zum groben Behandlungsfehler"[634]. Hierin liegt die besondere eigenständige Bedeutung der neuen Beweisfigur.[635]

Das einfach fehlerhafte Unterlassen einer Befunderhebung konnte sich in den ersten Jahren der Beweisfigur nicht nur beweiserleichternd darauf auswirken, wie der Befund ausgesehen hätte, wäre er erhoben worden, sondern auch auf den Nachweis des Kausalzusammenhangs zwischen Fehler und Schaden, „wenn eine Befunderhebung durch eine ärztliche Untersuchungsmaßnahme angesichts der Symptome des Patienten zur Aufklärung und Sicherung des Status ärztlich zweifelsfrei geboten gewesen und schuldhaft unterlassen worden ist, und wenn ein Befundstatus, wäre er erhoben worden, wahrscheinlich den vom Patienten behaupteten Ursachenverlauf auch geklärt hätte, weil die Statussicherung gerade wegen des erhöhten Risikos eines solchen Verlaufs geschuldet war"[636]. Das Abstellen auf ärztlich zweifelsfrei gebotene Befunde und die Wahrscheinlichkeit der Klärung des behaupteten Kausalverlaufs war nach Auffassung des BGH deshalb angezeigt, weil der Arzt andernfalls selbst für die Verwirklichung eines bloßen Krankheitsrisikos haften würde, und zwar allein deshalb, weil er einen Fehler gemacht habe. Eine solche Sichtweise würde verkennen, dass neben der unterlassenen Befunderhebung vielfache ärztliche Behandlungsmaßnahmen dazu beitragen könnten, dass der Kausalverlauf nachträglich nicht mehr geklärt werden könne. Die Belastung mit dem schwer zu führenden Beweis der Nichtursächlichkeit sei daher nur unter den genannten Voraussetzungen gerechtfertigt.[637]

Die neue Beweisfigur barg die Gefahr einer Ausuferung in sich.[638] Dies erkannte nach dem eben Gesagten auch der BGH bereits in dieser Entscheidung. Daher versuchte er auch in der Folgezeit, den Anwendungsbereich auf „medizinisch zweifelsfrei gebotene Befunde", die Aufklärung eines „wahrscheinlichen" Ursachenzusammenhangs und das „erhöhte Risiko eines solchen Verlaufs" zu begrenzen.[639] Ausreichend sollte demnach nicht sein, dass die Befunde dem Patienten in irgendeiner Form nützlich sein konnten. Entscheidend war vielmehr, ob ihre Erhebung medizinisch geboten war. Außerdem reichte – anders als beim groben Behandlungsfehler – nicht aus, dass das Unterlassen als Fehler geeignet war, einen Schaden der eingetretenen Art zu verursachen; durch den Fehler musste vielmehr die Aufklärung eines immerhin wahrscheinlichen Ursachenzusammenhangs zwischen ärztlichem Behandlungsfehler und Gesundheitsschaden erschwert oder vereitelt worden sein.[640]

---

[634] *Nixdorf*, VersR 1996, 160 (161); vgl. auch *Katzenmeier*, Arzthaftung, S. 478.

[635] *Nixdorf*, VersR 1996, 160 (161).

[636] BGHZ 99, 391 (398 f.) = BGH NJW 1987, 1482 (1483) = BGH VersR 1987, 1089 (1091); BGH NJW 1988, 1513 (1514); BGH VersR 1989, 80 (80); vgl. auch BGH VersR 1999, 60 (61); BGH VersR 1999, 1282 (1283); OLG Stuttgart VersR 1994, 313 (315); OLG Oldenburg VersR 1991, 1243 (1244); OLG Oldenburg, VersR 1993, 229 (230); *Steffen/Pauge*, Arzthaftungsrecht, Rn. 551.

[637] BGHZ 99, 391 (398 f.) = BGH NJW 1987, 1482 (1483 f.) = BGH VersR 1987, 1089 (1091); BGH VersR 1989, 80 (80); vgl. auch BGH VersR 1999, 60 (61); BGH VersR 1999, 1282 (1283); OLG Oldenburg, VersR 1993, 229 (230); OLG Stuttgart, VersR 1994, 313 (314 f.); OLG Oldenburg, VersR 1991, 1243 (1244); *Steffen/Pauge*, Arzthaftungsrecht, Rn. 551.

[638] *Katzenmeier*, Arzthaftung, S. 478; *Nixdorf*, VersR 1996, 160 (161).

[639] Vgl. BGH VersR 1994, 984 (986); BGH NJW 1988, 1513 (1514); BGH VersR 1989, 80 (81).

[640] BGHZ 99, 391 (398 f.) = BGH NJW 1987, 1482 (1483) = BGH VersR 1987, 1089 (1091);

Die Voraussetzungen der neuen Beweisfigur ließen sich jedoch nur schwer definieren und waren daher ziemlich unscharf.[641] Trotz der Eingrenzungsbemühungen wurde sie im Ergebnis als zu weit empfunden.

Nur vereinzelt wurde gerade die restriktive Handhabung der neuen Beweisfigur durch den BGH kritisiert und für eine Ausweitung plädiert. Wie bereits erwähnt, meinte *Giesen*[642], die Begrenzung der Befunderhebungspflicht auf „medizinisch zweifelsfrei gebotene" Befunde sei nicht sachgerecht. Der Arzt sei nämlich durch den Behandlungsvertrag und zur Wahrung des Persönlichkeitsrechts des Patienten ohnehin zur Befunderhebung verpflichtet, so dass er kein Ermessen dahingehend haben dürfe, ob eine Befunderhebung medizinisch zweifelsfrei geboten sei. Wenn der BGH schon Parallelen zur Dokumentationspflicht ziehe, solle er beide Fallgruppen auch beweisrechtlich gleich behandeln. Im Übrigen sei eine Umkehr der Beweislast als Folge einer unterlassenen Befunderhebung angemessen. Neben den üblichen Schwierigkeiten, die mit dem Nachweis des Kausalzusammenhangs verbunden seien, komme hier für den Patienten nämlich noch erschwerend hinzu, dass ihm nicht einmal die Befunde als Fakten unterstützend zur Verfügung stünden, was allein Schuld des Arztes sei. Eine Beweislastumkehr vom Vorliegen eines groben Versäumnisses abhängig zu machen, reiche daher nicht aus.

Unbeeindruckt von dieser Kritik[643] versuchte der BGH, die Beweisfigur einzuschränken. Immer mehr orientierte er sich an seiner Beweisregel zum groben Behandlungsfehler. Hatte er in den ersten Entscheidungen noch Beweiserleichterungen für den Nachweis der Kausalität zwischen Behandlungsfehler und Schaden vorgesehen,[644] deutete er in einem Nichtannahmebeschluss 1992 schon an, dass „der Patient [...] nur so gestellt werden [solle], wie er stünde, wenn der gebotene Befund erhoben worden wäre".[645] Es sollte nur vermutet werden können, dass der Befund positiv gewesen wäre, der Arzt also auf diesen Befund hätte reagieren müssen.[646] Beweiserleichterungen für den Kausalzusammenhang zwischen Fehler und Schaden sollten aus einer unterlassenen Befunderhebung dagegen nicht hergeleitet werden können.[647] Allerdings ging der BGH später wieder von Beweiserleichterungen hinsichtlich des Kausalzusammenhangs aus.[648]

Im Jahr 1996 leitete der BGH in einer Entscheidung zur Verletzung der Befundsicherungspflicht eine endgültige Wende in seiner Rechtsprechung ein, als er klar stellte, dass das Fehlen von Befunden grundsätzlich nur dazu führe, dass der Tatrichter ein positives Befundergebnis unterstellen dürfe. Anderes gelte jedoch dann, wenn es Anhaltspunkte dafür gebe, dass sich die fehlerhafte Auswertung des Befundergeb-

---

BGH VersR 1989, 80 (81); so auch OLG Oldenburg VersR 1993, 1021 (1022); OLG Köln, VersR 1992, 1003 (1004); OLG Stuttgart, NJW 1992, 2970 (2971); OLG Schleswig, VersR 1994, 1068 (1068); OLG Stuttgart, VersR 1994, 1068 (1068); *Nixdorf*, VersR 1996, 160 (161).

[641] So auch *Hausch*, VersR 2003, 1489 (1490).
[642] *Giesen*, Arzthaftungsrecht, Rn. 428.
[643] So *Katzenmeier*, Arzthaftung, S. 479.
[644] BGHZ 99, 391 (398 f.) = BGH NJW 1987, 1482 (1483) = BGH VersR 1987, 1089 (1091); BGH NJW 1988, 1513 (1514); so auch *Nixdorf*, VersR 1996, 160 (161).
[645] Vgl. OLG Hamm, VersR 1993, 440 (440) mit Nichtannahmebeschluss des BGH.
[646] So auch *Katzenmeier*, Arzthaftung, S. 480.
[647] OLG Hamm, VersR 1993, 440 (440) mit Nichtannahmebeschluss des BGH.
[648] BGH NJW 1988, 1513 (1514); BGH VersR 1994, 984 (986).

nisses hinreichend wahrscheinlich als grober Behandlungsfehlers dargestellt hätte.[649] Wie schon im Beschluss aus dem Jahr 1992 rückte der BGH damit von der noch 1987 vertretenen Auffassung ab, wonach ein Verstoß gegen die Befunderhebungs- und Sicherungspflicht ein Indiz für den Kausalzusammenhang zwischen Fehler und Schaden darstellen konnte, wenn ein solcher wahrscheinlich war.[650]

Die Änderung seiner Rechtsprechung vollzog der BGH deutlich in einer Entscheidung im Januar 1998.[651] Beweiserleichterungen für den Kausalzusammenhang zwischen Behandlungsfehler und Schaden kämen nach den bereits 1996 dargelegten Grundsätzen auch im Fall der unterlassenen Befunderhebung nur dann in Betracht, wenn die Verkennung des Befunds zugleich auf einen groben Behandlungsfehler schließen lasse. Anderes gelte nur dann, wenn die unterlassene Befunderhebung selbst grob fehlerhaft gewesen sei.[652]

Im Oktober 1998[653] schließlich kam es zu der bis heute gültigen Formel des BGH, wonach ein Verstoß gegen die Pflicht zur Erhebung und Sicherung von Befunden zunächst nur auf ein reaktionspflichtiges positives Befundergebnis schließen lässt, wenn ein solches hinreichend wahrscheinlich ist. Hätte „sich bei der unterlassenen Abklärung [aber] mit hinreichender Wahrscheinlichkeit ein so deutlicher Befund ergeben [...], dass sich dessen Verkennung als fundamental fehlerhaft darstellen müsste", könnten Folgen des Verstoßes gegen die Pflicht zur Erhebung von Befunden auch Beweiserleichterungen hinsichtlich der Kausalitätsfrage sein. Dann sei nämlich auf einen groben Behandlungsfehler zu schließen.[654] Diese tatbestandliche Formel hat der BGH inzwischen in mehreren Entscheidungen bestätigt.[655]

Im März 2004 wandte er die Grundsätze zur unterlassenen Befunderhebung sogar erweitert an.[656] Dem behandelnden Arzt wurde u.a. vorgeworfen, trotz Indikation für den Austausch des Herzschrittmachers dessen weitere Funktionsfähigkeit nicht kontrolliert zu haben. Der BGH war der Meinung, dass sich die Batterielebensdauer des Herzschrittmachers unmittelbar auf die Gesundheit des Patienten auswirke, weshalb das Unterlassen der Schrittmacherkontrolle dem Unterlassen einer Erhebung von Befunden zum Krankheitsstatus rechtlich gleichzustellen sei. Beide hätten nämlich den Zweck, ein behandlungsbedürftiges Geschehen festzustellen.[657] Der BGH erweiterte also den Anwendungsbereich der Beweisfigur auf apparative Hilfsmittel, die eine Erkrankung des Patienten kompensieren sollen.[658] Darüber hinaus stellte der

---

[649] BGHZ 132, 47 (50 f.) = BGH NJW 1996, 1589 (1590) = BGH VersR 1996, 633 (634); BGH VersR 1998, 585 (586); BGH VersR 1999, 60 (61); BGH VersR 1999, 231 (232); so auch OLG Stuttgart, VersR 1998, 1550 (1552); OLG Karlsruhe, VersR 2002, 1426 (1427); OLG Koblenz, NJW-RR 2007, 532 (533).

[650] *Groß*, VersR 1996, 665 (657); vgl. noch BGHZ 99, 391 (399) = BGH NJW 1987, 1482 (1484) = BGH VersR 1987, 1089 (1091).

[651] Vgl. BGHZ 138, 1 = BGH NJW 1998, 1780 = BGH VersR 1998, 457.

[652] Der BGH verweist insoweit auf seine frühere Entscheidung in VersR 1995, 46 (46), vgl. auch BGHZ 99, 391 (395 f.) = BGH NJW 1987, 1482 (1483) = BGH VersR 1987, 1089 (1090 f.); BGH VersR 1991, 305 (309).

[653] Vgl. BGH VersR 1999, 60 ff.

[654] BGH VersR 1999, 60 (61).

[655] BGH NJW 1999, 3408 (3410); BGH VersR 2001, 1030 (1031); BGH VersR 2003, 1256 (1257); BGH NJW 2004, 1871 (1872); BGH NJW 2004, 1452 (1453 f.); BGHZ 159, 47 (56) = BGH NJW 2004, 2011 (2013) = BGH VersR 2004, 909 (911) = BGH JZ 2004, 1029 (1030).

[656] BGH NJW 2004, 1871 ff.

[657] BGH NJW 2004, 1871 (1872).

[658] *Scheuch*, ZMGR 2005, 296 (302).

BGH klar, dass die hinreichende Wahrscheinlichkeit eines reaktionspflichtigen Befundergebnisses unabhängig von der Kausalitätsfrage zu beurteilen sei, dass diese insbesondere nicht mit der Begründung verneint werden dürfe, der Gesundheitsschaden könne im Ergebnis auch infolge eines anderen Kausalverlaufs eingetreten sein.[659] Gerade in Fällen, in denen der Arzt gegen seine Pflicht zur Befunderhebung verstoßen habe, kämen nämlich wegen des Fehlens der sonst als Beweismittel zur Verfügung stehenden Untersuchungsergebnisse typischerweise verschiedene Schadensursachen in Betracht. Von welcher dieser Möglichkeiten auszugehen sei, sei Gegenstand des Kausalitätsbeweises, der bei Vorliegen der entsprechenden Voraussetzungen gerade der Behandlungsseite auferlegt werde.[660]

Kurz darauf präzisierte der BGH die beweisrechtliche Folge eines groben Behandlungsfehlers („Beweiserleichterungen bis hin zur Beweislastumkehr") dahingehend, dass mit dieser Formel immer eine Beweislastumkehr gemeint sei.[661] Diese Entscheidung ist auch für die Beweisfigur der unterlassenen Befunderhebung von Bedeutung. Denn, so führte das Gericht aus, „diese dargestellten Grundsätze gelten nicht nur für den Nachweis des Kausalzusammenhangs zwischen einem groben Behandlungsfehler und dem eingetretenen Gesundheitsschaden, sie gelten entsprechend für den Nachweis des Kausalzusammenhangs bei einem einfachen Befunderhebungsfehler, wenn [...] zugleich auf einen groben Behandlungsfehler zu schließen ist, weil sich bei der unterlassenen Abklärung mit hinreichender Wahrscheinlichkeit ein so deutlicher und gravierender Befund ergeben hätte, dass sich dessen Verkennung als fundamental oder die Nichtreaktion auf ihn als grob fehlerhaft darstellen würde, d.h. für die zweite Stufe der vom Senat entwickelten Beweiserleichterungen nach einem einfachen Befunderhebungsfehler".[662]

## F. Voraussetzungen für das Eingreifen der Beweisfigur nach der aktuellen Rechtsprechung

### I. Fallgruppe 1: Das Unterlassen der Befunderhebung ist selbst grob fehlerhaft

Da es zu einer ordnungsgemäßen Behandlung gehört, Befunde zu erheben, um anschließend eine sachgerechte Therapie einleiten zu können, kann in dem Unterlassen einer Befunderhebung nach den obigen Ausführungen ein Behandlungsfehler des Arztes liegen.[663] Stellt sich ein solches Unterlassen selbst als grober Behandlungsfehler dar, richten sich die beweisrechtlichen Folgen nach den bereits erläuterten allgemeinen Grundsätzen der Beweisregel zum groben Behandlungsfehler, auf die hier verwiesen werden soll. Insoweit bestehen keine Besonderheiten. Demnach muss die Befunderhebung medizinisch zweifelsfrei geboten gewesen sein und der

---

[659] Vgl. BGH NJW 2004, 1871 (1872).

[660] Vgl. BGH NJW 2004, 1871 (1872).

[661] Vgl. BGHZ 159, 48 (54 f.) = BGH NJW 2004, 2011 (2012 f.) = BGH VersR 2004, 909 (911) = BGH JZ 2004, 1029 (1030); vgl. dazu auch die Ausführungen in Kapitel 3 unter D. III. 2.

[662] BGHZ 159, 48 (56) = BGH NJW 2004, 2011 (2013) = BGH VersR 2004, 909 (911) = BGH JZ 2004, 1029 (1030).

[663] Vgl. die Ausführungen in diesem Kapitel unter A. III.

Fehler darf aus objektiver Sicht nicht mehr verständlich erscheinen, weil er einem Arzt schlechterdings nicht unterlaufen darf.

## II. Fallgruppe 2: Das Unterlassen der Befunderhebung ist einfach fehlerhaft

Die „besondere eigenständige Bedeutung"[664] der neuen Beweisregel liegt darin, dass auch ein einfacher Behandlungsfehler im Sinne eines Befunderhebungsmangels beweisrechtliche Folgen haben kann. Dabei unterscheidet der BGH zwischen dem Nachweis, wie der nicht erhobene Befund ausgesehen hätte (1. Stufe) und dem Nachweis, wie der Arzt auf den Befund – wäre er erhoben worden – reagiert hätte und ob die durch den Befund angezeigte Maßnahme den Schaden tatsächlich verhindert hätte (2. Stufe).

Für beide Beweisstufen ist grundsätzlich der Patient beweispflichtig. Dieser befindet sich angesichts der fehlenden Befunde jedoch in einer Situation der Beweisnot.[665] Weil der Patient ohne den Befund nicht einmal nachweisen kann, in welchem gesundheitlichen Zustand er sich zum Zeitpunkt der unterlassenen Befunderhebung befand, wird er kaum nachweisen können, dass der Arzt auf den Befund hätte reagieren müssen und dass der eingetretene Schaden so hätte vermieden werden können. Da ihn an dieser Situation keine Schuld trifft, soll der Patient so – aber auch nur so – gestellt werden, wie wenn der Befund tatsächlich erhoben worden wäre. Betroffen davon ist also in erster Linie nur der Nachweis, wie der nicht erhobene, aber medizinisch zweifelsfrei gebotene Befund ausgesehen haben würde.[666] (1. Stufe). Zugunsten des Patienten wird daher unterstellt, dass die Befunderhebung ein Ergebnis gebracht hätte, auf das der Arzt hätte reagieren müssen, vorausgesetzt, ein solches Ergebnis wäre hinreichend wahrscheinlich gewesen. Um diese Fiktion beweisrechtlich zu begründen, zieht die Rechtsprechung – wie bereits erwähnt – Parallelen zu Verstößen gegen die Dokumentationspflicht, die Befundsicherungspflicht und zur Beweisvereitelung.

Mit der Fiktion eines reaktionspflichtigen Ergebnisses hat der Patient aber noch nicht den Nachweis dafür erbracht, dass sich der Schaden bei angemessener Reaktion auf dieses Ergebnis auch hätte verhindern lassen. Hierauf erstreckt sich die Beweiserleichterung nämlich nach jüngerer Rechtsprechung nicht. Der Patient muss also immer noch darlegen und beweisen, dass die Nichtreaktion des Arztes auf den Befund bzw. dessen Verkennung auch kausal für den eingetretenen Schaden geworden ist (2. Stufe). Wäre eine solche Nichtreaktion oder die Verkennung des Be-

---

[664] So *Nixdorf*, VersR 1996, 160 (161).

[665] Vgl. dazu die Ausführungen in Kapitel 2 unter D. sowie in diesem Kapitel unter A. I. 1. c).

[666] BGHZ 132, 47 (50 f.) = BGH NJW 1996, 1589 (1590) = BGH VersR 1996, 633 (634); BGH VersR 1998, 585 (586); BGH VersR 1999, 60 (61); BGHZ 138, 1 (4) = BGH NJW 1998, 1780 (1781) = BGH VersR 1998, 457 (458); BGH VersR 1999, 231 (232); BGHZ 159, 48 (56 f.) = BGH NJW 2004, 2011 (2013) = BGH VersR 2004, 909 (911) = BGH JZ 2004, 1029 (1030); so auch OLG Stuttgart, VersR 1998, 1550 (1552); OLG Karlsruhe, VersR 2002, 1426 (1427); OLG Koblenz, NJW-RR 2007, 532 (533); *Katzenmeier*, Arzthaftung, S. 480; *Deutsch/Spickhoff*, Medizinrecht, Rn. 389; *Geiß/Greiner*, Arzthaftpflichtrecht, Rn. B. 295 f.; *Nixdorf*, VersR 1996, 160 (161); *Scheuch*, ZMGR 2005, 296 (300); *Hausch*, VersR 2003, 1489 (1492).

fundergebnisses als lediglich einfach behandlungs-/diagnosefehlerhaft zu bewerten, bleibt es bei der Beweislast des Patienten für den Ursachenzusammenhang. Läge jedoch in der Nichtreaktion bzw. in der Verkennung des Befundergebnisses selbst ein grober Behandlungs- bzw. Diagnosefehler, kehrt sich die Beweislast für den Ursachenzusammenhang zwischen Fehler und Schaden nach den allgemeinen Grundsätzen der Beweislastregel zum groben Behandlungsfehler um.[667] Der BGH hat in seiner Entscheidung vom 27.04.2004 nämlich unmissverständlich klargestellt, dass es auch in der eben erläuterten 2. Fallgruppe immer zu einer Umkehr der Beweislast kommt, sofern sich die Verkennung des unterstellten reaktionspflichtigen Befunds oder die Nichtreaktion auf diesen als grob fehlerhaft darstellen würde.[668] Zur Begründung führt der BGH aus, dass in einem derartigen Fall bereits das – nicht grob fehlerhafte – Unterlassen der gebotenen Befunderhebung wie ein grober Behandlungsfehler zu erheblichen Aufklärungsschwierigkeiten hinsichtlich des Kausalverlaufs führe. Es verhindere die Entdeckung des wahrscheinlich gravierenden Befundes und eine entsprechende Reaktion darauf mit der Folge, dass hierdurch das Spektrum der für die Schädigung des Patienten in Betracht kommenden Ursachen besonders verbreitert oder verschoben werde.[669] Die unterlassene Befunderhebung trage Aufklärungserschwernisse in das eigentliche Behandlungsgeschehen hinein, die sich insbesondere auch auf die Feststellung der für die Schädigung in Betracht kommenden Ursachen auswirke.[670] Da die zweite Stufe der Beweisfigur offensichtlich an einen groben Behandlungsfehler anknüpft, begründet der BGH die aus einem solchen schweren Verstoß folgende Beweislastumkehr – wie eben dargelegt – auch mit denjenigen Erwägungen, die er schon bei einem groben Fehler im Fall des positiven Tuns eines Arztes anführte. Auf die hierzu bereits erfolgte Darstellung soll daher verwiesen werden.[671]

Liegt auf der zweiten Stufe der Beweisfigur ein grober Behandlungs- oder Diagnosefehler vor, bedeutet dies, dass in einem solchen Fall der Arzt den Nachweis dafür erbringen muss, dass sein Verhalten den eingetretenen Schaden nicht hätte verhindern können. Nach allgemeinen Grundsätzen ist dies nur dann der Fall, wenn es gänzlich unwahrscheinlich gewesen wäre, dass seine Reaktion auf das positive Befundergebnis den Schaden verhindert hätte.

---

[667] Vgl. zu den Voraussetzungen der zweiten Stufe der Beweisfigur BGHZ 132, 47 (50 f.) = BGH NJW 1996, 1589 (1590) = BGH VersR 1996, 633 (634); BGH VersR 1998, 585 (586); BGH VersR 1999, 60 (61); BGHZ 138, 1 (5 f.) = BGH NJW 1998, 1780 (1781) = BGH VersR 1998, 457 (458); BGH VersR 1999, 231 (232); BGHZ 159, 48 (56) = BGH NJW 2004, 2011 (2013) = BGH VersR 2004, 909 (911) = BGH JZ 2004, 1029 (1030); so auch OLG Stuttgart, VersR 1998, 1550 (1552); OLG Karlsruhe, VersR 2002, 1426 (1427); OLG Koblenz, NJW-RR 2007, 532 (533).
[668] Vgl. BGHZ 159, 48 (56) = BGH NJW 2004, 2011 (2013) = BGH VersR 2004, 909 (911) = BGH JZ 2004, 1029 (1030); Beispiele aus der Rechtsprechung, in denen die Beweislastumkehr bejaht wurde, finden sich bei *Martis/Winkhart*, Arzthaftungsrecht, S. 805 f., in denen sie verneint wurde bei *dies.*, S. 837 ff.
[669] BGHZ 159, 48 (57 ) = BGH NJW 2004, 2011 (2013) = BGH VersR 2004, 909 (911) = BGH JZ 2004, 1029 (1030).
[670] BGH VersR 1989, 80 (81); so auch schon BGHZ 85, 212 (217 f.) = BGH NJW 1983, 333 (334) = BGH VersR 1982, 1193 (1195); BGHZ 99, 391 (396 f.) = BGH NJW 1987, 1482 (1483) = BGH VersR 1987, 1089 (1090 f.); BGHZ 132, 47 (50) = BGH NJW 1996, 1589 (1589 f.) = BGH VersR 1996, 633 (633 f.); OLG Köln, VersR 1992, 1003 (1004).
[671] Vgl. die Ausführungen in Kapitel 3 unter D. I.

Abschließend ist noch darauf hinzuweisen, dass die erforderliche Reaktion auf den unterstellten Befund nicht notwendig eine Therapiemaßnahme sein muss. Denkbar ist auch, dass das Befundergebnis eine weitere Befunderhebung verlangt. Wäre eine solche (weitere) Erhebung von Befunden lediglich als einfach fehlerhaft zu bewerten, müsste der Patient wiederum darlegen und beweisen, dass diese mit hinreichender Wahrscheinlichkeit ein (weiteres) reaktionspflichtiges Befundergebnis gebracht hätte. Kann er dies, wird zu seinen Gunsten ein zweites Mal ein reaktionspflichtiges Befundergebnis unterstellt.[672]

---

[672] *Scheuch*, ZMGR 2005, 296 (300).

## Kapitel 5

## Kritik an der Rechtsprechung zur unterlassenen Befunderhebung

Zweifelsohne befindet sich der Patient in einer äußerst schwierigen Beweissituation, wenn er seinen Vorwurf auf keinerlei Befunde stützen kann, weil der Arzt solche nicht erhoben hat.

Wie in den vorangegangenen Kapiteln dargestellt wurde, versucht die Rechtsprechung mit der Beweisfigur der unterlassenen Befunderhebung, den Patienten aus dieser Beweisnot zu befreien. Mag ihr Anliegen auch verständlich sein, stößt die Beweisfigur doch in vielerlei Hinsicht auf Bedenken. Diesen soll im Folgenden nachgegangen werden.

### A. Kritik an der dogmatischen Grundlage der Beweisregel

Wie oben erläutert, kann nach der Beweisfigur der unterlassenen Befunderhebung zugunsten des Patienten in einem ersten Schritt ein reaktionspflichtiges Befundergebnis unterstellt werden, wenn sich ein solches, wäre der Befund erhoben worden, hinreichend wahrscheinlich gezeigt hätte. Um die beweisrechtliche Konsequenz des Verstoßes gegen die Befunderhebungspflicht zu rechtfertigen, zieht der BGH, wie ebenfalls bereits dargelegt wurde, Parallelen zu Verstößen gegen die Dokumentationspflicht und zur Beweisvereitelung.

Ob dieser Vergleich zutreffend ist, soll – worauf oben bereits hingewiesen worden ist[673] – für jede der vom BGH herangezogenen Parallelen nun an dieser Stelle geprüft werden.[674] Dafür ist erforderlich, dass im Folgenden zunächst die Dokumentationspflicht samt der sich aus einem Verstoß gegen sie ergebenden Rechtsfolgen sowie die Beweisvereitelung einschließlich ihrer beweisrechtlichen Konsequenzen dargestellt werden, um sodann jeweils anschließend darauf eingehen zu können, ob der vom BGH gezogene Vergleich zutrifft.

### I. Die Parallele zur Dokumentationspflichtverletzung

#### 1. Dokumentationspflicht

Für den Ausgang eines Arzthaftungsprozesses ist es oft von entscheidender Bedeutung, ob und wie weit der behandelnde Arzt den Behandlungsverlauf dokumentiert hat. Der grundsätzlich beweispflichtige Patient ist auf solch eine Dokumentation

---

[673] Vgl. die Ausführungen in Kapitel 4 unter D.

[674] Zur Gleichbehandlung von Befunderhebungs- und Sicherungspflicht durch die Rechtsprechung ist bereits in Kapitel 4 unter C. I. 1., 2. eine Darstellung und unter C. I. 3. eine Stellungnahme erfolgt, so dass eine Darstellung und Überprüfung der insoweit vom BGH gezogenen Parallele hier unterbleiben kann.

zumeist angewiesen, um einen Behandlungsfehler des Arztes belegen zu können, vor allem dann, wenn sich der Behandlungsverlauf seiner Kenntnis entzieht.

### a) Überblick und Entwicklung

Schon immer gab es unter Ärzten die Tradition, sich über den Krankheits- und Behandlungsverlauf ihrer Patienten Notizen zu machen.[675] Ursprünglich war der BGH jedoch der Auffassung, dass solche Aufzeichnungen „nur eine interne Gedächtnisstütze seien und dass zu ihrer sorgfältigen und vollständigen Führung dem Patienten gegenüber keine Pflicht bestehe"[676]. Das Krankenblatt wurde lediglich als Hilfsmittel für den Arzt verstanden, „das ihm den jederzeit raschen Überblick über den Verlauf der Krankheit und ihrer Behandlung ermöglichen und ihn damit vor allem bei der Durchführung der Therapie entlasten soll"[677].

Von dieser Auffassung ist der BGH im Jahr 1978 abgerückt. Im so genannten *Dammschnitt*-Urteil begründete der BGH eine „prozessuale Aufklärungspflicht" des Arztes, die von ihm verlange, dem klagenden Patienten eine ordnungsgemäße Dokumentation vorzulegen,[678] und ebnete damit den Weg von einer prozessualen zu einer allgemeinen ärztlichen Dokumentationspflicht, die er dann im so genannten *Blinddarm*-Urteil postulierte.[679] Seither sieht es die Rechtsprechung als materiellrechtliche Pflicht des Arztes an, ordnungsgemäße Krankenunterlagen zu führen.[680]

In einzelnen Spezialgesetzen fand sich schon immer eine solche Pflicht zur Aufzeichnung.[681] Die Dokumentationspflicht des Arztes ist daneben auch im Berufsrecht eine Standespflicht[682] und in den Bundesmantelverträgen für Ärzte enthalten.[683] Es

---

[675] *Deutsch/Spickhoff*, Medizinrecht, Rn. 449; *Bockelmann*, in: Festschrift für Jescheck, S. 693 (693); *Schlund*, JR 1988, 65 (65).

[676] So noch BGH VersR 1963, 65 (69); BGH VersR 1963, 168 (169); vgl. dazu auch *Bender*, VersR 1997, 918 (918): die Krankenakte sei lediglich ein „ausgelagerter Teil" des ärztlichen Gehirns gewesen; *Strohmaier*, VersR 1998, 416 (416); vgl. auch *Katzenmeier*, Arzthaftung, S. 471; *Ehlers/Broglie*, Arzthaftungsrecht, Rn. 641; zur Dokumentation als Gedächtnisstütze vgl. auch § 10 Abs. 1 Satz 2 MBO-Ä in der Fassung vom 24.11.2006.

[677] BGH VersR 1963, 168 (169); vgl. auch BGH VersR 1963, 65 (69).

[678] Vgl. BGH NJW 1978, 1681 ff.

[679] Vgl. BGHZ 72, 132 = BGH NJW 1978, 2337 = BGH VersR 1978, 1022; Andeutungen, dass die Aufzeichnungen des Arztes nicht mehr nur eine interne Gedächtnisstütze sein sollten, fanden sich schon in den Senatsurteilen BGH VersR 1972, 887 m.w.N und BGH NJW 1978, 1681, auf die der BGH in seiner Entscheidung verwies, vgl. BGHZ 72, 132 (137) = BGH NJW 1978, 2337 (2339) = BGH VersR 1978, 1022 (1023).

[680] BGHZ 72, 132 (137) = BGH NJW 1978, 2337 (2339) = BGH VersR 1978, 1022 (1023); BGHZ 85, 212 (217 f.) = BGH NJW 1983, 333 (334) = BGH VersR 1982, 1193 (1195); BGH VersR 1983, 983 (983); BGH NJW 1986, 2365 (2366); BGH VersR 1987, 1238 (1238); BGHZ 99, 391 (397) = BGH NJW 1987, 1482 (1483) = BGH VersR 1987, 1089 (1090 f.); BGH VersR 1989, 512 (513 f.); OLG Bamberg, VersR 1988, 407 (408); OLG Köln, VersR 1988, 1249 (1249); OLG Stuttgart, VersR 1989, 199 (199 f.).

[681] Vgl. beispielsweise § 42 StrlSchV, § 28 RöV; vgl. auch *Katzenmeier*, Arzthaftung, S. 471.

[682] § 10 Abs. 1 MBO-Ä in der aktuellen Fassung von 2006; schon die MBO-Ä 1997, abgedruckt in NJW 1997, 3076 (3077), statuierte die Dokumentationspflicht des Arztes.

[683] Vgl. § 57 Abs. 1 BMV-Ä.

entspricht heute ständiger Rechtsprechung, dass den Arzt eine Pflicht zur Dokumentation trifft.[684] Diese Auffassung wird auch in der Literatur geteilt.[685]

## b) Rechtliche Begründung einer allgemeinen Dokumentationspflicht

Dass der Arzt das Behandlungsgeschehen dokumentieren und diese Aufzeichnungen seinem Patienten auf Verlangen zugänglich machen muss, ist im BGB nirgends ausdrücklich normiert. Vielmehr hat nur die Judikatur diesen Grundsatz zivilrechtlich zum Rechtssatz erhoben.[686] Überwiegend wird in der Dokumentationspflicht eine aus dem Behandlungsvertrag gem. § 242 BGB erwachsende Nebenpflicht gesehen.[687] Die Begründungen für eine solche Nebenpflicht variieren allerdings.

aa. Der BGH stellt insoweit in erster Linie auf den Aspekt der Therapiesicherung ab. Für ihn ist die „ordnungsgemäße ärztliche Dokumentation" eine „unzweifelhafte therapeutische Notwendigkeit"[688], die „gutem ärztlichen Brauch"[689] entspreche. Die Pflicht bestehe sowohl vertraglich als auch deliktisch und diene der Sicherheit des Patienten in der Behandlung.[690] Nur wenn eine Dokumentation sorgfältig geführt und jederzeit verfügbar sei, könne eine sachgerechte Behandlung des Patienten durch denselben oder einen weiter behandelnden Arzt gewährleistet werden.[691] Die Aufzeichnungen dienen damit dem eigentlichen Ziel der ärztlichen Behandlung, nämlich der Genesung des Patienten.[692] Diese Ansicht teilen auch das Bundesverfassungsgericht[693] und die Literatur.[694]

---

[684] Statt vieler BGHZ 72, 132 (137) = BGH NJW 1978, 2337 (2339) = BGH VersR 1978, 1022 (1023); BGHZ 85, 327 (329) = BGH NJW 1983, 333 (334) = BGH VersR 1982, 1193 (1195); BGH VersR 1983, 983 (983); BGH VersR 1984, 354 (355); BGH NJW 1984, 1403 (1403); BGH JZ 1986, 958 (958); BGH VersR 1989, 512 (513); BGH VersR 1993, 836 (837); OLG Saarbrücken, VersR 1988, 916 (916).

[685] *Dunz*, Praxis der Arzthaftung, 32 f.; *Stürner*, NJW 1979, 1225 (1228); MüKo-*Wagner*, Band 5, § 823 Rn. 726; Staudinger-*Hager*, § 823 Rn. I 71; *Giesen*, Arzthaftungsrecht, Rn. 420; *Katzenmeier*, Arzthaftungsrecht, S. 470 ff.; *Geiß/Greiner*, Arzthaftpflichtrecht, Rn. B. 247; *Deutsch/Spickhoff*, Medizinrecht, Rn. 452; *Bender*, VersR 1997, 918 (919); *Hausch*, VersR 2006, 612 (613); *Wasserburg*, NJW 1980, 617 (618); *Frahm/Nixdorf*, Arzthaftungsrecht, Rn. 125 ff.; *Laufs/Uhlenbruck-Uhlenbruck*, Handbuch des Arztrechts, § 59 Rn. 1 ff.; *Ehlers/Broglie*, Arzthaftungsrecht, Rn. 641; *Schmid*, NJW 1987, 681 (681);

[686] *Bockelmann*, in: Festschrift für Jescheck, S. 693 (701).

[687] BGHZ 72, 132 (137) = BGH NJW 1978, 2337 (2339) = BGH VersR 1978, 1022 (1023 f.); BGHZ 85, 327 (329) = BGH NJW 1983, 333 (334) = BGH VersR 1982, 1193 (1195); *Baumgärtel*, Beweislast, Bd. 1, § 823 Anh. C II, Rn. 56; *Deutsch/Spickhoff*, Medizinrecht, Rn. 452; *Laufs/Uhlenbruck-Uhlenbruck*, Handbuch des Arztrechts, § 59 Rn. 1; *Schmid*, NJW 1987, 681 (687); *Wasserburg*, NJW 1980, 617 (618); a.A. *Bockelmann*, der meint, dass eine solche Nebenpflicht nicht einmal stillschweigend bei Abschluss des Behandlungsvertrages vereinbart werde, vgl. *Bockelmann*, in: Festschrift für Jescheck, S. 693 (702).

[688] BGHZ 72, 132 (138) = BGH NJW 1978, 2337 (2339) = BGH VersR 1978, 1022 (1023).

[689] BGH NJW 1978, 1681 (1682); vgl. auch LG Limburg, NJW 1979, 607 (607).

[690] BGHZ 72, 132 (138) = BGH NJW 1978, 2337 (2339) = BGH VersR 1978, 1022 (1023).

[691] BGHZ 72, 132 (137 f.) = BGH NJW 1978, 2337 (2339) = BGH VersR 1978, 1022 (1023).

[692] MüKo-*Wagner*, Band 5, § 823 Rn. 740.

[693] Vgl. BVerfGE 52, 131 (164) = BVerfG NJW 1979, 1925 (1929).

[694] *Laufs/Uhlenbruck-Uhlenbruck*, Handbuch des Arztrechts, § 59 Rn. 2; *Katzenmeier*, Arzthaftung, S. 472; RGRK-*Nüßgens*, § 823 Anh. II Rn. 260; MüKo-*Wagner*, Band 5, § 823 Rn. 740; *Laufs*, Arztrecht,

Geht man davon aus, dass die Dokumentation nach wie vor – zumindest auch – die Funktion hat, das Gedächtnis des Arztes zu unterstützen, indem sie ihm dabei hilft, seine eigenen therapeutischen Maßnahmen zu kontrollieren, gegebenenfalls zu korrigieren und so eine sachgemäße und sorgfältige Behandlung zu gewährleisten, dient die Aufzeichnung zumindest in diesem Sinne auch dem Interesse des Patienten.[695] Dies gilt heute umso mehr, weil der Arzt bei der Vielzahl der zu behandelnden Patienten ohne Aufzeichnungen schnell an die Grenze seiner Gedächtniskapazität käme.[696]

bb. Um die vertragliche Nebenpflicht zu begründen, wird oft auch eine außerprozessuale Rechenschaftspflicht des Arztes angeführt.[697] Diesen Weg ist der BGH ebenfalls gegangen. Er sieht in der Dokumentationspflicht eine Art Rechenschaftspflicht, ähnlich der, die bei der Verwaltung fremden Vermögens seit langem selbstverständlich ist.[698] Wenn schon ein Verwalter fremden Vermögens auskunfts- und rechenschaftspflichtig sei, müsse derartiges erst recht dem Arzt als Sachwalter der Gesundheit des Patienten obliegen.[699] Der Arzt soll insoweit den gleichen Pflichten unterliegen wie andere Rechtsgenossen. Aus §§ 666, 675, 681, 713 i.V.m. §§ 157, 242 BGB ergebe sich, dass grundsätzlich rechenschaftspflichtig sei, wer fremde Angelegenheiten besorge.[700]

Die Rechenschaftspflicht wird in der Literatur teilweise kritisiert.[701] Der Arzt sei kein Vermögensverwalter.[702] Eine ärztliche Rechenschaftspflicht sei daher abzulehnen. Die ärztliche Tätigkeit werde in den materialistischen Bereich eines Reparaturbetriebes erweitert, was sich auf ein Missverständnis der ärztlichen Aufgabe gründe. Krankheit sei kein technischer Funktionsdefekt, den der Arzt reparieren müsse, sondern sie habe irrationale Bezüge, über die nicht abgerechnet werden könne.[703] Der Vergleich des Arztes mit einem Vermögensverwalter sei unpassend.[704] So wie die Quittung eines Vermögensverwalters über eine Zahlung nur beweise, dass dadurch das Vermögen um die quittierte Summe verringert worden sei, bewiesen die richtigen ärztlichen Aufzeichnungen lediglich, dass die dokumentierte Maßnahme durchgeführt

---

Rn. 615; *Peter*, NJW 1988, 751 (751); *Steffen*, in: Festschrift für Brandner, S. 327 (331); *Schmid*, NJW 1987, 681 (683); *Giesen*, Arzthaftungsrecht, Rn. 423; *Frahm/Nixdorf*, Arzthaftungsrecht, Rn. 126.

[695] So auch *Bockelmann*, in: Festschrift für Jescheck, S. 693 (702).

[696] So auch *Bender*, VersR 1997, 918 (921); *Giesen*, Arzthaftungsrecht, Rn. 426.

[697] *Giesen*, Arzthaftungsrecht, Rn. 423; *ders.*, MedR 1988, 23 (24); *Laufs/Uhlenbruck-Uhlenbruck*, Handbuch des Arztrechts, § 59 Rn. 6; *Dunz*, Praxis der Arzthaftung, S. 33; *Rosenberg/Schwab/Gottwald*, Zivilprozessrecht, § 114 Rn. 23; *Schmid*, NJW 1987, 681 (683); *Matthies*, JZ 1986, 959 (960 f.); *ders.*, NJW 1983, 335 (336); *Peter*, NJW 1988, 751 (751); *Bender*, VersR 1997, 918 (922); *Wasserburg*, NJW 1980, 617 (618); a.A. *Bockelmann*, in: Festschrift für Jescheck, S. 693 (703 f.); *Kuhlendahl*, ArztR 1980, 233 (233 ff.).

[698] BGHZ 72, 132 (138) = BGH NJW 1978, 2337 (2339) = BGH VersR 1978, 1022 (1024); BGHZ 85, 212 (217 f.) = BGH NJW 1983, 333 (334) = BGH VersR 1982, 1193 (1195); so auch OLG Bremen, NJW 1980, 644 (644).

[699] *Schmid*, NJW 1987, 681 (683); der Umgang mit der Gesundheit eines Menschen dürfe nicht weniger genaue Rechenschaftslegung erfordern wie der Umgang eines Vermögensverwalters mit fremdem Eigentum, so *Wasserburg*, NJW 1980, 617 (618); *Dunz*, Praxis der Arzthaftung, S. 33.

[700] So in Einzelfällen schon das Reichsgericht, vgl. RGZ 73, 286 (288).

[701] *Bockelmann*, in: Festschrift für Jescheck, S 693 (703); *Rieger*, DMW 1979, 794 (796); *Kuhlendahl*, ArztR 1980, 233 (233).

[702] *Kuhlendahl*, ArztR 1980, 233 (233).

[703] *Kuhlendahl*, ArztR 1980, 233 (233).

[704] *Bockelmann*, in: Festschrift für Jescheck, S. 693 (703 f.), *Rieger*, DMW 1979, 794 (796).

worden sei. Mit einer solchen Quittung lege der Vermögensverwalter jedoch nur Rechnung, nicht jedoch Rechenschaft ab. Zu letzterer gehöre nämlich, dass der Vermögensverwalter auch die Gründe für die Vornahme der quittierten Zahlung nachweise. Solch eine Rechenschaftslegung sei jedoch bei ärztlichen Maßnahmen gar nicht möglich. Da die Vorgänge im menschlichen Organismus unberechenbar sind, beweise die Dokumentation lediglich, dass die dokumentierte Maßnahme durchgeführt worden sei, nicht jedoch, dass die Diagnose auch richtig war und dass die auf ihrer Grundlage eingeleitete Behandlung ursächlich für den eingetretenen Schaden geworden ist. Dazu bedürfe es weiterer Informationen, die mit Methoden der Rechenschaftslegung im eben dargestellten Sinn nicht zu erreichen seien.[705]

Richtigerweise sollte eine Rechenschaftspflicht im Zusammenhang mit einer ärztlichen Dokumentation nur insoweit angenommen werden, als letztere dem Interesse des Patienten Rechnung trägt, von der eigenen Kranken- und Behandlungsgeschichte Kenntnis nehmen zu können und sie der Information des dokumentierenden Arztes sowie eines Nachbehandlers dient. Sie bezieht sich auf die medizinischen Leistungen, die vom Arzt gegenüber dem Patienten erbracht worden sind, ist also der medizinischen Seite der Behandlung verhaftet. Insofern kann der Arzt dem Patienten und einem nachbehandelnden Kollegen „Rechenschaft" schuldig sein. Ein darüber hinausgehender Rechenschaftszweck, also eine Rechenschaftslegung, die sich auf Behandlungsfehler oder auf Grundlagen für Schadensersatzansprüche bezieht, ist dagegen abzulehnen.[706] Zweck der Dokumentationspflicht ist es nämlich nicht, die Nachvollziehbarkeit des Geschehens deshalb sicherzustellen, damit im Prozess ein Behandlungsfehler leichter bewiesen werden kann.[707]

cc. Auch das Selbstbestimmungsrecht des Patienten als Teil des Persönlichkeitsrechts im Sinne des Art. 1 Abs. 1 i.V.m. Art. 2 Abs. 1 GG wird herangezogen, um das Bestehen einer nebenvertraglichen Dokumentationspflicht zu begründen.[708] Dem liegt die Annahme zugrunde, dass nur eine wirksame und rechtfertigend wirkende Einwilligung des Patienten den Arzt von dem Vorwurf der Körperverletzung befreien kann. Um eine wirksame Einwilligung abgeben zu können, muss der Patient wissen, worin er einwilligt. Dazu gehört die Kenntnis von dem Anlass der Behandlung, die Art und Weise ihrer Ausführung und den mit der Behandlung verbundenen Chancen und Risiken, worüber die Dokumentation ihm Auskunft gibt.[709]

Dagegen wird vorgebracht, dass – so wie die getroffenen ärztlichen Maßnahmen nacheinander erfolgten – auch die Dokumentation Stück für Stück entstehe und daher erst mit Abschluss der Behandlung vollständig sei.[710] Bildlich gesprochen hinkt

---

[705] *Bockelmann*, in: Festschrift für Jescheck, S. 693 (704).

[706] Nach Auffassung von *Laufs/Uhlenbruck-Uhlenbruck*, Handbuch des Arztrechts, § 59 Rn. 6 bezieht sich die Rechenschaftspflicht hierauf jedenfalls nicht primär; ähnlich auch OLG Koblenz, VersR 2004, 1323 (1324).

[707] Zur Frage, ob Zweck der Dokumentation auch die Beweissicherung ist, vgl. die Ausführungen in diesem Kapitel unter A. I. 1. c).

[708] *Giesen*, Arzthaftungsrecht, Rn. 423; *ders.*, MedR 1988, 23 (24); *Steffen/Pauge*, Arzthaftungsrecht, Rn. 456; *Rosenberg/Schwab/ Gottwald*, Zivilprozessrecht, § 114 Rn. 23; *Bender*, VersR 1997, 918 (922); MüKo-*Wagner*, Band 5, § 823 Rn. 740; Erwähnung findet das Allgemeine Persönlichkeitsrecht auch in BGHZ 99, 391 (397) = BGH NJW 1987, 1482 (1483) = BGH VersR 1987, 1089 (1091).

[709] *Bockelmann*, in: Festschrift für Jescheck, S. 693 (705); vgl. dazu schon die Ausführungen in Kapitel 4 unter A. I. 1. b).

[710] *Bockelmann*, in: Festschrift für Jescheck, S. 693 (705); die Dokumentationspflicht entsteht sukzessive mit den einzelnen Behandlungsabschnitten, *Wasserburg*, NJW 1980, 617 (618).

somit die vollständige Dokumentation der Behandlung und damit dem zur Begründung der Dokumentationspflicht herangezogenen Selbstbestimmungsrecht hinterher. Da eine unzureichende oder gar nicht vorliegende Dokumentation aber auch die Behandlung des Patienten durch einen anderen Arzt erschweren kann, trägt die Dokumentationspflicht dazu bei, das Recht auf freie Arztwahl als Teil des Selbstbestimmungsrechts zu verwirklichen.[711] Allerdings ist fraglich, ob tatsächlich Verfassungsrecht bemüht werden muss, um eine Dokumentationspflicht des Arztes zu begründen. Wie schon bei der Herleitung der Befunderhebungspflicht dargelegt, besteht dadurch nämlich die Gefahr, dass das einfache Recht verarmt.[712] Der Anspruch sollte daher besser einfachgesetzlich begründet werden.

Zusammenfassend lässt sich feststellen, dass trotz der unterschiedlichen Meinungen zu ihrer Rechtsgrundlage im Ergebnis weitgehend Einigkeit darüber besteht, dass den Arzt auch ohne Vorliegen vertraglicher Beziehungen eine allgemeine Dokumentationspflicht trifft.[713] Die angeführten Gesichtspunkte zur Begründung einer Dokumentationspflicht liefern zumindest insgesamt eine rechtliche Begründung.[714]

Der Dokumentationspflicht des Arztes muss ein „Anspruch" des Patienten gegenüber stehen, vom Arzt die Einhaltung der Pflicht verlangen zu können. Ansonsten wäre die Pflicht des Arztes sinnlos. Gem. § 194 Abs. 1 BGB ist ein Anspruch das Recht, von jemandem ein Tun oder Unterlassen zu verlangen.

Widersinnig wäre es, wenn der Anspruch des Patienten darin bestünde, vom Arzt die Einhaltung der Dokumentationspflicht deshalb verlangen zu können, damit er – der Arzt – selbst im Prozess nicht beweisfällig bliebe.[715] Darin kann der Anspruch jedoch keinesfalls bestehen. Zwar ist eine ordnungsgemäße Dokumentation auch dem Arzt im Prozess nützlich, weil er dann nicht beweisfällig bleibt und möglicherweise obsiegt. Jedoch kann die Dokumentationspflicht nicht aus diesem Grund bestehen. Denn den Arzt trifft keine Pflicht, im Prozess zu obsiegen.[716]

Der mit der Pflicht des Arztes korrespondierende Anspruch des Patienten kann vielmehr nur dahin gehen, vom Arzt Einsicht in die Aufzeichnungen verlangen zu können. Denn nur dann kann eine Dokumentation des Arztes dem Patienten dienlich sein.

Anerkannt ist, dass der Patient grundsätzlich die ihn betreffenden Unterlagen einsehen kann, wenn er daran ein berechtigtes Interesse hat.[717] Für ein solches berech-

---

[711] Bender, VersR 1997, 618 (621).

[712] Vgl. dazu die Ausführungen in Kapitel 4 unter A. I. 1. b).; Nüßgens, in: Festschrift für Boujong, S. 831 (835); so auch Katzenmeier, Arzthaftung, S. 473.

[713] Laufs/Uhlenbruck-Uhlenbruck, Handbuch des Arztrechts, § 59 Rn. 1 m.w.N.; Katzenmeier, Arzthaftung, S. 471.

[714] So Katzenmeier, Arzthaftung, S. 473; so wohl auch Laufs/Uhlenbruck-Uhlenbruck, Handbuch des Arztrechts, § 59 Rn. 2.

[715] Bender, VersR 1997, 918 (919).

[716] So auch Bender, VersR 1997, 918 (919).

[717] BGHZ 85, 327 (329 ff.) = BGH NJW 1983, 328 (328 f.) = BGH VersR 1983, 264 (265); BGHZ 106, 146 (148) = BGH NJW 1989, 764 (765) = BGH VersR 1989, 252 (252 f.); der Arzt ist verpflichtet, diese Einsicht durch Herstellung von Fotokopien der Unterlagen zu ermöglichen, so Bockelmann, in: Festschrift für Jescheck, S. 693 (695); Laufs, Arztrecht, Rn. 457 ff.; Hanau, in: Festschrift für Baumgärtel, S. 121 (128); dagegen muss der Patient ein besonderes schutzwürdiges Interesse an der Einsicht grundsätzlich nicht darlegen, vgl. BGHZ 85, 327 (334 f.) = BGH NJW 1983, 328 (329) = BGH VersR 1983, 264 (265 f.); BGHZ 85, 339 (341) = BGH NJW 1983, 330 (331) = BGH VersR 1983, 267 (267 f.).

tigtes Interesse ist indes nicht erforderlich, dass es bereits zu einem Prozess gekommen ist. Ausreichend ist, dass der Patient außerprozessual prüfen möchte, ob eine Fehlbehandlung vorliegt, ob also ein Haftpflichtprozess Aussicht auf Erfolg hätte.[718] Das Einsichtsrecht ist jedoch nicht grenzenlos. Es bezieht sich nur auf naturwissenschaftlich objektivierbare Befunde, Operationsberichte und Narkoseprotokolle, jedoch nicht auf Aufzeichnungen des Arztes, die auf Wertungen des Arztes beruhen.[719] Auch § 810 BGB wird zur Begründung eines solchen Einsichtsrechts herangezogen.[720] Daneben kommen §§ 19, 34 BDSG sowie das Allgemeine Persönlichkeitsrecht des Patienten in Betracht.[721]

### c) Inhalt und Umfang der Dokumentationspflicht

Die Dokumentationspflicht soll den notwendigen von dem freiwilligen Inhalt einer Dokumentation abgrenzen.[722] Zum einen muss der Arzt wissen, wie er seiner Pflicht zur Dokumentation genügen kann, um das Risiko der Vertragsverletzung kalkulierbar zu halten. Zum anderen kann die Dokumentation auch nur dann eine Hilfe für den Patienten sein, wenn sich gegebenenfalls ein Verstoß gegen die Dokumentationspflicht konkret ermitteln lässt, was nur möglich ist, wenn ihr Inhalt und Umfang festgelegt sind.[723]

Die Dokumentation soll dem Patienten und anderen behandelnden Ärzten Informationen über die Behandlung liefern und letztere unterstützen, dient also therapeutischen Zwecken und hat insoweit eine Hilfsfunktion.

---

BGHZ 106, 146 (148) = BGH NJW 1989, 764 (765) = BGH VersR 1989, 252 (252 f.); vgl. auch *Steffen/Pauge*, Arzthaftungsrecht, Rn. 473; zum Einsichtsrecht des Patienten vgl. *Laufs/Uhlenbruck-Uhlenbruck*, Handbuch des Arztrechts, § 60; *Deutsch/Spickhoff*, Medizinrecht, Rn. 466 ff.; *Giesen*, Arzthaftungsrecht, Rn. 429 ff.; *Frahm/Nixdorf*, Arzthaftungsrecht, Rn. 134 ff.; *Wasserburg*, NJW 1980, 617 (620 ff.); a.A. *Bockelmann*, der dafür plädiert, den Arzt von der Pflicht, dem Patienten Einsicht in die Aufzeichnungen gewähren zu müssen, befreien will, da dieses Einsichtsrecht für den Patienten im Ergebnis nicht dienlich sei, vgl. *Bockelmann*, in: Festschrift für Jescheck, S. 693 (701 ff.).

[718] *Graf*, Beweislast, S. 71; *Bockelmann*, in: Festschrift für Jescheck, S. 693 (695).

[719] *Franzki*, MedR 1994, 171 (174), was dieser für wenig überzeugend hält; das Einsichtsrecht beziehe sich auf Aufzeichnungen über „objektive physische Befunde und (Berichte über) Behandlungsmaßnahmen", so BGHZ 85, 327 (334) = BGH NJW 1983, 328 (329) = BGH VersR 1983, 264 (265 f.) und BGHZ 85, 339 (341 f.) = BGH NJW 1983, 330 (331) = BGH VersR 1983, 267 (267 f.).

[720] *Laufs/Uhlenbruck-Uhlenbruck*, Handbuch des Arztrechts, § 60 Rn. 1; *Graf*, Beweislast S. 71; a.A. *Bockelmann*, der auf die Verschiedenheit von Urkunden und ärztlichen Dokumentationen hinweist, in: Festschrift für Jescheck, S. 693 (705).

[721] Zum Allgemeinen Persönlichkeitsrecht vgl. insoweit *Bockelmann*, in: Festschrift für Jescheck, S. 693 (705); *Graf*, Beweislast, S. 71.

[722] So wohl auch *Schmid*, NJW 1987, 681 (683); a.A. *v. Wallenberg*, Arzthaftungsprozess, S. 33 ff., der zwischen dokumentationspflichtigen und dokumentationsfähigen Tatsachen unterscheiden will, wobei unter letztere nur diejenigen fallen sollen, die der Arzt im eigenen Beweisinteresse dokumentiere. Dabei übersieht *v. Wallenberg* jedoch, dass die Dokumentationspflicht in erster Linie dem außerprozessualen Bereich dient.

[723] *Bender*, VersR 1997, 918 (919).

Der erforderliche Inhalt und Umfang der Dokumentation bestimmt sich nach diesem Schutzzweck.[724] In diesem Zusammenhang werden Forderungen nach „hinreichenden Aufzeichnungen"[725] oder „verlässlichen Unterlagen"[726] erhoben. Was hierunter zu verstehen ist, bleibt wegen der Unbestimmtheit der Begriffe allerdings oft unklar.

Der BGH betont insoweit ebenfalls den therapeutischen Zweck der Dokumentationspflicht.[727] Er ist der Auffassung, dass die für Diagnose und Therapie wesentlichen medizinischen Fakten zu dokumentieren seien[728] und zwar in einer Form, die für einen Fachmann verständlich ist, so dass auch Stichworte genügen können.[729] Auch eine Dokumentation mithilfe von elektronischer Datenverarbeitung (EDV) ist grundsätzlich möglich.[730]

Entscheidend für den Inhalt und Umfang der Dokumentation ist, ob die Aufzeichnungen für die (weitere) Behandlung erforderlich und damit medizinisch geboten waren.[731] Vom Arzt zu verlangen, sämtliche Vorgänge der Behandlung detailliert zu dokumentieren, würde diesen wegen des damit verbundenen Mehraufwands von seiner eigentlichen ärztlichen Aufgabe, nämlich den Patienten zu heilen, abhalten und die Behandlung schwer belasten.[732] Zu einer Dokumentation, die medizinisch nicht geboten ist, darf der Arzt nicht verpflichtet werden.[733] Mangels medizinischer Konsequenzen sind Routinemaßnahmen daher üblicherweise nicht zu dokumentieren.[734] Das Gleiche gilt für befundlos gebliebene Routineuntersuchungen.[735]

---

[724] Laufs/Uhlenbruck-Laufs, Handbuch des Arztrechts, § 111 Rn. 3; Katzenmeier, Arzthaftung, S. 473 f.

[725] Franzki/Franzki, NJW 1975, 2225 (2227).

[726] Daniels, NJW 1976, 345 (348).

[727] BGH VersR 1993, 836 (837); BGH VersR 1989, 512 (513); BGHZ 129, 6 (10) = BGH NJW 1995, 1611 (1611) = BGH VersR 1995, 706 (707); BGH NJW 1999, 3408 (3409); vgl. auch OLG Düsseldorf, VersR 1995, 339 (340); OLG Köln, VersR 1998, 1026 (1027).

[728] BGH NJW 1984, 1403 (1403); BGH VersR 1989, 512 (513); BGH 129, 6 (9) = BGH NJW 1995, 1611 (1612) = BGH VersR 1995, 706 (707).

[729] BGH VersR 1983, 983 (983); der Arzt darf insoweit auch Kürzel und Symbole verwenden, vgl. BGH VersR 1989, 512 (513); BGH NJW 1984, 1403 (1403); OLG Hamm, VersR 2003, 1139 (1139); Steffen/Pauge, Arzthaftungsrecht, Rn. 458 ff.; Frahm/Nixdorf, Arzthaftungsrecht, Rn. 126; Laufs/Uhlenbruck-Uhlenbruck, Handbuch des Arztrechts, § 59 Rn. 11; Katzenmeier, Arzthaftung, S. 475; Hanau, in: Festschrift für Baumgärtel, S. 121 (128); Schäfer, ZAP Fach 2 (1997), 159 (165); Schmid, NJW 1987, 681 (684).

[730] Laufs/Uhlenbruck-Uhlenbruck, Handbuch des Arztrechts, § 59 Rn. 11; zu den damit verbundenen Problemen und dem Beweiswert einer solchen Dokumentation vgl. Muschner, VersR 2006, 621 ff.

[731] BGH VersR 1993, 836 (837); Schmid, NJW 1987, 681 (683); MüKo-Wagner, Band 5, § 823 Rn. 740.

[732] So auch Steffen, in: Festschrift für Brandner, S. 327 (331); Frahm/Nixdorf, Arzthaftungsrecht, Rn. 126; für eine detaillierte und umfassende Dokumentation aber Bender, VersR 1997, 918 (923).

[733] BGH NJW 1989, 230 (231); BGH VersR 1993, 836 (837); Schmid, NJW 1987, 681 (683); Frahm/Nixdorf, Arzthaftungsrecht, Rn. 126.

[734] BGH NJW 1984, 1403 (1403); BGH VersR 1993, 836 (837); Frahm/Nixdorf, Arzthaftungsrecht, Rn. 127; Schäfer, ZAP Fach 2 (1997), 159 (165); Schmid, NJW 1987, 681 (683).

[735] BGH VersR 1993, 836 (837); Frahm/Nixdorf, Arzthaftungsrecht, Rn. 127 f.; a.A. Bender, VersR 1997, 918 (923): Der Arzt habe den Gang der Behandlung detailliert und umfassend zu dokumentieren, weshalb die Dokumentation nur der wesentlichen Vorgänge nicht ausreiche und daher auch die ohne Befund endende Untersuchung zu dokumentieren sei; nur so könne der Zweck der Dokumentationspflicht – den Patienten umfassend über die Behandlung zu informieren – gewährleistet werden; mangels eigener Routine muss auch die Routineuntersuchung eines „Anfängers", wozu auch ein Arzt in der (Facharzt-) Ausbildung zählt, dokumentiert werden, vgl. BGH NJW 1985, 2193 (2194).

Für den Fall der (unterlassenen) Befunderhebung bedeutet dies, dass alle Maßnahmen zu dokumentieren sind, deren Vornahme oder Nichtvornahme medizinische Konsequenzen haben kann; dort wo dies nicht zu erwarten ist, kann eine Dokumentation unterbleiben.[736] Nicht zu dokumentieren sind deshalb unterlassene diagnostische Maßnahmen, die lediglich möglich, sinnvoll oder den tatsächlich durchgeführten gleichwertig sind, sowie die Gründe für dieses Unterlassen, da sich hieraus Folgerungen für die Behandlung nicht ergeben können.[737] Umgekehrt sind Aufzeichnungen über diagnostische Maßnahmen selbstverständlich dann unbedingt angezeigt, wenn die Symptome dazu genötigt haben, die entsprechenden Untersuchungen durchzuführen.[738]

Wegen der Unbestimmtheit des Begriffs ist problematisch, was überhaupt „medizinisch geboten" ist. Die Rechtsprechung beurteilt dies zwar grundsätzlich danach, ob die Dokumentation für die (weitere) Therapie erforderlich ist. Sie hat zum Teil aber auch Dokumentationspflichten bejaht, deren Nutzen für die Therapie nicht offensichtlich war.[739] Es ist daher Aufgabe der Medizin, Standards zur Dokumentation herauszubilden und fortzuentwickeln, die im Prozess dann mithilfe eines medizinischen Sachverständigen bestimmt werden können.[740]

Umstritten ist, ob Zweck der Dokumentation auch die Beweissicherung für einen noch ungewissen Arzthaftungsprozess ist.

Dies wird überwiegend zu Recht verneint.[741] Die Dokumentation dient in erster Linie nicht der Beweissicherung und der Durchsetzbarkeit von Ansprüchen in einem späteren Haftungsprozess.[742] „Mitteilungsempfänger der Aufzeichnungen sind deshalb nicht der Anwalt des Patienten oder der Richter, sondern der Arzt oder die Schwester."[743] Eine andere Sichtweise würde dem Wesen ärztlichen Tuns widersprechen.[744] Sie denaturierte die medizinisch gebotene, der Sicherheit des Patienten

---

[736] *Strohmaier*, VersR 1998, 416 (417).

[737] *Strohmaier*, VersR 1998, 416 (417); für die weitere Behandlung Irrelevantes ist nicht zu dokumentieren, Staudinger-*Hager*, § 823 Rn. I 71.

[738] *Strohmaier*, VersR 1998, 416 (417).

[739] Vgl. dazu die Beispiele bei *Hausch*, VersR 2006, 613 (617 f.); vgl. auch das Urteil des LG Göttingen vom 16.11.1978, Az.: 2 O 152/78, besprochen bei *Rieger*, DMW 1979, 794 (795), in dem es allein darum ging, Beweismaterial für mögliche Haftpflichtansprüche zu sammeln.

[740] *Laufs/Uhlenbruck-Laufs*, Handbuch des Arztrechts, § 111 Rn. 3; OLG Köln, VersR 1994, 1424 (1425); a.A. *Bender*, VersR 1997, 918 (920), der es nicht für die Aufgabe der Medizin hält, Standards zur Dokumentation herauszubilden, weil dies den Schutz des Patienten entwerte, wenn die Ärzte als Verpflichtete den Standard bestimmten.

[741] Vgl. BGHZ 99, 391 (397) = BGH NJW 1987, 1482 (1483) = BGH VersR 1987, 1089 (1091); BGH VersR 1989, 512 (513); BGH VersR 1989, 512 (513); BGH VersR 1993, 836 (837); BGH VersR 1999, 1282 (1283); *Baumgärtel*, in: Gedächtnisschrift für Bruns, S. 93 (100); *ders.*, Beweislast, Bd. 1, § 823 Anhang C II Rn. 60; *Katzenmeier*, Arzthaftung, S. 473; *Frahm/Nixdorf*, Arzthaftungsrecht, Rn. 126; *Müller*, DRiZ 2000, 259 (268); *Steffen/Pauge*, Arzthaftungsrecht, Rn. 457; *Laufs*, Arztrecht, Rn. 616; *Groß*, VersR 1996, 657 (663); *Strohmaier*, VersR 1998, 416 (416 ff.); *Francke/Hart*, Charta der Patientenrechte, S. 72; *Taupitz*, ZZP 100 (1987), 287 (312); a.A. *Peter*, NJW 1988, 751 (751 f.): Beweissicherungspflicht für zur Sachverhaltsaufklärung geeignete und medizinisch indizierte Maßnahmen; *Bender*, VersR 1997, 918 (923 ff.); *Laufs/Uhlenbruck-Uhlenbruck*, Handbuch des Arztrechts, § 59 Rn. 5, 8; *Schäfer*, ZAP Fach 2 (1997), 159 (164); *Matthies*, JZ 1986, 959 (961).

[742] BGHZ 99, 391 (397) = BGH NJW 1987, 1482 (1483) = BGH VersR 1987, 1089 (1091); BGH VersR 1989, 512 (513); BGH VersR 1989, 512 (513); BGH VersR 1993, 836 (837); BGH VersR 1999, 1282 (1283); OLG Koblenz, VersR 2004, 1323 (1324).

[743] *Steffen*, in: Festschrift für Brandner, S. 327 (331).

[744] *Steffen*, in: Festschrift für Brandner, S. 327 (331).

in der Behandlung dienende Dokumentationspflicht und wandelte diese zu einer in erster Linie forensischen Zwecken dienenden Belastung ärztlicher Berufsausübung.[745] Der Arzt will den Patienten heilen und nicht auch noch dessen Beweissicherungsinteressen mit berücksichtigen.[746] Er ist kein „Dokumentensammler".[747]

Zwar ermöglicht die Dokumentation dem Patienten im Prozess meist faktisch überhaupt erst die Beweisführung;[748] daher soll auch nicht bestritten werden, dass die Dokumentation dem Patienten im Prozess den Nachweis eines Behandlungsfehlers durchaus erleichtern, sie insoweit Beweisfunktion haben kann. Damit ist jedoch noch nicht gesagt, dass die Beweissicherung auch *Zweck* der Pflicht ist. Den Schutz eines anderen bezweckt eine Pflicht nämlich nur, wenn sie nach ihrem Zweck und Inhalt auch dazu dienen soll, den Einzelnen oder einen Personenkreis gegen die Verletzung eines bestimmten Rechtsguts zu schützen.[749] Es muss daher zwischen dem Hauptzweck der Dokumentationspflicht (Sicherheit in der Behandlung) und solchen Zwecken, die nur Reflexwirkung der Erfüllung des Hauptzweckes sind (Beweisbarkeit des Behandlungsgeschehens) unterschieden werden.[750] Bei der Beweisbarkeit des Behandlungsgeschehens handelt es sich also gewissermaßen nur um eine für den Patienten „günstige Nebenwirkung" der Dokumentationspflicht. Es kann deshalb aber nicht davon ausgegangen werden, dass die Dokumentationspflicht darauf abzielt, Beweise für den Haftpflichtprozess zu sichern.[751]

Die ärztliche Dokumentation hat sich daher auch ihrem Umfang nach nicht am Ziel einer Beweissicherung für den Patienten auszurichten und ist auch nicht nach diesem Zweck zu beurteilen. Würde man dem Arzt eine Pflicht zur Schaffung und Sicherung von Beweismitteln für den Patienten auferlegen, wäre er mit einer Tätigkeit belastet, zu welcher er kraft beruflicher Expertise gar nicht in der Lage ist. Er müsste beurteilen, was in einem fiktiven, in der Zukunft liegenden Rechtsstreit, dessen Tatsachenstoff, Anträge und andere wesentliche Umstände ihm unbekannt sind, für den Patienten wesentlich sein wird. Dies wäre nicht nur unzweckmäßig, sondern auch verfassungsrechtlich im Hinblick auf Art. 2, 12 GG bedenklich.[752] Es wäre also viel-

---

[745] *Katzenmeier*, Arzthaftung, S. 473.

[746] *Bender*, VersR 1997, 918 (921).

[747] *Bender*, VersR 1997, 918 (921).

[748] *Katzenmeier*, Arzthaftung, S. 473.

[749] Palandt-*Sprau*, § 823 Rn. 57.

[750] *Strohmaier*, VersR 1998, 416 (418); Palandt-*Sprau*, § 823 Rn. 57; vgl. auch schon die Ausführungen zur Befunderhebungspflicht in Kapitel 4, unter D. III. 3.

[751] *Katzenmeier*, Arzthaftung, S. 473; *Frahm/Nixdorf*, Arzthaftungsrecht, Rn. 126; *Baumgärtel*, in: Gedächtnisschrift für Bruns, S. 93 (100 ff.); *Groß*, VersR 1996, 657 (663); *Strohmaier*, VersR 1998, 416 (416 ff.); *Müller*, DRiZ 2000, 259 (268); *Steffen/Pauge*, Arzthaftungsrecht, Rn. 457; *Laufs*, Arztrecht, Rn. 616; *Schäfer*, ZAP Fach 2 (1997), 159 (164).

[752] *Strohmaier*, VersR 1998, 416 (418); *Muschner*, VersR 2006, 621 (623); a.A. *Schmid*, NJW 1987, 681 (683): da der Arzt das Wesentliche nicht vom Nebensächlichen unterscheiden könne, habe er daher nicht nur das aufzuzeichnen, was zu Behandlungszwecken an Information benötigt werde, sondern auch all jene Fakten, die zur späteren Beurteilung erforderlich seien, ob möglicherweise ein Behandlungsfehler vorgefallen sei, also das, was ein Kollege benötigen würde, um eine Behandlung als angezeigt oder nicht vertretbar einschätzen zu können. Ein solches Verständnis orientiert sich erkennbar an einem vermeintlichen Beweissicherungszweck der Dokumentation und ist daher abzulehnen.

mehr lebensfremd, der Dokumentationspflicht einen Beweissicherungszweck zuzu-sprechen als diesen zu verneinen.[753] Der Dokumentationspflicht einen Beweissicherungszweck zuzusprechen, würde – konsequent zu Ende gedacht – außerdem im Ergebnis bedeuten, dass der Arzt auch Beweise gegen sich selbst sichern müsste. Der Arzt hätte nicht nur – was medizi-nisch geboten sein kann – zu dokumentieren, dass eine bestimmte Maßnahme er-folglos geblieben ist. Sondern er müsste darüber hinaus gegebenenfalls auch doku-mentieren, dass ihm bei der Behandlung ein Behandlungsfehler unterlaufen ist. Aus Beweissicherungsgründen und zur „Effektivierung des Selbstbestimmungsrechts"[754] ist nämlich die Möglichkeit, dass die Erfolglosigkeit der Behandlung auf einem schuldhaften Behandlungsfehler beruht, von enormer Bedeutung. Die Qualifizierung eines Verhaltens als Behandlungsfehler setzt jedoch eine Bewertung[755] – bei der Beweissicherung gegen sich selbst noch dazu des eigenen Verhaltens – voraus, die oft nur schwer zu treffen ist.

Zwar darf der Arzt den Patienten über einen bestimmten Sachverhalt, der mögli-cherweise eine Haftung begründet, objektiv informieren.[756] Der Arzt ist jedoch nicht verpflichtet, seine Schuld einzugestehen,[757] was im Einzelfall auch versicherungs-rechtliche Konsequenzen hätte.[758] Ihn trifft keine Verpflichtung zur Anzeige und Of-fenbarung eines ärztlichen Behandlungsfehlers.[759] Eine Pflicht, unaufgefordert eige-nes Fehlverhalten offenbaren zu müssen, ist der deutschen Rechtsordnung aus mehreren Gründen nämlich fremd.[760] Es gilt vielmehr das Prinzip der Eigenverant-wortlichkeit, grundsätzlich ist jeder Vertragspartner „selbst Hüter seiner eigenen Inte-ressen"; die strafrechtliche Freiheit vor Selbstbezichtigung, die insbesondere beim Arzt relevant wird, bedingt, dass es eine Offenbarungspflicht nur dort geben könnte, „wo berechtigte und im Vergleich zu den Geheimhaltungsinteressen des Arztes hö-herrangige Interessen des Patienten eine Informationserteilung zwingend erfor-dern".[761] Damit der Arzt nicht zu seiner eigenen Verurteilung beizutragen hätte,

---

[753] *Laufs/Uhlenbruck-Uhlenbruck*, Handbuch des Arztrechts, § 59 Rn. 8 und *Helbron*, Entwicklungen, S. 49 halten es für lebensfremd, den Beweissicherungszweck der Dokumentationspflicht zu vernei-nen.

[754] Zur Fehleraufklärung insoweit *Taupitz*, NJW 1992, 713 (717).

[755] So für eine etwaige Informationspflicht des Arztes über Behandlungsfehler auch *Taupitz*, NJW 1992, 713 (719).

[756] Dagegen spricht auch nicht § 5 Nr. 5 AHB, der lediglich das Anerkenntnis einer Haftpflicht unter-sagt; die Mitteilung eines Sachverhalts durch den Arzt an den Geschädigten ist jedoch kein Aner-kenntnis, vgl. *Laufs/Uhlenbruck-Uhlenbruck*, Handbuch des Arztrechts, § 22 Rn. 9; *Taupitz*, Die zivil-recht-liche Pflicht zur unaufgeforderten Offenbarung eigenen Fehlverhaltens, S. 38 f.

[757] So bzgl. einer etwaigen Informationspflicht des Patienten über Fehler des Arztes vgl. auch *Giesen*, JZ 1990, 1053 (1057).

[758] So bzgl. einer etwaigen Informationspflicht des Patienten über Fehler des Arztes *Taupitz*, NJW 1992, 713 (715).

[759] *Laufs/Uhlenbruck-Uhlenbruck*, Handbuch des Arztrechts, § 22 Rn. 9; *MüKo-Wagner*, Band 5, § 823 Rn. 743; a.A. *Terbille/Schmitz-Herscheidt*, NJW 2000, 1749 (1755 f.) unter ausführlicher Darstel-lung des Meinungsstandes auf S. 1750 ff., die eine Informationspflicht des Arztes über Behandlungs-fehler aus § 242 BGB herleiten.

[760] Dazu genauer *Taupitz*, Die zivilrechtliche Pflicht zur unaufgeforderten Offenbarung eigenen Fehl-verhaltens, S. 28 ff.

[761] Für die Frage einer etwaigen Informationspflicht des Patienten über Fehler des Arztes insoweit *Taupitz*, NJW 1992, 713 (718); unter Hinweis auf die Verletzung der Interessen des Patienten vgl. aber auch *Bender*, VersR 1997, 918 (926).

müsste die zivilrechtliche Pflicht, eigenes Fehlverhalten zu dokumentieren, in jedem Fall also durch ein strafprozessuales Verwertungsverbot abgesichert werden.[762] Entscheidend gegen die Pflicht zur Dokumentation eines „Schuldeingeständnisses" spricht jedoch, dass ein solches für die weitere Behandlung (unter Umständen durch einen anderen Arzt) regelmäßig unerheblich ist. Um den Patienten ordnungsgemäß behandeln zu können, ist für den weiter behandelnden Arzt zwar entscheidend, was die Ursache für den Krankheitszustand des Patienten ist. Daher kann es medizinisch auch geboten sein zu dokumentieren, dass eine bestimmte Maßnahme erfolglos geblieben ist, da der weiter behandelnde Arzt oft nur so Hinweise für die anschließende sachgerechte Therapie erhält. Für die weitere Behandlung unerheblich ist jedoch zumeist, ob die (dokumentierte) Erfolglosigkeit der bisherigen Behandlung auf einen Fehler des Arztes zurückzuführen ist oder vielmehr schicksalhaft eingetreten ist.[763] Da die Dokumentation eines Behandlungsfehlers aus Therapiezwecken somit nicht erforderlich ist, ist sie auch medizinisch nicht geboten. Eine Dokumentation aber, die medizinisch nicht geboten ist, kann auch vom Arzt nicht gefordert werden.[764] Weil Zweck der Dokumentation nicht die Beweissicherung für einen noch ungewissen Haftungsprozess ist, muss eine darauf abzielende Pflicht des Arztes abgelehnt werden. Die gegenteilige Ansicht[765] ist daher abzulehnen.

Die materiell-rechtliche Pflicht zur Dokumentation ist von der prozessualen Pflicht, die Dokumente in einer Beweisaufnahme vorzulegen, zu unterscheiden.[766] Der BGH verlangt insofern, dass der Arzt dem klagenden Patienten Aufschluss über sein Vorgehen in dem Umfang gibt, in dem ihm dies ohne weiteres möglich ist und insoweit auch zumutbare Beweise erbringt. Dieser „Beweispflicht" genüge der Arzt durch Vorlage einer ordnungsgemäßen Dokumentation, wie sie gutem ärztlichen Brauch entspreche.[767]

Die Krankenunterlagen spielen in fast allen Arzthaftungsprozessen eine wesentliche Rolle und werden vom Gericht beigezogen.[768] Der Arzt ist zur Vorlage der Urkunden wie Operationsberichte, Krankenblätter usw., auf die sich der Patient als Kläger bezieht, grundsätzlich gem. §§ 421 ff. ZPO verpflichtet,[769] soweit es sich um Urkunden handelt. Dies folgt aus dem oben beschriebenen außer- und vorprozessualen Einsichtsrecht des Patienten.[770] Das erkennende Gericht kann die Vorlage der

---

[762] Zu einer zivilrechtlichen Pflicht zur Fehleraufklärung insoweit *Taupitz*, NJW 1992, 713 (718).

[763] So für eine etwaige Informationspflicht des Arztes über Behandlungsfehler auch *Taupitz*, NJW 1992, 713 (715).

[764] BGH NJW 1999, 3408 (3409).

[765] *Peter*, NJW 1988, 751 (751 f.); zur dogmatischen Herleitung einer solchen Beweissicherungspflicht vgl. *Bender*, VersR 1997, 918 (923 ff.); *Laufs/Uhlenbruck-Uhlenbruck*, Handbuch des Arztrechts, § 59 Rn. 5, 8; *Matthies*, JZ 1986, 959 (961), der daher – insofern konsequent – aus einer Verletzung der materiell-rechtlichen Dokumentationspflicht ohne Weiteres beweisrechtliche Konsequenzen ziehen will.

[766] *Baumgärtel*, in: Gedächtnisschrift für Bruns, S. 93 (99); *ders.*, Beweislast, Bd. 1, § 823 Anhang C II Rn. 56; *Franzki*, Die Beweisregeln im Arzthaftungsprozess, S. 99 ff.

[767] BGH NJW 1978, 1681 (1682); der Begriff „Beweispflicht" ist indes missverständlich: der Arzt als nicht beweisbelastete Partei muss nichts beweisen, so auch *Stürner*, NJW 1979, 1225 (1227); insofern wäre es besser, von einer beweisrechtlichen „Obliegenheit" zu sprechen, so auch *Franzki*, Die Beweisregeln im Arzthaftungsprozess, S. 99 (Fn. 49).

[768] *Laufs/Uhlenbruck-Uhlenbruck*, Handbuch des Arztrechts, § 60 Rn. 8.

[769] *Frahm/Nixdorf*, Arzthaftungsrecht, Rn. 134, 245; *Laufs/Uhlenbruck-Uhlenbruck*, Handbuch des Arztrechts, § 60 Rn. 8 f.; *Ehlers/Broglie*, Arzthaftungsrecht, Rn. 642.

[770] *Laufs/Uhlenbruck-Uhlenbruck*, Handbuch des Arztrechts, § 60 Rn. 8.

Krankengeschichte und Operationsberichte auch von Amts wegen über §§ 142, 273 Abs. 2 Nr. 1, 5 ZPO anordnen.[771] Eine andere Frage ist es, welche Folgen eintreten, wenn das Behandlungsgeschehen gar nicht oder nur unzureichend dokumentiert ist und daher überhaupt keine oder nur unvollständige Unterlagen vorgelegt werden können. Dieser Frage soll im Folgenden nachgegangen werden.

### d) Rechtsfolge einer Verletzung der Dokumentationspflicht

Hat der Arzt heute ein Geschehen pflichtwidrig unvollständig oder gar nicht dokumentiert, unterscheidet die Rechtsprechung grundsätzlich zwischen den sich hieraus ergebenden beweisrechtlichen Folgen für das Vorliegen eines Behandlungsfehlers und denen für den Nachweis der Kausalität.

Dokumentationsversäumnisse führen hinsichtlich des Nachweises eines Behandlungsfehlers in der Rechtsprechung zu unterschiedlichen Rechtsfolgen. Im oben erwähnten *Blinddarm*-Urteil folgerte der BGH aus der offensichtlichen Unzulänglichkeit einer Dokumentation „besondere beweisrechtliche Konsequenzen", die sich nicht auf den Bereich einer gezielten Beweisvereitelung beschränken ließen, sich andererseits aber auch nicht nach den zum groben Behandlungsfehler aufgestellten Grundsätzen richten sollten.[772] Beweiserleichterungen, die bis hin zu einer Umkehr der Beweislast gehen könnten, seien „immer dann und soweit geboten, als nach tatrichterlichem Ermessen dem Patienten die [volle] Beweislast für einen Arztfehler angesichts der vom Arzt verschuldeten Aufklärungshindernisse billigerweise nicht mehr zugemutet werden"[773] könne. Wie auch schon beim groben Behandlungsfehler postulierte der BGH hier eine „graduelle Verschiebung des Beweisschwerpunktes, die in gravierenden Fällen in der Umkehr der Beweislast gipfelte"[774].

In dieser Entscheidung blieb allerdings noch offen, ob von der Formel nur der Nachweis des Behandlungsfehlers oder auch der Nachweis der Kausalität umfasst sein sollte. Da die vom BGH angesprochenen „Aufklärungshindernisse" an seine Rechtsprechung zum groben Behandlungsfehler erinnern, kann man Letzteres vermuten.[775] Die Wortwahl des BGH mag eine Erklärung darin finden, dass die Ärztin im vorliegenden Fall ihre Dokumentationspflicht „in ungewöhnlich hohem Maße" verletzt hatte, was an einen schwerwiegenden Fehler erinnert. Nach dieser Entscheidung wäre es aber jedenfalls möglich gewesen, die „Beweiserleichterungen bis hin zur Beweislastumkehr" für den Nachweis der Kausalität künftig – wie beim groben Behandlungsfehler – an einen schwerwiegenden Verstoß gegen die Dokumentationspflicht als Haftungsgrund zu knüpfen. Dies hätte allerdings dazu geführt, dass der Patient bei einem gravierenden Dokumentationsmangel besser gestellt gewesen wäre, als wenn der Arzt fehlerfrei dokumentiert hätte.[776] In einem solchen Fall hätte der

---

[771] Vgl. auch *Peters*, ZZP 82 (1969), S. 200 (200-208); *Laufs/Uhlenbruck-Uhlenbruck*, Handbuch des Arztrechts, § 60 Rn. 8; *Stürner*, Aufklärungspflicht, S. 378.
[772] BGHZ 72, 132 (139) = BGH NJW 1978, 2337 (2339) = BGH VersR 1978, 1022 (1024).
[773] BGHZ 72, 132 (139) = BGH NJW 1978, 2337 (2339) = BGH VersR 1978, 1022 (1024).
[774] *Taupitz*, ZZP 100 (1987), 287 (340).
[775] So auch *Hausch*, VersR 2006, 612 (613).
[776] So auch *Hausch*, VersR 2006, 612 (613).

Patient dann zwar den Behandlungsfehler nachweisen können, der Nachweis der Kausalität hätte jedoch immer noch ihm obliegen. Daher entschied der BGH auch im Jahr 1982, dass der Dokumentationsmangel selbst keinen Haftungsgrund darstellt, so dass mit ihm unmittelbar keine Beweiserleichterungen für den Nachweis der Kausalität verbunden sein können.[777] Lediglich der Nachweis des Behandlungsfehlers soll dem Patienten dadurch erleichtert werden, dass die Maßnahme als nicht erfolgt unterstellt wird. Der BGH stellte damit klar, dass Anknüpfungspunkt für eine Haftung des Arztes auch bei Dokumentationsversäumnissen nicht unmittelbar dieser Mangel selbst, sondern nur ein daraus abgeleiteter Behandlungsfehler sein kann.[778]

Der Dokumentationsmangel kann jedoch mittelbar für den Ursachenzusammenhang Bedeutung erlangen, wenn er einen groben Behandlungsfehler indiziert. Diese Ausnahme soll dann gelten, wenn es sich bei der aufgrund der Dokumentationsversäumnisse unterstellten unterbliebenen Maßnahme um einen groben Behandlungsfehler handelt,[779] so dass dem Patienten nach den vom BGH für den groben Behandlungsfehler aufgestellten Grundsätzen auch der Nachweis der Kausalität erleichtert wird.

Abgesehen von dieser Ausnahme sollte dem Patienten nur der Nachweis des Behandlungsfehlers (und nicht der des Ursachenzusammenhangs) erleichtert werden. Die Tatsache, dass eine gebotene ärztliche Maßnahme nicht dokumentiert wurde, indiziere, dass diese unterblieben sei.[780] Es sei unbillig, wenn der Patient wegen der fehlenden Dokumentation die volle Beweislast für den behaupteten Behandlungsfehler tragen müsse. Daher müsse der Arzt die indizielle Wirkung entkräften.[781] Daraus kann man schließen, dass der BGH der Patientin hier lediglich eine Beweiserleichterung hinsichtlich des Behandlungsfehlers (und nicht hinsichtlich der Kausalität) zubilligen, also im Bereich der Beweiswürdigung bleiben wollte, nicht jedoch die Beweislast umkehren wollte.

Unklar bleibt aber dennoch, an welche Art von Beweiserleichterung der BGH hier dachte, ob beispielsweise an einen Anscheinsbeweis oder an ein bloßes Indiz.

Gegen einen Anscheinsbeweis spricht, dass es dafür einen Erfahrungssatz geben müsste, nach dem typischerweise eine nicht dokumentierte Maßnahme auch tatsächlich nicht durchgeführt worden ist. Ein solcher ist jedoch nicht ersichtlich.[782] Die Annahme eines Indizienbeweises erscheint deshalb problematisch, weil sich dieser auch nur dann als Hauptbeweis eignet, wenn er zu einer Überzeugung des Rich-

---

[777] Vgl. BGH VersR 1983, 151 (152).

[778] So auch in BGHZ 129, 6 (10) = BGH NJW 1995, 1611 (1612) = BGH VersR 1995, 706 (707); BGH VersR 1989, 80 (80); BGH VersR 1993, 836 (838); so auch *Ehlers/Broglie*, Arzthaftungsrecht, Rn. 647; *Deutsch/Spickhoff*, Medizinrecht, Rn. 458; *Katzenmeier*, Arzthaftung, S. 476; *Laufs*, Arztrecht, Rn. 612; *Laufs/Uhlenbruck-Laufs*, Handbuch des Arztrechts, § 111 Rn. 5; MüKo-*Wagner*, Band 5, § 823 Rn. 741; *Schäfer*, ZAP Fach 2 (1997), 159 (165).

[779] BGHZ 72, 132 (133 ff.) = BGH NJW 1978, 2337 (2338 f.) = BGH VersR 1978, 1022 (1022 ff.); vgl. auch BGHZ 85, 212 (216 f.) = BGH NJW 1983, 333 (334) = BGH VersR 1982, 1193 (1195 f.); BGH VersR 1989, 80 (80).

[780] BGHZ 99, 391 (396 f.) = BGH NJW 1987, 1482 (1483 f.) = BGH VersR 1987, 1089 (1090 f.); BGHZ 72, 132 (136 ff.) = BGH NJW 1978, 2337 (2338 f.) = BGH VersR 1978, 1022 (1023 f.); BGH VersR 1989, 80 (80); BGH NJW 1986, 2365 (2367); BGH VersR 1993, 836 (837).

[781] Vgl. BGHZ 99, 391 (399) = BGH NJW 1987, 1482 (1483 f.) = BGH VersR 1987, 1089 (1091); BGH VersR 1984, 354 (355); BGH NJW 1986, 2365 (2367); OLG Stuttgart, VersR 1994, 313 (314); *Frahm/Nixdorf*, Arzthaftungsrecht, Rn. 125; *Deutsch/Spickhoff*, Medizinrecht, Rn. 458; *Schmid*, NJW 1994, 767 (772).

[782] So *Hausch*, VersR 2006, 612 (620); *Matthies*, JZ 1986, 958 (960).

ters im Sinne des § 286 ZPO führt. Dies ist bei einer fehlerhaften oder unterbliebenen Dokumentation jedoch nur selten der Fall.[783] Daher wird in der Literatur diskutiert, ob der BGH hier auf ein reduziertes Beweismaß zurückgegriffen hat.[784] Dann wären an die richterliche Überzeugung geringere Anforderungen zu stellen, so dass das – wenn auch schwache – Indiz möglicherweise ausreichen könnte. Bei einem von Fall zu Fall variierenden Beweismaß besteht allerdings leicht die Gefahr, dass vom gewünschten Ergebnis – einer Beweiserleichterung für den Patienten – auf die Voraussetzungen geschlossen wird. Im Ergebnis käme ein im Einzelfall bis aufs Äußerste reduziertes Beweismaß den Wirkungen einer Beweislastumkehr schon recht nahe.[785]

Angesichts der gerade erläuterten Probleme, die sich bei Dokumentationsversäumnissen aus der Annahme eines Anscheinsbeweises oder eines Indizienbeweises ergeben, wird teilweise die Fiktion eines Beweisergebnisses analog §§ 427, 444, 446 ZPO befürwortet, die im Ermessen des Richters steht und die der Arzt durch entsprechenden Beweisantritt widerlegen kann.[786] Unabhängig davon blieb der BGH hier bei den beweisrechtlichen Folgen auf der Ebene der Beweiswürdigung. Eine Beweislastumkehr wurde dagegen nicht vorgenommen.

Allerdings deuten andere Entscheidungen – auch ohne dass ein grober Behandlungsfehler vorgelegen hätte – auf eine Umkehr der Beweislast bei Dokumentationsversäumnissen hin.

Im oben erwähnten *Dammschnitt*-Urteil betonte der BGH eine „Beweispflicht"[787] des Arztes für seine Behandlung. Da der Arzt als Beklagter grundsätzlich nicht mit dem Beweis belastet ist, lässt dies auf eine Beweislastumkehr schließen.

Im so genannten *Lues*-Fall[788] musste nicht der Patient den Behandlungsfehler, in diesem Fall einen Paralyseverdacht, beweisen, sondern umgekehrt der Arzt den Nachweis erbringen, dass ein solcher nicht bestanden hatte. Auch das OLG Bamberg nahm in einem vom BGH entschiedenen Fall[789] eine „Beweislastumkehr" an.[790] Dagegen ging der BGH in dieser Entscheidung selbst nur von einer „Beweiserleichterung" aus. Der BGH vermischt in diesem Urteil jedoch Beweiserleichterungen mit einer Umkehr der Beweislast. So führt er zunächst aus, die fehlende Dokumentation führe dazu, dass bis zum „Beweis des Gegenteils" davon auszugehen sei, dass die Maßnahme nicht vorgenommen worden sei. Es bestehe, so der BGH weiter, eine „Vermutung" dafür, dass die nicht dokumentierte Maßnahme unterblieben sei.[791] Dies passt nicht zusammen. Denn die Formulierung bis zum „Beweis des Gegenteils" deutet auf eine gesetzliche Vermutung im Sinne des § 292 ZPO hin mit der Folge, dass sich die Beweislast umkehrt. Dagegen handelt es sich bei der tatsächlichen „Vermu-

---

[783] *Matthies*, JZ 1986, 958 (960).

[784] *Walter*, JZ 1978, 806 (806 f.); im Sinne eines reduzierten Beweismaßes legte das OLG Saarbrücken die Formulierung des BGH aus, vgl. VersR 1988, 916 (917).

[785] So auch *Matthies*, JZ 1986, 958 (960).

[786] Vgl. *Stürner*, NJW 1979, 1225 (1229); *Matthies*, JZ 1986, 958 (960); *Hausch*, VersR 2006, 612 (620).

[787] BGH NJW 1978, 1681 (1682).

[788] BGH NJW 1972, 1520 ff.

[789] BGHZ 89, 263 = BGH NJW 1984, 1400 = BGH VersR 1984, 356.

[790] Vgl. OLG Bamberg, Az.: 4 U 136/81.

[791] BGHZ 129, 6 (10) = BGH NJW 1995, 1611 (1612) = BGH VersR 1995, 706 (707).

tung", dass die dokumentierte Maßnahme unterblieben ist, nur um eine Beweiserleichterung.[792] Es lässt sich also festhalten, dass eine eindeutig klare Linie der Rechtsprechung, welche Folgen eine unzureichende oder fehlende Dokumentation für den Nachweis des Behandlungsfehlers nach sich zieht, nicht erkennbar ist. Dies mag möglicherweise jedoch auch an ungeschickten Formulierungen des Gerichts gelegen haben.

Zusammengefasst kann man sagen, dass es dem BGH jedenfalls in seiner jüngeren Rechtsprechung im Ergebnis darum geht, bei Dokumentationsmängeln zugunsten des Patienten zu unterstellen, dass die nicht dokumentierte, aber dokumentationspflichtige Maßnahme unterblieben ist. Die Beweiserleichterung betrifft also lediglich die Frage nach einem Behandlungsfehler, nicht die nach seiner Kausalität für den danach eingetretenen Gesundheitsschaden.[793] Ausnahmsweise kann der Dokumentationsmangel mittelbar auch für den Ursachenzusammenhang Bedeutung gewinnen, wenn der wegen des Fehlens der gebotenen Dokumentation indizierte Behandlungsfehler als grob zu bewerten wäre.[794]

Offen bleibt jedoch die Frage, wie sich der Arzt von diesem Vorwurf befreien kann, ob er den vollen Gegenbeweis dafür erbringen muss, dass er die Maßnahme gleichwohl durchgeführt hat[795] oder ob der Arzt lediglich die Vermutung zugunsten des Patienten, dass die Maßnahme unterblieben ist, zu widerlegen hat. Dies sollte der BGH klarstellen.

Für die hier interessierende unterlassenen Befunderhebung gilt im Zusammenhang mit Dokumentationsmängeln beweisrechtlich Folgendes: allein aus der fehlenden Dokumentation entsprechender Befunde kann noch nicht geschlossen werden, dass die nicht dokumentierte Maßnahme auch tatsächlich unterblieben ist.[796] Denn nach dem oben Gesagten ist die Vornahme nur solcher medizinischer Maßnahmen zu dokumentieren, die auch medizinische Konsequenzen haben kann. Anders zu beurteilen ist es jedoch, wenn die bei den durchgeführten Untersuchungen entdeckten Symptome dazu genötigt hätten, spezielle Untersuchungen in Richtung auf eine bestimmte Krankheit durchzuführen, die dann ihrerseits der Dokumentation bedurft hätten; in diesem Fall kann aus der unterlassenen Dokumentation, also mittelbar, auf einen (groben) Behandlungsfehler geschlossen werden.[797] Mit anderen Worten gilt Folgendes: werden Aufzeichnungen über diagnostische Maßnahmen unterlassen, so kann daraus erst dann auf das Unterbleiben entsprechender Maßnahmen geschlossen werden, wenn feststeht, dass die Symptome dazu genötigt hätten, diese Maß-

---

[792] So auch *Laumen*, NJW 2002, 3739 (3744).

[793] Grundlegend BGHZ 72, 132 = BGH NJW 1978, 2337 = BGH VersR 1978, 1022; BGH VersR 1995, 706; BGH VersR 1993, 836; BGH VersR 1989, 512; BGH VersR 1989, 80.

[794] BGHZ 129, 6 (10) = BGH NJW 1995, 1611 (1612) = BGH VersR 1995, 706 (708); BGH VersR 1989, 512 (513); BGH VersR 1993, 836 (838); vgl. auch BGH VersR 1995, 195 (196 f.); BGH NJW 1999, 3408 (3409); *Frahm/Nixdorf*, Arzthaftungsrecht, Rn. 133; *Katzenmeier*, Arzthaftung, S. 478; *Baumgärtel*, Beweislast, Bd. 1, § 823 Anh. C II, Rn. 59; *Laufs*, Arztrecht, Rn. 614; *Laufs/Uhlenbruck-Laufs*, Handbuch des Arztrechts, § 111 Rn. 4; *Steffen/Pauge*, Arzthaftungsrecht, Rn. 558; *Müller*, MedR 2001, 487 (491); Stein/Jonas-*Leipold*, Band 3, 21. Aufl., § 286 Rn. 127; *Schäfer*, ZAP Fach 2 (1997), 159 (165); *Schmid*, NJW 1994, 767 (772).

[795] Dafür, dass der Vermutung durch den Hauptbeweis, die Maßnahme sei gleichwohl durchgeführt worden, zu widerlegen ist, vgl. nur Staudinger-*Hager*, § 823 Rn. I 72.

[796] Vgl. BGH VersR 1993, 836 (837); *Strohmaier*, VersR 1998, 416 (417).

[797] BGH VersR 1993, 836 (837 f.); *Frahm/Nixdorf*, Arzthaftungsrecht, Rn. 133; *Strohmaier*, VersR 1998, 416 (417, 420)

nahmen durchzuführen.[798] Ist also auf Grund des Krankheitsbildes des Patienten eine ganz konkrete Untersuchungsmaßnahme medizinisch erforderlich und ist diese Maßnahme dann auch in den Krankenunterlagen festzuhalten, fehlen aber derartige Eintragungen, so besteht die Vermutung, dass der Arzt die Untersuchung fehlerhaft unterlassen hat. Im Ergebnis wird er deshalb seine Behauptung, die Maßnahme dennoch durchgeführt zu haben, beweisen müssen.[799]

Fraglich ist, ob die oben beschriebene Entscheidung des BGH vom 27.04.2004[800] auch für die beweisrechtlichen Folgen von Dokumentationsversäumnissen gelten wird. Dies hat der BGH noch nicht klargestellt. Abzuwarten bleibt insbesondere, ob der BGH künftig auch bei den Maßnahmen, die er aufgrund der Dokumentationsversäumnisse als nicht getroffen unterstellt, immer eine Umkehr der Beweislast annehmen wird, wenn diese einen groben Behandlungsfehler darstellen. Da sich der grobe Behandlungsfehler hier – ebenso wie bei einer nur einfachen Verletzung der Befunderhebungspflicht auf der zweiten Stufe der Beweisfigur – nicht direkt, sondern nur mittelbar ergibt, erscheint dies zumindest als äußerst wahrscheinlich.

### 2. Überprüfung der vom BGH gezogenen Parallele zur Verletzung der Dokumentationspflicht

An der Richtigkeit der zwischen einer Verletzung der Befunderhebungspflicht und Mängeln der Dokumentation vom BGH gezogenen Parallele bestehen Zweifel.

Zutreffend ist zunächst, dass das Geschehen oft genauso schwer aufklärbar ist, wenn Befunde fehlen wie wenn eine Dokumentation nicht vorhanden oder diese unzulänglich ist. Sowohl anhand der erhobenen Befunde wie auch anhand der Dokumentation lässt sich nämlich das Behandlungsgeschehen nachvollziehen. Auch besteht ein gewisser Gleichlauf der Pflicht zur Dokumentation mit der Befunderhebungspflicht: werden Befunde nicht erhoben, finden sie sich auch in der Dokumentation nicht wieder; es bleiben also unter Umständen erforderliche Vorgaben den Krankenunterlagen vorenthalten.[801] Darüber hinaus können sich beweisrechtliche Konsequenzen aus einer Verletzung der Dokumentationspflicht, wie oben dargestellt, nur dann ergeben, wenn die Dokumentation der Maßnahmen medizinisch geboten war. Für den Fall der unterlassenen Befunderhebung bedeutet dies, dass, werden Aufzeichnungen über diagnostische Maßnahmen unterlassen, daraus erst dann auf das Unterbleiben entsprechender Maßnahmen geschlossen werden kann, wenn feststeht, dass die entdeckten Symptome dazu genötigt hätten, diese Maßnahmen durchzuführen. Wenn aber die Symptome dazu „genötigt" hätten, die Maßnahmen durchzuführen, dann waren die durchzuführenden Maßnahmen gewiss „medizinisch

---

[798] *Strohmaier*, VersR 1998, 416 (417, 420).

[799] *Frahm/Nixdorf*, Arzthaftungsrecht, Rn. 125; *Deutsch/Spickhoff*, Medizinrecht, Rn. 458; *Ehlers/Broglie*, Arzthaftungsrecht, Rn. 645; *Schäfer*, ZAP Fach 2 (1997), 159 (165); der habe dann die indizielle Wirkung der fehlenden Eintragung zu entkräften, so *Schmid*, NJW 1987, 681 (681); der Arzt darf Lücken in der Dokumentation im Prozess nachträglich durch sonstige Beweismittel ausfüllen, so BGH VersR 1984, 354 (355); *Frahm/Nixdorf*, Arzthaftungsrecht, Rn. 125; *Schmid*, NJW 1994, 767 (772).

[800] BGHZ 159, 48 = BGH NJW 2004, 2011 = BGH VersR 2004, 909 = BGH JZ 2004, 1029.

[801] Insofern seien Kontroll- und Diagnoseversäumnisse zugleich Behandlungsmängel wie Fehler der Dokumentation, *Laufs*, Arztrecht, Rn. 610.

zweifelsfrei geboten" im Sinne der Rechtsprechung zur unterlassenen Befunderhebung. Eine Dokumentationspflichtverletzung liegt im Fall der unterlassenen Befunderhebung also nur dann vor, wenn – für den Fall, dass die Maßnahme unterlassen worden wäre – ein Befunderhebungsfehler vorläge. Insofern besteht ein gewisser Gleichlauf beider Pflichten.

Die Pflichten beginnen aber schon, sich voneinander zu unterscheiden, wenn man das Geschehen gedanklich fortspinnt: Ist eine aufzeichnungspflichtige Befunderhebung nicht dokumentiert, bleibt es dem Arzt unbenommen, auf anderem Wege nachzuweisen, dass er den Befund dennoch erhoben hat.[802] Gelingt ihm dies, ist ihm ein Befunderhebungsfehler nicht vorzuwerfen.[803] Dagegen liegt in diesen Fällen aufgrund der Unzulänglichkeiten der Dokumentation – es hätte „gutem ärztlichen Brauch" entsprochen, die Befunderhebung zu dokumentieren, was jedoch unterblieben ist – dennoch ein Dokumentationsmangel vor. Dieser hat lediglich keine beweisrechtlichen Auswirkungen, da er in diesem Fall kein Aufklärungshindernis darstellt, weil dem Arzt (auf anderem Wege) der Nachweis gelungen ist, den Befund trotz Schweigens der Dokumentation erhoben zu haben.[804]

Beide Pflichten unterscheiden sich auch in anderen Punkten wesentlich voneinander. Dies folgt bereits daraus, dass die Befunderhebungspflicht eine Hauptpflicht des Behandlungsvertrages darstellt, während die Dokumentationspflicht das Behandlungsgeschehen lediglich begleitet,[805] nach dem oben Gesagten mithin nur eine Nebenpflicht ist. Bei der Befunderhebungspflicht geht es nicht nur um die Aufzeichnung des ärztlichen Vorgehens, sondern um die regelmäßig diagnostische Pflicht des Arztes, den Zustand des Patienten zu erkunden, um danach Konsequenzen für die Therapie ziehen zu können.[806] Außerdem ist die Dokumentation der Befunderhebung zeitlich ebenso nachgelagert wie die Befundsicherung.[807]

Auch in ihren beweisrechtlichen Konsequenzen unterscheidet sich ein Verstoß gegen die Dokumentationspflicht deutlich von einer Verletzung der Pflicht zur Befunderhebung. Während ein Befunderhebungsfehler selbst Anknüpfungspunkt für eine Haftung des Arztes sein kann, gewinnt ein Dokumentationsmangel für die Frage des Vorliegens eines Behandlungsfehlers allenfalls mittelbar Bedeutung. Wie oben dargelegt wurde, unterstellt die jüngere Rechtsprechung bei Dokumentationsmängeln zugunsten des Patienten, dass die nicht dokumentierte, aber dokumentationspflichtige Maßnahme unterblieben ist. Es wird „die Vermutung begründet, dass eine nicht dokumentierte Maßnahme vom Arzt auch nicht getroffen worden ist".[808] Dies kann dann den Vorwurf eines Behandlungsfehlers begründen. Daraus folgt noch ein weiterer Unterschied zwischen beiden Pflichten. Der Beweis wird bei der Dokumenta-

---

[802] BGH VersR 1984, 354 (355); BGH NJW 1986, 2365 (2367); *Deutsch/Spickhoff*, Medizinrecht, Rn. 458; *Frahm/Nixdorf*, Arzthaftungsrecht, Rn. 125; *Schmid*, NJW 1994, 767 (772).

[803] Kann in solchen Fällen der Befund nicht vorgelegt werden, ist dem Arzt allenfalls ein Befundsicherungsfehler vorzuwerfen.

[804] Der Dokumentationsmangel stellt dann kein Aufklärungshindernis dar, *Ehlers/Broglie*, Arzthaftungsrecht, Rn. 645.

[805] *Helbron*, Entwicklungen, S. 54.

[806] Staudinger-*Hager*, § 823 Rn. I 73; *Helbron*, Entwicklungen, S. 54.

[807] So auch *Giesen*, Arzthaftungsrecht, Rn. 427.

[808] Vgl. BGHZ 129, 6 (9 f.) = BGH NJW 1995, 1611 (1612) = BGH VersR 1995, 706 (707); vgl. auch BGHZ 99, 391 (396 f.) = BGH NJW 1987, 1482 (1483 f.) = BGH VersR 1987, 1089 (1090 f.); BGHZ 72, 132 (136 ff.) = BGH NJW 1978, 2337 (2338 f.) = BGH VersR 1978, 1022 (1023 f.); BGH NJW 1986, 2365 (2367); BGH VersR 1989, 80 (80); BGH VersR 1993, 836 (837).

tionspflichtverletzung wie eben gesehen nämlich gewissermaßen von negativer Seite her erbracht. Dagegen führt die unterlassene Befunderhebung dazu, dass ein reaktionspflichtiges Ergebnis *positiv* unterstellt wird, wenn ein solches hinreichend wahrscheinlich war. Insgesamt kann die vom BGH zur Rechtfertigung der beweisrechtlichen Folgen einer Verletzung der Befunderhebungspflicht herangezogene Parallele zur Verletzung der Dokumentationspflicht aus den genannten Gründen nicht überzeugen.[809]

Eine Parallele zu Verletzungen der Dokumentationspflicht zu ziehen, ist auch deshalb problematisch, weil die dogmatische Begründung der beweisrechtlichen Folgen einer solchen Pflichtverletzung selbst noch nicht vollständig geklärt scheint.[810] Unstreitig verstößt der Arzt gegen eine nebenvertragliche, materiell-rechtliche Pflicht, wenn er Aufzeichnungen über das Behandlungsgeschehen unterlässt oder diese unzureichend sind. Er macht sich also in erster Linie nach allgemeinen Grundsätzen für einen Verstoß gegen die Dokumentationspflicht direkt schadensersatzpflichtig. Insofern trägt der Arzt trägt zwar die Beweislast dafür, dass er seine Dokumentationspflicht ordentlich erfüllt hat – ein *non liquet* erstreckt sich jedoch nicht auf die Unerweislichkeit eines Behandlungsfehlers oder den Kausalzusammenhang.[811] Der nach materiellem Recht zu gewährende Schadensersatz für eine Verletzung der Dokumentationspflicht besteht also nicht darin, dass sich der Arzt so ansehen lassen muss, als habe er den ihm vorgeworfenen Behandlungsfehler begangen.[812] Denn dabei handelt es sich um eine beweisrechtliche Sanktion und nicht um einen Schadensersatzanspruch. Die durch die Verletzung der Dokumentationspflicht entstandenen Schäden müssen von den Behandlungsfehlerschäden getrennt werden. Sind die Aufzeichnungen nicht ordnungsgemäß erfolgt, wirkt sich ein *non liquet* zum Nachteil des Arztes erst dann aus, wenn der Patient durch die nicht ordnungsgemäße Dokumentation einen Schaden erleidet, z.B. eine Untersuchung, die für die weitere Behandlung erforderlich, aber in der Dokumentation nicht nachweisbar ist, wiederholen muss.[813] Ein solcher selbstständiger Schadensersatzanspruch wird dabei allerdings selten in Betracht kommen.[814]

---

[809] So auch *Helbron*, Entwicklungen, S. 54; a.A. *Matthies*, NJW 1983, 335 (336), der davon ausgeht, dass die Parallele zur mangelhaften Dokumentation bei „erheblichen" Diagnose- und Kontrollversäumnissen „mehr als tragfähig" sei; *Matthies* stellt insoweit allerdings auf einen Doppelcharakter der Kontroll- und Diagnoseversäumnisse ab; diese seien einerseits Behandlungsfehler, andererseits Voraussetzungen dafür, dass das Geschehen nachvollziehbar bleibe und damit notwendige Vorgaben einer mangelfreien Dokumentation. Da Zweck der Dokumentation jedoch nicht die Beweissicherung ist, müssen Befunderhebungen nach dem oben Gesagten gerade nicht in jedem Fall dokumentiert werden. Schon gar nicht ergibt sich der Umfang der Dokumentation aus dem Zweck, die Nachvollziehbarkeit des Geschehens sicherzustellen. Die Auffassung *Matthies'* ist daher abzulehnen.

[810] *Laufs*, Arztrecht, Rn. 616 spricht insoweit davon, dass die richterliche Spruchpraxis beim Dokumentationsmangel beweisrechtlich teilweise „schwankenden Boden" betreten habe.

[811] *Baumgärtel*, in: Gedächtnisschrift für Bruns, S. 93 (102); *ders.*, Beweislast, Bd. 1, § 823 Anhang C II Rn. 62; so wohl auch *Laufs*, Arztrecht, Rn. 616.

[812] So auch *Baumgärtel*, in: Gedächtnisschrift für Bruns, S. 93 (100); *ders.*, Beweislast, Bd. 1, § 823 Anhang C II Rn. 62; ähnlich *Walter*, JZ 1978, 806 (807).

[813] *Baumgärtel*, in: Gedächtnisschrift für Bruns, S. 93 (102); *ders.*, Beweislast, Bd. 1, § 823 Anhang C II Rn. 62; so wohl auch *Laufs*, Arztrecht, Rn. 616; *Katzenmeier*, Arzthaftung, S. 475 f.

[814] BGH NJW 1999, 3408 (3409); *Deutsch/Spickhoff*, Medizinrecht, Rn. 456; zu Schadensgruppen aufgrund einer mangelhaften oder fehlenden Dokumentation, vgl. *Wasserburg*, NJW 1980, 617 (619 f.).

Prozessuale beweisrechtliche Konsequenzen kann der Verstoß gegen die materiell-rechtliche Pflicht zur Dokumentation nur dann haben, wenn der Zweck der Dokumentation auch die Beweissicherung ist. Weil dies nach dem oben Gesagten jedoch gerade nicht der Fall ist, erreicht man prozessuale beweisrechtliche Konsequenzen daher nur, wenn man – anstatt von einer materiell-rechtlichen Pflicht auszugehen – eine prozessuale Pflicht des Arztes herleitet, als beklagte Partei an der Aufklärung des Sachverhalts mitzuwirken.[815] Wie bereits erwähnt, bejaht der BGH eine solche prozessuale Mitwirkungspflicht des Arztes im Sinne einer prozessualen Pflicht zur Vorlage der (vollständigen) Aufzeichnungen und Befunde.[816] Kommt der Arzt dieser Pflicht trotz gerichtlicher Vorlageanordnung nicht nach, kann das Gericht ihm nach dem Grundgedanken des § 427 ZPO den Nachteil dafür auferlegen, dass der Behandlungsfehler oder der Kausalzusammenhang nicht aufklärbar sind.[817] Erst recht gilt dies, wenn das Gericht in diesem Zusammenhang eine Beweisvereitelung des Arztes gem. § 444 ZPO (analog) annimmt. Wie oben dargelegt, zieht der BGH zur Rechtfertigung der beweisrechtlichen Folgen einer Verletzung der Befunderhebungspflicht auch diese Parallele. Kann der Vergleich zur Verletzung der Dokumentationspflicht nicht überzeugen, soll im Folgenden nun geprüft werden, ob zumindest die Parallele eines Verstoßes gegen die Befunderhebungspflicht mit der Beweisvereitelung zutreffend ist.

## II. Die Parallele zur Beweisvereitelung

### 1. Beweisvereitelung

Sind Krankenunterlagen vorhanden, muss der Arzt diese gem. § 422 ZPO im Prozess vorlegen.[818] Denn bei den Unterlagen handelt es sich um Verkörperungen einer Gedankenäußerung in Schriftzeichen, mithin um Urkunden[819], und dem Patienten steht grundsätzlich ein außer- und vorprozessuales Einsichtsrecht zu.[820] Probleme entstehen jedoch dann, wenn solche Unterlagen nicht vorgelegt werden können, et-

---

[815] Für diese Konsequenz *Matthies*, JZ 1986, 959 (962); *Baumgärtel*, in: Gedächtnisschrift für Bruns, S. 93 (101) will unter einer solchen Pflicht lediglich eine Obliegenheit verstehen; so auch *Franzki*, Die Beweisregeln im Arzthaftungsprozess, S. 99 (Fn. 49); dagegen geht *Stürner*, NJW 1979, 1225 (1227), *ders.*, Aufklärungspflicht, S. 162 ff. von einer allgemeinen prozessualen Mitwirkungspflicht auch der nicht beweisbelasteten Partei aus, die auf dem Grundsatz beruhe, dass die nicht beweisbelastete Partei im Rahmen des Zumutbaren bei der Aufklärung begründeter Behauptungen der beweisbelasteten Partei mitzuwirken habe. Eine Entscheidung erübrigt sich, da den Arzt nach beiden Auffassungen in Fällen des fahrlässigen vorprozessualen Verhaltens wohl dieselben nachteiligen beweisrechtlichen Konsequenzen (Beweiserleichterungen für den Patienten) treffen, wenn er die Unterlagen nicht (vollständig) vorlegen kann.

[816] Nach Auffassung von *Stürner*, NJW 1979, 1225 (1228) tut er dies, ohne dabei ausdrücklich auf die §§ 422 ff. ZPO zurückzugreifen.

[817] Dokumentationsmängel sind im Zusammenhang mit einer umfassenden Beweiswürdigung zu werten, so *Laufs*, Arztrecht, Rn. 616; *Baumgärtel*, in: Gedächtnisschrift für Bruns, S. 93 (101).

[818] So auch *Laufs/Uhlenbruck-Uhlenbruck*, Handbuch des Arztrechts, § 60 Rn. 8.

[819] Zum Begriff der Urkunde in der ZPO vgl. Thomas/Putzo-*Reichold*, Vor § 415 Rn. 1.

[820] *Steffen/Pauge*, Arzthaftungsrecht, Rn. 473; *Laufs*, Arztrecht, Rn. 457 ff.; *Laufs/Uhlenbruck-Uhlenbruck*, Handbuch des Arztrechts, § 60 Rn. 8; *Hanau*, in: Festschrift für Baumgärtel, S. 121 (128).

wa weil sie gar nicht angefertigt wurden. Dies kann unter dem Gesichtspunkt der Beweisvereitelung beweisrechtlich relevant werden.[821]
Die Beweisvereitelung durch den Gegner der beweisbelasteten Partei ist in der ZPO nur an einzelnen Stellen geregelt. So finden sich für den Urkundenbeweis in den §§ 427, 441 Abs. 3, 444 ZPO und für die Parteivernehmung in den §§ 446, 453 Abs. 2 und § 454 Abs. 1 entsprechende Regelungen. Die Kommission für das Zivilprozessrecht schlug 1977 vor, eine allgemeine Regelung in die ZPO einzuführen, nach der es bei einer schuldhaften Beweisvereitelung zu einer Beweislastumkehr kommen sollte.[822] Der Vorschlag wurde jedoch nicht umgesetzt.
Das Problem der Beweisvereitelung kannte auch schon das Reichsgericht im Jahr 1887. Danach sollte, wer seinem an sich beweispflichtigen Gegner die Beweisführung schuldhaft unmöglich mache, sich nicht auf die den anderen treffende Beweislast verteidigen können. Ihm gegenüber sei vielmehr von der Wahrheit der Behauptung des Gegners auszugehen, sofern er nicht klar darlegen könne, dass diese unrichtig sei.[823]
Der BGH hat diese Rechtsprechung übernommen.[824] Danach ist anerkannt, dass Lücken in der Beweisführung dann zu Lasten der nicht beweispflichtigen Partei gehen, wenn diese die Unaufklärbarkeit schuldhaft herbeigeführt hat.[825] Dies ist inzwischen als Grundsatz jeglicher Beweisaufnahme anerkannt.[826] §§ 427, 444 ZPO enthalten insoweit einen allgemeinen Rechtsgedanken.[827] Über seinen Wortlaut hinaus erfasst § 444 ZPO auch die fahrlässige Beweisvereitelung.[828]
Wie die prozessuale Sanktion einer Beweisvereitelung zu rechtfertigen ist, ist umstritten. Dies soll im Folgenden kurz dargestellt werden.


### a) Rechtfertigung der prozessualen Sanktion einer Beweisvereitelung

Im Arzthaftungsrecht geht es meist um die fahrlässige vorprozessuale Beweisvereitelung. Die beweisrechtlichen Folgen einer Beweisvereitelung stellen eine Sanktion dafür dar, dass gegen eine Pflicht verstoßen wurde.[829] Worin dieser Pflichtverstoß des Arztes liegt, wird unterschiedlich beurteilt.

---

[821] Vgl. zur Nichtanlage eines ordnungsgemäßen Krankenblattes RG Warn. Rspr. 1936 Nr. 169; vgl. zur Beweisvereitelung im Zivilprozess allgemein *Krapoth*, Die Rechtsfolgen der Beweisvereitelung im Zivilprozess, *Gerhardt*, AcP 169 (1969), S. 289 ff.; *Paulus* AcP 197 (1997), 136 ff.; *Schneider*, MDR 1969, 4 ff.

[822] Bericht der Kommission für das Zivilprozessrecht 1977, S. 122 ff., 332.

[823] RGZ 20, 5 (6); vgl. auch RGZ 60, 147 (152); RGZ 87, 434 (440); RGZ 101, 197 (198); RGZ 105, 255 (259).

[824] *Prölss*, Beweiserleichterungen, S. 88.

[825] Vgl. BGH VersR 1958, 768 (769); BGH VersR 1965, 91 (92).

[826] Vgl. Zöller-*Geimer*, § 444 Rn. 1; Thomas/Putzo-*Reichold*, § 444 Rn. 1.

[827] Der in §§ 427, 444 ZPO ausgesprochene Gedanke habe eine allgemeinere Bedeutung, so BGH VersR 1963, 65 (66); *Rosenberg*, Beweislast, S. 191; Thomas/Putzo-*Reichold*, § 444 Rn. 1; a.A. wohl *Schneider*, MDR 1975, 444 (446), der davon ausgeht, dass es keinen allgemeinen Rechtssatz des Inhalts gebe, eine Partei mit den von ihr genannten Beweismitteln wegen grober Vernachlässigung ihrer Prozessförderungspflicht oder wegen grob schuldhafter Prozessverzögerung ausgeschlossen werden könne; daher handele es sich bei der Beweisvereitelung immer um eine Ausnahme.

[828] Vgl. BGH VersR 1975, 952 (954); BGH ZIP 1985, 312 (314).

[829] *Gerhardt*, AcP 169 (1969), 289 (297).

aa. Teilweise wird auf spezielle Treuepflichten im Prozess und auf die Prozessför-derungspflicht abgestellt.[830] Komme der Arzt diesen Pflichten nicht nach, verletze er die Wahrheits- und Vollständigkeitspflicht des § 138 ZPO.

Dagegen spricht, dass auf diese Weise nur ein Verhalten *im* Prozess berücksich-tigt werden kann, nicht jedoch eine vorprozessuale Beweisvereitelung.[831] Außerdem bezieht sich § 138 ZPO nicht auf die Beibringung von Beweismitteln.[832]

bb. *Rosenberg* will zur Rechtfertigung einer prozessualen Sanktion einen Erfah-rungssatz heranziehen, nach dem der Gegner, wenn die vom Beweispflichtigen be-hauptete Tatsache unwahr wäre, die Beweisführung nicht vereiteln, sondern gerade unterstützen würde.[833] Da er dies nicht tue, sei davon auszugehen, dass er das Er-gebnis der Beweisaufnahme fürchte. Einen solchen Erfahrungssatz gibt es jedoch bei der hier in Rede stehenden fahrlässigen Beweisvereitelung nicht. Denn nur weil jemand aus Gedankenlosigkeit oder Unachtsamkeit, mithin zwar möglicherweise sorgfaltswidrig, jedoch unvorsätzlich dem Gegner die Beweisführung vereitelt oder erschwert, folgt daraus nicht zwingend, dass er eine ungünstige Beweisaufnahme vermeiden will.[834] Fahrlässig können sogar Beweismittel vernichtet werden, die ei-nem selbst günstig sind.[835]

cc. Teilweise wird auch „Treu und Glauben" als Rechtsgrund der Beweisvereite-lung angesehen.[836] Anerkannt ist, dass dieser Grundsatz auch im Prozessrecht An-wendung findet.[837] Vertreter dieser Auffassung meinen, die Berufung auf die Beweis-last des Prozessgegners trotz eigener Beweisvereitelung verstoße gegen das Verbot des Selbstwiderspruchs (*venire contra factum proprium*).[838] Die Beweisnot auszunut-zen sei treuwidrig. Andere sind der Auffassung, die Berufung des den Beweis Verei-telnden auf die Beweislast des Prozessgegners verstoße gegen das Gebot der fairen Prozessführung, sei also rechtsmissbräuchlich.[839]

Dagegen spricht, dass der Grundsatz von Treu und Glauben, dessen Heranzie-hung ohnehin eine „höchst zweifelhafte Notlösung" darstellt,[840] auch eine schuldlose Beweisvereitelung erfassen könnte, was abzulehnen ist. Denn dadurch würde eine Vielzahl von Rücksichtspflichten zum Schutz des potentiellen Prozessgegners ent-stehen,[841] die zur Folge hätten, dass sich das Risiko des Prozessverlusts letztendlich danach verteilen würde, in wessen Sphäre die Beweislosigkeit entstanden ist und

---

[830] *Peters*, ZZP 82 (1969), 200 (206 ff.).
[831] So auch *Gerhardt*, AcP 169 (1969), 289 (297).
[832] So wohl BGH NJW 1958, 1491 (1492); vgl. auch *Baumbach/Lauterbach/Hartmann/Albers*, § 138 Rn. 21; *Baumgärtel*, in: Festschrift für Kralik, S. 63 (65); a.A. wohl *Gottwald*, BB 1979, 1780 (1783); *Stürner*, NJW 1979, 1225 (1228); umfassend dazu *ders.*, Aufklärungspflicht; *Peters*, ZZP 82 (1969), 200 (212 ff.).
[833] *Rosenberg*, Beweislast, S. 191; ähnlich auch *Musielak*, Die Grundlagen der Beweislast im Zivilpro-zess, S. 140.
[834] *Blomeyer*, AcP 158 (1959/1960), 97 (98); *Gerhardt*, AcP 169 (1969), 289 (298); *Wahrendorf*, Die Prinzipien der Beweislast im Haftungsrecht, S. 126; *Prölss*, Beweiserleichterungen, S. 92 f.; *Stürner*, Aufklärungspflicht, S. 153; a.A. *Musielak*, Die Grundlagen der Beweislast im Zivilprozess, S. 139 ff.
[835] *Prölss*, Beweiserleichterungen, S. 92 f.
[836] Vgl. RGZ 60, 147 (152); RGZ 76, 295 (297); BGH NJW 1994, 2289 (2292); *Baumgärtel*, ZZP 69 (1956), 89 (106); *Hofmann*, NJW 1974, 1641 (1643 f.).
[837] *Rosenberg/Schwab/Gottwald*, Zivilprozessrecht, § 2 Rn. 18 m.w.N. in Fn. 7, § 65 Rn. 49 ff.
[838] *Gerhardt*, AcP 169 (1969), 289 (304 ff.); *Hofmann*, NJW 1974, 1641 (1643 f.).
[839] *Baumgärtel*, in: Festschrift für Kralik, S. 63 (68).
[840] *Prölss*, Beweiserleichterungen, S. 91.
[841] *Konzen*, Rechtsverhältnisse, S. 240.

nicht mehr nach der Beweislast des materiellen Rechts.[842] Im Ergebnis würde daher der bestehende Grundsatz der Beweislastverteilung aufgeweicht.[843]

Im Übrigen setzt der Grundsatz von Treu und Glauben voraus, dass ein gewisser Vertrauenstatbestand geschaffen wurde, auf den sich der Beweisgegner verlassen kann. Dies ist bei der vorprozessualen Beweisvereitelung jedoch meist nicht der Fall.[844] Gegen die Heranziehung von Treu und Glauben spricht ferner, dass § 242 BGB im Gegensatz zur Beweisvereitelung kein Verschulden voraussetzt.[845] Da dieses jedoch für die Beweisvereitelung ein wichtiger Wertungsmaßstab ist, [846] überzeugt die Anwendung des Treu- und Glaubenprinzips nicht. Schließlich liegt auch keinerlei Widersprüchlichkeit darin, sich im Prozess auf das Fehlen eines Aufklärungsmittels zu berufen, das vor dem Prozess im eigenen Herrschaftsbereich verloren gegangen ist; denn mangelnde Sorgfalt vor dem Prozess und Berufung auf die Beweislosigkeit im Prozess sind Ausdruck derselben Grundhaltung, nach welcher der Beweis ausschließlich Sache der risikobelasteten Partei ist. Ist dieses Verhalten pflichtwidrig, verdient es Sanktion – widersprüchlich ist es aber nicht, sondern in seiner Ablehnung jedweder Mitwirkung vor und nach dem Prozess vielmehr konsequent.[847] § 242 BGB ist im Übrigen auch keine allgemeine Billigkeitsnorm, der die Lösung aller neuen Rechtsprobleme entnommen werden kann, sondern dient nur der Einschränkung schon bestehender, formal unbegrenzter Rechtsinstitute im Einzelfall; es ist daher schon methodisch unzulässig, eine Frage von allgemeiner Bedeutung, wie die der Rechtfertigung der beweisrechtlichen Konsequenzen einer Beweisvereitelung, anhand von „Treu und Glauben" lösen zu wollen.[848]

dd. Auch die Verletzung materiell-rechtlicher Pflichten wird herangezogen, um die beweisrechtlichen Sanktionen einer Beweislastumkehr zu rechtfertigen.

Wie bereits dargestellt, sieht der BGH im Fall der Dokumentationsversäumnisse den Pflichtverstoß in der Verletzung der materiell-rechtlichen Dokumentationspflicht.

*Blomeyer* knüpft ebenfalls an einen Verstoß gegen materiell-rechtliche Pflichten an.[849] Er greift auf die Grundsätze über die Beweislastverteilung zurück, die sich oft nach der Nähe zum Beweis und der Zumutbarkeit richteten. Beseitige der Beweisgegner das Beweismittel schuldhaft, könne es der beweisbelasteten Partei nicht mehr zugemutet werden, die Beweislast zu tragen. Dagegen sei dem Gegner der Nachteil unter diesem Aspekt gerade aufzuerlegen. Dies stimme mit § 254 Abs.1 Satz 1 BGB überein, wonach die Berufung auf solche Schäden ausgeschlossen sei, die der Geschädigte selbst verschuldet habe. So wie ein Verstoß gegen die Pflicht zur Schadensminderung gem. § 254 Abs. 2 Satz 1 BGB dazu führe, dass der Schaden selbst getragen werden müsse, führe eine Verletzung materiell-rechtlicher Pflichten bei Unzumutbarkeit zu einer Umkehr der Beweislast.

---

[842] *Matthies*, JZ 1986, 958 (961).

[843] *Konzen*, Rechtsverhältnisse, S. 240.

[844] *Stürner*, Aufklärungspflicht, S. 154; so auch *Baumgärtel*, in: Festschrift für Kralik, S. 63 (68); selbst *Gerhardt*, AcP 169 (1969), 289 (305 f.) behauptet nicht, dass im Verlust eines Aufklärungsmittels ein Vertrauenstatbestand liege, der den Verzicht zum Inhalt hätte, sich auf die Unaufklärbarkeit zu berufen.

[845] *Wahrendorf*, Prinzipien, S. 127; Staudinger-*Schmidt*, § 242 Rn. 170.

[846] *Baumgärtel*, in: Festschrift für Kralik, S. 63 (68).

[847] Vgl. dazu *Stürner*, Aufklärungspflicht, S. 154.

[848] *Prölss*, Beweiserleichterungen, S. 91.

[849] *Blomeyer*, AcP 158 (1959/1960), 97 (103).

Dagegen spricht, dass es keinen Grundsatz gibt, der die Verteilung der Beweislast mit der Verletzung einer materiell-rechtlichen Pflicht verknüpft. Vielmehr wirkt sich die Verletzung einer solchen Pflicht nicht auf die Beweislast aus, sondern sieht als Folge einen Schadensersatzanspruch vor.[850] Die bloße Chance, dass ohne das Verhalten des Gegners die Beweisaufnahme zu einem der beweisbelasteten Partei günstigen Ergebnis geführt hätte, kann jedoch auch nicht als Vermögensschaden betrachtet werden.[851] Die Herbeiführung der Unaufklärbarkeit stellt auch keine Verletzung eines Rechtsgutes im Sinne des § 823 BGB dar.[852]

ee. *Stürner* sieht die Rechtfertigung der prozessualen Sanktion einer Beweisvereitelung im Verstoß gegen eine allgemeine prozessuale Aufklärungs-/Mitwirkungspflicht, die sich aus §§ 138, 423, 445 ff., 372a ZPO analog ergebe.[853] Jede Partei müsse angesichts eines bevorstehenden Prozesses Beweismittel sichern, und zwar sowohl für sich selbst, also zur Bewältigung des eigenen Beweisrisikos, als auch für den Gegner.[854] Eine solche Pflicht entstehe grundsätzlich erst, könne also auch erst dann verletzt werden, wenn der Prozess vorhersehbar gewesen sei. Über diese allgemeine Pflicht hinaus gebe es aber auch besondere Pflichten, die Aufklärung des Sachverhalts durch Schaffung und Erhalt von Beweismitteln zu sichern, die aus besonderem Grund und unabhängig von der Vorhersehbarkeit eines Prozesses bestünden. Hierzu gehörten insbesondere die berufsständischen Pflichten des Arztes zur Führung von Unterlagen und Dokumentationspflichten bei der Wahrnehmung fremder Interessen.[855]

Wie schon im vorangegangenen Kapitel ausgeführt, kann die Auffassung *Stürners* in dieser Arbeit nicht umfassend gewürdigt werden. Es kann jedoch soviel festgestellt werden: Abgesehen davon, dass die von *Stürner* angeführten Vorschriften eher „singulären Charakter haben, daher als Analogiebasis zu schmal sind"[856] und Schwierigkeiten bestünden, wie eine solche Pflicht in der Praxis näher auszugestalten wäre,[857] würde die Anerkennung einer solchen „Beweissicherungspflicht aus besonderem Grund"[858] im Einzelfall jedenfalls voraussetzen, dass der betreffenden Pflicht ein Beweissicherungszweck zukäme. Denn nur wenn eine Pflicht der Beweissicherung dient, können aus ihrer Verletzung, mag diese auch ohne konkrete Erwartung eines künftigen Prozesses geschehen, nachteilige prozessuale Sanktionen entstehen, da nur in einem solchen Fall überhaupt eine Pflichtverletzung möglich ist.[859] Ob dies bei den von *Stürner* herangezogenen „Beweissicherungspflichten aus besonderem Grund" der Fall ist und eine Verletzung dieser Pflicht die Anwendung der Grundsätze der Beweisvereitelung rechtfertigt, kann dahinstehen. Denn jedenfalls bezogen auf die hier interessierende Befunderhebungspflicht des Arztes würde die Auffassung

---

[850] *Gerhardt*, AcP 169 (1969), 289 (300).
[851] So auch *Blomeyer*, AcP 158 (1959/1960), 97 (103); *Prölss*, Beweiserleichterungen, S. 90.
[852] *Prölss*, Beweiserleichterungen, S. 90 f.
[853] *Stürner*, Aufklärungspflicht, S. 92 ff.; *ders.*, NJW 1979, 1225 (1227 ff.); so auch *Peters*, ZZP 82 (1969), 200 (208 ff.).
[854] *Stürner*, NJW 1979, 1225 (1228).
[855] *Stürner*, Aufklärungspflicht, S. 152 ff., insbesondere 155 ff.; *ders.*, NJW 1979, 1225 (1228); vgl. zur Auffassung *Stürners* auch die Ausführungen in Kapitel 4 unter A. I. 2.
[856] *Baumgärtel*, in: Festschrift für Kralik, S. 63 (65).
[857] *Hausch*, VersR 2006, 613 (617).
[858] *Stürner*, Aufklärungspflicht, S. 162.
[859] Jede nachteilige Sanktion vorprozessualen Verhaltens setze die Pflicht zu aufklärungsfreundlichem Verhalten denknotwendig voraus, so *Stürner*, Aufklärungspflicht, S. 153.

*Stürners* bedeuten, dass der Befunderhebungspflicht ein Beweissicherungszweck zukommen müsste. Dagegen spricht sich jedoch sogar *Stürner* selbst aus. Er geht davon aus, dass der Arzt nicht aus Beweiszwecken Untersuchungen anstellen muss und lehnt es daher ab, ihm über die Befunderhebungspflicht eine besondere Beweissicherungspflicht aufzuerlegen.[860]

## b) Der Tatbestand der Beweisvereitelung

Da eine Beweisvereitelung ein Tun oder Unterlassen voraussetzt, ohne dass der Sachverhalt hätte geklärt werden können,[861] kann eine Beweisvereitelung sowohl während des Prozesses als auch im vorprozessualen Stadium vorkommen. Das Verhalten selbst kann vorsätzlich oder fahrlässig gewesen sein.[862] Teile der Literatur wollen sogar schuldloses Handeln berücksichtigen.[863] Dies ist jedoch aus den oben genannten Gründen abzulehnen. Festzuhalten ist somit, dass die Beweisvereitelung Verschulden voraussetzt.

Fraglich ist jedoch, worauf sich dieses Verschulden beziehen muss. Als Anknüpfungspunkte hierfür kommen sowohl die Vernichtung des Gegenstands als auch die Vereitelung seiner Beweisfunktion in Betracht.

Die Rechtsprechung ist in dieser Frage uneinheitlich. Der BGH verlangte zunächst, dass sich das Verschulden im Sinne eines „doppelten Schuldvorwurfs" sowohl auf die „Zerstörung bzw. Entziehung des Beweisobjekts" als auch auf die Beseitigung seiner Beweisfunktion beziehen müsse, also darauf, die Beweislage des Gegners in einem gegenwärtigen oder künftigen Prozess nachteilig zu beeinflussen.[864] Da es im Arzthaftungsrecht meist um eine fahrlässige vorprozessuale Beweisvereitelung geht, setze ein Verschulden hinsichtlich der Vereitelung der Beweisfunktion daher voraus, dass der Prozess zu diesem Zeitpunkt bereits vorhersehbar war. Ansonsten sei nicht erkennbar, dass ein Beweismittel später einmal Beweisfunktion haben könne.[865] An anderer Stelle entschied der BGH, dass es auf eine solche Vorhersehbarkeit des Rechtsstreits nicht ankomme.[866] Diese Entscheidung wurde von einem anderen Senat wiederum einige Jahre später dahingehend konkretisiert, dass der Prozess zum Zeitpunkt der vorwerfbaren Handlung vorhersehbar gewesen sein müsse, darüber hinaus bei verschuldeten Aufklärungshindernissen nur aus Billigkeitsgründen eine Beweislastumkehr in Betracht komme.[867]

---

[860] *Stürner*, Aufklärungspflicht, S. 172; vgl. dazu auch die Ausführungen in Kapitel 4 unter A. I. 2. sowie sogleich in diesem Kapitel unter A. II. 2.

[861] BGH VersR 1960, 844 (846).

[862] Jedenfalls muss es schuldhaft gewesen sein, so BGH VersR 1965, 91 (92); BGH VersR 1975, 952 (954); *Matthies*, JZ 1986, 958 (961); *Baumgärtel*, in: Festschrift für Kralik, S. 63 (68 ff.); *Musielak*, Die Grundlagen der Beweislast im Zivilprozess, S. 133.

[863] *Schneider*, MDR 1969, 4 (10); Bericht der Kommission für das Zivilprozessrecht 1977, S. 122 ff., 332.

[864] Vgl. BGH VersR 1965, 91 (92); BGH VersR 1975, 952 (953 f.); BGH NJW 2004, 222 (222).

[865] BGH NJW 1994, 1594 (1595).

[866] Vgl. BGHZ 72, 132 (139) = BGH NJW 1978, 2337 (2339) = BGH VersR 1978, 1022 (1024).

[867] BGH ZIP 1985, 312 (314) = BGH NJW 1986, 59 (60 f.); BGH NJW 1976, 1315 (1316).

Teile der Literatur halten beweisrechtliche Folgen auch dann für möglich, wenn der Rechtsstreit zum Zeitpunkt der Pflichtverletzung noch nicht vorhersehbar war.[868] Die Dokumentationspflicht verfolge nicht nur therapeutische Ziele, sondern solle dem Patienten auch die Nachvollziehbarkeit des Behandlungsverlaufs erleichtern. Sie diene daher auch der Sicherung seines Rechts auf Schadensersatz bei einem Behandlungsfehler des Arztes und könne daher ohne Weiteres beweisrechtliche Konsequenzen haben. Da die Rechenschaftspflicht des Arztes abstrakt bestünde und in jeder Situation auf das Beweisrisiko des Patienten ausgerichtet sei, müsse der Prozess auch nicht vorhersehbar gewesen sein. Ein diesbezügliches Verschulden sei also entbehrlich.

Dem kann nicht gefolgt werden. Der Arzt müsste ansonsten im Hinblick auf einen möglichen Rechtsstreit den Behandlungsverlauf stets und umfassend dokumentieren, auch wenn ein solcher Prozess konkret noch nicht abzusehen ist. Er müsste sich also bei jeder Behandlung überlegen, ob er infolge von möglicherweise später eintretenden Komplikationen vom Patienten auf Schadensersatz in Anspruch genommen werden könnte.[869] Dies würde die Sorgfaltspflichten des Arztes überspannen[870] und das Arzt-Patienten-Verhältnis schwer belasten. Darüber hinaus würde durch den Mehraufwand an Verwaltungsarbeit auch der Behandlungsablauf gestört, wenn der Arzt sich, anstatt mit medizinischen Fragen zur Heilung des Patienten, mit forensischen Überlegungen beschäftigen und – ohne Vorhersehbarkeit eines Haftungsprozesses – jede Einzelheit seines Handelns dokumentieren bzw. sich Zeugen hierfür merken müsste,[871] zumal ein Krankenhausarzt schon heute etwa 30-40% seiner Arbeitszeit mit Dokumentation und Beantwortung von Anfragen der Versicherungen verbringt.[872] Richtigerweise muss sich das Verschulden daher (auch) auf die Vereitelung der Beweisfunktion beziehen,[873] was erfordert, dass ein Rechtsstreit zum Zeitpunkt der vorwerfbaren Handlung konkret vorhersehbar gewesen sein muss.[874]

### c) Rechtsfolgen einer Beweisvereitelung

Was die Rechtsfolgen einer Beweisvereitelung anbelangt, bieten Rechtsprechung und Literatur kein einheitliches Bild. Die ältere Rechtsprechung und ein Teil der Literatur wollen eine Beweislastumkehr annehmen,[875] zuweilen wurde die Beweisvereite-

---

[868] *Matthies*, JZ 1986, 958 (961 f.); *Rosenberg*, Beweislast, S. 191 f.; *Schneider*, MDR 1969, 4 (9 f.).
[869] *Hausch*, VersR 2006, 613 (617).
[870] So *Hausch*, VersR 2006, 613 (617).
[871] *Hausch*, VersR 2006, 613 (617).
[872] *Uhlenbruck*, in: Festschrift für Laufs, S. 1123 (1139).
[873] BGH VersR 1975, 952 (954); Thomas/Putzo-*Reichold*, § 286 Rn. 17; MüKo-ZPO-*Prütting*, § 286 Rn. 81; *Katzenmeier*, Arzthaftung, S. 482.
[874] BGH NJW 1994, 1594 (1595); *Frahm/Nixdorf*, Arzthaftungsrecht, Rn. 149; *Katzenmeier*, Arzthaftung, S. 482; *Schilken*, Zivilprozessrecht, Rn. 507; *Schmid*, NJW 1994, 767 (772); *Müller*, DRiZ 2000, 259 (265); a.A. *Rosenberg*, Beweislast, S. 191 f.; *Schneider*, MDR 1969, 4 (9 f.).
[875] Vgl. RGZ 20, 5 (6); RGZ 60, 147 (152); RGZ 87, 434 (449); BGHZ 3, 162 (176) = BGH NJW 1952, 23 (24); BGHZ 6, 224 (226); BGH VersR 1955, 344 (345); BGH VersR 1961, 421 (422); zustimmend *Blomeyer*, AcP 158 (1959/1960), 99 (106); *Dubischar*, JuS 1971, 385 (392); *Prölss*, Beweiserleichterungen, S. 93 f., der die Beweislastumkehr als „Postulat der ausgleichenden Gerechtigkeit" ansieht

lung aber auch im Rahmen der Beweiswürdigung berücksichtigt.[876] Inzwischen greift der BGH auch hier auf seine Formel der „Beweiserleichterungen bis hin zur Beweislastumkehr" zurück[877] und nimmt eine Beweislastumkehr an, „wenn dem Geschädigten nach tatrichterlichem Ermessen die auch nur teilweise Beweisführungslast [...] billigerweise nicht mehr zugemutet werden kann"[878]. Unklar bleibt, was der BGH hier unter „Beweisführungslast" versteht. Denn zu einer echten Umkehr der Beweislast kann der Begriff nur dann führen, wenn damit die objektive Feststellungslast gemeint ist. Dann würde sich das bereits oben[879] erwähnte Problem stellen, dass die objektive Feststellungslast nicht vom Ermessen des Tatrichters abhängen darf, sondern abstrakt-generell vor dem Prozess feststehen muss.

Ist mit der „Beweisführungslast" dagegen die konkrete subjektive Beweisführungslast gemeint, also die Frage, welche Partei in einer bestimmten Prozesssituation einen Beweis antreten muss, um zu obsiegen,[880] dann hätte sich die Rechtsprechung hier nur für eine Beweiserleichterung als Rechtsfolge einer Beweisvereitelung entschieden. Dies bleibt jedoch unklar.

Ausgehend vom Wortlaut des Gesetzes (§§ 371 Abs. 3, 427, 441 Abs. 3, 444, 446 ZPO) darf der Richter bei einem beweisvereitelnden Verhalten die Behauptungen als bewiesen ansehen oder diese annehmen. Die Wahrheit der Behauptung wird also gewissermaßen fingiert.[881] Da es im Ermessen des Richters liegt, ob er den vereitelten Beweis als geführt ansehen will („kann", vgl. § 427 ZPO, „können", vgl. § 371 Abs. 3, 444 ZPO), liegt es nahe, von einer Berücksichtigung der Beweisvereitelung im Rahmen der Beweiswürdigung auszugehen. Dies ist auch folgerichtig, da die Beweisvereitelung an ein einzelfallbezogenes Verhalten anknüpft. Läge es dagegen im Ermessen des Richters, als Rechtsfolge des beweisvereitelnden Verhaltens die Beweislast umzukehren, dann würde sich die endgültige Verteilung der Feststellungslast erst im Laufe des jeweiligen Verfahrens ergeben,[882] was – wie oben erläutert – nicht zulässig ist. Es kann also davon ausgegangen werden, dass nach dem Willen des Gesetzgebers bei einem beweisvereitelnden Verhalten die Verteilung der Feststellungslast unberührt bleiben soll[883] und sich lediglich die konkrete Beweisführungslast umkehren soll. Dafür spricht auch, dass die von der Beweisvereitelung nachteilig betroffene Partei nicht besser gestellt werden darf als sie stünde, wenn der

---

und ihr daneben eine Präventivfunktion zuschreibt; vgl. zum Meinungsstand *ders.*, Beweiserleichterungen, S. 87 ff.

[876] Vgl. RGZ 128, 121 (125); BGH NJW 1960, 821 (821); BGH NJW 1986, 2371 (2372); vgl. *Rosenberg/Schwab/Gottwald*, Zivilprozessrecht, § 114 Rn. 20 ff.; *Rosenberg*, Beweislast, S. 190 ff.; *Musielak/Stadler*, Grundfragen des Beweisrechts, Rn. 188; *Peters*, ZZP 82 (1969), 200 (218).

[877] Vgl. BGH NJW 1986, 59 (60); BGH NJW 1998, 79 (81); zust. *Baumgärtel*, in: Festschrift für Kralik, S. 63 (73 f.); *Thomas/Putzo-Reichold*, § 286 Rn. 18; *Rosenberg/Schwab/Gottwald*, Zivilprozessrecht, § 114 Rn. 21; teilweise wird auch eine Absenkung des Beweismaßes vertreten, so *Maassen*, Beweismaßprobleme, S. 181; *Walter*, Beweiswürdigung, S. 236.

[878] BGH NJW 1986, 59 (61); *Thomas/Putzo-Reichold*, § 286 Rn. 18.

[879] Vgl. die Ausführungen in Kapitel 3 unter D. II.

[880] *Laumen*, NJW 2002, 3739 (3742).

[881] Zur Fiktionswirkung im Fall des Beweisvereitelung vgl. *Stürner*, Aufklärungspflicht, S. 242 ff.; *ders.* NJW 1979, 1225 (1229); *Matthies*, JZ 1986, 959 (960); MüKo-ZPO-*Prütting*, § 286 Rn. 87 ff.

[882] MüKo-ZPO-*Prütting*, § 286 Rn. 83.

[883] *Musielak*, Die Grundlagen der Beweislast im Zivilprozess, S. 139; *Peters*, ZZP 82 (1969), 200 (215 ff.); *Prütting*, Gegenwartsprobleme der Beweislast, S. 188 f.; *Gerhardt*, AcP 169 (1969), 289 (307, 315); Zöller-*Greger*, § 286 Rn. 14a; a.A. für bestimmte Fallgruppen *Baumgärtel*, Beweislastpraxis im Privatrecht, Rn. 129; Stein/Jonas-*Leipold*, Band 3, 21. Aufl., § 286 Rn. 121.

Gegner ihr die Beweisführung nicht vereitelt hätte.[884] Mit einer Umkehr der Feststellungslast würde der Verstoß des Gegners jedoch überkompensiert: da in einem solchen Fall das behauptete Ergebnis des vereitelten Beweismittels vollständig als wahr unterstellt würde, stünde die Partei im Ergebnis besser als ohne die Beweisvereitelung des Gegners; berücksichtigt man dagegen die Beweisvereitelung im Rahmen der Beweiswürdigung, unterliegt die als bewiesen angesehene Behauptung weiterhin der richterlichen Beweiswürdigung.[885]

### 2. Überprüfung der vom BGH gezogenen Parallele zur Beweisvereitelung

Die Heranziehung der Grundsätze der Beweisvereitelung zur Begründung der Rechtsfolgen einer unterlassenen Befunderhebung ist problematisch.

Wie eben dargestellt, ist Rechtsfolge einer Beweisvereitelung nach dem eben Gesagten richtigerweise keine Beweislastumkehr, sondern lediglich eine Beweiserleichterung derart, dass von der Wahrheit der Behauptung des Gegners auszugehen ist.[886] Mit dem Verweis auf eine Beweisvereitelung kann daher zwar keine Beweislastumkehr gerechtfertigt werden. Daher könnte die eintretende Beweislastumkehr bei Vorliegen eines groben Behandlungsfehlers wie auch die zweite Stufe der Beweisfigur der unterlassenen Befunderhebung, die ebenfalls an einen schweren Fehler anknüpft, nicht mit einer Parallele zu den Rechtsfolgen einer Beweisvereitelung erklärt werden. Die Unterstellung eines positiven reaktionspflichtigen Ergebnisses zugunsten des Patienten (1. Stufe der Beweisfigur) erscheint dagegen auf den ersten Blick folgerichtig. Schließlich soll der Patient im Wege eines Ausgleichs so gestellt werden, wie er ohne die unterlassene Befunderhebung stehen würde, also so, wie wenn der Befund erhoben worden wäre. Es würde zu seinen Gunsten unterstellt, dass das vereitelte Beweismittel, soweit es hätte reichen können, das behauptete Ergebnis (einen reaktionspflichtigen Befund) gehabt hätte.

Dieser Ausgleichsgedanke weist darauf hin, dass es sich der Sache nach um einen Schadensersatzanspruch handeln könnte,[887] auch wenn dies nicht ausdrücklich ausgesprochen wird. Danach wäre grundsätzlich der Zustand wiederherzustellen, der ohne das zum Ausgleich verpflichtende Ereignis bestanden hätte. Um dieser Pflicht nachkommen zu können, müsste allerdings sicher feststehen, dass der Beweis mithilfe des Beweismittels hätte erbracht werden können,[888] es müsste also klar sein, welches Ergebnis die Befunderhebung gebracht hätte. Infolge der angenommenen Beweisvereitelung kann jedoch nicht mehr sicher festgestellt werden, wie der tatsächlich nicht erhobene Befund ausgesehen hätte, ob er also ein reaktionspflichtiges Ergebnis gebracht hätte. Andernfalls ergäbe sich aus dieser Feststellung bereits der Beweis selbst.[889] Es bestand für den Patienten vielmehr lediglich die Chance, bei Vorliegen des Befundes im Prozess zu obsiegen. Der Verlust einer Chance hat nach

---

[884]   Dies betont auch der BGH, vgl. BGHZ 132, 47 (50) = BGH NJW 1996, 1589 (1590) = BGH VersR 1996, 633 (633); BGHZ 138, 1 (5) = BGH NJW 1998, 1780 (1781) = BGH VersR 1998, 457 (458).
[885]   So auch *Laumen*, NJW 2002, 3739 (3746).
[886]   Vgl. die Ausführungen in diesem Kapitel unter A. II. 1. c).
[887]   Dafür *Baumgärtel*, in: Festschrift für Kralik, S. 63 (66).
[888]   *Gerhardt*, AcP 169 (1969), 289 (298).
[889]   *Blomeyer*, AcP 158 (1959/1960), 97 (102); *Prölss*, Beweiserleichterungen, S. 94.

deutschem Haftungsrecht jedoch keinen Vermögenswert und kann daher nicht als Schaden angesehen werden,[890] der zu ersetzen wäre. Auch der zur Begründung der Rechtsfolgen der Beweisvereitelung herangezogene, auf einem Straf- und Sanktionsgedanken beruhende Ansatz, der Arzt habe durch das Unterlassen der Befunderhebung „das Spektrum der für den Misserfolg in Betracht kommenden Ursachen verbreitert oder verschoben"[891], weshalb er beweisrechtlich dafür einzustehen habe, dass er eine Lage geschaffen habe, die nicht mehr erkennen lasse, ob der Behandlungsfehler oder andere Umstände schadensursächlich gewesen seien,[892] dass das Risiko des nicht aufgeklärten Sachverhalts also der Partei zur Last fallen müsse, die es durch ihr pflichtwidriges Verhalten geschaffen habe,[893] überzeugt nicht. Denn die Unaufklärbarkeit des Kausalverlaufs, deren Ursache der BGH im Fehlverhalten des Arztes sieht, ist ganz wesentlich darauf zurückzuführen, dass das menschliche Erkenntnisvermögen in der Medizin begrenzt ist.[894] Die Schwierigkeit, den Kausalverlauf zu rekonstruieren, beruht also weniger auf dem Unterlassen der Befunderhebung des Arztes als auf den Unwägbarkeiten des menschlichen Organismus. Selbst wenn der Arzt eine ordnungsgemäße Behandlung durchführt, kann ihr Ausgang nicht mit Sicherheit vorherbestimmt werden, da der lebende Organismus unberechenbar ist.[895] Der Arzt hat also die – naturgemäß bestehende – Unaufklärbarkeit des Ursachenzusammenhangs nicht herbeigeführt, sondern lediglich eine Situation geschaffen, in der diese für den Patienten von haftungsrechtlicher Bedeutung ist.[896]

Um eine Beweisvereitelung des Arztes bei einer unterlassenen Befunderhebung annehmen zu können, müsste dem Arzt nach dem oben Gesagten zudem ein doppelter Schuldvorwurf gemacht werden können.[897] Er müsste schuldhaft nicht nur hinsichtlich der unterlassenen Befunderhebung gehandelt haben, sondern auch die Beweisfunktion des zu erhebenden Befundes schuldhaft vereitelt haben, was nur in Betracht kommt, wenn ein Prozess zu diesem Zeitpunkt bereits vorhersehbar war.[898] Ein Rechtsstreit ist in den meisten Arzthaftungsfällen zum Zeitpunkt der Behandlung jedoch konkret nicht vorhersehbar. In den seltensten Fällen droht vor einer Befund-

---

[890] *Blomeyer*, AcP 158 (1959/1960), 97 (102 f.); *Gerhardt*, AcP 169 (1969), 289 (298); *Prölss*, Beweiserleichterungen, S. 90 f.

[891] BGHZ 159, 48 (54) = BGH NJW 2004, 2011 (2012) = BGH VersR 2004, 909 (910) = BGH JZ 2004, 1029 (1029); vgl. auch BGHZ 85, 212 (216 f.) = BGH NJW 1983, 333 (334) = BGH VersR 1982, 1193 (1195); BGH VersR 1994, 52 (53); BGH VersR 1995, 46 (47).

[892] St.Rspr. zum groben Behandlungsfehler, vgl. BGH VersR 1981, 462 (462); diese Grundsätze gelten jedoch auch für die unterlassene Befunderhebung, da diese wie ein grober Behandlungsfehler die Aufklärung des Kausalverlaufs erschwere, vgl. statt vieler BGHZ 159, 48 (56) = BGH NJW 2004, 2011 (2013) = BGH VersR 2004, 909 (911) = BGH JZ 2004, 1029 (1030).

[893] Gegen dieses Beweislastverteilungsprinzip, das in der Rechtsprechung gelegentlich anzutreffen ist, BGHZ 61, 118 (121 f.) = BGH NJW 1973, 1688 (1688 f.).

[894] *V. Wallenberg*, Arzthaftungsprozess, S. 59 f.

[895] *V. Wallenberg*, Arzthaftungsprozess, S. 60.

[896] *Prölss*, Beweiserleichterungen, S. 97; *Kaufmann*, Die Beweislastproblematik im Arzthaftungsprozess, S. 70; *v. Wallenberg*, Arzthaftungsprozess, S. 60.

[897] Vgl. dazu die Ausführungen in diesem Kapitel unter A. II. 1. b).

[898] Vgl. schon oben BGH VersR 1975, 952 (954); BGH NJW 1994, 1594 (1595); Thomas/Putzo-*Reichold*, § 286 Rn. 17; MüKo-ZPO-*Prütting*, § 286 Rn. 81; *Katzenmeier*, Arzthaftung, S. 482; *Frahm/Nixdorf*, Arzthaftungsrecht, Rn. 149; *Schilken*, Zivilprozessrecht, Rn. 507; *Schmid*, NJW 1994, 767 (772); *Müller*, DRiZ 2000, 259 (265); a.A. *Rosenberg*, Beweislast, S. 191 f.; *Schneider*, MDR 1969, 4 (9 f.).

erhebung schon ein Prozess. Auch kann nicht davon ausgegangen werden, dass der Arzt aufgrund seiner Tätigkeit immer – abstrakt – mit einem Prozess rechnen muss und ein Rechtsstreit daher immer vorhersehbar ist. Müsste der Arzt bei jeder Behandlung damit rechnen, dass es später zu einem Prozess kommen könnte, wäre das sensible Arzt-Patienten-Verhältnis plötzlich mehr von Misstrauen und Argwohn als von dem für die Behandlung erforderlichen Vertrauen geprägt. Als weitere Konsequenz würde der Arzt verständlicherweise versuchen, jegliche Beweise zu seinen Gunsten zu sichern, um in einem (ständig potentiell drohenden) Prozess obsiegen zu können. Anstatt sich um die Heilung eines Patienten zu bemühen, durch dessen Behandlung er sich zudem schon in die Gefahr eines potentiellen Prozesses begeben würde, kreisten seine Gedanken um forensische Überlegungen und um Beweissicherung, was den Behandlungsverlauf nachteilig beeinflussen würde. Es fehlt daher bei der unterlassenen Befunderhebung meist am Schuldvorwurf hinsichtlich der Vereitelung der Beweisfunktion des zu erhebenden Befundes. Unterlässt der Arzt aus bloßer Nachlässigkeit die Erhebung eines Befundes, ist die Situation folglich eine völlig andere als in Fällen einer Beweisvereitelung, in denen wegen der Vorhersehbarkeit eines Prozesses erkennbar zum Beweis dienende Mittel beseitigt oder erst gar nicht hergestellt werden.

Das Anliegen der Rechtsprechung ist eindeutig. Es wird als unerträglich empfunden, dass der Patient möglicherweise auf seinem Schaden „sitzen bleibt", weil er keine Befunde als Beweismittel vorweisen kann. Was liegt da näher als das Beweisrisiko auf denjenigen zu verschieben, der den Fehler gemacht hat, die Befunde nicht zu erheben? Dies erscheint menschlich verständlich, lässt sich aber nicht mit einer Parallele zur Beweisvereitelung rechtfertigen.

Ärztliche Behandlungsregeln sollen den Patienten vor vermeidbaren Behandlungsfehlern schützen, sie haben jedoch nicht den Zweck, Beweisnachteile zu vermeiden.[899] Die Pflichten, gegen die der Arzt im Fall eines Behandlungsfehlers verstößt, sind also nicht zu dem Zweck aufgestellt, Prozessverluste und Vermögensschäden als Folgen des Fehlens von Beweismitteln zu verhindern, sondern sollen ausschließlich eine ordnungsgemäße Behandlung sicherstellen.[900] Dies erkennt im Grundsatz auch die Rechtsprechung an, die den Therapiezweck der ärztlichen Pflichten immer wieder betont hat. Sicherlich können Befunde in einem späteren Prozess als Beweismittel dienen und dem Patienten den Beweis erleichtern. Nur weil ein Arzt aus diagnostischen und therapeutischen Gründen verpflichtet ist, Befunde zu erheben, folgt daraus jedoch nicht die Pflicht, dies auch aus Beweisgründen zu tun.[901] „Die Pflichten, gegen die der Arzt im Fall eines Behandlungsfehlers verstößt, [haben nicht den] Zweck [...], die Nachvollziehbarkeit des Kausalverlaufs, sondern ausschließlich

---

[899] *Baumgärtel/Wittmann*, JA 1979, 113 (117); *v. Wallenberg*, Arzthaftungsprozess, S. 60; *Matthies*, NJW 1983, 335 (335).
[900] *Matthies*, NJW 1983, 335 (335); *Kaufmann*, Die Beweislastproblematik im Arzthaftungsprozess, S. 70 m.w.N.; ähnlich *Stürner*, Aufklärungspflicht, S. 172; *Maassen*, Beweismaßprobleme, S. 177 f.; so wohl auch *Kleinewefers/Wilts*, VersR 1967, 617 (621), die kritisch hinterfragen, ob die Pflicht zum vertragsgemäßen oder verkehrssorgfältigem Verhalten überhaupt den Zweck habe, unaufklärbare Kausalitätsverhältnisse zu verhindern; *Gaupp*, Beweisfragen im Rahmen ärztlicher Haftungsprozesse, S. 86.
[901] So aber *Graf*, Beweislast, S. 95.

eine ordnungsgemäße ärztliche Behandlung sicherzustellen"[902]. Ihr Zweck ist es nicht, dem Patienten zu einer günstigen beweisrechtlichen Situation im Prozess zu verhelfen oder die Nachvollziehbarkeit des Kausalverlaufs sicherzustellen.[903] Denn den Arzt trifft nach dem oben Gesagten keine Beweissicherungspflicht. Ein anderes Verständnis der ärztlichen Pflichten würde der eigentlichen Aufgabe des Arztes, den Patienten zu heilen, und damit im Ergebnis dem Wesen ärztlichen Tuns widersprechen. Der Schutzzweck der dem Arzt obliegenden Pflichten würde überdehnt und verzerrt.[904] Somit fehlt es am erforderlichen Rechtswidrigkeitszusammenhang zwischen Behandlungsfehler und Unaufklärbarkeit des Kausalverlaufs, mag es auch als ungerecht empfunden werden, dass sich das Kausalgeschehen nicht rekonstruieren lässt. Letzteres kann und darf jedoch allein kein Grund sein, den bestehenden Schutzzweck einer Norm zu verändern.

Entscheidend gegen die Parallele zur Beweisvereitelung spricht schließlich folgender Gedanke: in den Fällen der unterlassenen Befunderhebung enthält die Unterlassung zugleich die Pflichtverletzung – die Verletzungshandlung selbst bringt die Beweiserschwerung mit sich – so dass fraglich ist, ob ein Behandlungsfehler wie die unterlassene Befunderhebung neben materiell-rechtlichen Folgen in Gestalt von Schadensersatzansprüchen auch prozessuale Folgen nach den Grundsätzen der Beweisvereitelung auslösen kann. Dafür müsste die beweisvereitelnde Handlung des Arztes mit dem behandlungsfehlerhaften Verhalten gleich gesetzt werden können.[905] Rechtsprechung und Literatur haben es jedoch zu Recht vielfach abgelehnt, die Beweisvereitelung auf Fälle auszudehnen, in denen das schadensbegründende Ereignis selbst die Unaufklärbarkeit herbeigeführt hat,[906] weil hier nicht die Verletzung spezifischer Aufklärungs-, Mitwirkungs- und Schutzpflichten den Beweismittel- und

---

[902] *Matthies*, NJW 1983, 335 (335); vgl. auch *Kleinewefers/Wilts*, VersR 1967, 617 (620 f.); vgl. auch *Stürner*, Aufklärungspflicht, S. 172 f.; *Baumgärtel*, JZ 1995, 409 (409); *Steffen*, in: Festschrift für Brandner, S. 327 (331).

[903] So auch v. *Wallenberg*, Arzthaftungsprozess, S. 60; *Baumgärtel/Wittmann*, JA 1979, 113 (117); *Matthies*, NJW 1983, 335 (335); *Franzki*, Die Beweisregeln im Arzthaftungsprozess, S. 79, der daher richtigerweise den Rechtswidrigkeitszusammenhang verneint.

[904] *Kleinewefers/Wilts*, VersR 1967, 617 (620 f.); *Matthies*, NJW 1983, 335 (335); *Stürner*, Aufklärungspflicht, S. 172 f.; *Gaupp*, Beweisfragen im Rahmen ärztlicher Haftungsprozesse, S. 58 f., 84 ff; nach a.A. seien die Verhaltensnormen auch zu dem Zweck erlassen, den Geschädigten vor Beweisnot zu schützen, so BGHZ 61, 118 (121 f.) = BGH NJW 1973, 1688 (1688 f.); *Stoll*, in: Festschrift für Hippel, S. 517 (550 f.); *Nüßgens*, in: Festschrift für Hauß, S. 287 (298 f.), was aus den genannten Gründen abzulehnen ist.

[905] Für eine Beweislastumkehr bei Vorliegen eines groben Behandlungsfehlers so *Kleinewefers/ Wilts*, VersR 1967, 617 (621).

[906] Vgl. RGZ 76, 295 (297); BGH VersR 1965, 91 (92 f.); BGH ZIP 1985, 312 (315) = BGH NJW 1986, 59 (61); OLG Bamberg, VersR 1971, 769 (770); *Wahrendorf*, Die Prinzipien der Beweislast im Haftungsrecht, S. 125; *Gaupp*, Beweisfragen im Rahmen ärztlicher Haftungsprozesse, S. 58 f., 86; *Kaufmann*, Die Beweislastproblematik im Arzthaftungsprozess, S. 70 f.; *Blomeyer*, AcP 158 (1959/1960), 97 (101 f.); *Stürner*, Aufklärungspflicht, S. 171 ff.; Stein/Jonas-*Leipold*, Band 3, 21. Aufl., § 286 Rn. 122; das schadensbegründende Ereignis müsse bereits eingetreten sein, wenn das beweisvereitelnde Verhalten einsetze, so Thomas/Putzo-*Reichold*, § 286 Rn. 17; so wohl auch *Rosenberg/Schwab/Gottwald*, Zivilprozessrecht, § 114 Rn. 20 ff.; *Blomeyer*, Zivilprozessrecht, § 73 II 1.b), ders., AcP 158 (1959/1960), 97 (101); *Gerhardt*, AcP 169 (1969), 289 (311, Fn. 98); vgl. auch *Maassen*, Beweismaßprobleme, S. 177; wohl auch *Gaupp*, Beweisfragen im Rahmen ärztlicher Haftungsprozesse, S. 58 f.; *Prölss*, Beweiserleichterungen S. 98, der es daher auch daher auch ablehnt, die Beweislastumkehr bei einem groben Behandlungsfehler mit den Grundsätzen der Beweisvereitelung zu rechtfertigen; a.A. *Schneider*, MDR 1975, 444 (446).

Prozessverlust verursacht hat, sondern ein sonstiges pflichtwidrig-schuldhaftes Verhalten; die Beweismittellosigkeit ist damit lediglich ein „typischer Begleitschaden" bzw. eine „rein zufällige Folge" der schuldhaften Pflichtverletzung.[907] Der Ausgleich eines nicht schuldhaft verursachten Nachteils, nämlich die Beweislosigkeit des Patienten, ist im geltenden Recht jedoch nicht vorgesehen; selbst ein ohne Verschulden verursachter Schaden ist nämlich nur in Ausnahmefällen auszugleichen, und auch hier nur aus besonderen Gründen – so bei der Gefährdungshaftung –, die aber auf die Herbeiführung der Beweislosigkeit nicht zutreffen.[908]

Genau so liegt der Fall bei der unterlassenen Befunderhebung des Arztes. Das Verhalten des Arztes ist nur im Hinblick auf die in Frage stehende Rechtsgutverletzung schuldhaft, auf die Herbeiführung der Unaufklärbarkeit bezieht sich das Verschulden dagegen nicht,[909] wie dies in Fällen der Beweisvereitelung jedoch der Fall ist. Es wurde bereits an anderer Stelle darauf hingewiesen, dass der Arzt demnach nicht die Unaufklärbarkeit verursacht, sondern nur eine Lage geschaffen hat, in der die – nicht zu beantwortende – Frage nach der Feststellung des Kausalzusammenhangs haftungsrechtlich relevant wird.[910] Das behandlungsfehlerhafte mit einem beweisvereitelnden Verhalten gleichzusetzen würde bedeuten, die materiellen Haftungsvoraussetzungen zu verkürzen.[911] Denn dann würde der Arzt im Ergebnis nicht nur dafür haften, dass er den Patienten durch einen Behandlungsfehler an dessen Rechtsgütern verletzt hat, sondern auch dann, wenn nach seiner Behandlung nicht mehr geklärt werden kann, ob der Behandlungsfehler für die eingetretene Verletzung kausal geworden ist.[912] Der Grundsatz, wonach regelmäßig der Patient den haftungsbegründenden Tatbestand zu beweisen hat, würde faktisch aufgehoben[913] und die Arzthaftung daher übermäßig ausgedehnt.[914] Die Anwendung der Grundsätze der Beweisvereitelung auf Fälle wie die unterlassene Befunderhebung, in denen die schadensstiftende Handlung die Beweislosigkeit nur zufällig herbeiführt, ohne dass der Arzt damit rechnen konnte, dass es zu einem Prozess kommen, in dem sich der Sachverhalt infolge seines Verhaltens nicht mehr aufklären lassen würde, ist daher nicht gerechtfertigt.[915]

Die vom BGH zur Rechtfertigung der beweisrechtlichen Konsequenzen einer Verletzung der Befunderhebungspflicht gezogene Parallele zur Beweisvereitelung vermag demnach nicht zu überzeugen.

---

[907] *Maassen*, Beweismaßprobleme, S. 177; *Prölss*, Beweiserleichterungen, S. 97; „bloße Folge einer Vertragsverletzung", so *Blomeyer*, Zivilprozessrecht, § 73 II 1.b).

[908] Vgl. *Prölss*, Beweiserleichterungen, S. 98.

[909] *Franzki*, Die Beweisregeln im Arzthaftungsprozess, S. 77; *Prölss*, Beweiserleichterungen, S. 97; *Blomeyer*, AcP 158 (1959/1960), 97 (101, 106).

[910] *Prölss*, Beweiserleichterungen, S. 97 m.w.N.; *Kaufmann*, Die Beweislastproblematik im Arzthaftungsprozess, S. 70; *v. Wallenberg*, Arzthaftungsprozess, S. 60.

[911] *Kleinewefers/Wilts*, VersR 1967, 617 (621); *Hausch*, VersR 2003, 1489 (1495); es drohe eine übermäßige Ausdehnung der Arzthaftung, so *Baumgärtel*, in: Festschrift für Kralik, S. 63 (69 f.); *Gaupp*, Beweisfragen im Rahmen ärztlicher Haftungsprozesse, S. 86 f.

[912] *Kleinewefers/Wilts*, VersR 1967, 617 (621); *Gaupp*, Beweisfragen im Rahmen ärztlicher Haftungsprozesse, S. 86 f.

[913] *Hausch*, VersR 2003, 1489 (1495).

[914] *Baumgärtel*, in: Festschrift für Kralik, S. 63 (69 ff.); *Prütting*, in: 150 Jahre LG Saarbrücken, S. 257 (265 f.).

[915] So für die grobe Verletzung von Berufspflichten auch *Prölss*, Beweiserleichterungen, S. 98.

Möglicherweise kann jedoch für einen Verstoß gegen die Befundsicherungspflicht etwas anderes gelten, die vom BGH gezogenen Parallelen könnten insofern also zutreffend sein. Bezüglich der Parallele zur Dokumentationspflicht ergibt sich dies aus der Erwägung, dass ein gewisser Gleichlauf beider Pflichten erkennbar ist. Wie dargelegt wurde, stellt auch eine mangelhafte Sicherung von Befunden ebenso wie ein Dokumentationsmangel als solche keinen eigenständigen Haftungsgrund dar. Dennoch können auch bei einer Verletzung der Befundsicherungspflicht – wie bei einem Dokumentationsmangel – Beweiserleichterungen zugunsten des Patienten in Betracht kommen, wenn diesem die Beweisführung unzumutbar erschwert ist, eben weil die zum Beweis notwendigen Befundträger nicht mehr vorhanden sind. Der Patient wird dabei ebenfalls grundsätzlich nur vom Beweis für die Behauptung, der Arzt habe angesichts des Befundes einen Behandlungsfehler begangen, befreit.

Eine Würdigung des Verstoßes gegen die Befundsicherungspflicht unter dem Gesichtspunkt der Beweisvereitelung kann nach dem oben Gesagten allerdings auch nur dann in Betracht kommen, wenn für den Arzt vor der Vernichtung des Beweismittels erkennbar war, dass dieses später einmal Beweisfunktion haben könnte. Davon kann nicht in jedem Fall ausgegangen werden, da die Befundsicherung in erster Linie der sachgemäßen Therapie des Patienten dient und ebenso wie die Dokumentationspflicht keinen Beweissicherungszweck hat.

Ob die vom BGH gezogenen Parallelen auf den Verstoß gegen die Befundsicherungspflicht zutreffen,[916] kann jedoch dahingestellt bleiben. Wie bereits dargelegt, ist nämlich zwischen der Pflicht zur Erhebung und der Pflicht zur Sicherung von Befunden zu unterscheiden, und die Erörterung soll sich hier nach dem Thema der Arbeit auf die Befunderhebung beschränken.

Zusammenfassend bleibt daher festzuhalten, dass sich die beweisrechtlichen Konsequenzen aus der Verletzung der Befunderhebungspflicht nicht überzeugend mit Parallelen zu den im Falle einer Dokumentationspflichtverletzung oder einer Beweisvereitelung geltenden Grundsätzen begründen lassen. Die vom BGH gezogene, aus einer Gleichbehandlung beider Pflichten resultierende Parallele der Verletzung der Befunderhebungs- zur Verletzung der Befundsicherungspflicht kann schon deshalb nicht überzeugen, weil sich beide Pflichten – wie oben dargestellt – wesentlich voneinander unterscheiden und daher auseinander zu halten sind.

## B. Die hinreichende Wahrscheinlichkeit

Zu einer Umkehr der Beweislast kommt es nicht nur, wenn sich das Verhalten des Arztes als grober Behandlungsfehler darstellt, sondern auch dann, wenn „zugleich auf einen groben Behandlungsfehler zu schließen ist, weil sich bei der unterlassenen Abklärung mit hinreichender Wahrscheinlichkeit ein so deutlicher und gravierender Befund ergeben hätte, dass sich dessen Verkennung als fundamental oder die Nicht-

---

[916] *Hausch*, VersR 2003, 1489 (1496) geht davon aus, dass sich die beweisrechtliche Sanktion einer Verletzung der Befundsicherungspflicht mit den Grundsätzen der Beweisvereitelung rechtfertigen lässt; so auch *Helbron*, Entwicklungen, S. 53; wohl auch *Franzki*, Die Beweisregeln im Arzthaftungsprozess, S. 95; wohl auch *Stürner*, Aufklärungspflicht, S. 171, der davon ausgeht, dass die nicht risikobelastete Partei nach Vornahme der pflichtwidrigen Handlung, die die Prozessgefahr herauf beschwöre, die Pflicht zu beweissicherndem Verhalten treffe.

reaktion auf ihn als grob fehlerhaft darstellen würde"[917]. Damit ein positives reaktionspflichtiges Ergebnis zugunsten des Patienten auf der ersten Stufe der Beweisregel unterstellt werden kann, muss ein solches also hinreichend wahrscheinlich gewesen sein, was der Patient darzulegen und zu beweisen hat.

Die hinreichende Wahrscheinlichkeit eines reaktionspflichtigen Befundergebnisses ist unabhängig von der Kausalitätsfrage zu beurteilen; sie darf insbesondere nicht mit der Begründung verneint werden, der Gesundheitsschaden könne im Ergebnis auch infolge eines völlig anderen Kausalverlaufs eingetreten sein.[918]

Mit dem Begriff der „hinreichenden Wahrscheinlichkeit" sind zahlreiche Probleme verbunden, auf die im Folgenden eingegangen werden soll.

## I. Problem der Begriffsbestimmung

Wenn es von einer hinreichenden Wahrscheinlichkeit abhängt, ob zulasten des Arztes von einem positiven reaktionspflichtigen Befund auszugehen ist, dann gebieten es das Bestimmtheitsgebot als Teil des Rechtsstaatsprinzips und somit letztlich die Rechtssicherheit, dass von vornherein klar ist, was sich hinter diesem Begriff genau verbirgt. Auch für den Patienten, der mit seiner Klage das Risiko eingeht, im Prozess zu unterliegen, ist es von Bedeutung zu wissen, wann die Gerichte eine hinreichende Wahrscheinlichkeit als gegeben ansehen.

Das Adjektiv „hinreichend" erinnert an das Strafprozessrecht. So kommt es zur Anklagerhebung durch die Staatsanwaltschaft, wenn die Ermittlungen genügenden Anlass zur Erhebung der öffentlichen Klage geben, vgl. § 170 Abs. 1 StPO, was hinreichenden Tatverdacht voraussetzt.[919] Gem. § 203 StPO beschließt das Gericht die Eröffnung des Hauptverfahrens, wenn nach den Ergebnissen des vorbereitenden Verfahrens der Angeschuldigte einer Straftat hinreichend verdächtig ist. Hinreichender Tatverdacht setzt dabei voraus, dass eine Verurteilung des Beschuldigten am Ende eines gedachten Prozesses wahrscheinlich ist.[920]

In Verbindung mit der Entscheidungsfindung des Richters erwähnt die ZPO das Adjektiv „hinreichend" nur sehr vereinzelt. So kann Prozesskostenhilfe gewährt werden, wenn die beabsichtigte Klage hinreichende Aussicht auf Erfolg bietet, vgl. § 114 ZPO; außerdem kann bei hinreichender Klärung des Sachverhalts eine Entscheidung nach Lage der Akten ergehen, vgl. § 331a ZPO.

Was unter dem Adjektiv aber genau zu verstehen ist, bleibt offen; auch die Kommentare zur ZPO definieren den Begriff nicht.[921] Vielmehr wird in ablehnenden Entscheidungen meist nur festgestellt, dass keine hinreichende Aussicht auf Erfolg vorlag,[922] es findet also eine negative Abgrenzung statt.[923] An anderer Stelle wird eine

---

[917] Statt vieler BGHZ 159, 48 (56) = BGH NJW 2004, 2011 (2013) = BGH VersR 2004, 909 (911) = BGH JZ 2004, 1029 (1030).
[918] BGH NJW 2004, 1871 (1872).
[919] *Meyer-Goßner*, § 170 Rn. 1; vgl. auch § 203 StPO.
[920] *Meyer-Goßner*, § 170 Rn. 1.
[921] So auch *Hausch*, VersR 2003, 1489 (1492).
[922] Vgl. BGH NJW 1998, 1154 (1154).
[923] So auch *Hausch*, VersR 2003, 1489 (1492).

Abgrenzung nach dem Sinn und Zweck der Regelung vorgenommen. [924] Auch der BGH definiert den Begriff nicht.

Man könnte daran denken, „hinreichend" als „ausreichend" zu verstehen.[925] Dies unterstellt, müsste aber weiter geklärt werden, worauf sich „ausreichend" dann bezieht. Da die Wahrscheinlichkeit nicht genau bestimmbar ist, weil von diesem Begriff jeglicher Wahrscheinlichkeitsgrad von einer sehr geringen bis hin zu einer an Sicherheit grenzenden Wahrscheinlichkeit umfasst ist, kann sich „ausreichend" nicht auf die Wahrscheinlichkeit beziehen.[926]

Denkbar wäre weiter, „hinreichend" gleichzusetzen mit einer sehr hohen oder überwiegenden Wahrscheinlichkeit. Nach Ansicht des stellvertretenden Vorsitzenden des für Arzthaftungsrecht zuständigen VI. Zivilsenats, Greiner, lässt sich der Begriff nicht in Prozentzahlen ausdrücken.[927] Es gebe daher nicht die Möglichkeit, bei einer Wahrscheinlichkeit von mindestens 5%, 30% oder einer anderen Prozentzahl von einer hinreichenden Wahrscheinlichkeit auszugehen. Der Begriff harre noch der Ausfüllung.

Würde sich das Auffinden eines Aneurysmas nach vom Patienten beklagten Schwindelsymptomen, Kreislaufstörungen, Beschwerden an der Halswirbelsäule und wegen Kopfschmerzen nach unterstellter, weiter gehender Diagnostik als reiner Zufallsfund darstellen, fehlt es jedenfalls an einer „hinreichenden Wahrscheinlichkeit".[928]

Ist ein positives Befundergebnis einer einfach fehlerhaft unterlassenen Mammographie zur Feststellung einer Brustkrebserkrankung „durchaus vorstellbar", kann die „hinreichende Wahrscheinlichkeit" angesichts bestehender Unklarheiten über das Tumorwachstum nach Auffassung des OLG Hamm gerade nicht festgestellt werden.[929]

Nach Ansicht des OLG Köln[930] kann eine hinreichende Wahrscheinlichkeit in Anlehnung an §§ 287, 294 ZPO nur angenommen werden, wenn eine überwiegende Wahrscheinlichkeit von mehr als 50% dafürspricht.

---

[924] Vgl. BVerfG, NJW-RR 1993, 1090 (1090): Es dürfen keine überzogenen Anforderungen an die zu verlangende Erfolgsaussicht gestellt werden: „Die Prüfung der Erfolgsaussicht darf aber nicht dazu führen, dass die Rechtsverfolgung oder Rechtsverteidigung in das summarische Verfahren der Prozesskostenhilfe vorverlagert wird und dieses an die Stelle des Hauptverfahrens tritt; denn das Prozesskostenhilfeverfahren soll den verfassungsrechtlich geforderten Rechtsschutz [für den unbemittelten Rechtsuchenden] nicht selbst bieten, sondern erst zugänglich machen"; vgl. auch BVerfGE 81, 347 (357).

[925] *Hausch*, VersR 2003, 1489 (1492).

[926] *Hausch*, VersR 2003, 1489 (1492).

[927] *Greiner*, in: *Ratajczak/Stegers*, „Waffen-Gleichheit", S. 56 f.

[928] So auch *Martis/Winkhart*, Arzthaftungsrecht, S. 820; das OLG Zweibrücken, OLGR 2002, 470 (473) verneint hier dagegen den inneren (Rechtswidrigkeits-)Zusammenhang zwischen der unterlassenen Befunderhebung und der eingetretenen Primärschädigung. Solche „Schutzzweckerwägungen" wären m.E. hier jedoch nicht nötig gewesen, da der Fall über eine Ablehnung der ersten Stufe der Beweisfigur hätte gelöst werden können: bestehen nämlich Unsicherheiten, ob das Aneurysma bei entsprechender Erhebung der Befunde aus einer *ex-ante* Betrachtung überhaupt entdeckt worden wäre, fehlt es jedenfalls an der „hinreichenden Wahrscheinlichkeit"; so auch *Martis/Winkhart*, Arzthaftungsrecht, S. 820.

[929] Vgl. OLG Hamm, MedR 2006, 111 (113).

[930] OLG Köln, VersR 2004, 247 (247); vgl. auch OLG Hamm, MedR 2006, 111 (113); OLG Koblenz, NJW 2005, 1200 (1202); *Gerhrlein*, VersR 2004, 1488 (1494); *Martis/Winkhart*, Arzthaftungsrecht, S. 817.

Das OLG Dresden stellte umgekehrt – negativ – darauf ab, dass eine hinreichende Wahrscheinlichkeit jedenfalls dann nicht angenommen werden könne, „wenn das mutmaßliche Ergebnis des Befundes völlig offen und die Wahrscheinlichkeit nicht höher als mit 50% anzusetzen ist"[931].

Beide OLGs gehen also davon aus, dass der Begriff eine zumindest leicht überwiegende Wahrscheinlichkeit voraussetzt. Nach allgemeinem Sprachgebrauch kann darunter aber auch eine Wahrscheinlichkeit verstanden werden, die „zwar über einer nur geringen, aber unterhalb einer überwiegenden Wahrscheinlichkeit liegt".[932]

Es bleibt somit offen, auf welchem Teil der Skala der Wahrscheinlichkeitsgrade die „hinreichende Wahrscheinlichkeit" einzusortieren ist, unklar bleibt sogar, ob sie oberhalb oder unterhalb der 50%-Grenze liegt. Mit dieser Unbestimmtheit ist eine erhebliche Rechtsunsicherheit bei zugleich weit reichenden Rechtsfolgen verbunden, hängt doch vom Merkmal der hinreichenden Wahrscheinlichkeit die Fiktion eines reaktionspflichtigen Befundergebnisses und damit die 1. Stufe der Beweisfigur ab. Der BGH sollte daher im Interesse von Arzt und Patient klarstellen, wann von einer hinreichenden Wahrscheinlichkeit ausgegangen werden kann.

## II. Die hinreichende Wahrscheinlichkeit und der medizinische Sachverständige

Schwierigkeiten mit dem Begriff der hinreichenden Wahrscheinlichkeit ergeben sich ferner daraus, dass die Entscheidung darüber, ob ein reaktionspflichtiges Ergebnis im konkreten Fall hinreichend wahrscheinlich war, in der Praxis meist dem vom Gericht beauftragten Sachverständigen überlassen bleibt,[933] der die vom Tatrichter gestellte Frage beantworten muss, ob eine solche hinreichende Wahrscheinlichkeit vorlag. Obwohl der Begriff wie erläutert äußerst unbestimmt ist, dem Sachverständigen also gar nicht genau erklärt werden kann, was darunter zu verstehen ist, wird meist gar nicht über die Bedeutung des Begriffs gesprochen.[934] Letztendlich entscheidet der Sachverständige und damit sein subjektives Verständnis davon, was unter einer hinreichenden Wahrscheinlichkeit zu verstehen ist. Die Auslegung kann daher von Fall zu Fall stark variieren. Man denke nur daran, dass der eine Sachverständige nach seinem (subjektiven) Sprachgebrauch einer hinreichenden Wahrscheinlichkeit eine Prozentzahl von 35 % zugrunde legt, während ein anderer darunter möglicherweise eine mindestens 75%-ige Wahrscheinlichkeit versteht. Hinzu kommt, dass es sich bei der hinreichenden Wahrscheinlichkeit um ein Tatbestandsmerkmal und damit um eine Frage der Beweiswürdigung handelt, für die nicht der Sachverständige, sondern der Tatrichter zuständig ist.[935]

---

[931]  OLG Dresden, VersR 2004, 648 (648).

[932]  *Hausch*, VersR 2003, 1489 (1492).

[933]  *Hausch*, VersR 2003, 1489 (1492).

[934]  *Hausch*, VersR 2003, 1489 (1492).

[935]  BGHZ 72, 132 (135) = BGH NJW 1978, 2337 (2338) = BGH VersR 1978, 1022 (1023); BGH VersR 1986, 366 (367); BGH NJW 1988, 1513 (1514); BGHZ 132, 47 (53) = BGH NJW 1996, 1589 (1590) = BGH VersR 1996, 633 (634); vgl. auch BGHZ 98, 368 (373) = BGH NJW 1987, 500 (500) = BGH VersR 1987, 310 (310); BGHZ 138, 1 (6 f.) = BGH NJW 1998, 1780 (1781) = BGH VersR 1998, 457 (459); BGH VersR 1999, 231 (232); BGHZ 144, 296 (304) = BGH NJW 2000, 2737 (2739) = BGH VersR 2000, 1146 (1148); BGH VersR 2003, 1541 (1542); *Laufs*, Arztrecht, Rn. 602; *Giesen*, Arzthaftungsrecht, Rn. 408; *Geiß/Greiner*, Arzthaftpflichtrecht, Rn. B. 255; *Steffen/Pauge*, Arzthaftungsrecht,

Der enorme Einfluss des Sachverständigen auf die Auslegung des Begriffs der hinreichenden Wahrscheinlichkeit wird besonders deutlich, wenn man sich vor Augen führt, wie der Begriff entstanden ist. Er geht nämlich auf die Aussage eines Sachverständigen zurück. Dieser hatte ausgeführt, aus dem EKG hätte sich ein bestimmter Umstand „mit Sicherheit ergeben"[936]. Der Sachverständige war damals sogar über eine hinreichende Wahrscheinlichkeit, die jedenfalls unter dem Begriff der „Sicherheit" liegen muss, hinausgegangen. Er hatte in seiner Aussage nämlich keinen Zweifel daran gelassen, dass sich der maßgebliche Umstand *eindeutig* aus dem EKG ergeben hätte. Da ein solches Ergebnis nach Auffassung des Senats aber nicht in allen Fällen so eindeutig sein musste, „erfand" das Gericht den Begriff der hinreichenden Wahrscheinlichkeit.[937] Bei der Ausfüllung des Begriffs kommt es folglich sehr darauf an, wie der Sachverhalt konkret gestaltet ist und was der Sachverständige zu dieser sagt.[938]

Erschwerend kommt hinzu, dass der Sachverständige bei Erstellung seines Gutachtens und zum Zeitpunkt seiner Aussage vor Gericht den späteren Verlauf, insbesondere die Befunde, die den später eingetretenen Schaden belegen, kennt.[939] Dadurch, dass er das Geschehen *ex post* betrachten kann, lässt sich für ihn leichter sagen, dass und wie der Fehler – und damit im Ergebnis auch der Eintritt des Schadens – hätte vermieden werden können.[940] Schließlich weiß er bereits, dass beim Patienten ein Schaden eingetreten ist. Der Sachverständige betrachtet möglicherweise also das Geschehen aufgrund der späteren Erkenntnisse, wenn auch unbewusst, wesentlich kritischer.[941] Die gegenteilige Befürchtung, der medizinische Sachverständige könnte im Wege falsch verstandener Kollegialität[942] und Solidarität verleitet sein, Partei für seinen verklagten Berufskollegen zu ergreifen, indem er sein Gutachten und seine Aussage beschönigte, ist hier also eher unzutreffend.[943] Das Sprichwort, nach dem „eine Krähe der anderen kein Auge aushackt", lässt sich auch nicht mehr allgemein bestätigen.[944] Zudem ist davon auszugehen, dass es aufgrund des steigenden Kostendrucks im Gesundheitssystem auch zwischen verklagten Ärzten und medizinischen Sachverständigen, die ja regelmäßig auch Ärzte sind, immer

---

Rn. 518a; *Müller*, DRiZ 2000, 259 (270); *dies.*, MedR 2001, 487 (490); *Schultze-Zeu*, VersR 2000, 565 (566); *Hausch*, VersR 2002, 671 (672); *Hausch*, VersR 2003, 1489 (1492).

[936] So *Greiner*, in: *Ratajczak/Stegers*, „Waffen-Gleichheit", S. 56; die Rede ist wohl von der Entscheidung BGH, Urteil v. 03.02.1987 – VI ZR 56/86, BGHZ 99, 391 ff. = BGH NJW 1987, 1482 ff. = BGH VersR 1987, 1089 ff.

[937] So *Greiner*, in: *Ratajczak/Stegers*, „Waffen-Gleichheit", S. 56.

[938] So *Greiner*, in: *Ratajczak/Stegers*, „Waffen-Gleichheit", S. 57.

[939] *Hausch*, VersR 2003, 1489 (1494).

[940] Vgl. OLG Naumburg, MedR 2002, 515 (516).

[941] *Hausch*, VersR 2003, 1489 (1494).

[942] BGH NJW 1975, 1463 (1464); BGH VersR 1988, 1031 (1032); von einer „hergebrachten Standesmoral" spricht *Dunz*, Praxis der Arzthaftung, S. 27; gerade in der Ärzteschaft ziehe sich ein ausgesprochene Pflicht zur Standessolidarität vom Eid des Hippokrates wie ein roter Faden bis in die modernen Berufsordnungen, so *Katzenmeier*, Arzthaftung, S. 405, der aber auf S. 408 auch feststellt, dass von einer allgemeinen „conspiracy of silence" keine Rede mehr sein könne.

[943] Sachverständige haben ihre Pflicht zur Neutralität in der Vergangenheit aber nicht immer erfüllt, vgl. *Giesen*, Arzthaftungsrecht, Rn. 385 ff.

[944] *Müller*, NJW 1997, 3049 (3054); so auch *Katzenmeier*, Arzthaftung, S. 408.

mehr zu einer wirtschaftlichen Konkurrenz unter Berufskollegen kommt,[945] was Gefälligkeitsgutachten und -aussagen aus kollegialer Solidarität weiter zurückdrängt.

Festzuhalten bleibt, dass die Entscheidung, ob der unbestimmte Begriff der hinreichenden Wahrscheinlichkeit im Einzelfall erfüllt ist, in der Praxis weitgehend von den subjektiven Einschätzungen des Sachverständigen abhängt. Dies ist systemwidrig, weil die Auslegung von Tatbestandsmerkmalen eine Rechtsfrage ist, die dem Richter obliegt. Außerdem bringt die Unbestimmtheit des Begriffs Rechtsunsicherheit mit sich, da er in hohem Maße von einer (subjektiven) Auslegung abhängig ist, was die Gleichheit der Rechtsanwendung gefährdet.

### III. Die hinreichende Wahrscheinlichkeit als Beweiserleichterung

#### 1. Beweismaßreduktion

Vereinzelt wird vorgebracht, die Rechtsprechung verletze § 286 ZPO, indem sie vom Patienten nur verlange, den Nachweis zu erbringen, dass der Befund hinreichend wahrscheinlich ein reaktionspflichtiges Ergebnis gebracht hätte.[946] Obwohl es sich bei der Feststellung, wie der Befund – wäre er erhoben worden – ausgesehen hätte, um eine Tatsachenfeststellung handele, werde für diese nicht eine volle richterliche Überzeugung im Sinne des § 286 ZPO verlangt, was nach überwie-gender Meinung eine hohe bzw. eine an Sicherheit grenzende Wahrscheinlichkeit fordere. Vielmehr reiche schon eine hinreichende Wahrscheinlichkeit aus. Ein solches Beweismaß sei der ZPO unbekannt.

Richtig ist, dass die Rechtsprechung dem Patienten den Nachweis erleichtern will, wie der nicht erhobene Befund ausgesehen hätte. Grundsätzlich müsste nämlich der Patient zur vollen Überzeugung des Gerichts darlegen und beweisen, dass der Befund, wäre er erhoben worden, mit an Sicherheit grenzender Wahrscheinlichkeit ein reaktionspflichtiges Ergebnis gezeigt hätte. Dass dieser Nachweis kaum zu erbringen ist, wurde schon an anderer Stelle gezeigt.

Richtig ist auch, dass eine Reduzierung des Beweismaßes eine Beweiserleichterung darstellt.[947] Denn wenn die Voraussetzungen, unter denen ein Beweis als erbracht anzusehen ist, gesenkt werden, ist der Beweis leichter zu führen. Ein niedrigeres Beweismaß führt also dazu, dass der Richter den Beweis schneller als erbracht ansieht.[948]

Fraglich ist jedoch, ob die „hinreichende Wahrscheinlichkeit" wirklich ein reduziertes Beweismaß darstellt.[949] Da es sich beim Beweismaß um eine rechtliche Wertung

---

[945] Für ein Konkurrenzdenken mit wirtschaftlichem Hintergrund auch *Meyer*, DRiZ 1992, 125 (128); *Ziegler*, JR 2002, 265 (266).

[946] *Hausch*, VersR 2003, 1489 (1492); *Martis/Winkhart*, Arzthaftungsrecht, S. 813 f.

[947] So auch Zöller-*Greger*, Vor § 284 Rn. 28.

[948] So auch *Fuchs*, Beweismaß, S. 33.

[949] Von einer „Verminderung des vom Patienten zu erbringenden Beweismaßes" war noch vor Schöpfung des Begriffs der hinreichenden Wahrscheinlichkeit in BGHZ 99, 391 (399) = BGH NJW 1987, 1482 (1482) = BGH VersR 1987, 1089 (1091) die Rede; vgl. auch Saarländisches OLG, MDR 1998, 469 (469).

handelt, muss es im Interesse der Rechtssicherheit und Gleichheit generell-abstrakt bestimmt sein.[950] Es kann und darf daher nicht frei durch den Richter im Einzelfall bestimmt und beurteilt werden.[951]

Die gegenteilige Auffassung, die davon ausgeht, der Grundsatz der freien Beweiswürdigung erlaube es dem Richter nicht nur, die Beweise zu bewerten, sondern umfasse auch die Bestimmung der Voraussetzungen, unter denen ein Beweis als erbracht anzusehen ist,[952] ist abzulehnen. Sie verkennt, dass sich die Beweiswürdigung nur auf Tatsachenbehauptungen bezieht, es sich beim Beweismaß aber um eine Rechtsfrage handelt.[953] Lediglich die Frage, ob die Voraussetzungen des abstrakt festgelegten Beweismaßes im Einzelfall erfüllt sind, gehört zur Beweiswürdigung des Richters.[954] Der Richter darf also nicht von Fall zu Fall ein anderes Beweismaß verlangen.

Davon zu unterscheiden ist die Frage, ob es möglich ist, das Beweismaß für den gesamten Arzthaftungsprozess oder zumindest für die Fallgruppe der unterlassenen Befunderhebung zu reduzieren.[955] Auch dann stünde das Beweismaß – jedenfalls für diesen Bereich – von vornherein abstrakt und generell fest. Dies könnte der BGH getan haben, indem er auf eine „hinreichende Wahrscheinlichkeit" abstellte.[956] Dafür sprechen die Ausführungen des BGH, dass von „einer entsprechenden Verminderung des vom Patienten zu erbringenden Beweismaßes hinsichtlich des Kausalverlaufs"[957] auszugehen ist.

## 2. Tatbestandsmerkmal

Denkbar ist jedoch auch, dass die hinreichende Wahrscheinlichkeit nicht das Beweismaß betrifft, sondern als Tatbestandsmerkmal im Sinne einer „hinreichenden Wahrscheinlichkeit der Kausalität" zu sehen ist, von deren Vorliegen der Richter mit dem Beweismaß des § 286 ZPO überzeugt sein muss. Der Patient müsste dann nicht beweisen, dass der Befund, wäre er erhoben worden, mit an Sicherheit grenzender Wahrscheinlichkeit ein reaktionspflichtiges Ergebnis gebracht hätte, sondern nur, dass ein solches hinreichend wahrscheinlich derart ausgefallen wäre.

Dagegen spricht jedoch, dass der grundsätzlich vom Patient zu beweisende haftungsbegründende Tatbestand „volle" Kausalität voraussetzt, und eben keine „hinreichend wahrscheinliche Kausalität".[958] Die unterbliebene Handlung muss vielmehr hinzugedacht werden können mit der Folge, dass der Schaden dann nicht eingetre-

---

[950] *Greger*, Beweis und Wahrscheinlichkeit, S. 8; MüKo-ZPO-*Prütting*, § 286 Rn. 16.
[951] So wohl auch *Maassen*, Beweismaßprobleme, S. 19 f., 23, 30 f.
[952] So *Gottwald*, Schadenszurechnung, S. 202; *Rommé*, Der Anscheinsbeweis, S. 88 f.
[953] *Greger*, Beweis und Wahrscheinlichkeit, S. 8.
[954] *Greger*, Beweis und Wahrscheinlichkeit, S. 8 f.; *Fuchs*, Beweismaß, S. 72.
[955] Dazu die Ausführungen in Kapitel 6 unter C. III.
[956] Im Sozialrecht gelten für das Vorliegen des Ursachenzusammenhangs solche verminderten Anforderungen; das Beweismaß ist hier auf eine „hinreichende Wahrscheinlichkeit" reduziert, wobei der Begriff – anders als im Arzthaftungsrecht – eindeutig im Sinne einer stark überwiegenden Wahrscheinlichkeit verstanden wird; vgl. hierzu und zur Zulässigkeit einer Absenkung des Beweismaßes für die haftungsbegründende Kausalität die Ausführungen in Kapitel 6 unter C. III.
[957] BGHZ 99, 391 (399) = BGH NJW 1987, 1482 (1484) = BGH VersR 1987, 1089 (1091).
[958] *Greger*, VersR 1980, 1091 (1103).

ten wäre; die bloße Möglichkeit oder Wahrscheinlichkeit des Nichteintritts genügt nicht.[959] *Greger* meint demgegenüber, dass das Gesetz überall dort, wo es einen Kausalzusammenhang verlange, nur die nach der Lebenserfahrung anzunehmende Ursächlichkeit meine.[960] Kausalität liege deshalb bereits dann vor, wenn es „nach der Lebenserfahrung anzunehmen, d.h. wahrscheinlich [sei], dass die Schädigung bei Unterbleiben des pflichtwidrigen Verhaltens nicht eingetreten wäre".[961] Nach Auffassung *Gregers* reicht zur Haftungsbegründung im Allgemeinen demnach die wahrscheinliche Kausalität aus. Dies ergebe sich insbesondere aus §§ 119 Abs. 1 und 2087 Abs. 1 BGB.[962]

Dagegen spricht, dass sich im Gesetz zwar Anhaltspunkte für eine Herabsetzung der Beweisführungsanforderungen finden, wo es um eine Prognose über hypothetische Entwicklungen geht, vgl. § 252 S. 2 BGB („nach dem gewöhnlichen Lauf der Dinge oder nach den besonderen Umständen [...] mit Wahrscheinlichkeit erwartet werden konnte") sowie §§ 119 Abs. 1, 2078 Abs. 1 BGB.[963] Diese Normen stellen jedoch nur vereinzelte Regelungen dar, aus denen nicht ohne Weiteres ein allgemeiner Grundsatz abgeleitet werden kann. *Greger* meint zwar, dass sich der Umstand, dass der Gesetzgeber das Merkmal der Kausalität nur in Teilbereichen in dem bezeichneten Sinn umschrieben habe, damit erklären lasse, dass er nur dort ein besonderes Bedürfnis für einen Hinweis an die Behörden und Gerichte gesehen habe, keine allzu hohen Anforderungen an das Merkmal der Kausalität zu stellen.[964] Diese Argumentation überzeugt indes nicht. Es liegt in der Natur von Ausnahmevorschriften, dass in ihnen vom Grundsatz abweichende Regelungen explizit getroffen werden; aus ihnen herauszulesen, dass der Gesetzgeber nur einen allgemeingültigen Grundsatz noch einmal verdeutlichen wollte, würde im Ergebnis das Wesen der Ausnahmevorschriften konterkarieren, die schon von ihrer systematischen Stellung her keine bloßen ausdrücklichen Hinweise auf die geltende Rechtslage enthalten können. *Gregers* Auffassung ist daher abzulehnen.

Grundsätzlich muss die unterbliebene Handlung daher nicht hinzugedacht werden können, ohne dass der Erfolg mit an Sicherheit grenzender Wahrscheinlichkeit entfiele. Zwar bezieht sich die „hinreichende Wahrscheinlichkeit" nicht auf den direkten Ursachenzusammenhang zwischen unterlassener Befunderhebung und eingetretenem Schaden, sondern nur auf den Nachweis eines reaktionspflichtigen Befundergebnisses und betrifft somit nur die erste Stufe der Beweisfigur. Dieser Zwischenschritt ist auf dem Weg zum Nachweis der Kausalität zwischen Unterlassen und Schaden jedoch von entscheidender Bedeutung für die „Gesamtkausalität"; er ist ein Teil von ihr.[965] Die „hinreichende Wahrscheinlichkeit" ist daher nicht als Tatbe-

---

[959] BGHZ 2, 138 (149) = BGH NJW 1951, 711 (711); BGHZ 64, 46 (51) = BGH NJW 1975, 824 (825); BGH NJW 1984, 432 (434); die Vornahme der Handlung, die unterlassen wurde, müsste den missbilligten Erfolg verhindert haben, so *Larenz*, SchuldR I, § 27 III 6. c).

[960] *Greger*, Beweis und Wahrscheinlichkeit, S. 181 f.; vgl. zur Auffassung *Gregers* auch die Ausführungen in Kapitel 6 unter C. IV.

[961] *Greger*, Beweis und Wahrscheinlichkeit, S. 182.

[962] *Greger*, Beweis und Wahrscheinlichkeit, S. 181.

[963] *Stodolkowitz*, VersR 1994, 11 (14).

[964] *Greger*, Beweis und Wahrscheinlichkeit, S. 181.

[965] So wohl auch *Geiß/Greiner*, Arzthaftpflichtrecht, Rn. B. 218; *Groß*, in: Festschrift für Geiß, S. 429 (432); vgl. dazu auch de Ausführungen in diesem Kapitel unter B. III. 5.

standsmerkmal im Sinne einer „hinreichender Wahrscheinlichkeit der Kausalität" zu verstehen.

### 3. Anscheinsbeweis

Weiter ist denkbar, dass es sich bei der dem Patienten gewährten Beweiserleichterung um die Anwendung eines Anscheinsbeweises handelt. Wenn etwas hinreichend wahrscheinlich ist, könnte dies nämlich auf einen Erfahrungssatz dergestalt hindeuten, dass sich in Fallgestaltungen der vorliegenden Art regelmäßig ein reaktionspflichtiges Ergebnis gezeigt hätte, wäre der Befund erhoben worden. Auch der Sachverständige beurteilt die Umstände, die auf eine hinreichende Wahrscheinlichkeit hindeuten können, aufgrund seiner Erfahrung als Mediziner. Im Ergebnis muss er dabei auf Erkenntnisse zurückgreifen, die er während der Ausübung seines Berufes erworben hat. Dass dabei Erfahrungssätze eine Rolle spielen, steht außer Zweifel.

Hat der Patient dargelegt und bewiesen, dass ein reaktionspflichtiger Befund hinreichend wahrscheinlich gewesen wäre, so dass von einem solchen Ergebnis auszugehen ist, muss allerdings der Arzt diese Vermutung durch vollen Beweis des Gegenteils widerlegen und nicht nur erschüttern. Bei der Beweiserleichterung der „hinreichenden Wahrscheinlichkeit" kann es sich also schon deshalb nicht um einen Anscheinsbeweis handeln.

### 4. Indizienbeweis

Möglicherweise handelt es sich bei der Unterstellung eines reaktionspflichtigen Befundergebnisses, wenn sich ein solches hinreichend wahrscheinlich gezeigt hätte, um einen Indizienbeweis. Der Indizienbeweis ist eine Form des mittelbaren (indirekten) Beweises; aus bestimmten Anzeichen, die sich auf tatbestandsfremde Tatsachen richten, wird der Schluss auf das (Nicht-) Vorliegen eines Tatbestandsmerkmals gezogen.[966] Der Indizienbeweis liefert somit die Grundlagen für die Beweiswürdigung hinsichtlich eines Tatbestandsmerkmals.[967] Der Richter muss also prüfen, ob er aus der Gesamtheit aller vorgetragenen Indizien, ihre Richtigkeit unterstellt, den möglichen Schluss auf die Wahrheit der Haupttatsachenbehauptung ziehen will.[968]
Auch der BGH zieht das Vorliegen eines Indizes in Betracht: „In jedem Fall kann das Fehlen eines Beweismittels, das auf einer schuldhaften ärztlichen Unterlassung bei der Behandlung beruht, ein Indiz für den Kausalzusammenhang sein, wenn ein solcher ohnehin wahrscheinlich ist; dieses Indiz kann dann die Brücke zu einem sonst

---

[966] BGHZ 53, 254 (260) = BGH NJW 1970, 946 (950); Thomas/Putzo-*Reichold*, Vor § 284 Rn. 11; *Rosenberg/Schwab/Gottwald*, Zivilprozessrecht, § 109 Rn. 15; *Prölss*, Beweiserleichterungen, S. 27; *Nack*, MDR 1986, 366 (366 ff.); *Hansen*, JuS 1992 327 (327); *Schneider*, MDR 1975, 444 (446).
[967] Zöller-*Greger*, § 286 Rn. 9a.
[968] Vgl. BGHZ 53, 254 (261) = BGH NJW 1970, 946 (950); Thomas/Putzo-*Reichold*, Vor § 284 Rn. 11; *Rosenberg/Schwab/Gottwald*, Zivilprozessrecht, § 109 Rn. 15; *Schneider*, MDR 1975, 444 (446).

fehlenden vollen Beweis bilden".[969] Allerdings ist in diesem Zusammenhang zu berücksichtigen, dass der eben erwähnte Hinweis des Gerichts auf den Indizienbeweis aus den Anfängen der Beweisfigur der unterlassenen Befunderhebung stammt, als der BGH den Patienten im Wege der Beweiserleichterung privilegieren wollte, indem er ihn nicht nur so stellen wollte, wie er stünde, wenn der gebotene Befund erhoben worden wäre, sondern aus einer einfach fehlerhaft unterlassenen Befunderhebung auch Beweiserleichterungen für den Kausalzusammenhang zwischen Fehler und Schaden herleitete. Nach heutiger Rechtsprechung soll zugunsten des Patienten in einem ersten Schritt jedoch zunächst nur vermutet werden, dass der Befund positiv gewesen wäre. Auf den Gesamtkausalzusammenhang zwischen Fehler und Schaden soll sich die Beweiserleichterung dagegen nicht erstrecken.

Da bei einem Indizienbeweis von tatbestandsfremden Tatsachen, so genannten Indizien oder auch Hilfstatsachen, auf ein Tatbestandsmerkmal geschlossen wird,[970] könnte man in der Tatsache, dass sich hinreichend wahrscheinlich ein reaktionspflichtiges Ergebnis gezeigt hätte, möglicherweise dann ein Indiz für ein Tatbestandsmerkmal sehen, wenn man den Nachweis, dass die Befunderhebung ein reaktionspflichtiges Ergebnis gezeigt hätte, als Teil des Beweises der haftungsbegründenden Kausalität zwischen Befunderhebungsfehler und Schaden und damit als Teil eines Tatbestandsmerkmals ansieht, und zwar aus folgendem Grund: Da der Ursachenzusammenhang zwischen Befunderhebungsfehler und Schaden m.E. nicht bewiesen werden kann, wenn unklar ist, welches Ergebnis die Befunderhebung gebracht hätte, stellt das reaktionspflichtige Befundergebnis einen Zwischenschritt auf dem Weg zum (vollständigen) Nachweis der haftungsbegründenden Kausalität und damit einen Teil derselben dar.[971] Auch der erforderliche Erfahrungssatz, mithilfe dessen beim Indizienbeweis der Nachweis geführt wird,[972] kann den Ausführungen unter 3. zufolge bejaht werden. Denn zwar lässt die Tatsache, dass sich hinreichend wahrscheinlich ein reaktionspflichtiges Befundergebnis gezeigt hätte, nicht schon den Schluss zu, dass die unterlassene Befunderhebung den eingetretenen Schaden *verursacht* hat. Ein entsprechender Erfahrungssatz muss wegen der Vielgestaltigkeit des menschlichen Organismus und seiner unterschiedlichen Reaktionen wohl verneint werden. Es könnte im Einzelfall jedoch eben der Erfahrung entsprechen, dass sich ein reaktionspflichtiges Ergebnis gezeigt hätte, wenn ein solches hinreichend wahrscheinlich war, so dass der Schluss auf ein solches möglich ist. Hinter der hinreichenden Wahrscheinlichkeit eines reaktionspflichtigen Befundergebnisses stünde dann als Hilfstatsache der eben beschriebene Erfahrungssatz. Mithilfe dieses Denkprozesses könnte auf das Gegebensein eines reaktionspflichtigen Befundergebnisses als rechtserhebliche weitere Tatsache geschlossen werden.[973]

---

[969] Vgl. BGHZ 99, 391 (399) = BGH NJW 1987, 1482 (1484) = BGH VersR 1987, 1089 (1091).

[970] Thomas/Putzo-*Reichold*, Vor § 284 Rn. 11.

[971] So wohl auch *Geiß/Greiner*, Arzthaftpflichtrecht, Rn. B. 218; *Groß*, in: Festschrift für Geiß, S. 429 (432): um den Nachweis führen zu können, dass das behandlungsfehlerhafte Unterlassen für den eingetretenen Schaden ursächlich geworden ist, muss der Patient bei feststehendem fehlerhaften Versäumnis einer Befunderhebung beweisen, dass erstens die (rechtzeitige) Erhebung der Befunde ein positives, reaktionspflichtiges Ergebnis erbracht hätte und zweitens – nach dessen zutreffender Auswertung – durch die anschließende richtige, dem medizinischen Soll-Standard genügende Behandlung die Primärschädigung – ganz oder wenigstens teilweise – vermieden worden wäre.

[972] Vgl. etwa *Prölss*, Beweiserleichterungen, S. 27.

[973] BGHZ 53, 254 (261) = BGH NJW 1970, 946 (950).

Für die Annahme eines Indizienbeweises spricht auch die Formulierung des BGH, dass die einfach fehlerhaft unterlassene Befunderhebung den *Schluss* auf ein reaktionspflichtiges Befundergebnis erlaubt, wenn ein solches hinreichend wahrscheinlich war.[974] Auch mithilfe des Indizienbeweises wird, wie erläutert, nämlich von einer Hilfstatsache auf eine Haupttatsache geschlossen.

Anders als beim Anscheinsbeweis, der nur erschüttert werden muss, führt der lückenlose Indizienbeweis auch zur endgültigen richterlichen Überzeugung im Sinne des § 286 ZPO[975] und muss daher vom Beweisgegner voll widerlegt werden. Zu einem Indizienbeweis würde es also ebenfalls passen, dass der Arzt – war ein reaktionspflichtiger Befund hinreichend wahrscheinlich und ist daher entsprechend des angewendeten Erfahrungssatzes von einem solchen Ergebnis auszugehen – diese Vermutung nicht nur erschüttern, sondern durch vollen Beweis des Gegenteils widerlegen muss.

Der Indizienbeweis kommt schließlich auch der Natur der Beweisführung im Arzthaftungsprozess entgegen. Er zwingt nämlich dazu, die Umstände des Einzelfalls vollständig aufzuklären, damit geprüft werden kann, ob die Schlussfolgerung im konkreten Fall wirklich gezogen werden kann. Dieses Vorgehen passt zum Arzthaftungsprozess. Da es wegen der Vielgestaltigkeit des menschlichen Organismus und seiner unterschiedlichen Reaktionen selten typische Geschehensabläufe gibt (s.o.) und kaum ein Sachverhalt dem anderen gleicht, müssen auch hier immer das Geschehen und seine Umstände im Einzelfall genauestens überprüft und seine Besonderheiten beachtet werden.

Nach den vorstehenden Ausführungen erscheint es daher m.E. am naheliegendsten, in der Beweiserleichterung auf der ersten Stufe der Beweisfigur einen Indizienbeweis zu sehen. Sicher ist dies indes nicht. Um Beweiserleichterungen zu gewähren, bedient sich die Rechtsprechung nämlich häufig unterschiedlichster Methoden, die jeder gesetzlichen oder rechtsdogmatischen Ableitung entbehren.[976] Um sich diesem Vorwurf nicht auszusetzen, sollte die Rechtsprechung klarstellen, um welche Art von Beweiserleichterung es sich bei der „hinreichenden Wahrscheinlichkeit" mit der Folge der Unterstellung eines reaktionspflichtigen Befundergebnisses handelt.

## IV. Hinreichende Wahrscheinlichkeit einer ganzen Bandbreite von Befundergebnissen

Hätte die Befunderhebung mit hinreichender Wahrscheinlichkeit ein reaktionspflichtiges Ergebnis gezeigt, wird nach der Rechtsprechung auf der ersten Stufe der Beweisregel ein solches unterstellt. Wie ist aber zu verfahren, wenn nicht *ein* Befundergebnis hinreichend wahrscheinlich war, sondern mehrere?

Keine Unterschiede ergeben sich, wenn *alle* diese Befundergebnisse vom Arzt eine Reaktion erfordert hätten.

Doch wie ist zu verfahren, wenn *mehrere* Befundergebnisse denkbar waren, von denen *einige* reaktionspflichtig, *andere* jedoch negativ waren und die hinreichende

---

[974] BGH VersR 1999, 231 (232); vgl. auch BGHZ 138, 1 (4) = BGH NJW 1998, 1780 (1781) = BGH VersR 1998, 457 (458); BGH VersR 1998, 585 (585).

[975] Vgl. *Hansen*, JuS 1992, 417 (417).

[976] MüKo-ZPO-*Prütting*, § 286 Rn. 127 f.; Zöller-*Greger*, Vor § 284 Rn. 25.

Wahrscheinlichkeit für beide „Gruppen" gleich hoch war? Es bestand dann zwar die hinreichende Wahrscheinlichkeit eines reaktionspflichtigen Ergebnisses; ebenso hinreichend wahrscheinlich hätte sich aber auch ein negativer Befund ergeben können. Neutralisiert dann gewissermaßen die eine hinreichende Wahrscheinlichkeit die andere, so dass der Nachweis des Patienten, dass sich hinreichend wahrscheinlich ein reaktionspflichtiges Ergebnis gezeigt hätte, als nicht gelungen anzusehen ist? Oder wird dennoch ein reaktionspflichtiges Ergebnis zu seinen Gunsten unterstellt? Dies würde für den Arzt bedeuten, dass er nicht nur nachweisen müsste, dass ein solches Ergebnis gerade nicht hinreichend wahrscheinlich war, was ihm in der hier vorausgesetzten Situation unschwer gelänge. Folge wäre vielmehr, dass er nachzuweisen hätte, dass sich ein reaktionspflichtiges Ergebnis mit an Sicherheit grenzender Wahrscheinlichkeit nicht ergeben hätte, und dies, obwohl das Ergebnis der Befunderhebung völlig offen war, weil für beide „Gruppen" die gleiche Wahrscheinlichkeit sprach.

In diese Richtung hat sich *Nixdorf* geäußert: Sei eine ganze Bandbreite von Befundergebnissen wahrscheinlich und hänge die Frage nach der Notwendigkeit einer ärztlichen Reaktion vom Standort der Befunde innerhalb dieser Bandbreite ab, dann habe der Arzt zu beweisen, dass eine Therapie nicht angezeigt gewesen sei.[977] Denn der Arzt sei für diese Aufklärungsschwächen verantwortlich.[978]

Die Rechtsprechung hat sich zu diesem Problem – soweit ersichtlich – bislang nicht geäußert.

## C. Der Behandlungsfehler auf der zweiten Stufe der Beweisfigur

War auf der ersten Stufe der Beweisfigur ein reaktionspflichtiges Befundergebnis hinreichend wahrscheinlich, wird auf der zweiten Stufe geprüft, ob die Nichtreaktion auf ein solches Ergebnis einen groben Behandlungsfehler bzw. die Verkennung des Befunds einen groben Diagnosefehler dargestellt hätte. Dann nämlich bleibt dem Patienten unter Anknüpfung an die Beweisfigur des groben Behandlungsfehlers der grundsätzlich ihm obliegende Nachweis des ursächlichen Zusammenhangs zwischen Fehler und Schaden erspart; es kommt vielmehr zu einer Beweislastumkehr.[979]

## I. Kritik an der Beweisfigur des groben Behandlungsfehlers im Allgemeinen

Nicht nur wegen der fehlenden Legitimation der Beweislastsonderregel[980] bietet die Rechtsprechung des BGH zum groben Behandlungsfehler Anlass zu Kritik.[981]

---

[977] *Nixdorf*, VersR 1996, 160 (162).
[978] *Nixdorf*, VersR 1996, 160 (162).
[979] BGHZ 159, 48 (56) = BGH NJW 2004, 2011 (2013) = BGH VersR 2004, 909 (911) = BGH JZ 2004, 1029 (1030).
[980] Vgl. dazu die Ausführungen in Kapitel 3 unter D.
[981] Zur Kritik an der Beweislastsonderregel vgl. auch die Darstellung bei *Katzenmeier*, Arzthaftung, S. 454 ff.

## 1. Aufklärungserschwernis durch den groben Fehler

Den ersten Ansatzpunkt für eine solche Kritik bietet die Argumentation des BGH, mit welcher er speziell bei Vorliegen eines groben Behandlungsfehlers eine Beweislastumkehr zu rechtfertigen versucht. Der BGH sieht in der Beweislastumkehr einen Ausgleich dafür, dass der ärztliche Fehler das Spektrum der für den Misserfolg in Betracht kommenden Ursachen verbreitert bzw. verschoben und so die Aufklärung des Geschehens erheblich erschwert habe.[982] Denn es gehöre zu dem Wesen eines groben Behandlungsfehlers, dass dieser die Aufklärung des Behandlungsverlaufs besonders erschwere.[983] Der Arzt habe durch seinen schweren Fehler eine Lage geschaffen, die es nicht mehr möglich mache festzustellen, „wie der Verlauf bei ordnungsgemäßer ärztlicher Betreuung gewesen wäre"[984]. Diese Argumentation soll im Folgenden hinterfragt werden.

Zwar ist es durchaus vorstellbar, dass sich infolge eines ärztlichen Fehlers das Geschehen nicht mehr restlos aufklären lässt, sich insbesondere nicht mehr sagen lässt, ob der Schaden durch den Behandlungsfehler oder durch andere Ursachen entstanden ist. Unklar ist allerdings, weshalb dies ausgerechnet Folge eines *groben* Behandlungsfehlers sein soll – nur in einem solchen Fall nimmt die Rechtsprechung ja eine Beweislastumkehr an. Denn gerade schwerwiegende ärztliche Fehler sind in der Regel – auch für einen Außenstehenden – deutlich leichter erkennbar als leichte Fehler. Dies gilt auch für die Auswirkungen eines groben Fehlers. Wegen der oft gravierenden Folgen lassen sich diese deutlicher auf den groben Fehler zurückführen als die Auswirkungen eines einfachen Fehlers. Dagegen sind es gerade Routineverstöße, also einfache Fehler, die dem Arzt „nebenbei" passieren und im Behandlungsgeschehen nicht so deutlich auffallen. Da die Auswirkungen eines einfachen Fehlers zudem meist nicht so gewichtig sind, lässt sich im Nachhinein umso weniger feststellen, wie die Behandlung ohne den Fehler verlaufen wäre. Jedenfalls steht der Patient auch hier Aufklärungsschwierigkeiten gegenüber.[985] Die Argumentation der Rechtsprechung erweist sich damit als nicht zutreffend. Denn Aufklärungsschwierigkeiten bestehen für den Patienten unabhängig vom Gewicht des Fehlers.[986]

Wollte man eine besondere Schadensneigung mit dem Kausalzusammenhang verknüpfen, wäre dies nur dann möglich, wenn es einen Erfahrungssatz gäbe, demzufolge der eingetretene Schaden die typische Folge eines groben Fehlers ist.[987] Dann befände man sich im Anwendungsbereich des Anscheinsbeweises. Wegen der individuell oft verschiedenen Reaktionen des menschlichen Organismus gibt es einen solchen Erfahrungssatz im Arztrecht meist jedoch nicht, weshalb der Anscheinsbeweis nur selten zur Anwendung gelangt. Im Übrigen könnte auch der Anscheinsbeweis nicht die von der Rechtsprechung angestrebte Rechtsfolge, in der Praxis eine Umkehr der Beweislast, herbeiführen. Richtigerweise handelt es sich beim An-

---

[982] BGHZ 85, 212 (216) = BGH NJW 1983, 333 (334) = BGH VersR 1982, 1193 (1195).

[983] Vgl. BGHZ 85, 212 (216) = BGH NJW 1983, 333 (334) = BGH VersR 1982, 1193 (1195); BGH VersR 1989, 80 (81); BGH VersR 1994, 52 (53); BGH VersR 1995, 46 (47); BGHZ 132, 47 (52) = BGH NJW 1996, 1589 (1590) = BGH VersR 1996, 633 (634).

[984] BGH VersR 1967, 713 (713).

[985] So auch *Sträter*, Grober Behandlungsfehler, S. 86; *Graf*, Beweislast, S. 123; *Brüggemeier*, Deliktsrecht, Rn. 684; *Stoll*, AcP 176 (1976), 145 (147); *Katzenmeier*, Arzthaftung, S. 462.

[986] So auch *Graf*, Beweislast, S. 123; *Matthies*, NJW 1983, 335 (335).

[987] So auch *Sträter*, Grober Behandlungsfehler, S. 90.

scheinsbeweis nämlich nur um eine Beweiserleichterung.[988] Allein die erhöhte Schadensneigung des groben Fehlers führt somit nicht zwangsläufig zu größeren Aufklärungserschwernissen. Vielmehr ist sogar vom Gegenteil auszugehen.[989]

Dies soll allerdings keinesfalls ein Plädoyer dafür sein, künftig die Beweislast auch
bei einem einfachen Behandlungsfehler umzukehren. Denn auch der Arzt kann einen
unklaren Kausalverlauf oft genauso wenig zur Überzeugung aufklären wie der Patient.[990] Überdies käme eine solche Beweislastverteilung im Ergebnis einer Erfolgshaftung des Arztes nahe[991] und wäre daher ebenfalls nicht akzeptabel. Es sollte aber
gezeigt werden, dass die Rechtsprechung in sich nicht einmal schlüssig ist.[992]

## 2. Sanktion für ärztliches Fehlverhalten

Gegen das Anknüpfen an einen groben Behandlungsfehler bestehen weitere
Bedenken. Der BGH betont zwar, dass die Umkehr der Beweislast keine Sanktion für
ein ärztliches Fehlverhalten darstelle.[993] Dieser Gedanke lässt sich indes nicht ganz
von der Hand weisen. Denn im Ergebnis hat der Arzt beweisrechtlich gerade deshalb
einzustehen, weil er einen groben Fehler begangen hat, der zu Aufklärungserschwernissen geführt hat. Deshalb darf er „sich nicht beschweren, wenn ihm die beweisrechtlichen Konsequenzen daraus zugeschoben werden"[994]. Dahinter steht der
Gedanke, dass derjenige mit den Beweisschwierigkeiten belastet werden soll, der sie
verschuldet hat. Unser Zivilrecht differenziert in der Regel aber nicht einmal für die
Begründung der Haftung nach dem Grad des Verschuldens. Eine entsprechende
Differenzierung bei der Beweislast erscheint daher als systemwidrig, mithin als
Fremdkörper.[995]

Damit hängt noch ein weiterer Kritikpunkt zusammen: Ob es zu einer Beweislastumkehr für den Patienten kommt, hängt für den BGH davon ab, in welchem Maß der
Arzt durch seinen Behandlungsfehler die Aufklärung des Geschehens erschwert hat.
Die Pflichten, gegen die der Arzt im Fall eines Behandlungsfehlers verstoßen hat,
haben jedoch nicht den Zweck, den Ursachenverlauf nachvollziehbar zu machen,
sondern dienen der Sicherstellung einer sachgemäßen Behandlung.[996] Der BGH

---

[988] So auch die überwiegende Meinung, vgl. Thomas/Putzo-*Reichold*, § 286 Rn. 13; Staudinger-
*Schiemann*, Vor § 249 Rn. 99; Palandt-*Heinrichs*, Vor § 249 Rn. 164; *Rosenberg/Schwab/Gottwald*,
Zivilprozessrecht, § 112 Rn. 16, 32; *Schneider*, Beweis und Beweiswürdigung, Rn. 282.
[989] So auch *Katzenmeier*, Arzthaftung, S. 462.
[990] So auch MüKo-*Wagner*, Band 5, § 823 Rn. 734.
[991] *Baumgärtel*, in: Gedächtnisschrift für Bruns, S. 93 (97).
[992] So auch Staudinger-*Hager*, § 823 Rn. I 59; RGRK-*Nüßgens*, § 823 Anh. II Rn. 306; *Brüggemeier*,
Deliktsrecht, Rn. 684.
[993] BGH NJW 1997, 794 (795); BGH VersR 1992, 238 (239).
[994] *Graf*, Beweislast, S. 124.
[995] *Hanau*, NJW 1968, 2291 (2291); *ders.*, Die Kausalität der Pflichtwidrigkeit, S. 133; *Sick*, Beweisrecht im Arzthaftpflichtprozess, S. 108; *Prütting*, in: 150 Jahre LG Saarbrücken, S. 257 (266); vom
Gesetz sei eine Schlechterstellung der groben Fahrlässigkeit nicht vorgesehen, so *Katzenmeier*, Arzthaftung, S. 463; *Geiß/Greiner*, Arzthaftpflichtrecht, Rn. B. 251; „sachfremdes pönales Sanktionsden-
ken", so *Fleischer*, JZ 1999, 766 (773).
[996] *Kleinewefers/Wilts*, VersR 1967, 617 (621); *Stürner*, Aufklärungspflicht, S. 172 f.; im Ergebnis so
auch *Blomeyer*, AcP 158 (1959/1960), 97 (101); *Baumgärtel*, JZ 1995, 409 (409); im Übrigen lasse
sich auch nicht feststellen, die Verletzung welcher Verhaltenspflichten typischerweise zu Beweis-

überdehnt also durch seine Argumentation den Normzweck ärztlicher Sorgfaltsgebote, zumal die Intensität der ärztlichen Fehlleistung wie gesehen wenig mit der vereitelten Nachvollziehbarkeit des Geschehens zu tun hat.[997]

## 3. Faktische Entscheidung durch den Sachverständigen

Um feststellen zu können, ob dem Arzt ein Fehler unterlaufen ist, der als „grob" zu bewerten ist, muss sich das Gericht in der Regel der Mitwirkung eines Sachverständigen bedienen.[998] Der Sachverständige soll das Behandlungsgeschehen medizinisch bewerten, also Tatsachen ermitteln und diese dem Richter darlegen, damit dieser sodann auf der Grundlage dieser Fakten entscheiden kann, ob der Fehler des Arztes als „grob" zu qualifizieren ist.[999] Dabei handelt es sich um eine juristische Wertung.[1000]

In der Praxis wird diese Kompetenzabgrenzung indes oft nicht eingehalten. Der Sachverständige wird vielmehr stattdessen häufig danach gefragt, ob sich der Behandlungsfehler unter die Definition des BGH zum groben Fehler subsumieren lasse,[1001] also ob der Arzt eindeutig gegen bewährte ärztliche Behandlungsregeln oder gesicherte medizinische Erkenntnisse verstoßen hat und der Fehler aus objektiver

---

schwierigkeiten führe, so *Katzenmeier*, Arzthaftung, S. 463; a.A. *Nüßgens*, in: Festschrift für Hauß, S. 287 (298 f.), der den Zurechnungszusammenhang wie folgt beschreibt: Der Arzt habe auch für das Aufklärungsrisiko einzustehen, da die für den Geschädigten an sich nachteilige beweisrechtliche Lage durch den vorwerfbaren Pflichtverstoß des Arztes entstanden sei; dieser, aus dem Pflichtverstoß erwachsene „Schaden" sei auch dem Arzt zuzurechnen und er habe hierfür einzustehen, wobei *Nüßgens* offen lässt, ob die Unaufklärbarkeit des Sachverhalts bereits einen haftungsrechtlich relevanten Schaden darstellt; der Grundsatz, dass der Arzt auch für das Aufklärungsrisiko einzustehen habe, sei seiner Auffassung zufolge im größeren Rahmen der von der Rechtsordnung gebotenen und gerechten Schadenszurechnung zu sehen. *Matthies*, NJW 1983, 335 (335 f.), nimmt für den Fall des groben Behandlungsfehlers zwar eine Überdehnung des Normzwecks an, hält die Begründung der Beweislastumkehr mit Aufklärungserschwernissen bei Diagnose- und Kontrollversäumnissen jedoch für zutreffend.

[997] So auch *Baumgärtel*, in: Gedächtnisschrift für Bruns, S. 93 (97); *Hanau*, NJW 1968, 2291 (2291); *Matthies*, NJW 1983, 335 (335).

[998] BGH VersR 1984, 354 (355); BGH VersR 1986, 366 (367); BGH VersR 1994, 984 (986); BGH VersR 1995, 659 (660); BGHZ 132, 47 (53) = BGH NJW 1996, 1589 (1590) = BGH VersR 1996, 633 (634); BGH NJW 1997, 798 (798); BGHZ 138, 1 (6) = BGH NJW 1998, 1780 (1781) = BGH VersR 1998, 457 (459); BGH VersR 1998, 585 (585 f.); BGH VersR 1999, 231 (232); BGH VersR 2000, 1146 (1148); BGH VersR 2001, 1030 (1030 f.); BGH VersR 2001, 1115 (1115 f.); BGH VersR 2001, 1116 (1117); BGH VersR 2002, 1026 (1027); BGH VersR 2001, 859 (860).

[999] BGH VersR 1986, 366 (); BGH NJW 1988, 1513 (1514); BGH VersR 1993, 836 (837); BGH VersR 1995, 195 (196); BGHZ 132, 47 (53) = BGH NJW 1996, 1589 (1590) = BGH VersR 1996, 633 (634); BGH VersR 1996, 1148 (1150); BGH VersR 1997, 315 (315); BGHZ 138, 1 (6 f.) = BGH NJW 1998, 1780 (1781) = BGH VersR 1998, 457 (459 f.); vgl. auch BGH VersR 1998, 242 (243); BGH VersR 1998, 585 (586); BGH VersR 2001, 1115 (1115); BGH VersR 2001, 1030 (1030 f.); BGH VersR 2002, 1026 (1026); *Geiß/Greiner*, Arzthaftpflichtrecht, Rn. B. 255; *Steffen/Pauge*, Arzthaftungsrecht, Rn. 518a.

[1000] BGHZ 72, 132 (135) = BGH NJW 1978, 2337 (2338) = BGH VersR 1978, 1022 (1022 f.); BGHZ 144, 296 (304) = BGH NJW 2000, 2737 (2739) = BGH VersR 2000, 1146 (1148); *Laufs*, Arztrecht, Rn. 602; *Giesen*, Arzthaftungsrecht, Rn. 408; *Schultze-Zeu*, VersR 2000, 565 (566).

[1001] *Hausch*, VersR 2002, 671 (672); die Definition ist ständige Rechtsprechung seit BGHZ 72, 132 ff. = BGH NJW 1978, 2337 ff. = BGH VersR 1978, 1022 ff.

Sicht nicht mehr verständlich erscheint, weil er einem Arzt schlechterdings nicht unterlaufen darf. Diese Subsumtion ist jedoch Aufgabe des Richters und nicht des Sachverständigen. Faktisch führt dies dazu, dass der Sachverständige und nicht der Richter den Fehler juristisch bewertet.[1002]

Ungeachtet – oder gerade wegen der weitreichenden Folgen, die mit der Annahme eines groben Behandlungsfehlers verbunden sind – lässt sich noch einer weitere Entwicklung beobachten. Der Sachverständige hat dem Richter die medizinischen Fakten zu liefern, die dann wiederum die juristische Bewertung als groben Fehler tragen müssen.[1003] Daher darf regelmäßig kein grober Fehler angenommen werden, wenn der Sachverständige nicht von einer gravierenden ärztlichen Fehlentscheidung ausgeht.[1004] Will der Richter von der Beurteilung des Sachverständigen abweichen, muss der Richter dies jedenfalls ausführlich und für das Revisionsgericht nachprüfbar begründen.[1005]

Jedoch nehmen die Gerichte immer häufiger einen groben Fehler an, auch wenn die Äußerungen des Sachverständigen nicht eindeutig auf einen schwerwiegenden Fehler schließen lassen.[1006] Durch eine großzügige Bewertung des ärztlichen Fehlers als grob, führt also letztlich in der Praxis oft schon ein einfacher Behandlungsfehler zu einer Beweislastumkehr.[1007] Es scheint also, als würde manchmal vom gewünschten Ergebnis auf dessen Voraussetzungen geschlossen.[1008] Hinzu kommt, dass zwischen der Feststellung, der Arzt habe lediglich einfach fehlerhaft gehandelt, und der Bewertung des Fehlers als grob mit den dargestellten weit reichenden Folgen oft nur Nuancen liegen, die Grenze also fließend ist,[1009] was eine Gefahr für die Rechtssicherheit bedeutet.[1010]

## 4. Geeignetheit des Fehlers zur Schadensverursachung

Neben der Feststellung, dass der Fehler grob war, muss hinzukommen, dass er auch geeignet war, einen Schaden der eingetretenen Art zu verursachen. Dies hat der Patient zu beweisen.

---

[1002] *Müller*, MedR 2001, 487 (490); *Hausch*, VersR 2002, 671 (672).

[1003] BGH NJW 1998, 2735 (2735); NJW 2000, 2737 (2739).

[1004] Nach Auffassung des BGH ist die Bezeichnung des ärztlichen Vorgehens durch den Sachverständigen als „problematische Prioritätssetzung" nicht geeignet, eine Beurteilung des Fehlers als „grob" zu tragen, vgl. BGH VersR 2001, 1116 (1117); ebenso wenig reicht „nicht ideal", vgl. BGH VersR 2001, 1030 (1031) oder dass „jeder behandelnde Arzt wissen müsse", vgl. BGH VersR 2001, 859 (859) aus.

[1005] BGH NJW 1998, 3417 (3418).

[1006] So wurden im Jahr 2001 vier oberlandesgerichtliche Urteile vom BGH aufgehoben, da die Feststellungen des Sachverständigen nicht ausreichten, um den Behandlungsfehler als grob zu bewerten, vgl. BGH VersR 2001, 859 ff.; BGH VersR 2001, 1030 ff.; BGH VersR 2001, 1115 ff.; BGH VersR 2001, 1116 ff.

[1007] *Hausch*, VersR 2002, 671 (672).

[1008] *Hanau*, Die Kausalität der Pflichtwidrigkeit, S. 133 f.; *Katzenmeier*, Arzthaftung, S. 462.

[1009] Die Abstufung nach Verschuldensgraden ist schwer zu treffen, so auch *Hanau*, Die Kausalität der Pflichtwidrigkeit, S. 133; *Walter*, Beweiswürdigung, S. 245 f.; *Bydlinski*, Probleme der Schadensverursachung, S. 87; *Weimar*, JR 1977, 7 (9).

[1010] *Laufs*, Arztrecht, Rn. 601; *Hanau*, Die Kausalität der Pflichtwidrigkeit, S. 133; *Fleischer*, JZ 1999, 766 (773).

Vergegenwärtigt man sich die Bedeutung des Merkmals der Geeignetheit, erscheint dies verwunderlich. Denn dieses dient offensichtlich der Haftungsbegrenzung. Es soll die Haftung für solche Schäden ausschließen, die aufgrund des Behandlungsfehlers nur rein theoretisch möglich waren. Nichts anderes bezweckt jedoch auch die Adäquanztheorie, die die als zu weit empfundene Äquivalenztheorie begrenzen soll.[1011] Danach ist ein Schaden dem Handelnden nur dann zuzurechnen, wenn die von ihm gesetzte Bedingung im Allgemeinen und nicht unter nach dem regelmäßigen Verlauf der Dinge außer Betracht zu lassenden Umständen zur Herbeiführung des Erfolges geeignet war.[1012] Der einzige Unterschied besteht darin, dass nach der Adäquanztheorie gänzlich unwahrscheinliche Umstände außer Betracht bleiben sollen, während nach Auffassung des BGH Wahrscheinlichkeitsüberlegungen bei der Frage der Geeignetheit des Fehlers gerade keine Rolle spielen sollen.[1013]

Indem der BGH die generelle Eignung zur Verursachung von der Wahrscheinlichkeit unterscheidet, könnte er die Adäquanztheorie fortgeführt haben.[1014] Allerdings verwundert es dennoch, weshalb der Patient die Beweislast dafür tragen soll, dass der Fehler zur Schadensverursachung geeignet war. Denn zwar handelt es sich bei der Adäquanztheorie nicht um eine Kausalitätslehre, sondern es geht es um die wertende Zurechnung von Schadensfolgen.[1015] Dennoch zählt die Adäquanztheorie zum haftungsbegründenden Tatbestand. Sie unterfällt dem Zusammenhang zwischen der Handlung und der Rechtsgutsverletzung[1016], mithin der haftungsbegründenden Kausalität. Genau hierfür sieht die Rechtsprechung als Folge des groben Behandlungsfehlers jedoch eine Beweislastumkehr vor. Unverständlich dabei erscheint, warum der Patient – um den Vorteil einer Beweislastumkehr hinsichtlich der haftungsbegründenden Kausalität zu erlangen – zunächst einen Teil eben dieser haftungsbegründenden Kausalität selbst beweisen muss. Dies ist widersinnig.

## 5. Gesamtwürdigung

Problematisch erscheint auch der Umstand, dass die Rechtsprechung bei der Frage, ob ein grober Behandlungsfehler des Arztes vorliegt, das Behandlungsgeschehen einer Gesamtwürdigung unterziehen will.

Dabei ist nicht nachvollziehbar, unter welchen Voraussetzungen mehrere, jeder für sich genommen nicht schwere Fehler, in einer Gesamtschau zur Annahme eines groben Fehlers führen können. So bleibt völlig im Dunkeln, wie viele Fehler für eine solche Annahme erforderlich sein sollen und ob dafür nur das Verhalten jeweils eines Arztes oder gar mehrerer Ärzte, die an der Behandlung mitgewirkt haben, einer Beur-

---

[1011] Statt vieler Palandt-*Heinrichs*, Vor § 249 Rn. 58.

[1012] BGHZ 7, 199 (204) = BGH NJW 1953, 700 (700) = BGH VersR 1952, 430 (430); BGH NJW 1972, 36 (37); BGH NJW 1995, 127 (127); BGH NJW 1998, 138 (140); vgl. auch RGZ 133, 126 (127); Palandt-*Sprau*, § 823 Rn. 2.
*Giesen*, JZ 1990, 1053 (1057).

[1013] BGHZ 85, 212 (216 f.) = BGH NJW 1983, 333 (334) = BGH VersR 1982, 1193 (1195); BGH VersR 1986, 366 (367); BGH VersR 1989, 80 (81); so auch OLG Hamm, VersR 1994, 1067 (1068); BGHZ 144, 296 (303, 307) = BGH NJW 2000, 2737 (2739) = BGH VersR 2000, 1146 (1147 f.).

[1014] *Deutsch*, NJW 1986, 1541 (1541).

[1015] Vgl. BGHZ 18, 286 (288 f.) = BGH NJW 1955, 1876 (1876).

[1016] Vgl. Palandt-*Heinrichs*, Vor § 249 Rn. 54 ff., 58.

teilung unterzogen wird.[1017] Dass der BGH diese Fragen unbeantwortet lässt, bringt eine weitere, nicht hinnehmbare Rechtsunsicherheit für den beklagten Arzt mit sich.

## 6. Begriff der „gänzlichen/äußersten Unwahrscheinlichkeit"

Außerdem bleibt der BGH eine Erklärung dafür schuldig, was unter dem unbestimmten Begriff der „gänzlichen" oder „äußersten Unwahrscheinlichkeit" zu verstehen ist.[1018]

Wenn etwas gänzlich unwahrscheinlich ist, dann liegt immerhin die Vermutung nahe, dass es nicht nur unwahrscheinlich, sondern ausgeschlossen ist.[1019] Dafür würde sprechen, dass, soweit ersichtlich, bislang keinem Arzt dieser Gegenbeweis geglückt ist.

Dies soll mit diesem Begriff aber gerade nicht gemeint sein. Greiner[1020] sieht in ihm lediglich eine Beschreibung für eine geringe Wahrscheinlichkeit, die jedenfalls unter 50% liege, also in Richtung einer äußerst geringen oder höchst unwahrscheinlichen Wahrscheinlichkeit gehe. Eine exakte Definition sei dafür aber nicht vorhanden.[1021]

Dies erscheint äußerst problematisch angesichts der Tatsache, dass von eben dieser Frage abhängt, wie aussichtsreich der Gegenbeweis des Arztes ist. Denn nach der Rechtsprechung obliegt es ihm, darzulegen und zu beweisen, dass die Kausalität seines Fehlers für den eingetretenen Schaden gänzlich unwahrscheinlich war. Dies ist für ihn aber umso schwerer, je höher die Anforderungen an den Begriff der gänzlichen Unwahrscheinlichkeit gestellt werden. Versteht man ihn in einem Sinne, der einem Ausgeschlossensein nahe kommt, wird dem Arzt der Gegenbeweis nahezu unmöglich sein. Dagegen wird er umso leichter zu führen sein, je weiter man die Anforderungen an die Wahrscheinlichkeit absenkt.

Für den Arzt ist mit dem Begriff demnach eine erhebliche Rechtsunsicherheit verbunden. Er harrt daher einer Ausfüllung durch den BGH. Wie Greiner jedoch selbst ausführt, wird es wohl nie eine solche Definition geben, weil die gänzliche Unwahrscheinlichkeit letztlich eine Wertungsfrage ist.[1022] Dahinter steht ersichtlich das Bestreben, den unbestimmten Rechtsbegriff je nach den Umständen des Einzelfalls mal extensiver, mal restriktiver zu interpretieren, möglicherweise um so – wie schon bei der Grobheit des Fehlers – das als ungerecht empfundene Ergebnis korrigieren zu können.

Spickhoff meint, die Ausnahme der „gänzlichen Unwahrscheinlichkeit" sei nur eine scheinbare. Denn ist es gänzlich unwahrscheinlich, dass der Fehler den Schaden verursacht hat, dann stehe gleichsam negativ fest, und zwar mit dem für § 286 ZPO

---

[1017] So auch *Hausch*, VersR 2004, 671 (678).
[1018] Das OLG Hamm hat eine Unwahrscheinlichkeit von 90% als nicht ausreichend angesehen, vgl. OLG Hamm, VersR 2004, 1321 (1322); dagegen hat der BGH in VersR 1995, 46 (47) bei einer Unwahrscheinlichkeit von 90 % wohl eine „gänzliche Unwahrscheinlichkeit" bejaht.
[1019] So Stegers in seiner Frage an *Greiner*, in: *Ratajczak/Stegers*, „Waffen-Gleichheit", S. 42.
[1020] Stellvertretender Vorsitzender des für Arzthaftungsrecht zuständigen VI. Zivilsenats.
[1021] So die Antwort von *Greiner*, in: *Ratajczak/Stegers*, „Waffen-Gleichheit", S. 47.
[1022] *Greiner*, in: *Ratajczak/Stegers*, „Waffen-Gleichheit", S. 47.

erforderlichen Beweismaß, dass der Fehler für den Schaden nicht kausal geworden ist.[1023] Dies kann allerdings nur dann gelten, wenn man „gänzlich unwahrscheinlich" als „nahezu ausgeschlossen" versteht. Denn nur so bildet der Begriff das Gegenstück zum Beweismaß des § 286 ZPO, wofür „ein für das Leben brauchbarer Grad von Gewissheit"[1024] bzw. „ein so hoher Grad von Wahrscheinlichkeit, dass er den Zweifeln Schweigen gebietet, ohne sie völlig auszuschließen"[1025] verlangt wird. Da absolute Gewissheit nicht zu erlangen ist, setzt § 286 ZPO daher eine an Sicherheit grenzende Wahrscheinlichkeit voraus.[1026] Das Pendant dazu bildet nicht eine nur hohe Wahrscheinlichkeit, sondern nur eine solche, die nahezu ausgeschlossen ist. Bei der Bestimmung des Begriffs der gänzlichen Unwahrscheinlichkeit hilft die Auffassung *Spickhoffs* somit nicht wesentlich weiter; er bleibt nach wie vor unbestimmt.

Für den Arzt ist dieser Zustand schwer hinnehmbar. Ob er eine Chance hat, den Gegenbeweis zu führen, muss für ihn – was die Voraussetzungen anbelangt – zu Beginn des Prozesses feststehen und darf nicht von unbestimmten und variierenden Einschätzungen und Wertungen unterschiedlicher Richter abhängen.

Der Begriff des groben Behandlungsfehlers ist zwar ebenfalls konturlos.[1027] Er ist jedoch immerhin vom BGH mehrfach definiert und dadurch etwas präzisiert worden. So wie der Patient bereits vor dem Prozess wissen kann, was der BGH *per definitionem* unter einem groben Behandlungsfehler versteht, er also zumindest weiß, dass ein nur mittelschwerer Fehler des Arztes nicht darunter fällt, und dadurch einigermaßen absehen kann, ob sich die Beweislast zu seinen Gunsten umkehren wird, muss dies umgekehrt auch für den Gegenbeweis des Arztes gelten.

Dies ist jedoch nicht der Fall. Denn beim Begriff der gänzlichen Unwahrscheinlichkeit ist vollkommen ungeklärt, wie viel unter 50% die Wahrscheinlichkeit liegen muss, um als äußerst unwahrscheinlich eingestuft zu werden. Im Extremfall könnten möglicherweise 49% ausreichen, was – um die Sachlage mit dem groben Behandlungsfehler vergleichbar zu machen – auf der Skala des Verschuldens wohl lediglich einem mittelschweren Fehler entsprechen würde. So hat das OLG Brandenburg entschieden, dass eine Erfolgschance von etwa 10 % noch nicht die Annahme rechtfertigt, dass die Schadenskausalität ganz unwahrscheinlich ist.[1028] Die Bewertung hängt also stark von den Umständen des Einzelfalls, und damit letztlich noch mehr von der Willkür des Richters oder sogar von den subjektiven Einschätzungen des Sachverständigen ab, als dies beim groben Behandlungsfehler der Fall ist.

Dadurch dass die Beweislastumkehr nur bei gänzlicher Unwahrscheinlichkeit der Fehlerkausalität ausgeschlossen ist,[1029] wird dem beklagten Arzt aufgrund der erheb-

---

[1023] *Spickhoff*, NJW 2004, 2345 (2346).
[1024] BGH NJW 1993, 935 (937).
[1025] BGHZ 53, 245 (255 f.) = BGH NJW 1970, 946 (948).
[1026] *Fuchs*, Beweismaß, S. 85.
[1027] So auch *Matthies*, NJW 1983, 335 (335); generelle Definitionen des Begriffs „grober Behandlungsfehler", etwa in BGH VersR 1995, 46 (47), BGH VersR 2001, 1115 (1115 f.), BGH VersR 2001, 1116 (1117) sind nur bedingt tauglich, so *Steffen/Pauge*, Arzthaftungsrecht, Rn. 519; eine begrifflich scharf umgrenzte Definition habe sich noch nicht gefunden, so *Geiß/Greiner*, Arzthaftpflichtrecht, Rn. B. 252.
[1028] OLG Brandenburg, VersR 2004, 1050 (1052 f.); vgl. auch OLG Düsseldorf, VersR 2003, 1310 (1312); OLG Hamm, VersR 1999, 622 (622); *Steffen/Pauge*, Arzthaftungsrecht, Rn. 520; *Martis/Winkhart*, Arzthaftungsrecht, S. 809.
[1029] BGHZ 129, 6 (12) = BGH NJW 1995, 1611 (1612) = BGH VersR 1995, 706 (708).

lichen Schwierigkeiten, diesen Beweis zu führen, eine faire Nachweischance praktisch verwehrt und so das Prozessergebnis vorweg genommen; selbst wenn der Sachverständige feststellt, dass der Fehler bei genereller Eignung zur Schadensverursachung im konkreten Fall mit hoher Wahrscheinlichkeit nicht als ursächlich einzustufen ist, wird die Zurechnung nämlich bejaht.[1030]

Bei genauerer Betrachtung könnte man diese Risikoverteilung als folgerichtig einschätzen: Trägt der Patient die Beweislast, scheitert auch er grundsätzlich mit seinem Begehren, wenn für die anspruchsbegründenden Tatsachen nur eine weit überwiegende Wahrscheinlichkeit spricht; umkehrt kann dann auch für den Gegenbeweis des Arztes eine nur hohe Wahrscheinlichkeit nicht ausreichen.[1031] Diese Gleichbehandlung beruht auf der Annahme, dass die Ursache des Schadens aus der Sphäre des Arztes kommt, wenn der grundsätzlich beweisbelastete Patient die anspruchsbegründenden Tatsachen zur Überzeugung des Gerichts dargelegt und bewiesen hat.[1032] Anders als im sonstigen Haftungsrecht ist genau dies aber im Arzthaftungsrecht nicht der Fall. Denn war eine Erkrankung zum Zeitpunkt der Behandlung bereits eingetreten, wurde von vornherein ein zumindest paralleler – nicht alternativer – oft unberechenbarer Kausalmechanismus in Gang gesetzt, so dass die Fehlerkausalität nicht eindeutig dem Bereich des Arztes zugeordnet werden kann.[1033]

## II. Kritik an der Beweisfigur des groben Behandlungsfehlers auf der zweiten Stufe der Beweisfigur

### 1. Fiktiver grober Fehler

Da auf der zweiten Stufe der Beweisfigur der unterlassenen Befunderhebung geprüft wird, ob die Nichtreaktion auf das – unterstellt – reaktionspflichtige Ergebnis einen groben Behandlungsfehler bzw. die Verkennung des Befunds einen groben Diagnosefehler dargestellt hätte, wird dem BGH über die eben dargestellte allgemeine Kritik an der Beweisfigur des groben Behandlungsfehlers hinaus teilweise vorgeworfen, er knüpfe die Rechtsfolge einer Beweislastumkehr auf der zweiten Stufe der Beweisfigur der unterlassenen Befunderhebung sogar an einen „fiktiven groben" bzw. „virtuellen Behandlungsfehler".[1034]

Daran ist zunächst richtig, dass die Prüfung, ob die Nichtreaktion grob fehlerhaft gewesen wäre, notwendig eine hypothetische ist. Denn da es nicht zu einer Befunderhebung gekommen ist, hat der Arzt tatsächlich auch auf keinen erhobenen Befund reagiert.

---

[1030] *Schmidt*, KritV 2005, 177 (192).
[1031] *Schmidt*, KritV 2005, 177 (192).
[1032] *Schmidt*, KritV 2005, 177 (192).
[1033] *Schmidt*, KritV 2005, 177 (192).
[1034] So *Stegers*, in: *Ratajczak/Stegers*, „Waffen-Gleichheit", S. 42 f.; ohne Vorwurf, aber von einem fiktiven Fehler ausgehend *Scheuch*, ZMGR 2005, 296 (300).

Nach Auffassung *Greiners* liegt jedoch keine Fiktion eines Behandlungsfehlers vor.[1035] Der Arzt habe einen konkreten Behandlungsfehler begangen, indem er den gebotenen Befund nicht erhoben habe. Die Beweisfigur reagiere nur auf diesen tatsächlichen Behandlungsfehler. Dem Arzt werde vorgeworfen: „Hättest Du den [Behandlungsfehler] nicht gemacht, dann hättest Du gewusst, was gewesen wäre und darauf hättest Du in bestimmter Weise reagieren müssen und wenn Du das nicht getan hättest, dann wäre das nur mit einem groben Fehler zu erklären gewesen."[1036] Es drängt sich die Frage auf, was daran keine Fiktion sein soll. Selbst *Greiner* verwendet bei der Erklärung der Beweisfigur auffällig oft den Konjunktiv. Bei dem groben Behandlungsfehler auf der zweiten Stufe der Beweisregel könnte es sich demnach durchaus um eine Fiktion handeln. Der einzige, tatsächliche Fehler des Arztes liegt darin, dass er nicht daran gedacht hat, einen (weiteren) Befund zu erheben. Darüber hinaus wird ihm jedoch auch unterstellt, er hätte auf den Befund, wäre er erhoben worden, nicht reagiert.[1037] Und dies, obwohl völlig unklar ist, wie sich der Arzt in einem solchen Fall tatsächlich verhalten hätte. Da der hypothetisch geprüfte grobe Behandlungsfehler auf der zweiten Stufe der Beweisregel der unterlassenen Befunderhebung somit m.E. lediglich ein fiktiver ist, knüpft die Rechtsprechung die Beweislastumkehr im Fall der unterlassenen Befunderhebung im Ergebnis an einen lediglich einfachen Behandlungsfehler.[1038] Dies widerspricht der etablierten Beweisregel zum groben Behandlungsfehler, nach der wegen der mit einem solchen Fehler einhergehenden erhöhten Aufklärungsschwierigkeiten nur grobe Behandlungsfehler eine Umkehr der Beweislast rechtfertigen, nicht jedoch lediglich einfache Fehler.[1039] Die Rechtsprechung erweist sich damit als in sich als inkonsequent.

## 2. Verteidigungs(un-)möglichkeiten des Arztes

Unklar ist auch, wie sich der Arzt gegen einen solchen Vorwurf verteidigen können soll.

Der Einwand rechtmäßigen Alternativverhaltens ist dem Arzt im Anwendungsbereich der Beweisfigur der unterlassenen Befunderhebung jedenfalls von vornherein verwehrt. Beruft sich der Schädiger auf ein rechtmäßiges Alternativverhalten, muss er beweisen, dass der Schaden auch dann eingetreten wäre, wenn er sich rechtmäßig verhalten hätte. Zwar ist der Einwand rechtmäßigen Alternativverhaltens grundsätzlich auch im Arzthaftungsrecht zulässig.[1040] Voraussetzung ist aber jedenfalls, dass die Ursächlichkeit der Handlung für den Schaden bereits feststeht, es also nur noch darum geht, ob der Schaden auch unabhängig davon eingetreten wäre.[1041] Bei

---

[1035] *Geiß/Greiner*, Arzthaftpflichtrecht, Rn. B. 297; *Greiner*, in *Ratajczak/Stegers*, „Waffen-Gleichheit", S. 47 f.; ebenso verneinend *Bischoff*, in: Festschrift für Geiß, S. 345 (435 f.).

[1036] *Greiner*, in *Ratajczak/Stegers*, „Waffen-Gleichheit", S. 48.

[1037] So auch *Hausch*, VersR 2003, 1489 (1493).

[1038] Vgl. die Ausführungen in Kapitel 5 unter C. II. 1.

[1039] Dass es entgegen der Auffassung der Rechtsprechung nicht die groben, sondern vielmehr die einfachen Behandlungsfehler sind, die die Aufklärung des Geschehens erheblich erschweren, wurde bereits in Kapitel 5 unter C. I. 1. dargestellt.

[1040] BGHZ 106, 391 (400) = BGH NJW 1989, 1533 (1535) = BGH VersR 1989, 514 (516 f.); BGH VersR 1989, 289 (290); BGH VersR 2005, 836 (836).

[1041] *Stodolkowitz*, VersR 1994, 11 (13); *Vollkommer*, in: Festschrift für Baumgärtel, S. 585 (591).

Unterlassungstaten hängt der Kausalzusammenhang jedoch gerade erst von der Frage ab, was bei pflichtgemäßem Verhalten geschehen wäre.[1042] Die Ursächlichkeit des Behandlungsfehlers für den Schaden steht danach bei der unterlassenen Befunderhebung nicht sicher fest, so dass der Einwand rechtmäßigen Alternativverhaltens nicht möglich ist. Anders als der Patient kann sich der Arzt zu seiner Verteidigung nicht auf hypothetische Geschehensabläufe berufen. Dies sieht die Beweisregel nicht vor. Der Patient befindet sich dagegen vor Gericht in einer deutlich günstigeren Beweissituation: Schon dass das Befundergebnis reaktionspflichtig gewesen wäre, steht nicht sicher fest; es spricht vielmehr nur eine hinreichende Wahrscheinlichkeit hierfür. Damit hat es aber nicht sein Bewenden. Unterstellt wird dem Arzt weiter, dass er auf dieses Ergebnis nicht reagiert hätte. Es handelt sich also um eine doppelte Fiktion. Dem Arzt bleibt im Ergebnis nur, den hypothetischen Geschehensablauf durch vollen Beweis des Gegenteils zu widerlegen. Es liegt in der Natur der Sache, dass der Nachweis, dass ein bestimmtes Geschehen für den eingetretenen Schaden nicht ursächlich geworden ist, bei einem hypothetischen Geschehensablauf wesentlich schwieriger ist als dies bei einem tatsächlichen Geschehen der Fall ist.

Zu Recht hat *Dunz* vorgebracht, dass jedoch ein rechtspolitisches Interesse daran bestehen müsse, die „Verteidigungschancen [des Arztes] im Rechtsstreit nicht unangemessen zu beschneiden"; andernfalls lehnten die Ärzte möglicherweise in besonders riskanten Fällen, die aber oft die bedürftigsten seien, einen Eingriff vorsorglich ab.[1043] Dies ist letztlich nicht im Sinne des Patienten.

Dass die beweisrechtliche Situation des Arztes im Fall der unterlassenen Befunderhebung gegenüber der Fallgruppe des groben Behandlungsfehlers verschärft ist, zeigt folgende Überlegung: Zwar beurteilt sich die Frage, ob ein Behandlungsfehler als grob zu bewerten ist, nur nach objektiven Gesichtspunkten, nämlich danach, ob in einem bestimmten Ausmaß vom medizinischen Standard abgewichen wurde und der Fehler aus objektiver Sicht schlechterdings unverständlich ist, weil er einem Arzt nicht passieren darf. Dennoch lässt die Rechtsprechung neben Rechtfertigungsgründen sogar Entschuldigungsgründe des Arztes zu,[1044] die den Vorwurf des groben Behandlungsfehlers widerlegen können, obwohl letztere die subjektive Seite des ärztlichen Verschuldens betreffen, auf die es dem BGH zufolge gerade nicht ankommen soll.[1045] Außerdem wird bei der Entscheidung, ob es zu einer Beweislastumkehr kommt, berücksichtigt, ob der Patient den Behandlungserfolg durch sein Verhalten möglicherweise vereitelt hat.[1046] Dagegen hat der Arzt bei einer unterlassenen Befunderhebung keine Möglichkeit, sich bei der Bewertung des hypothetischen Befundergebnisses auf derartige spekulative Geschehensabläufe zu berufen. Die hinreichende Wahrscheinlichkeit eines reaktionspflichtigen Befundergebnisses ist nämlich unabhängig von der Kausalfrage, insbesondere unabhängig von der Mög-

---

[1042] *Vollkommer*, in: Festschrift für Baumgärtel, S. 585 (591).

[1043] *Dunz*, Praxis der Arzthaftung, S. 26.

[1044] Vgl. BGH VersR 2000, 1107 (1108).

[1045] BGH NJW 1983, 2080 (2081); BGH VersR 1986, 366 (367); BGHZ 113, 297 (302) = BGH NJW 1991, 1535 (1537) = BGH VersR 1991, 469 (470); BGH VersR 1992, 238 (238 f.); BGH VersR 1995, 659 (660); BGH VersR 1999, 716 (718); BGH VersR 2000, 1146 (1148); BGH VersR 2001, 646 (646); BGH VersR 2003, 1128 (1130); *Geiß/Greiner*, Arzthaftpflichtrecht, Rn. B. 213, 253; *Frahm/Nixdorf*, Arzthaftungsrecht, Rn. 112; *Staudinger-Hager*, § 823 Rn. I 55; *Gehrlein*, ZMGR 2003, 7 (7).

[1046] Vgl. BGH VersR 1981, 954 (955 f.); *Geiß/Greiner*, Arzthaftpflichtrecht, Rn. B. 261; in Fällen, in denen der Patient dazu beigetragen hat, dass sich die Schadensursache nicht mehr aufklären lässt, kann ebenfalls eine Beweislastumkehr ausscheiden, so *Steffen/Pauge*, Arzthaftungsrecht, Rn. 523a.

lichkeit eines anderen Kausalverlaufs zu beurteilen.[1047] Der Arzt wird hier also noch stärker benachteiligt als dies bei einem (tatsächlichen) groben Behandlungsfehler der Fall ist.[1048] Dass die Rechtsprechung zur Behebung der Beweisnot des Patienten eine Beweisnot des Arztes in Kauf nimmt,[1049] gilt hier umso mehr.

### 3. Anknüpfen an einen einfachen Fehler und Stellungnahme

Erschwerend kommt hinzu, dass die Beweisregel der unterlassenen Befunderhebung im Ergebnis lediglich an einen einfachen Behandlungsfehler des Arztes anknüpft. Denn den hypothetisch geprüften groben Behandlungsfehler hat der Arzt tatsächlich nie begangen. Damit durchbricht die Rechtsprechung ihre eigene Beweisregel, wonach eine Beweislastumkehr nur im Fall eines groben Behandlungsfehlers in Betracht kommt.

Das Anliegen, das die Rechtsprechung mit dieser Konstruktion verfolgt, mag verständlich erscheinen. Es kann jedoch nicht sein, dass – wie der BGH selbst erkennt[1050] – jegliche Unaufklärbarkeit des Kausalverlaufs zulasten des Arztes geht. Denn dies würde letztlich dazu führen, dass der Arzt für die Verwirklichung eines bloßen Krankheitsrisikos haften würde.[1051] Sicherlich ist der Ursachenzusammenhang in Fällen der unterlassenen Befunderhebung für den Patienten schwer aufzuklären. Dies rechtfertigt es jedoch nicht, die Beweislastsonderregel des groben Behandlungsfehlers, die der BGH selbst als Ausnahme versteht, zu durchbrechen und durch Konstruktion einer zweistufigen Beweisfigur die Beweislastumkehr im Ergebnis vom Vorliegen eines einfachen Behandlungsfehlers, der als einziger tatsächlich begangen wurde, abhängig zu machen.

Wahrscheinlich spielt bei der Aufstellung und Anwendung der für den Patienten günstigen Beweisregeln auch der Gedanke eine Rolle, dass auf Seiten des Arztes eine Haftpflichtversicherung besteht.[1052] Ein derartiger Einfluss der Haftpflichtversicherung,[1053] der zu einer Ausweitung der ärztlichen Haftung durch die Rechtsprechung führt, geht jedoch zwangsläufig mit immer höheren Prämien einher,[1054] was im Ergebnis die Gesundheitskosten verteuert und daher weder im Interesse der Allgemeinheit noch in dem des betroffenen Patienten liegen kann.

Es muss dabei bleiben, dass es bei der Haftung des Arztes um die Zurechnung und nicht um die Verteilung des Schadens geht.[1055] Anstatt immer neue Beweisre-

---

[1047] BGH VersR 1998, 585 (586); BGH NJW 2004, 1871 (1872).

[1048] So auch *Hausch*, VersR 2003, 1489 (1493).

[1049] *Sick*, Beweisrecht im Arzthaftpflichtprozess, S. 72.

[1050] Vgl. BGHZ 99, 391 (398 f.) = BGH NJW 1987, 1482 (1483 f.) = BGH VersR 1987, 1089 (1091).

[1051] Vgl. BGHZ 99, 391 (398) = BGH NJW 1987, 1482 (1483) = BGH VersR 1987, 1089 (1091).

[1052] Die Haftungsvoraussetzungen werden daher großzügig bejaht, vgl. *Stoll*, Haftungsfolgen, Rn. 88; es lässt sich nicht ausschließen, dass der Richter einen Schadensfall mit anderen Augen betrachtet, wenn er weiß, dass hinter dem Schädiger eine Haftpflichtversicherung steht, so *Baur*, in: Festschrift für Raiser, S. 119 (122) m.N. aus der Rechtsprechung (Fn. 7); *Katzenmeier*, Arzthaftung, S. 170.

[1053] *V. Bar* begrüßt einen solchen Einfluss: die Haftpflichtversicherung müsse als Instrument zugunsten des Geschädigten ausgeschöpft werden; sie diene nicht mehr ausschließlich dem Arzt als Schädiger, sondern auch dem Patienten als Geschädigten, vgl. *v. Bar*, AcP 181 (1981), 289 (319, 324 ff.).

[1054] Vgl. dazu die Zahlen bei *Katzenmeier*, Arzthaftung, S. 201.

[1055] *Deutsche Gesellschaft für Medizinrecht*, in: Die Entwicklung der Arzthaftung, S. 349 (350).

geln zu schaffen, gilt es zu akzeptieren, dass es auch heute noch Geschehensabläufe gibt, die trotz immensen technischen Fortschritts nicht rekonstruiert werden können. Es ist deshalb eben nicht ungerecht, wenn das Opfer in solchen Fällen vor Gericht unterliegt. Umgekehrt wäre es mit dem „Angreiferprinzip"[1056] unvereinbar und daher deutlich unbilliger, die „Schuld" für den möglicherweise schicksalhaft eingetretenen Schaden beim Arzt zu suchen, der sich bei Anwendung der Beweisregel nun selbst in einer Lage der Beweisnot befindet. Er kann nämlich meist ebenso wenig wie der Patient einen unklaren Kausalverlauf zur Überzeugung des Gerichts aufklären.[1057] In dieser misslichen Lage befindet er sich zudem nur deshalb, weil er sich in Ausübung seines Berufes um die Heilung des Patienten bemüht hat.

Die in die moderne Medizin gesetzten Erwartungen sind zweifellos hoch. Dem Menschen erscheint eine Welt, in der sich Ursachen nicht restlos klären lassen, nicht hinnehmbar. Er kann sich nicht damit abfinden, dass sich kein Schuldiger für seinen Schaden finden lässt,[1058] zumal in Fällen der Arzthaftung der Patient den Verantwortlichen sogar zu kennen glaubt. Unser Gesellschaftsbild hat sich gewandelt. „Dem Bemühen um Depotenzierung von Schicksal entspricht auf der anderen Seite ein Schwund der Fähigkeit und Bereitschaft, Enttäuschungen hinzunehmen und persönlich zu verarbeiten."[1059] „Der Sozialstaatsgedanke [führt dazu, dass] Schäden nicht mehr als Unglück akzeptiert, sondern regelmäßig als ersatzpflichtiges Unrecht angesehen werden"[1060]. Der Schaden erscheint als ausgleichsbedürftig, und ein Mittel dazu ist die Annahme eines ersatzpflichtigen Unrechts.[1061] Ein Verantwortlicher wird um jeden Preis gesucht. Hinzu kommt ein „allgemein um sich greifendes Anspruchsdenken"[1062]. Unser Gesundheitssystem fördert die Patientenauffassung „Gesundheit kostet nichts"[1063] im Sinne einer „Vollkasko-Mentalität". Diese Mentalität scheint auch vor den Türen der Justiz nicht halt zu machen, was dazu führt, dass „in dem Bemühen, ein faires Verfahren für Patienten zu schaffen, den Ärzten mitunter eine gerechte Sachbehandlung vorenthalten wird"[1064] und sich unaufklärbare, womöglich schicksalhafte Verläufe überwiegend zulasten der Ärzte auswirken. Eine staatliche „Rundumversorgung" kann und darf es jedoch auch im Haftungsrecht nicht geben. Bei der beruflichen Haftung der Ärzte muss es dabei bleiben, dass der Arzt nur für verschuldetes Unrecht, nicht für Unglück einzustehen hat.[1065] Mehr als bisher sollte beachtet werden, „dass die Arbeitswelt des Arztes keine ‚heile' ist"[1066] und dass der Patient,

---

[1056] Das „Angreiferprinzip" geht davon aus, dass sich der Kläger „in die Rolle des Angreifers begeben hat und eine Änderung in der Rechtswelt erstrebt, was auf eine Einschränkung der rechtlichen Freiheit des Gegners hinausläuft" und daher die Klage zu Recht abgewiesen wird, wenn er nicht den Vollbeweis für die rechtsbegründenden Tatsachen erbringt, vgl. *Katzenmeier*, ZZP 117 (2004), 187 (213).

[1057] So auch MüKo-*Wagner*, Band 5, § 823 Rn. 734.

[1058] Vgl. *Laufs*, NJW 1969, 529 (529).

[1059] *Laufs*, in: Die Entwicklung der Arzthaftung, S. 1 (5); vgl. auch *ders.*, in: NJW 1969, 529 (529); ähnlich *Katzenmeier*, Arzthaftung, S. 159: der Zeitgeist bewege sich weg vom Grundsatz „*casum sentit dominus*" in Richtung eines „*damnum sentit auctor*"; Auswüchse sozialstaatlichen Denkens drohten das Gefühl für die eigene Verantwortung zu schwächen und den Antrieb zur Eigenvorsorge zu lähmen.

[1060] *Ziegler*, JR 2002, 265 (265) mit Verweis auf *Medicus*, Schuldrecht I, Rn. 581.

[1061] *Medicus*, Schuldrecht I, Rn. 581.

[1062] *Taupitz*, MedR 1995, 475 (475).

[1063] *Taupitz*, NJW 1992, 713 (716).

[1064] *Schmid*, NJW 1994, 767 (773).

[1065] *Deutsche Gesellschaft für Medizinrecht*, in: Die Entwicklung der Arzthaftung, S. 349 (350).

[1066] *Dunz*, Praxis der Arzthaftung, S. 24.

der sich in ärztliche Behandlung begibt, das Risiko seiner unbehandelten Krankheit gewissermaßen gegen das Eingriffsrisiko tauscht.[1067] Dieser Ausgangslage wird es nicht gerecht, wenn das Beweis- und Haftungsrisiko durch eine zu strenge Rechtsprechung weitgehend einseitig auf die Behandler überwälzt wird und dadurch das Krankheitsrisiko haftungsrechtlich immer mehr zum Arztrisiko wird.

Ein Mediziner, der heute die strengen Maßstäbe der Rechtsprechung missachtet, schaufelt sich sein eigenes Prozessgrab,[1068] und zwar nach der Beweisregel der unterlassenen Befunderhebung bereits dann, wenn er aus lediglich einfacher Nachlässigkeit eine gebotene Befunderhebung nicht durchführt.

## D. Verletzung der Waffengleichheit zulasten des Arztes

Die vorstehenden Ausführungen haben gezeigt, dass sich im Fall der unterlassenen Befunderhebung nicht nur der Patient, sondern – bei Anwendung der Beweisregel – auch der Arzt in einer äußerst schwierigen Beweissituation befindet.

Mögen die mit der Beweisfigur des groben Behandlungsfehlers verbundenen Haftungsverschärfungen noch hinnehmbar gewesen sein, was in Anbetracht der fehlenden Legitimation der Beweislastsonderregel bereits problematisch erscheint, so könnte mit der neueren Beweisfigur der unterlassenen Befunderhebung die Grenze des Zumutbaren überschritten und die Waffengleichheit zulasten des Arztes verletzt sein.

Nach Auffassung des BVerfG ist „Waffengleichheit als Ausprägung der Rechtsstaatlichkeit und des allgemeinen Gleichheitssatzes [...] im Zivilprozess zu verstehen als die verfassungsrechtlich gewährleistete Gleichwertigkeit der prozessualen Stellung der Parteien vor dem Richter, der – auch im Blick auf die grundrechtlich gesicherte Verfahrensgarantie aus Art. 103 Abs. 1 GG – den Prozessparteien im Rahmen der Verfahrensordnung gleichermaßen die Möglichkeit einzuräumen hat, alles für die gerichtliche Entscheidung Erhebliche vorzutragen und alle zur Abwehr des gegnerischen Angriffs erforderlichen prozessualen Verteidigungsmittel selbständig geltend zu machen. Ihr entspricht die Pflicht des Richters, diese Gleichstellung der Parteien durch eine objektive, faire Verhandlung und unvoreingenommene Bereitschaft des gegenseitigen Vorbringens, durch unparteiische Rechtsanwendung und durch korrekte Erfüllung seiner sonstigen prozessualen Obliegenheiten gegenüber den Prozessbeteiligten zu wahren"[1069]. Es ist demnach der allgemeine Gleichheitssatz des Art. 3 Abs. 1 GG, der sich im gerichtlichen Verfahren – in Verbindung mit dem Rechtsstaatsprinzip des Art. 20 Abs. 2, 3 GG – in dem Grundsatz der prozessualen Waffengleichheit konkretisiert.[1070] Die Parteien haben danach nicht nur Anspruch auf gleichen Zugang zu den Gerichten, sondern auch auf Gleichwertigkeit ihrer Stellung im Prozess, was eine gleiche Anwendung des materiellen Rechts sowie eine gleiche Handhabung des Verfahrensrechts voraussetzt.[1071]

---

[1067]  *Steffen/Pauge*, Arzthaftungsrecht, Rn. 128; *Dunz*, Praxis der Arzthaftung, S. 25.
[1068]  *Schlund*, JR 1988, 65 (67).
[1069]  BVerfGE 52, 131 (156 f.) = BVerfG NJW 1979, 1925 (1927).
[1070]  BVerfG NJW 1979, 1925 (1925).
[1071]  *Reinhardt*, NJW 1994, 93 (97).

Dem BVerfG geht es nur um eine Gleichwertigkeit der Parteien *vor* dem Richter. Der Richter soll lediglich gleiche Mitwirkungsrechte beider Parteien garantieren. Darüber hinaus lassen sich für das zivilprozessuale Erkenntnisverfahren keine verfassungsrechtlichen Folgerungen herleiten.[1072] Insbesondere folgt aus dem Gebot der Waffengleichheit nicht die Pflicht des Richters, die soziale Unterlegenheit einer Partei zu kompensieren.[1073]

Daneben gibt es in der Literatur jedoch Stimmen, die das Gebot der Waffengleichheit nur dann gewahrt sehen, wenn der Richter über eine formal gleiche Stellung der Parteien im Prozess hinaus auch für eine materielle Gleichwertigkeit sorge.[1074] Vertreter dieser Auffassung meinen, es gehe beim Gebot der Waffengleichheit nicht nur um eine Gleichheit *vor* dem Richter, sondern auch um eine Gleichheit *durch* ihn.

Dagegen spricht jedoch, dass der Richter nach dem Rechtsstaatsprinzip „Neutralität und Distanz gegenüber den Verfahrensbeteiligten" zu wahren hat.[1075] Er hat „jeden Anschein der Parteilichkeit zu vermeiden[...]"[1076]. Ein solches von Verfassungs wegen gebotenes neutrales und unparteiisches Verhalten wäre ihm bei einem materiellen Verständnis des Gebots der Waffengleichheit nicht mehr möglich.[1077] Dass die Bevorzugung einer Partei aus sozialstaatlichen Erwägungen heraus mit diesem Verfassungsgebot in Einklang zu bringen ist,[1078] erscheint schwer vorstellbar. Im Übrigen besteht die Gefahr, dass das Bundesverfassungsgericht entgegen seiner eigentlichen Aufgabe letztlich die Auslegung und Anwendung des einfachen Rechts beeinflussen würde.[1079] Bei der Verletzung einfachrechtlicher Pflichten, wie beispielsweise bei Verstößen gegen die richterlichen Aufklärungs- und Hinweispflichten, greift das BVerfG nämlich nur dann korrigierend ein, wenn ein Fall richterlicher Willkür gegeben ist. Die Sachlage ändert sich jedoch, wenn man aus dem allgemeinen Gleichheitssatz und dem Rechtsstaatsgebot eine Pflicht des Richters zur Herstellung materieller Gleichheit herleitet; dann käme diesen Pflichten auf einmal Verfassungsrang zu.[1080] Das Gebot der Waffengleichheit drohte so zu einem „Superrevisionsgrundrecht" zu werden,[1081] das Bundesverfassungsgericht vom „Hüter der Verfassung" zu einem Hüter des einfachen Rechts.[1082] Zu einem „Sprachrohr der Gesamtrechtsordnung"

---

[1072] BVerfG NJW 1979, 1925 (1927 f.); a.A. die dissentierenden Richter, vgl. BVerfG NJW 1979, 1925 (1925 f.).
[1073] *Baumgärtel*, in: Festschrift für Matscher, S. 29 (31); *Tettinger*, Fairness und Waffengleichheit, S. 21, 40.
[1074] *Vollkommer*, in: Festschrift für Schwab, S. 503 (518 ff.); MüKo-ZPO-*Lüke*, Einl. Rn. 144; *Schwab/Gottwald*, Verfassung und Zivilprozess, S. 65.
[1075] BVerfGE 21, 139 (146).
[1076] BVerfG NJW 1979, 1925 (1928); vgl. auch BVerfGE 21, 139 (145 f.).
[1077] *Schilken*, Gerichtsverfassungsrecht, Rn. 122; a.A. *Vollkommer*, in: Festschrift für Schwab, S. 503 (520), der die Unparteilichkeit des Richters nicht gefährdet sieht, sondern der Auffassung ist, dass der Richter so eine gerechte Entscheidung vorbereite.
[1078] Zu dem Respekt vor diesem Verfassungsgebot vgl. *Tettinger*, Fairness und Waffengleichheit, S. 21.
[1079] *Baumgärtel*, in: Festschrift für Matscher, S. 29 (30).
[1080] *Katzenmeier*, Arzthaftung, S. 382.
[1081] AK-ZPO-*Schmidt*, Einl., Rn. 89 f. mit Hinweis auf *Schumann*, Bundesverfassungsgericht, S. 50 ff. (51); die Verfassungsbeschwerde könnte „zu einem allgemeinen Rechtsmittel gegen einfache Rechtsanwendungsfehler abgleiten", vgl. *Schwab/Gottwald*, Verfassung und Zivilprozess, S. 76; *Dunz*, Aktuelle Fragen zum Arzthaftungsrecht, S. 55 f.
[1082] So auch *Katzenmeier*, Arzthaftung, S. 382.

darf das Bundesverfassungsgericht jedoch nicht werden.[1083] Wegen der Bindungswirkung des § 31 BVerfGG entstünde zudem bei jeder noch so peripheren Aussage des Gerichts die Gefahr einer „Versteinerung des Zivilprozessrechts", weil dem Gesetzgeber kraft der Entscheidung eine abweichende Regelung verwehrt wäre.[1084] Aus den genannten Gründen ist ein materielles Verständnis des Gebots der Waffengleichheit abzulehnen. Richtigerweise geht es nur um die Garantie einer formalen Gleichwertigkeit der Parteien vor dem Richter.

In dem Bemühen, eine solche formale Gleichwertigkeit der Parteien im Verfahren herzustellen, kann der Richter dieses weitgehend nach seinem Ermessen leiten, fördern und ausgestalten.[1085] In Anbetracht des Gleichheitssatzes darf der Richter bei der Rechtsanwendung jedoch keine sachfremden, willkürlichen Erwägungen anstellen.[1086] Dies hat er als äußerste Grenze zu beachten. Der Richter darf also auch Beweislastregeln nicht willkürlich anwenden. Zwar folgt aus dem Gebot der Waffengleichheit nicht die Pflicht, die Beweislast gleichmäßig auf die Parteien zu verteilen.[1087] Unzulässig ist es aber, die Beweislast derart einseitig umzuschichten, dass die nunmehr beweisbelastete Partei „typischerweise grundsätzlich und kategorisch außerstande gerät, ihre Rechtsposition mit Aussicht auf Erfolg durchzusetzen".[1088] Es kann als willkürliche Risikoverteilung bezeichnet werden, wenn eine einseitige Benachteiligung der beklagten Partei den künftigen Kläger gerade dazu einlädt, gegen sie gerichtlich vorzugehen.[1089] Denn ein rechtsstaatlich ausgestaltetes Verfahren „soll die Partei davor schützen, im Prozess überfahren, zurückgesetzt, allein gelassen oder mit unbilligen Lasten belegt zu werden".[1090] Der potentiell Beklagte soll grundrechtlich vor einer vorschnellen Verurteilung geschützt werden.[1091] Dies erfordert, dass grundsätzlich diejenige Partei die Gefahr der Beweislosigkeit und damit das Prozessrisiko trägt, die einen Anspruch geltend macht. Es gebietet demnach die „rechtsstaatlich unabdingbare Fairness des gerichtlichen Verfahrens"[1092], dass eine Umkehr der Beweislast die Ausnahme bleiben muss.

Zwar werden auch die von der Rechtsprechung entwickelten Fallgruppen der Beweislastumkehr grundsätzlich diesem verfassungsrechtlichen Grundsatz gerecht.[1093] Zu beachten ist jedoch immer, dass es das Rechtsstaatsprinzip verbietet, die Beweisführung einer Partei dadurch unmöglich zu machen, dass unerfüllbare Anforderungen an die Beweisführung gestellt werden.[1094] „Was das materielle Recht beim Feststehen bestimmter Voraussetzungen zuspricht, darf nicht durch unüberwindbare

---

[1083] *Schumann*, Bundesverfassungsgericht, S. 51.
[1084] *Schumann*, Bundesverfassungsgericht, S. 51.
[1085] BVerfG NJW 1979, 1925 (1928); *Reinhardt*, NJW 1994, 93 (97).
[1086] BVerfG NJW 1979, 1925 (1928).
[1087] Dies entspräche einem materiellen Verständnis des Gebots der Waffengleichheit; vgl. *Baumgärtel*, Festschrift für Matscher, S. 29 (35 f.); *Schwab/Gottwald*, Verfassung und Zivilprozess, S. 63, der auf die ablehnende Haltung des Bundesverfassungsgerichts zu einer unmittelbaren „Derogation zivilprozessualer Grundsätze" verweist.
[1088] *Reinhardt*, NJW 1994, 93 (98).
[1089] *Reinhardt*, NJW 1994, 93 (98).
[1090] *Maunz/Dürig*, GG, Art. 103 I Anm. 9; *Reinhardt*, NJW 1994, 93 (96).
[1091] *Reinhardt*, NJW 1994, 93 (98).
[1092] *Reinhardt*, NJW 1994, 93 (98).
[1093] Vgl. BVerfG NJW 1979, 1925 (1928); *Reinhardt*, NJW 1994, 93 (98).
[1094] *Katzenmeier*, Arzthaftung, S. 383; *Stürner*, NJW 1979, 2334 (2337).

verfahrensrechtliche Hindernisse wieder genommen werden."[1095] Diese von Verfassungs wegen gesetzte Grenze könnte mit der Beweisfigur der unterlassenen Befunderhebung überschritten worden, das Gebot der Waffengleichheit daher verletzt sein. Es sind nämlich keine Fälle bekannt, in denen dem Arzt der Beweis der Nichtursächlichkeit gelungen wäre. Dies könnte daran liegen, dass der Arzt typischerweise hierzu nicht in der Lage ist, weil im Rahmen der grundsätzlich für verfassungsgemäß angesehenen Umkehr der Beweislast unzumutbare Anforderungen an das Führen seines Gegenbeweises gestellt werden.

Sicher gelingt dem Arzt auch bei Vorliegen eines groben Behandlungsfehlers regelmäßig der Beweis der Nichtursächlichkeit nicht,[1096] trifft diese Erwägung also auch auf diese Beweislastsonderregel zu. Anders als im Fall der unterlassenen Befunderhebung hat der Arzt hier jedoch grundsätzlich Möglichkeiten, sich gegen den erhobenen Vorwurf zu verteidigen. Zwar dürfte auch hier der Einwand rechtmäßigen Alternativverhaltens nur ein bloß theoretisch möglicher bleiben. Denn in Fällen, in denen sich der „Erstverursacher" auf einen alternativen Geschehensablauf stützt, stehen sowohl seine prinzipielle Haftungszuständigkeit als auch die Tatsache, dass der alternative Geschehensablauf nicht mehr real ursächlich, also nicht mehr wirksam geworden ist, bereits fest; wegen der regulären Doppelspurigkeit der Kausalmechanismen ist dies im Arzthaftungsrecht jedoch gerade nicht der Fall.[1097] Bereits die reale Kausalität kann hier oft nicht sicher geklärt werden. Dennoch befindet sich der Arzt im Fall des groben Behandlungsfehlers in einer besseren Beweissituation als beim Vorwurf einer unterlassenen Befunderhebung. Wie bereits erläutert, stehen ihm im Falle des Vorwurfs eines groben Behandlungsfehlers nämlich zumindest Rechtfertigungs- und Entschuldigungsmöglichkeiten zu. Demgegenüber kann sich der Arzt im Fall der unterlassenen Befunderhebung nicht auf hypothetische Geschehensabläufe berufen, obwohl der Beweis der Nichtursächlichkeit eines Unterlassens wegen des nur hypothetischen Kausalverlaufs deutlich schwerer zu führen ist als bei einem tatsächlichen Geschehen. Die Rechtsverwirklichung des Arztes könnte also durch die vorgenommene Risikoverteilung derart erschwert sein, dass die Parteien nicht mehr gleichgestellt sind.[1098]

Dessen ungeachtet hat das BVerfG in einem Nichtannahmebeschluss im März 2004 entschieden, dass sich „eine das Gebot der Waffengleichheit verletzende Verteilung der Beweislast [...] nicht aus der Annahme des Oberlandesgerichts [ergibt], dass nicht nur grobe Behandlungsfehler, sondern auch eine fehlerhaft unterlassene Befunderhebung zu Beweiserleichterungen führen kann"[1099]. Diese Entscheidung muss angesichts der vorstehenden Ausführungen zumindest kritisch hinterfragt werden.[1100]

---

[1095] *Stürner*, NJW 1979, 2334 (2337).
[1096] *Franzki*, Die Beweisregeln im Arzthaftungsprozess, S. 91; zu den wenigen Fällen, in denen dem Arzt der beweis der fehlenden Ursächlichkeit gelungen ist, gehören BGH VersR 1965, 583 (584); BGH VersR 1979, 939 (949).
[1097] *Schmidt*, KritV 2005, 177 (180).
[1098] *Reinhardt*, NJW 1994, 93 (98) meint, „dass die Grenze zu einer willkürlichen Verfahrensgestaltung jedenfalls überschritten ist, wenn die Rechtsverwirklichung einer Partei schon durch die grundsätzliche Risikoverteilung derart erschwert oder gar verhindert wird, dass von einer grundsätzlichen Gleichstellung der Prozessbeteiligten keine Rede mehr sein kann".
[1099] BVerfG NJW 2004, 2079 (2079).
[1100] So wohl auch *Martis/Winkhart*, Arzthaftungsrecht, S. 813; *Hausch*, VersR 2003, 1489 (1495 f.).

## E. Mögliche Konsequenzen der strengen Haftungsrechtsprechung

## I. Boom von Arzthaftungsprozessen und Auswirkungen auf das Arzt-Patienten-Verhältnis

Im Altertum wurde Krankheit als Gottesstrafe verstanden, so dass es kaum denkbar war, einen Arzt – selbst bei fehlerhafter Behandlung – rechtlich in Anspruch zu nehmen.[1101] Noch bis in die 50er Jahre waren Arzthaftungsprozesse sehr selten; für die Patienten stand es überhaupt nicht zur Diskussion, einen Arzt rechtlich zur Verantwortung zu ziehen.[1102] Ohnehin war ihnen dies wegen bestehender Darlegungs- und Beweisschwierigkeiten praktisch oft gar nicht möglich.[1103]

Diese Schwierigkeiten erkannte auch die Rechtsprechung. Sie entwickelte das Arzthaftungsrecht in den vergangenen Jahrzehnten fort und stärkte die Rechte der Patienten.[1104] Es kam zu einer „Juridifizierung" des Arztberufs.[1105] Seit Ende der 70er Jahre sind die Verfahren gegen Ärzte deutlich gestiegen; bis heute ist „die Konjunktur der Schadensersatzansprüche [...] ungebrochen".[1106]

Dies liegt zum einen sicher an der durch einen Wandel des Gesellschaftsbildes veränderten Sichtweise der Bevölkerung. Der Arzt wird nicht mehr als „Halbgott in Weiß"[1107], sondern zunehmend als Erbringer einer Dienstleistung gesehen. Diese Entwicklung ist grundsätzlich zu begrüßen. Dass ein Arzt genau wie jeder andere Schuldner auch für eine Schlechtleistung zur Verantwortung gezogen werden muss, steht außer Frage.

Der Grund für diese Entwicklung könnte zum anderen aber auch sein, dass die Rechtsprechung die Patienten indirekt ermutigt, gegen die Ärzte rechtlich vorzugehen. Auch hiergegen bestehen per se keine Bedenken. Die Patientenrechte sollten sicher nicht nur auf dem Papier gestärkt werden, sondern dem Patienten konkret, also in einem Prozess von Nutzen sein. Interessant dabei ist jedoch, dass über die Hälfte aller gegen Ärzte erhobenen Vorwürfe unberechtigt sind.[1108] Von der patientenfreundlichen Rechtsprechung könnte also ein falsches Signal ausgehen. Sie könnte dahingehend missverstanden worden sein, dass Klagen gegen Ärzte eine hohe Erfolgswahrscheinlichkeit haben, dass der Versuch, auf dem Klageweg eine Entschädigung zu erhalten, sich gewissermaßen „lohnen" könnte, auch wenn es im Extremfall möglicherweise keinerlei Anzeichen für einen Behandlungsfehler des Arztes gibt. Die Rechtsprechung könnte so den weit verbreiteten Gedanken genährt haben, dass Schäden kein Unglück gewesen sein können.[1109] Es fällt auf, dass der den

---

[1101] *Ziegler*, JR 2002, 265 (265); *Ehlers/Broglie*, Arzthaftungsrecht, Rn. 3.

[1102] *Ehlers/Broglie*, Arzthaftungsrecht, Rn. 3.

[1103] *Ziegler*, JR 2002, 265 (265).

[1104] So auch *Ziegler*, JR 2002, 265 (265).

[1105] *Laufs*, NJW 1995, 1590 (1590).

[1106] *Pelz*, DRiZ 1998, 473 (473); vgl. auch *Deutsch/Spickhoff*, Medizinrecht, Rn. 124.

[1107] So bezeichnet im „Spiegel", zitiert bei *Ehlers/Broglie*, Arzthaftungsrecht, Rn. 2.; *Giesen* Arzthaftungsrecht, Rn. 33.

[1108] So die entsprechenden Statistiken des größten Arzthaftpflichtversicherers, der *DBV-Winterthur*, Pressemitteilung vom 24.04.2006, URL: http://www.zahn-online.de/presse/presse3091.shtml (29.12.2006); so auch *Jung*, in: Die Entwicklung der Arzthaftung, 85 (85); *Krumpaszky/Sethe*, VersR 1998, 420 (423); *Deutsch/Spickhoff*, Medizinrecht, Rn. 124.

[1109] Vgl. hierzu schon die Ausführungen in diesem Kapitel unter C. II.

Ärzten am häufigsten gemachte Vorwurf der eines groben Behandlungsfehlers ist, was an der für den Patienten günstigen Entwicklung der Beweislastsonderregel liegen dürfte.[1110] Hinzu kommt, dass die Tatsache, dass mehr als die Hälfte aller Fälle als unbegründet zurückgewiesen wird, in der öffentlichen Berichterstattung über ärztliche Behandlungsfehler nicht ausreichend Berücksichtigung findet.[1111] Die Situation in Deutschland ist zwar noch nicht mit derjenigen in den USA vergleichbar, wo in manchen Staaten fast jeder fünfte Arzt jährlich einem Behandlungsfehlervorwurf ausgesetzt ist.[1112]

Wahrscheinlich werden wir uns auf absehbare Zeit auch nicht auf diesem „Niveau" befinden. Dies liegt schon an den unterschiedlichen Justizsystemen beider Länder. Nur beispielhaft sei genannt, dass es in Deutschland kein Erfolgshonorar für Anwälte gibt und die Gerichte – anders als im US-amerikanischen Jury-System – mit Berufsrichtern besetzt sind, die sich an die vorhandenen Schmerzensgeldtabellen halten.[1113] Auch angesichts der niedrigeren, zugesprochenen Schadenssummen ist der Anreiz, einen Prozess zu führen, daher immer noch geringer als in den USA, selbst wenn auch in Deutschland mittlerweile eine Tendenz zu höherem Schmerzensgeld beobachtet werden kann.[1114]

Die Tatsache, dass jährlich in Arztsachen mehr als 10.000 Schadensersatz- und Schmerzensgeldklagen eingereicht werden[1115] und dass die früher in einem Jahrzehnt angefallenen Revisionen in Arzthaftungssachen beim BGH heute allein in einem Jahr anfallen,[1116] ist m.E. nicht unerheblich auf die Entwicklung der Rechtsprechung zur Arzthaftung zurückzuführen, die offensichtlich auch die Einleitung von aussichtslosen Verfahren zu begünstigen scheint. Die Arbeit der ohnehin schon überlasteten Gerichte wird so durch noch mehr Klagen, zudem meist unbegründeten, „lahmgelegt".

Die Rechtsprechung hat darüber hinaus auch negative Auswirkungen auf das sensible Arzt-Patienten-Verhältnis. Weil für die Haftung eines Arztes – abgesehen von einer Verletzung der Aufklärungspflicht – ein Behandlungsfehler vorliegen muss, kann der Patient Schadensersatz nur dann verlangen, wenn es ihm gelingt, dem Arzt einen solchen Fehler nachzuweisen. Die Tatsache, dass der Patient daher den Arzt „möglichst schlecht machen" muss, macht Ärzte und Patienten zu Gegnern.[1117] Der Patient muss zum „Spürhund" für einen Behandlungsfehler des Arztes werden.[1118] Da das Arzt-Patienten-Verhältnis auf gegenseitiges Vertrauen und Kooperation angewiesen ist,[1119] erscheint dies äußerst problematisch. Mit einer weiter steigenden Anzahl von Arzthaftungsprozessen verschärft sich diese Situation noch. Zwar muss

---

[1110] *Krumpaszky/Sethe*, VersR 1998, 420 (424).

[1111] *Jung*, in: Die Entwicklung der Arzthaftung, S. 85 (85); *Giesen*, Arzthaftungsrecht, Rn. 34.

[1112] Zu der Situation in den USA vgl. *Krumpaszky/Sethe/Selbmann*, VersR 1997, 420 (427).

[1113] *Krumpaszky/Sethe*, VersR 1998, 420 (425).

[1114] Zu höherem Schmerzensgeld und den Gründen hierfür vgl. OLG Köln, VersR 1995, 549 (550); vgl. auch *Giesen*, Arzthaftungsrecht, Rn. 60 f.

[1115] Hingegen wurden im Jahr 1980 nur ca. 800 Arzthaftungsfälle vor Gericht ausgetragen, vgl. zu den Zahlen *Martin*, VW 2000, 919 (919).

[1116] So *Schreiber*, URL:   http://www.medizinrechts-beratungsnetz.de/aktuelles/mrt2003-vortraege.htm (29.07.2007); *Giesen*, Arzthaftungsrecht, Rn. 31 spricht von jährlich etwa 15.000 Arzthaftpflichtansprüchen; *Katzenmeier*, VersR 2007, 137 (137) sogar von jährlich 40.000 neuen Haftungsfällen.

[1117] *Hanau*, in: Festschrift für Baumgärtel, S. 121 (125).

[1118] *Hanau*, in: Festschrift für Baumgärtel, S. 121 (126).

[1119] Vgl. BGH NJW 1985, 749 (750).

der Arzt bei der Behandlung seines Patienten nicht ständig mit einem Prozess rechnen.[1120] Aber auch wenn die meisten Klagen unbegründet sind, schwebt durch die steigende Anzahl der Prozesse über dem Behandlungsverhältnis – zumindest gedanklich – faktisch immer häufiger das „Damoklesschwert" eines Rechtsstreits, was den Arzt von seiner eigentlichen Aufgabe ablenkt. Selbst wenn die Klage letztlich zurückgewiesen wird, ist ein Prozess für jeden Arzt mit einer gewissen Rufschädigung verbunden, die er selbstverständlich vermeiden will. Der für eine ordnungsgemäße Heilung erforderliche, auf Vertrauen basierende Partnerschaftsgedanke zwischen Arzt und Patient droht angesichts einer steigenden Anzahl von Prozessen mit Misstrauen besetzt zu werden.

## II. Verleitung zur Defensivmedizin

Die vorangegangenen Kapitel haben gezeigt, dass Diagnose und Therapie immer mit Risiken verbunden sind. Der medizinische Fortschritt hat zwar dafür gesorgt, dass Krankheiten besser erkannt und behandelt werden können, und diesen Fortschritt haben maßgeblich die Ärzte bewirkt.[1121] Gleichzeitig sehen sich diese jedoch einem vervielfachten Haftungsrisiko gegenüber.[1122] „Der Fortschritt frisst seine Urheber"[1123], so könnte man die fast paradoxe[1124] Situation bezeichnen. Dies liegt zum einen an dem medizinischen Standard, der sich ständig weiter entwickelt und der von den Ärzten verlangt, auf der Höhe der Zeit zu sein und auch entsprechend zu (be-) handeln. Zum anderen hat ebenfalls die zunehmende „Verrechtlichung der Medizin"[1125] – nicht zuletzt die von der Rechtsprechung entwickelte Beweisfigur der unterlassen Befunderhebung – zu einem drastisch verschärften Haftungsrisiko beigetragen.[1126] Unter dem Eindruck dieses Haftungsrisikos „treten zunehmend die eigenen forensischen Gefahren des Arztes ins Blickfeld und werden als indizierende sowie kontraindizierende Faktoren ins Kalkül gezogen".[1127] Denn verständlicherweise will auch der Arzt vermeiden, als Beklagter vor Gericht zu stehen. Daher wird er versuchen, die Risiken zu minimieren, indem er beispielsweise mehr und umfangreichere Befunderhebungen durchführt. Dies führt zu einer defensiven Medizin, die jedoch – wie man auf den ersten Blick denken könnte – weder für mehr Sicherheit des Patienten in der Behandlung sorgt noch geeignetes Mittel ist, die Haftung des Arztes zu begrenzen. Vielmehr erweist sie sich sogar als kontraproduktiv, wie im Folgenden gezeigt werden soll.

---

[1120] Vgl. die Ausführungen in diesem Kapitel unter A. II. 1. b).

[1121] *Taupitz*, MedR 1995, 475 (475).

[1122] *Taupitz*, MedR 1995, 475 (475).

[1123] *Taupitz*, MedR 1995, 475 (475).

[1124] So *Taupitz*, MedR 1995, 475 (475).

[1125] *Peters*, MedR 2002, 227 (227).

[1126] *Taupitz*, MedR 1995, 475 (475).

[1127] *Schreiber*, URL: http://www.medizinrechts-beratungsnetz.de/aktuelles/mrt2003-vortraege.htm (29.07.2007).

## 1. Folgen für den Patienten und die Versichertengemeinschaft

Für den Patienten sind die Folgen einer solchen Medizin negativ.[1128] Zwar wird der gewissenhafte Arzt ganz besondere Umsicht bei der Behandlung walten lassen. Davon profitiert aber nicht der Patient, wie man denken könnte. Denn die Vorsicht des Arztes wird sich nicht vorrangig auf das Wohl des Patienten beziehen, sondern vor allem den eigenen, größtmöglichen Schutz vor juristischen Folgen der Behandlung bezwecken; aufgrund dieses Sicherheitsbedürfnisses wird er nicht mehr unbefangen prüfen, was aus medizinischer Sicht für den Patienten am zweckmäßigsten, weil der Heilung dienlich ist.[1129] Unter dem Druck des Haftungsrisikos wird die Behandlung also zunehmend eher von rechtlichen als von medizinischen Überlegungen bestimmt. Riskante Behandlungen werden mitunter wohl sogar vermieden, aus Angst vor den juristischen Folgen eines Fehlers. Sehr eindrucksvoll ist insofern der Bericht eines Heidelberger Chirurgen,[1130] der von einem amerikanischen Kollegen während einer gemeinsamen Autofahrt gebeten wurde, an einem Verkehrsunfall vorbeizufahren, ohne ärztliche Hilfe anzubieten. Als Begründung gab der Amerikaner an, wegen des erhöhten Fehlerrisikos einer Behandlung bei einem Unfall auf der Straße müsse man es vermeiden, sich als Arzt zu erkennen zu geben und einzugreifen.

Die (Über-?) Ängstlichkeit der Ärzte vor den haftungsrechtlichen Folgen ihres Handelns wirkt sich aber nicht nur unmittelbar negativ für den behandelten Patienten aus. Auch die anderen Versicherten sind davon betroffen. Aus Sicherheitsgründen werden immer teurere und objektiv nicht unbedingt indizierte Medikamente verschrieben,[1131] was die gesetzlichen Krankenkassen finanziell belastet und sich über steigende Beiträge nachteilig für alle Versicherten auswirkt. Um sich nicht dem Vorwurf einer unterlassenen Befunderhebung auszusetzen, führt das Bedürfnis nach haftungsrechtlicher Absicherung dazu, dass auch bei vermeintlich sicherer Diagnose sämtliche diagnostischen Möglichkeiten ausgeschöpft,[1132] dass die zur Verfügung stehenden diagnostischen Verfahren übermäßig eingesetzt werden.[1133] Überängstlichkeit führt also auch zu einer Überdiagnostik,[1134] wodurch ebenfalls hohe Kosten entstehen,[1135] häufig ohne dass dies für die Therapie von zusätzlichem Nutzen wäre. Für den Patienten ist eine solche Überdiagnostik besonders schädlich, man denke beispielsweise nur an die Strahlenbelastung durch zu häufiges Röntgen, das dem

---

[1128] Defensive Medizin führe zum Schaden des Patienten, so *Steffen*, in: Festschrift für Brandner, S. 327 (330).

[1129] *Schreiber*, URL: http://www.medizinrechts-beratungsnetz.de/aktuelles/mrt2003-vortraege.htm (29. 07.2007).

[1130] Erwähnt von *Schreiber*, URL: http://www.medizinrechts-beratungsnetz.de/aktuelles/mrt2003-vortraege.htm (29.07.2007).

[1131] *Schreiber*, URL: http://www.medizinrechts-beratungsnetz.de/aktuelles/mrt2003-vortraege.htm (29. 07.2007).

[1132] Dies rät *Hausch*, VersR 2003, 1489 (1494).

[1133] *Katzenmeier*, Arzthaftung, S. 294.

[1134] *Schreiber* weist in seinem Vortrag zu Recht darauf hin, dass die Gründe für eine Überdiagnostik auch in der Ausnutzung vorhandener Kapazitäten liegen und finanzielle Aspekte haben, vgl. *Schreiber*, URL: http://www.medizinrechts-beratungsnetz.de/aktuelles/mrt2003-vortraege.htm (29.07.2007).

[1135] *Schreiber*, URL: http://www.medizinrechts-beratungsnetz.de/aktuelles/mrt2003-vortraege.htm (29. 07.2007).

Arzt im Übrigen auch den Vorwurf einer gefährlichen Körperverletzung gem. § 224 Abs. 1 Nr. 5 StGB einbringen kann.[1136]

## 2. Folgen für den Arzt

Überzogene Diagnosemaßnahmen können für den Arzt haftungsrechtlich problematisch werden.[1137] Denn eine Überdiagnostik kann ebenso einen Fehler darstellen wie eine Fehldiagnose[1138] oder ein Befunderhebungsfehler. Schon hier zeigt sich, dass das verständliche Bedürfnis des Arztes, seine Haftung zu minimieren und sich daher durch eine übergenaue Diagnostik abzusichern, genau das Gegenteil bewirken kann: statt einer Begrenzung seiner Haftung schafft er einen neuen Anknüpfungspunkt für eine Haftung.

Wendet man den Blick ab vom konkreten Arzt-Patienten-Verhältnis und betrachtet die Auswirkungen der Defensivmedizin auf das gesamte Gesundheitssystem, lässt sich noch ein weiterer Teufelskreis feststellen: Wie dargestellt wurde, trägt eine Defensivmedizin auch zur Ressourcenverknappung bei. Finanzielle Engpässe führen dazu, dass auf der Seite der Leistungserbringer immer weniger medizinisches Personal mit einem gleich bleibenden bzw. angesichts der demografischen Entwicklung sogar steigenden Krankheitsvolumen zurechtkommen muss. Überarbeitung, gepaart mit Überforderung und negativem Stress führt häufig zu Leistungsabfällen, das „Burnout-Syndrom" ist keine Seltenheit mehr.[1139] Hinzu kommt, dass die „einengende kontrollierende Haftungsrechtsprechung" die Ärzte zu immer mehr bürokratischer und dokumentarischer Arbeit zwingt.[1140] Sind die Grenzen der Leistungsfähigkeit erreicht, passieren schnell Irrtümer und (Flüchtigkeits-) Fehler, die nur im günstigsten Fall von den Kollegen korrigiert werden können.[1141] Andernfalls sieht sich der Mediziner möglicherweise dem Vorwurf eines Behandlungsfehlers gegenüber. Hier schließt sich der Teufelskreis. Es wird deutlich, dass ein defensivmedizinisches Verhalten, in der Absicht, sich als Arzt vor Haftung zu schützen, seinen Zweck verfehlt, es vielmehr sogar das Gegenteil bewirkt. Über den „Umweg" einer Ressourcenverknappung trägt es nämlich mittelbar sogar dazu bei, dass die Ärzte mit Gesetz und Rechtsprechung in Konflikt geraten.

Die vorstehenden Ausführungen haben gezeigt, dass das Haftungsrecht, und nicht zuletzt auch die Beweisfigur der unterlassenen Befunderhebung, Ärzte zur Ausübung einer Defensivmedizin verleitet. Ausgerechnet das Haftungsrecht, dem eine präventive Wirkung nachgesagt wird,[1142] weil es zu sorgfältigem Verhalten veranlassen soll, führt bei zu drastischer Ausprägung im Ergebnis nicht zu weniger Haftungsfällen, sondern zu mehr. Eine stetige Haftungsverschärfung erweist sich als kontraproduk-

---

[1136] Zu § 223a StGB a.F. vgl. BGHSt 43, 306 (306); *Deutsch/Spickhoff*, Medizinrecht, Rn. 151.

[1137] *Steffen/Pauge*, Arzthaftungsrecht, Rn. 155b; *Lilie*, MedR 1987, 28 (30).

[1138] *Laufs/Uhlenbruck-Uhlenbruck/Laufs*, Handbuch des Arztrechts, § 50 Rn. 10; *Deutsch/Spickhoff*, Medizinrecht, Rn. 151.

[1139] *Hempel*, in: Die Entwicklung der Arzthaftung, S. 109 (111).

[1140] *Schreiber*, URL: http://www.medizinrechts-beratungsnetz.de/aktuelles/mrt2003-vortraege.htm (29. 07.2007).

[1141] *Hempel*, in: Die Entwicklung der Arzthaftung, S. 109 (112).

[1142] *Deutsch*, Allgemeines Haftungsrecht, Rn. 18; *Katzenmeier*, Arzthaftung, S. 257.

tiv.[1143] Die genannten „Fernwirkungen" einer überzogenen Haftung dürfen nicht unterschätzt und sollten von der Rechtsprechung künftig (stärker) bedacht werden.

## III. Einschränkung der Therapiefreiheit

Die weitere Folge einer zu strengen Haftungsrechtsprechung könnte ihr negativer Einfluss auf die Therapiefreiheit des Arztes sein.

Sind mehrere Behandlungsalternativen im Sinne von beispielsweise Befunderhebungen möglich, genießt der Arzt grundsätzlich Methodenfreiheit, d.h. er darf zwischen diesen sich anbietenden Methoden wählen. Will er sich nicht dem Vorwurf eines Behandlungsfehlers aussetzen, muss er dabei jedoch auf einer ersten Stufe unter Abwägung der Umstände des konkreten Falls, des Risikos des Eingriffs und der Frage nach einer günstigeren Heilungsprognose eine vertretbare Entscheidung über die einzuleitende therapeutische Maßnahme treffen.[1144] Ergibt diese sorgfältige Abwägung, dass mehrere Behandlungsalternativen üblich sind, diese jedoch mit unterschiedlichen Risiken und Erfolgschancen verbunden sind, hat er auf einer zweiten Stufe den Patienten über die Alternativen und deren mögliche Auswirkungen aufzuklären und in die Entscheidungsfindung einzubeziehen.[1145]

Die Therapiefreiheit erlaubt es dem Arzt auch grundsätzlich, sich für eine Methode zu entscheiden, die (noch) nicht allgemein üblich ist, sofern sie nicht veraltet ist; denn der medizinische Standard ist nicht an Methoden der Schulmedizin gebunden.[1146] Es stellt für sich genommen also noch keinen Behandlungsfehler dar, wenn sich der Arzt für eine nicht herkömmliche Methode entscheidet. Da jedoch davon ausgegangen werden kann, dass die anerkannten Methoden der Schulmedizin regelmäßig den sichersten Weg darstellen, bedarf es einer sachlichen Rechtfertigung, wie beispielsweise einer günstigeren Heilungsprognose, wenn der Arzt das als höher eingeschätzte Risiko einer nicht gängigen Methode in Kauf nehmen will.[1147] Es liegt nahe, dass sich ein vom Haftungsrisiko verunsicherter Arzt am ehesten für eine etablierte, schulmedizinische Methode entscheidet, will er doch das Risiko eines Behandlungsfehlervorwurfs möglichst klein halten. Auch wenn er nicht unmittelbar zu einer solchen Entscheidung gezwungen wird, kann doch davon ausgegangen werden, dass das Haftungsrecht zumindest mittelbar enormen Druck auf ihn ausübt. Der dadurch bestehende, indirekte Zwang zur Anwendung von Methoden der Schulmedizin beeinflusst nicht nur die Therapiefreiheit des Arztes, sondern behindert auch den medizinischen Fortschritt, da er den Arzt davon abhält, Neuland zu betreten und möglicherweise überlegene Heilungsmethoden zu entwickeln.[1148]

---

[1143] *Ulsenheimer*, in: Die Entwicklung der Arzthaftung, S. 321 (323).

[1144] *Frahm*, URL: http://www.medizinrechts-beratungsnetz.de/aktuelles/mrt2005-vortraege.htm (29.07. 2007).

[1145] *Frahm*, URL: http://www.medizinrechts-beratungsnetz.de/aktuelles/mrt2005-vortraege.htm (29.07. 2007).

[1146] *Franzki*, MedR 1994, 171 (173); *Frahm/Nixdorf*, Arzthaftungsrecht, Rn. 70; wohl auch *Katzenmeier*, Arzthaftung, S. 307.

[1147] *Gehrlein*, VersR 2004, 1488 (1489).

[1148] *Rumler-Detzel*, VersR 1989, 1008 (1009).

Wenn die Medizin zunehmend vom Recht bestimmt wird, führt dies schon deshalb zu Spannungen und Problemen, weil beide Wissenschaften von unterschiedlichen Perspektiven ausgehen. Während die Medizin Therapien betreibt, die zwar mitunter aus einer *ex ante*-Sicht mit Risiken verbunden sind, aber künftig für die Heilung von Patienten von Nutzen sein können, geht es dem Recht darum, zum Schutz des Patienten Risiken zu minimieren, indem es – *ex post* – danach fragt, ob ein bestimmtes Risiko erlaubt und angemessen war, was sich nachträglich ohnehin immer leichter beurteilen lässt; das Recht steht also der Weiterentwicklung der Medizin im Wege.[1149] Gerade neue Behandlungsmethoden werden häufig mit einem gewissen Risiko verbunden sein. Die Angst vor juristischen Konsequenzen darf jedoch nicht dazu führen, dass wir auf medizinischen Fortschritt verzichten. Es darf nicht zu einem „Entweder-oder" zwischen dem Schutz der Patienten vor Behandlungsfehlern und Schäden auf der einen und einem selbstbestimmten, medizinischen Handeln des Arztes auf der anderen Seite kommen. Dies bedeutet nicht, dass die ärztliche Tätigkeit außerhalb des Rechts stehen darf; das Recht muss aber erkennen, dass eine Medizin, die sich weiterentwickeln soll, ein Handeln unter Risiko zulassen muss.[1150] Um der uns allen nützlichen Freiheit der Medizin willen darf die Medizin nicht weiter vom Recht bevormundet werden. Es muss also darum gehen, die Medizin wieder zu „entrechtlichen", ohne damit sich oder die Patienten zu entrechten.[1151]

## IV. Auf dem Weg zu einer Gefährdungshaftung?

Wie eingangs dargestellt, ist die Arzthaftung eine Verschuldenshaftung. Ebenfalls gezeigt wurde, dass die Rechtsprechung durch die Beweisfigur der unterlassenen Befunderhebung abermals für eine erhebliche Ausweitung der Haftung des Arztes gesorgt hat. Dies liegt zum einen am Wesen der Beweisfigur an sich, die dem Patienten den Nachweis einer Haftung des Arztes erleichtert. Zum anderen hat die Rechtsprechung für die deliktische Haftung im Laufe der Jahrzehnte immer mehr Verhaltensgebote entwickelt,[1152] welche die „im Verkehr erforderliche Sorgfalt" im Sinne des § 276 Abs. 2 BGB konkretisieren.[1153] Die Statuierung solcher Verkehrspflichten[1154] ist vor allem relevant, wenn es – wie im Fall der unterlassenen Befund-

---

[1149] *Schreiber*, URL: http://www.medizinrechts-beratungsnetz.de/aktuelles/mrt2003-vortraege.htm (29. 07.2007).

[1150] *Schreiber*, URL: http://www.medizinrechts-beratungsnetz.de/aktuelles/mrt2003-vortraege.htm (29. 07.2007).

[1151] *Taupitz*, MedR 1995, 475 (482).

[1152] Zu dieser Rechtsprechungsentwicklung vgl. *v. Bar*, Verkehrspflichten, S. 3 ff.; Verletzungen von Verkehrssicherungspflichten erlangen zunehmend an Bedeutung, so *Spickhoff*, NJW 2006, 1630 (1634); vgl. auch *ders.*, NJW 2007, 1628 (1631).

[1153] Palandt-*Heinrichs*, § 276 Rn. 16; *Katzenmeier*, Arzthaftung, S. 164.

[1154] Wie die Verkehrpflichten rechtlich einzuordnen sind, ist umstritten; die überwiegende Meinung ordnet sie § 823 Abs. 1 BGB zu, vgl. BGH NJW 1987, 2671 (2672); Staudinger-*Hager* § 823 Rn. E 4; MüKo-*Wagner*, Band 5, § 823 Rn. 62; dafür spreche, dass andernfalls das Regel-Ausnahmeverhältnis zwischen den Absätzen 1 und 2 umgekehrt werde; § 823 Abs. 2 BGB habe außerdem die Funktion, außerdeliktische Normen ins Deliktsrecht umzusetzen, die Verkehrspflichten seien jedoch selbst deliktische Pflichten, vgl. *Larenz/Canaris*, Schuldrecht II/2, § 76 III 2. b). Nach a.A. sind die Verkehrspflichten § 823 Abs. 2 BGB zuzuordnen, vgl. *v. Bar*, Verkehrspflichten, S. 157 ff.; die Verkehrspflichten sei-

erhebung – durch ein Unterlassen zu einer Rechtsgutsverletzung kommt. Denn da es keine allgemeine Rechtspflicht gibt, Dritte vor Schäden zu schützen, kann ein solches Unterlassen nur dann rechtswidrig sein, wenn für den Schädiger eine Rechtspflicht zum Tätigwerden bestand.[1155] Mittlerweile hat die Rechtsprechung unzählige Verkehrspflichten in Gestalt von ärztlichen Berufspflichten aufgestellt,[1156] die den geforderten Sorgfaltsmaßstab konkretisieren. Über die Begründung solcher Verkehrspflichten kommt es mit der Zeit zur Bildung allgemeiner Standards für die ärztliche Berufsausübung,[1157] die als Maßstab für verkehrsgerechtes Verhalten dienen[1158] und deren Verletzung regelmäßig auf ein Verschulden schließen lässt.[1159]

Der Rechtsprechung wird vorgeworfen, sie steigere diese Sorgfaltsanforderungen so lange, bis ein Versäumnis konstruiert und so der Anspruch gerechtfertigt sei.[1160] Dadurch werde die Grenze zwischen Verschuldens- und Gefährdungshaftung zunehmend verwischt,[1161] eine Gefährdungshaftung als „illegitimes Kind der Rechtsprechung großgezogen".[1162] Zunächst überspannte Verkehrssicherungspflichten haben auch in der Vergangenheit im Ergebnis oft zu neuen Gefährdungstatbeständen geführt.[1163] Von einer Verschuldenshaftung schleichend zu einer Gefährdungshaftung überzugehen, wäre demnach kein außergewöhnlicher Vorgang.

Möglicherweise trägt also auch die Rechtsprechung zur unterlassenen Befunderhebung dazu bei, dass sich die Arzthaftung auf dem Weg zu einer Gefährdungshaftung befindet. Dies soll im Folgenden näher erörtert werden.

---

en Schutzgesetze im Sinne des § 823 Abs. 2 BGB; es bestehe ein verkürzter Verschuldensbezug, da nur ein Verschulden hinsichtlich der Verletzung der Verkehrspflicht, nicht jedoch hinsichtlich der Rechtsgutsverletzung vorliegen müsse, was von Vorteil sei. Der Streit soll hier nicht entschieden werden; jedenfalls ist eine Verlagerung der Verkehrspflichten in Abs. 2 unnötig: Wer eine Verkehrspflicht verletzt, handelt zumindest fahrlässig, auch was das verletzte Rechtsgut angeht, wenn sich die abstrakte Gefahr zur Schädigung verdichtet, vgl. *Larenz/Canaris*, Schuldrecht II/2, § 76 III 7. a), § 76 III 1. e), 2. b); zum Streitstand vgl. *Staudinger-Hager* § 823 Rn. E 4 f. Damit verbunden ist der Streit um Verankerung der Verkehrspflichten. Teilweise wird vertreten, die Verkehrspflichten seien innerhalb der Rechtswidrigkeit zu prüfen, so *v. Bar*, Verkehrspflichten, S. 174 f., *Esser/Schmidt*, Schuldrecht I/2, § 25 IV 1c); die überwiegende Auffassung, der hier gefolgt wird, ordnet sie der Tatbestandsebene zu, vgl. *Larenz/Canaris*, Schuldrecht II/2, § 75 II 3 c); *Medicus*, Bürgerliches Recht, Rn. 644 ff.; vgl. zum Streitstand *Staudinger-Hager* § 823 Rn. E 2.
Weiter ist umstritten, ob die Verkehrspflichten alle Schutzgüter schützen (so die h.M.) oder primär nur Vermögensgüter; vgl. zum Streitstand *Staudinger-Hager* § 823 Rn. E 7 ff.

[1155] *Edenfeld*, VersR 2002, 272 (272).
[1156] *Glück*, in: Die Entwicklung der Arzthaftung, S. 287 (287).
[1157] *Schiemann*, in: *Deutsch/Taupitz*, Dienstleistungsberufe, S. 137 (152); *Katzenmeier*, Arzthaftung, S. 166.
[1158] Palandt-*Sprau*, § 823 Rn. 51; *Katzenmeier*, Arzthaftung, S. 164.
[1159] OLG Koblenz, VersR 1992, 893 (893).
[1160] *Schäfer*, Soziale Schäden, S. 82 f.; *Schmidt-Salzer*, in: Festschrift für Steffen, S. 429 (436); vgl. auch die Darstellung bei *Katzenmeier*, Arzthaftung, S. 167 ff.
[1161] *Deutsche Gesellschaft für Medizinrecht*, in: Die Entwicklung der Arzthaftung, S. 349 (349).
[1162] *Pichler*, in: Die Entwicklung der Arzthaftung, S. 173 (173).
[1163] Vgl. das Beispiel bei *Medicus*, Schuldrecht I, Rn. 341 zur Erweiterung des Anwendungsbereichs des § 2 HaftpflG auf Wasserleitungen; weitere Nachweise bei *v. Bar*, Verkehrssicherungspflichten, S. 130 (Fn. 214).

## 1. Ausgangslage

Seit Inkrafttreten des BGB stellt sich das außervertragliche Haftpflichtrecht als zweispuriges System dar:[1164] Der Verschuldenshaftung steht die Gefährdungshaftung gegenüber. Während für erstere grundsätzlich ein subjektiver Schuldvorwurf erforderlich ist, haftet der Schädiger bei letzterer allein aufgrund eines Verhaltens, das als gefährlich eingestuft wurde, also ohne dass es auf ein Verschulden ankäme. Mit der Verschuldenshaftung ist ein Unwerturteil über ein bestimmtes Verhalten verbunden; dagegen sollen mit der Gefährdungshaftung lediglich Unglücksschäden aus unvermeidbaren Wagnissen sozial gerecht verteilt werden.[1165] Unsere Rechtsordnung sieht eine Gefährdungshaftung des Arztes nicht vor; der Arzt haftet vielmehr nur bei Verschulden.

Da das BGB in der außervertraglichen Haftung regelmäßig an ein Verschulden anknüpft, ist jede Nichtverschuldenshaftung als Ausnahme konzipiert und muss daher sondergesetzlich angeordnet werden.[1166] Ohne eine solche Enumeration käme es mitunter überraschend zu einer objektiven Haftung,[1167] was Rechtsunsicherheit bringen würde und daher abzulehnen ist. Auch angesichts der zahlreichen etablierten Fallgruppen, in denen es zu Beweiserleichterungen bzw. zu einer Beweislastumkehr kommt – zuletzt durch die Beweisfigur der unterlassenen Befunderhebung – ist es allerdings tatsächlich zweifelhaft, ob noch davon gesprochen werden kann, dass die Haftung ohne Verschulden auch in der Praxis die Ausnahme darstellt.[1168]

## 2. Stellungnahme

Dass die Rechtsprechung Verkehrspflichten für das Handeln des Arztes aufstellt, ist grundsätzlich nicht zu beanstanden. Denn Verkehrssicherungspflichten kommen dort in Betracht, wo ein für eine Gefahrenquelle Verantwortlicher eine gefährliche Lage für Dritte schafft oder in seinem Verantwortungsbereich fortdauern lässt, beispielsweise durch Eröffnung des Verkehrs oder durch Übernahme einer Tätigkeit, die mit Gefahren für Rechtsgüter Dritter verbunden ist. Da der Verantwortliche dann im Verkehr Rücksicht auf diese Gefährdung nehmen muss, trifft ihn die allgemeine Rechtspflicht, die notwendigen und zumutbaren Vorkehrungen zu treffen, um eine Schädigung möglichst zu verhindern.[1169] Diese Erwägungen treffen auf die Tätigkeit des Arztes grundsätzlich zu. Verkehrssicherungspflichten sind daher auch hier sinn-

---

[1164] *Laufs*, in: Die Entwicklung der Arzthaftung, S. 1 (4).

[1165] *Katzenmeier*, Arzthaftung, S. 176; *Laufs*, in: Die Entwicklung der Arzthaftung, S. 1 (4).

[1166] BGHZ 54, 332 (336) = BGH NJW 1971, 32 (33); BGHZ 55, 229 (234) = BGH NJW 1971, 607 (608 f.); *Larenz/Canaris*, Schuldrecht II/2, § 84 I 1. b); a.A. *Deutsch*, Allgemeines Haftungsrecht, Rn. 11, 652 ff.; *Kötz/Wagner*, Deliktsrecht, Rn. 492; *Katzenmeier*, Arzthaftung, S. 177.

[1167] *Deutsch*, VersR 1971, 1 (3).

[1168] *Laufs*, in: Die Entwicklung der Arzthaftung, S. 1 (9); ähnlich *Katzenmeier*, Arzthaftung, S. 159: das Verschuldensprinzip habe, beispielsweise durch die Statuierung von Verkehrspflichten oder die Gewähr von Beweiserleichterungen, im Laufe des 20. Jahrhunderts Schritt für Schritt an Bedeutung eingebüßt.

[1169] Vgl. BGH NJW-RR 2003, 1459 (1459); BGH VersR 1990, 498 (499); BGH VersR 2002, 247 (248); Palandt-*Sprau*, § 823 Rn. 46; *Katzenmeier*, Arzthaftung, S. 164 spricht von Verkehrspflichten als „unumgängliche Gefahrvermeidungs- und abwendungsgebote".

voll, um Maßstäbe für ein richtiges Verhalten in gefahrenträchtigen Situationen aufzustellen.[1170]

Es muss dabei allerdings folgende Grenze beachtet werden: Da die Verkehrspflichten notwendigerweise die Handlungsfreiheit des Personenkreises berühren, an den sie gerichtet sind, sind sie nur dort und soweit zulässig, wie der Schutz von Rechtsgütern Dritter ihrer bedarf.[1171] Bei der vorzunehmenden Abwägung sind die allgemeine Verkehrsanschauung und die Möglichkeiten zur Gefahrenabwendung beider Seiten von Bedeutung; daneben spielen auf Seiten des potentiellen Schädigers die Gefährlichkeit seines Verhaltens und die soziale Nützlichkeit seines Tuns eine Rolle sowie auf Seiten des potentiell Bedrohten die Schutzwürdigkeit seiner Rechtsgüter.[1172]

Nun setzt die Rechtsprechung die Maßstäbe für das, was sie in der Arzthaftung durch Statuierung von Verkehrspflichten als „im Verkehr erforderliche Sorgfalt" ansieht, sehr hoch – zuweilen sogar so hoch, dass es zweifelhaft erscheint, ob der betroffene Arzt diese Sorgfaltsgebote überhaupt noch erfüllen kann.[1173] „Das geht doch gar nicht; das schafft niemand; das sind irreale Vorstellungen" – solche Reaktionen von Ärzten sind in Arzthaftungsverfahren keine Seltenheit, wenn ihnen die Verletzung bestimmter Sorgfaltspflichten vorgeworfen wird.[1174] In den Augen des Arztes wird oft „Unmögliches" von ihm verlangt, das er in der Praxis nicht zu leisten vermag.[1175] Der Rechtsprechung wird vorgeworfen, sie lege bei der Statuierung von Verkehrspflichten „Maßstäbe eines praxisfremden Perfektionismus"[1176] an. Sie habe „die Grenze dessen, was einem Arzt abverlangt werden kann [...] erreicht".[1177]

Häufig werden zudem erst nachträglich Verkehrssicherungspflichten konstruiert, deren hypothetische Beachtung den eingetretenen Schaden verhindert hätte,[1178] weil die Einhaltung des postulierten, hohen Sorgfaltsmaßstabs nach Auffassung des Gerichts bzw. des Sachverständigen zu einer Befunderhebung hätte Anlass geben müssen. Oft werden „nach jedem neuen Schaden, durch den man wieder ein bisschen klüger geworden ist, [die Sorgfaltsanforderungen] rückwirkend verschärft.[1179] Da man hinterher immer „schlauer" ist, lassen sich leicht neue Sorgfaltsmaßstäbe „erfinden", welche die gewünschte Kausalkette ergeben. Dies gilt in besonderer Weise für die unterlassene Befunderhebung. Hier erscheint es besonders leicht, dem Arzt im Nachhinein vorzuwerfen, er hätte auch noch „diesen oder jenen" Befund erheben müssen, um ganz sicher zu gehen.[1180] Dass sich ein Geschehen aus einer *ex post*-Perspektive immer eindeutiger darstellt, wurde bereits an anderer Stelle er-

---

[1170]  Zu diesem Zweck der Verkehrssicherungspflichten vgl. *Katzenmeier*, Arzthaftung, S. 164.

[1171]  Soergel-*Wolf*, § 276 Rn. 90; MüKo-*Grundmann*, Band 2, § 276 Rn. 61; Staudinger-*Hager*, § 823 Rn. E 27 ff.

[1172]  *Katzenmeier*, Arzthaftung, S. 165.

[1173]  *Katzenmeier*, Arzthaftung, S. 167; zur Übersteigerung der Verkehrspflichten durch die Rechtsprechung außerhalb des Arztrechts vgl. *Deutsch*, VersR 1971, 1 (2) mit Verweis auf OLG Karlsruhe VersR 1959, 862 ff = NJW 1959, 1589 ff.

[1174]  *Pelz*, in: Die Entwicklung der Arzthaftung, S. 41 (41).

[1175]  *Pelz*, in: Die Entwicklung der Arzthaftung, S. 41 (41).

[1176]  *Schmid*, NJW 1994, 767 (773).

[1177]  *Pelz*, in: Die Entwicklung der Arzthaftung, S. 41 (44).

[1178]  Zum „Erfinden" nachträglicher Verkehrspflichten vgl. *Katzenmeier*, Arzthaftung, S. 169; kritisch auch *Kötz/Wagner*, Deliktsrecht, Rn. 185.

[1179]  *Schäfer*, Soziale Schäden, S. 82.

[1180]  So auch *Hausch*, VersR 2003, 1489 (1490).

wähnt. Schließlich existiert dann bereits ein Schaden, für den man gerne einen Fehler als Ursache finden würde.[1181]
Hinzu kommt, dass für die Ärzte oft im Dunkeln bleibt, welche Verhaltensanforderungen genau an sie gestellt werden, obwohl dies im Hinblick auf eine mögliche Haftung durchaus von Bedeutung ist. Beeindruckend ist insofern ein Beispiel von Schreiber[1182]: Von einem Arzt gefragt, wie er sich in einer bestimmten Situation verhalten solle, antwortete die Richterin, dass sie zwar alle Entscheidungen kenne, keine von diesen jedoch auf den vom Arzt beschriebenen Fall passe, sie ihm daher eine sichere Antwort erst geben könne, wenn der Fall dem Senat zur Entscheidung vorliege.

Aber auch andere von der Rechtsprechung aufgestellte Rechtsbegriffe bergen Unsicherheiten in sich. Genannt seien hier nur die „Sachzwänge des konkreten Falls" oder eine „günstigere Heilungsprognose", die ein Abweichen vom sichersten therapeutischen Weg trotz „höheren Risikos" rechtfertigen. Unklar bleibt hierbei insbesondere, in welcher Relation die Begriffe zueinander stehen müssen oder dürfen, um das Abweichen des Arztes zu rechtfertigen.[1183]

An dem Vorwurf gegenüber der Rechtsprechung ist zunächst folgender Zusammenhang richtig: je mehr Verkehrspflichten begründet werden, desto weiter wird auch der Fahrlässigkeitsmaßstab objektiviert. Das Verschuldensprinzip wird so immer weiter zurückgedrängt.[1184] Sind die Verhaltensanforderungen überzogen und kann dem Arzt daher kein Vorwurf gemacht werden, wenn er die an ihn gestellten Anforderungen nicht erfüllt, dann befindet sich die Arzthaftung in der Tat auf dem Weg von einer Haftung für die Verletzung von Sorgfaltspflichten hin zu einer Haftung für die Verwirklichung einer typischen Gefahr aus einem vom Arzt beherrschten Bereich, mithin zu einer Gefährdungshaftung.[1185] Sind die immer höher geschraubten Sorgfaltsanforderungen in der Praxis nicht mehr erfüllbar, entwickelt sich die Arzthaftung also in Richtung einer Erfolgshaftung.[1186] Die Nähe zur Gefährdungshaftung scheint erreicht.[1187]

Diese Entwicklung ist zum Teil[1188] begrüßt worden. Da beide Haftungsformen darauf abzielten, Dritte vor Schaden zu bewahren und diesen einen entstandenen Schaden zu ersetzen, seien sie eng miteinander verwandt, ihre Annäherung daher durchaus gerechtfertigt. Für diese Verwandtschaft spreche auch, dass hinter verwirklichten Betriebsgefahren häufig Verkehrswidrigkeiten steckten.[1189] Manche Autoren fordern gar, „den überholten Gegensatz von Delikts- und Gefährdungshaftung beim

---

[1181] Das Phänomen, dass Menschen die Wahrscheinlichkeit bestimmter Ereignisse deutlich überschätzen, wenn und weil sie bereits eingetreten sind, bezeichnet die Verhaltenspsychologie als „hindsight bias", vgl. Kötz/Wagner, Deliktsrecht, Rn. 185.
[1182] Vgl. Schreiber, URL: http://www.medizinrechts-beratungsnetz.de/aktuelles/mrt2003-vortraege.htm (29.07.2007).
[1183] Pelz, in: Die Entwicklung der Arzthaftung, S. 41 (44).
[1184] Schreiber, in: Die Entwicklung der Arzthaftung, S. 341 (342); eine Überspannung von Verkehrspflichten führe zu einer „Aushöhlung des Verschuldenserfordernisses", so Katzenmeier, Arzthaftung, S. 169.
[1185] So auch Medicus, Schuldrecht I, Rn. 341.
[1186] Deutsche Gesellschaft für Medizinrecht, in: Die Entwicklung der Arzthaftung, S. 349 (349).
[1187] Katzenmeier, Arzthaftung, S. 167 ff., 172 ff., 174.
[1188] MüKo-Wagner, Band 5, Vor §§ 823-853 Rn. 21 ff.
[1189] So Koch, Die Sachhaftung, S. 92 ff.

Schadensausgleich für Körper- und Sachschäden zu überwinden"[1190]. Diese Konvergenz-Lehren gewinnen in dem Maße an Bedeutung, in dem sich die Gerichte unter dem Deckmantel des Verschuldensprinzips judiziell einer Gefährdungshaftung annähern.[1191]

Dagegen wird vorgebracht, dass die Grenze zwischen einer Haftung für Unrechtsfolgen und einem Eintretenmüssen für Unglücksschäden, die scharf unterschieden werden müsse,[1192] verwischt werde.[1193] Unglück werde zu Unrecht umqualifiziert.[1194] Die Verteilung von Unglücksschäden sei keine Aufgabe der kommutativen, d.h. der vergeltenden oder wechselseitigen, sondern eine solche der distributiven, also der verteilenden und zuteilenden Gesellschaft.[1195] Bei der Gefährdungshaftung stehe also nicht die Ahndung von Unrecht im Vordergrund, sondern es gehe darum, Leid und Verdienst gerecht zu verteilen, indem dem Einzelnen sein Schaden auch dann abgenommen werden solle, wenn er auf einem Zufall beruhe.[1196]

Da Verkehrspflichten auf die Beherrschung eines bestimmten Bereichs abstellen, enthalten sie gewiss Elemente der Gefährdungshaftung. Richtig ist auch, dass die Verkehrspflichten so zu einer Annäherung von Verschuldens- und Gefährdungshaftung beitragen, Übergänge daher fließend werden.[1197] Die neuere Dogmatik trennt daher beide Haftungsformen nicht mehr ganz so strikt voneinander.[1198] Nach dieser neueren Dogmatik wohnen den Verkehrspflichten Elemente der Gefährdungshaftung inne; sie erlauben „ein Hin- und Herwandern des Blicks zwischen Verschulden und unbedingter Einstandspflicht"[1199]. Verkehrspflichten tragen also das Gedankengut der Gefährdungshaftung in die Verschuldenshaftung hinein und schwächen so die Zweispurigkeit des Haftungssystems ab.[1200]

Den Konvergenz-Lehren ist jedoch entgegenzutreten. Denn „das kennzeichnende Attribut des Deliktsrechts" ist die Verschuldenshaftung.[1201] Sie beruht auf dem Gedanken, dass das Deliktsrecht die Integrität nur gegen *vermeidbares* Fehlverhalten schützt.[1202] Unrecht tut daher nur derjenige, der ein Delikt begeht.[1203] Durch eine Annäherung oder Nivellierung von Verschuldens- und Gefährdungshaftung würde „die Schuld im eigentlichen Sinne, die persönliche Vorwerfbarkeit im Zeichen des Schutzes der Verkehrserwartung nicht mehr [...] den Grund der Schadenszurechnung" bilden, sondern eine Pflichtwidrigkeit,[1204] die nicht auf eine Vermeidbarkeit, sondern auf eine objektive Zurechnung des Schadens abstellt. Die bloße Pflichtwidrigkeit als Basis der Schadensersatzpflicht zu begreifen, würde den „Eckpfeiler des Rechts" preis-

---

[1190] Wie *Stoll*, Richterliche Fortbildung und gesetzliche Überarbeitung des Deliktsrechts, S. 17.

[1191] So wohl auch *Laufs*, Unglück und Unrecht, S. 22, 23 f.

[1192] So *Esser*, Grundlagen und Entwicklung der Gefährdungshaftung, S. 1 ff., 32, 44.

[1193] *Schreiber*, in: Die Entwicklung der Arzthaftung, S. 341 (342).

[1194] *Esser*, Grundlagen und Entwicklung der Gefährdungshaftung, S. 32.

[1195] *Esser*, Grundlagen und Entwicklung der Gefährdungshaftung, S. 73.

[1196] So wohl *Laufs*, in: Die Entwicklung der Arzthaftung, S. 1 (5).

[1197] *Katzenmeier*, Arzthaftung, S. 168.

[1198] MüKo-*Wagner*, Band 5, Vor §§ 823-853 Rn. 21; *Katzenmeier*, Arzthaftung, S. 168.

[1199] *v. Bar*, Verkehrspflichten, S. 128.

[1200] *Stoll*, AcP 166 (1966), 380 (383); *v. Bar*, Verkehrspflichten, S. 128.

[1201] *Laufs*, Unglück und Unrecht, S. 31.

[1202] *Brüggemeier*, Deliktsrecht, Rn. 176.

[1203] *Laufs*, Unglück und Unrecht, S. 23.

[1204] *Laufs*, Unglück und Unrecht, S. 23.

geben, was unser gesamtes gesetzliches Haftungssystem einstürzen ließe.[1205] Da es daher verfehlt wäre, beide Haftungsformen miteinander zu vermischen, muss auch *Stoll* widersprochen werden, der in der Gefährdungshaftung nichts weiter als eine verschärfte Deliktshaftung sieht.[1206]

Auch die Rechtsprechung berücksichtigt soziale Gesichtspunkte, wie sie bei der Verteilung von Unglücksschäden eine Rolle spielen, immer mehr und stellt Billigkeitserwägungen an,[1207] jedoch nicht nur im Rahmen der Gefährdungshaftung, sondern durch die Statuierung von Beweisregeln auch bei der als Verschuldenshaftung ausgestalteten Arzthaftung. Wie bereits erläutert, kommt es insbesondere bei Vorliegen eines groben Behandlungsfehlers und auf der zweiten Stufe der Beweisregel der unterlassenen Befunderhebung zu einer Beweislastumkehr. Da man die Beweislastumkehr im zweispurigen Haftungssystem zwischen einer Einstandspflicht für Verschulden und einer objektiven Haftung einordnen kann, kommt es im Arzthaftungsrecht zu einer „Haftungsverlagerung durch beweisrechtliche Mittel".[1208] Zwar mag, wer sich nicht entlasten kann, tatsächlich fahrlässig gehandelt haben; in Wahrheit haftet ein Beweisbelasteter, der sich nicht exkulpieren kann, jedoch oft ohne Verschulden – daher steht die Beweislastumkehr auch auf der beschriebenen Zwischenstufe.[1209] Denn „den Geboten des Verkehrs zu genügen, ist das eine, darüber den Nachweis zu führen, das andere".[1210] Somit trägt nicht nur die zunehmende Statuierung von überzogenen Verkehrspflichten, sondern tragen auch die beweisrechtlichen Folgen der von der Rechtsprechung aufgestellten Beweisregeln zur „Erosion des Verschuldensprinzips"[1211] bei. Gehen die von der Rechtsprechung statuierten nachträglichen Pflichtenanforderungen „vom Typus eines alles beherrschenden, zur rechten Zeit an alles denkenden und stets [die richtige Entscheidung treffenden] Berufstätigen [aus], der in der Realität gar nicht existiert"[1212] und die *ex ante* als Verhaltennorm gar nicht hätten definiert werden können,[1213] sind diese unhaltbar[1214] und rechtsstaatlich fragwürdig.[1215] Denn es besteht „die Gefahr, fast unmerklich von der deliktischen Haftung zur Gefährdungshaftung überzugehen, wenn praktisch unerfüllbare Verkehrssicherungspflichten formuliert werden".[1216] Dass sich unser Rechtsbewusstsein nicht damit zufrieden gibt, dass es auch Unglück gibt, das niemand zu verantworten hat,[1217] ist in gewisser Weise verständlich. Auch die Rechtsprechung hält es für eine „kummervolle Sache, wenn man Fälle unverschuldeter Schäden entscheiden soll, in denen alles danach schreit, eine Haftung anzuerkennen", dem jedoch nicht nachgeben darf, weil „wir das guten Gewissens nicht im Wege der Recht-

---

[1205] *Laufs*, Unglück und Unrecht, S. 23.

[1206] *Stoll*, Haftungsfolgen, S. 22.

[1207] *Meder*, Schuld, Zufall, Risiko, S. 211.

[1208] *Stoll*, AcP 176 (1976), 145 (156 ff.).

[1209] *Laufs*, in: Die Entwicklung der Arzthaftung, S. 1 (9).

[1210] *Laufs*, in: Die Entwicklung der Arzthaftung, S. 1 (9); *Katzenmeier*, Arzthaftung, S. 173.

[1211] *Schreiber*, in: Die Entwicklung der Arzthaftung, S. 341 (342).

[1212] Vgl. für Rechtsanwälte und Wirtschaftsprüfer *Henssler*, AnwBl 1996, 3 (5); *Katzenmeier*, Arzthaftung, S. 190; *Ulsenheimer*, in: Die Entwicklung der Arzthaftung, S. 321 (321 f.).

[1213] *Katzenmeier*, Arzthaftung, S. 169.

[1214] *Esser*, Grundlagen und Entwicklung der Gefährdungshaftung, S. V.

[1215] *Kreuzer*, AcP 184 (1984), 81 (83).

[1216] *Gernhuber*, Bürgerliches Recht, S. 382.

[1217] *Esser*, Grundlagen und Entwicklung der Gefährdungshaftung, S. 26.

sprechung machen können".[1218] Genauso wenig wie die Einführung einer Gefährdungshaftung kann die Lösung jedoch sein, Zuflucht zu „gekünstelten Sorgfaltspflichten" zu nehmen, um so über den Deliktsweg eine Verantwortung zu konstruieren.[1219] Denn die Etablierung einer „Quasi-Gefährdungshaftung" durch Statuierung von überzogenen Sorgfaltspflichten ist ebenso wenig wünschenswert. Der Unterschied zwischen Unglück und Unrecht in unserer Sprache ist ein bewusster.[1220] Der Standpunkt des *casum sentit dominus* sollte im Wesentlichen beibehalten bleiben – das Unglück muss der tragen, den es eben trifft – er sollte nicht durch ein „wohl ausgedachtes System von Verantwortungskreisen"[1221] ersetzt werden, die heimlich auch aus Unglück eine Haftung für Unrecht machen, um aus Billigkeitsgründen Schäden dort verteilen zu können, wo dies aus den genannten Gründen nicht angebracht ist. Ebenso wie immer mehr Gesetze und Regeln nicht mehr Rechtstreue schaffen, gilt es zu erkennen, dass nicht verschärfte Haftung, sondern angemessene Haftungsentlastung zu bejahter Verantwortung führt,[1222] die für alle Beteiligten von Nutzen ist. Denn nur wenn die aufgestellten Sorgfaltsmaßstäbe mit einem realistischen Aufwand erfüllbar sind, werden sie von den Adressaten auch ernst genommen.[1223] Der Arzt kann nicht jedes Risiko vermeiden, sondern nur durch Abwägen von Risiken und Erfolgsaussichten eine möglichst weitgehende Risikominimierung erreichen.[1224] Mehr als einen solchen sachgerechten Umgang mit der Gefahr kann die Rechtsprechung vom Arzt nicht verlangen, wenn die Verhaltensanforderungen glaubwürdig bleiben sollen.[1225] Die Rechtsprechung sollte daher bei der Statuierung von Verkehrspflichten, die gerade im Bereich der unterlassenen Befunderhebung von großer Bedeutung sind, keine unerfüllbaren Sorgfaltsanforderungen im Sinne von übermenschlichen und prophetischen Fähigkeiten verlangen, sondern die Nöte und Sachzwänge der Ärzte bei der Entscheidungsfindung mehr als bisher angemessen mit berücksichtigen.[1226] Es muss dabei bleiben, dass es bei der Verschuldenshaftung in erster Linie gerade *nicht* um eine gerechte Verteilung von Schäden, sondern um Vergeltung und wechselseitige Gerechtigkeit geht.[1227] Eine heimliche Einführung von Gefährdungstatbeständen ist mit geltendem Recht unvereinbar[1228] und daher abzulehnen. Die Rechtsprechung sollte dies künftig bei der Statuierung von Verkehrspflichten bedenken und die „Grauzone zwischen Delikts- und Gefährdungshaftung"[1229] verlassen. Entwicklungen

---

[1218] *Schäfer*, Soziale Schäden, S. 83 mit Verweis auf *Simon*.

[1219] *Esser*, Grundlagen und Entwicklung der Gefährdungshaftung, S. 26.

[1220] *Esser*, Grundlagen und Entwicklung der Gefährdungshaftung, S. 1.

[1221] *Esser*, Grundlagen und Entwicklung der Gefährdungshaftung, S. 32.

[1222] *Taupitz*, MedR 1995, 745 (476); *Katzenmeier*, Arzthaftung, S. 190.

[1223] *Mertens*, VersR 1980, 397 (405); MüKo-*Wagner*, Band 5, Vor §§ 823-853 Rn. 41 ff.

[1224] *Deutsch*, NJW 1993, 1506 (1510).

[1225] *Mertens*, VersR 1980, 397 (405).

[1226] *Schmid*, NJW 1994, 767 (773); ähnlich *Katzenmeier*, Arzthaftung, S. 190 f.: Die Rechtsprechung habe zu beachten, dass die prinzipielle Erfüllbarkeit von Verhaltensanforderungen die Grenze der auf Rechtswidrigkeit und Verschulden aufbauenden deliktischen Haftung und damit zugleich des Bereiches markiert, in dem der Richter zur Rechtsfortbildung durch Statuierung von Verkehrspflichten berufen sei; die Gerichte müssten insbesondere dem Umstand Rechnung tragen, dass der Arzt nicht jedes Risiko vermeiden, er nur Risiken und Erfolgsaussichten einer Behandlung gegeneinander abwägen könne und im Übrigen auf Risikominimierung bedacht zu sein habe.

[1227] *Laufs*, in: Die Entwicklung der Arzthaftung, S. 1 (5) mit Verweis auf *Josef Esser*.

[1228] *Katzenmeier*, Arzthaftung, S. 169.

[1229] *Laufs*, in: Die Entwicklung der Arzthaftung, S. 1 (7) mit Verweis auf MüKo-*Mertens*, Band 5, 3. Aufl., Vor §§ 823-853 Rn. 10.

„am bürgerlichen Recht vorbei" führen zu einer Schieflage der Haftpflichtpraxis, [1230] die nicht zu begrüßen ist.

Eine andere Frage ist es, ob es nicht dogmatisch eindeutiger und vor allem ehrlicher wäre, eine Gefährdungshaftung des Arztes durch sondergesetzliche Regelung auch „offiziell" einzuführen,[1231] anstatt hinter der Fassade[1232] einer Verschuldenshaftung über eine Umkehr der Beweislast und über „Dunkelexistenzen"[1233] von Verkehrssicherungspflichten schleichend eine Gefährdungshaftung einzurichten. Dieser Frage kann und soll hier allerdings nicht nachgegangen werden.[1234]

---

[1230] *Esser*, Grundlagen und Entwicklung der Gefährdungshaftung, S. 44.

[1231] Die Ähnlichkeit zwischen Gefährdungshaftung und objektivem Sorgfaltsmaßstab lege es nahe, ganz zur Gefährdungshaftung überzugehen, so MüKo-*Grundmann*, Band 2, § 276 Rn. 55; fragend, im Ergebnis aber verneinend auch *Katzenmeier*, Arzthaftung, S. 174, 180.

[1232] *Katzenmeier*, Arzthaftung, S. 174.

[1233] *Steffen*, VersR 1980, 409 (409).

[1234] Für eine Gefährdungshaftung des Arztes beim Einsatz von Maschinen während der Behandlung *Deutsch/Spickhoff*, Medizinrecht, Rn. 260; *Deutsch*, in: *Deutsch/Taupitz*, Dienstleistungsberufe, S. 275 (278 f., 290 f.); für eine Gefährdungshaftung des Arztes auch *Barta*, Medizinhaftung, S. 15; zur rechtspolitischen Begründung der Gefährdungshaftung vgl. *Kötz/Wagner*, Deliktsrecht, Rn. 498; dagegen *Laufs/Uhlenbruck-Laufs*, Handbuch des Arztrechts, § 3 Rn. 21; *Laufs*, Arztrecht, Rn. 553, auch Fn. 282; *ders.*, Unglück und Unrecht, S. 24, 33; *Katzenmeier*, Arzthaftung, S. 180 ff.; *Deutsche Gesellschaft für Medizinrecht*, in: Die Entwicklung der Arzthaftung, S. 349 (350); *Esser*, Grundlagen und Entwicklung der Gefährdungshaftung, S. 44; *Matthies*, Schiedsinstanzen, S. 34; *Dinslage*, VersR 1981, 310 (311); *Taupitz*, MedR 1995, 475 (476); *Ulsenheimer*, in: Die Entwicklung der Arzthaftung, S. 321 (322); zum Streitstand vgl. ausführlich *Katzenmeier*, Arzthaftung, S. 177 ff.

## Kapitel 6

## Änderungsmöglichkeiten

Die vorangegangenen Kapitel haben gezeigt, dass die Rechtsprechung im Fall der unterlassenen Befunderhebung für den Arzt sehr strenge Haftungsmaßstäbe aufstellt, die in einer Vielzahl der Fälle zu einer Haftung des Arztes führen, ohne dass ihm ein Entlastungsbeweis gelingen kann. Dies erscheint angesichts der Tatsache problematisch, dass die dogmatische Legitimation der Beweisfigur äußerst fragwürdig und ungeklärt ist,[1235] insbesondere die von der Rechtsprechung herangezogenen Parallelen zu Verletzungen der Dokumentationspflicht und zur Beweisvereitelung nicht zu überzeugen vermögen.[1236]

Dargestellt wurde auch, dass der BGH seit seinem Urteil vom 27.04.2004 bei Vorliegen eines groben Behandlungsfehlers, an den auf ihrer zweiten Stufe auch die neuere Beweisfigur der unterlassenen Befunderhebung anknüpft, nun auch offiziell regelmäßig eine Beweislastumkehr annimmt, die einen starken Eingriff in das materielle Recht darstellt und für die es ebenfalls keine überzeugende Legitimationsgrundlage gibt.

Es erscheint daher angezeigt zu prüfen, ob die Beweisproblematik im Arzthaftungsrecht nicht auch ohne die Beweisfigur für beide Seiten – Arzt und Patient – befriedigend gelöst werden könnte. Dieser Frage soll im Folgenden nachgegangen werden.

## A. Lösung über die Grundsätze des Anscheinsbeweises

Möglicherweise lassen sich die Fälle der unterlassenen Befunderhebung über die Grundsätze des Anscheinsbeweises lösen, wie es *Musielak*[1237] für die Beweisfigur des groben Behandlungsfehlers vorgeschlagen hat und die er deshalb für verzichtbar hält. *Musielak* sieht in der Beweislastsonderregel einen versteckten Anscheinsbeweis der Kausalität. Diesen ordnet *Musielak* ohnehin der Beweislast zu.[1238] Wenn der BGH davon spreche, dass der grobe Fehler geeignete und nahe liegende Ursache für einen Schaden der eingetretenen Art sein müsse, dann bedeute dies nichts anderes, als dass eine gewisse Wahrscheinlichkeit für den Schadenseintritt sprechen müsse.[1239] Eine Eignung setze außerdem voraus, dass Schäden der eingetretenen Art als Folge eines solchen Behandlungsfehlers nach empirischen Erhebungen häu-

---

[1235] Gegen die Beweisfigur sprechen „grundsätzliche dogmatische Bedenken", so *Martis/Winkhart*, Arzthaftungsrecht, S. 813.

[1236] So auch *Hausch*, VersR 2003, 1489 (1495); *ders.*, VersR 2005, 600 (605): die Beweisregel gehe letztlich ebenfalls auf Zumutbarkeits- und Billigkeitserwägungen zurück; die von den Gerichten zugesprochenen Beweiserleichterungen vermögen dogmatisch nicht stets restlos zu überzeugen, so *Katzenmeier*, Arzthaftung, S. 503.

[1237] *Musielak*, Die Grundlagen der Beweislast im Zivilprozess, S. 145 ff.

[1238] *Musielak*, Die Grundlagen der Beweislast im Zivilprozess, S. 88; *Schuster*, Beweislastumkehr *extra legem*, S. 147; vgl. dazu auch oben Fn. 198.

[1239] *Musielak*, Die Grundlagen der Beweislast im Zivilprozess, S. 148 f.

figer vorkämen.[1240] Diese Überlegungen fänden jedoch auch beim Anscheinsbeweis statt. Aus diesem Grund sei die Beweisfigur des groben Behandlungsfehlers verzichtbar.

Bevor überprüft werden kann, ob die Auffassung *Musielaks* zutreffend ist und v.a. ob (auch) die Beweisfigur der unterlassenen Befunderhebung über die Grundsätze des Anscheinsbeweises zufrieden stellend gelöst werden kann, soll zunächst das Rechtsinstitut des Anscheinsbeweises kurz dargestellt werden.

## I. Der Anscheinsbeweis

Das gesetzlich nicht geregelte, aber gewohnheitsrechtlich anerkannte Rechtsinstitut[1241] des Anscheinsbeweises (*prima facie*-Beweis) erlaubt es dem Richter – als Ausnahme von dem Grundsatz, dass streitige entscheidungserhebliche Tatsachen zur vollen Überzeugung des Richters nachgewiesen sein müssen – bei typischen Geschehensabläufen auf diese Tatsachen zu schließen.[1242] Dies gilt vor allem für den Nachweis des Verschuldens und der Kausalität, da für deren Feststellung der Verkehrsanschauung und der Lebenserfahrung besondere Bedeutung zukommt.[1243]

Ein typischer Geschehensablauf ist dann anzunehmen, wenn – was notfalls zu beweisen ist – ein Sachverhalt feststeht, der nach der Lebenserfahrung geeignet ist, auf bestimmte Folgen oder Ursachen zu schließen.[1244] Dem liegt die Erkenntnis zugrunde, dass es nach der Lebenserfahrung Vorgänge gibt, die typischerweise immer wieder nach dem gleichen Muster ablaufen. Dabei spielen Kriterien wie Regelmäßigkeit, Üblichkeit und Häufigkeit eine Rolle.[1245] Gibt es danach einen solchen Erfahrungssatz, kann hinsichtlich der Kausalität sowohl von dem feststehenden Ereignis (z.B. dem Behandlungsfehler) auf den eingetretenen Erfolg (den Schaden) als

---

[1240] *Musielak*, JuS 1983, 609 (613).

[1241] Gegen eine Institutionalisierung des Anscheinsbeweises wendet sich *Prölss*, Beweiserleichterungen, S. 6: „Der Anscheinsbeweis ist keine besondere Einrichtung unseres Prozessrechts, sondern seine Zulässigkeit ist eine ganz natürliche und selbstverständliche Folge des Grundsatzes der freien richterlichen Beweiswürdigung"; so auch *Rosenberg/Schwab/Gottwald*, Zivilprozessrecht, § 112 Rn. 16.

[1242] RGZ 69, 429 (434); RGZ 102, 92 (95); RGZ 112, 229 (231); RGZ 130, 357 (359); BGHZ 2, 1 (5) = BGH VersR 1951, 176 (177); *Zöller-Greger*, Vor § 284 Rn. 29; *Gaupp*, Beweisfragen im Rahmen ärztlicher Haftungsprozesse, S. 46 ff.; *Prölss*, Beweiserleichterungen, S. 5; zum Anscheinsbeweis vgl. auch *Rosenberg*, Beweislast, S. 183 ff.; *Blomeyer*, Zivilprozessrecht, § 72 III; *Schneider*, MDR 1975, 444 (447).

[1243] *Katzenmeier*, Arzthaftung, S. 433; *Gaupp*, Beweisfragen im Rahmen ärztlicher Haftungsprozesse, S. 48; *Rosenberg/Schwab/Gottwald*, Zivilprozessrecht, § 112 Rn. 19; a.A. *Wassermeyer*, Der prima-facie Beweis, S. 32 ff., der den Anscheinsbeweis nur zum Nachweis des Verschuldens für möglich hält; allerdings geht *Wassermeyer*, Der prima-facie Beweis, S. 2 ff. davon aus, dass der Anscheinsbeweis ein *non liquet* voraussetzt. Seiner Auffassung kann schon deshalb nicht zugestimmt werden, weil die Würdigung des Sachverhalts mit Hilfe von Erfahrungssätzen vor dem *non liquet* liegt. Richtigerweise kann grundsätzlich jeder beliebige Tatumstand *prima facie* bewiesen werden, so *Prölss*, Beweiserleichterungen, S. 29 f. m.w.N.

[1244] BGH NJW 1995, 665 (667); vgl. auch BGH VersR 1956, 577 (577); BGH VersR 1957, 446 (447); RGZ 136, 359 (360).

[1245] *Graf*, Beweislast, S. 49; gegen das Kriterium der Häufigkeit beim Anscheinsbeweis, vgl. *Bodenburg*, Kunstfehler, S. 35 ff.

auch umgekehrt von dem Erfolg auf ein bestimmtes Ereignis geschlossen werden.[1246] Wegen dieser Typizität ist der Anscheinsbeweis nicht anwendbar, wenn es um individuelle Verhaltensweisen in bestimmten Lebenslagen geht.[1247] Zwar kann der Richter auch ohne Anscheinsbeweis auf Erfahrungssätze zur Beweiswürdigung zurückgreifen; im Anwendungsbereich des Beweises des ersten Anscheins ist er dann jedoch verpflichtet, von dem typischen Geschehensablauf auszugehen.[1248]

Der Rückschluss von typischen Geschehensabläufen auf ein Tatbestandsmerkmal unterscheidet den Anscheinsbeweis vom Indizienbeweis[1249], der demgegenüber eingreifen kann, wenn „individuell geprägte Verhaltensweisen" zu beurteilen sind.[1250] Beiden ist gemeinsam, dass sie von einer oder mehreren Tatsachen auf eine andere schließen lassen, und zwar mithilfe eines Erfahrungssatzes.[1251] Beim Indizienbeweis wird der Beweis indirekt geführt, indem von nachgewiesenen tatbestandsfremden Tatsachen, so genannten Hilfstatsachen, auf ein Tatbestandsmerkmal geschlossen wird.[1252] Daher wird zum Teil vertreten, der Anscheinsbeweis sei eine Form des Indizienbeweises, der bei typischen Geschehensabläufen zum Tragen komme.[1253] Neben dem Abstellen auf Typik bzw. Umstände des Einzelfalls unterscheiden sich beide Institute jedoch auch in ihrer Wirkung. Während der lückenlos geführte Indizienbeweis zur endgültigen richterlichen Überzeugung im Sinne des § 286 ZPO führt,[1254] kann der Beweis des ersten Anscheins vom Beweisgegner erschüttert werden. Daher unterscheiden Rechtsprechung und Teile der Literatur auch zwischen Anscheins- und Indizienbeweis.[1255]

Spricht im Prozess für die zu beweisenden Tatsachen ein solcher Beweis des ersten Anscheins, braucht der Beweisgegner seinerseits nicht zu beweisen, dass sich ein abweichendes Geschehen wirklich ereignet hat,[1256] er muss also nicht den Beweis des Gegenteils erbringen. Ausreichend ist vielmehr, wenn er durch Gegenbeweis die tatsächlichen Grundlagen des Anscheinsbeweises in Frage stellt oder die Beweiskraft des Erfahrungssatzes und damit die Überzeugung des Gerichts aufgrund des Anscheinsbeweises dadurch erschüttert, dass er Tatsachen behauptet und gegebenenfalls beweist, aus denen sich die ernsthafte Möglichkeit eines atypi-

---

[1246] Vgl. BGH VersR 1965, 792 (792); BGH NJW 1997, 528 (529); vgl. auch die Beispiele bei *Rosenberg/Schwab/Gottwald*, Zivilprozessrecht, § 112 Rn. 21.

[1247] Vgl. BGH NJW 1983, 1548 (1551); BGH NJW 2002, 1643 (1645); *Nack*, MDR 1986, 366 (368); *Hansen*, JuS 1992, 417 (417).

[1248] *Greger*, VersR 1980, 1091 (1098); *Stück*, JuS 1996, 153 (154).

[1249] Zum Indizienbeweis vgl. *Hansen*, JuS 1992, S. 327 ff. und 417 ff.; *Nack*, MDR 1986, 366 ff.

[1250] *Schneider*, Beweis und Beweiswürdigung, Rn. 278; Palandt-*Heinrichs*, Vor § 249 Rn. 166; *Baumgärtel*, Beweislastpraxis im Privatrecht, Rn. 281; *Schneider*, Beweis und Beweiswürdigung, Rn. 277 ff.

[1251] *Hansen*, JuS 1992, 327 (329 f.); *Nack*, MDR 1986, 366 (370 f.).

[1252] Thomas/Putzo-*Reichold*, Vor § 284 Rn. 11.

[1253] So *Rosenberg/Schwab/Gottwald*, Zivilprozessrecht, § 112 Rn. 18; MüKo-*Oetker*, Band 2a, Vor § 249 Rn. 452; Staudinger-*Schiemann*, Vor § 249 Rn. 99; *Prölss*, Beweiserleichterungen, S. 27 f.

[1254] Vgl. *Hansen*, JuS 1992, 327 (330) und 417 (417).

[1255] RGZ 163, 21 (27); BGHZ 2, 82 (85); *Baumgärtel*, Beweislastpraxis im Privatrecht, Rn. 282; *Schneider*, Beweis und Beweiswürdigung, Rn. 277; *Hansen*, JuS 1992, 327 (330); *ders.*, JuS 1992, 417 (417); *Rosenberg/Schwab/Gottwald*, Zivilprozessrecht, § 112 Rn. 18 weisen darauf hin, dass die Unterscheidung in der Praxis nicht immer gelinge; so auch *Musielak/Stadler*, Grundfragen des Beweisrechts, Rn. 159.

[1256] *Rosenberg/Schwab/Gottwald*, Zivilprozessrecht, § 112 Rn. 36.

schen Verlaufs des Geschehens ergibt.[1257] Die beweisbelastete Partei muss dann die Erschütterung des Anscheinsbeweises dadurch wieder beseitigen, dass sie für ihre Behauptung nunmehr vollen Beweis erbringt.[1258] Das Institut des Anscheinsbeweises ist heftig umstritten. Überwiegend wird der Beweis des ersten Anscheins richtigerweise als Beweiswürdigungsregel begriffen, die die Beweiserbringung erleichtern soll.[1259]

## II. Anscheinsbeweis und Arzthaftungsrecht

Im Arzthaftungsrecht sind die Erkenntnisse der medizinischen Wissenschaft und die ärztliche Erfahrung heranzuziehen, um festzustellen, ob dem Geschehen eine

---

[1257] BGHZ 8, 239 (241); BGH VersR 1995, 723 (724); Thomas/Putzo-*Reichold*, § 286 Rn. 13; *Gaupp*, Beweisfragen im Rahmen ärztlicher Haftungsprozesse, S. 47; *Rosenberg/Schwab/Gottwald*, Zivilprozessrecht, § 112 Rn. 36; *Prölss*, Beweiserleichterungen, S. 5, 33 f.; *Katzenmeier*, Arzthaftung, S. 438.

[1258] Vgl. BGHZ 6, 169 (172).

[1259] Vgl. RG JW 1932, 1736 (1737); RGZ 69, 432 (434); RGZ 120, 258 (260); BGHZ 2, 1 (5) = BGH NJW 1951, 653 (654) = BGH VersR 1951, 176 (177); BGH NJW 1963, 953 (953); Thomas/Putzo-*Reichold*, § 286 Rn. 13; Staudinger-*Schiemann*, Vor § 249 Rn. 99; Palandt-*Heinrichs*, Vor § 249 Rn. 164; *Rosenberg/Schwab/Gottwald*, Zivilprozessrecht, § 112 Rn. 16, 32; *Gaupp*, Beweisfragen im Rahmen ärztlicher Haftungsprozesse, S. 47; *Schneider*, Beweis und Beweiswürdigung, Rn. 282; *Katzenmeier*, Arzthaftung, S. 429; a.A.: Beweislastregel, so *Musielak*, Die Grundlagen der Beweislast im Zivilprozess, S. 88; *Diederichsen*, VersR 1966, 211 (214 f.); *ders.*, ZZP 81 (1968), 45 (69); dagegen spricht, dass es bei Anwendung der Regeln über den Anscheinsbeweis gerade nicht zu einem *non liquet* und daher auch nicht zu einer Beweislastentscheidung kommt, so auch MüKo-ZPO-*Prütting*, § 286 Rn. 51; *Rosenberg/Schwab/Gottwald*, Zivilprozessrecht, § 112 Rn. 33; Palandt-*Heinrichs*, Vor § 249 Rn. 164; außerdem muss der Anscheinsbeweis vom Gegner lediglich erschüttert werden, wohingegen bei einer Beweislastumkehr der Gegner das Nichtvorliegen der streitigen Tatsache voll beweisen müsste, vgl. BGH NJW 1966, 1263 (1264); daneben wird vertreten, der Beweis des ersten Anscheins senke das Beweismaß von der grundsätzlich erforderlichen Überzeugung des Richters auf eine Wahrscheinlichkeit, so *Musielak*, Die Grundlagen der Beweislast im Zivilprozess, S. 120 ff., der hier auch Beispiele in der Rechtsprechung anführt, die Belege sowohl für das Beweismaß des § 286 ZPO, als auch für ein reduziertes Beweismaß auf einen gewissen Grad von Wahrscheinlichkeit geben; *Bender*, in: Festschrift für Baur, S. 247 (259); *Kegel*, in: Festgabe für Kronstein, S. 321 (328 f.); *Walter*, Beweiswürdigung, S. 206 ff.; dagegen spricht, dass auch bei der Anwendung von Erfahrungssätzen die Überzeugung im Sinne von § 286 ZPO zu bilden ist; lediglich der Anknüpfungspunkt der Überzeugungsbildung ist ein anderer: Während der Richter üblicherweise z.B. davon überzeugt sein muss, dass der Behandlungsfehler den Schaden beim Patienten verursacht hat, reicht es im Rahmen des Anscheinsbeweises aus, wenn der Richter davon überzeugt ist, dass es einen Erfahrungssatz gibt, der den Schluss auf eine solche Kausalität zulässt. Da es bei Vorliegen eines entsprechenden Erfahrungssatzes nicht im Ermessen des Richters steht, von einem typischen Geschehensablauf auszugehen, sondern er hierzu verpflichtet ist, wird teilweise kritisiert, dass dadurch die freie Beweiswürdigung eingeschränkt werde, so MüKo-*Oetker*, Band 2a, § 249 Rn. 454; *Kollhosser*, AcP 165 (1965), 46 (55 ff.); dagegen spricht, dass die Verpflichtung des Richters lediglich eine gleichmäßige Rechtsanwendung sichern und eine willkürliche Überzeugungsbildung vermeiden soll, was den Richter entlastet, vgl. Staudinger-*Schiemann*, Vor §§ 249 ff., Rn. 99; allgemeine Denkgesetze und das Erfahrungswissen begrenzen immer den Spielraum, der dem Richter bei der Überzeugungsbildung eingeräumt ist; ansonsten setzt er sich dem Vorwurf einer willkürlichen Überzeugungsbildung aus; die „Schranke" des Anscheinsbeweises gehört somit zur freien Überzeugung des Richters dazu, sie ist ihr immanent, vgl. hierzu auch *Schilken*, Zivilprozessrecht, Rn. 494; *Rosenberg/Gottwald/Schwab*, Zivilprozessrecht, § 112 Rn. 34; zu den vertretenen Auffassungen vgl. insbesondere *Prölss*, Beweiserleichterungen, S. 7 ff.

gewisse Typik zugrunde liegt und es daher einen konkret anzuwendenden Erfahrungssatz gibt. Da jeder Mensch aufgrund seiner Individualität auf ein und dieselbe Behandlung unterschiedlich reagieren kann, weil die Vorgänge im menschlichen Organismus vielfältig und dessen Reaktionen daher oft unberechenbar sind, lassen sich solche typischen Geschehensabläufe meist nicht feststellen.[1260] Nicht selten sind es vielmehr schicksalhafte Folgen, die sich durch die Behandlung ergeben. Daher gibt es selten einen verlässlichen Erfahrungssatz, der von einem bestimmten Behandlungsfehler auf einen bestimmten Schaden oder umgekehrt schließen lässt,[1261] da kaum ein Sachverhalt dem anderen gleicht. Die Rechtsprechung wendet den Anscheinsbeweis im Arzthaftungsrecht daher äußerst zurückhaltend an.[1262]

## III. Stellungnahme

1. Was die Auffassung *Musielaks* anbelangt, die Beweisfigur des groben Behandlungsfehlers sei entbehrlich, da diese Fälle auch über den Anscheinsbeweis gelöst werden könnten, so kann dieser Ansicht schon deshalb nicht gefolgt werden, weil *Musielak* den Anscheinsbeweis der Beweislast und nicht der Beweiswürdigung zuordnet, was aus den oben genannten Gründen[1263] abzulehnen ist. Über das Rechtsinstitut des Anscheinsbeweises lässt sich daher weder bei Vorliegen eines groben Befunderhebungsfehlers auf der ersten Stufe der Beweisfigur der unterlassenen Befunderhebung noch bei Vorliegen eines (fiktiven) groben Behandlungsfehlers auf der zweiten Stufe der Beweisfigur eine Beweislastumkehr erreichen. Außerdem geht der BGH inzwischen davon aus, dass der Behandlungsfehler nicht typisch[1264], sondern

---

[1260] Vgl. *Laufs*, Arztrecht, 596; *Dunz*, Praxis der Arzthaftung, S. 31; *Taupitz*, ZZP 100 (1987), 287 (296); *Müller*, NJW 1997, 3049 (3052); *dies.*, DRiZ 2000, 259 (265).

[1261] Vgl. BGH NJW 1992, 1560 (1560); so auch *Gaupp*, Beweisfragen im Rahmen ärztlicher Haftungsprozesse, S. 53 f.; *Katzenmeier*, Arzthaftung, S. 436 f.

[1262] BGHZ 7, 198 (201) = BGH NJW 1953, 700 (700 f.) = BGH VersR 1952, 430 (430 f.); BGH NJW 1978, 1681 (1682); BGH NJW 1980, 2751 (2752); beispielsweise bejaht worden ist die Anwendbarkeit des Anscheinsbeweises jedoch unter bestimmten Voraussetzungen für den Kausalzusammenhang zwischen der Unterbringung eines Patienten im Krankenhauszimmer eines Scharlachkranken und der Scharlacherkrankung des später eingelieferten Patienten, vgl. RGZ 165, 336 (339), bei einer Tuberkuloseerkrankung und unzureichender Isolierung vor entsprechenden Ansteckungsgefahren, vgl. BGH VersR 1960, 416 (417); BGH VersR 1965, 91 (93) sowie einer HIV-Infektion durch die Verabreichung von Blutprodukten, vgl. BGHZ 114, 284 (289 ff.) = BGH NJW 1991, 1948 (1949 ff.) = BGH VersR 1991, 816 (818 f.); BGHZ 163, 209 (212 ff.) = BGH NJW 2005, 2614 (2615) = BGH VersR 2005, 1238 (1238 f.); mit Hilfe des Anscheinsbeweises wurde auch auf einen schuldhaften Behandlungsfehler geschlossen, vgl. BGH VersR 1957, 336 (337); BGH VersR 1961, 1118 (1119), allerdings sei beim Rückschluss von dem eingetretenen Schädigung auf ein ärztliches Verschulden besondere Vorsicht geboten, so BGHZ 7, 198 (201) = NJW 1953, 700 (701); BGH NJW 1978, 1681 (1682); *Gaupp*, Beweisfragen im Rahmen ärztlicher Haftungsprozesse, S. 49, 51; vgl. auch die Beispiele bei *Katzenmeier*, Arzthaftung, S. 434 ff.; mit dem Anscheinsbeweis sei im Arzthaftungsrecht nicht viel zu holen, so *Rehborn*, MDR 1999, 1169 (1173); *Gaupp*, Beweisfragen im Rahmen ärztlicher Haftungsprozesse, S. 49 ff.; „seltener Raum" für den Anscheinsbeweis, so *Steffen/Pauge*, Arzthaftungsrecht, Rn. 495.

[1263] Vgl. die Ausführungen in Fn. 1259.

[1264] Zum Merkmal der „typischen Eignung" vgl. BGH VersR 1956, 499 (500); BGH NJW 1959, 1583 (1584); BGH VersR 1963, 67 (69); BGH VersR 1963, 168 (169); BGH VersR 1967, 713 (713 f.); BGH VersR 1968, 498 (498 f.); BGH VersR 1974, 804 (807); BGH VersR 1986, 366 (367).

nur generell geeignet sei muss, den eingetretenen Schaden herbeizuführen[1265] und – abweichend von der Auffassung *Musielaks* – der Fehler den Schaden weder wahrscheinlich machen noch nahe legen muss.[1266] Weiter hat der BGH ausdrücklich klar gestellt, dass „die in Frage stehende Beweiserleichterung auf anderer Grundlage beruht als etwa diejenige des Anscheinsbeweises"[1267]. Wenn *Musielak* darauf abstellt, dass eine Eignung außerdem voraussetze, dass Schäden der eingetretenen Art als Folge eines groben Behandlungsfehlers nach empirischen Erhebungen häufiger vorkämen, so mag dies auf die überwiegende Zahl der Fälle zutreffen. Anders als beim Anscheinsbeweis ist dies jedoch keine zwingende Voraussetzung, um die Geeignetheit des Fehlers für den Schaden zu bejahen. Denn während der Anscheinsbeweis eine Typizität voraussetzt, ist nach der Rechtsprechung des BGH gerade kein typischer Ursachenzusammenhang zwischen grobem Fehler und Schaden erforderlich.[1268] Bei der Beweisregel des groben Behandlungsfehlers, die auch im Rahmen der Beweisfigur der unterlassenen Befunderhebung zur Anwendung kommt, handelt es sich also nicht um einen versteckten Anwendungsfall des Anscheinsbeweises.

2. Möglicherweise könnte sich etwas anderes daraus ergeben, dass die Rechtsprechung bei der Begründung der Beweisfigur der unterlassenen Befunderhebung auch Billigkeitserwägungen anstellt.[1269] Zuweilen stößt man nämlich im Schrifttum auf die Meinung, dass es sich beim Anscheinsbeweis nicht nur um die Berücksichtigung von Erfahrungssätzen im Rahmen der richterlichen Überzeugungsbildung handele, sondern dass der Anscheinsbeweis auch eine Frage der Billigkeit sei und daher nur geführt werden könne, wenn die Billigkeit es erfordere.[1270] Die Rechtsprechung hat sich nur selten mit der Frage beschäftigt, welche Bedeutung der Billigkeit beim Anscheinsbeweis zukommt.[1271] Zwar klingen in frühen Entscheidungen des Reichsgerichts zum Anscheinsbeweis Billigkeitserwägungen an,[1272] allerdings hat das Gericht später klar gestellt, dass der Anscheinsbeweis keine Frage der Billigkeit ist.[1273] Auch der BGH hat – soweit ersichtlich – im Zusammenhang mit dem Anscheinsbe-

---

[1265] BGH NJW 1968, 2291 (2293); BGH NJW 1969, 553 (554); BGHZ 85, 212 (217) = BGH NJW 1983, 333 (334) = BGH VersR 1982, 1193 (1195); BGH NJW 1986, 1540 (1541); BGH VersR 1986, 366 (367); BGH NJW 1988, 2303 (2303); BGH NJW 1997, 796 (797); BGH VersR 1998, 585 (586); *Baumgärtel*, Beweislast, Bd. 1, § 823 Anh. C II, Rn. 24; Staudinger-*Hager*, § 823 Rn. I 54 m.w.N.; *Müller*, NJW 1997, 3049 (3052).

[1266] BGHZ 85, 212 (216 f.) = BGH NJW 1983, 333 (334) = BGH VersR 1982, 1193 (1195); BGH VersR 1986, 366 (367); BGH VersR 1989, 80 (81); BGH NJW 1997, 796 (798); BGHZ 144, 296 (303, 307) = BGH NJW 2000, 2737 (2739) = BGH VersR 2000, 1146 (1147 f.); so auch OLG Hamm, VersR 1994, 1067 (1068).

[1267] BGHZ 85, 212 (217) = BGH NJW 1983, 333 (334) = BGH VersR 1982, 1193 (1195).

[1268] BGHZ 85, 212 (217) = BGH NJW 1983, 333 (334) = BGH VersR 1982, 1193 (1195).

[1269] Es erscheine „unbillig, den Patienten das volle Aufklärungsrisiko tragen zu lassen", so BGHZ 99, 391 (399 ) = BGH NJW 1987, 1482 (1483 f.) = BGH VersR 1987, 1089 (1091); „gerechte Verteilung", so BGHZ 85, 212 (218) = BGH NJW 1983, 333 (334) = BGH VersR 1982, 1193 (1195); „Billigkeitsgründen", so BGHZ 132, 47 (52) = BGH NJW 1996, 1589 (1590) = BGH VersR 1996, 633 (634); *Hausch*, VersR 2005, 600 (605).

[1270] *Ehrlicher*, prima-facie Beweis, S. 1, 67; *Prölss*, Beweiserleichterungen, S. 24 m.w.N. in Fn. 63.

[1271] *Prölss*, Beweiserleichterungen, S. 25.

[1272] RG Warn. Rspr. 1929, Nr. 159 spricht beispielsweise davon, dass „dem Kläger der für ihn fast unmögliche Beweis nicht zugemutet werden kann".

[1273] RG JW 1932, 1736 (1737 f.).

weis bislang keine Billigkeitserwägungen angestellt,[1274] so dass es schon deshalb eher fern liegt, die Beweisfigur der unterlassenen Befunderhebung allein wegen der von der Rechtsprechung angestellten Billigkeitserwägungen dem Anscheinsbeweis zuzuordnen. Anscheinsbeweis und Billigkeit haben auch nichts miteinander zu tun. Um die Anwendbarkeit des Anscheinsbeweises zu bejahen, reicht es nämlich aus, dass der Richter im Rahmen der freien Beweiswürdigung eine durch die Lebenserfahrung vermittelte Wahrscheinlichkeit für seine Überzeugungsbildung ausreichen lässt – irgendwelchen Billigkeitserwägungen muss er dabei gerade nicht Rechnung tragen; dies ist auch richtig so, da der Richter sich andernfalls eine bestimmte Überzeugung nicht bilden dürfte oder umgekehrt sich gerade bilden müsste, je nachdem wie es die Billigkeit erforderte und so der Grundsatz der freien Beweiswürdigung preis gegeben würde.[1275]

3. Wie bereits dargestellt wurde, hat die Rechtsprechung bei der dem Patienten auf der ersten Stufe der Beweisfigur gewährten Beweiserleichterung der „hinreichenden Wahrscheinlichkeit" mit der Folge der Unterstellung eines reaktionspflichtigen Befundergebnisses auch nicht auf einen Anscheinsbeweis zurückgegriffen.[1276] Dieser Gedanke scheitert bereits daran, dass der Arzt – ist zu seinen Ungunsten von einem reaktionspflichtigen Befundergebnis auszugehen – diese Vermutung durch vollen Beweis des Gegenteils widerlegen und nicht nur erschüttern muss. Die Beweisfigur der unterlassenen Befunderhebung stellt damit weder einen Anwendungsfall des Anscheinsbeweises dar noch kann sie durch diesen ersetzt werden.

An anderer Stelle wurde bereits ausgeführt, dass es näher liegt, die Frage, ob die Befunderhebung ein reaktionspflichtiges Befundergebnis gebracht hätte, als Teil der haftungsbegründenden Kausalität anzusehen und *diesen* Nachweis mithilfe eines Indizienbeweises zu erbringen.[1277] Gibt es einen entsprechenden Erfahrungssatz, dass die Befunderhebung ein reaktionspflichtiges Befundergebnis gezeigt hätte, was im Einzelfall denkbar sein kann, wenn ein solches zumindest hinreichend wahrscheinlich war, dann kann der Richter nach allgemeinen Grundsätzen der Beweiswürdigung den Schluss auf ein solches ziehen und von einem reaktionspflichtigen Befundergebnis ausgehen.[1278]

## B. Haftung für mögliche Kausalität

Grundsätzlich müsste der Patient im Fall der unterlassenen Befunderhebung nachweisen, dass der eingetretene Schaden – wäre der Befund erhoben worden – mit an Sicherheit grenzender Wahrscheinlichkeit ausgeblieben wäre.[1279] Dafür müsste er denknotwendig erst einmal beweisen, wie der nicht erhobene Befund ausgese-

---

[1274] *Prölss*, Beweiserleichterungen, S. 25; die Rechtsprechung zeige sich nicht bereit, allein aus Billigkeitsgründen leichtfertig einen typischen Sachverhalt und eine allgemeine Lebenserfahrung anzunehmen, nur um dem klagenden Patienten zu helfen, so *Katzenmeier*, Arzthaftung, S. 436.
[1275] *Prölss*, Beweiserleichterungen, S. 25 f.
[1276] Vgl. dazu schon die Ausführungen in Kapitel 5 unter B. III. 3.
[1277] Vgl. dazu schon die Ausführungen in Kapitel 5 unter B. III. 5.
[1278] Mangels entsprechenden Erfahrungssatzes verbietet sich jedoch der Indizienbeweis für den Schluss auf die Gesamtkausalität zwischen Befunderhebungsfehler und Schaden, vgl. dazu die Ausführungen in Kapitel 5 unter B. III. 5.
[1279] Zur Kausalität des Unterlassens vgl. BGHZ 64, 64 (51) = BGH NJW 1975, 824 (825).

hen hätte. Die neuere Beweisfigur erleichtert ihm diesen Beweis, indem sie von ihm nur den Nachweis verlangt, dass die unterbliebene Befunderhebung mit hinreichender Wahrscheinlichkeit ein reaktionspflichtiges Ergebnis gezeigt hätte. Da somit ein solches Ergebnis auf der ersten Stufe der Beweisfigur nicht sicher nachgewiesen sein muss und es auf der zweiten Stufe zu einer Beweislastumkehr kommt, wenn das hypothetische Verhalten des Arztes auf das unterstellte Befundergebnis einen groben Behandlungsfehler dargestellt hätte, was lediglich die Eignung dieses Fehlers für den Schadenseintritt voraussetzt, könnte es sich bei der Haftung des Arztes im Ergebnis um eine Haftung für eine bloß mögliche Kausalität handeln – sicher im Sinne der Äquivalenztheorie steht sie nämlich nicht fest.[1280]

## I. Die Auffassung *Bydlinskis*

*Bydlinski*[1281] versucht für den Fall des groben Behandlungsfehlers den Rechtsgedanken des § 830 Abs. 1 Satz 2 BGB heranzuziehen, um auf eine Beweislastumkehr verzichten zu können. Er sieht in der Regelung des § 830 Abs. 1 Satz 2 BGB ein allgemeines Prinzip der Haftung für mögliche Kausalität, das Beweislastentscheidungen vermeiden soll. Wenn es dem Arzt nicht gelinge, die fehlende Ursächlichkeit seines Fehlers für den eingetretenen Schaden darzulegen und zu beweisen, hafte er im Ergebnis für eine nur mögliche Kausalität. Dieser Gedanke könnte, wie eben erläutert, auch auf die Beweisfigur der unterlassenen Befunderhebung zutreffen.

*Bydlinksi* zufolge wird im Fall des § 830 Abs. 1 Satz 2 BGB gehaftet für ein schuldhaftes Verhalten, das in Richtung auf den eingetretenen Schadenserfolg in der konkreten Situation gefährlich und für den Schaden zumindest potentiell kausal war. Diesen Rechtsgedanken will er heranziehen, um auf die Beweisfigur verzichten zu können. Zwar gehe § 830 Abs. 1 Satz 2 BGB von *mehreren* haftungsbegründenden Verhaltensweisen aus.[1282] Der dahinter stehende Gedanke gelte jedoch auch dann, wenn das schuldhafte Verhalten einer Partei in der Frage der Kausalität mit dem Zufall konkurriere, also ungeklärt sei, ob es durch den Behandlungsfehler des Arztes oder durch ein schicksalhaftes Ereignis zu dem Schaden gekommen sei. Denn auch hier werde der Arzt durch genau dieselben Haftungsgründe belastet, wie wenn es neben ihm noch einen anderen potentiell kausalen Täter gebe.[1283] Kommt es trotz nur möglicher Kausalität des Behandlungsfehlers für den Schaden zu einer Umkehr der Beweislast, haftet der Arzt nach der Rechtsprechung grundsätzlich in vollem Umfang, also im Ergebnis so, als stünde die Verursachung sicher fest. Dies ist nach Auffassung von *Bydlinski* nicht sachgerecht, da die Schadensursache ja möglicherweise in der Sphäre des Patienten entstanden sei, was diesen mitbelaste und daher berücksichtigt werden müsse.[1284] Unter Anwendung des Rechtsgedankens von § 254 BGB müsse der Arzt als potentieller Schädiger daher von vornherein nur den Teil

---

[1280] So auch *Gaupp*, Beweisfragen im Rahmen ärztlicher Haftungsprozesse, S. 77.
[1281] *Bydlinski*, Probleme der Schadensverursachung, S. 65 ff.
[1282] *Bydlinski*, Probleme der Schadensverursachung, S. 77.
[1283] *Bydlinski*, Probleme der Schadensverursachung, S. 77.
[1284] *Bydlinski*, Probleme der Schadensverursachung, S. 87.

des Schadens ersetzen, der dem Wahrscheinlichkeitsgrad seiner Verursachung entspreche.[1285]

## II. Stellungnahme

Zwar mag es aus den oben genannten Gründen noch vertretbar erscheinen, davon auszugehen, dass der Arzt bei Anwendung der Beweisfigur der unterlassenen Befunderhebung im Ergebnis nur für eine mögliche Kausalität haftet. Allerdings vermag der Ansatz *Bydlinskis* nicht zu überzeugen.[1286] In § 830 Abs. 1 Satz 2 BGB ein allgemeines Prinzip einer Haftung für mögliche Kausalität zu sehen, verbietet sich schon deshalb, weil es sich bei dieser Regelung um eine Ausnahmevorschrift handelt.[1287]

Aber noch aus einem anderen, entscheidenderen Grund passt die Anwendung des Rechtsgedankens von § 830 Abs. 1 Satz 2 BGB auf den Arzthaftungsprozess nicht, lässt sich also weder auf die Fälle des groben Behandlungsfehlers noch auf die der unterlassenen Befunderhebung übertragen. § 830 Abs. 1 Satz 2 BGB setzt nämlich voraus, dass bei jedem der Beteiligten – abgesehen vom Nachweis der Kausalität – ein anspruchsbegründendes Verhalten sicher vorliegt. Ungewiss ist nur, welche der Verhaltensweisen tatsächlich kausal geworden ist. Nur in einem solchen Fall soll die Beweisschwierigkeit des Geschädigten überwunden werden. Folge der Regelung ist, dass sich gem. § 830 Abs. 1 Satz 2 BGB jeder der Beteiligten verantworten muss. Eine solche Situation liegt im Arzthaftungsprozess jedoch gerade nicht vor. Denn hier besteht regelmäßig Ungewissheit darüber, ob der Behandlungsfehler des Arztes oder der Zufall, also ein schicksalhaftes Ereignis, den Schaden verursacht hat. Ein solches schicksalhaftes Ereignis begründet jedoch auch bei unterstellter Kausalität keinen Anspruch des Patienten. § 830 Abs. 1 Satz 2 BGB und sein Rechtsgedanke passen daher für den Arzthaftungsprozess gerade nicht.[1288]

Mit seiner Forderung nach einer Quotelung der Haftung propagiert *Bydlinski* außerdem ein dem BGB, das vom „Alles-oder-Nichts-Prinzip" ausgeht, fremdes Zurechnungsprinzip. Eine solche Proportionalhaftung drohe die Ausgleichsfunktion des Schadensersatzes zu beeinträchtigen, mit derartigen Teilbeträgen sei niemandem gedient; der Handelnde habe vielmehr ein legitimes Interesse daran, von der Haftung frei zu sein, wenn er einen Schaden nur möglicherweise und nicht mit an Sicherheit

---

[1285] *Bydlinski*, Probleme der Schadensverursachung, S. 87.

[1286] So im Ergebnis auch *Katzenmeier*, Arzthaftung, S. 527.

[1287] *Hanau*, Die Kausalität der Pflichtwidrigkeit, S. 129. Dagegen wendet *Katzenmeier*, Arzthaftung, S. 527 (Fn. 797) mit Verweis auf *Engisch*, Einführung in das juristische Denken, S. 130 f., 194 ein, dass es einen allgemeinen Grundsatz, dass Ausnahmevorschriften eng auszulegen und nicht analogiefähig seien, so nicht gebe. Hiergegen spricht, dass eine Analogie eine planwidrige Regelungslücke des Gesetzes voraussetzt, Ausnahmevorschriften jedoch bewusst an einzelnen Stellen in das Gesetz aufgenommen wurden, also umgekehrt an anderen Stellen bewusst unterblieben sind, von einer *planwidrigen* Regelungslücke also allenfalls höchst selten ausgegangen werden kann; im Übrigen handelt es sich bei Ausnahmevorschriften um Sonderregeln, die einer Verallgemeinerung denklogisch kaum zugänglich sein dürften, so auch *Fleischer*, JZ 1999, 766 (772); *Franzki*, Die Beweisregeln im Arzthaftungsprozess, S. 73; *Gaupp*, Beweisfragen im Rahmen ärztlicher Haftungsprozesse, S. 76.

[1288] Nach Auffassung von *Katzenmeier*, Arzthaftung, S. 527 f. spricht dies entscheidend gegen eine Heranziehung und analoge Anwendung der Norm.

grenzender Wahrscheinlichkeit verursacht habe.[1289] Bydlinkis Auffassung führt im Übrigen auch nicht dazu, dass Beweislastentscheidungen vermieden werden könnten. Haben sich nämlich sowohl Schädiger als auch Geschädigter gleich schuldhaft und gefährlich verhalten, sind nach Bydlinski beide Verhaltensweisen potentiell für den Schaden kausal geworden. Mit geltendem Recht wäre es jedoch unvereinbar, in einem solchen Fall beiden jeweils pauschal die Hälfte des Schadens aufzuerlegen. Im Ergebnis müsste also doch wieder eine Beweislastentscheidung getroffen werden.[1290]

## C. Sonderbehandlung des Nachweises (hypothetischer) Kausalität

Wie bereits dargelegt, besteht wegen der im Arzthaftungsprozess typischerweise vorliegenden „Doppelkausalität" regelmäßig für beide Parteien das Risiko der Nichtaufklärbarkeit des Kausalzusammenhangs. Weder Arzt noch Patient können also häufig mit der für eine Überzeugung des Richters im Sinne von § 286 ZPO erforderlichen Sicherheit den Kausalzusammenhang zwischen Behandlungsfehler und Schaden nachweisen. Dennoch belastet die Rechtsprechung mit diesem Risiko den Arzt. Weil auch auf der zweiten Stufe der Beweisregel der unterlassenen Befunderhebung lediglich geprüft wird, ob die hypothetische Reaktion des Arztes auf das unterstellte Befundergebnis einen groben Behandlungsfehler dargestellt hätte, reicht auch hier eine bloße Verursachungseignung des fiktiven Fehlers für den eingetretenen Schaden aus. Da die Rechtsprechung bei der Prüfung dieser Eignung nicht auf Wahrscheinlichkeitserwägungen abstellt, sondern diese in den Gegenbeweis verlagert, haftet der Arzt folglich für einen groben Behandlungsfehler im Einzelfall sogar dann, wenn keine nennenswerte Wahrscheinlichkeit für den Kausalzusammenhang spricht.[1291]

Indem die Rechtsprechung auf das Vorliegen eines (fiktiven) groben Behandlungsfehlers abstellt, verlagert sie also schlicht die Beweislast vom Patienten auf den Arzt; dies erscheint nicht als adäquate Lösung.[1292] Denn wird die Beweislast einfach auf den Beklagten übertragen, ohne dass diesem zugleich Beweiserleichterungen zugestanden werden, kommt dies meist einer Kausalitätsfiktion gleich.[1293] Nach dem Grundsatz der Waffengleichheit muss jedoch fairerweise beiden Parteien die realistische Chance gewährt werden, ihre Rechte im Prozess darlegen und beweisen zu können.[1294] Kann der Arzt – wie dies überwiegend der Fall ist – die fingierte Kausalität nicht entkräften, haftet er im Ergebnis für eine bloß hypothetische Kausalität. Möglicherweise lässt sich eine angemessene Lösung abseits von Beweisregeln und Beweislastverteilungen in der ZPO selbst finden. In der Literatur finden sich hierzu durchaus Ansätze, auf die im Folgenden eingegangen werden soll.

---

[1289] Katzenmeier, Arzthaftung, S. 528 f.; so auch Hanau, Die Kausalität der Pflichtwidrigkeit, S. 131 f.
[1290] So auch Bodenburg, Kunstfehler, S. 54.
[1291] So auch Sträter, Grober Behandlungsfehler, S. 141.
[1292] So auch Sträter, Grober Behandlungsfehler, S. 140 f.; Sick, Beweisrecht im Arzthaftpflichtprozess, S. 72.
[1293] Greger, Beweis und Wahrscheinlichkeit, S. 160.
[1294] AK-ZPO-Schmidt, Einl. Rn. 1, 10 ff.

## I. Anwendung von § 287 ZPO

Weil bei der unterlassenen Befunderhebung regelmäßig der Nachweis der Kausalität besonders schwierig ist und im Streit steht, könnte sich insbesondere eine Anwendung von § 287 ZPO anbieten, der gerade den Nachweis der Kausalität erleichtern soll.[1295] Um beurteilen zu können, ob die Anwendung von § 287 ZPO auf die Fälle der unterlassenen Befunderhebung möglich ist und eine für Arzt und Patient befriedigende Lösung darstellen würde, muss zunächst der Anwendungsbereich der Vorschrift bestimmt werden.

### 1. Der Anwendungsbereich des § 287 ZPO

Grundsätzlich muss der Patient nicht nur darlegen und beweisen, *dass* ihm ein Schaden entstanden ist, sondern auch, *in welcher Höhe* dies der Fall ist. Letzteres ist besonders dann schwierig, wenn die Berechnung des Schadens – wie beim Schmerzensgeld – im Ermessen des Richters steht (vgl. § 253 Abs. 2 BGB), die Schadensberechnung – wie beim entgangenen Gewinn – hypothetisch ist (vgl. § 252 BGB) oder der Aufwand für die Beweiserhebung über die Höhe des Schadens unverhältnismäßig wäre.[1296] § 287 ZPO soll nun den Patienten davon befreien, den Schaden „auf Heller und Pfennig"[1297] beziffern und beweisen zu müssen. Der Richter kann ausnahmsweise den dem Kläger entstandenen Schaden schätzen. Der Patient muss dem Richter nicht wie sonst Tatsachen liefern, die eindeutig auf den Schaden schließen lassen, sondern es ist ausreichend, wenn lediglich greifbare Anhaltspunkte im Sinne von Tatsachenbehauptungen vorliegen, die dem Richter die Ausübung des Ermessens bei der Schätzung ermöglichen. Der Patient muss also nicht so substantiiert wie sonst vortragen.[1298]

Eben weil der Richter den Schaden schätzen darf, also nicht wie bei § 286 ZPO von diesem voll überzeugt sein muss im Sinne eines „für das praktische Leben brauchbaren Grad[es] von Gewissheit, der Zweifeln Schweigen gebietet, ohne sie völlig auszuschließen"[1299], erleichtert § 287 ZPO nicht nur das Beweisverfahren, sondern reduziert auch das erforderliche Beweismaß.[1300] Hier kann eine deutlich ü-

---

[1295] Vgl. Thomas/Putzo-*Reichold*, § 287 Rn. 4; Zöller-*Greger*, § 287 Rn. 1; *Rosenberg/Schwab/Gottwald*, Zivilprozessrecht, § 113 Rn. 2.

[1296] Zöller-*Greger*, § 287 Rn. 1.

[1297] *Stoll*, AcP 176 (1976), 145 (183); *Prölss*, Beweiserleichterungen, S. 48.

[1298] Vgl. *Katzenmeier*, Arzthaftung, S. 425; Thomas/Putzo-*Reichold*, § 287 Rn. 9; Zöller-*Greger*, § 287 Rn. 5; *Rosenberg/Schwab/Gottwald*, Zivilprozessrecht, § 113 Rn. 3, Rn. 5.

[1299] BGHZ 53, 245 (256) = BGH NJW 1970, 946 (948); vgl. auch BGHZ 7, 116 (119); BGHZ 18, 311 (318) = BGH NJW 1956, 21 (23) = BGH VersR 1955, 732 (733 f.); Thomas/Putzo-*Reichold*, § 286 Rn. 2.

[1300] Vgl. BGH NJW 1992, 2694 (2695); NJW 2000, 509 (509); Zöller-*Greger*, § 287 Rn. 1; *Katzenmeier*, Arzthaftung, S. 425; *Rosenberg/Schwab/Gottwald*, Zivilprozessrecht, § 113 Rn. 3; a.A. *Weber*, Der Kausalitätsbeweis im Zivilprozess, S. 197 f., 210: weil § 287 ZPO genau wie § 286 ZPO ausdrücklich von „freier Überzeugung" des Gerichts spreche, stehe der Gesetzestext der Annahme eines für § 287 ZPO reduzierten Beweismaßes entgegen; zumindest bedürfe es einer eingehenden Begründung, weshalb in zwei aufeinander folgenden Vorschriften ein und derselbe Begriff zweierlei Bedeutung haben solle; eine solche sei nicht ersichtlich.

berwiegende, auf gesicherter Grundlage beruhende Wahrscheinlichkeit zur Beweisführung ausreichen.[1301] An der Verteilung der Beweislast ändert § 287 ZPO indes nichts.[1302]

Der Anwendungsbereich des § 287 ZPO ist umstritten.[1303] Einigkeit besteht dabei, dass § 287 ZPO jedenfalls für den Nachweis der Höhe des entstandenen Schadens gilt.[1304] Ebenso unumstritten ist, dass der konkrete Haftungsgrund nach § 286 ZPO bewiesen werden muss, wozu auch der Nachweis der Handlung des Schädigers sowie seines Verschuldens gehört.[1305] Dem Wortlaut nach kommt § 287 ZPO jedoch auch dann zur Anwendung, wenn streitig ist, ob überhaupt ein Schaden entstanden ist.

Die überwiegende Meinung unterscheidet insoweit zwischen haftungsbegründender und haftungsausfüllender Kausalität.[1306] Die Feststellung, ob ein bestimmtes Tun oder Unterlassen beim Kläger kausal eine Rechtsgutverletzung verursacht hat (haftungsbegründende Kausalität), ist Teil des konkreten Haftungsgrundes und muss daher nach § 286 ZPO bewiesen werden. Dagegen fällt der Nachweis der Kausalität zwischen Haftungsgrund und eingetretenem Schaden als haftungsausfüllende Kausalität unter § 287 ZPO.[1307] Dies liegt daran, dass es sich hierbei um Schlussfolgerungen in Form von Weiterentwicklungen der Schädigung handelt, die oft genug hypothetischer Art sind, weshalb es der Anwendung des § 287 ZPO bedarf.[1308] Die Anwendung des § 287 ZPO hängt also entscheidend davon ab, wie der Haftungsgrund definiert wird.

Der BGH hat dabei früher auf ein „Betroffensein" des Geschädigten durch die Handlung des Schädigers abgestellt, das nach § 286 ZPO zu beweisen sein sollte, während für den Beweis der übrigen Kausalität § 287 ZPO gelten sollte.[1309]

---

[1301] BGH NJW 1976, 1145 (1146); BGH NJW 1992, 3298 (3299).

[1302] BGH NJW 1970, 1970 (1971); *Schneider*, MDR 1975, 444 (446).

[1303] Vgl. dazu auch die Darstellung bei *Katzenmeier*, Arzthaftung, S. 424 ff.

[1304] Statt vieler Zöller-*Greger*, § 287 Rn. 2.

[1305] BGHZ 58, 48 (53) = BGH NJW 1972, 1126 (1127) = BGH VersR 1972, 372 (374 f.); BGH NJW 2000, 664 (667); Zöller-*Greger*, § 287 Rn. 2 f.

[1306] Grundlegend BGHZ 4, 192 (196) = NJW 1952, 301 (302); BGHZ 58, 48 (53) = NJW 1972, 1126 (1127 f.); BGHZ 93, 351 (354) = BGH NJW 1985, 1390 (1390); statt vieler Thomas/Putzo-*Reichold*, § 287 Rn. 4; *Katzenmeier*, Arzthaftung, S. 427 m.w.N.

[1307] Statt vieler Thomas/Putzo-*Reichold*, § 287 Rn. 4.

[1308] RGZ 6, 356 (357); RGZ 128, 121 (124 f.); BGHZ 7, 198 (203) = BGH NJW 1953, 700 (700 f.) = BGH VersR 1952, 430 (430); *Müller*, NJW 1997, 3049 (3051); *Gaupp*, Beweisfragen im Rahmen ärztlicher Haftungsprozesse, S. 24 ff.; a.A. *Prölss*, Beweiserleichterungen, S. 54 ff., der § 287 ZPO nur auf die Höhe des Schadens, nicht aber auf die haftungsausfüllende Kausalität anwenden will. Nach seiner Auffassung ist die haftungsausfüllende Kausalität, also der „Kausalzusammenhang zwischen dem konkreten Haftungsgrund und dem Schaden" Teil der Verpflichtungstatbestands und daher nicht nach § 287 ZPO zu beurteilen. Dass § 287 ZPO nur für die Höhe des Schadens, nicht aber für den Kausalzusammenhang zwischen Unfall und Schaden gelte, ergebe sich „aus dem Sinn der Vorschrift": § 287 ZPO solle nur dabei helfen, die „quantitative Unsicherheit" des Schadensersatzanspruchs zu überwinden. Bei der Feststellung des Kausalzusammenhangs gehe es aber nicht um die Quantitätsfrage, sondern darum, ob überhaupt ein derartiger Kausalzusammenhang vorliege. Im Übrigen stehe einer Anwendung des § 287 ZPO auf die haftungsausfüllende Kausalität der Wortlaut der Norm entgegen. Dagegen spricht, dass mit der Frage nach Entstehung und Höhe des Schadens konsequenterweise auch die Frage der haftungsausfüllenden Kausalität verbunden und daher § 287 ZPO unterstellt werden muss.

[1309] Vgl. BGH VersR 1975, 540 (541); BGH VersR 1982, 756 (757).

Abgesehen davon, dass der Begriff des „Betroffenseins" unklar und missverständlich ist,[1310] verlegte der BGH durch die Verwendung des Begriffs auch den Haftungsgrund weit nach vorne und begünstigte so den Anwendungsbereich des § 287 ZPO.[1311] Denn wenn es ausreichend ist, dass der Vertragspartner durch eine Vertragspflichtverletzung „betroffen" ist, die allein als Haftungsgrund nach § 286 ZPO zu beweisen ist, dann scheint auch eine bloße Gefährdung des Rechtsguts – und nicht erst dessen Verletzung – zur Bejahung des Haftungsgrundes ausreichend zu sein. Vereinzelt wurde auch so entschieden.[1312] In der Tat hängt eine restriktive oder extensive Anwendung des § 287 ZPO entscheidend davon ab, ob man den Haftungsgrund bereits in der Verletzung einer Vertrags-/Verhaltenspflicht (dann extensiv) oder erst in der Rechtsgutsverletzung (dann restriktiv) sieht. Der Ursachenzusammenhang zwischen Behandlungsfehler und Schaden kann daher nur dann der haftungsausfüllenden Kausalität zugeordnet und nach § 287 ZPO festgestellt werden, wenn man als Haftungsgrund nicht die Rechtsgutsverletzung ansieht, sondern im Rahmen der vertraglichen Haftung bereits das Fehlverhalten des Arztes und entsprechend bei der deliktischen Haftung schon die unmittelbare Gefährdung des Rechtsgutes.[1313]

## 2. Verletzung einer Verhaltensnorm als Haftungsgrund

Zum Teil wird an der Differenzierung zwischen haftungsbegründender und haftungsausfüllender Kausalität im Grundsatz festgehalten und daher zwar die Meinung vertreten, dass die Beweiserleichterungen des § 287 ZPO erst dann eingreifen könnten, wenn der Haftungsgrund feststehe; bei der Bestimmung, was als Haftungsgrund anzusehen sei, müsse jedoch der Aufbau der Haftungstatbestände beachtet werden.[1314] Es sei daher zwischen „Verhaltensnormtatbeständen" (vor allem die positive Forderungsverletzung, heute § 280 Abs. 1 BGB, und § 823 Abs. 2 BGB) und „Eingriffstatbeständen" (vor allem § 823 Abs. 1 BGB) zu unterscheiden.[1315] Dies bedeutet, dass bei Ersteren schon die Fehlsteuerung der Handlung, also die Verletzung einer Verhaltenspflicht den Haftungsgrund darstellt, während bei Letzteren erst der Eingriff in das Rechtsgut, also die Rechtsgutsverletzung als Haftungsgrund angesehen wird. Bei Ersteren ist daher eine extensive Anwendung des § 287 ZPO möglich,[1316] während dies bei Letzteren nicht der Fall ist.

---

[1310] Ausdrücklich als „unscharf" wird der Begriff in BGH ZIP 1989, 986 (988) bezeichnet; vgl. auch *Stoll*, AcP 176 (1976), 145 (185 f.); vgl. auch *Katzenmeier*, Arzthaftung, S. 427.

[1311] *Stoll*, AcP 176 (1976), 145 (185 f.).

[1312] Vgl. BGHZ 58, 48 (55) = BGH NJW 1972, 1126 (1127 f.) = BGH VersR 1972, 372 (374 f.).

[1313] So auch *Hanau*, Die Kausalität der Pflichtwidrigkeit, S. 134; vgl. auch die Darstellung bei *Katzenmeier*, Arzthaftung, S. 457, ebenfalls mit Verweis auf *Hanau*.

[1314] *Hanau*, Die Kausalität der Pflichtwidrigkeit, S. 120; *Gaupp*, Beweisfragen im Rahmen ärztlicher Haftungsprozesse, S. 36.

[1315] *Hanau*, Die Kausalität der Pflichtwidrigkeit, S. 121 f.; *Gaupp*, Beweisfragen im Rahmen ärztlicher Haftungsprozesse, S. 36 ff.

[1316] Nach *Hanau*, Die Kausalität der Pflichtwidrigkeit, S. 121 ergibt sich die extensive Anwendung von § 287 ZPO schon daraus, dass es in einem reinen Verhaltensnormtatbestand – abgesehen von erfolgsbezogenen Pflichtverletzungen - überhaupt keine haftungsbegründende Kausalität geben kann, da schon die Verletzung einer Verhaltenspflicht die Haftung begründet; so auch *Giesen*, Arzthaftungsrecht, Rn. 357.

Der Ursachenzusammenhang zwischen Behandlungsfehler und Schaden kann daher nur dann der haftungsausfüllenden Kausalität zugeordnet und nach § 287 ZPO festgestellt werden, wenn man als Haftungsgrund nicht die Rechtsgutsverletzung ansieht, sondern im Rahmen der vertraglichen Haftung bereits das Fehlverhalten des Arztes und entsprechend bei der deliktischen Haftung schon die unmittelbare Gefährdung des Rechtsgutes.[1317] Dies wird für das Arzthaftungsrecht auch so vertreten; hier soll bereits die Verletzung eines Verhaltensnormtatbestandes, mithin ein Fehlverhalten im Sinne eines Behandlungsfehlers, als Haftungsgrund ausreichen.[1318] Folgte man dieser Auffassung, könnte die Beweisfigur der unterlassenen Befunderhebung möglicherweise entbehrlich sein, da § 287 ZPO auf den Ursachenzusammenhang zwischen Befunderhebungsfehler und Schaden angewendet werden könnte.

　　Der BGH ist der eben genannten Auffassung allerdings deutlich entgegengetreten.[1319] Da das Deliktsrecht den Schutz von Rechtsgütern bezwecke und Schadensersatz nur gewähre, wenn auch ein Rechtsgut verletzt worden sei, bilde hier die Rechtsgutsverletzung den konkreten Haftungsgrund.[1320] Weil die Sorgfaltspflichten des Arztes gegenüber dem Patienten dieselben seien, unabhängig davon, ob sie auf Delikt oder auf Vertrag beruhten,[1321] müsse auch der Haftungsgrund identisch sein. Wenn Grund für die deliktische Haftung des Arztes die Rechtsgutsverletzung sei, habe Gleiches auch für den vertraglichen Anspruch zu gelten. Grund für eine Haftung des Arztes könne daher nicht das bloße Vorliegen eines Behandlungsfehlers, mithin die Verletzung einer Verhaltensnorm sein, sondern erst der Eingriff in ein Rechtsgut, also die Rechtsgutsverletzung.

　　Dieser Rechtsprechung ist zuzustimmen. Erst wenn in einen fremden Rechtskreis eingegriffen worden ist, schließen sich daran Kausalverläufe an, die zu einer Beweisnot des Geschädigten führen können.[1322] Wollte man dagegen den Haftungsgrund bereits in dem ärztlichen Fehlverhalten in Form des Behandlungsfehlers sehen, müsste man von dieser Sorgfaltspflichtverletzung automatisch auf die Verletzung eines Rechtsguts schließen können, um einen Eingriff in den fremden Rechtkreis bejahen zu können. Da aber nicht jedes ärztliche Fehlverhalten eine Rechtsgutsverletzung nach sich zieht, verbietet sich ein solcher Schluss. Damit widerspricht es dem Zweck des Deliktsrechts, den Haftungsgrund bereits in dem ärztlichen Behandlungsfehler zu sehen. Denn diese Auffassung knüpft nicht mehr an die Verletzung eines Rechtsguts, sondern letztlich an dessen bloße Gefährdung an.

　　Mit der überwiegenden Auffassung ist daher davon auszugehen, dass Haftungsgrund des Arztes nicht schon der Behandlungsfehler, sondern erst die Rechtsgutsverletzung ist, für die das Beweismaß des § 286 ZPO gilt, wohingegen die Kausalität zwischen Haftungsgrund und Schaden, mithin die haftungsausfüllende Kausalität, mit dem Beweismaß des § 287 ZPO zu beweisen ist. Weil die Verletzung einer Verhal-

---

[1317] So auch *Hanau*, Die Kausalität der Pflichtwidrigkeit, S. 134; vgl. auch die Darstellung bei *Katzenmeier*, Arzthaftung, S. 457, ebenfalls mit Verweis auf *Hanau*.

[1318] *Giesen*, Arzthaftungsrecht, Rn. 357; *Hanau*, Die Kausalität der Pflichtwidrigkeit, S. 134; *Fabarius*, Sorgfalt, S. 139 (Fn. 636); *Hart*, Jura 2000, 14 (18 f.).

[1319] BGH NJW 1987, 705 (706).

[1320] So auch *Stoll*, AcP 176 (1976), 145 (185); *Franzki*, Die Beweisregeln im Arzthaftungsprozess, S. 113 f.; wohl auch *Rosenberg/Schwab/Gottwald*, Zivilprozessrecht, § 113 Rn. 13.

[1321] BGH NJW 1989, 767 (768); so auch *Frahm/Nixdorf*, Arzthaftungsrecht, Rn. 63; RGRK-*Nüßgens*, § 823 Anh. II Rn. 5.

[1322] So auch *Katzenmeier*, Arzthaftung, S. 428.

tensnorm nicht als Haftungsgrund angesehen werden kann, ist es auch nicht möglich, § 287 ZPO auf den Kausalzusammenhang zwischen Befunderhebungsfehler und Schaden anzuwenden.

### 3. Anwendung von § 287 ZPO auf Fälle des Kausalitätsnachweises schlechthin

Gottwald[1323] will auf den Kausalitätsbeweis immer die Beweiserleichterung des § 287 ZPO anwenden, die Beweiserleichterung also sowohl für die haftungsbegründende als auch für die haftungsausfüllende Kausalität heranziehen. Dieser Auffassung folgend könnte § 287 ZPO auch auf den Nachweis der Kausalität zwischen Befunderhebungsfehler und eingetretenem Schaden angewendet werden und würde möglicherweise die Beweisfigur der unterlassenen Befunderhebung entbehrlich machen. Dafür spricht, dass so die oft problematische Abgrenzung zwischen Primär- und Sekundärschaden, mithin zwischen dem Anwendungsbereich von § 286 und § 287 ZPO, entbehrlich würde; auch unterscheidet der Wortlaut des § 287 ZPO nicht eindeutig zwischen haftungsausfüllender und haftungsbegründender Kausalität.[1324]
Gegen eine Anwendung des § 287 ZPO auf den Kausalitätsbeweis schlechthin sprechen jedoch durchgreifende Bedenken. Zum einen soll für „tatsächliche Behauptungen" nach dem Wortlaut des § 286 Abs. 1 Satz 1 ZPO das dort genannte Beweismaß gelten. Auch die Kausalität enthält grundsätzlich eine solche tatsächliche Behauptung, nämlich, dass eine bestimmte Handlung einen bestimmten Erfolg verursacht hat bzw. für den hier interessierenden Fall des Unterlassens, dass der Erfolg ausgeblieben wäre, wenn die gebotene Handlung vorgenommen worden wäre.[1325] Zum anderen ist der Anwendungsbereich des § 287 ZPO klar geregelt: er soll nur den Nachweis des Schadens und der Schadenshöhe erleichtern. Zwar können sich auch hier Kausalitätsprobleme ergeben. Der Gesetzgeber hat dies ebenfalls erkannt und daher *diese* Kausalitätsprobleme der im Vergleich zu § 286 ZPO spezielleren Vorschrift des § 287 ZPO zugeordnet; im Umkehrschluss kann diese Zuweisung jedoch nur bedeuten, dass für alle anderen Kausalitätsprobleme die allgemeine Vorschrift des § 286 ZPO gelten soll.[1326] Da mit der überwiegenden Auffassung § 287 ZPO nur für die haftungsausfüllende Kausalität gilt, kann schon aus diesem Grund § 287 ZPO nicht auf den Kausalitätsbeweis schlechthin angewendet werden. *Gottwalds* Auffassung ist daher abzulehnen.

---

[1323] *Gottwald*, Schadenszurechnung, S. 49 ff.; ebenso wohl auch *Maassen*, Beweismaßprobleme, S. 155 ff.; vgl. auch *Rosenberg/Schwab/Gottwald*, Zivilprozessrecht, § 113 Rn. 12.
[1324] So auch *Weber*, Der Kausalitätsbeweis im Zivilprozess, S. 116.
[1325] Zur Kausalität des Unterlassens vgl. BGHZ 64, 64 (51) = BGH NJW 1975, 824 (825).
[1326] *Weber*, Der Kausalitätsbeweis im Zivilprozess, S. 158.

4. Differenzierung nach der Art der Kausalität: § 286 ZPO für die reale,
§ 287 ZPO für die hypothetische Kausalität

Es lässt sich durchaus vertreten, dass der Arzt häufig lediglich für eine hypothetische Kausalität haftet.[1327] Dies gilt bei Anwendung der Beweisfigur der unterlassenen
Befunderhebung, wie erläutert, bereits deshalb, weil auf der zweiten Stufe der Beweisfigur ein lediglich hypothetisches Verhalten des Arztes herangezogen und bewertet wird. Darüber hinaus könnte sich, wie sogleich zu erörtern sein wird, die hypothetische Kausalität aber auch allgemein daraus ergeben, dass der Arzt für ein Unterlassen haftet. Möglicherweise könnte auf diese Form der hypothetischen Kausalität § 287 ZPO (analog) anzuwenden und die Beweisfigur der unterlassenen Befunderhebung daher entbehrlich sein. Denn auch bei § 287 ZPO scheinen hypothetische
Überlegungen eine Rolle zu spielen – schließlich richtet sich die Schadensberechnung nach der Differenzhypothese, so dass notwendigerweise ein Vergleich der tatsächlichen mit der hypothetischen Geschehenslage stattfindet.

Nach Auffassung Webers[1328] gibt es unter beweisrechtlichen Gesichtspunkten lediglich zwei Arten von Kausalität, in die sich alle bekannten Kausalitätsformen einsor-
tieren ließen: die reale und die hypothetische Kausalität. Unter realer Kausalität versteht Weber die tatsächliche Bewirkung einer konkreten Veränderung in der physi-
schen (Außen-) Welt; dagegen sei ein hypothetischer Geschehensablauf „nie in die
geschichtliche Wirklichkeit eingetreten"; dieser hypothetische Charakter unterscheide
beide Kausalitätsarten voneinander. Die Unterlassungskausalität ist nach Auffassung
Webers keine reale Kausalität, sondern deren Gegenteil, also eine Nicht-Kausalität,
das Unterlassen somit ein hinsichtlich des Erfolges nichtkausales Tun.[1329] Die Feststellung der Kausalität des Unterlassens bezeichne keine einfache reale Kausalkette,
sondern ein „Kompositum" aus realem und hypothetischem Geschehensablauf. Da
ein Unterlassen keine reale Ursache sein könne, sei im realen Geschehensablauf
allein der eingetretene Erfolg maßgeblich, ohne dass es auf die Bewirkungsursache
ankomme; dieser reale Geschehensablauf müsse mit dem hypothetischen Geschehensablauf verglichen werden. Die hypothetische Kausalreihe gehe von einem hypothetischen Tun aus, das real unterlassen worden sei, aber nicht zum eingetretenen
Erfolg geführt hätte.[1330]

Reserveursache, rechtmäßiges Alternativverhalten und Unterlassungskausalität
ähnelten sich strukturell. Alle verglichen einen realen mit einem hypothetischen Geschehensablauf. Jedoch unterschieden sich die Ersteren von den Letzteren dadurch,
dass im Falle der Reserveursache und des rechtmäßigen Alternativverhaltens die
reale Kausalität feststehe sowie der reale und der hypothetische Geschehensablauf
denselben Erfolg herbeiführten, während es bei der Unterlassungskausalität durch
den Vergleich von realem und hypothetischem Geschehensablauf überhaupt erst zur
Tatbestandsmäßigkeit komme,[1331] weil nur so die haftungsbegründende Kausalität
des Unterlassens festgestellt werden könne. Im Falle des rechtmäßigen Alternativ-

---

[1327]Arzthaftungsfälle berührten nicht selten den Fragenkreis der hypothetischen Kausalität, so auch
Gaupp, Beweisfragen im Rahmen ärztlicher Haftungsprozesse, S. 44 f. mit Verweis auf BGH VersR
1959, 811.
[1328] Weber, Der Kausalitätsbeweis im Zivilprozess, S. 120.
[1329] Weber, Der Kausalitätsbeweis im Zivilprozess, S. 99.
[1330] Weber, Der Kausalitätsbeweis im Zivilprozess, S. 100.
[1331] Weber, Der Kausalitätsbeweis im Zivilprozess, S. 100.

verhaltens müsse daher nicht nur die reale Kausalität der tatsächlichen Handlung für den Erfolg, sondern auch der alternative, mithin der hypothetische Kausalverlauf von der gedachten rechtmäßigen Handlung zum gleichen oder selben Erfolg bewiesen werden,[1332] während bei den Unterlassungsfällen die einzigen realen Bezugspunkte der eingetretene Erfolg und die real unterlassene Handlung seien.[1333] Was den Nachweis der Kausalität angeht, so will *Weber* zwischen der realen und der hypothetischen Kausalität trennen; während er auf Erstgenannte § 286 ZPO anwenden will, gelte für Letztere § 287 ZPO analog.[1334] Je nachdem, welches Element im Rahmen der Unterlassungskausalität vor Gericht streitig sei, sei darauf entweder § 286 ZPO (für den eingetretenen Erfolg und das Nicht-Handeln) oder eben § 287 ZPO analog (für den hypothetischen Geschehensablauf) anzuwenden.[1335] Diese Analogie begründet er damit, dass auch im Anwendungsbereich des § 287 ZPO hypothetische Überlegungen eine Rolle spielten, also eine vergleichbare Situation vorliege. Der Schadensersatz richte sich gem. § 249 Abs. 1 BGB nicht nach dem (realen) alten Zustand, bevor der zum Ersatz verpflichtende Umstand eingetreten sei, sondern nach dem Zustand, der bestehen würde, wenn der Umstand nicht eingetreten wäre; auch dem Geschehensablauf, der für die Schadensberechnung heranzuziehen sei, wohne daher ein hypothetischer Charakter inne; im Rahmen der Differenzhypothese werde also ebenfalls ein realer mit einem hypothetischen Geschehensablauf verglichen.[1336] Dies gelte auch für die Frage, ob überhaupt ein Schaden entstanden sei.[1337]

Für den Bereich hypothetischer Kausalverläufe außerhalb der Schadensfeststellung enthalte das Gesetz jedoch eine Regelungslücke,[1338] die durch eine Analogie zu füllen sei. Dafür spreche auch folgende Überlegung: Nach dem Wortlaut des § 287 Abs. 2 ZPO besteht ein Grund für die Beweiserleichterung bei Streit über die Höhe einer Forderung darin, dass „die vollständige Aufklärung aller hierfür maßgeblichen Umstände mit Schwierigkeiten verbunden ist, die zu der Bedeutung des streitigen Teils der Forderung in keinem Verhältnis stehen"; wirtschaftlich gesehen wird also der Aufwand für die Aufklärung kleiner Differenzen als unverhältnismäßig hoch angesehen.[1339] Da auch die Aufklärung eines hypothetischen Geschehensablaufs immer mit besonderen Schwierigkeiten verbunden sei, könne auch insoweit auf den in § 287 Abs. 2 ZPO zum Ausdruck kommenden Gesichtspunkt der Wirtschaftlichkeit zurückgegriffen werden, was ebenfalls für eine analoge Anwendung der Norm spreche.[1340]

Die Auffassung *Webers* mag auf den ersten Blick überzeugen; bei genauerer Betrachtung erweist sie sich jedoch als nicht haltbar.

Schon die strikte Unterscheidung zwischen realer und hypothetischer Kausalität geht an der Sache vorbei. Jede Kausalitätsprüfung enthält nämlich notwendigerweise ein hypothetisches Element, also auch die reale Kausalität. Denn um den Kausalzu-

---

[1332] *Weber*, Der Kausalitätsbeweis im Zivilprozess, S. 95.
[1333] *Weber*, Der Kausalitätsbeweis im Zivilprozess, S. 193.
[1334] *Weber*, Der Kausalitätsbeweis im Zivilprozess, S. 210.
[1335] *Weber*, Der Kausalitätsbeweis im Zivilprozess, S. 193 f.
[1336] *Weber*, Der Kausalitätsbeweis im Zivilprozess, S. 116 f., 196.
[1337] *Weber*, Der Kausalitätsbeweis im Zivilprozess, S. 117, 196.
[1338] *Weber*, Der Kausalitätsbeweis im Zivilprozess, S. 195.
[1339] *Weber*, Der Kausalitätsbeweis im Zivilprozess, S. 202; so auch *Gottwald*, Schadenszurechnung, S. 131.
[1340] *Weber*, Der Kausalitätsbeweis im Zivilprozess, S. 202.

sammenhang zu ermitteln, ist immer ein Denken in Alternativen erforderlich; so lautet die zur Feststellung der Kausalität übliche Frage, ob der schädigende Erfolg auch dann eingetreten wäre, wenn das (pflichtwidrige) Tun oder Unterlassen nicht vorgefallen wäre; an die Stelle des wirklichen/realen Verhaltens wird also dessen Gegenteil, nämlich sein hypothetisches Unterbleiben gedacht.[1341] Allein deshalb ist der Geschehensablauf jedoch nicht hypothetisch. Dies zeigt sich besonders deutlich in den hier interessierenden Fällen des Unterlassens; der Kausalzusammenhang kann hier überhaupt nur durch ein Denken in (hypothetischen) Alternativen erschlossen werden.[1342] Ergibt die hypothetische Prüfung jedoch, dass der Erfolg nicht eingetreten wäre, wenn das Unterlassen unterblieben wäre, wenn die unterbliebene Handlung also – positiv gesprochen – vorgenommen worden wäre, dann steht die Kausalität des Unterlassens für den eingetretenen Erfolg fest, und zwar real und nicht nur hypothetisch. Hypothetisch ist in Fällen des Unterlassens also nur die Prüfung, mithin das Denken in Alternativen, nicht jedoch der Geschehensablauf an sich.

Gegen die Auffassung, dass jede Kausalitätsprüfung einen hypothetischen „Einschlag" enthalte, wendet *Weber* ein, dass an einem realen Ablauf nichts Hypothetisches sei, seine Prüfung auch kein hypothetisches Element enthalte; etwas Hypothetisches könne nichts Reales enthalten.[1343] *Weber* verkennt jedoch, dass auch die Feststellung realer Kausalverläufe immer den Umweg des Hypothetischen gehen muss. Dies ist bereits in der *conditio sine qua non*-Formel angelegt, die danach fragt, ob die Handlung hinweggedacht werden kann (bzw. – in Fällen des Unterlassens – ob die unterlassene Handlung hinzugedacht werden kann) und der Erfolg dann entfiele. Ergibt die hypothetische Prüfung, dass das Handeln/Unterlassen äquivalente Bedingung für den Erfolg war, dann steht zwar ein realer Geschehensablauf fest, dies ändert jedoch nichts daran, dass der Prüfung ein hypothetisches Element innewohnte.

Aber auch die von *Weber* in den Unterlassungsfällen getroffene Unterscheidung zwischen realem Erfolg und Nicht-Handeln des „Täters" auf der einen Seite und zu vergleichender hypothetischer Ereigniskette auf der anderen Seite erscheint gekünstelt. Denn diese drei Elemente können denklogisch nicht voneinander getrennt werden: Die Ereigniskette verbindet nämlich gerade das Nicht-Handeln mit dem eingetretenen Erfolg. Ohne den Erfolg und das Nicht-Handeln könnte sich also gar keine Ereigniskette ergeben. Zuzugeben ist, dass im Rahmen der Prüfung, ob ein Unterlassen als kausal angesehen werden kann, nur der Erfolg und das Nicht-Handeln, nicht jedoch die Kausalverbindung, greifbar und damit real sind. Dies rechtfertigt es jedoch nicht, zusammenhängende Elemente in ein reales und ein hypothetisches Geschehen zu trennen. Dass die Frage, ob ein Unterlassen kausal geworden ist, anders als bei der Feststellung des Erfolgseintritts oder des Nicht-Handelns nicht gewissermaßen „auf einen Blick" feststeht, liegt allein in der Natur der Sache des Kausalitätsnachweises, der anders als die genannten Tatsachen eben nicht sinnlich wahrnehmbar ist, [1344] sondern lediglich eine Beziehung zwischen Ereignissen ohne äußere Gestalt darstellt.[1345] „Der hypothetische Kausalverlauf [...] [in den Fällen des

---

[1341] So auch *Greger*, Beweis und Wahrscheinlichkeit, S. 149.
[1342] So auch *Greger*, Beweis und Wahrscheinlichkeit, S. 149 f.
[1343] *Weber*, Der Kausalitätsbeweis im Zivilprozess, S. 192.
[1344] *Welzel*, Strafrecht, S. 43.
[1345] *Reichenbach*, Wahrscheinlichkeitslehre, S. 9, mit Verweis auf *David Hume*.

Unterlassens] betrifft also unmittelbar die Frage, ob der Arzt überhaupt in die real schadensursächliche Kausalkette involviert ist."[1346] Die von *Weber* herangezogene Parallele zwischen Schadensermittlung und Kausalitätsfeststellung geht ebenfalls fehl. Beide unterscheiden sich grundlegend voneinander. Der Schaden ist schon seinem Wesen nach nur eine gedachte, rechnerische Größe, die von Prognosen und Hypothesen abhängt.[1347] Dagegen ist nicht die Kausalität selbst hypothetisch, sondern nur der Weg zu ihrer Feststellung; die Kausalität selbst ist – anders als der Schaden im Sinne einer Differenz zwischen dem Stand des Vermögens nach der und jener ohne die Schädigung – eine reale Gegebenheit, Aussagen über sie sind auf etwas Wirkliches bezogen.[1348] Soweit bei der Feststellung der Kausalität hypothetische Erwägungen herangezogen werden, liegt das allein daran, „dass die besagte reale Gegebenheit in vielen Fällen einer unmittelbaren Erkenntnis nicht zugänglich ist, sondern oftmals nur durch das gedankliche Durchspielen von Alternativen erschlossen werden kann".[1349] Man muss also zwischen dem geistigen Vorgang der Erfassung des Kausalzusammenhangs und seiner realen Existenz unterscheiden.[1350]

Außerdem handelt es sich bei der hypothetischen Kausalität nicht um ein eigentliches Kausalitätsproblem, sondern vielmehr um ein Problem der Schadensbemessung.[1351] Auch bei vorhandener Schadensanlage haftet der Schädiger dem Grunde nach nämlich bereits dann, wenn durch die Schädigung eine Rechtsgutsverletzung eingetreten ist; dass eine Schadensanlage vorhanden war oder dass ein hypothetisches Schadensereignis eingetreten ist, ändert nichts daran, dass der Schädiger die konkrete Schädigung verursacht hat; denn die Formel von der *conditio sine qua non* bezieht sich nicht auf die Frage, ob der Schadenserfolg auch auf andere Weise eingetreten wäre.[1352] Vorhandene Schadensanlagen des betroffenen Rechtsguts oder hypothetische Schadensereignisse wirken sich somit nicht auf die Kausalität, sondern lediglich auf den für die Schadensbemessung maßgeblichen Vermögensvergleich aus.[1353] Die Auffassung *Webers* ist daher aus den genannten Gründen abzulehnen.

### 5. Anwendung des § 287 ZPO für den Nachweis der haftungsbegründenden Kausalität eines Unterlassens

Manche Urteile zur Arzthaftung erwecken den Eindruck, als könne im Bereich rechtlich relevanten Unterlassens auch die haftungsbegründende Kausalität nach § 287 ZPO beurteilt werden.[1354] Dies könnte für die hier interessierende Frage der

---

[1346] *V. Wallenberg*, Arzthaftungsprozess, S. 74.
[1347] *Watermann*, Die Ordnungsfunktionen, S. 85.
[1348] So auch *Greger*, Beweis und Wahrscheinlichkeit, S. 151.
[1349] *Greger*, Beweis und Wahrscheinlichkeit, S. 151.
[1350] *Watermann*, Die Ordnungsfunktionen S. 75.
[1351] *Greger*, Beweis und Wahrscheinlichkeit, S. 125 f.
[1352] *Engisch*, Kausalität, S. 17 ff.
[1353] *Greger*, Beweis und Wahrscheinlichkeit, S. 125 f.
[1354] Vgl. BGHZ 7, 198 (203 f.) = BGH NJW 1953, 700 (700 f.) = BGH VersR 1952, 430 (430 f.); OLG München, VersR 1960, 568 (569); *Gaupp*, Beweisfragen im Rahmen ärztlicher Haftungsprozesse, S. 42.

unterlassenen Befunderhebung bedeutsam sein. Möglicherweise könnte so auf die Beweisfigur der unterlassenen Befunderhebung verzichtet werden und es wäre möglich, die Fälle über § 287 ZPO zu lösen.

Dagegen spricht jedoch, dass zunächst kein Grund ersichtlich ist, das positive Tun im Vergleich zum Unterlassen schlechter zu behandeln. Vielmehr sind Tun und Unterlassen hinsichtlich ihrer haftungsrechtlichen Relevanz gleichwertig, wenn durch das Unterlassen gegen eine Rechtspflicht zum Tätigwerden verstoßen worden ist.[1355] Auch ist das Unterlassen im Vergleich zum positiven Tun normativ eine gleichwertige Ursache für die eingetretene Schädigung, wenn diese bei pflichtgemäßer Vornahme der gebotenen Maßnahme(n) vermieden worden wäre.[1356] Im Hinblick auf die ansonsten voll durchgeführte rechtliche Gleichbehandlung von Tun und Unterlassen wäre eine „Besserstellung" des Unterlassens systemwidrig.[1357]

Richtig ist zwar, dass sich die Ursächlichkeit eines Unterlassens naturgemäß besonders schwer beweisen lässt, da zwischen der nicht erfolgten Handlung und dem eingetretenen Erfolg ein Zusammenhang hergestellt werden muss.[1358] Diese Schwierigkeit des Beweises ist aber kein Grund, in Fällen des Unterlassens auch die haftungsbegründende Kausalität dem Anwendungsbereich des § 287 ZPO zu unterstellen, zumal nach den Ausführungen unter 4. auch bei der Kausalitätsfeststellung des positiven Tuns hypothetische Erwägungen erfolgen, die schwierig sein können. Das Problem, dass ein Unterlassen auch gedanklich schwer zu fassen ist, weil es gewissermaßen ein „nullum" ist,[1359] dürfte auch dem Gesetzgeber bekannt (gewesen) sein. Dennoch sind in § 287 ZPO keine Sonderregelungen für den Nachweis der haftungsbegründenden Kausalität von Unterlassungen aufgenommen worden. Es ist daher davon auszugehen, dass § 287 ZPO, wie erläutert, aus gutem Grund nur für den Nachweis der haftungsausfüllenden und nicht für den der haftungsbegründenden Kausalität gilt – und zwar für das positive Tun wie für das Unterlassen gleichermaßen. Schließlich kann auch nicht davon ausgegangen werden, dass die Rechtsprechung eine Anwendung des § 287 ZPO auf die haftungsbegründende Kausalität von Unterlassungen befürwortet. Das oben genannte Urteil des BGH, das einen entsprechenden Eindruck erwecken könnte, stammt möglicherweise noch aus der Zeit, als der BGH zwar zwischen der haftungsbegründenden und der haftungsausfüllenden Kausalität trennte,[1360] im Rahmen des Haftungsgrundes aber auf ein „Betroffensein" abstellte und damit den Anwendungsbereich des § 287 ZPO (zu) weit nach vorne verlagerte.[1361] Außerdem wurde das Urteil später als „missverständlich" bezeichnet.[1362]

§ 287 ZPO gilt daher nicht für den Nachweis der haftungsbegründenden Kausalität von Unterlassungen.

---

[1355] Vgl. BGH VersR 1956, 367 (369); BGH VersR 1964, 1299 (1302).

[1356] *Gaupp*, Beweisfragen im Rahmen ärztlicher Haftungsprozesse, S. 43.

[1357] *Gaupp*, Beweisfragen im Rahmen ärztlicher Haftungsprozesse, S. 44.

[1358] BGHZ 7, 198 ff. = BGH NJW 1953, 700 ff. = BGH VersR 1952, 430 ff.; *Gaupp*, Beweisfragen im Rahmen ärztlicher Haftungsprozesse, S. 43.

[1359] *Gaupp*, Beweisfragen im Rahmen ärztlicher Haftungsprozesse, S. 43.

[1360] BGHZ 4, 192 (196) = NJW 1952, 301 (302).

[1361] Vgl. dazu auch die Ausführungen in diesem Kapitel unter C. I. 1.

[1362] Vgl. BGH NJW 1968, 2291 (2293).

## II. Beweispflicht des Beklagten für hypothetische Geschehensabläufe

Um auf die Beweisfigur der unterlassenen Befunderhebung verzichten zu können, könnte man daran denken, immer dem Beklagten die Beweislast für einen hypothetischen Geschehensablauf aufzuerlegen.

Hanau[1363] leitet aus den §§ 287, 831 und 848 BGB ein allgemeines Prinzip der Beweislastverteilung her, nach dem stets der Beklagte mit dem Nachweis des hypothetischen Kausalverlaufs zu belasten sei, da der Grundsatz, nach dem der Kläger den Ursachenzusammenhang zwischen Pflichtverletzung und Schaden zu beweisen habe, nur für den Beweis der realen, nicht jedoch für den der hypothetischen Kausalität gelte.

Richtig ist, dass der Kläger, hat der Beklagte pflichtwidrig gehandelt, nur die Kausalität des Pflichtverstoßes für den Schaden beweisen muss, wohingegen der Beklagte den hypothetischen Kausalverlauf beweisen muss, wenn er eine Reserveursache[1364] oder rechtmäßiges Alternativverhalten[1365] geltend macht. Hanau zufolge soll diese Beweislastverteilung nicht nur für den Kausalitätsnachweis pflichtwidriger Handlungen, sondern auch für jenen pflichtwidriger Unterlassungen gelten. In letztgenannten Fällen erfordere der vom Kläger zu erbringende Nachweis der realen Kausalität lediglich den Nachweis, dass der eingetretene Schaden auf der Ereigniskette beruhe, welche der Beklagte pflichtwidrig nicht außer Gang gesetzt habe. Dem Beklagten obliege es dann seinerseits nachzuweisen, dass der Erfolg auch bei pflichtgemäßem Handeln eingetreten wäre.[1366]

Zwar differenzieren die §§ 287, 831, 848 BGB nicht danach, ob der Beklagte pflichtwidrig gehandelt oder eine Handlung pflichtwidrig unterlassen hat; vielmehr weisen sie unabhängig von dieser Unterscheidung dem Beklagten den Nachweis der hypothetischen Kausalität zu.[1367] Entgegen der Auffassung Hanaus lässt sich jedoch aus diesen Vorschriften kein allgemeines Prinzip einer Beweislastverteilung bei hypothetischer Kausalität ableiten; diese Vorschriften stellen nämlich gesetzlich geregelte Ausnahmen von der grundsätzlichen Beweislastverteilung dar, deren Gedanke zwar im Einzelfall auf andere, vergleichbare Interessenlagen übertragbar sein mag, jedoch kein allgemeines Beweislastprinzip für hypothetische Geschehensabläufe enthält.[1368]

Außerdem ist die Situation im Hinblick auf die Kausalität im Fall des Unterlassens nicht identisch mit jener in den Fällen rechtmäßigen Alternativverhaltens. Während es bei der Unterlassungskausalität im Rahmen des hypothetisch geprüften Kausalverlaufs darum geht, ob das Unterlassen überhaupt schadensursächlich geworden ist, wofür grundsätzlich der Kläger den Beweis erbringen muss, steht dies in den Fällen rechtmäßigen Alternativverhaltens fest; hier geht es nur noch darum, ob der Schaden dem Beklagten auch zugerechnet werden kann; betroffen ist also nicht der

---

[1363] Hanau, Die Kausalität der Pflichtwidrigkeit, S. 138 ff.

[1364] BGH NJW 1981, 628 (630).

[1365] BGH VersR 1981, 677 (678); Palandt-Heinrichs, Vor § 249 Rn. 96 ff.; Staudinger-Schiemann, § 249 Rn. 102.

[1366] Hanau, Die Kausalität der Pflichtwidrigkeit, S. 14, 145.

[1367] So auch v. Wallenberg, Arzthaftungsprozess, S. 71.

[1368] Ablehnend auch Sick, Beweisrecht im Arzthaftpflichtprozess, S. 95; v. Wallenberg, Arzthaftungsprozess, S. 71 f.

Ursachenzusammenhang, sondern die normative Schadenszurechnung.[1369] Im Raum steht daher nicht die „Frage, ob der Beklagte den Schaden verursacht hat, sondern [...], ob ihm normativ betrachtet ein Vorwurf daraus zu machen ist, dass er ihn verursacht hat.[1370] Müsste der Kläger in Fällen der Unterlassungskausalität mit *Hanau* lediglich nachweisen, dass der eingetretene Schaden auf der Kausalkette beruht, die der Beklagte nicht bekämpft hat,[1371] dann würde er vollständig von dem grundsätzlich ihm obliegenden Nachweis befreit, dass der Beklagte, hätte er pflichtgemäß gehandelt, die Kausalkette und damit den Eintritt des Schadens hätte aufhalten können; der Nachweis, dass der Beklagte den Schadenseintritt hätte abwenden können, ist jedoch nötig, soll sein Handeln nicht außerhalb jeglicher Ursachenkette stehen.[1372] Die Auffassung *Hanaus* ist daher abzulehnen.

### III. Die Wahrscheinlichkeit der Kausalität als Beweismaß für den Kausalitätsbeweis

Wie alle anderen Tatbestandsmerkmale muss im Streitfall auch die Kausalität im Prozess bewiesen werden. Ob dieser Beweis als geführt anzusehen ist, entscheidet der Richter im Rahmen der Beweiswürdigung. Wann der Richter den Beweis als geführt anzusehen hat, richtet sich nach dem Beweismaß. Dabei ist folgender Zusammenhang von Bedeutung: Ist das Beweismaß niedrig, wird der Richter den Beweis schneller als erbracht ansehen; dagegen wird dies umso seltener der Fall sein, je höher das angelegte Beweismaß ist.[1373]

Wie bereits dargelegt, werden derzeit im Arzthaftungsrecht die bestehenden Beweisprobleme durch komplizierte Beweisregeln gelöst, die jedoch lediglich die Beweisnot von einer Partei auf die andere verschieben und daher nicht als adäquater Lösungsweg angesehen werden können. „Die Grundsätze der Beweisführung und Beweislastverteilung im Arzthaftungsprozess [...] [sind] eine einzige Kette von Versuchen [...], entgegen der allgemeinen Regel den Patienten von seinem Beweisrisiko teilweise zu entlasten bzw. umgekehrt eine zu weit gehende Haftungsverlagerung auf den Arzt wiederum einzudämmen.“[1374] Die vorangegangenen Ausführungen haben gezeigt, dass dies besonders im Fall der jüngeren Beweisfigur der unterlassenen Befunderhebung gilt, die nicht nur auf ihrer zweiten Stufe an einen – noch dazu fiktiven – groben Behandlungsfehler anknüpft, dessen beweisrechtliche Folgen sich dogmatisch nicht legitimieren lassen, sondern die darüber hinaus auf ihrer ersten Stufe eine Beweiserleichterung geschaffen hat, für die die Rechtsprechung ebenfalls außer Billigkeitserwägungen keine eindeutige Rechtfertigung liefert. Die vom BGH gezogenen Parallelen zu den beweisrechtlichen Folgen einer Verletzung der Dokumentationspflicht und zur Beweisvereitelung vermögen nach den vorstehenden Ausführungen jedenfalls nicht zu überzeugen.

---

[1369] *Larenz*, Schuldrecht I, § 30 I; *Franzki*, Die Beweisregeln im Arzthaftungsprozess, S. 77.
[1370] *V. Wallenberg*, Arzthaftungsprozess, S. 73.
[1371] *Hanau*, Die Kausalität der Pflichtwidrigkeit, S. 141, 145.
[1372] *V. Wallenberg*, Arzthaftungsprozess, S. 74.
[1373] *Fuchs*, Beweismaß, S. 33.
[1374] *Prütting*, in: Festschrift 150 Jahre LG Saarbrücken, S. 257 (259).

Diesem Dilemma könnte möglicherweise dadurch abgeholfen werden, dass für den schwierigen Nachweis der haftungsbegründenden Kausalität ein niedrige(re)s Beweismaß angenommen wird. Denn „je geringer die Anforderungen an das Beweismaß, desto kleiner wird die Zahl der richterlichen Entscheidungen nach Beweislastgrundsätzen sein und umgekehrt."[1375] Insbesondere für den Fall des Unterlassens, dessen Kausalität sich naturgemäß schwer beweisen lässt,[1376] könnte ein niedrige(re)s Beweismaß möglicherweise eine adäquate Lösung zur Bewältigung der Beweisnot des Patienten sein und gleichzeitig die für den Arzt stark belastende Beweisfigur entbehrlich machen. Dieser Frage soll im Folgenden nachgegangen werden.

Um das Beweismaß gegebenenfalls senken oder ein niedrig(er)es Beweismaß annehmen zu können, muss zunächst bestimmt werden, von welchem Beweismaß die ZPO überhaupt ausgeht.

### 1. Das Regelbeweismaß in der ZPO

Die ZPO bestimmt das Beweismaß nicht ausdrücklich. Sie geht in § 286 Abs. 1 Satz 1 ZPO davon aus, dass der Richter im Rahmen der Beweiswürdigung nach freier Überzeugung zu entscheiden hat, „ob eine tatsächliche Behauptung für wahr oder für nicht wahr zu erachten sei". Der Richter muss danach also, will er einen Beweis als erbracht ansehen, von der Wahrheit der Behauptung überzeugt sein. Damit ist jedoch das der ZPO zugrunde liegende Beweismaß noch nicht bestimmt; denn die Überzeugung des Richters ist nur das Ziel der Beweiswürdigung.[1377]

Es gilt hier vielmehr zwei Teilfragen voneinander zu trennen: zum einen, ob der Richter – will er einen Sachverhalt als erwiesen ansehen – sich dafür nach seiner subjektiven Auffassung im Sinne von persönlicher Gewissheit richten darf oder es hierfür auf objektive Gesichtspunkte wie beispielsweise Wahrscheinlichkeitsangaben ankommt; davon zu unterscheiden ist die zweite Teil- und eigentliche Kernfrage des Beweismaßes, unter welchen Voraussetzungen genau der Richter diese Tatsachenbehauptungen sodann als erwiesen ansehen darf.[1378] Beide Fragen sind umstritten.[1379]

Die Kontroverse beruht zum Teil schon auf unterschiedlichen Ansichten hinsichtlich der Begriffe „Wahrheit", „Wahrscheinlichkeit" und „Überzeugung", die bei der Bestimmung des Beweismaßes herangezogen werden.[1380]

Hinsichtlich der zweiten Teilfrage, unter welchen Voraussetzungen der Richter einen von ihm angenommenen Sachverhalt seiner Entscheidung zugrunde legen darf, werden heute im Wesentlichen zwei Meinungen vertreten. Die überwiegende

---

[1375] *Prütting*, Gegenwartsprobleme der Beweislast, S. 66; *Katzenmeier*, Arzthaftung, S. 505 f.
[1376] So auch BGHZ 7, 198 ff. = BGH NJW 1953, 700 ff. = BGH VersR 1952, 430 ff.; *Hanau*, NJW 1968, 2291 (2293); *Gaupp*, Beweisfragen im Rahmen ärztlicher Haftungsprozesse, S. 43; den Nachweis der Kausalität insgesamt halten für schwierig etwa *Musielak*, Grundfragen des Beweisrechts, S. 153; *Bender*, in: Festschrift für Baur, S. 247 (254, 261).
[1377] *Fuchs*, Beweismaß, S. 73.
[1378] *Katzenmeier*, Arzthaftung, S. 506.
[1379] Zu den verschiedenen Beweismaßtheorien vgl. ausführlich die Darstellung bei *Katzenmeier*, Arzthaftung, S. 506 ff.
[1380] *Koussoulis*, in: Festschrift für Schwab, S. 277 (280 ff.); zu den Begriffen vgl. *Weber*, Der Kausalitätsbeweis im Zivilprozess, S. 12 ff.; 22 ff.; 28 ff.; *Katzenmeier*, Arzthaftung, S. 506.

Auffassung versteht unter der „Überzeugung" im Sinne des § 286 Abs. 1 Satz 1 ZPO die volle richterliche Überzeugung von der Wahrheit der tatsächlichen Behauptung,[1381] wobei sie dafür keine von allen Zweifeln freie Überzeugung verlangt, sondern auf einen „für das praktische Leben brauchbaren Grad von Gewissheit [abstellt], der den Zweifeln Schweigen gebietet, ohne sie völlig auszuschließen"[1382].

Umstritten ist innerhalb dieser Auffassung jedoch, auf wessen Sichtweise es für eine solche Überzeugung ankommt. Dies betrifft die oben erwähnte erste Teilfrage. Die herkömmliche Lehre stellt insoweit auf die persönliche Gewissheit des Richters ab; dieser müsse eine eigene Überzeugung von der Wahrheit der Tatsachenbehauptung gewinnen,[1383] weil die Entscheidung eines Menschen immer im Inneren vor sich gehe und daher notwendig subjektiv sei.[1384] Zu einer gewissen Objektivierung führe nur § 286 Abs. 1 Satz 2 ZPO, wonach der Richter die für seine Überzeugung leitenden Gründe im Urteil angeben muss.

Dagegen verlangen andere, dass der Richter nicht subjektiv von der Wahrheit überzeugt sein müsse, sondern – insoweit objektiviert – in seiner Rolle als Richter. Stelle man auf eine persönliche Gewissheit des Richters ab, werde die Beweiswürdigung zu sehr in den subjektiven Bereich verschoben; es bestünde die Gefahr von willkürlicher Überzeugungsbildung. Da der Richter regelmäßig nicht Zeuge des Geschehens gewesen sei, sondern sich für seine Entscheidungsfindung vor allem auf die von den Parteien vorgebrachten Tatsachenbehauptungen und Beweise stützen müsse, sei auch ihm von vornherein klar, dass sich das Geschehen in Wirklichkeit möglicherweise ganz anders darstellte als das Ergebnis der Beweisaufnahme es belege; schon deshalb könne von persönlicher Gewissheit nicht die Rede sein.[1385] Richtig sei zwar, dass die Überzeugung keine absolute Gewissheit voraussetze. Die subjektive Theorie sei jedoch widersprüchlich, wenn sie eine Gewissheit verlange, die Zweifeln Schweigen gebiete, ohne sie völlig auszuschließen. Denn eine Gewissheit mit Zweifeln sei keine Gewissheit mehr und daher ein Widerspruch in sich.[1386] Die Überzeugung müsse deshalb rein objektiv bestimmt werden.

In diese Richtung ging auch eine heute kaum mehr vertretene objektive Theorie, die das subjektive Element in der Überzeugung vollständig zugunsten einer objektiven Wahrscheinlichkeit eliminieren wollte. Da der Richter im Rahmen der Beweiswürdigung lediglich Wahrscheinlichkeiten zu ermitteln habe, hielten Vertreter dieser Auffassung eine Überzeugung des Richters immer dann für gegeben, wenn objektiv aus statistischer Sicht ein bestimmter Wahrscheinlichkeitsgrad erreicht war.[1387] Da diese Auffassung dazu hätte führen können, dass der Richter entgegen seiner eige-

---

[1381] BGHZ 53, 245 (255 f.) = BGH NJW 1970, 946 (948); *Greger*, Beweis und Wahrscheinlichkeit, S. 104 ff.; *Weber*, Der Kausalitätsbeweis im Zivilprozess, S. 17 f.; MüKo-ZPO-*Prütting*, § 286 Rn. 35 f.; Thomas/Putzo-*Reichold*, § 286 Rn. 2.

[1382] Vgl. BGHZ 53, 245 (256) = BGH NJW 1970, 946 (948); BGH NJW 1993, 935 (937); BGH NJW 2000, 953 (954).

[1383] BGHZ 53, 245 (255 f.) = BGH NJW 1970, 946 (948); *Greger*, Beweis und Wahrscheinlichkeit, S. 104 ff.; *Weber*, Der Kausalitätsbeweis im Zivilprozess, S. 17 f.; Thomas/Putzo-*Reichold*, § 286 Rn. 2.

[1384] *Weber*, Der Kausalitätsbeweis im Zivilprozess, S. 22 ff.

[1385] MüKo-ZPO-*Prütting*, § 286 Rn. 18; *Leipold*, Beweismaß und Beweislast im Zivilprozess, S. 9 f.

[1386] *Leipold*, Beweismaß und Beweislast im Zivilprozess, S. 9; Stein/Jonas-*Leipold*, Band 3, 21. Aufl., § 286 I Rn. 3.

[1387] *Rechberger*, in: Festschrift für Baumgärtel, S. 471 (472); *Kegel*, in: Festgabe für Kronstein, S. 321 ff.

nen Überzeugung entscheiden[1388] und stattdessen mitunter den als objektiv betrachteten Aussagen des Sachverständigen hätte folgen müssen, wäre mit ihr der Grundsatz der freien richterlichen Beweiswürdigung preisgegeben worden.[1389] Abgesehen davon, dass es nicht in allen Fällen statistische Angaben gibt, nach denen sich ein bestimmter Wahrscheinlichkeitsgrad zuverlässig ermitteln lässt, kann sich im konkreten Einzelfall das Geschehen auch anders abgespielt haben als dies gemäß der Statistik typischerweise der Fall war.[1390] Die objektive Theorie wird daher zu Recht heute kaum noch vertreten.[1391]

Die Gegenauffassung zur rein subjektiven Theorie hinsichtlich der ersten Teilfrage, wie der Richter zur Feststellung des Sachverhalts gelangt, knüpft hinsichtlich der Überzeugungsbildung zwar ebenfalls an Wahrscheinlichkeiten an, spricht der Überzeugung aber dennoch nicht jegliche subjektive Prägung ab.[1392] Anders als die rein subjektive Theorie sei der Richter nicht erst dann von der Wahrheit einer Tatsachenbehauptung überzeugt, wenn er diesbezüglich persönliche Gewissheit erlangt habe, sondern bereits dann, „wenn er als besonnene, gewissenhafte und lebenserfahrene Person aus objektiven Gründen die gewonnene Wahrscheinlichkeit als genügend"[1393] ansehe, um vor ihr im Sinne einer hohen Wahrscheinlichkeit des Für-Wahrhaltens überzeugt zu sein. Der Richter solle nicht dort noch Zweifel hegen, „wo auch jeder andere vernünftige, die Lebensverhältnisse klar überschauende Mann überzeugt wäre"[1394].

Zur Begründung wird angeführt, dass jeder Beweis ein Wahrscheinlichkeitsbeweis sei; daher könne es auch keine Überzeugung von der Wahrheit, sondern nur eine solche von der Wahrscheinlichkeit geben. Eine Tatsache sei dann als „wahr" anzusehen, wenn dafür eine hohe Wahrscheinlichkeit spreche.

Zwar stellt diese Auffassung wie die objektive Theorie hinsichtlich der Überzeugungsbildung auf objektive Kriterien, nämlich auf einen Wahrscheinlichkeitsgrad ab; anders als bei der objektiven Theorie wird der Beweiswürdigung und damit der Überzeugungsbildung jedoch nicht jegliche subjektive Komponente abgesprochen. Die Überzeugung des Richters wird daher auch nicht allein deshalb angenommen, weil objektiv ein bestimmter Grad von Wahrscheinlichkeit erreicht ist. Wie bei der subjektiven Theorie ist vielmehr erforderlich, dass der Richter von der Wahrheit überzeugt ist – mit dem Unterschied, dass hierfür eben keine persönliche Gewissheit gefordert, sondern es als ausreichend angesehen wird, wenn der Richter als gedachte objektive Person die behauptete Tatsache mit hoher Wahrscheinlichkeit als wahr erachten würde. Die Auffassung steht daher zwischen der oben genannten rein subjektiven und rein objektiven Theorie,[1395] sie soll daher im Folgenden als vermittelnde Theorie bezeichnet werden.

Der Kompromiss der vermittelnden Theorie scheint der Tatsache am besten gerecht zu werden, dass der Richter einerseits gem. § 286 Abs. 1 Satz 1 ZPO „nach

---

[1388] *Gottwald*, Schadenszurechnung und Schadensschätzung, S. 187 ff., 203 ff.

[1389] *Prütting*, Gegenwartsprobleme der Beweislast, S. 63 ff.; *Gottwald*, Schadenszurechnung und Schadensschätzung, S. 187 ff., 203 ff.

[1390] So auch *Sträter*, Grober Behandlungsfehler, S. 146.

[1391] *Rechberger*, in: Festschrift für Baumgärtel, S. 471 (472).

[1392] *Musielak*, Die Grundlagen der Beweislast im Zivilprozess, S. 105 ff. (115 f., 119).

[1393] Stein/Jonas-*Leipold*, Band 3, 21. Aufl., § 286 I Rn. 1.

[1394] *Rosenberg*, Beweislast, S. 181.

[1395] So auch *Katzenmeier*, Arzthaftung, S. 510.

freier Überzeugung" zu entscheiden hat und sich naturgemäß eine innere Überzeugung nie vollständig verobjektivieren lässt,[1396] er andererseits aber objektiv an den Tatsachenvortrag und den Beweisantritt der Parteien sowie an Erfahrungssätze im Sinne von Natur- und Denkgesetzen gebunden ist, die für die Überzeugungsbildung herangezogen werden müssen, und die daher einem bis zur Willkür reichenden freien Ermessen der Überzeugungsbildung entgegenstehen.[1397] Da die vermittelnde Theorie zum einen den Grundsatz der freien Beweiswürdigung beachtet, andererseits aber notwendige objektive Richtwerte für die Tatsachenermittlung im Prozess schafft,[1398] scheint sie für die oben genannte erste Teilfrage, wie der Richter zur Annahme eines bestimmten Sachverhalts zu gelangen hat, den besten Lösungsansatz zu bieten. Ihr ist daher insoweit zu folgen.

Damit ist die eigentliche Frage nach dem Beweismaß jedoch noch nicht beantwortet. Wie bereits dargelegt, geht der BGH insoweit von einem Beweismaß der Wahrheitsüberzeugung aus; er stellt also auf die persönliche Gewissheit des Richters von der Wahrheit eines bestimmten Sachverhalts im Sinne des bereits erwähnten „für das praktische Leben brauchbaren Grad[es] von Gewissheit [ab], der den Zweifeln Schweigen gebietet, ohne sie völlig auszuschließen"[1399]. Demgegenüber vertritt die zuletzt genannte, vermittelnde Theorie ein Beweismaß der Wahrscheinlichkeitsüberzeugung.

Solche Wahrscheinlichkeitsüberlegungen sind auch den Vertretern der subjektiven Theorie nicht völlig fremd. So ist im Zusammenhang mit dem postulierten Beweismaß der Wahrheitsüberzeugung immer wieder von einer Überzeugung im Sinne einer „an Sicherheit grenzenden Wahrscheinlichkeit" die Rede.[1400]

Dabei darf jedoch nicht übersehen werden, dass nach der subjektiven Theorie eine solche Wahrscheinlichkeit die Überzeugung des Richters nicht ersetzen kann, sie vielmehr nur im Vorfeld der richterlichen Überzeugungsbildung gewissermaßen als Hilfsmittel zur Gewinnung der subjektiven Überzeugung dienen soll.[1401] Spricht eine an Sicherheit grenzende Wahrscheinlichkeit für die Wahrheit der Tatsachenbehauptungen, wird der Richter wohl auch meist hiervon überzeugt sein. Dies ändert nach Auffassung der Vertreter der subjektiven Theorie jedoch nichts daran, dass es der Richter im Konfliktfall ablehnen kann, die behaupteten Tatsachen als Sachverhalt seiner Entscheidung zugrunde zu legen, wenn er von ihrer Wahrheit nicht überzeugt ist, auch wenn hierfür eine an Sicherheit grenzende Wahrscheinlichkeit spricht.[1402]

---

[1396] *Sträter*, Grober Behandlungsfehler, S. 147.
[1397] *Prütting*, Gegenwartsprobleme der Beweislast, S. 75, 86.
[1398] Stein/Jonas-*Leipold*, Band 3, 21. Aufl., § 286 I Rn. 1 ff.; so wohl auch *Rosenberg*, Beweislast, S. 181.
[1399] BGHZ 53, 245 (256) = BGH NJW 1970, 946 (948).
[1400] Vgl. BGHZ 53, 245 (256) = BGH NJW 1970, 946 (948); RGZ 15, 338 (339): der „hohe Grad von Wahrscheinlichkeit"; BGH VersR 1957, 252 (252): „der Richter [...] muss sich mit einem so hohen Grade von Wahrscheinlichkeit begnügen, dass ein Zweifel zwar nicht ausgeschlossen wird, aber schweigt"; Thomas/Putzo-*Reichold*, § 286 Rn. 2.
[1401] RGZ 95, 249 (249); BGH VersR 1957, 248 (248); *Schneider*, Beweis und Beweiswürdigung, Rn. 49 ff.; *Fuchs*, Beweismaß, S. 74.
[1402] *Huber*, Das Beweismaß im Zivilprozess, S. 71; falls der Begriff der an Sicherheit grenzenden Wahrscheinlichkeit meine, dass der Richter von der Erlangung einer eigenen Überzeugung von der Wahrheit absehen könne, sei der Begriff falsch, so BGHZ 53, 245 (256) = BGH NJW 1970, 946 (948); ähnlich *Schneider*, MDR 1975, 444 (445).

Allerdings kann es nahezu nie zu einem solchen Konfliktfall kommen, wenn man hinsichtlich der ersten Teilfrage, wie der Richter zu der Sachverhaltsannahme kommt, nicht der rein subjektiven, sondern – wie hier vertreten – der vermittelnden Theorie folgt und diese nicht nur mit einem Beweismaß der hohen Wahrscheinlichkeit, sondern mit einem Beweismaß der an Sicherheit grenzenden Wahrscheinlichkeit kombiniert. Wie erläutert, bleibt nach der vermittelnden Theorie zwar auch die richterliche Überzeugung von der Wahrheit maßgebend; sie bestimmt sich aber nicht allein nach der subjektiven Gewissheit des Richters. Vielmehr soll der Richter den Beweis dann als geführt ansehen, wenn dies eine besonnene, gewissenhafte und lebenserfahrene Person in der Rolle des Richters aufgrund der gewonnenen Wahrscheinlichkeit ebenfalls täte. Sieht man anders als die vermittelnde Theorie nicht bloß eine hohe Wahrscheinlichkeit als Regelbeweismaß an, sondern eine an Sicherheit grenzende Wahrscheinlichkeit, dürften die Fälle, in denen die Wahrheit der tatsächlichen Behauptungen mit einer nahezu 100%-igen Wahrscheinlichkeit feststeht, eine besonnene, gewissenhafte und lebenserfahrene Person in der Rolle des Richters aber von der Wahrheit dennoch nicht überzeugt ist, nahezu gegen null gehen.

Im Übrigen würde ein solches Beweismaß der Tatsache gerecht, dass aufgrund der Unzulänglichkeit der Mittel, mit denen wir die Wahrheit vergangener Tatsachen erkennen können,[1403] eine absolute Wahrheit nicht erreichbar ist[1404] und jeder Mensch, der eine Überzeugung bildet, sich der menschlichen Fehlbarkeit und der Begrenztheit seiner Erkenntnismittel bewusst ist, weshalb er ehrlicherweise auch nicht ausschließen kann, dass trotz seiner Überzeugung eine andere Sachlage richtig sein mag.[1405] „Immer ist ein Irrtum möglich, immer ist denkbar, dass der Vorgang sich anders abgespielt hat."[1406]

Dagegen wird vorgebracht, dass es dem Richter dennoch möglich sei, eine Behauptung für „wahr" zu erachten; die Frage nach dem Objekt der Überzeugung dürfe nicht vermengt werden mit der Frage, mit welcher Wahrscheinlichkeit der mithilfe dieses Kriteriums festgestellte Sachverhalt der Wirklichkeit entspreche.[1407] Dem kann nicht gefolgt werden. Richtig ist zwar, dass man grundsätzlich zwischen dem Für-Wahr-*Erachten* einer Tatsache und ihrem Wahr-*Sein* trennen kann. Da der Richter aber regelmäßig nicht einmal Zeuge des zu beurteilenden Geschehens war, ist ihm bewusst, dass er die absolute Gewissheit darüber, wie sich das Geschehen tatsächlich zugetragen hat, naturgemäß nie erlangen können wird. Wenn er aber von vornherein weiß, dass er die absolute Wahrheit nicht sicher herausfinden können wird, schließt dies ebenfalls aus, im Rahmen der Beweiswürdigung zu der Überzeugung zu gelangen, die Wahrheit herausgefunden zu haben. Denn Restzweifel werden und müssen ihm aufgrund der begrenzten menschlichen Erkenntismöglichkeit immer bleiben; diese stehen der Überzeugung von der Wahrheit entgegen.[1408] Als gebilde-

---

[1403] *Rosenberg*, Beweislast, S. 181.

[1404] *Weber*, Der Kausalitätsbeweis im Zivilprozess, S. 33.

[1405] *Bohne*, NJW 1953, 1377 (1378); *Walter*, Beweiswürdigung, S. 152; *Weber*, Der Kausalitätsbeweis im Zivilprozess, S. 31.

[1406] *Rosenberg*, Beweislast, S. 181.

[1407] *Greger*, Beweis und Wahrscheinlichkeit, S. 104.

[1408] A.A. *Schneider*, Beweis und Beweiswürdigung, Rn. 49: Der Begriff der Überzeugung schließe die Möglichkeit eines anderen, sogar des gegenteiligen Sachverhalts begrifflich nicht aus; *Schneider* räumt aber gleichzeitig selbst ein, dass ein absolut sicheres Wissen über den wirklichen Hergang bei der menschlichen Erkenntnis bei ihrer Unvollkommenheit verschlossen sei; genau dies steht einer Überzeugung von der Wahrheit nach hier vertretener Auffassung aber entgegen.

ter, rational denkender Mensch ist sich der Richter immer auch bewusst, „dass im unerschöpflichen Gebiete der Möglichkeiten die Annahme des Gegenteils [...] nicht undenkbar ist"[1409]. Treffend formuliert insoweit das Reichsgericht: „Vermöge der Beschränkung der Mittel menschlichen Erkennens kann niemand (selbst im Falle eigener unmittelbarer Anschauung des Vorganges) zu einem absolut sicheren Wissen von der Existenz eines Tatbestandes gelangen. Abstrakte Möglichkeiten der Nichtexistenz sind immer denkbar. Wer die Schranken des menschlichen Erkennens erfasst hat, wird nicht annehmen, dass er in diesem Sinne zweifellos von der Existenz eines Vorganges überzeugt sein dürfe, dass ein Irrtum absolut ausgeschlossen wäre."[1410] Eine von allen Zweifeln freie Überzeugung setzt das Gesetz daher nicht voraus.[1411]

Auch Kritiker eines Beweismaßes der Wahrscheinlichkeit gestehen ein, dass die absolute Wahrheit nur als „Grenzwert" denkbar ist.[1412] Sie sehen in der Wahrheit und der Überzeugung von ihr das „ideale Objekt, auf welches sich das Streben des Richters und die ihm hieraus erwachsende Überzeugung erstrecken"[1413] Der Richter kann also absolute Wahrheit wohl auch nach dieser Auffassung nicht erlangen; vielmehr soll er der Überzeugung von der Wahrheit nur möglichst nahe kommen. Dieses Ziel verfolgt aber auch das Beweismaß der an Sicherheit grenzenden Wahrscheinlichkeit. Wenn der Mensch mehr als eine an Sicherheit grenzende Wahrscheinlichkeit als Überzeugung naturgesetzlich gar nicht erlangen kann,[1414] dann wäre es widersinnig, das Beweismaß höher zu hängen und eine Überzeugung von der Wahrheit zu verlangen, die nach dem oben Gesagten nie erreichbar ist; ein Beweismaß, das etwas Unmögliches voraussetzt, kann auch das Gesetz nicht verlangen.[1415] Vielmehr erscheint es denkbar, dass mit dem Streben nach einer Überzeugung von der Wahrheit *de facto* gar nichts anderes gemeint sein kann als eine Überzeugung mit an Sicherheit grenzender Wahrscheinlichkeit.[1416] Bei allem Streben nach Überzeugung von der Wahrheit ist die an Sicherheit grenzende Wahrscheinlichkeit eben die höchste Überzeugung, die ein Mensch überhaupt erlangen kann. Wenn dem so ist, dann ist es ehrlicher und von höherem praktischen Nutzen, von vornherein „nur" von einem solchen Beweismaß auszugehen. Das Beweismaß der „Überzeugung von der Wahrheit" folgt also keineswegs aus der „Natur der Sache", sondern impliziert bereits ein Werturteil.[1417]

Ein Regelbeweismaß der an Sicherheit grenzenden Wahrscheinlichkeit kommt damit dem angestrebten Optimum, der Feststellung der objektiven Wahrheit, am nächsten.[1418] In Verbindung mit der vermittelnden Theorie kann daher von einem

---

[1409] *Rosenberg*, Beweislast, S. 181.

[1410] RGZ 15, 338 (339).

[1411] BGHZ 53, 245 (256) = BGH NJW 1970, 946 (948).

[1412] *Katzenmeier*, Arzthaftung, S. 511 mit Verweis auf *Popper*, Logik der Forschung, der auf S. 270, 510 ff. von einer Annäherung als die Wahrheit spricht.

[1413] *Greger*, Beweis und Wahrscheinlichkeit, S. 32 ff. (38); *Katzenmeier*, Arzthaftung, S. 511.

[1414] Für ein Beweismaß der an Sicherheit grenzenden Wahrscheinlichkeit auch *Fuchs*, Beweismaß, S. 85.

[1415] So wohl auch RGZ 15, 338 (339): Niemand kann „zu einem absolut sicheren Wissen von der Existenz eines Tatbestandes gelangen".

[1416] So auch *Walter*, Beweiswürdigung, S. 152 f., 259.

[1417] *Maassen*, Beweismaßprobleme, S. 9; *Bender*, in: Festschrift für Baur, S. 247 (247).

[1418] So auch *Fuchs*, Beweismaß, S. 85.

Regelbeweismaß der an Sicherheit grenzenden Wahrscheinlichkeit ausgegangen werden.

## 2. Abgesenktes Beweismaß für den Kausalitätsbeweis

Da im deutschen Zivilprozess nach den vorstehenden Ausführungen von einem hohen Beweismaß auszugehen ist, wird der Richter nach dem eingangs erwähnten Zusammenhang zwischen Beweismaß und Beweiserbringung den Beweis regelmäßig nicht schnell als erbracht ansehen. Für die Parteien ist es daher ungleich schwerer, ihn von der Wahrheit ihrer Behauptungen zu überzeugen, als es dies bei einem niedrigeren Beweismaß wäre.

Dies gilt besonders für den Nachweis der Kausalität, der vor allem in Arzthaftungsprozessen wegen der Schwierigkeiten, den Sachverhalt zu rekonstruieren, oft Probleme bereitet. Kausalität ist eben nichts Fassbares wie etwa ein bestimmtes Tun oder der Eintritt eines Schadens, sondern lediglich eine gedankliche Verbindung; dies führt dazu, dass ihr Nachweis schwieriger ist als der anderer Tatbestandsmerkmale.[1419] Die Zahl der Möglichkeiten, die einer ärztlichen Behandlung den Erfolg versagen und zum Eintritt einer Schädigung des Patienten führen können, ist nahezu unübersehbar.[1420] Gerade deshalb sind in der Rechtsprechung zum Arzthaftungsrecht auch die vielgestaltigen Beweisregeln entstanden; sie sollen es dem Patienten erleichtern, die Kausalität des ärztlichen Behandlungsfehlers für den eingetretenen Schaden zu beweisen.

Wenn man nun – wie hier vertreten – aus den genannten Gründen vom Grundsatz abweichende Beweislastverteilungen und dogmatisch kaum zu rechtfertigende Beweisregeln als inadäquate Lösung ansieht und ihnen daher ablehnend gegenübersteht, gilt es, neue Wege zu entwickeln, wie den Beweisschwierigkeiten des Patienten Rechnung getragen werden kann, ohne dabei den Arzt über Gebühr zu belasten.

Denkbar wäre es grundsätzlich, für den Nachweis des Kausalität nicht mehr von einem hohen Regelbeweismaß auszugehen, sondern für diesen das Beweismaß zu senken. Dies würde der Tatsache gerecht, dass es in der Medizin keine absolut sicheren „Allsätze" gibt, sondern nur mehr oder weniger häufig bestätigte Hypothesen.[1421] Meist lässt sich in der Medizin nämlich nur eine überwiegende bzw. hochgradige Wahrscheinlichkeit feststellen.[1422] Es scheint sich daher eine „nicht überbrückbare Kluft" zwischen der vom Gericht geforderten, aber vom ärztlichen Sachverständigen nicht zu verantwortenden „an Sicherheit grenzenden Wahrscheinlichkeit" aufzutun; weil in der Medizin wie in jeder anderen Naturwissenschaft wegen der Begrenztheit naturwissenschaftlicher Erkenntnismöglichkeiten immer eine gewisse Unsicherheit besteht, es also keine absolute Sicherheit gibt, ist der Begriff der „Sicherheit" für Ärzte nicht akzeptabel.[1423] Ein Großteil der zu beurteilenden biologischen Funktionsabläufe ist einfach nicht zu objektivieren; sie sind weder messbar,

---

[1419] So auch *Prütting*, Gegenwartsprobleme der Beweislast, S. 109.
[1420] *Gaupp*, Beweisfragen im Rahmen ärztlicher Haftungsprozesse, S. 11.
[1421] *Wieland*, Strukturwandel der Medizin und ärztliche Ethik, S. 91 f.
[1422] *Wachsmuth/Schreiber*, NJW 1982, 2094 (2095).
[1423] *Wachsmuth/Schreiber*, NJW 1982, 2094 (2095).

wägbar noch mathematisch errechenbar.[1424] Daher kann ein medizinischer Sachverständige im Prozess auch keine Aussage dazu treffen, ob – im Fall der unterlassenen Befunderhebung – mit an Sicherheit grenzender Wahrscheinlichkeit der Schaden ausgeblieben wäre oder ein reaktionspflichtiges Befundergebnis mit an Sicherheit grenzender Wahrscheinlichkeit vorgelegen hätte, wenn der Arzt den Befund erhoben hätte. Der Begriff der „an Sicherheit grenzenden Wahrscheinlichkeit" ist der mit seiner Wissenschaft verbundenen Wirklichkeit einfach fremd.[1425]

Wenn also in der Medizin wegen der im menschlichen Organismus begründeten Unsicherheit eine Feststellung der haftungsbegründenden Kausalität mit an Sicherheit grenzender Wahrscheinlichkeit nicht zu erlangen ist,[1426] würde es die prozessuale Wirklichkeit verfehlen, an einem derartigen Beweismaß festzuhalten[1427] und geradezu dazu beitragen, dass die Folgen eines Behandlungsfehlers nicht von einem schicksalhaften Verlauf getrennt werden können. Das Beweismaß für die haftungsbegründende Kausalität muss also möglicherweise gesenkt werden, um die Durchsetzbarkeit des materiellen Rechts zu gewährleisten.

*Alsberg*[1428] folgt diesem Gedanken. Er ist der Meinung, für den Nachweis der Kausalität – und nur für ihn – gelte das Beweismaß der überwiegenden Wahrscheinlichkeit. Stehe der Ausgangspunkt einer jeden Kausalkette, nämlich die Tat, sowie ihre Bewertung als schuldhaft fest, dann reiche dies für eine Beweismaßreduzierung hinsichtlich der Kausalkette aus. Eine Begründung deutet er allerdings nur an: „In den Augen jedes gerecht denkenden Menschen [geschieht demjenigen kein Unrecht, der] schuldhaft eine Tat ins Werk setzt, [welcher] eine bestimmte, vorausgesehene oder jedenfalls voraussehbare Veränderung in der Außenwelt nachgefolgt ist [und der] auf Grund der Wahrscheinlichkeit, dass diese Veränderung eine Folge seines Tuns war, als Verursacher dieses Erfolges angesehen wird".

Auch *Prütting* hält für den Kausalitätsbeweis ein reduziertes Beweismaß der (einfach) überwiegenden Wahrscheinlichkeit für angemessen.[1429] Dies leitet er aus dem Gewohnheitsrecht bzw. „in sinngemäßer Auslegung des Merkmals Kausalität verknüpft mit der Analogie zu einer Reihe ausdrücklicher gesetzlicher Vorschriften" her.[1430]

*Walter*[1431] dagegen will das Beweismaß nicht für die Kausalität allgemein, sondern nur für den Nachweis hypothetischer Kausalität auf eine überwiegende Wahrscheinlichkeit absenken, da diese Geschehensabläufe naturgemäß schwieriger zu beweisen seien als reale; eine Absenkung des Beweismaßes sei zur Herstellung der Waffengleichheit zwischen Schädiger und Geschädigtem nötig. Da die Reduzierung des Beweismaßes auch nach *Walter* jedoch nicht für den bei der unterlassenen Befunderhebung bedeutsamen und daher hier interessierenden Fall der Unterlassungskau-

---

[1424] *Gaupp*, Beweisfragen im Rahmen ärztlicher Haftungsprozesse, S. 12 f.

[1425] *Wachsmuth/Schreiber*, NJW 1982, 2094 (2095).

[1426] So auch *Musielak*, Grundfragen des Beweisrechts, S. 155.

[1427] *Sträter*, Grober Behandlungsfehler, S. 158.

[1428] *Alsberg*, JW 1929, 862 (863).

[1429] *Prütting*, Gegenwartsprobleme der Beweislast, S. 109.

[1430] *Prütting* verweist unter anderem auf § 252 S. 2 BGB, §§ 15 Abs. 1 Satz 2, 28 Abs. 1 Satz 2, 41 Abs. 2 BEG, §§ 119 Abs. 1, 2087 Abs. 1 BGB, vgl. *Prütting*, Gegenwartsprobleme der Beweislast, S. 109.

[1431] *Walter*, Beweiswürdigung, S. 195 ff., v.a. S. 196, 197, 198, 199.

salität gelten soll, weil der Erfolg hier tatsächlich eingetreten sei,[1432] soll eine weitere Erörterung der Auffassung *Walters* unterbleiben. Auch wenn die von *Prütting* herangezogenen Normen der §§ 15 Abs. 1 Satz 2, 28 Abs. 1 Satz 2, 41 Abs. 2 BEG für eine Analogie möglicherweise hier nicht in Betracht kommen, da ihnen Wertungen zugrunde liegen, die auf den Arzthaftungsprozess nicht zutreffen,[1433] ergibt sich das Erfordernis einer Beweismaßreduktion im Arzthaftungsprozess für den Nachweis der haftungsbegründenden Kausalität möglicherweise aus einer anderen Erwägung. Wie bereits dargelegt, ist der Nachweis der Kausalität des Behandlungsfehlers für den Schaden wegen der Unwägbarkeiten der Reaktionen des menschlichen Organismus oft mit erheblichen Unsicherheiten belastet. Würde man verlangen, dass auch die Kausalität mit einer an Sicherheit grenzenden Wahrscheinlichkeit festgestellt werden müsste, wäre dem Patienten der Nachweis der Kausalität nahezu unmöglich.[1434] Niemand kann nämlich mit einem solchen Beweismaß „feststellen, ob eine Krankheit bereits in dem Patienten angelegt war und unabhängig von der Behandlung aufgetreten ist oder ob sie erst durch die medizinische Behandlung hervorgerufen wurde".[1435] Dies gilt besonders im Fall der unterlassenen Befunderhebung. Hier kann zum einen niemand sicher sagen, wie das Befundergebnis ausgesehen haben würde; zum anderen lässt sich keine sichere Feststellung treffen, ob und wie der Arzt auf den Befund, wäre er erhoben worden, reagiert hätte, und ob eine etwaige auf das Befundergebnis hin eingeleitete Therapie den eingetretenen Schaden hätte verhindern können.

Die Rechtsprechung hat diese Beweisnot erkannt. Anstatt das Beweisproblem des Patienten aber dadurch zu beheben, dass sie das Beweismaß für den Kausalitätsbeweis absenkt, unterstellt sie zugunsten des Patienten unter bestimmten Voraussetzungen lieber auf der ersten Stufe ein reaktionspflichtiges Befundergebnis und kehrt auf der zweiten Stufe sogar die Beweislast um, wenn dem Arzt ein fiktiver grober Behandlungsfehler vorzuwerfen ist. Begründet wird dies mit den genannten Aufklärungs- und Rekonstruktionserschwernissen, die letztlich auf Billigkeitserwägungen zurückgehen. Die Beweisfigur hat im Ergebnis zur Folge, dass sich nun statt des Patienten der Arzt in einer Situation der Beweisnot befindet. Sie ändert also an der grundsätzlichen Beweisnot überhaupt nichts, sondern schichtet sie lediglich personell um.[1436] Angesichts der Tatsache, dass sich insbesondere für die Beweislastumkehr auf der zweiten Stufe keine wirklich überzeugende dogmatische Begründung finden lässt (s.o.), erscheint der mit der Beweislastumkehr verbundene Eingriff in das materielle Recht umso unverhältnismäßiger. Der verfassungsmäßige Grundsatz der Verhältnismäßigkeit als Gebot der Rechtsstaatlichkeit ist die „übergreifende Leitregel allen staatlichen Handelns"[1437]; er muss also auch vom Richter im Zivilprozess bei

---

[1432] *Walter*, Beweiswürdigung, S. 201, 259.

[1433] Die Beweismaßreduzierung in BEG beruht auf der „starken moralischen Verpflichtung" gegenüber Opfern nationalsozialistischer Verfolgung; allein wegen dieser Zwecksetzung sind die Anforderungen an den Nachweis der haftungsbegründenden Kausalität ausnahmsweise geringer; das BEG begründet außerdem lediglich Ansprüche gegen den Staat, nicht jedoch gegen Privatpersonen; vgl. dazu *Fuchs*, Beweismaß, S. 99 f.

[1434] Zu hohe Anforderungen an die Beweisdichte machen mit zunehmendem Grad zur absoluten Sicherheit hin in der Praxis das Gelingen des Kausalitätsbeweises unmöglich, vgl. *Pichler*, Rechtsentwicklungen zu einer verschuldensunabhängigen Entschädigung im Medizinbereich, S. 317.

[1435] *Fuchs*, Beweismaß, S. 105.

[1436] *Schmidt*, KritV 2005, 177 (193).

[1437] BVerfGE 23, 127 (133).

der Auswahl von Maßnahmen beachtet werden, die die Stellung einer Partei verbessern und sich damit zu Lasten der anderen auswirken.[1438] Möglicherweise könnte das von der Rechtsprechung verfolgte Ziel anstatt durch Beweisfiguren auch durch eine Reduktion des Beweismaßes erreicht werden,[1439] würde dabei jedoch in die Rechte des Arztes nur so stark eingreifen, wie dies unbedingt nötig wäre, um den Patienten aus seiner Beweisnot zu befreien und ihm zur Durchsetzbarkeit seiner materiellen Rechtsposition zu verhelfen. Die Reduktion des Beweismaßes wäre also möglicherweise das gleich geeignete, aber geringer belastende, mithin das erforderliche[1440] Mittel, der schwierigen Beweissituation angemessen zu begegnen.

Bevor diese Frage beantwortet werden kann, muss jedoch zunächst geklärt werden, ob das Beweismaß im Zivilprozess überhaupt veränderlich ist.

### 3. Zulässigkeit einer Veränderung des Beweismaßes

Gegen eine Reduzierung des Beweismaßes wird vorgebracht, dass diese dem Wortlaut des Gesetzes (Überzeugung von der Wahrheit) und der Gesetzessystematik widerspreche.[1441] Die in §§ 286, 287 und § 294 ZPO vorgenommene Abstufung des Beweismaßes sei funktionslos und sinnwidrig, wenn man das Beweismaß reduziere.[1442] Mit diesen Normen habe der Gesetzgeber eine grundlegende Differenzierung getroffen, die deutlich zeige, dass der Richter seiner Entscheidung regelmäßig keinen Sachverhalt zugrunde legen dürfe, für den nur eine gewisse Plausibilität oder eine überwiegende Wahrscheinlichkeit spreche.[1443] Daher sei eine Reduktion des Beweismaßes aus der Sicht geltenden Rechts ebenso bedenklich wie eine Beweismaßreduktion *de lege ferenda*. Hierzu führt *Katzenmeier* aus, eine Absenkung des Beweismaßes auf eine überwiegende Wahrscheinlichkeit müsse konsequenterweise mit der Einführung einer – mit geltendem Recht unvereinbaren – Proportionalhaftung einhergehen; denn entsprechend der jeweils ermittelten Wahrscheinlichkeit wäre auch das Prozessergebnis zu teilen.[1444] Im Übrigen bestünden Praktikabilitätsbeden-

---

[1438] Der Grundsatz der Verhältnismäßigkeit ist bei der Ausübung prozessualer Befugnisse zu beachten, vgl. Zöller-*Vollkommer*, Einl. Rn. 102a.

[1439] So auch *Musielak*, Grundfragen des Beweisrechts, S. 155, 157 ff., der daher die Verminderung der Beweisanforderungen einer Beweislastumkehr vorzieht.

[1440] Der Grundsatz der Erforderlichkeit (als Element des Verhältnismäßigkeitsprinzips) bezeichnet das Gebot, unter mehreren für die Verwirklichung des angestrebten Zwecks in Betracht kommenden, gleichermaßen geeigneten Maßnahmen die am geringsten belastende Maßnahme zu treffen, sog. Prinzip des geringstmöglichen Eingriffs, vgl. *Degenhart*, Staatsrecht I, § 4, Rn. 403.

[1441] *Weber*, Der Kausalitätsbeweis im Zivilprozess, S. 139 f.; *Katzenmeier*, Arzthaftung, S. 520.

[1442] *Katzenmeier*, Arzthaftung, S. 520; das Überwiegensprinzip würde stark in die gesetzliche Regelung eingreifen, vgl. *Prütting*, Gegenwartsprobleme der Beweislast, S. 79 ff.

[1443] MüKo-ZPO-*Prütting*, § 286 Rn. 36; *Katzenmeier*, Arzthaftung, S. 520.

[1444] *Katzenmeier*, Arzthaftung, S. 521 mit Verweis auf *Greger*, Beweis und Wahrscheinlichkeit, S. 109; so auch *Prütting*, in: 150 Jahre LG Saarbrücken, S. 257 (268); MüKo-ZPO-*Prütting*, § 286 Rn. 39. Für eine Verminderung des Beweismaßes – verbunden mit der Einführung einer Proportionalhaftung – für ärztliche Behandlungsfehler haben sich in jüngerer Zeit *Wagner* und *Staudinger* ausgesprochen. Die Regel, dass der Patient zu 100% entschädigt werde, wenn er einen groben Behandlungsfehler nachweisen könne, er jedoch nichts erhalte, wenn ihm der Nachweise misslinge, produziere eine Fülle von Fehlurteilen, da es es als ausgeschlossen gelten könne, dass leichte und normale Behandlungsfehler niemals zu Gesundheitsschäden führten, und es unrealistisch sei anzunehmen, dass grobe Behandlungsfehler unausweislich Schäden verursachten. Mit einer Proportionalhaftung, wonach der Arzt jedem pflichtwidrig behandelten Patienten Ersatz in Höhe der Wahrscheinlichkeitsquote schulde, mit der der Patient bei pflichtgemäßer Behandung gesund geworden wäre, lasse sich eine möglichst weitgehende Annäherung der Haftungsrechtslage an die Sachlage erreichen, so *Wagner*, Beilage zu NJW Heft 22/2006, 5 (7). Auch *Staudinger*, NJW 2006, 2433 (2438) spricht sich für die Aufgabe der bisherigen „Schwarz-Weiß-Lösung" im Sinne des Alles-oder-Nichts-Prinzips aus und verweist hierfür – neben Vorbildern in anderen Rechtsordnungen – auch auf Regelungen des deutschen Gesetzgebers. So klinge in § 830 Abs. 1 Satz 2 BGB bereits eine Proportionalhaftung an, und § 82 Abs. 2 VVG-E (Anm.: heute wohl § 6 Abs. 3 VVG n.F.) gründe auf der Erkenntnis, dass das „starre Alles-oder-Nichts-Prinzip [...] häufig zu ungerechten Ergebnissen" führe. Durch die Einführung einer Proportionalhaftung werde das „richterrechtliche System des groben Behandlungsfehlers, das [...] Schieflagen zur Folge" habe, überflüssig. Mag die Proportionalhaftung auf den ersten Blick eine „salomonische Lösung" (so *Deutsch*, VersR 1988, 1 (3 f.); vgl. auch die Nachweise aus dem ausländischen Schrifttum bei *Fleischer*, JZ 1999, 766 (772, Fn. 75)) darstellen, so bestehen gegen ihre Einführung jedoch durchgreifende Bedenken. Insbesondere in Fällen, in denen nur eine geringe Wahrscheinlichkeit dafür spricht, dass der Fehler den Schaden verursacht hat, erscheint es ungerecht, den Beklagten zu verurteilen, anstatt die Klage zurückzuweisen, ihn also von einer Ersatzpflicht freizusprechen. Nach geltendem Recht ist der Schädiger bereits dann zum vollen Ersatz des Schadens verpflichtet, wenn seine Handlung nur mitursächlich für die Schädigung geworden ist; etwas anderes gilt im Arzthaftungsrecht nur dann, wenn ein Fall der Teilkausalität vorliegt, der Haftungsanteil also einwandfrei gegenüber anderen Schadensbeiträgen abgegrenzt werden kann. Dieser „anerkannte Grundsatz des Haftungsrechts" müsste angetastet werden, so auch *Müller*, VersR 2006, 1289 (1296). Außerdem würden die Gerichte möglicherweise mit einer Welle von Haftungsklagen gegen Ärzte überschwemmt, da die Patienten hoffen könnten, auch bei nicht vollständig nachgewiesener Kausalität jedenfalls einen anteiligen Ersatz zu erlangen. Es drohte eine rechtlich und ökonomisch bedenkliche Ausweitung der Haftungsansprüche. Weiter wäre auch für den Patienten die Einführung einer Proportionalhaftung nicht nur von Vorteil. Denn er könnte nur dann vollen Ersatz seines Schadens erlangen, wenn eine 100%ige Wahrscheinlichkeit für eine Verursachung des Schadens durch den Arzt spräche; dieser Fall würde wohl kaum eintreten, so dass er nie vollen Ersatz erlangen könnte, so auch *Fuchs*, Beweislast, S. 59 f. Mit Teilbeträgen, die zudem zudem die Ausgleichsfunktion des Schadensersatzes beeinträchtigen würden, wäre aber niemandem richtig gedient, so auch *Katzenmeier*, Arzthaftung, S. 528 (a.A. *Schäfer/Ott*, Lehrbuch der ökonomischen Analyse des Zivilrechts, 7. Kapitel, 5.4, v.a. 5.4.2, die das Problem durch Versicherungen lösen wollen). Schließlich bestehen Bedenken hinsichtlich der Praxistauglichkeit einer Proportionalhaftung. Die Ersatzleistung nach dem Grad der Wahrscheinlichkeit zu bestimmen, klingt zwar verlockend; die Bestimmung der Höhe des Schadens bliebe jedoch enorm schwierig. Denn um diesen genau zu berechnen, müsste sich der wahrscheinliche Verursachungsbeitrag in exakten Prozentzahlen ausdrücken lassen. Meist lässt sich eine Wahrscheinlichkeit jedoch nur grob schätzen und nicht in exakten Werten angeben. Auch die medizinischen Sachverständigen lassen sich nur höchst selten auf bestimmte Prozentsätze festlegen, vgl. *Müller*, VersR 2006, 1289 (1296) mit Verweis auf OLG Hamm, VersR 1996, 1371 als Ausnahmefall. Es bestünden also Schwierigkeiten, den Haftungsanteil des Arztes zu bestimmen. Letztlich läge es in der Hand der Richters zu entscheiden, wie hoch der wahrscheinliche Verursachungsanteil des Arztes einzuschätzen ist. Damit wäre die Gefahr verbunden, dass der Richter möglicherweise aus Mitleid mit dem geschädigten Patienten und im Hinblick auf eine bestehende Haftpflichtversicherung auf Seiten des Arztes einen hohen Verursachungsanteil des Arztes annehmen würde, was aus rein menschlicher Sicht zwar verständlich erscheint, jedoch zu ungewollten Prozessergebnissen führen würde; im Ergebnis würden Schäden nicht mehr ersetzt, sondern sozial umverteilt, und dies zudem als Folge einer Sanktion für eine bloße Gefahrerhöhung, so *Stoll*, AcP 176 (1976), 145 (155, 185) und wohl auch *Hanau*, Die Kausalität der Pflichtwidrigkeit, S. 127 ff. Der dem Richter eröffnete Ermessensspielraum wäre viel zu weitgehend und würde zu Rechtsunsicherheit führen. Letztlich wäre die Entscheidung über die Höhe des Verursachungsbeitrags – und damit die Höhe des Schadensersatzes – allein ein relativ willkürliches Werturteil des entscheidenden Gerichts und daher mit großer Unsicherheit sowohl für den Patienten als auch für den Arzt verbunden. Die Proportionalhaftung suggeriert also eine Genauigkeit, die es so nicht gibt. Sie ist daher abzulehnen.

ken. Wahrscheinlichkeiten könnten nur in groben Werten angegeben, nicht aber mathematisch genau ermittelt werden.[1445] Auch führe ein Beweismaß der überwiegenden Wahrscheinlichkeit zu Unsicherheiten.[1446] „Bereits der kleine Sprung von 49,9 % auf 50,1 % Wahrscheinlichkeit hätte die weitreichendsten Konsequenzen", was die Rechtssicherheit gefährde.[1447]

## 4. Stellungnahme

### a) Vorteile eines Beweismaßes der „überwiegenden Wahrscheinlichkeit" beim Nachweis der haftungsbegründenden Kausalität

Die Einwände *Katzenmeier*s sind zunächst nicht von der Hand zu weisen. Allerdings bezieht sich seine Kritik wohl auf die Absenkung des Regelbeweismaßes *insgesamt*. Die hier diskutierte Lösung sieht jedoch eine Reduzierung des Beweismaßes nur für die haftungsbegründende Kausalität vor. Was den angesprochenen Zusammenhang zwischen Überwiegensprinzip und Einführung einer Proportionalhaftung anbelangt, so führt „ein konsequentes Zu-Ende-Denken des Überwiegensprinzips" m.E. nicht unbedingt dazu, dass auch das Prozessergebnis nach den ermittelten Wahrscheinlichkeitswerten zu teilen wäre; vielmehr sind Haftungsbegründung und Haftungsumfang auseinanderzuhalten. Selbst bei Annahme eines generell abgesenkten Beweismaßes könnte also auf Seiten der Haftungsbegründung eine überwiegende Wahrscheinlichkeit zur Feststellung der Tatsachen ausreichen, ohne dass davon notwendigerweise auch die Rechtsfolgenseite betroffen sein müsste. Erst recht erscheint dieser Zusammenhang nicht zwingend, wenn man ein nur für den Kausalitätsnachweis abgesenktes Beweismaß favorisiert.

Sicher ist auch ein Beweismaß der überwiegenden Wahrscheinlichkeit mit Unsicherheiten verbunden. Zuzugeben ist, dass dann in der Tat kleinste Veränderungen darüber entscheiden können, ob der Beweis des Patienten als erbracht anzusehen ist oder nicht. Diese von *Katzenmeier* angesprochene „Grenzsituation" ist letztlich auch dann unvermeidlich, wenn man mehr als eine überwiegende Wahrscheinlichkeit, mithin eine *deutlich* überwiegende Verursachungswahrscheinlichkeit verlangt,[1448] auch wenn sich die Unsicherheiten dann auf einem höheren Wahrscheinlichkeitsniveau abspielen.

Abgesehen davon, dass auch bei Annahme eines Regelbeweismaßes der Überzeugung von der Wahrheit im Sinne einer an Sicherheit grenzenden Wahrscheinlichkeit ein sehr kleiner Sprung darüber entscheiden kann, ob die „Schwelle" als überschritten und der Beweis damit als erbracht anzusehen ist, würde die Annahme eines für den Kausalitätsbeweis abgesenkten Beweismaßes jedoch für einen beweismäßig ausgeglicheneren Prozess sorgen. Denn anders als bei den heute von der Rechtsprechung praktizierten Beweisregeln, die den Patienten vom Beweis der Kausalität

---

[1445] *Huber*, Das Beweismaß im Zivilprozess, S. 108 f.; *Katzenmeier*, Arzthaftung, S. 529.

[1446] *Prütting*, Gegenwartsprobleme der Beweislast, S. 78.

[1447] *Katzenmeier*, Arzthaftung, S. 530.

[1448] So auch *Schmidt*, KritV 2005, 177 (194), der dennoch eine „deutlich überwiegende Wahrscheinlichkeit" befürwortet.

befreien, müsste der Patient nämlich wenigstens überhaupt einen gewissen Nachweis für die Kausalität erbringen.

Weil der Arzt bei Anwendung der Beweisregeln nach heutiger Rechtsprechung beweisen muss, dass die haftungsbegründende Kausalität mit an Sicherheit grenzender Wahrscheinlichkeit nicht besteht und ihm dieser Negativbeweis aufgrund der Unberechenbarkeiten des menschlichen Organismus meist genauso wenig möglich ist wie umgekehrt dem Patienten der positive Nachweis der Kausalität, haftet er heute allein aufgrund einer unterstellten Kausalität.

Würde man dagegen ein Beweismaß der überwiegenden Wahrscheinlichkeit anwenden, haftete der Arzt nicht mehr für eine nur vermutete Kausalität, sondern nur dann, wenn das Gericht unter Berücksichtigung der Auffassung des Sachverständigen den dargestellten Kausalverlauf zumindest für überwiegend wahrscheinlich hielte. Auch der Arzt könnte dann seinerseits Umstände vortragen, die die Kausalität in Frage stellten; so hätte auch er eine faire Chance zu erreichen, dass das Gericht nicht mehr das Vorliegen, sondern das Nichtvorliegen der haftungsbegründenden Kausalität für überwiegend wahrscheinlich hielte.

Eine Beweismaßabsenkung wäre vor allem deshalb eine *beiden* Interessen angemessen Rechnung tragende Lösung, weil sie verhindern würde, dass der Richter aufgrund von durch Richterrecht geschaffenen Beweisregeln von einem bestimmten Kausalverlauf ausgehen muss, obwohl der gegenteilige Ursachenzusammenhang überwiegend wahrscheinlich ist; es würde also verhindert, dass der Richter Haftungsrisiken zuweisen muss, denen ein fingierter, oftmals nicht der Realität entsprechender Sachverhalt zugrunde liegt.[1449]

Dass sich der Patient hinsichtlich des Nachweises der haftungsbegründenden Kausalität in einer Situation der Beweisnot befindet, hat seinen Ursprung nicht im materiellen Recht, sondern liegt am diesbezüglich angewendeten hohen Regelbeweismaß; dem könnte durch eine Absenkung des Beweismaßes angemessen begegnet werden.[1450]

Zwar treten in der Tat schwierige Informationsprobleme auf, wenn das Gericht ein Wahrscheinlichkeitsurteil treffen muss; diese sind aber auch nicht größer als bei Anwendung der Mitverschuldensregel, der Schätzung des Schadens nach § 287 ZPO oder des entgangenen Gewinns nach § 252 BGB, die ebenfalls explizit oder implizit eine Aussage des Richters zur Wahrscheinlichkeit voraussetzen.[1451] Bei aller Kritik ist auch dem Arzt eine Haftung bei Überzeugung des Richters von einer „überwiegenden Verursachungswahrscheinlichkeit" wohl eher vermittelbar als eine solche aufgrund einer bloßen Geeignetheit des groben – und auf der zweiten Stufe der Beweisfigur der unterlassenen Befunderhebung noch dazu fiktiven – Behandlungsfehlers für den Schaden. Es kann einfach nicht überzeugen, dass der Arzt auch dann haften soll, wenn es der Richter für höchst unwahrscheinlich hält, dass der Behandlungsfehler den Schaden verursacht hat.[1452]

Verlangte man für den Nachweis der haftungsbegründenden Kausalität im Arzthaftungsrecht „nur" ein Beweismaß der überwiegenden Wahrscheinlichkeit, müsste die Rechtsprechung zur unterlassenen Befunderhebung auf der zweiten Stufe der Beweisfigur auch nicht mehr an einen (fiktiven) groben Behandlungsfehler anknüpfen,

---

[1449] *Maassen*, Beweismaßprobleme, S. 5 ff.
[1450] *Sträter*, Grober Behandlungsfehler, S. 161.
[1451] *Schäfer/Ott*, Lehrbuch der ökonomischen Analyse des Zivilrechts, Kapitel 7, 5.4.2.
[1452] Ähnlich auch *Schmidt*, KritV 2005, 177 (193 f.).

der die Aufklärung des Behandlungsgeschehens – wie oben gezeigt wurde – nämlich keinesfalls mehr als ein einfacher Fehler erschwert und auf den daher das angeführte Argument der Rekonstruktionserschwernis nicht zutrifft. Es käme dann nämlich gerade nicht mehr darauf an, ob ein Behandlungsfehler als grob zu qualifizieren ist.[1453]

Anstatt auf der zweiten Stufe der Beweisfigur bei Vorliegen eines (fiktiven) groben Behandlungsfehlers die Beweislast umzukehren und so statt des Patienten nun den Arzt in die Beweisnot zu treiben, würde durch ein für den Nachweis der haftungsbegründenden Kausalität abgesenktes Beweismaß auch der Patient – mehr als bisher – am Prozessrisiko angemessen beteiligt. *Katzenmeier* muss daher widersprochen werden, wenn er meint, die Absenkung des Beweismaßes auf eine überwiegende Wahrscheinlichkeit führe zu einer „Ausuferung der materiellrechtlichen Anspruchsgrundlagen", da der Arzt nicht nur diejenigen Schäden zu ersetzen habe, die er sicher verursacht habe, sondern auch solche, für die nur eine überwiegende Verursachungswahrscheinlichkeit spreche.[1454] Im Anwendungsbereich der von der Rechtsprechung entwickelten Beweisregeln haftet der Arzt heute nämlich gerade nicht für eine *sichere* Verursachung des Schadens, sondern meist allein aufgrund von vermuteter Kausalität. Allenfalls wenn man das Beweismaß insgesamt – also nicht nur für die haftungsbegründende Kausalität – absenkte, wovon *Katzenmeier* bei seinen Erwägungen wohl ausging, ergäbe sich die von ihm beschriebene Folge.

Auf die komplizierte Beweisfigur der unterlassenen Befunderhebung kann nach den vorstehenden Ausführungen verzichtet werden. Denn der vom Patienten zu erbringende Nachweis, dass der eingetretene Schaden hätte verhindert werden können, wenn der Arzt den Befund erhoben hätte, dürfte nicht mehr unzumutbar erschwert sein, wenn man hierfür ausreichen lässt, dass der Richter einen solchen Ursachenzusammenhang für (deutlich) überwiegend wahrscheinlich hält. Hinzu kommt, dass die Frage, ob die Befunderhebung ein reaktionspflichtiges Befundergebnis gezeigt hätte, als unabdingbare Voraussetzung für den Nachweis der Kausalität zwischen Befunderhebungsfehler und Schaden und damit als Teil der haftungsbegründenden Kausalität unter Anwendung allgemeiner Grundsätze der Beweiswürdigung über einen Indizienbeweis gelöst werden kann,[1455] was dem Patienten die Beweisführung nochmals erleichtert.

Die eben vorgestellte Lösung hätte auch den Vorteil, dass die Beweislast dort bleiben könnte, wo sie dem ungeschriebenen Grundsatz nach auch hin gehört: beim Patienten als Kläger. „Mit einem wohl durchdachten, sorgfältig abgestuften und differenzierten System der Beweislast, mit der Ausgestaltung der Normen als rechtsbegründende, rechtsvernichtende, rechtshindernde und rechtshemmende hat der Gesetzgeber klar zu verstehen gegeben, wem das Risiko der Beweislosigkeit am ehesten zuzumuten ist."[1456] Behält man diesen Grundsatz bei, modifiziert aber für die haftungsbegründende Kausalität das Beweismaß, werden auch die berechtigten Interessen des Patienten ausreichend berücksichtigt und seiner Beweisnot angemessen begegnet. Mit Absenkung der Anforderungen von einer an Sicherheit grenzenden

---

[1453] *Musielak*, Grundfragen des Beweisrechts, S. 160.
[1454] *Katzenmeier*, Arzthaftung, S. 533; so auch *Prütting*, in: Festschrift 150 Jahre LG Saarbrücken, S. 257 (268).
[1455] Vgl. dazu die Ausführungen in Kapitel 5 unter B. III. 5.
[1456] *Katzenmeier*, Arzthaftung, S. 531; so auch *Leipold*, Beweismaß und Beweislast im Zivilprozess, S. 8.

Wahrscheinlichkeit auf eine überwiegende Wahrscheinlichkeit in dem Sinne, dass für den Kausalzusammenhang gewichtigere Gründe sprechen müssen als gegen ihn, hätte der Patient nämlich eine realistische Chance, seine Rechte im Prozess auch durchzusetzen; mehr als die theoretische Möglichkeit hierzu verlangt das Angreiferprinzip nicht; kommt es anschließend dennoch zu einer Beweislastentscheidung zu seinem Nachteil, ist eine solche – wie in jedem anderen Prozess – gerechtfertigt.[1457]

### b) Rechtfertigung des Beweismaßes der „überwiegenden Wahrscheinlichkeit" für den Nachweis der haftungsbegründenden Kausalität als Beweismaß de lege lata

Die Absenkung des Beweismaßes legitimiert sich aus der besonderen Schwere, die der Nachweis der Kausalität mit sich bringt. Eine Beweismaßreduktion ist dann angezeigt und zulässig, wenn der fragliche Bereich schon seiner Natur nach einer vollständigen Aufklärung nicht oder nur sehr schwer zugänglich ist.[1458] Da das Gesetz keine „unerfüllbaren Beweisanforderungen" stellen kann und darf,[1459] und ein Nachweis der Kausalität jedenfalls im Arzthaftungsrecht nicht mit an Sicherheit grenzender Wahrscheinlichkeit möglich ist, ist hier sogar schon de lege lata von einem für die haftungsbegründende Kausalität geltenden abgesenkten Beweismaß auszugehen. Dies stellt auch keinen Widerspruch zu § 286 ZPO dar. Wie die vorstehenden Ausführungen gezeigt haben, musste das in 286 ZPO zum Ausdruck kommende Regelbeweismaß erst durch Auslegung des Begriffs „Überzeugung von der Wahrheit" ermittelt werden, impliziert also eine Wertung. Festgestellt wurde, dass regelmäßig eine „an Sicherheit grenzende Wahrscheinlichkeit" der Überzeugung von der Wahrheit am nächsten kommt.

Bei der haftungsbegründenden Kausalität wäre nun grundsätzlich auch dieser Maßstab anzulegen. Da die Kausalität aber ein sinnlich nicht wahrnehmbares Bindeglied zwischen Behandlungsfehler und Rechtsgutsverletzung darstellt und im Arzthaftungsrecht typischerweise eine Doppelkausalität vorliegt, kann hier – anders als bei anderen Tatbestandsmerkmalen – regelmäßig jedoch keine Überzeugung von der Wahrheit im Sinne einer an Sicherheit grenzenden Wahrscheinlichkeit der Verursachung gewonnen werden. Das der Überzeugung von der Wahrheit üblicherweise am nächsten kommende, „optimale" Beweismaß der an Sicherheit grenzenden Wahrscheinlichkeit ist beim Nachweis dieses Tatbestandsmerkmals aufgrund des Wesens der Kausalität also naturgemäß schlicht nicht erreichbar. Schon das geltende Recht nimmt Rücksicht auf die praktische Möglichkeit im Prozess den Beweis zu erbringen und setzt das Beweismaß deshalb bei unverschuldet schwieriger Beweissituation herab, wie die Regelung des § 287 ZPO zeigt.[1460]

---

[1457] So auch Sträter, Grober Behandlungsfehler, S. 159.

[1458] Walter, Beweiswürdigung, S. 232.

[1459] BGHZ 53, 245 (255) = BGH NJW 1970, 946 (948); vgl. auch BGHZ 7, 116 (119 f.) = BGH NJW 1952, 1171 (1171 f.); Schneider, MDR 1975, 444 (445).

[1460] So auch Bender, in: Festschrift für Baur, S. 247 (254); Rosenberg/Schwab/Gottwald, Zivilprozessrecht, § 112 Rn. 13. Auch in der Praxis werde häufig eine (verdeckte) Beweismaßreduktion vorgenommen, so Rosenberg/Schwab/Gottwald, Zivilprozessrecht, § 112 Rn. 13; wohl auch Prölss, Beweiserleichterungen, S. 13 ff.; Musielak, Die Grundlagen der Beweislast im Zivilprozess, S. 120 ff.

Wenn das Gesetz keine unerfüllbaren Anforderungen stellen will, muss der in § 286 ZPO enthaltene Begriff der „Überzeugung von der Wahrheit" daher so ausgelegt werden, dass er diesen Besonderheiten des Kausalitätsbeweises Rechnung trägt. Das der Überzeugung von der Wahrheit der Verursachung am nächsten kommende „Optimum" ist dann eben nicht die an Sicherheit grenzende Wahrscheinlichkeit, sondern eine (deutlich) überwiegende Wahrscheinlichkeit. Höhere Anforderungen können aufgrund des Wesens der Kausalität und der im Arzthaftungsprozess zu berücksichtigenden Besonderheiten an die Überzeugung des Richters schlicht nicht gestellt werden. Davon auszugehen, dass für die haftungsbegründende Kausalität im Arzthaftungsrecht abstrakt-generell das Beweismaß der überwiegenden Wahrscheinlichkeit gilt, widerspricht also nicht § 286 ZPO, sondern steht nach den vorstehenden Ausführungen mit dieser Vorschrift in Einklang. Denn die „Überzeugung von der Wahrheit" im Sinne des § 286 ZPO ist relativ zu verstehen.[1461]

Keinesfalls sollte das Beweismaß jedoch insgesamt abgesenkt werden. Bei den übrigen, ebenfalls grundsätzlich vom Patienten zu beweisenden Tatbestandsmerkmalen, stellt sich das Nachweisproblem nämlich nicht in der genannten Weise. Der Nachweis eines Behandlungsfehlers und des Schadens sind objektiv regelmäßig möglich; sie scheitern allenfalls daran, dass der konkret Beweispflichtige subjektiv dazu nicht in der Lage ist.[1462] Ein solches subjektives Unvermögen auszugleichen, kann aber nicht Aufgabe des Prozessrechts sein. Auch das Beweismaß als Teil des Prozessrechts hat sich daher nicht an dem Können des Einzelnen zu orientieren, sondern muss abstrakt-generell geregelt werden. Da sich aber regelmäßig weder der Behandlungsfehler noch der eingetretene Schaden der menschlichen Erkenntnis verschließen, sondern dies vielmehr nur auf die haftungsbegründende Kausalität zutrifft, darf auch nur insoweit ein reduziertes Beweismaß gelten. Für die übrigen Tatbestandsmerkmale ergibt die Auslegung des Merkmals der „Überzeugung von der Wahrheit", dass für sie das Regelbeweismaß der an Sicherheit grenzenden Wahrscheinlichkeit gelten muss; für den Nachweis der haftungsausfüllenden Kausalität verbleibt es bei der Beweiserleichterung durch § 287 ZPO. Im Arzthaftungsprozess gilt daher bereits de lege lata kein einheitliches Beweismaß.[1463]

Die Rechtsprechung sollte daher auf die Beweisfigur(en) verzichten und von einem abgesenkten Beweismaß beim Nachweis der haftungsbegründenden Kausalität ausgehen. Im Ergebnis ist den früheren Ausführungen des BGH, dass von „einer entsprechenden Verminderung des vom Patienten zu erbringenden Beweismaßes hinsichtlich des Kausalverlaufs"[1464] auszugehen ist, zuzustimmen. Allerdings sollte das Gericht erkennen, dass es dafür keiner komplizierten Beweisregeln und keines „schuldhaft bei der ärztlichen Behandlung gesetzten Maß[es] an Unaufklärbarkeit"[1465] bedarf, sondern dass beim Nachweis der Kausalität grundsätzlich kein höheres Beweismaß verlangt werden kann.

---

[1461] So auch *Sträter*, Grober Behandlungsfehler, S. 157 f.
[1462] *Greger*, Beweis und Wahrscheinlichkeit, S. 177.
[1463] So auch *Fuchs*, Beweismaß, S. 120.
[1464] BGHZ 99, 391 (399) = BGH NJW 1987, 1482 (1484) = BGH VersR 1987, 1089 (1091).
[1465] BGHZ 99, 391 (399) = BGH NJW 1987, 1482 (1484) = BGH VersR 1987, 1089 (1091).

## 5. Kombination mit einem Indizienbeweis

Erscheint es daher nach den vorstehenden Ausführungen angebracht, dass der Patient den Nachweis, dass das einfach fehlerhafte Unterlassen der Befunderhebung kausal für den eingetretenen Schaden geworden ist, nur mit einem Beweismaß der (deutlich) überwiegenden Wahrscheinlichkeit führen muss, könnte diese Beweiserleichterung mit einer weiteren Beweiserleichterung kombiniert und so möglicherweise auf die Beweisfigur verzichtet werden. Wie an anderer Stelle bereits erläutert, wird der Patient ohne den Nachweis, welches Ergebnis die Befunderhebung gezeigt hätte, die Kausalität zwischen Unterlassen und Schaden nicht beweisen können. Deshalb ist die Frage, ob die Befunderhebung ein reaktionspflichtiges Befundergebnis gebracht hätte, als notwendiger Zwischenschritt und daher als Teil der haftungsbegründenden Kausalität anzusehen, für welchen dem Patienten im Einzelfall ein Indizienbeweis zu Hilfe kommen kann.[1466] Gibt es einen entsprechenden Erfahrungssatz, dass die Befunderhebung ein reaktionspflichtiges Befundergebnis gezeigt hätte, was denkbar sein kann, wenn ein solches zumindest hinreichend wahrscheinlich war, dann kann der Richter nach allgemeinen Grundsätzen der Beweiswürdigung den Schluss auf ein solches ziehen und von einem reaktionspflichtigen Befundergebnis ausgehen.[1467] Zusätzlich zur Anwendung eines Beweismaßes der (deutlich) überwiegenden Wahrscheinlichkeit für den Nachweis der haftungsbegründenden Kausalität des Unterlassens kann dem Patienten also je nach Fallgestaltung die Beweiserleichterung eines Indizienbeweises zugute kommen. Die Kombination dieser beider Instrumente der Beweiserleichterung dürfte die Beweisfigur der unterlassenen Befunderhebung entbehrlich machen, da dem Patienten der entscheidende Nachweis der Kausalität so angemessen erleichtert wird.

## IV. Die Wahrscheinlichkeit der Kausalität als Tatbestandsmerkmal

*Greger* lehnt eine Modifizierung des Beweismaßes ab. Da nach seiner Auffassung das Beweisrecht daher keine Möglichkeit bietet, den Nachweis der Kausalität zu erleichtern, bleibt ihm zufolge nur die Möglichkeit, „die Bezugsgröße des Beweises, d.h. den materiellrechtlichen Tatbestand, zu modifizieren".[1468] Bei richtigem Verständnis des Tatbestandsmerkmals der Kausalität sei das Beweiskriterium auch bei der Kausalität die Überzeugung von der Wahrheit, und zwar – verkürzt gesprochen – die „Überzeugung von der Wahrscheinlichkeit der Kausalität".[1469] Das Beweisrecht stelle nur das „Bindeglied zwischen materiellem Recht und gerichtlicher Entscheidung" dar, es habe aber keine haftungsbegründende Funktion; eine Haftung für eine wahrscheinliche Kausalität müsse daher schon im materiellen Recht begründet werden. Es könne nicht angehen, dass der „wahrscheinliche" Schädiger nach materiel-

---

[1466] Vgl. dazu schon die Ausführungen in Kapitel 5 unter B. III. 5.

[1467] Mangels entsprechenden Erfahrungssatzes verbietet sich jedoch der Indizienbeweis für den Schluss auf die Gesamtkausalität zwischen Befunderhebungsfehler und Schaden, vgl. dazu die Ausführungen in Kapitel 5 unter B. III. 5.

[1468] *Greger*, Beweis und Wahrscheinlichkeit, S. 179.

[1469] *Greger*, Beweis und Wahrscheinlichkeit, S. 182.

lem Recht nicht hafte, aber im Prozess gleichwohl verurteilt werde.[1470] Die Haftung für nach der Lebenserfahrung wahrscheinliche Kausalität sei inzwischen ohnehin gewohnheitsrechtlich anerkannt, jedenfalls ergebe sie sich aus einer sinngerechten Auslegung des Gesetzes. „Denn ein Gesetz kann, wenn es nicht nur auf dem Papier stehen soll, nur Tatbestandsvoraussetzungen aufstellen, die auch beweisbar sind. Ist die Kausalität im Sinne der *condicio sine qua non*-Formel [...] in bestimmten Fällen nicht beweisbar, so kann sie sinnvollerweise nicht das im materiellen Recht vorausgesetzte Tatbestandsmerkmal sein."[1471] Zur Begründung zieht *Greger* §§ 119 Abs. 1 und § 2087 Abs. 1 BGB heran, die ebenfalls auf eine nur wahrscheinliche Kausalität abstellten („anzunehmen").

*Greger* ist insoweit zuzustimmen, als das Gesetz keine unerfüllbaren Voraussetzungen aufstellen darf. Richtig ist auch, dass nicht das Prozessrecht, sondern das materielle Recht eine Haftung begründet.

Entgegen der Ansicht *Gregers* ist eine Erleichterung des Kausalitätsbeweises aber nicht nur dadurch zu erreichen, dass das Tatbestandsmerkmal der Kausalität im Sinne einer „wahrscheinlichen Kausalität" zu definieren ist. Die vorstehenden Ausführungen haben vielmehr gezeigt, dass auch eine Absenkung des Beweismaßes zu einer Beweiserleichterung führt. Im Übrigen ändert ein reduziertes Beweismaß nichts daran, dass die Haftungsbegründung Sache des materiellen Rechts bleibt. Denn eine Reduzierung des Beweismaßes begründet keine Rechtsposition, sondern erleichtert lediglich deren Durchsetzbarkeit. Die §§ 119 Abs. 1 und § 2087 Abs. 1 BGB stellen ferner Ausnahmevorschriften dar; es kann daher nicht davon ausgegangen werden, dass sie ein allgemeines Prinzip enthielten, dass mit „Kausalität" immer nur eine „wahrscheinliche Kausalität" gemeint sei.[1472]

Unklar bleibt auch die Argumentation *Gregers*, nach der es unbillig sei, dass ein wahrscheinlicher Schädiger nach materiellem Recht nicht hafte, im Prozess aber gleichwohl verurteilt werde. Denn die Verurteilung im Prozess setzt eine Haftung nach materiellem Recht voraus. Erst wenn die tatbestandlichen Voraussetzungen für eine Haftung feststehen, und zwar grundsätzlich sicher und nicht nur wahrscheinlich, kann es überhaupt zu einer Verurteilung kommen. Wenn *Greger* darauf abhebt, dass im Prozess kein anderes Recht gelten könne als außerhalb des Prozesses,[1473] dann vergleicht er hier wohl die Anforderungen an das zu erbringende Beweismaß mit Tatbestandsmerkmalen. Auch die Vertreter einer Beweismaßreduktion auf eine (überwiegende) Wahrscheinlichkeit verlangen nämlich keine nur „wahrscheinlichen" Tatbestandsmerkmale, also beispielsweise keine nur „wahrscheinliche" Kausalität, sondern „volle" Kausalität. Dies ist in den Augen *Gregers* widersprüchlich.

Dem kann nicht gefolgt werden. Zwischen Tatbestandsmerkmalen und den Anforderungen, die an ihren Beweis gestellt werden, den Beweiskriterien, ist strikt zu trennen.[1474] Nur weil der Richter bei Anwendung eines abgesenkten Beweismaßes die

---

[1470] *Greger*, Beweis und Wahrscheinlichkeit, S. 179 f.

[1471] *Greger*, Beweis und Wahrscheinlichkeit, S. 181.

[1472] *Greger* erkennt diesen Einwand selbst, hält ihn aber nicht für zwingend, vgl. *Greger*, Beweis und Wahrscheinlichkeit, S. 181; entgegen *Greger* kann jedoch nicht davon ausgegangen werden, dass der Gesetzgeber in den genannten Vorschriften nur einen besonderen Hinweis darauf geben wollte, dass an das Merkmal der Kausalität keine allzu hohen Anforderungen zu stellen seien; dies erscheint vielmehr geradezu unlogisch.

[1473] *Greger*, Beweis und Wahrscheinlichkeit, S. 179.

[1474] Dies vertritt auch *Greger*, Beweis und Wahrscheinlichkeit, S. 182.

Kausalität bejahen darf, auch wenn er sie nur für überwiegend wahrscheinlich hält, bedingt dies nicht, dass der Kläger dann auch nur eine überwiegend wahrscheinliche Kausalität als Bezugsobjekt der Überzeugung des Richters zu beweisen habe. Es stellt nämlich immer noch einen Unterschied dar, ob der Richter eine Kausalität nur für überwiegend wahrscheinlich *hält* oder ob der Kläger von vornherein nur eine überwiegend wahrscheinliche Kausalität als Tatbestandsmerkmal *zu beweisen* hat. Wenn nach *Greger* im Prozess kein anderes Recht gelten kann als außerhalb des Prozesses und er deshalb für eine wahrscheinliche Kausalität als Tatbestandsmerkmal einsteht, dann müsste auch er – seine Forderung konsequent zu Ende gedacht – für ein auf eine Wahrscheinlichkeit reduziertes Beweismaß einstehen, um diesen Gleichlauf zu gewährleisten. Gerade dies lehnt er jedoch ab und verlangt, dass das Tatbestandsmerkmal der wahrscheinlichen Kausalität zur Überzeugung des Richters im Sinne einer Überzeugung von der Wahrheit feststehen müsse.[1475] Dies ist nicht schlüssig.

Im Übrigen ist in der gesetzlichen Unfallversicherung eine Beweismaßreduktion für den Kausalitätsnachweis auf eine „hinreichende Wahrscheinlichkeit" anerkannt, welche dann vorliegt, „wenn bei vernünftiger Abwägung aller Umstände die für den wesentlichen Ursachenzusammenhang sprechenden so stark überwiegen, dass darauf die richterliche Überzeugung gegründet werden kann und ernste Zweifel ausscheiden"[1476], ohne dass diese Beweismaßreduktion aber dazu führt, dass deswegen nun auch das Tatbestandsmerkmal der Kausalität im Sinne einer nur „hinreichend wahrscheinlichen Kausalität" definiert wird. Auch dies spricht gegen *Gregers* These. Seine Auffassung ist daher abzulehnen.

Die Erwägungen, die im Sozialrecht für eine Absenkung des Beweismaßes auf eine „hinreichende Wahrscheinlichkeit" im Sinne einer überwiegenden Wahrscheinlichkeit angestellt werden, können jedoch auch für den Arzthaftungsprozess fruchtbar gemacht werden. Hier wie dort wird der Beweis der Kausalität nämlich als besonders schwierig angesehen und daher ihr Nachweis zu erleichtern versucht. Mögen die Beweisregeln, die der BGH zum Arzthaftpflichtrecht entwickelt hat und die auf individuellen Rechtsverhältnissen sowie dadurch übernommenen Schutzpflichten basieren, auch nicht vergleichbar sein mit dem Ausgleichssystem der gesetzlichen Unfallversicherung, das ausdrücklich erst dann wirksam wird, wenn die individualrechtliche Fürsorge, nämlich in Form des Arbeitsschutzes durch Arbeitgeber und Kollegen, versagt hat,[1477] so vermag es dennoch nicht einzuleuchten, warum die Absenkung des Beweismaßes für den schwierigen Nachweis medizinischer Zusammenhänge im Sozialrecht eine praxisgerechte Lösung darstellt, die die Rechtsfigur der Beweislastumkehr entbehrlich macht,[1478] dies aber für das Arzthaftungsrecht nicht gelten soll. Es ist vielmehr davon auszugehen, dass grundsätzlich auch die Rechtsprechung im Arzthaftungsrecht die „Überzeugung von der Wahrheit" im Sinne des § 286 ZPO im Lichte der bei der haftungsbegründenden Kausalität bestehenden Beweisschwierig-

---

[1475] Das Beweiskriterium sei auch bei der Kausalität die Überzeugung von der Wahrheit, verkürzt eine „Überzeugung von der Wahrscheinlichkeit der Kausalität", vgl. *Greger*, Beweis und Wahrscheinlichkeit, S. 182.
[1476] BSGE 45, 285 (286); vgl. auch BSGE 19, 52 (56); ähnlich auch *Krasney*, MedSach 2001, 103 (103 ff.).
[1477] *Plagemann*, VersR 1997, 9 (15).
[1478] So BSGE 73, 37 (40).

keiten auslegen und so diesbezüglich das Beweismaß auf eine (deutlich) überwiegende Wahrscheinlichkeit senken sollte.


## D. Änderung der Rechtsprechung

Neben einer Rechtsprechungsänderung hinsichtlich des Beweismaßes bei der haftungsbegründenden Kausalität könnte auch eine in entscheidenden *anderen* Punkten geänderte Rechtsprechung möglicherweise dabei helfen, die Haftung des Arztes angemessen zu begrenzen und sein Haftungsrisiko dadurch kalkulierbar zu machen, ohne dabei die berechtigten Interessen des Patienten zu übergehen. Dafür ist jedoch erforderlich, dass die seit vielen Jahren bestehende Rechtsprechung überhaupt veränderbar ist.


## I. Möglichkeit einer Rechtsprechungsänderung

Die im Rahmen von Beweisregeln praktizierte Beweislastumkehr beruht auf Richterrecht, das durch Präjudizien entstanden ist.[1479]

Unter „Präjudizien" versteht man „Entscheidungen, in denen dieselbe Rechtsfrage, über die neuerlich zu entscheiden ist, von einem Gericht in einem anderen Fall bereits einmal entscheiden worden ist".[1480]

Fraglich ist, ob diese Präjudizien einer Änderung der Rechtsprechung entgegenstehen, ob sie also verhindern, dass die Beweisregeln aufgegeben werden können, weil sie möglicherweise künftige Entscheidungen binden.

Zwar entscheiden die Gerichte Einzelfälle, und eine vom Gericht geäußerte Rechtsauffassung hat immer nur Bedeutung für den entschiedenen Fall.[1481] „Aber das Gericht nimmt für seine Entscheidung in Anspruch, dass sie dem geltenden Recht entspricht. Damit behauptet es, dass die von ihm vorgenommene Auslegung „zutreffend", eine Lückenfüllung „geboten", eine gesetzesübersteigende Rechtsfortbildung aus den von ihm angegebenen Gründen „gerechtfertigt" sei. Darin ist zugleich die Behauptung eingeschlossen, dass nach der damit aufgestellten Maxime künftig jeder gleichartige Fall zu entscheiden sei", diese somit ein Muster im Sinne eines Vorbildes für künftige Entscheidungen darstellt.[1482]

In der Tat orientieren sich die unteren Gerichte meist an den Entscheidungen der ihnen übergeordneten Spruchkörper, dies wohl v.a. deshalb, damit ihre Urteile im Falle der Überprüfung durch ein Rechtsmittel eher Bestand haben. Weil daher immerhin eine Wahrscheinlichkeit dafür spricht, dass ein unteres Gericht dem Präjudiz eines oberen Gerichts folgen wird und diese im Allgemeinen ihre Rechtsprechung beibehalten werden, rechnen auch die Parteien damit und stellen sich darauf ein.

[1479] *Helbron*, Entwicklungen, S. 37.
[1480] *Larenz/Canaris*, Methodenlehre des Rechtswissenschaft, S. 253.
[1481] *Larenz/Canaris*, Methodenlehre des Rechtswissenschaft, S. 252.
[1482] *Larenz/Canaris*, Methodenlehre des Rechtswissenschaft, S. 252 f.

Präjudizien werden daher regelmäßig mit der Zeit als „geltendes Recht" angesehen.[1483]
Die Frage, ob Präjudizien verbindlich wirken, ist umstritten. Ihr soll im Folgenden nachgegangen werden. Dabei besteht nur insoweit Einigkeit, als dem Richterrecht im Sinne der richterlichen Rechtsfortbildung nicht die gleiche Bindungswirkung zukommt wie dem Gewohnheitsrecht, das normativ und gesetzesgleich wirkt.[1484] Denn dies würde dem Grundsatz der Gewaltenteilung widersprechen.[1485]
Vorab ist in diesem Zusammenhang darauf hinzuweisen, dass die – ebenfalls umstrittene Frage – ob es einen gleitenden Übergang zwischen Richterrecht und Gewohnheitsrecht geben kann, hier nicht erörtert werden soll.[1486] Denn wie bereits festgestellt wurde, stellt die Beweisregel zum groben Behandlungsfehler im Arzthaftungsrecht kein Gewohnheitsrecht dar. Gleiches hat für die Beweisfigur der unterlassenen Befunderhebung zu gelten, die zum einen (auf ihrer zweiten Stufe) an einen groben Behandlungsfehler anknüpft, und zum zweiten deutlich jünger, aber nicht minder umstritten ist. Hier dürfte es neben der gemeinsamen Rechtsüberzeugung wohl auch an der für die Entstehung von Gewohnheitsrecht erforderlichen längeren Übung fehlen.

## II. Vertretene Ansichten in Rechtsprechung und Literatur

Nach Auffassung des Bundesverfassungsgerichts kommt Präjudizien grundsätzlich keine Bindungswirkung zu. Die verfassungsrechtlich gewährleistete Unabhängigkeit der Richter erlaube es den Gerichten, eine eigene Rechtsauffassung auch dann zu vertreten, wenn es eine davon abweichende vorherrschende Meinung gebe; dies gelte selbst dann, wenn diese Auffassung von übergeordneten Gerichten vertreten werde.[1487] Daher dürfe auch eine lange bestehende Rechtsprechung grundsätzlich geändert werden; dabei habe das Gericht jedoch auf die Prozessbeteiligten Rücksicht zu nehmen, die sich bei einer abrupten Änderung der Rechtsprechung womöglich nicht rechtzeitig auf die neue Verfahrenspraxis einstellen könnten.[1488] Den Gesichtspunkt des Vertrauensschutzes und der Rechtssicherheit betont auch der BGH. Nach Auffassung des höchsten deutschen Gerichts müsse grundsätzlich an dem einmal entstandenen Richterrecht festgehalten werden, wenn die Rechtsfortbildung auf einer gefestigten, höchstrichterlichen Rechtsprechung beruhe; etwas anderes gelte nur dann, „wenn [für ein „Abgehen von der Kontinuität der Rechtsprechung"] deutlich überwiegende oder sogar schlechthin zwingende Gründe [...] sprächen"[1489]. Dieses nach der Rechtsprechung bestehende Regel-Ausnahme-Verhältnis (grundsätzlich *keine* Bindungswirkung von Präjudizien, aber Abweichen nur bei Vorliegen

---

[1483] Zum Ganzen vgl. *Larenz/Canaris*, Methodenlehre des Rechtswissenschaft, S. 253.
[1484] *Larenz/Canaris*, Methodenlehre des Rechtswissenschaft, S. 255; *Helbron*, Entwicklungen, S. 37.
[1485] *Helbron*, Entwicklungen, S. 37.
[1486] Einen solchen Übergang verneint *Picker*, JZ 1988, 62 (74); bejahend aber wohl *Kriele*, Theorie der Rechtsgewinnung, S. 251.
[1487] BVerfGE 87, 273 (278).
[1488] BVerfGE 78, 123 (126).
[1489] BGHZ 85, 64 (66) = BGH NJW 1983, 228 (228) = BGH VersR 1983, 147 (147); BGH JR 1984, 13 (14); *Helbron*, Entwicklungen, S. 38.

gewichtiger Gründe), kehrt *Kriele*[1490] um. Seiner Auffassung zufolge binden Präjudizien grundsätzlich; diese Bindung gelte aber dann nicht, wenn besondere Gründe für ein Abweichen vorlägen. Das Recht werde also widerleglich zugunsten des Präjudiz vermutet. Daher dürfe das Gericht Präjudizien zwar hinterfragen; wenn es von ihnen abweichen wolle, liege die Begründungspflicht und damit Argumentationslast für die Gegengründe aber bei ihm.[1491]

*Picker*[1492] verneint dagegen grundsätzlich jede formale Bindungswirkung von Richterrecht. Weil der Richter keine wie immer modifizierte legislative Gewalt habe, könne sein Spruch auch niemals eine Bindungswirkung entfalten. „Jeder Versuch, der den Richterspruch auch nur in die Nähe von Gesetzes- oder Gewohnheitsrecht rückt, indem er eine formale Geltungswirkung bejaht, ist auf dem Boden der bestehenden Rechtsordnung abzulehnen."[1493] *Picker* nimmt dennoch in gewissen Grenzen eine Bindung durch Präjudizien an. Der besonnene Richter dürfe „nicht schon aus rein theoretischen oder gar ‚geschmacklichen' Gründen mit Präjudizien brechen".[1494] Vielmehr habe er sich um der Rechtssicherheit willen bei seiner Entscheidung an einer gefestigten Rechtsprechung zu orientieren; das hohe Gut der Rechtssicherheit sei von den Gerichten dadurch zu wahren, dass sie die eigene oder eine fremde Judikatur als Selbstwert beachteten.[1495] Über diese Grenze hinaus dürfe es aber keinerlei Bindung durch Präjudizien geben; der Richterspruch könne jederzeit kraft besserer Einsicht kassiert werden.[1496]

Auch *Esser* spricht sich für die Möglichkeit der Gerichte aus, eine vorherrschende höchstrichterliche Rechtsprechungspraxis jederzeit abändern zu können; nur so bestehe der Anreiz, Präjudizien zu überprüfen und gegebenenfalls zu korrigieren.[1497]

Nach Auffassung von *Canaris* ließen Präjudizien zwar ihre Richtigkeit vermuten, der Richter dürfe sich aber nicht blind auf sie verlassen, sondern müsse sich seine eigene Auffassung bilden, wenn er an dieser Richtigkeit zweifele.[1498] Diese Auffassung teilt auch *Bydlinski*; gelange der Richter nach reiflicher Überlegung zu dem Ergebnis, dass das Präjudiz falsch sei, habe er von ihm abzuweichen.[1499] Nur bei einem *non liquet* der Argumente, die für und gegen ein Abweichen vom Präjudiz sprächen, entfalte das Präjudiz Verbindlichkeit; es sei daher subsidiär verbindlich.[1500]

Zusammenfassend lässt sich feststellen, dass auch diejenigen Vertreter, die eine Bindungswirkung der Präjudizien bejahen, diese nicht als unbedingt begreifen. Vielmehr soll – worauf es hier allein ankommt – der Richter bei ernsthaften Zweifeln an der Richtigkeit der Präjudizien von ihnen abgehen und die Rechtsprechung ändern

---

[1490] *Kriele*, Theorie der Rechtsgewinnung, S. 247 ff. unter Hinweis auf Art. 95 GG.

[1491] *Kriele*, Theorie der Rechtsgewinnung, S. 253, 328; so auch *Larenz/Canaris*, Methodenlehre der Rechtswissenschaft, S. 257.

[1492] *Picker*, JZ 1988, 62 (72).

[1493] *Picker*, JZ 1988, 62 (73).

[1494] *Picker*, JZ 1988, 62 (73).

[1495] *Picker*, JZ 1988, 62 (73).

[1496] *Picker*, JZ 1988, 62 (73).

[1497] *Esser*, Wege der Rechtsgewinnung, S. 178, 185, 194.

[1498] *Larenz/Canaris*, Methodenlehre der Rechtswissenschaft, S. 254 f.

[1499] *Bydlinski*, JZ 1985, 149 (154).

[1500] *Bydlinski*, JZ 1985, 149 (151 ff.).

dürfen.[1501] „Der ältere anders lautende Spruch darf nicht zum Gewissenszwang werden. Er darf vor allem auch nicht den Weg zur besseren Lösung verhindern."[1502] Entscheidend ist somit, ob gewichtige Gründe gegen die ständige Rechtsprechung zur unterlassenen Befunderhebung sprechen. Die Rechtsprechung verfolgt eindeutig das Ziel, den Patienten, der sich vor allem hinsichtlich des Nachweises der Kausalität in einer Situation der Beweisnot befindet, aus dieser misslichen Lage zu befreien; dieses Bestreben ist einerseits grundsätzlich legitim, wäre dem Patienten ansonsten der grundsätzlich ihm obliegende Beweis typischerweise unmöglich. Auf der anderen Seite haben die Ausführungen im vorangegangenen Kapitel aber deutlich gezeigt, dass die Rechtsprechung zur unterlassenen Befunderhebung unter vielfältigen Gesichtspunkten Anlass zur Kritik bietet.

Hinzu kommt, dass auch die Beweisregel zur unterlassenen Befunderhebung auf ihrer zweiten Stufe an die Beweislastumkehr bei einem groben Behandlungsfehler anknüpft, für die wie erläutert schon keine dogmatische Rechtfertigung besteht, die Situation aber noch dadurch verschärft wird, dass der grobe Fehler hier sogar nur ein fiktiver ist.[1503] Mit der Beweislastumkehr ist ein erheblicher Eingriff in das materielle Recht verbunden. Die Rechtsprechung korrigiert also über den Umweg des Beweisrechts das von ihr als unbefriedigend empfundene materielle Haftungsrecht. Dass dies der Fall sein könnte, erkennt zwar auch *Helbron*; sie zweifelt deshalb aber nicht an der Richtigkeit dieser Rechtsprechung.[1504] Dem kann nicht gefolgt werden. Haftungsverlagerungen – noch dazu aus reinen Billigkeitserwägungen heraus – dürfen nicht dazu führen, dass materielle Grundsätze, wie beispielsweise das Verschuldensprinzip, durchbrochen oder unterlaufen werden.[1505] Genau dies tut aber die Rechtsprechung, wenn sie an den Arzt gestellte Sorgfaltsanforderungen nachträglich begründet und noch dazu immer höher schraubt, so dass die Grenze zu einer Gefährdungshaftung inzwischen erreicht zu sein scheint.[1506] Wie bereits dargelegt, könnte das legitime Anliegen der Rechtsprechung, dem Patienten die Beweisführung zu erleichtern, auf eine angemessenere Art und Weise, nämlich durch die Absenkung des Beweismaßes auf eine (deutlich) überwiegende Wahrscheinlichkeit für den Nachweis der haftungsbegründenden Kausalität, erreicht werden.[1507] Einer Beweislastumkehr bedarf es dafür nicht. An der Richtigkeit der Rechtsprechung bestehen daher ernsthafte Zweifel. Sie könnte daher künftig geändert werden.

Möglicherweise lässt sich die Rechtsprechung aber nicht nur durch eine Absenkung des Beweismaßes, sondern auch durch andere Maßnahmen korrigieren und dadurch angemessener gestalten.

---

[1501] *Helbron*, Entwicklungen, S. 41.
[1502] *Picker*, JZ 1988, 62 (73).
[1503] Vgl. die Ausführungen in Kapitel 5 unter C. II. 1.
[1504] *Helbron*, Entwicklungen, S. 41 f.
[1505] Dieser Auffassung ist auch *Helbron*, Entwicklungen, S. 41.
[1506] Vgl. die Ausführungen in Kapitel 5 unter E. IV.
[1507] So auch *Deutsch*, in: *Deutsch/Taupitz*, Haftung der Dienstleistungsberufe, S. 275 (292).

## III. Verbesserung der Entscheidungsgrundlagen

Anstelle einer Beweismaßreduzierung, die *Weber*[1508] ablehnt, schlägt er vor, in stärkerem Ausmaß als bisher die Entscheidungsgrundlagen zu verbessern, so dass auf solider, objektiver Basis Überzeugung erreicht werden könnte. In der Literatur gibt es hierzu verschiedene Ansätze, wie dieses Ziel erreicht werden könnte.[1509] Auch wenn die insoweit unterbreiteten Vorschläge hier nicht im Einzelnen dargestellt werden können, ist diesem Ansatz grundsätzlich zuzustimmen. Eine bessere Bewertung der Behandlungs-/Befunderhebungsfehler würde sicher zur Aufklärung des Geschehens beitragen und eine stärkere Konkretisierung der einzelnen Merkmale, insbesondere der relativ unbestimmten Begriffe der hinreichenden Wahrscheinlichkeit und der gänzlichen Unwahrscheinlichkeit, würde für mehr Rechtssicherheit im Prozess sorgen. Der BGH sollte sich hier um eine Präzisierung seiner Rechtsprechung bemühen.

## IV. Differenzierung zwischen Befunderhebungs- und Befundsicherungspflicht

„Für eine billige und den Interessen beider Seiten gerecht werdende Lösung" will *Hausch*[1510] hinsichtlich des Kausalitätsnachweises zwischen der Verletzung der Befunderhebungs- und der Befundsicherungspflicht unterscheiden. Seiner Auffassung zufolge können die von der Rechtsprechung gezogenen beweisrechtlichen Sanktionen hinsichtlich des Nachweises der Kausalität grundsätzlich dann mit Billigkeitserwägungen und unter Berücksichtigung der Grundsätze der Beweisvereitelung gerechtfertigt werden, wenn der Arzt aus von ihm zu vertretenden Gründen erhobene Befunde nicht vorlegen könne, wenn er also seine Pflicht zur Befund*sicherung* verletzt habe.[1511] Würde sich die beweisrechtliche Sanktion nur auf den Nachweis des Behandlungsfehlers erstrecken, würde dies dem Patienten wenig nutzen, da für ihn gerade der Beweis der Kausalität im Arzthaftungsprozess typischerweise besonders schwierig sei. Unter Hinweis auf die mit dem Begriff der hinreichenden Wahrscheinlichkeit verbundenen Schwierigkeiten[1512] seien beweisrechtliche Konsequenzen hinsichtlich des Kausalitätsbeweises allerdings nicht bereits dann gerechtfertigt, wenn ein positiver, reaktionspflichtiger Befund hinreichend wahrscheinlich gewesen sei, sondern nur, wenn für einen solchen eine überwiegende Wahrscheinlichkeit spre-

---

[1508] *Weber*, Der Kausalitätsbeweis im Zivilprozess, S. 183.

[1509] Es soll daher hierzu auf die ausführlichen Ausführungen von *Katzenmeier*, Arzthaftung, S. 396 ff. verwiesen werden; vgl. auch *Wachsmuth/Schreiber*, NJW 1982, 2094 ff.; *Hausch*, VersR 2002, 671 (676); *Franzki*, MedR 1994, 171 (179); *Deutsch*, NJW 1978, 1657 (1660); *Taupitz*, ZRP 1997, 161 (163); *Laufs*, Arztrecht, Rn. 647; *Weber*, Der Kausalitätsbeweis im Zivilprozess, S. 184 ff.; zur notwendigen Berücksichtigung von Kostendruck und Ressourcenknappheit im Haftungsrecht vgl. *Voß*, Kostendruck, v.a. S. 149 ff.; *Katzenmeier*, Arzthaftung, S. 285 ff.; *Larenz/Canaris*, SchuldR II/2, § 76 III.4b); Soergel-*Wolf*, § 276 Rn. 90, 97; *Steffen*, MedR 1995, 190 (190); *Rumler-Detzel*, VersR 1998, 546 (547); *Kern*, MedR 2004, 300 ff.; *Steffen/Pauge*, Arzthaftungsrecht, Rn. 135; *Franzki*, MedR 1994, 171 (178); *Uhlenbruck*, ZAP Fach 2 (1998), 171 (174); *Schmid*, NJW 1994, 767 (773).

[1510] *Hausch*, VersR 2003, 1489 (1495 ff.).

[1511] *Hausch*, VersR 2003, 1489 (1496).

[1512] Vgl. dazu die Ausführungen in Kapitel 5 unter B.

che.[1513] Bei einer Verletzung der Befund*erhebung*spflicht dürfe dem Patienten eine Beweislastumkehr demgegenüber nur dann zugute kommen, wenn die Nichterhebung der Befunde selbst einen groben Fehler dargestellt habe; es sei nicht gerechtfertigt, dem Patienten bereits bei Vorliegen eines einfachen Fehlers den Beweis zu erleichtern.[1514] Denn die Beweisregel der unterlassenen Befunderhebung tangiere regelmäßig den Bereich der Diagnosestellung, die zu den schwierigsten ärztlichen Tätigkeiten gehöre[1515] und deshalb besonders irrtums- und fehleranfällig sei.[1516]

Zwar ist es grundsätzlich richtig und daher zu begrüßen, mit *Hausch* zwischen einer Verletzung der Befundsicherungspflicht und der Befunderhebungspflicht zu unterscheiden. Wie die vorangegangenen Kapitel gezeigt haben, unterscheiden sich beide Pflichten grundlegend voneinander.[1517] Die Gleichsetzung bzw. Gleichbehandlung von Befunderhebungs- und Sicherungspflicht, wie sie zumeist vom BGH erfolgt, geht daher fehl und sollte dringend überdacht werden. Auch erscheint es wegen der Vergleichbarkeit der Situation durchaus denkbar, an einen Verstoß gegen die Befundsicherungspflicht die beweisrechtliche Sanktion einer Beweisvereitelung zu knüpfen, sofern deren Voraussetzungen vorliegen, wohingegen dies bei einer Verletzung der Befunderhebungspflicht nicht möglich ist.[1518]

Gegen die Auffassung *Hausch*s bestehen jedoch Bedenken. Zum einen wird dem Patienten mit der Unterstellung eines reaktionspflichtigen Befundergebnisses m.E. nicht der Nachweis eines Behandlungsfehlers, sondern ein Teil des Nachweises der haftungsbegründenden Kausalität erleichtert. Der Behandlungsfehler – die unterlassene Befunderhebung – steht in einem solchen Fall nämlich bereits fest; die Annahme eines Befunderhebungsfehlers richtet sich allein danach, ob eine Befunderhebung medizinisch zweifelsfrei geboten war, ist also nicht davon abhängig, ob die Befunderhebung ein reaktionspflichtiges Befundergebnis gebracht hätte. Einen Behandlungsfehler könnte man daneben nur darin sehen, dass der Arzt auf das reaktionspflichtige Befundergebnis nicht reagiert. Dies wird auf der ersten Stufe der Beweisfigur jedoch nicht unterstellt; hier wird lediglich das reaktionspflichtige Befundergebnis fingiert, nicht jedoch eine Nichtreaktion des Arztes. Eine solche wird zulasten des Arztes erst auf der zweiten Stufe unterstellt, wenn die Rechtsprechung prüft, ob in der Nichtreaktion des Arztes ein grober Fehler gelegen hätte. Der Behandlungsfehler liegt also *vor* der Unterstellung des reaktionspflichtigen Befundergebnisses und gegebenenfalls *danach*. Die Unterstellung eines reaktionspflichtigen Befundergebnisses an sich kann daher keine Beweiserleichterung für den Nachweis eines Behandlungsfehlers sein.

Außerdem ist Rechtsfolge einer Beweisvereitelung richtigerweise keine Beweislastumkehr, sondern lediglich eine Beweiserleichterung derart, dass von der Wahrheit der Behauptung des Gegners auszugehen ist.[1519] Der Arzt müsste sich also bei einer Verletzung der Befundsicherungspflicht entgegenhalten lassen, dass der nicht mehr vorhandene Befund ein positives reaktionspflichtiges Ergebnis gezeigt hatte; nicht davon betroffen wäre jedoch der Nachweis, dass der eingetretene Schaden

---

[1513] *Hausch*, VersR 2003, 1489 (1496).
[1514] *Hausch*, VersR 2003, 1489 (1496).
[1515] Dies sieht auch der BGH so, vgl. BGH VersR 1981, 1033 (1034).
[1516] *Hausch*, VersR 2003, 1489 (1496).
[1517] Vgl. die Ausführungen in Kapitel 4 unter C. I. 3.
[1518] Vgl. dazu die Ausführungen in Kapitel 5 unter A. II. 2.
[1519] Vgl. die Ausführungen in Kapitel 3, unter A. II. 1. c).

hätte verhindert werden können, wenn der Befund gesichert worden wäre. Zwar ist *Hausch* darin zuzustimmen, dass gerade der Beweis des Ursachenzusammenhangs typischerweise besonders schwierig ist. Allerdings lässt es sich mit den Rechtsfolgen einer Beweisvereitelung nicht begründen, den Patienten auch von diesem Nachweis zu befreien. Denn als beweisrechtliche Sanktion einer Beweisvereitelung kommt es nicht zur Vermutung der Kausalität des Fehlers für den eingetretenen Schaden. Der Patient darf nämlich nicht besser gestellt werden, als er stünde, wenn der Arzt den Befund ordnungsgemäß gesichert hätte. Wäre dies geschehen, hätte der Befund allenfalls ein reaktionspflichtiges Befundergebnis, nicht jedoch auch schon die vollständige Kausalität des Fehlers für den Schaden gezeigt. Letztere hätte also nach wie vor der Patient beweisen müssen. Ein anderes Ergebnis wäre auch mit Billigkeitserwägungen nicht zu rechtfertigen; es kann eben nicht als billig und gerecht angesehen werden, denjenigen Patienten, dessen Arzt seine Befundsicherungspflicht verletzt, beweismäßig besser zu stellen gegenüber einem solchen, der an einen ordnungsgemäß handelnden Arzt gerät und sich eigentlich glücklich schätzen müsste. Genau dies wäre aber die Konsequenz von *Hauschs* Auffassung. Schon aus diesen Gründen ist sie insofern abzulehnen. Im Übrigen setzt eine Beweisvereitelung einen doppelten Schuldvorwurf voraus; oftmals wird es jedoch an der Vorhersehbarkeit eines Prozesses für den Arzt fehlen, so dass ihm eine Beweisvereitelung nicht zum Vorwurf gemacht werden kann.[1520]

## V. Beachtung der Privilegierung von Diagnosefehlern bei der Beurteilung von Befunderhebungsmängeln

Demgegenüber kann der Kritik *Hauschs* an der Rechtsprechung zur Verletzung der Befunderhebungspflicht zugestimmt werden. Richtig ist zum einen, dass die Rechtsprechung mit ihrer Beweisregel leicht die großzügige Rechtsprechung zu Diagnoseirrtümern unterläuft.[1521] Dies liegt schon daran, dass Befunderhebung und Diagnose zwar grundsätzlich voneinander zu unterscheiden sind, jedoch aufeinander aufbauen, also eng miteinander zusammenhängen und sich zwischen ihnen ein oft schwer zu trennendes Wechselspiel ergibt. Es sollte daher in der Rechtsprechung unbedingt beachtet werden, dass der Arzt bei der Diagnosestellung und der Entscheidung über die zu erhebenden Befunde eines Spielraums bedarf und nicht durch das Haftungsrisiko zu einem defensiven Vorgehen, bei dem er die von ihm gestellte, seiner Meinung nach schlüssige Diagnose ständig erneut und durch weitere diagnostische Maßnahmen abzusichern versucht, gedrängt werden darf.[1522] Die oben genannten Entscheidungen des OLG Köln[1523] und des OLG Koblenz[1524] sind daher zu begrüßen. Die Auffassung dieser Gerichte sollte Eingang in die Rechtsprechung des BGH finden, um auch höchstrichterlich die privilegierte Behandlung von Diagnoseirrtümern nicht zu unterlaufen. Auf die oftmals willkürliche Subsumierung des jeweiligen

---

[1520] Vgl. die Ausführungen in Kapitel 5, unter A. II. 2.

[1521] So auch *Martis/Winkhart*, Arzthaftungsrecht, S. 809.

[1522] *Hausch*, VersR 2003, 1489 (1496); vgl. auch die Ausführungen in Kapitel 4 unter C. II. 2.

[1523] OLG Köln, VersR 2005, 1740 ff.

[1524] OLG Koblenz, NJW-RR 2007, 532 ff.

Sachverhalts unter einen noch vertretbaren Diagnoseirrtum oder die Fallgruppe der unterlassenen Befunderhebung[1525] sollte zugunsten einer eindeutigen Rechtsprechung verzichtet werden.

---

[1525] So auch *Martis/Winkhart*, Arzthaftungsrecht, S. 813 m.N. auf S. 809 ff.

## Kapitel 7

## Wesentliche Ergebnisse und Schlussbetrachtung

### A. Wesentliche Ergebnisse

Die vorangegangenen Kapitel haben gezeigt, dass in den vergangenen Jahrzehnten Recht und Justiz das Arzthaftungsrecht entscheidend gestaltet und geprägt haben. Es kann also tatsächlich von einer Verrechtlichung der Medizin und des Arztberufs gesprochen werden. Im Folgenden sollen noch einmal die wesentlichen Ergebnisse der Arbeit knapp zusammengefasst dargestellt werden.

Die anerkannte Grundregel von der Verteilung der Beweislast, nach der der Anspruchsteller den Nachweis aller anspruchsbegründenden Voraussetzungen führen muss, ist neben allgemeinen gesetzlichen Beweiserleichterungen (insbesondere § 287 ZPO) vor allem durch richterliche Rechtsfortbildung, beispielsweise in Gestalt des Anscheinsbeweises, und im Arzthaftungsrecht insbesondere durch von der Recht-sprechung entwickelte Beweisregeln zugunsten des Patienten, in jüngerer Zeit durch die Beweisfigur der unterlassenen Befunderhebung, verändert worden.

Aber auch der Gesetzgeber hat korrigierend in die grundsätzliche Verteilung der Beweislast eingegriffen, als er im Zuge der Schuldrechtsreform in § 280 Abs. 1 Satz 2 BGB eine Verschuldensvermutung zulasten des Schuldners normierte und damit gesetzlich regelte, was bereits vor dem 01.01.2002 in den meisten Fällen der positiven Forderungsverletzung ständige Rechtsprechung war. Herausgearbeitet wurde, dass bei konsequenter Trennung zwischen Pflichtverletzung und Vertretenmüssen die Anwendung des § 280 Abs. 1 Satz 2 BGB auch auf den Behandlungsvertrag befürwortet werden kann. Entgegen der ständigen Rechtsprechung vor der Schuldrechtsreform muss nun also auch der Arzt im Prozess darlegen und beweisen, dass er die Pflichtverletzung nicht zu vertreten hat.

Von größerer praktischer Bedeutung als der Nachweis des Verschuldens ist im Arzthaftungsprozess jedoch der Beweis der Kausalität zwischen Behandlungsfehler und Schaden. Die Rechtsprechung hat dem Patienten diesen schwierigen Nachweis zu erleichtern versucht. Am bekanntesten ist hierbei wohl die Beweisregel des groben Behandlungsfehlers, die auch auf der zweiten Stufe der hier interessierenden Beweisfigur der unterlassenen Befunderhebung eine Rolle spielt und daher im Rahmen dieser Arbeit besprochen wurde. Deren Rechtsfolgen waren bis vor wenigen Jahren „Beweiserleichterungen bis hin zur Beweislastumkehr". In der Praxis führte die Anwendung dieser Formel, von der man sich eine gewisse, der Beweisnot des Patienten entsprechende Flexibilität auf der Rechtsfolgenseite versprach, immer zu einer Beweislastumkehr. Ebenso wie die Literatur hat auch der BGH diesen Eingriff in das materielle Recht, den er seit einer Entscheidung aus dem Jahr 2004 auch offiziell bejaht, auf vielfältige Weise zu begründen versucht. Festgestellt werden konnte jedoch, dass die Beweislastsonderregel bislang einer überzeugenden Legitimationsgrundlage entbehrt. Außerdem bieten sowohl die Begründung des BGH als auch die von ihm postulierten Voraussetzungen der Beweisfigur zum groben Behandlungsfehler Anlass zu Kritik. Hervorgehoben wurde insoweit vor allem, dass der Patient unabhängig von der Schwere des Behandlungsfehlers mit Aufklärungsschwierigkeiten zu kämpfen hat, dass es vielmehr sogar eher die leichten und mittelschweren Fehler

sind, die ihm den Nachweis des Kausalzusammenhangs erschweren. Dessen ungeachtet stellt die Rechtsprechung darauf ab, ob dem Arzt ein *grober* Behandlungsfehler unterlaufen ist und differenziert damit bei der Beweislast nach dem Grad des Verschuldens. Da unser Zivilrecht aber nicht einmal bei der Begründung der Haftung
eine entsprechende Differenzierung trifft, stellt eine solche bei der Frage der Beweislast einen Fremdkörper dar. Daneben sind die tatbestandlichen Voraussetzungen der
Beweisfigur recht unscharf und bergen daher die Gefahr der Rechtsunsicherheit.
Hier sollte der BGH dringend für Klarheit sorgen.

Die Bedenken, auf die die Beweislastsonderregel des groben Behandlungsfehlers
stößt, lassen sich auch gegenüber der deutlich jüngeren Beweisfigur der unterlassenen Befunderhebung vorbringen, knüpft ja auch diese Beweisregel auf ihrer zweiten
Stufe an einen – m.E. sogar fiktiven – groben Behandlungsfehler des Arztes an.

Was die Pflicht des Arztes, Befunde zu erheben, anbelangt, so konnte herausgearbeitet werden, dass sich für diese – zumeist als selbstverständlich angesehene
ärztliche Pflicht – sowohl materielle Ansätze als auch ein prozessualer Ansatz finden
lassen, wie sie herzuleiten sein könnte. Zusammenfassend ließ sich feststellen, dass
sich diese Pflicht – unabhängig von einem Behandlungsvertrag – materiell-rechtlich
als Voraussetzung und Teil der ärztlichen Pflicht aus dem Arzt-Patienten-Verhältnis,
den Patienten ordnungsgemäß zu behandeln, ergibt. Dieses wird wiederum geprägt
durch die ärztlichen Berufsordnungen, in die das „Genfer Gelöbnis" als moderne
Form des Hippokratischen Eides Eingang gefunden hat. Daneben erfordert es das
Allgemeine Persönlichkeitsrecht des Patienten (Art. 1 Abs. 1 i.V.m. Art. 2 Abs. 2 GG),
dass der Arzt Befunde erhebt, um objektivierbare Erkenntnisse zu erlangen, die der
Erfüllung des berechtigten Interesses des Patienten an seinem Krankheits- und Behandlungsverlauf dienen und die die Entscheidungsgrundlage für die rechtfertigend
wirkende Einwilligung des Patienten in die Behandlung bilden. Da sich die Befunderhebungspflicht jedoch auch aus dem einfachem Recht herleiten lässt, sollte insoweit
nicht vorschnell auf das Verfassungsrecht zurückgegriffen werden. Andernfalls besteht nämlich die Gefahr, dass das einfache Recht verarmt.[1526] Dies schließt es jedoch natürlich nicht aus, das Persönlichkeitsrecht neben einfachgesetzlichen Normen als weiteres Argument zur Herleitung der Befunderhebungspflicht heranzuziehen.

Weiter wurde dargestellt, dass die Befunderhebungspflicht rechtlich als selbst-
ständige Hauptpflicht des Behandlungsvertrages einzuordnen ist. Wegen der bestehenden Unterschiede vermochte insbesondere die Gleichsetzung von Befunderhe-
bungs- und Befundsicherungspflicht, die von der Rechtsprechung und von Teilen der
Literatur zuweilen vorgenommen wird, nicht zu überzeugen. Auch die Einordnung der
Befunderhebungspflicht als Unterfall der Pflicht zur Diagnose ist abzulehnen. Auch
wenn Diagnose und Befunderhebung, wie gezeigt werden konnte, auch eng zusammenhängen, so ist doch zwischen beiden Pflichten strikt zu trennen. Zu begrüßen ist
daher die Entwicklung der Rechtsprechung, nach der heute beide Pflichten voneinander unterschieden werden und – je nach betroffenem Bereich – unterschiedliche
Anforderungen an den Arzt gestellt werden, was sich zu Recht auch in der juristischen Bewertung niederschlägt.

---

[1526] So zur Begründung der Dokumentationspflicht *Nüßgens*, in: Festschrift für Boujong, S. 831 (835);
*Katzenmeier*, Arzthaftung, S. 473.

Auch wenn das Anliegen, das die Rechtsprechung mit der Beweisfigur der unterlassenen Befunderhebung verfolgt, verständlich erscheint – schließlich befindet sich ein Patient, über dessen Gesundheitszustand keinerlei oder zu wenige Befunde vorliegen, in einer beweisrechtlich äußerst schwierigen Situation – so ist diese Beweisfigur doch in vielerlei Hinsicht problematisch. Hierbei sind die Unbestimmtheit ihrer Voraussetzungen, vor allem in Bezug auf den Begriff und die rechtliche Einordnung der hinreichenden Wahrscheinlichkeit, damit verbunden der enorme Einfluss des Sachverständigen sowie die Gefahr, dass die beweisrechtlich privilegierte Behandlung des Diagnoseirrtums unterlaufen wird, hervorgehoben worden.

Außerdem lässt sich die beweisrechtliche Sanktion, die als Folge der unterlassenen Befunderhebung eintritt, nicht befriedigend rechtfertigen. Herausgearbeitet wurde, dass die von der Rechtsprechung insoweit herangezogenen Parallelen zu Verstößen gegen die Dokumentationspflicht sowie zu einer Beweisvereitelung jedenfalls nicht überzeugen können. Auch die in der Literatur vorgefundenen Ansätze zur möglichen Rechtfertigung der beweisrechtlichen Konsequenzen eines Verstoßes gegen die Befunderhebungspflicht vermögen an diesem Ergebnis nichts zu ändern.

Problematisch erscheint die Beweisfigur auch im Hinblick auf die Waffengleichheit der Parteien im Prozess, da der Arzt den Entlastungsbeweis praktisch nicht erbringen kann. Dem Arzt wird also möglicherweise die Beweisführung unmöglich gemacht, er kann seine Rechtsposition aufgrund unerfüllbarer Beweisanforderungen mithin kategorisch nicht mehr durchsetzen. Daneben ist die Beweisfigur mit negativen Folgen verbunden. Zu nennen seien hier ein möglicher Boom von Arzthaftungsprozessen, die Entstehung einer Defensivmedizin sowie eine Einschränkung der Therapiefreiheit.

Durch nachträglich statuierte und zudem überzogene Sorgfaltsanforderungen droht außerdem die Etablierung einer systemwidrigen Gefährdungshaftung „durch die Hintertür".

Die Beweisfigur der unterlassenen Befunderhebung erweist sich damit, sowohl was ihre Voraussetzungen und möglichen Konsequenzen anbelangt, als auch im Hinblick auf die dogmatische Legitimation ihrer beweisrechtlichen Folgen als äußerst fragwürdig.

Daher erschien es angebracht, im Kapitel 6 Wege zu diskutieren, wie möglicherweise auf sie verzichtet werden kann, ohne dabei einerseits die Beweisprobleme des Patienten aus den Augen zu verlieren und andererseits den Arzt über Gebühr zu belasten.

Von den diskutierten Änderungsmöglichkeiten konnte zunächst festgestellt werden, dass sich die Beweisfigur der unterlassenen Befunderhebung weder durch die Anwendung der Grundsätze des Anscheinsbeweises noch durch die Anwendung von § 830 Abs. 1 Satz 2 BGB ersetzen lässt. Auch ein extensiv interpretierter Anwendungsbereich des § 287 ZPO (Verletzung einer Verhaltensnorm als Haftungsgrund oder Anwendung des § 287 ZPO auf alle Fälle des Kausalitätsnachweises) vermochte ebenso wenig zu überzeugen wie eine Anwendung des § 287 ZPO auf Fälle hypothetischer Kausalität oder für die Kausalität haftungsbegründenden Unterlassens schlechthin. Die zuweilen vertretene Auffassung, dass den Beklagten bei hypothetischen Geschehensabläufen generell die Beweislast treffe, musste ebenfalls abgelehnt werden. Nicht befürwortet konnte weiter die Auffassung, den Nachweis der Kausalität dadurch zu erleichtern, dass das Tatbestandsmerkmal der Kausalität als „wahrscheinliche Kausalität" gelesen wird. Sie erwies sich als nicht schlüssig.

Als Lösungsweg überzeugend erschien eine Kombination zweier Instrumente der Beweiserleichterung. Festgestellt wurde, dass der Patient, ausgehend von der grundsätzlichen Verteilung der Beweislast, nachweisen muss, dass das Unterlassen des Arztes – die fehlende Befunderhebung – für den eingetretenen Gesundheitsschaden kausal geworden ist. Damit ihm dieser Beweis überhaupt gelingen kann, ist es denknotwendig im Sinne eines Zwischenschritts erforderlich, dass er zunächst nachweist, wie das Ergebnis der Befunderhebung ausgesehen hätte. Das Ergebnis der Befunderhebung stellt damit einen Teil der haftungsbegründenden Kausalität dar. Herausgearbeitet wurde, dass ihm für diesen Nachweis im Einzelfall der Indizienbeweis zu Hilfe kommen kann. Von einem solchen könnte auch die Rechtsprechung ausgegangen sein, als sie die erste Stufe der Beweisfigur dahingehend formulierte, dass auf ein reaktionspflichtiges Befundergebnis zu *schließen* sei, wenn sich ein solches bei einer Befunderhebung hinreichend wahrscheinlich ergeben hätte. Es könnte nämlich der Erfahrung entsprechen, dass sich ein reaktionspflichtiges Ergebnis gezeigt hätte, wenn ein solches hinreichend wahrscheinlich war, so dass der Schluss auf ein solches möglich ist. Hinter der hinreichenden Wahrscheinlichkeit eines reaktionspflichtigen Befundergebnisses stünde dann als Hilfstatsache der eben beschriebene Erfahrungssatz. Mithilfe dieses Denkprozesses könnte auf das Gegebensein eines reaktionspflichtigen Befundergebnisses als rechtserhebliche weitere Tatsache geschlossen werden. Festgestellt wurde, dass die Anwendung der Grundsätze des Indizienbeweises auch der Natur der Beweisführung im Arzthaftungsprozess entgegen kommt. Er zwingt nämlich dazu, die Umstände des Einzelfalls vollständig aufzuklären, damit geprüft werden kann, ob die Schlussfolgerung im konkreten Fall wirklich gezogen werden kann. Dieses Vorgehen passt zum Arzthaftungsprozess. Da es wegen der Vielgestaltigkeit des menschlichen Organismus und seiner unterschiedlichen Reaktionen selten typische Geschehensabläufe gibt und kaum ein Sachverhalt dem anderen gleicht, weshalb die Anwendung des Anscheinsbeweises meist ausscheidet, müssen das Geschehen und seine Umstände im Einzelfall immer genauestens überprüft und seine Besonderheiten beachtet werden. Herausgearbeitet werden konnte weiter, dass der Indizienbeweis allerdings nur für die erste Stufe der Beweisfigur, also nur für den Schluss auf ein reaktionspflichtiges Befundergebnis Anwendung finden kann. Dagegen ist es weder möglich, allein aus dem Erfahrungssatz, dass sich hinreichend wahrscheinlich ein reaktionspflichtiges Befundergebnis gezeigt hätte noch aus dem danach unterstellten reaktionspflichtigen Befundergebnis auf die Kausalität der unterlassenen Befunderhebung für den eingetretenen Schaden zu schließen. Ein entsprechender Erfahrungssatz müsste wegen der Vielgestaltigkeit des menschlichen Organismus und seiner unterschiedlichen Reaktionen wohl verneint werden.

Die Anwendung der Grundsätze des Indizienbeweises auf die Frage, welches Ergebnis die Befunderhebung gezeigt hätte, befreit den Patienten damit zwar nicht vom immer noch durch ihn zu erbringenden Nachweis der Gesamtkausalität des Unterlassens für den Schaden, erleichtert ihm aber den Nachweis des dafür erforderlichen Zwischenschritts.

Was den Nachweis der haftungsbegründenden Gesamtkausalität des ärztlichen Unterlassens für den eingetretenen Schaden anbelangt, so ist (als erwähnte Kombination zum Indizienbeweis) von einem auf eine (deutlich) überwiegende Wahrscheinlichkeit reduzierten Beweismaß auszugehen, und zwar – wie ausführlich dargelegt wurde – bereits *de lege lata*. Festgestellt wurde, dass sich der Nachweis der Kausalität deshalb so schwierig gestaltet, weil die überwiegende Auffassung diesbezüglich von dem hohen Regelbeweismaß der Überzeugung von der Wahrheit im Sinne einer an Sicherheit grenzenden Wahrscheinlichkeit ausgeht. Mag dieses Beweismaß beim Nachweis aller anderen Tatbestandsmerkmale auch angemessen und wünschenswert sein, da es dem angestrebten Optimum, der Überzeugung von der Wahrheit, am nächsten kommt, so macht es den Nachweis der Kausalität, der insbesondere in Fällen des Unterlassens besonders schwierig zu führen ist, jedoch regelmäßig unmöglich. Dies gilt vor allem im Arzthaftungsprozess, weil hier typischerweise eine ineinander verwobene Doppelkausalität besteht. Da das Gesetz aber nichts Unmögliches verlangen darf, kann das in § 286 ZPO genannte Beweismaß nur als ein relatives zu verstehen sein. Während also für alle anderen Tatbestandsmerkmale ein Beweismaß der an Sicherheit grenzenden Wahrscheinlichkeit gilt, kann das Beweismaß für die Kausalität aufgrund ihres Wesens *de lege lata* nur eine (deutlich) überwiegende Wahrscheinlichkeit sein. Dies stellt auch keinen Widerspruch zu § 286 ZPO dar, da das Gesetz, wie erwähnt, keine unerfüllbaren Beweisanforderungen stellen darf und auch das Beweismaß der „Überzeugung von der Wahrheit" als eine „an Sicherheit grenzende Wahrscheinlichkeit" erst durch Auslegung ermittelt werden muss(te). Der in § 286 ZPO enthaltene Begriff der „Überzeugung von der Wahrheit" muss daher so ausgelegt werden, dass er den Besonderheiten des Kausalitätsbeweises, der naturgemäß schwieriger zu führen ist als der Nachweis anderer Tatbestandsmerkmale, Rechnung trägt. Das der „Überzeugung von der Wahrheit" der Verursachung am nächsten kommende „Optimum" ist beim Nachweis der haftungsbegründenden Kausalität im Arzthaftungsrecht dann eben nicht die an Sicherheit grenzende Wahrscheinlichkeit, sondern eine (deutlich) überwiegende Wahrscheinlichkeit. Höhere Anforderungen können aufgrund des Wesens der Kausalität und der im Arzthaftungsprozess zu berücksichtigenden Besonderheiten an die Überzeugung des Richters schlicht nicht gestellt werden.

Die Rechtsprechung sollte daher auf die Beweisfigur der unterlassenen Befunderhebung verzichten und jedenfalls im Arzthaftungsrecht von einem abgesenkten Beweismaß beim Nachweis der haftungsbegründenden Kausalität ausgehen. Beim Nachweis, wie der tatsächlich nicht erhobene Befund ausgesehen hätte, könnte dem Patienten im Einzelfall zusätzlich der Indizienbeweis zu Hilfe kommen.

Unabhängig davon, ob die Rechtsprechung an der Beweisfigur der unterlassenen Befunderhebung festhält oder nicht, sollte sie künftig zwischen der Pflicht zur Befunderhebung und der Pflicht, Befunde zu sichern, unterscheiden und bei der Beurteilung von Befunderhebungsmängeln darauf achten, dass nicht allein wegen des engen Zusammenhangs zwischen Befunderhebung und Diagnose die Privilegierung von Diagnosefehlern unterlaufen wird.

## B. Schlussbetrachtung

Das Schadensersatzrecht darf nicht als bloßes „Instrument zur Entschädigung von Opfern"[1527] missbraucht werden. Es hat nur diejenigen Schäden zu ersetzen, die dem Verantwortlichen auch zugerechnet werden können und ist dort fehl am Platze, wo ein Ersatz allein aus Mitgefühl für den Geschädigten wünschenswert wäre. Ein solches Bestreben scheint jedoch auch vor der Rechtsprechung nicht haltzumachen. Nicht zuletzt die kaum legitimierbare Beweisregel der unterlassenen Befunderhebung nährt das in der Bevölkerung weit verbreitete Anspruchsdenken und die Überzeugung, dass es für einen erlittenen Schaden auch einen Ersatzpflichtigen geben muss.

Dagegen wäre die Einsicht wünschenswert, dass es eine staatliche „Rundumversorgung" auch im Haftungsrecht weder geben kann noch darf. Im Hinblick auf die berufliche Haftung der Ärzte muss es dabei bleiben, dass der Arzt nur für verschuldetes Unrecht, nicht für Unglück einzustehen hat. Mehr als bisher sollte beachtet werden, „dass die Arbeitswelt des Arztes keine ‚heile' ist"[1528] und dass der Patient, der sich in ärztliche Behandlung begibt, das Risiko seiner unbehandelten Krankheit gewissermaßen gegen das Eingriffsrisiko tauscht.[1529] Wir müssen damit leben, dass bei einer Behandlung eben nicht nur Unrecht, sondern auch Unglück geschehen kann, für das es keinen Ersatzpflichtigen gibt und nach dem Verschuldensprinzip auch nicht geben darf. Auch durch immer mehr und ausgefeiltere Beweisregeln wird es – gerade in der Medizin – stets Sachverhaltskonstellationen geben, bei denen der Kausalverlauf unklar bleibt. Eine Patentlösung im Sinne einer Beweisfigur, die alle Beweisprobleme befriedigend zu lösen vermag, wird wohl auch die beste Rechtsprechung nie erfinden.

Anstatt sich mit diesen Beweisregeln immer weiter von der geltenden Verteilung der Beweislast zu entfernen, erscheint es m.E. sinnvoller, auf die Grundsätze unseres Beweisrechts zurückzugreifen. Durch eine entsprechende Auslegung des § 286 ZPO im Hinblick auf den Nachweis der Kausalität – in Kombination mit einem Rückgriff auf die Grundsätze des Indizienbeweises – könnte nicht nur gänzlich auf die Beweisfigur der unterlassenen Befunderhebung verzichtet werden; es würde vielmehr auch, aber auch nur, dem Patienten der Beweis genau an der Stelle erleichtert, an der er einer solchen Hilfe bedarf, nämlich beim Nachweis der Kausalität. Seinen Interessen würde demnach angemessen Rechnung getragen, ohne dabei den Arzt unangemessen zu benachteiligen.

Bei alldem bliebe die Beweislast dennoch dort, wo sie nach der ungeschriebenen Grundregel des Zivilrechts auch hingehört: beim Patienten als Kläger. Es müsste keine Beweisnot mehr in inadäquater Weise vom Patienten auf den Arzt verlagert werden. Denn der Patient wäre nun „strukturell" in der Lage, sämtliche haftungsbegründenden Voraussetzungen darzulegen und zu beweisen. Scheiterte er im Einzelfall mit seinem Begehren, könnte dafür jedenfalls nicht mehr eine im Arzthaftungsprozess angelegte Situation der Beweisnot verantwortlich gemacht werden. Diese wurde durch das richtige Verständnis des § 286 ZPO ja gerade behoben. Der Patient hätte vielmehr – wie in jedem anderen Prozess – das Risiko eines solchen subjekti-

---

[1527] Fallstudie Ärztlicher Behandlungsfehler, S. 119.
[1528] *Dunz*, Praxis der Arzthaftung, S. 24.
[1529] *Steffen/Pauge*, Arzthaftungsrecht, Rn. 128; *Dunz*, Praxis der Arzthaftung, S. 25.

ven (Beweis-) Unvermögens zu tragen, er würde also wieder mehr am Risiko des Prozessausgangs beteiligt. Letzteres dürfte insbesondere auch das Verhältnis von Arzt und Patient entspannen. Schäden müssten nicht mehr primär „sozial gerecht" verteilt, sondern könnten wieder zugerechnet werden, was wünschenswert erscheint.

# Literaturverzeichnis

*Alsberg*, Max: Anmerkungen zu RG, Urteil des 1. Senats vom 23.10.1928, Az.: 1 D 769/28, in: JW 1929, S. 862-865

*Alternativkommentar* zur Zivilprozessordnung, Neuwied/Darmstadt 1987 (zit.: AK-ZPO-*Bearbeiter*)

*Arens*, Peter: Zur Aufklärungspflicht der nicht beweisbelasteten Partei im Zivilprozess, in: ZZP 96 (1983), S. 1-24

*v. Bar*, Christian: Verkehrspflichten. Richterliche Gefahr-steuerungsgebote im deutschen Deliktsrecht, Köln/Berlin/Bonn/München 1980 (zit.: *v. Bar*, Verkehrspflichten)

– Das „Trennungsprinzip" und die Geschichte des Wandels der Haftpflichtversicherung, in: AcP 181 (1981), S. 289-327

*Barta*, Heinz: Medizinhaftung, Innsbruck 1995 (zit.: *Barta*, Medizinhaftung)

*Baumbach*, Adolf/*Lauterbach*, Wolfgang/*Hartmann*, Peter/*Albers*, Jan: Zivilprozessordnung, 66. Aufl., München 2008 (zit.: *Baumbach/Lauterbach/Hartmann/Albers*)

*Baumgärtel*, Gottfried: Treu und Glauben, gute Sitten und Schikaneverbot im Erkenntnisverfahren, in: ZZP 69 (1956), S. 89-131

*ders.*/*Wittmann*, Arno: Die Beweislastverteilung im Arzthaftungsprozess, in: JA 1979, S. 113-119

– Das Wechselspiel der Beweislastverteilung im Arzthaftungsprozess, in: *Baltzer*, Johannes/*Baumgärtel*, Gottfried/*Peters*, Egbert/*Pieper*, Helmut (Hrsg.): Gedächtnisschrift für Rudolf Bruns, München 1980, S. 93-109 (zit.: *Baumgärtel*, in: Gedächtnisschrift für Bruns)

– Die Beweisvereitelung im Zivilprozess, in: *Rechberger*, Walter Hans (Hrsg.): Festschrift für Winfried Kralik, Wien 1986, S. 63-74 (zit.: *Baumgärtel*, in: Festschrift für Kralik)

*ders.*/*Prölss*, Jürgen/*Laumen*, Hans-Willi: Handbuch der Beweislast im Privatrecht, Band 1, 2. Auflage, Köln/Berlin/Bonn/München 1991 (zit.: *Baumgärtel*, Beweislast, Bd. 1)

– Ausprägung der prozessualen Grundprinzipien der Waffengleichheit und der fairen Prozessführung im zivilprozessualen Beweisrecht, in: *Ballon*, Oskar J./*Hagen*, Johann J. (Hrsg.): Verfahrensgarantien im nationalen und internationalen Prozessrecht. Festschrift für Franz Matscher, Wien 1993, S. 29-37 (zit.: *Baumgärtel*, in: Festschrift für Matscher)

– Anmerkungen zu BGH, Urteil v. 4.10.1994 - VI ZR 205/93, in: JZ 1995, S. 409-410

– Beweislastpraxis im Privatrecht, Köln 1996 (zit.: *Baumgärtel*, Beweislastpraxis im Privatrecht)

*Baur*, Fritz: Einige Bemerkungen zum Stand des Schadensausgleichsrechts, in: *Baur*, Fritz (Hrsg.): Funktionswandel der Privatrechtsinstitutionen, Festschrift für Ludwig Raiser zum 70. Geburtstag, Tübingen 1974, S. 119-139 (zit.: *Baur*, in: Festschrift für Raiser)

*Baxhenrich*, Bernhard: Anmerkung zu OLG Bamberg, Urteil vom 25.04.2005 (4 U 61/04), in: VersR 2006, S. 80-81

*Bender*, Albrecht: Der Umfang der ärztlichen Dokumentationspflicht – Ein weiterer Schritt der Verrechtlichung, in: VersR 1997, S. 918-928

*Bergmann*, Karl Otto: Die Organisation des Krankenhauses unter haftungsrechtlichen Gesichtspunkten, in: VersR 1996, S. 810-817

*Bischoff*, Rolf: Die Haftung des Arztes aus Diagnosefehlern oder unterlassenen Untersuchungen, in: *Brandner*, Erich (Hrsg.), Festschrift für Karlmann Geiß, Köln/Berlin/Bonn/München 2000, S. 345-352 (zit.: *Bischoff*, in: Festschrift für Geiß)

*Blomeyer*, Arwed: Die Umkehr der Beweislast, in: AcP 158 (1959/1960) S. 97-106
– Zivilprozessrecht, Berlin 1963 (zit.: *Blomeyer*, Zivilprozessrecht)

*Bockelmann*, Paul: Die Dokumentationspflicht des Arztes und ihre Konsequenzen, in: *Vogler*, Theo (Hrsg.): Festschrift für Hans-Heinrich Jescheck zum 70. Geburtstag, Berlin 1985, S. 693-711 (zit.: *Bockelmann*, in: Festschrift für Jescheck)

*Bodenburg*, Reinhard: Der ärztliche Kunstfehler als Funktionsbegriff zivilrechtlicher Dogmatik, Göttingen 1983 (zit.: *Bodenburg*, Kunstfehler)

*Böckenförde*, Ernst-Wolfgang: Grundrechtstheorie und Grundrechtsinterpretation, in: NJW 1974, S. 1529-1538

*Bohne*, G.: „Mit einer an Sicherheit grenzenden Wahrscheinlichkeit", in: NJW 1953, S. 1377-1379

*Brehm*, Wolfgang: Bindung des Richters an den Parteivortrag und Grenzen freier Verhandlungswürdigung, Tübingen 1982 (zit.: *Brehm*, Bindung des Richters an den Parteivortrag)

*Brüggemeier*, Gert: Deliktsrecht. Ein Hand- und Lehrbuch, Baden-Baden 1986 (zit.: Brüggemeier, Deliktsrecht)
– Prinzipien des Haftungsrechts, Baden-Baden 1999 (zit.: *Brüggemeier*, Prinzipien des Haftungsrechts)
– Gilt die Beweislastumkehr in § 280 Abs. 1 Satz 2 BGB insbesondere bei der Arzthaftung uneingeschränkt?, in: *Bub*, Wolf-Rüdiger/*Knieper*, Rolf/*Metz*, Rainer/*Winter*, Gerd (Hrsg.): Zivilrecht im Sozialstaat, Festschrift für Peter Derleder, Baden-Baden 2005, S. 3-26 (zit.: *Brudermüller*, in: Zivilrecht im Sozialstaat)

*Bruns*, Rudolf: Zivilprozessrecht, 2. Aufl., München 1979

*Bruns*, Wolfgang/*Pollandt*, Andreas: Leitlinien für Diagnostik und Therapie – Leitlinien für die Rechtsprechung?, in: ArztR 2006, S. 88-90

*Buchborn*, Eberhard: Ärztlicher Standard. Begriff – Entwicklung – Anwendung, in: MedR 1993, S. 328-333

*Bundesministerium der Justiz* (Hrsg.): Bericht der Kommission für das Zivilprozessrecht, Bonn 1977 (zit.: Bericht der Kommission für das Zivilprozessrecht)
– (Hrsg.): Abschlussbericht der Kommission zur Überarbeitung des Schuldrechts, Köln 1992 (zit.: Abschlussbericht der Kommission zur Überarbeitung des Schuldrechts)

*Bydlinski*, Franz: Probleme der Schadensverursachung nach deutschem und österreichischem Recht, Stuttgart 1964 (zit.: *Bydlinski*, Probleme der Schadensverursachung)
– Hauptpositionen zum Richterrecht, in: JZ 1985, S. 149-155

*Canaris*, Claus-Wilhelm: Das allgemeine Leistungsstörungsrecht im Schuldrechtsmodernisierungsgesetz in: ZRP 2001, S. 329-336

*Carstensen*, Gert: Vom Heilversuch zum medizinischen Standard, in: DÄBl 86 (1989), S. B-1736-1738

*Daniels*, Jürgen: Die Ansprüche des Patienten hinsichtlich der Krankenunterlagen des Arztes, in: NJW 1976, S. 345-349

*Danner*, Martin: Ärztliche Leitlinien – ein medico-legales Zukunftsprojekt zur Erhöhung der Rationalität ärztlicher und rechtlicher Entscheidungen, in: MedR 1999, S. 241-243

*Dauner-Lieb*, Barbara/*Arnold*, Arnd: Das neue Schuldrecht, Bonn 2002 (zit.: *Dauner-Lieb*, Das neue Schuldrecht)

*DBV-Winterthur*: Ärztliche Behandlungsfehler: Mehr als die Hälfte aller Vorwürfe sind unberechtigt, Pressemitteilung vom 24.04.2006, URL: http://www.zahn-online.de/presse/presse3091.shtml (29.12.2006) (zit.: *DBV-Winterthur*, Pressemitteilung vom 24.04.2006, URL: http://www.zahn-online.de/presse/presse3091.shtml)

*Degenhart*, Christoph: Staatsrecht I, 22. Aufl. Heidelberg, 2006 (zit.: *Degenhart*, Staatsrecht I)

*Deutsch*, Erwin: Methode und Konzept der Gefährdungshaftung, in: VersR 1971, S. 1-6

– Reform des Arztrechts, in: NJW 1978, S. 1657-1661

– Anmerkung zu BGH, Urteil vom 03.12.1985, Az.: VI ZR 106/84, in: NJW 1986, S. 1541-1541

– Der grobe Behandlungsfehler: Dogmatik und Rechtsfolgen, in: VersR 1988, S. 1-4

– Arztrecht und Arzneimittelrecht, 2. Aufl., Berlin/Heidelberg/New York 1991 (zit.: *Deutsch*, Arztrecht und Arzneimittelrecht)

– Die Haftung für Ärzte und Krankenhäuser in den Ländern der Europäischen Gemeinschaft nach zu erwartendem EG-Recht, in: *Deutsch*, Erwin/*Taupitz*, Jochen (Hrsg.): Haftung der Dienstleistungsberufe, Heidelberg 1993, S. 275-293 (zit.: *Deutsch*, in: *Deutsch/Taupitz*, Dienstleistungsberufe)

– Fahrlässigkeitstheorie und Behandlungsfehler, in: NJW 1993, S. 1506-1510

– Die Wiederkehr der Fahrlässigkeit, in: VersR 1994, S. 381-384

– Fahrlässigkeit und erforderliche Sorgfalt, 2. Aufl., Köln/Berlin/Bonn/München 1995 (zit.: *Deutsch*, Fahrlässigkeit und erforderliche Sorgfalt)

– Allgemeines Haftungsrecht, 2. Aufl., Köln/Berlin/Bonn/München 1996 (zit.: *Deutsch*, Allgemeines Haftungsrecht)

– Kausalität und Schutzbereich der Norm im Arzthaftungsrecht, in: *Brandner*, Erich (Hrsg.), Festschrift für Karlmann Geiß, Köln 2000, S. 367-377 (zit.: *Deutsch*, in: Festschrift für Geiß)

– Die Medizinhaftung nach dem neuen Schuldrecht und dem neuen Schadensrecht, in: JZ 2002, S. 588-593

*ders./Spickhoff*, Andreas: Medizinrecht, 5. Aufl., Berlin/Heidelberg/New York 2003 (zit.: *Deutsch/Spickhoff*, Medizinrecht)

*Deutscher Ärztetag*: Entschließung des 24. Deutschen Ärztetages, in: MedR 1991, S. 165-165

*Deutscher Bundestag*: Entwurf eines Gesetzes zur Reform des Zivilprozesses, Drucksache 14/4722 (zit.: BT-Drucksache 14/4722)

– Entwurf eines Gesetzes zur Modernisierung des Schuldrechts, Drucksache 14/6040 (zit.: BT-Drucksache 14/6040)

– Entwurf eines Gesetzes zur Reform des Schuldrechts, Drucksache 14/6857 (zit.: BT-Drucksache 14/6857)

*Deutsche Gesellschaft für Medizinrecht*: Empfehlungen zur Entwicklung des Arztrechts, in: *Laufs*, A./*Dierks*, Ch./*Wienke*, A./*Graf-Baumann*, T./*Hirsch*, G. (Hrsg.),

Die Entwicklung der Arzthaftung, Berlin/Heidelberg 1997, S. 349-354 (zit.: *Deutsche Gesellschaft für Medizinrecht*, in: Die Entwicklung der Arzthaftung)

*Diederichsen*, Angela.: Zur Bedeutung ärztlicher Leitlinien für die Haftung aus einem Behandlungsverhältnis, in: *Hart*, Dieter (Hrsg.), Klinische Leitlinien und Recht, Baden-Baden 2005, S. 105-112 (zit.: *Diederichsen*, A., in: Klinische Leitlinien und Recht)

*Diederichsen*, Uwe: Zur Rechtsnatur und systematischen Stellung von Beweis und Anscheinsbeweis, in: VersR 1966, S. 211-222

– Fortschritte im dogmatischen Verständnis des Anscheinsbeweises, in: in ZZP 81 (1968), S. 45-69

*Dressler*, Wolf-Dieter: Ärztliche Leitlinien und Arzthaftung, in: *Brandner*, Hans-Erich (Hrsg.): Festschrift für Karlmann Geiß zum 65. Geburtstag, Köln/Berlin/ Bonn/München 2000, S. 379-388 (zit.: *Dressler*, in: Festschrift für Geiß)

*Dubischar*, Roland, Grundsätze der Beweislastverteilung im Zivil- und Verwaltungsprozess, in: JuS 1971, S. 385-394

*Dunz*, Walter: Zur Praxis der zivilrechtlichen Arzthaftung, Karlsruhe 1974 (zit.: *Dunz*, Praxis der Arzthaftung)

– Aktuelle Fragen zum Arzthaftungsrecht unter Berücksichtigung der neueren höchstrichterlichen Rechtsprechung, Köln 1980 (zit.: *Dunz*, Aktuelle Fragen zum Arzthaftungsrecht)

*Edenfeld*, Stefan: Grenzen der Verkehrssicherungspflicht, in: VersR 2002, S. 272-278

*Ehlers*, Alexander P.F./*Broglie*, Maximilian G.: Arzthaftungsrecht. Grundlagen und Praxis Arzthaftungsrecht, 3. Aufl., München 2005 (zit.: *Ehlers/Broglie*, Arzthaftungsrecht)

*Ehrlicher*, Ernst: Der prima-facie Beweis – die Berücksichtigung prozessualer Billigkeit bei der Bildung der richterlichen Überzeugung (zit.: *Ehrlicher*, prima-facie Beweis)

*Engisch*, Karl: Die Kausalität als Merkmal der strafrechtlichen Tatbestände, Tübingen 1931 (zit.: *Engisch*, Kausalität)

– Einführung in das juristische Denken, 10. Aufl., Stuttgart 2005 (zit.: Engisch, Einführung in das juristische Denken)

*Eser*, Albin/*Lutterotti*, Markus v./*Sporken*, Paul (Hrsg.): Lexikon Medizin – Ethik – Recht, Freiburg 1992 (zit.: *Eser/Luterotti/Sporken*, Lexikon Medizin – Ethik – Recht)

*Esser*, Josef: Grundlagen und Entwicklung der Gefährdungshaftung, 2. Aufl., München 1969 (zit.: *Esser*, Grundlagen und Entwicklung der Gefährdungshaftung)

– Wege der Rechtsgewinnung, Tübingen 1990 (zit.: *Esser*, Wege der Rechtsgewinnung)

*ders./Schmidt*, Eike: Schuldrecht, Band 1, Allgemeiner Teil, Teilband 2, 8. Aufl., Heidelberg 2000 (zit.: *Esser/Schmidt*, Schuldrecht I/2)

*Fabarius*, Maria Elisabeth: Äußere und innere Sorgfalt, Köln/Berlin/Bonn/München 1991 (zit.: *Fabarius*, Sorgfalt)

*Fehn*, Karsten: Der ärztliche Behandlungsfehler im Abriss, in: ZaeFQ 95 (2001), S. 469-474

*Feifel*, Eckart: Nicht jede unterlassene Befunderhebung rechtfertigt eine Beweislastumkehr, in: GesR 2006, S. 308-310

*Fikentscher*, Wolfgang/*Heinemann*, Andreas: Schuldrecht, 10. Aufl., Berlin 2006 (zit.: *Fikentscher*/*Heinemann*, Schuldrecht)

*Fleischer*, Holger: Schadensersatz für verlorene Chancen im Vertrags- und Deliktsrecht, in: JZ 1999, S. 766-775

*Frahm*, Wolfgang: Einschränkung der Therapiefreiheit durch das Haftungsrecht, Vortrag auf dem 6. Deutschen Medizinrechtstag der Stiftung Gesundheit, 2005, URL: http://www.medizinrechts-beratungsnetz.de/aktuelles/mrt2005-vortraege.htm (29.07.2007) (zit.: *Frahm*, URL: http://www.medizinrechts-beratungsnetz.de/aktuelles/mrt2005-vortraege.htm)

*ders./Nixdorf*, Wolfgang: Arzthaftungsrecht, 3. Aufl., Karlsruhe 2005 (zit.: *Frahm/Nixdorf*, Arzthaftungsrecht)

*Francke*, Robert/*Hart*, Dieter: Ärztliche Verantwortung und Patienteninformation, Stuttgart 1987 (zit.: *Francke/Hart*, Ärztliche Verantwortung und Patienteninformation)

– Charta der Patientenrechte, Baden-Baden 1999 (Zit.: *Francke/Hart*, Charta der Patientenrechte)

*Franzki*, Dietmar: Die Beweisregeln im Arzthaftungsprozess. Eine prozessrechtliche Studie unter Berücksichtigung des amerikanischen Rechts, Berlin 1982 (zit.: *Franzki*, Die Beweisregeln im Arzthaftungsprozess)

*ders./Franzki*, Harald: Waffengleichheit im Arzthaftungsprozess, in: NJW 1975, S. 2225-2229

*Franzki*, Harald: Von der Verantwortung des Richters für die Medizin – Entwicklungen und Fehlentwicklungen der Rechtsprechung zur Arzthaftung, in: MedR 1994, S. 171-179

*Fuchs*, Bianca: Das Beweismaß im Arzthaftungsprozess, Frankfurt am Main 2005 (zit.: *Fuchs*, Beweismaß)

*Fuchs*, Christoph: Kostendämpfung und ärztlicher Standard – Verantwortlichkeit und Prinzipien der Ressourcenverteilung, in: MedR 1993, S. 323-327

*Gaupp*, Rolf Dietrich: Beweisfragen im Rahmen ärztlicher Haftungsprozesse, Tübingen 1969 (zit.: *Gaupp*, Beweisfragen im Rahmen ärztlicher Haftungsprozesse)

*Gehrlein*, Markus: Neuere Rechtsprechung zur Arzt-Berufshaftung, in: VersR 2004, S. 1488-1499

– Neuere Rechtsprechung zur ärztlichen Berufshaftung, in: ZMGR 2003, S. 7-13

*Geiß*, Karlmann/*Greiner*, Hans-Peter: Arzthaftpflichtrecht, 5. Aufl., 2006 München (zit.: *Geiß/Greiner*, Arzthaftpflichtrecht)

*Gerhardt*, Walter: Beweisvereitelung im Zivilprozessrecht, in: AcP 169 (1969), S. 289-316

*Gernhuber*, Joachim: Bürgerliches Recht, 3. Aufl., München 1991 (zit.: *Gernhuber*, Bürgerliches Recht)

*Gesellschaft für Risiko-Beratung* (Hrsg.): Der ärztliche Behandlungsfehler. Eine Fallstudie im Vergleich europäischer Rechtssysteme, durchgeführt vom Maastricht European Institute of Transnational Legal Research (METRO)/European Centre of Tort and Insurance Law (Wien) für die Deutsche Krankenhausgesellschaft (DKG) und die Ecclesia Versicherungsdienst GmbH, Detmold 2001 (zit.: Fallstudie Ärztlicher Behandlungsfehler)

*Giesen*, Dieter: Grundzüge der zivilrechtlichen Arzthaftung, in: Jura 1981, S. 10-24

– Wandlungen im Arzthaftungsrecht, in: JZ 1990, S. 1053-1064

– Zur Annäherung von Arzthaftung und Dienstleistungshaftung in Deutschland und Europa, in: JR 1991, S. 485-492
– Arzthaftungsrecht, 4. Aufl., Tübingen 1995 (zit.: *Giesen*, Arzthaftungsrecht)
*Glück*, Siegmund: Schadenursachen de lege lata, in: *Laufs*, A./*Dierks*, Ch./*Wienke*, A./*Graf-Baumann*, T./*Hirsch*, G. (Hrsg.), Die Entwicklung der Arzthaftung, Berlin/Heidelberg 1997, S. 287-292 (zit.: *Glück*, in: Die Entwicklung der Arzthaftung)
*Gottwald*, Peter: Schadenszurechnung und Schadensschätzung, München 1979 (zit.: *Gottwald*, Schadenszurechnung)
– Anmerkungen zu BGH, Urteil v. 20.06.1977, Az.: II ZR 30/77, in: ZZP 92 (1979), S. 364-369
– Zur Wahrung von Geschäftsgeheimnissen im Zivilprozess in: BB 1979, S. 1780-1787
– Die Bewältigung privater Konflikte im gerichtlichen Verfahren in: ZZP 95 (1982), S. 245-264
*Graf*, Ute: Die Beweislast bei Behandlungsfehlern im Arzthaftungsprozess, München 2001 (zit.: *Graf*, Beweislast)
*Greger*, Reinhard: Beweis und Wahrscheinlichkeit, Köln/Berlin/Bonn/München 1978 (zit.: *Greger*, Beweis und Wahrscheinlichkeit)
– Praxis und Dogmatik des Anscheinsbeweises, in: VersR 1980, S. 1091-1104
*Gross*, Rudolf: Medizinische Diagnostik – Grundlagen und Praxis, Berlin 1969 (zit.: *Gross*, Medizinische Diagnostik)
*Groß*, Werner: Die Entwicklung der höchstrichterlichen Rechtsprechung im Haftungs- und Schadensrecht, in: VersR 1996, S. 657-667
– Beweiserleichterungen für den Patienten bei Unterlassung medizinisch gebotener Befunderhebung, in: *Brandner*, Erich (Hrsg.), Festschrift für Karlmann Geiß, Köln 2000, S. 429-435 (zit.: *Groß*, in: Festschrift für Geiß)
*Hanau*, Peter: Zur Umkehrung der Beweislast in Arzthaftpflichtprozessen, in: NJW 1968, S. 2291-2292
– Die Kausalität der Pflichtwidrigkeit, Göttingen 1971 (zit.: *Hanau*, Die Kausalität der Pflichtwidrigkeit)
– Arzt und Patient – Partner oder Gegner?, in: *Prütting*, Hanns (Hrsg.): Festschrift für Baumgärtel zum 70. Geburtstag, Köln/Berlin/Bonn/München 1990, S. 121-136 (zit.: *Hanau*, in: Festschrift für Gottfried Baumgärtel)
*Hansen*, Udo: Der Indizienbeweis, in: JuS 1992, S. 327-330 und S. 417-419
*Hart*, Dieter: Ärztliche Leitlinien – Definitionen, Funktionen – rechtliche Bewertungen, in: MedR 1998, S. 8-16
– Grundlagen des Arzthaftungsrechts – Leistungs- und Haftungsschuldner, in: Jura 2000, S. 14-19
– Leitlinien und Haftungsrecht – Inkorporation, Rezeption und Wissensbasis in Wissenschaft und Praxis, in: *Hart*, Dieter (Hrsg.): Klinische Leitlinien und Recht, Baden-Baden 2005, S. 81-103 (zit.: *Hart*, in: Klinische Leitlinien und Recht)
– Vom Standard zur Leitlinie: Bewertungszusammenhänge im Medizin- und Gesundheitsrecht, in: KritV 2005, S. 154-176
*Hausch*, Axel: Die neuere Rechtsprechung des BGH zum groben Behandlungsfehler – eine Trendwende?, in: VersR 2002, S. 671-678
– Einige kritische Anmerkungen zu den Beweiserleichterungen für den Patienten bei unterlassener Befunderhebung und -sicherung, in: VersR 2003, S. 1489-1497

– Die personelle Reichweite der Beweisregeln im Arzthaftungsrecht, in: VersR 2005, S. 600-607

– Vom therapierenden zum dokumentierenden Arzt, in: VersR 2006, S. 612-621

*Heilmann*, Joachim: Der Stand der deliktischen Arzthaftung, in: NJW 1990, S. 1513-1520

*Helbron*, Hanja: Entwicklungen und Fehlentwicklungen im Arzthaftungsrecht, München 2001 (zit.: *Helbron*, Entwicklungen)

*Hempel*, Karl: Ärztliches Verschulden – Grenzen der menschlichen Leistungsfähigkeit, in: *Laufs*, A./*Dierks*, Ch./*Wienke*, A./*Graf-Baumann*, T./*Hirsch*, G. (Hrsg.), Die Entwicklung der Arzthaftung, Berlin/Heidelberg 1997, S. 109-117 (zit.: *Hempel*, in: Die Entwicklung der Arzthaftung)

*Henssler*, Martin: Haftungsrisiken anwaltlicher Tätigkeit, in: JZ 1994, S. 178-188

– Die Haftung der Rechtsanwälte und Wirtschaftsprüfer, in: AnwBl 1996, S. 3-11

*Herschel*, Wilhelm: Regeln der Technik, in: NJW 1968, S. 617-623

*v. Hippel*, Fritz: Wahrheitspflicht und Aufklärungspflicht der Parteien im Zivilprozess, Frankfurt am Main 1939 (zit.: *v. Hippel*, Wahrheitspflicht und Aufklärungspflicht)

*Hofmann*, Edgar: Zur Beweislastumkehr bei Verletzung vertraglicher Aufklärungs- oder Beratungspflichten, in: NJW 1974, S. 1641-1644

*Huber*, Michael: Das Beweismaß im Zivilprozess, Köln/Berlin/Bonn/München 1983 (zit.: *Huber*, Das Beweismaß im Zivilprozess)

*Huber*, Ulrich: Zivilrechtliche Fahrlässigkeit, in: *Forsthoff*, Ernst (Hrsg.): Festschrift für Ernst Rudolf Huber, Göttingen 1973, S. 253-289 (zit.: *Huber*, in: Festschrift für Huber)

*Isensee*, Josef/*Kirchhof*, Paul (Hrsg.): Handbuch des Staatsrechts, Bd. VI, Freiheitsrechte, 2. Aufl. Heidelberg 2001 (zit.: *Isensee/Kirchhof*, Handbuch des Staatsrechts, Bd. VI, Freiheitsrechte)

*Jung*, Heike: Außenseitermethoden und strafrechtliche Haftung, in: ZStW 97 (1985), S. 46-67

*Jung*, Hubert: Die Arzthaftung aus der Sicht des Haftpflichtversicherers. Praktische Erfahrungen, Daten, Entwicklungen, in: *Laufs*, A./*Dierks*, Ch./*Wienke*, A./*Graf-Baumann*, T./*Hirsch*, G. (Hrsg.), Die Entwicklung der Arzthaftung, Berlin/Heidelberg 1997, S. 85-94 (zit.: *Jung*, in: Die Entwicklung der Arzthaftung)

*Katzenmeier*, Christian: Arzthaftung, Tübingen 2002 (zit.: *Katzenmeier*, Arzthaftung)

– Schuldrechtsmodernisierung und Schadensersatzrechtsänderung – Umbruch in der Arzthaftung, in: VersR 2002, S. 1066-1074

– Anmerkung zu BGH, Urteil v. 27.04.2004, in: JZ 2004, S. 1030-1032

– Beweismaßreduzierung und probalistische Proportionalhaftung, in: ZZP 117 (2004), S. 187-216

– Arbeitsteilung, Teamarbeit und Haftung, in: MedR 2004, S. 34-40

– Verschärfung der Berufshaftung durch Beweisrecht – Der grobe Behandlungsfehler, in: *Kern*, Bernd-Rüdiger/*Wadle*, Elmar/*Schroeder*, Klaus-Peter/*Katzenmeier*, Christian (Hrsg.): Medizin, Recht, Geschichte – Festschrift für Adolf Laufs zum 70. Geburtstag, Berlin/Heidelberg 2005, S. 909-929 (zit.: *Katzenmeier*, in: Festschrift für Laufs)

– „Heilbehandlungsrisikoversicherung" - Ersetzung der Arzthaftung durch Versicherungsschutz?, in: VersR 2007, S. 137-143

*Kaufmann*, Franz Josef: Die Beweislastproblematik im Arzthaftungsprozess, Köln 1984 (zit.: *Kaufmann*, Die Beweislastproblematik im Arzthaftungsprozess)

*Kegel*, Gerhard: Der Individualanscheinsbeweis und die Verteilung der Beweislast nach überwiegender Wahrscheinlichkeit, in: *Biedenkopf*, Kurt H. (Hrsg.): Das Unternehmen in der Rechtsordnung, Festgabe für Heinrich Kronstein, Karlsruhe 1967, S. 321-344 (zit.: *Kegel*, in: Festgabe für Kronstein)

*Kern*, Bernd-Rüdiger: Schwachstellenanalyse der Rechtsprechung, in: *Laufs*, A./ *Dierks*, Ch./*Wienke*, A./*Graf-Baumann*, T./*Hirsch*, G. (Hrsg.), Die Entwicklung der Arzthaftung, Berlin/Heidelberg 1997, S. 313-319 (zit.: *Kern*, in: Die Entwicklung der Arzthaftung)

– Das Spannungsverhältnis von Haftungsrecht und Kassenarztrecht, in: MedR 2004, S. 300-303

*Kleinewefers*, Herbert/*Wilts*, Walter: Die Beweislast für die Ursächlichkeit ärztlicher Kunstfehler, in: VersR 1967, S. 617-625

*Koch*, Bernhard: Die Sachhaftung. Beiträge zu einer Neuabgrenzung der so genannten Gefährdungshaftung im System des Haftungsrechts, Berlin 1992 (zit.: *Koch*, Die Sachhaftung)

*Kohler*, Jürgen: Pflichtverletzung und Vertretenmüssen – die beweisrechtlichen Konsequenzen des neuen § 280 Abs. 1 BGB, in: ZZP 118 (2005), S. 25-46

*Korioth*, Jürgen: Zur Abgrenzung Diagnosefehler – Befunderhebungsmangel, Urteilskommentar, URL: http://www.korioth.de/Aktuelle_Urteile/aktuelle_urteile.html (23. 08.2007) (zit.: *Korioth*, URL: http://www.korioth.de/Aktuelle_Urteile/aktuelle_ urteile.html)

*Koussoulis*, Stelios: Beweismaßprobleme im Zivilprozessrecht, in: *Gottwald*, Peter: Festschrift für Karl Heinz Schwab zum 70. Geburtstag, München 1990, S. 277-288 (zit.: *Koussoulis*, in: Festschrift für Schwab)

*Krasney*, Otto Ernst: Medizinisch-wissenschaftliche Grundlagen der Kausalitätsbeurteilung – epidemiologische und individuelle Aspekte, ein Gegensatz? – aus juristischer Sicht, in: MedSach 2001, S. 103-106

*Kreuzer*, Karl: Literaturbesprechung zu v. Bar, Christian: Verkehrspflichten, Köln Berlin/Bonn/München 1980, in: AcP 184 (1984), S. 81-90

*Kriele*, Martin: Theorie der Rechtsgewinnung, 2. Aufl., Berlin 1976 (zit.: *Kriele*, Theorie der Rechtsgewinnung)

*Kuhlendahl*, H.: Rechenschaftspflicht oder ärztliche Verantwortlichkeit? Juristisches gegen ärztliches Verständnis, in: ArztR 1980, S. 233-235

*Kullmann*, Hans Josef: Übereinstimmungen und Unterschiede im medizinischen, haftungsrechtlichen und sozialversicherungsrechtlichen Begriff des medizinischen Standards, in: VersR 1997, S. 529-532

*Krumpaszky*, Hans Georg/*Sethe*, Rolf: Arzthaftung und Qualitätsmanagement in der Medizin – Pilotauswertung von Behandlungsfehlervorwürfen, in: VersR 1998, S. 420-430

*dies./Selbmann*, Hans-Konrad: Die Häufigkeit von Behandlungsfehlervorwürfen in der Medizin, in: VersR 1997, S. 420-427

*Kötz*, Hein/*Wagner*, Gerhard: Deliktsrecht, 10. Aufl., München 2006 (zit.: Kötz/Wagner, Deliktsrecht)

*Kollhosser*, Helmut: Anscheinsbeweis und freie richterliche Beweiswürdigung, in: AcP 165 (1965), S. 46-83

*Konzen*, Horst: Rechtsverhältnisse zwischen Prozessparteien, Berlin 1976 (zit.: *Konzen*, Rechtsverhältnisse)

*Krapoth*, Fabian: Die Rechtsfolgen der Beweisvereitelung im Zivilprozess, München 1996 (zit.: *Krapoth*, Die Rechtsfolgen der Beweisvereitelung im Zivilprozess)

*Larenz*, Karl: Zur Beweislastverteilung nach Gefahrenbereichen, in: *Caemmerer*, Ernst von; *Fischer*, Robert/*Nüßgens*, Karl/*Schmidt*, Reimer (Hrsg.): Festschrift für Fritz Hauß, Karlsruhe 1978, S. 225-239 (zit.: *Larenz*, in: Festschrift für Hauß)

– Lehrbuch des Schuldrechts, Band 1, 14. Aufl., München 1987 (zit.: *Larenz*, Schuldrecht I)

*ders./Canaris*, Claus-Wilhelm: Methodenlehre der Rechtswissenschaft, 3. Aufl., Berlin/Heidelberg 1995 (zit.: *Larenz/Canaris*, Methodenlehre der Rechtswissenschaft)

*dies.* (Hrsg.): Lehrbuch des Schuldrechts, Band 2, Halbband 2, 13. Aufl. München 1994 (zit.: *Larenz/Canaris*, Schuldrecht II/2)

*Laufs*, Adolf: Zur deliktsrechtlichen Problematik ärztlicher Eigenmacht, in: NJW 1969, S. 529-533

– Arztrecht, 5. Aufl., München 1993 (zit.: *Laufs*, Arztrecht)

– Unglück und Unrecht, Heidelberg 1994 (zit.: *Laufs*, Unglück und Unrecht)

– Arzt und Recht im Umbruch der Zeit, in: NJW 1995, S. 1590-1599

– Delikt und Gefährdung. Von der Schadenszurechnung zur Schadensverteilung. Kritische Darstellung der Grundlinien in Lehre und Spruchpraxis, in: *Laufs*, A./*Dierks*, Ch./*Wienke*, A./*Graf-Baumann*, T./*Hirsch*, G. (Hrsg.), Die Entwicklung der Arzthaftung, Berlin/Heidelberg 1997, S. 1-15 (zit.: *Laufs*, in: Die Entwicklung der Arzthaftung)

*ders./Uhlenbruck*, Wilhelm: Handbuch des Arztrechts, 3. Aufl., München 2002 (zit.: *Laufs/Uhlenbruck-Bearbeiter*, Handbuch des Arztrechts)

*Laumen*, Hans-W.: Die „Beweiserleichterung bis zur Beweislastumkehr" – Ein beweisrechtliches Phänomen, in: NJW 2002, S. 3739-3746

*Leipold*, Dieter: Beweismaß und Beweislast im Zivilprozess, Berlin 1985 (zit.: *Leipold*, Beweismaß und Beweislast im Zivilprozess)

*Lepa*, Manfred: Der Anscheinsbeweis im Arzthaftungsprozess, in: *Ahrens*, Hans-Jürgen (Hrsg.): Festschrift für Erwin Deutsch zum 70. Geburtstag, Köln/Berlin/Bonn/München 1999, S. 635-642 (zit.: *Lepa*, in: Festschrift für Deutsch)

*Lilie*, Hans: Aufklärung und Fehler bei der Diagnose, in: MedR 1987, S. 28-30

*Lindenmaier*, Fritz/*Möhring*, Philipp: Nachschlagewerk des Bundesgerichtshofs, §§ 253-287 ZPO, München 1950 (1951)-2002 (zit.: BGH LM)

*Lipps*, Wolfgang: Herstellerhaftung beim Verstoß gegen „Regeln der Technik"?, in: NJW 1968, S. 279-283

*Lüderitz*, Alexander: Ausforschungsverbot und Auskunftsanspruch bei Verfolgung privater Rechte, Tübingen 1966 (zit.: *Lüderitz*, Ausforschungsverbot und Auskunftsanspruch)

*Maassen*, Bernhard: Beweismaßprobleme im Schadensersatzprozess, Köln/Berlin/Bonn/München 1975 (zit.: *Maassen*, Beweismaßprobleme)

*Martin*, Klaus: Im Zweifelsfall für den Patienten, in: VW 2000, S. 919-922

*Martis*, Rüdiger/*Winkhart*, Martina: Arzthaftungsrecht, Fallgruppenkommentar, 2. Aufl., Köln 2007 (zit.: *Martis/Winkhart*, Arzthaftungsrecht)

*Matthies*, Karl-Heinz: Anmerkungen zu BGH, Urt. V. 21.9.1982 – VI ZR 302/80, in: NJW 1983, S. 335-336

– Schiedsinstanzen im Bereich der Arzthaftung, Berlin 1984 (zit.: *Matthies*, Schiedsinstanzen)

*Maunz*, Theodor/*Dürig*, Günter (Begr.): *Herzog*, Roman/*Scholz*, Rupert/*Herdegen*, Matthias (Hrsg.): Grundgesetz, Art. 103 I, Erg.-Lfg. 27, München November 1988 (zit.: *Maunz/Dürig*, GG, Art. 103 I)

*Medicus*, Dieter: Bürgerliches Recht, 20. Aufl., Köln/Berlin/Bonn/München 2004 (zit.: *Medicus*, Bürgerliches Recht)

– Schuldrecht I, Allgemeiner Teil, 17. Aufl., München 2006 (zit.: *Medicus*, Schuldrecht I)

*Meder*, Stephan: Schuld, Zufall, Risiko: Untersuchungen struktureller Probleme privatrechtlicher Zurechnung, Frankfurt am Main 1993 (zit.: *Meder*, Schuld, Zufall, Risiko)

*Mertens*, Hans-Joachim: Verkehrspflichten und Deliktsrecht, in: VersR 1980, S. 397-408

*Meyer-Goßner*, Lutz: Strafprozessordnung, 50. Aufl., München 2007 (zit. *Meyer-Goßner*)

*Möllers*, Thomas M. J.: Zur dogmatischen Legitimation der Fortentwicklung des Haftungsrechts, in: *Hart*, Dieter: Privatrecht im „Risikostaat", Baden-Baden 1997, S.189-213 (zit.: *Möllers*, in: Privatrecht im „Risikostaat")

*Müller*, Gerda: Beweislast und Beweisführung im Arzthaftungsprozess, in: NJW 1997, S. 3049-3056

– Spielregeln für den Arzthaftungsprozess, in: DRiZ 2000, S. 259-271

– Möglichkeiten und Grenzen des Persönlichkeitsrechts, in: VersR 2000, S. 797-806

– Arzthaftung und Sachverständigenbeweis, in: MedR 2001, S. 487-494

– Neue Perspektiven beim Schadensersatz, in: VersR 2006, S. 1289-1297

*Münchener Kommentar zum Bürgerlichen Gesetzbuch*, hrsg. v. Kurt Rebmann/Franz Jürgen Säcker/Roland Rixecker, Peter Ulmer, Band 2: Schuldrecht, Allgemeiner Teil (§§ 241-432), 4. Aufl., München 2001 (zit.: MüKo-*Bearbeiter, Band 2*); Band 2a: Schuldrecht, Allgemeiner Teil (§§ 241-432), 4. Aufl., München 2003 (zit.: MüKo-*Bearbeiter*, Band 2a); Band 5: Schuldrecht, Besonderer Teil III (§§ 607-704), 3. Aufl., München 1997 (zit.: MüKo-*Bearbeiter*, Band 5, 3. Aufl.); Band 5: Schuldrecht, Besonderer Teil III (§§ 705-853), 4. Aufl., München 2004 (zit.: MüKo-*Bearbeiter, Band 5*)

*Münchener Kommentar zur Zivilprozessordnung*, hrsg. v. Gerhard Lüke/Alfred Walchshöfer, Band 1: §§ 1-354, 2. Aufl., München 2000 (zit.: MüKo-ZPO-*Bearbeiter*)

*Mugdan*, Benno: Die gesamten Materialien zum Bürgerlichen Gesetzbuch für das Deutsche Reich, Bd. I, Berlin 1899 (zit.: *Mugdan*, Materialien zum BGB)

*Muschner*, Jens: Der prozessuale Beweiswert ärztlicher (EDV-) Dokumentation, in: VersR 2006, S. 621-627

*Musielak*, Hans-Joachim: Die Grundlagen der Beweislast im Zivilprozess, Berlin 1975 (zit.: *Musielak*, Die Grundlagen der Beweislast im Zivilprozess)

– Beweislastverteilung nach Gefahrenbereichen – Eine kritische Betrachtung der Gefahrenkreistheorie des Bundesgerichtshofs, in: AcP 176 (1976), S. 465-486

– Die Beweislast, 3. Teil. Die Regelung der Beweislast, in: JuS 1983, S. 609-617

– (Hrsg.): Kommentar zur Zivilprozessordnung, mit Gerichtsverfassungsgesetz, 4. Aufl., München 2005 (zit.: *Musielak*, ZPO)

ders./*Stadler*, Max: Grundfragen des Beweisrechts, München 1984 (zit.: *Musielak/Stadler*, Grundfragen des Beweisrechts)

*Nack*, Armin: Der Indizienbeweis, in: MDR 1986, S. 366-371

*Nixdorf*, Wolfgang: Befunderhebungspflicht und vollbeherrschbare Risiken in der Arzthaftung: Beweislastverteilung im Fluss?, in: VersR 1996, S. 160-163

*Nüßgens*, Karl: Zwei Fragen zur zivilrechtlichen Haftung des Arztes, in: *Caemmerer*, Ernst v. (Hrsg.): Festschrift für Fritz Hauß zum 70. Geburtstag, Karlsruhe 1978, S. 287-301 (zit.: *Nüßgens*, in: Festschrift für Hauß)

– Zur ärztlichen Dokumentation und zum Recht auf Einsicht in die Krankenunterlagen, in: *Ebenroth*, Carsten Thomas (Hrsg.): Verantwortung und Gestaltung. Festschrift für Karlheinz Boujong, München 1996, S. 831-845 (zit.: *Nüßgens*, in: Festschrift für Boujong)

*Oberheim*, Rainer: Beweiserleichterungen im Zivilprozess, in: JuS 1997, S. 61-64

*Palandt*, Otto/*Bassenge*, Peter: Bürgerliches Gesetzbuch, 60. Aufl., München 2001 (zit.: Palandt-*Bearbeiter*, 60. Aufl.)

– Bürgerliches Gesetzbuch, 67. Aufl., München 2008 (zit.: Palandt-*Bearbeiter*)

*Paulus*, Gotthard: Die Beweisvereitelung in der Struktur des deutschen Zivilprozesses, rechtsgeschichtliche und rechtsvergleichende Betrachtungen in: AcP 197 (1997), S. 136-160

*Pelz*, Franz Joseph: Verschulden – Realität oder Fiktion. Die ärztliche Haftung in der Rechtsprechung, in: *Laufs*, A./*Dierks*, Ch./*Wienke*, A./*Graf-Baumann*, T./*Hirsch*, G. (Hrsg.), Die Entwicklung der Arzthaftung, Berlin/Heidelberg 1997, S. 41-57 (zit.: *Pelz*, in: Die Entwicklung der Arzthaftung)

– Entwicklungstendenzen des Arzthaftungsrechts, in: DRiZ 1998, S. 473-481

*Peter*, Jürgen: Die Beweissicherungspflicht des Arztes, in: NJW 1988, S. 751-752

*Peters*, Egbert: Ausforschungsbeweis im Zivilprozess, Köln 1966 (zit.: *Peters*, Ausforschungsbeweis im Zivilprozess)

– Beweisvereitelung und Mitwirkungspflicht des Beweisgegners, in: ZZP 82 (1969), S. 200-224

– Richterliche Hinweispflichten und Beweisinitiativen im Zivilprozess, Tübingen 1983 (zit.: *Peters*, Richterliche Hinweispflichten)

*Peters*, Thomas Alexander: Defensivmedizin durch Boom der Arztstrafverfahren?, in: MedR 2002, S. 227-231

*Pichler*, Johannes W.: Rechtsentwicklungen zu einer verschuldensunabhängigen Entschädigung im Medizinbereich, Band 1, Wien 1994 (zit.: *Pichler*, Rechtsentwicklungen zu einer verschuldensunabhängigen Entschädigung im Medizinbereich)

*Picker*, Eduard: Richterrecht oder Rechtsdogmatik – Alternativen der Rechtsgewinnung – Teil 2, in: JZ 1988, S. 62-75

*Pieper*, Helmut: Die Regeln der Technik im Zivilprozess, in: BB 1987, S. 273-282

*Plagemann*, Hermann: Kassenarztrecht. Ein Leitfaden für Ärzte, Rechtsanwälte und Krankenversicherer, 2. Aufl., Frankfurt am Main 1997 (zit.: *Plagemann*, Kassenarztrecht)

*Prölss*, Jürgen: Die Beweislastverteilung nach Gefahrenbereichen, in: VersR 1964, S. 901-906

– Beweiserleichterungen im Schadensersatzprozess, München 1966 (zit.: *Prölss*, Beweiserleichterungen)

*Prütting*, Hanns: Gegenwartsprobleme der Beweislast, München 1983 (zit.: *Prütting*, Gegenwartsprobleme der Beweislast)

– Beweisprobleme im Arzthaftungsprozess, in: *Holschuh*, Rose (Hrsg.): Festschrift 150 Jahre LG Saarbrücken, Köln/Berlin/Bonn/München 1985, S. 257-274 (zit.: *Prütting*, in: 150 Jahre LG Saarbrücken)

*Rabel*, Ernst: Das Recht des Warenkaufs. Eine rechtsvergleichende Darstellung, 1. Band, Berlin 1936 (zit.: *Rabel*, Das Recht des Warenkaufs)

*Ratajczak*, Thomas/*Stegers*, Christoph-M.: „Waffen-Gleichheit" – Das Recht der Arzthaftung, Arbeitsgemeinschaft Rechtsanwälte im Medizinrecht e.V. (Hrsg.), Berlin/Heidelberg 2002 (zit.: *Ratajczak/Stegers*, „Waffen-Gleichheit")

*Rechberger*, Walter H: Maß für Maß im Zivilprozess? Ein Beitrag zur Beweismaßdiskussion, in: *Prütting*, Hanns (Hrsg.): Festschrift für Gottfried Baumgärtel zum 70. Geburtstag, Köln 1990, S. 471-490 (zit.: *Rechberger*, in: Festschrift für Baumgärtel)

*Rehborn*, Martin: Aktuelle Entwicklungen im Arzthaftungsrecht, in: MDR 1999, S. 1169-1176

– Aktuelle Entwicklungen im Arzthaftungsrecht, in: MDR 2000, S. 1101-1110

*Reichenbach*, Hans: Wahrscheinlichkeitslehre. Eine Untersuchung über die logischen und mathematischen Grundlagen der Wahrscheinlichkeitsrechnung, Leiden 1935 (zit.: *Reichenbach*, Wahrscheinlichkeitslehre)

*Reiling*, Emil: Die Grundlagen der Krankenhaushaftung – Eine kritische Bestandsaufnahme, in: MedR 1995, S. 443-455

*Reinhardt*, Michael: Die Umkehr der Beweislast aus verfassungsrechtlicher Sicht, in: NJW 1994, S. 93-99

*RGRK*: Reichsgerichtsrätekommentar: Das Bürgerliche Gesetzbuch mit besonderer Berücksichtigung der Rechtsprechung des Bundesgerichtshofes, hrsg. v. den Mitgliedern des Bundesgerichtshofes, Band II, 5. Teil, §§ 812-831 (Anh. nach § 823: I. Verletzung des Persönlichkeitsrechts, II. Arzthaftungsrecht) 12. Aufl., Berlin/New York 1989 (zit.: *RGRK-Bearbeiter*)

*Rieger*, Hans-Jürgen: Einsichtnahme in Krankenunterlagen, in: DMW 1979, S. 794-796

– Lexikon des Arztrechts, Losebl.-Ausg., Band 1, 2. Aufl., Heidelberg 2003-2005 (zit.: *Bearbeiter*, in: *Rieger*, Lexikon des Arztrechts)

*Rommé*, Oliver: Der Anscheinsbeweis im Gefüge von Beweiswürdigung, Beweismaß und Beweislast, Saarbrücken 1988 (zit.: *Rommé*, Der Anscheinsbeweis)

*Rosenberg*, Leo: Die Beweislast, 5. Aufl., München 1965 (zit.: *Rosenberg*, Beweislast)

ders./*Schwab*, Karl-Heinz/*Gottwald*, Peter: Zivilprozessrecht, 16. Aufl. München 2004 (zit.: *Rosenberg/Schwab/Gottwald*, Zivilprozessrecht)

*Roxin*, Claus: Pflichtwidrigkeit und Erfolg bei fahrlässigen Delikten, in: ZStW 74 (1962), S. 411-444

*Rumler-Detzel*, Pia: Therapiefreiheit und Berufshaftpflicht des Arztes, in: VersR 1989, S. 1008-1010

– Arbeitsteilung und Zusammenarbeit in der Chirurgie - Rechtliche Verantwortlichkeit, in: VersR 1994, S. 254-258

– Budgetierung – Rationalisierung – Rationierung. Einflüsse auf die medizinische Leistungsfähigkeit oder Senkung des medizinischen Standards?, in: VersR 1998, S. 546-551

*Schäfer*, Dieter: Soziale Schäden, soziale Kosten und soziale Sicherung, Berlin 1972 (zit.: *Schäfer*, Soziale Schäden)

*Schäfer*, Hans-Bernd/*Ott*, Claus: Lehrbuch der ökonomischen Analyse des Zivilrechts, 4. Aufl., Berlin/Heidelberg 2005 (zit.: *Schäfer/Ott*, Lehrbuch der ökonomischen Analyse des Zivilrechts)

*Schäfer*, Herbert: Arzthaftungsrecht – Patientenaufklärung und ärztliche Dokumentation, in: ZAP Fach 2 (1997), S. 159-166

*Schellenberg*, Frank: Non-Compliance und Arzthaftung, in: VersR 2005, S. 1620-1623

*Scheuch*, Silke: Vom Diagnoseirrtum zur unterlassenen Befunderhebung, in: ZMGR 2005, S. 296-302

*Schiemann*, Gottfried: Der freie Dienstvertrag, in: JuS 1983, S. 649-659
– Haftung der Dienstleitungsberufe nach deutschem Recht, in: *Deutsch*, Erwin/*Taupitz*, Jochen: Haftung der Dienstleistungsberufe, Heidelberg 1993, S. 137-166 (zit.: *Schiemann*, in: *Deutsch/Taupitz*, Dienstleistungsberufe)
– Wandlungen der Berufshaftung, in: *Lange*, Hermann (Hrsg.): Festschrift für Joachim Gernhuber zum 70. Geburtstag, Tübingen 1993, S. 387-406 (zit.: *Schiemann*, in: Festschrift für Gernhuber)

*Schilken*, Eberhard: Gerichtsverfassungsrecht, 3. Aufl., Köln/Berlin/Bonn/München 2003 (zit.: *Schilken*, Gerichtsverfassungsrecht)
– Zivilprozessrecht, 5. Aufl., Köln/Berlin/Bonn/München 2006 (zit.: *Schilken*, Zivilprozessrecht)

*Schlechtriem*, Peter/*Schmidt-Kessel*, Martin: Schuldrecht, allgemeiner Teil, 6. Aufl., Tübingen 2005 (zit.: *Schlechtriem/Schmidt-Kessel*, Schuldrecht)

*Schlosser*, Peter: Die lange deutsche Reise in die prozessuale Moderne, in: JZ 1991, S. 599-608

*Schmid*, Hugo: Über den notwendigen Inhalt der Dokumentation, in: NJW 1987, S. 681-687
– Verfahrensregeln für Arzthaftungsprozesse, in: NJW 1994, S. 767-773

*Schmidt*, Eike: Ermittlungsprobleme im Arzthaftungsprozess, in: KritV 2005, S. 177-194

*Schmidt-Salzer*, Joachim: Verschuldensprinzip, Verursachungsprinzip und Beweislastumkehr im Wandel der Zeitströmungen, in: *Deutsch*, Erwin (Hrsg.), Festschrift für Erich Steffen zum 65. Geburtstag am 28. Mai 1995, Berlin 1995, S. 429-450 (zit.: *Schmidt-Salzer*, in: Festschrift für Steffen)

*Schneider*, Egon: Die Beweisvereitelung, in: MDR 1969, S. 4-10
– Die neuere Rechtsprechung zum zivilprozessualen Beweisrecht, in: MDR 1975, S. 444-449
– Beweis und Beweiswürdigung, 5. Aufl., München 1994 (zit.: *Schneider*, Beweis und Beweiswürdigung)

*Schreiber*, Hans-Ludwig: Handlungsbedarf für den Gesetzgeber?, in: *Laufs*, A./ *Dierks*, Ch./*Wienke*, A./*Graf-Baumann*, T./*Hirsch*, G. (Hrsg.), Die Entwicklung der Arzthaftung, Berlin/Heidelberg 1997, S. 341-347 (zit.: *Schreiber*, in: Die Entwicklung der Arzthaftung)
– Medizinische Standards als Orientierungspunkte für Qualitätssicherung und Versorgung, 4. Rechtliche Gesichtspunkte, in: *Nagel,* Eckhard/*Fuchs*, Christoph: Leitlinien und Standards im Gesundheitswesen, Fortschritt in sozialer Verantwortung oder Ende der ärztlichen Therapiefreiheit? Köln 1997, S. 167-172 (zit.: *Schreiber*, in: *Nagel/Fuchs*, Leitlinien und Standards im Gesundheitswesen)
– Führt die Arzthaftungsrechtsprechung zur Defensivmedizin? Vortrag auf dem

4. Deutschen Medizinrechtstag der Stiftung Gesundheit, 2003, URL: http://www.medizinrechts-beratungsnetz.de/aktuelles/mrt2003-vortraege.htm (29.07.2007) (zit.: *Schreiber*, URL: http://www.medizinrechts-beratungsnetz.de/ aktuelles/mrt2003-vortraege.htm)

*Schultze-Zeu*, Ruth: Konsequenzen der unterlassenen Befunderhebung oder Befundsicherung zwischen dem geschädigten Patienten und dem beklagten Arzt/Krankenhaus im Schadensersatzprozess, in: VersR 2000, S. 565-567

*Schumann*, Ekkehard: Bundesverfassungsgericht, Grundgesetz und Zivilprozess, Köln/Berlin/Bonn/München 1983 (zit.: *Schumann*, Bundesverfassungsgericht)

*Schuster*, Wolfgang: Beweislastumkehr extra legem, Freiburg 1975 (zit.: *Schuster*, Beweislastumkehr extra legem)

*Schwab*, Karl Heinz/*Gottwald*, Peter: Verfassung und Zivilprozess, Bielefeld 1984 (zit.: *Schwab/Gottwald*, Verfassung und Zivilprozess)

*Sick*, Joachim: Beweisrecht im Arzthaftpflichtprozess, Frankfurt am Main 1986 (zit.: *Sick*, Beweisrecht im Arzthaftpflichtprozess)

*Soergel*, Hans Theodor/*Siebert*, Wolfgang: Bürgerliches Gesetzbuch, Band 2, Schuldrecht I (§§ 241-432), 12. Aufl., Stuttgart/Berlin/Köln 1990 (zit.: Soergel-*Bearbeiter*)

*Spickhoff*, Andreas: Ausschluss der Haftung des Krankenhausträgers für ärztliche Leistungen durch AGB?, in: VersR 1998, S. 1189-1198

– Medizin und Recht zu Beginn des neuen Jahrhunderts, in: NJW 2001, S. 1757-1768

– Das System der Arzthaftung im reformierten Schuldrecht, in: NJW 2002, S. 2530-2537

– Grober Behandlungsfehler und Beweislastumkehr, in: NJW 2004, S. 2345-2347

– Die Entwicklung des Arztrechts 2005/2006, in: NJW 2006, S. 1630-1639

– Die Entwicklung des Arztrechts 2006/2007, in: NJW 2007, S. 1628-1638

*Spindler*, Gerald/*Rieckers*, Oliver: Die Auswirkungen der Schuld- und Schadensrechtsreform auf die Arzthaftung, in: JuS 2004, S. 272-278

*Staudinger*, Ansgar: Schadensersatzrecht – Wettbewerb der Ideen und Rechtsordnungen, in: NJW 2006, S. 2433-2439

*v. Staudinger*, Julius: Kommentar zum Bürgerlichen Ge-setzbuch. Buch 2. Recht der Schuldverhältnisse: Einführung zu §§ 241ff., §§ 241-243 von Gottfried Schiemann, 13. Bearb., Berlin 1995; §§ 249-254 von Gottfried Schiemann, Berlin 2005; §§ 823-825 von Johannes Hager, 13. Bearb., Berlin 1999 (zit.: Staudinger-*Bearbeiter*, (zit.: Staudinger-*Bearbeiter*)

*Steffen*, Erich: Verkehrspflichten im Spannungsfeld von Bestandsschutz und Haftungsfreiheit, in: VersR 1980, S. 409-412

– Haftung im Wandel, in: ZVersWiss 1993, S. 13-37

– Kostendämpfung und ärztlicher Standard – Anforderungen des Haftungsrechts, in: MedR 1993, S. 338-338

– Einfluss verminderter Ressourcen und von Finanzierungsgrenzen aus dem Gesundheitsstrukturgesetz auf die Arzthaftung, in: MedR 1995, S. 190-191

– Beweislasten für den Arzt und den Produzenten aus ihren Aufgaben zur Befundsicherung, in: *Pfeiffer*, Gerd (Hrsg.), Festschrift für Hans Erich Brandner, Köln 1996, S. 327-340 (zit.: *Steffen*, in: Festschrift für Brandner)

– Walter Dunz, in: MedR 1997, S. 99-101

*ders./Pauge*, Burkhard: Arzthaftungsrecht. Neue Entwicklungslinien der BGH-Rechtsprechung, 10. Aufl., Köln 2006 (zit.: *Steffen/Pauge*, Arzthaftungsrecht)

*Stein*, Friedrich/*Jonas*, Martin: Kommentar zur Zivilprozessordnung, Band 1 (§§ 1-40), 22. Aufl., Tübingen 2003 (zit.: Stein/Jonas-*Bearbeiter*, Band 1); Band 3 (§§ 128-252), 22. Aufl., Tübingen 2005 (zit.: Stein/Jonas-*Bearbeiter*, Band 3); Band 3 (§§ 253-299a), 21. Aufl., Tübingen 1997 (Stein/Jonas-*Bearbeiter*, Band 3, 21. Aufl.)

*Stodolkowitz*, Heinz-Dieter: Beweislast und Beweiserleichterungen bei der Schadensursächlichkeit von Aufklärungspflichtverletzungen, in: VersR 1994, S. 11-15

*Stoll*, Hans: Literaturbesprechung zu Fleming, John G., The law of Torts, 3. Aufl., Sydney 1965, in: AcP 166 (1966), S. 380-384

– Die Beweislastverteilung bei positiven Vertragsverletzungen, in: *Esser*, Josef (Hrsg.): Festschrift für Fritz von Hippel zum 70. Geburtstag, Tübingen 1967, S. 517-559 (zit.: *Stoll*, in: Festschrift für Hippel)

– Haftungsverlagerung durch beweisrechtliche Mittel, in: AcP 176 (1976), S. 145-196

– Richterliche Fortbildung und gesetzliche Überarbeitung des Deliktsrechts, Heidelberg 1984 (zit.: *Stoll*, Richterliche Fortbildung und gesetzliche Überarbeitung des Deliktsrechts)

– Haftungsfolgen im bürgerlichen Recht, Heidelberg 1993 (zit.: *Stoll*, Haftungsfolgen)

*Sträter*, Jenny: Grober Behandlungsfehler und Kausalitätsvermutung – Beweislastumkehr ohne medizinwissenschaftliche Basis?, Baden-Baden 2006 (zit.: *Sträter*, Grober Behandlungsfehler)

*Strohmaier*, Gerhard: Zweck und Ausmaß der Dokumentationspflicht des Arztes, in: VersR 1998, S. 416-420

*Stück*, Volker: Der Anscheinsbeweis, in: JuS 1996, S. 153-158

*Stürner*, Rolf: Die Aufklärungspflicht der Parteien des Zivilprozesses, Tübingen 1976 (zit.: Stürner, Aufklärungspflicht)

– Entwicklungstendenzen des zivilprozessualen Beweisrechts und Arzthaftungsprozess, in: NJW 1979, S. 1225-1230

– Die Einwirkungen der Verfassung auf das Zivilrecht und den Zivilprozess, in: NJW 1979, S. 2334-2338

– Besprechung von Dietmar Franzki, Die Beweisregeln im Arzthaftungsprozess, in: AcP 183 (1983), S. 107-110

*Taupitz*, Jochen: Prozessuale Folgen der „vorzeitigen" Vernichtung von Krankenunterlagen, in: ZZP 100 (1987), S. 287-345

– Rechtliche Bindungen des Arztes. Erscheinungsweisen, Funktionen, Sanktionen, in: NJW 1986, S. 2851-2861

– Die zivilrechtliche Pflicht zur unaufgeforderten Offenbarung eigenen Fehlverhaltens, Tübingen 1989 (zit.: *Taupitz*, Die zivilrechtliche Pflicht zur unaufgeforderten Offenbarung eigenen Fehlverhaltens)

– Aufklärung über Behandlungsfehler: Rechtspflicht gegenüber dem Patienten oder ärztliche Ehrenpflicht?, in: NJW 1992, S. 713-719

– Das Berufsrisiko des Arztes – Entwicklung – Steuerung und Risikominimierung, in: MedR 1995, S. 475-482

– Medizinrecht vor den Gerichten – Ein Blick in die ferne Zukunft, in: ZRP 1997, S. 161-165

*Terbille*, Michael/*Schmitz-Herscheidt*, Stephan Zur Offenbarungspflicht bei ärztlichen Behandlungsfehlern, in: NJW 2000, S. 1749-1756

*Tettinger*, Peter Josef: Fairness und Waffengleichheit, München 1984 (zit.: *Tettinger*, Fairness und Waffengleichheit)

*Thomas*, Heinz/*Putzo*, Hans: Zivilprozessordnung, 28. Aufl., München 2007 (zit.: Thomas/Putzo-*Bearbeiter*)

*Tröndle*, Herbert/*Fischer*, Thomas: Strafgesetzbuch und Nebengesetze, 55. Aufl., München 2008 (zit.: *Tröndle/Fischer*)

*Uhlenbruck*, Wilhelm: Arzthaftungsrecht – Ärztlicher Behandlungsfehler, in: ZAP Fach 2 (1998), S. 171-182

– Formulargesteuerter Medizinbetrieb – haftungsrechtliche Prävention oder Haftungsfalle?, in: *Kern*, Bernd-Rüdiger/*Wadle*, Elmar/ *Schroeder*, Klaus-Peter/ *Katzenmeier*, Christian (Hrsg.): Medizin, Recht, Geschichte – Festschrift für Adolf Laufs zum 70. Geburtstag, Berlin/Heidelberg 2005, S. 1123-1141 (zit.: *Uhlenbruck*, in: Festschrift für Laufs)

*Ulsenheimer*, Klaus: Schadensprophylaxe durch Risk-Management, in: *Laufs*, A./*Dierks*, Ch./*Wienke*, A./*Graf-Baumann*, T./*Hirsch*, G. (Hrsg.), Die Entwicklung der Arzthaftung, Berlin/Heidelberg 1997, S. 321-332 (zit.: *Ulsenheimer*, in: Die Entwicklung der Arzthaftung)

– Zur haftungsrechtlichen Problematik von Leitlinien, in: VersMed 2001, S. 53-53

*Vollkommer*, Max: Beweiserleichterungen für den Mandanten bei Verletzung von Aufklärungs- und Beratungspflichten durch den Anwalt?, in: *Prütting*, Hanns (Hrsg.): Festschrift für Gottfried Baumgärtel zum 70. Geburtstag, Köln/Berlin/Bonn/München 1990, S. 585-601 (zit.: *Vollkommer*, in: Festschrift für Baumgärtel)

– Der Grundsatz der Waffengleichheit im Zivilprozess – eine neue Prozessmaxime?, in: *Gottwald*, Peter (Hrsg.): Festschrift für Karl Heinz Schwab zum 70. Geburtstag, München 1990, S. 503-520 (zit.: *Vollkommer*, in: Festschrift für Schwab)

*Voß*, Barbara: Kostendruck und Ressourcenknappheit im Arzthaftungsrecht, Berlin 1999 (zit.: *Voß*, Kostendruck)

*Wachsmuth*, Werner/*Schreiber*, Hans-Ludwig: Sicherheit und Wahrscheinlichkeit – juristische und ärztliche Aspekte, in: NJW 1982, S. 2094-2098

*Wagner*, Gerhard: Neue Perspektiven im Schadensersatzrecht: Kommerzialisierung, Strafschadensersatz, Kollektivschaden, in: Beilage zu NJW Heft 22/2006, S. 5-10

*Wahrendorf*, Volker: Die Prinzipien der Beweislast im Haftungsrecht, Köln/Berlin/Bonn/München 1976 (zit.: *Wahrendorf*, Prinzipien)

*Wahrig*, Gerhard (Begr.)/*Wahrig-Burfeind*, Renate (Hrsg.): Deutsches Wörterbuch, 7. Aufl., Gütersloh 2006 (zit.: Wahrig, Deutsches Wörterbuch)

*v. Wallenberg*, Henrik: Der zivilrechtliche Arzthaftungsprozess aus beweisrechtlicher Sicht, Münster 1993 (zit.: *v. Wallenberg*, Arzthaftungsprozess)

*Walter*, Gerhard: Möglichkeit der Beweislasterleichterung für einen stationär aufgenommenen Patienten, in: JZ 1978, S. 806-808

– Freie Beweiswürdigung, Tübingen 1979 (zit.: *Walter*, Beweiswürdigung)

*Wasserburg*, Klaus: Die ärztliche Dokumentationspflicht im Interesse des Patienten, in: NJW 1980, S. 617-624

*Wassermeyer*, Heinz: Der prima facie-Beweis und die benachbarten Entscheidungen. Eine Studie über die rechtliche Bedeutung der Erfahrungssätze, Münster 1954 (zit.: *Wassermeyer*, Der prima facie-Beweis)

*Watermann*, Friedrich: Die Ordnungsfunktionen von Kausalität und Finalität im Recht, Berlin 1968 (zit.: *Watermann*, Die Ordnungsfunktionen)

*Weber*, Helmut: Der Kausalitätsbeweis im Zivilprozess, Tübingen 1997 (zit.: *Weber*, Der Kausalitätsbeweis im Zivilprozess)

*Weber*, Reinhold: Muss im Arzthaftungsrecht der Arzt seine Schuldlosigkeit beweisen?, in: NJW 1997, S. 761-768

*Weimar*, Wilhelm: Der Beweisnotstand des Patienten im Arzthaftpflichtprozess, in: JR 1977, S. 7-9

*Welzel*, Hans: Das deutsche Strafrecht, 11. Aufl., Berlin 1969 (zit.: *Welzel*, Strafrecht)

*Weyers*, Hans-Leo: Über Sinn und Grenzen der Verhandlungsmaxime, in: *Dubischar*, Roland (Hrsg.): Dogmatik und Methode, Josef Esser zum 65. Geburtstag, Kronberg/Ts. 1975, S. 193-224 (zit: *Weyers*, in: Dogmatik und Methode)

*Wieland*, Wolfgang: Strukturwandel der Medizin und ärztliche Ethik. Philosophische Überlegungen zu Grundfragen einer praktischen Wissenschaft, Heidelberg 1984 (zit.: *Wieland*, Strukturwandel der Medizin und ärztliche Ethik)

*Ziegler*, Hans Berndt: Schwarzkittel und Weißkittel, in JR 2002, S. 265-269
– Leitlinien im Arzthaftungsrecht, in: VersR 2003, S. 545-549

*Zöller*, Richard/*Geimer*, Reinhold: Zivilprozessordnung, 26. Aufl., Köln 2007 (zit.: Zöller-*Bearbeiter*)

Die Reihe RECHT UND MEDIZIN wird von den Professoren Deutsch (Göttingen), Kern (Leipzig), Laufs (Heidelberg), Lilie (Halle a.d. Saale), Schreiber (Göttingen) und Spickhoff (Regensburg) herausgegeben. Ihre Aufgabe ist es, Monographien und Dissertationen auf dem Gebiet des medizinischen Rechts zu veröffentlichen. Dieses Gebiet, das an Bedeutung noch zunehmen wird, umfaßt auf der juristischen Seite sowohl zivilrechtliche als auch straf- und öffentlich-rechtliche Fragestellungen. Die Fragen können von der juristischen oder von der medizinischen Seite aus untersucht werden. Übergreifendes Ziel ist es, den medizin-rechtlichen Fragen nicht etwa ein gängiges juristisches Denkschema überzuwerfen, sondern die besonderen Probleme der Regelung medizinischer Sachverhalte eigenständig aufzufassen und darzustellen.

Manuskriptzusendungen an die Herausgeber bitte per Brief- bzw. Paketpost. Die Adressen der Herausgeber sind:

Prof. Dr. Dr. h.c. Erwin Deutsch (Zivilrecht und Rechtsvergleichung)
Höltystraße 8
37085 Göttingen

Prof. Dr. Bernd-Rüdiger Kern ( Rechtsgeschichte und Arztrecht)
Universtität Leipzig
Juristenfakultät / Lehrstuhl für Bürgerliches Recht, Rechtsgeschichte
und Arztrecht
Burgstraße 27
04109 Leipzig

Prof. Dr. Dr. h.c. Adolf Laufs (Zivilrecht, Medizinrecht und Rechtsgeschichte)
Kohlackerweg 12
69151 Neckargemünd

Prof. Dr. Hans Lilie (Strafrecht, Strafprozeßrecht und Medizinrecht;
federführender Reihenherausgeber)
Martin-Luther Universität Halle-Wittenberg
Juristische Fakultät: Strafrecht
Universitätsplatz 6
06108 Halle a.d. Saale
hans.lilie@jura.uni-halle.de

Prof. Dr. Dr. h.c. Hans-Ludwig Schreiber (Strafrecht und Rechtstheorie)
Grazer Str. 14
30519 Hannover

Prof. Dr. Andreas Spickhoff (Zivil- und Zivilprozessrecht, Internationales und
Vergleichendes Medizinrecht)
Universität Regensburg
Juristische Fakultät
Universitätsstraße 31
93053 Regensburg

# RECHT UND MEDIZIN

www.peterlang.de